教育部、国家语委重大文化工程

“中华思想文化术语传播工程”成果

国家社会科学基金重大项目

“中国核心术语国际影响力研究”（21&ZD158）

阶段性成果

跨越时空的中国词

人文化成

礼乐文明的理想指归

吴宝麟 著

外语教学与研究出版社
北京

图书在版编目（CIP）数据

人文化成 ：礼乐文明的理想指归 / 吴宝麟著．-- 北京 ：外语教学与研究出版社，2023.6（2024.5 重印）
（跨越时空的中国词）
ISBN 978-7-5213-4548-3

Ⅰ．①人… Ⅱ．①吴… Ⅲ．①礼乐－文化研究－中国 Ⅳ．①K892.9

中国国家版本馆 CIP 数据核字（2023）第 099162 号

出 版 人 王 芳
项目策划 刘旭璐
责任编辑 钱垂君
责任校对 牛茜茜
封面设计 覃一彪
版式设计 郭 莹
出版发行 外语教学与研究出版社
社 址 北京市西三环北路 19 号（100089）
网 址 https://www.fltrp.com
印 刷 北京捷迅佳彩印刷有限公司
开 本 889×1194 1/32
印 张 10
版 次 2023 年 6 月第 1 版 2024 年 5 月第 2 次印刷
书 号 ISBN 978-7-5213-4548-3
定 价 58.00 元

如有图书采购需求，图书内容或印刷装订等问题，侵权、盗版书籍等线索，请拨打以下电话或关注官方服务号：
客服电话：400 898 7008
官方服务号：微信搜索并关注公众号“外研社官方服务号”
外研社购书网址：https://fltrp.tmall.com

物料号：345480001

总 | 序

对于“中华思想文化术语”这一名称，有的读者朋友或许有些陌生。实际上，日常生活中很多耳熟能详的词语，像“道”“理”“气”“诚”“仁”“义”“礼”“智”“信”“温故知新”“厚德载物”“自强不息”“和而不同”“见贤思齐”“得道多助，失道寡助”“千里之行，始于足下”等都属于中华思想文化术语。简要地说，中华思想文化术语就是浓缩了中华哲学思想、人文精神、价值观念、思维方式的词语。在几千年的历史长河中，中华民族创造了至今仍为世界瞩目的古代文明，涌现出许多杰出的思想家，而中华思想文化术语就是中国古代思想家对自身、家国天下、天地万物进行探索与思考的成果，是古代思想家用以阐述个人见解并建立思想体系的基石和支点。正是凭借这些术语，先哲们才得以建造出气势雄伟、楼阁高耸、厅室辉映的中华文明大厦。中华思想文化术语凝聚了中华民族的理性智慧与精神基因，也是今人打开古代思想宝库的密钥。可以说，不理解中华思想文化术语，就不可能真正读懂古人、读懂中华民族精神、读懂数千年中华文明史。打个比

方，如果不理解“道”“有无”“无为”“道法自然”“相反相成”“反者道之动”等术语，就很难读懂老庄的思想，也很难读懂魏晋以后的很多文艺作品。

“中华思想文化术语传播工程”（以下简称“术语工程”）即是以整理、诠释、翻译中华思想文化术语为主要目标的基础性文化建设工程。自2014年启动至今，“术语工程”已经整理翻译了文史哲等领域的上千条中华思想文化术语，这些术语或为中华思想文化史上的基本概念，或为古人提出的重要思想命题。也许有读者会问，人类已经进入21世纪，各种新名词、新术语层出不穷，为何还要挖掘、整理这些古代的思想文化术语呢？“术语工程”主要是出于以下几方面的考虑。

第一，“盘点”古人留给我们的精神遗产。人们常说，中华思想文化博大精深，但到底多“大”、多“深”，没有人能说清楚。如果将古人的精神遗产比作矿藏，将“盘点”这些遗产比作探矿，那么，只要持之以恒，终有一天我们是可以探明它的“储量”的。《周易·文言》说“知至至之”，《礼记·中庸》说“诚之者，人之道也”，《论语·子罕》说“虽覆一篑，进，吾往也”，意思是只要不懈努力，终究能达到目标。当然，这个类比不完全恰当，因为形而上的“道”、天地万物的“理”，还有像孔子、老子等伟大思想家

的思想，是很难测知它们的边际和深度的，但是古人用以建构思想体系的术语则是可计量的、可探查的。“术语工程”的要旨就是通过探查中华思想文化术语，大致推知中华民族精神遗产的“储量”。在中华思想史上，每一位学者、每一个学术流派、每一个历史时期都有自己的思想文化术语，但“术语工程”要梳理的则是纵贯中华文明史，横跨哲学、历史、文艺等众多领域的术语。对中华思想文化术语作如此全面系统的梳理，在我国尚属首次。通过对术语的梳理，我们可以全面了解中国古人对自身所处自然环境、社会历史、生存状况的认识与思考，体会他们的内心世界和精神追求；同时也可将那些具有普遍意义、代表文化发展方向、符合全人类共同价值的术语挑选出来。所以，梳理中华思想文化术语，也是对中华民族精神遗产进行去粗取精、去伪存真、披沙拣金的过程。

第二，破译中华数千年文明的基因和密码。每一种文明都有其独特的基因和标记，主要体现为不同的哲学思想、人文精神、价值观念和思维方式。中华民族在与大自然长期相互依存又斗争的进程中，在各民族多元一体相互融合的历史中，逐渐形成了不同于世界其他文明的思想轨迹与学术传统，也形成了自己独特的思想观念、民族精神和思维方式。比如，在西方人的观念中，人与自然往往是彼此

对立的两极，自然是被征服的对象；而中国古人则一般认为，人是天地万物的一部分，人类社会与天地万物服从于共同的秩序，天地万物的“理”，也是人类社会的“理”，因此，认识了天地万物之“理”，也就认识了自我，同样，反观自我，亦可通天地万物之“理”，尽万物之性，进而可“赞天地之化育”“与天地参矣”（《礼记·中庸》）。古人用“太极”“道”“理”“气”等术语说明天地万物的本原和普遍规律，用“太极—阴阳—五行”这样一个理论范式说明天地万物与人类社会形成、变化的过程。宋明理学家基于“心”“性”“理（道）”同一性的准则，阐发“我”与万物合一的思想。这些与西方人的思维方式是完全不同的。只有把握中国人的思维方式，才能深刻把握中华思想文化的精髓。

第三，为解决世界问题贡献中国智慧。当前，人类面临诸多挑战，如环境恶化、贫富分化、腐败滋生、地缘冲突不断等，这些问题的最终解决需要汇聚全人类的智慧。以儒家思想占主导的中华文明，主张由心性入手，从根本上去除私欲，复归人本有的善性，使言行自觉合于天道。“物有本末，事有终始，知所先后，则近道矣。”（《礼记·大学》）先哲的很多论述对今人仍有启示。像“和”“和而不同”“和为贵”“协和万邦”等术语所蕴含的思想，对于看待和化解人与人、国与国的分歧就有重要参考价值。据《国语·郑

语》记载，早在西周末年，郑国史伯就根据日常生活经验与自然规律，体悟到了“和”对于天地万物及人类社会所具有的普遍意义。他对郑桓公说：“夫和实生物，同则不继。以他平他谓之和，故能丰长而物归之；若以同裨同，尽乃弃矣。……声一无听，物一无文，味一无果，物一不讲。”“和”以差异性、差别化的存在为前提，寻求各种差异、差别的总体均衡，使之和谐并存于一个共同体。“和”是事物得以生长、壮大、延续的生命动力；相反，“同”则意味着同质性或机械的一致，也就意味着事物生命力的终结。在“和”“同”之辨的基础上，孔子提出“和而不同”的命题，将自然现象的“和”提升到道德与社会层面来认识，这一理论上的自觉意味着“和”成为中华思想文化的核心观念。“和也者，天下之达道也”（《礼记·中庸》），“和”“和而不同”是自然与社会普遍通行的法则，也高度凝聚了中华民族的理性智慧。

第四，为建设当代中国话语体系提供坚实基础。晚清以后，随着西学东渐与近代科技传入中国，儒家占主导的传统话语体系逐渐被西方话语体系取代，无论是自然科学还是社会科学，其基本框架、研究范式及学术话语大都来自西方，对中国传统思想文化的研究与解读也往往运用西学范式和西方话语。新中国成立后，随着改革开放的深入与综合国力的提升，中国日益走近世界舞台的中央，而中国话语体系的建

设没有跟上经济发展的节奏，中国的制度、国情、外交、社会关切、价值观念等都有待我们用自己的话语进行解读并及时传达给国际社会。越来越多的有识之士意识到这个问题的重要性与紧迫性。可是，中国话语体系不可能凭空产生，它的话语构成、议题设置、规则建构等都需要从中国传统话语体系中汲取滋养。中国传统话语体系是中华民族对自己的历史传统、人文精神、生存境况、社会现实等许多重大问题的理性概括与理论表述，而中华思想文化术语正是这种理性概括的结晶。梳理中华思想文化术语的目的之一，就是要从浩如烟海的中华典籍中挖掘那些既具中华民族特色又具世界普遍意义的话语，通过对富有民族特色的思想文化术语进行创造性转化和创新性发展，为构建当代中国的话语体系提供坚实的基础。只有建构起中国人自己的话语体系，才能在世界话语体系中占有一席之地，真正实现与西方国家的平等对话。

这是“术语工程”的宗旨，也可以说是最终愿景。而实现这个愿景，可能需要几代人甚至很多代人的持续努力。《尚书·周官》说：“功崇惟志，业广惟勤。”《论语·泰伯》说：“士不可以不弘毅，任重而道远。”我们每一个中国人都肩负着传承光大中华思想文化的重任。而欲当此重任，必要深透了解本民族的思想文化；而欲了解本民族的思想文化，必由

中华思想文化术语启其门径。

为了普及中华思想文化术语，“术语工程”秘书处策划了“跨越时空的中国词”丛书，首批推出《家国天下：修齐治平里的人文情怀》《民惟邦本：民本思想与中国古代政治》《仁者无敌：早期中国的兵家与军事》《有教无类：学以成人的教育理念》《人文化成：礼乐文明的理想指归》五本。由于“术语工程”要兼顾外国普通受众，因此对术语的解释高度概括凝练，很多内容无法展开。相比之下，丛书则有详细阐发的空间。丛书选择中华思想文化史上影响较大的若干术语为主题，用深入浅出的语言全面讲述中华民族的思想观念、思维方式、文化特征，深入阐发每条术语的历史背景、基本含义、思想源流以及当代价值，行文中还穿插很多引人入胜的历史故事，足以激发读者对中华传统思想文化的兴趣并可增慧启智。

因丛书策划之初，笔者有幸读过书稿提纲和部分章节，“术语工程”秘书处领导命我简要介绍一下“术语工程”及丛书概况，故而不揣浅陋写了上面的话，权作我的读后感想。

严学军

2022年3月28日于北京

前言

一、“礼乐”何以“文明”？

“礼乐”是中国传统文明的关键词。“礼，履也。所以事神致福也。”（《说文解字》）就正如行走时要穿鞋，行动要依照礼的准则。按照礼制侍奉超越性的天地神明，从而使人间生活日益美善。“夫礼，天之经也，地之义也，民之行也。”（《左传·昭公二十五年》）礼的根据是天地运行的常法和人类生活的恒道，礼根植于伦理关系、祭祀仪典、道德实践当中，起着沟通天人、圣俗世界的作用。“乐者，天地之和也。”（《礼记·乐记》）理想的音乐则凝结着宇宙间整体和谐、人际和万物之间彼此协调运转的观念，因此理想的音乐能传达礼的根本精神，“以乐传教”（《吕氏春秋·慎行论》）就是这个道理。

什么是文明？简单来说，文明就是人间社会的文教、文化、文理之昌明兴盛。古人说：“观乎天文，以察时变；观乎人文，以化成天下。”（《周易·彖传》）文是事物自然的纹理，如玉、石的纹路等。天文即天象的纹理，也就是星象的运行规律呈现在人眼中的迁移变化，故称“天文”。古人认为天象的规律与社会规律有内在的一致性，因此观察天文，可贯通到对社会伦理规范的体察，明白人世的法则，可用以推行和成就天下事业。“礼乐”是人类在漫长而艰难的历史进程中提炼、总结出的社会“纹理”。同时，古人又认为，这种较为恒定的社会人文价值和规律，与天地自然的基本文理是相互贯通、具有一致性的。“文明以止，人文也”（《周易·彖传》），意即人文的意义正在于以这种通达天人一贯的规律、准则来对人类自身进行规范、约束、裁制，这就是“止”的意义。只有遵循人文的规范，天下才能安宁。因此，“礼乐”和“文明”最初含有人类自律、自我调节的意涵，而这种自我规范背后的深层依据就在于自然规律与人类社会法则的某些一致性与相互作用。

二、如何为青少年读者书写和呈现活的“礼乐文明”？

本书主旨便是致力于揭示礼乐文明内在的核心精神以及它所能提供给现代社会生动鲜活、历久弥新的启示与借鉴。总共十二篇，每一篇都采用自下而上、以小见大、从具体生活经验上升到宏观形而上观念的思路，以求更贴合青少年、广大普通读者的阅读兴趣。同时，每一篇都尽量引用现代人能读懂的直观典故或生活中的例证，以直白浅显的语言展示传统文明的精神内涵。书中所收集范例，力求涵盖古代精英阶层的礼乐文化以及大众的日常生活，彰显礼乐“活生生”

的文明形态产生的深刻而广泛的影响。

篇一：导论概述，引导读者从切身体验来了解古代礼乐文明的必要性，初步体会礼乐教化的意涵。

篇二、三：分析礼乐文明观念上的起源，如人世有德先祖、超越的天帝等。

篇四、五：分别从古代世族、家族群体和个人层面展示礼乐文明的教化意义以及对文化核心价值的形塑。

篇六、七、八：礼乐文明在历史时空中一直在变化发展，这三篇分别从文明融合、“三教合流”的角度展示这种发展的主线，同时呈现礼的纷繁变动。

篇九、十、十一：聚焦于能体现中华文明特色的服饰和陶器、玉器、青铜器等礼器。

篇十二：呼应篇一，反思传统礼乐与现代社会文化之间的相互贯通之处，借此引导读者结合自身的生活经验和观察到的社会现实，独立思考礼乐文明的精神与当下生命经验的关联。

三、读者如何通过本书体会礼乐之文明？

“礼乐文明”这一议题博大精深、广大精微，本书体量微小，诚然难以穷尽其万分之一，笔者更希望本书能够成为一个引子，引领读者打开其中一扇门，初探其中的宝藏。这个宝库并不是想象中那么陈旧，而是与每个人如何过好一生密切相关；同时，真正体会其中精髓也需要我们去学习与积累。循序渐进，由浅入深，反求诸己，方能窥其堂奥。

为求读者阅读之便利，书中所引典籍原文，皆采用一般通行之说法；相关论述中引入学界待考证或有分歧的意见，则在脚注中加以说明。读者若有兴趣深入探求典籍全貌或对某个问题打破砂锅问到底，则自可按图索骥，下功夫深究。

吴宝麟

2023年3月10日

于中央民族大学哲学与宗教学学院

目录

篇一 发乎情，止乎礼

人的自然情感是礼乐的开端

说起礼乐，人们可能往往会把它跟门类繁多的典章制度、富丽堂皇的殿宇和古色古香的器物联系在一起。固然，礼乐维系着古代国家的安危，内容宏阔，但是它能长久扎根于人类社会的运行秩序，一定有切合人性自然状态和百姓经验常识的内容。古代礼乐文明的教化，也正是寓于日常人伦之中，与每个普通人的生命际遇和体验息息相关。所谓“伦”，即事物依循的具体法则；“人伦”即人类社会赖以运行、存续的法则。从这个角度看，礼就是社会人伦的正常秩序的表现。

一

『三年之丧』与『三年之爱』

礼自人伦始。父母至亲，是每个个体生命得到孕育、养育的根基。这便是“人伦”最切近的发端。对父母的醇厚情感、依恋、感恩与报恩，及妥善赡养父母、为父母养老、送终，都是大众最普遍的生命历程和情感体验。就人对父母的孝养、亲爱之情来说明礼乐与人类自然情感的关系，儒家宗师孔子和他的学生宰我曾有过一番热烈的讨论。西周以来，就有父母过世后，孝子为之守丧三年的礼制。宰我直言不讳地反对三年之丧，他出于一些现实考虑，认为一年丧期已经足够：

宰我问：“三年之丧，期已久矣。君子三年不为礼，礼必坏；三年不为乐，乐必崩。旧谷既没，新谷既升，钻燧改火，期可已矣。”（《论语·阳货》）

宰我不无抱怨地问孔子：“三年守孝期太长了，君子三年不行其他的日常礼仪，礼必会崩坏；三年不奏乐，音乐也会丧失。陈年谷粮既已耗尽，新的稻谷又生长了起来；打火用的燧木又经过了一个轮回，守孝一年应该就够了。”面对学生直截了当的质疑，孔子不疾不徐地回答说：

> **“食夫稻，衣夫锦，于女安乎？”曰：“安。”“女安，则为之！夫君子之居丧，食旨不甘，闻乐不乐，居处不安，故不为也。今女安，则为之！”（《论语·阳货》）**

“父母去世不到三年，你便吃白米饭、穿花缎衣，你觉得心安吗？”宰我回答：“心安。”于是孔子（可能稍带无奈地）回答：“你如果心安，就按自己的想法去做吧。君子守孝，吃美味不觉得香，听音乐感觉不到快乐，在住宅中静居也总无法安然释怀，因此才不会做那些服丧期间禁止的事。既然你觉得心安，那么你就做吧！”宰我走后，孔子感叹道：

> **“予之不仁也！子生三年，然后免于父母之怀。夫三年之丧，天下之通丧也。予也有三年之爱于其父母乎？”（《论语·阳货》）**

“宰我真是无仁德啊！儿女出生，三岁后才能离开父母的怀抱。替父母守孝三年，天下都是如此的。难道他没得到父母三年怀抱之中的照料和爱吗？”

孔子说宰我没有仁心，是因为宰我没有意识到，为父母守孝三年，并非外在强加的约束，而是源于父母对子女深

◆明 仇英《孔子圣绩图》之《删述六经》

重的亲情和子女真切的感念、悲伤和报答的愿望。孔子认为，所有人年幼时都曾浸润在父母全然的关注、照顾、保护之中，才得以成长为人。而且，守孝三年期间，孝子食不下咽、无心享受任何娱乐，也是因为沉浸在失去至亲的悲伤中，绝非敷衍某种外在的要求。孔子认为，宰我的回答表明他对父母这种深沉的亲情没有感知，这是不可理喻的。

儒家传统是古代礼乐文化的主流与基石，孔子将礼乐制度的安排归于人心自然感情的需求，对中国古代社会产生了深远影响。是否需要守礼、如何守礼为正当，不是来自他人强加的标准，也不是来自外在威权，而是建立在内心道德情感的自我约束之上。信守礼仪、恰切正当地表达内心情感，对于安顿人心、安定社会的价值，是务农生产的实用性的经济价值无法替代的。人类的真情连接、彼此关爱之心和诚意的纽带，才是礼的深层根据。这种根据不限于亲子之间，更可以扩展到普遍的伦理关系中，因此才有了儒家对“孝悌”的许多讨论。

二

从『孝悌为本』到『四端之心』

孝悌是指对父母和兄弟（在现代社会中也包括姐妹）的敬、爱之心。孔子注重以孝悌亲情为培育良善道德的基本途径。他的学生有子将孝悌概括为：

> 孝弟也者，其为仁之本与？（《论语·学而》）

这句话的“为”应该解释为“实行”“实践”。对父母的孝敬和对手足的亲爱照顾，是实践仁道的根本原则。家庭是每个人成长的最初环境，也是培养道德意识和伦常观念的初始场合，所以，儒家重视孝悌的培养、重视家庭伦理对于社会安定、祥和的基础性作用。

先秦时代另一位儒家哲人孟子以孔子为自己学问和人生的导师，进一步发展了孔子这种礼乐根植于人内心道德情感的观念，琢磨出一个“恻隐之心”（也叫“不忍人之心”）的观念，继孔子之后，深远影响了中华民族两千多年来的文化心灵与道德人格。他说：

所以谓人皆有不忍人之心者，今人乍见孺子将入于井，皆有怵惕恻隐之心。（《孟子·公孙丑上》）

这是说，人人都有那一颗“不忍他人遭受痛苦的心”。举例说，一个人毫无预兆地看见小孩马上就要掉入井中，内心就会油然产生一股强烈的惊悚、恐惧、不安和隐隐作痛——他不希望看到孩子掉进去，生命受到威胁。进一步，他或许会在某一瞬间全无私心、不顾安危出手相救。孟子用“怵惕恻隐”四个字生动地形容出这种人之常情。孟子接着解释说：任何一个心智正常的人，在产生这种情感冲动时，不是为了换取孩子父母的交情，也不是为了得到同乡的赞誉，更不是因为厌恶孩子的啼哭。这就是无可名状、自然升起的一股纯粹的道德责任感，甚至每个人听到这样的文字描述，当下都会感受到身体和心情的变化，仿佛置身其中。

所以，孟子由此概括出人之为人的底线：一个人丧失了这种看到他人遭受痛苦时内心涌现出痛感的共情能力，也就失去了人之为人的底线。进而他又揭示了“恻隐之心”之外人之为人的三种道德意识：羞恶之心、辞让之心和是非之心。这三者分别指向羞耻、厌恶不善的心，礼让他人的心，以及明辨是非的心。前面解释的“恻隐之心”加上这三者就是孟子说的“四端之心”，分别对应仁、义、礼、智四种道德理想。“四端”就是四个端倪、端芽，象征这种心灵生发出来的道德感，人心有这四个端倪，就如同身体有四肢一样自然、重要。仁、义、礼、智这四种道德理想不仅存在于人心中，同时也与礼乐相关联：礼根植于仁爱的感情——即上文说的不忍他人受苦之念；礼建立在内心对是非、善恶的明辨和耻于作恶这种自我约束上；礼体现在言行的自然谦让、柔和之中。

孟子认为，如果一个人不能保持这四端，就是在道德成长上自暴自弃；反之，若能持续培育、发扬这四端，道德的成长就像火苗开始燃烧，终必不可扑灭；就像泉水开始流淌，终必汇为江河。这种人格状态可以无限延伸，往近了说，可侍奉安养父母，向远推广则可以保天下万民平安。

孔子和孟子都一以贯之地认为，礼不只是外在的繁文缛节；礼的施行、安排，都来自人本性中的内在驱动力。这种内在驱动力鲜明表现在心灵的情感状态和人生价值的追求中。孔子从为父母守孝谈起，孟子从见义勇为角度切入；前者朝向与自己最亲密的父母，后者关乎素不相识的陌生人，分别涉及私人和公共领域。但是，这两种对象都普遍存在于普通人的人生情境之中，而礼正是在这种日常境遇所孕育的个体意义感和人类整体秩序。

三

情之中和即是礼

上文展现了礼、乐和人内心真实情感的关系：礼是本于人真诚、自发的善念、善愿——不论是对父母无私养育的感念、知恩图报，还是对陌生人困难的不忍与感同身受，都是基于心灵的活泼而真实的同情力、感知力；乐更是要真实无伪地表达所思、所感、所悟。诚然，情感的事情并非总是处于一个毫无偏颇的状态，但凡是人，都会有烦恼、身心状况的波动或负面心态，也就是有喜、怒、哀、乐、爱、恶、欲这七种基本情感（俗称“七情”）。那么礼乐恰恰就是要正视人天生的情感和它变动不居的现实，以善巧恰当的方式将之引导到相对稳定、合宜的状态，使人安顿在整体社会秩序之中，同时不失个性。

《礼记》中的另一篇论文《中庸》将这个过程做了精炼的概括：“喜怒哀乐之未发，谓之中；发而皆中节，谓之和。”意思是说人的喜悦、愤怒、哀伤、快乐等情感，还没有表现在外的时候，就是“中”的状态——这里的“中”指存于内心不表露。而一旦某种情绪表现在外，又能合乎节度、恰到好处，这就是“和”，亦即平和、和谐。“中”“和”

是两种贯穿宇宙万物和人类社会的根本价值："中也者，天下之大本也；和也者，天下之达道也。"也就是说，情感持存在心中，这是天地万物的根本；情感发露而能合宜，这是天地万物的理想境界。如果能达到中、和，天地就能各安其位，万物就能得到良好的化育和照顾，从而井然有序地生长和运行。

人是活生生的，处在具体时空中，有各自的境遇，性格禀赋各不相同。人人都有喜怒哀乐，没有人能够总是保持感情在内心而不表露，否则就无法与人交流，无法有社会生活。但是，这种表露、表达要"中节"——恰当而不过分，就需要后天的修养了。那么礼乐，就是一方面较"硬性"地规范、约束人的心志和行为，另一方面较"柔软"地感染人的情志、德操，以达到"中和""顺正""血气和平"的理想。

我们不妨举《论语·先进》的一则记载为例：颜回是孔子最爱惜、最看重的弟子，有很高的德行修养和学问天分，却不幸早死。孔子心痛无以复加，说："天让颜回早死，这是不让我活呀！"这时，颜回的父亲颜路请孔子卖车给颜回置办椁（即套在棺木外的大棺）。孔子说："不管有才还是无才，都是儿子，都要以儿子的身份实行葬礼。我的儿子孔鲤死时，只有棺而无椁。因此我不会卖车为颜回做椁。我做过大夫，不可以步行。"

孔子虽悲恸，但行为依旧谨慎克制，他的回答坚定明白且有理有据：自己的儿子过世时，也没有用棺椁，因此没有理由卖车为颜回买椁。而且，他以大夫的身份和使命自任，严格遵守礼制，不可以在外出时步行。西周以来对人们应该如何按照身份和伦理关系的亲疏远近来服丧，有一整套规定。《礼记》有一篇《丧大记》记载了置办丧礼时所使用的器具规格，不可逾越[1]；君主、上大夫、下大夫、士所使用的棺木及其装饰、形制，都有严格区分，这些都是秩序的象征。孔子毕生都在为“复周礼”的理想而奋进，没有因为对弟子的特别喜爱而逾越礼的界限，做到了理性与感性的协调，这也是他对自己恢复周礼理想的实际坚守。

1 例如，棺木的尺寸就根据不同身份地位而有具体规定：“君大棺八寸，属六寸，椑四寸。上大夫大棺八寸，属六寸。下大夫大棺六寸，属四寸，士棺六寸。”

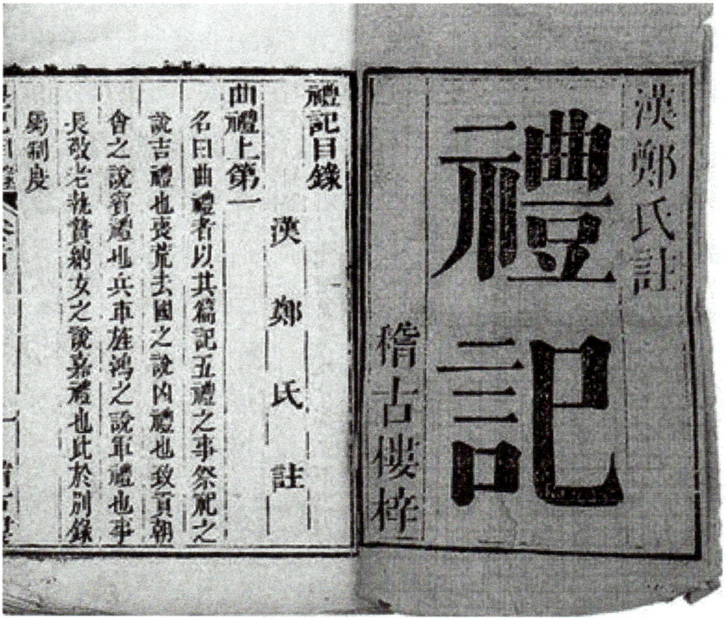

◆《礼记》书影

四

礼乐皆得，谓之有德

礼的根基是人性内在情感的自然流露，那么表现在外，就要讲求适度性，不可以过度，也不可以不及。每个人天生禀赋、个性不一，礼乐教化如何处理这种统一性的宗旨和殊异的个性之间的关系呢？对这个问题的思考，保留在《礼记》的《乐记》篇中，这是古代较早的关于音乐的专门论述，里面讨论了音乐的起源、发生机制和社会功能。

在古代社会，“乐”不完全是单独存在的，也就是说不等同于今人概念中的“音乐”。那时候的“乐”是作为礼制的必要部件存在的，贯穿于礼制、礼仪的各个环节。有时是必不可少的背景配乐，有时是仪式中的主角，总之，它是联结、触动、感染人心的纽带。那么，《乐记》是如何理解音乐的本质和功能的？它说：“凡音之起，由人心生也。人心之动，物使之然也。”也就是说，“音”起源于人的心灵活动。而人心之动，是因为心灵与外在事物相互感通。这种被外物感通而产生心灵活动的外在表现为“声”；不同频率的声相互应和，产生了“音”；不同的音排列在一起，就是“乐”。

也就是说，乐不简单等同于物理振动意义上的声音。“乐者，音之所由生也；其本在人心之感于物也。”乐、音的根本特质在于人的心灵与外物的感通。例如，内心哀戚则声音肃杀；若是欢悦之心与实物相感，发出的声响自然舒缓；要是内心喜庆，声音就发散、响亮；内心愤怒，则声音粗厉；内心有虔敬，则声音刚直；内心怀有仁爱，则声音平和柔软。这六种声音都是源于内心与外物相感。古人对于“声”“音”“乐”三个层次的分辨，其实表达了一种音乐的精神追求：“唯乐不可以为伪”，意即乐是人内心诚实无伪的呈现。音生于人心，人性中情感发动，就表现于声；声如能条理顺畅，则为音。而乐是声、音的升华，可以接通人对人类社会秩序、伦常的感触和领悟，即所谓“乐者，通伦理者也”。

所以，真正懂得“乐”的人，才是有充分文化教养、脱离了野蛮与蒙昧的人。因为禽兽只懂声，普通人只懂音，而道德君子懂乐。能懂得乐的意蕴，才差不多可以说是懂得礼了。“礼乐皆得，谓之有德”，对礼乐皆能有所通达、领悟，这样的人才称为有德之人。乐的隆重盛大，并不是声响高亢或音符华丽就能达到的，而只有“知礼”“通伦理”之乐才算得上盛大。

古人通过区分“声”“音”“乐”三者的境界层次，树立了高尚典雅的音乐追求。音乐是万万不能伪装的，它与心灵直接相通，通过音乐就能了解人的内心状况、所思所想。古代为政者可以通过音乐体察臣民的心志；可以通过一个地方的音乐风格了解风土人情和民心。所以，音乐历来就为各代君王所重视："乐也者，圣人之所乐也，而可以善民心，其感人深，其移风易俗，故先王著其教焉。"真正的音乐是圣人之乐的表达，可以引导民心向善，感动人心至深，改良风俗，彰显先王的教化。

人们体会和欣赏音乐，并非只为了耳目感官娱乐，而是要通过音乐去体会宇宙间万物的根本，同时去了解事物的变化；人们修习礼制，也不只是为了学会一些动作，而是为了彰显真诚心性，去除虚伪。礼乐可以使人理解天地万物的本来实情，通达神妙的德性。

总之，礼和乐是不可分割、相为表里的关系："故礼以道其志，乐以和其声。"礼教是为了引导人心志向善，乐教是为了使声音和谐；"乐也者，动于内者也；礼也者，动于外者也"，礼乐兼顾人内心情感的感染和外在行为的指导。"乐者，天地之和也；礼者，天地之序也。"礼乐是天地和谐的表彰，是天地秩序的象征。在这种大的和谐之中，万物才能化育；在这种井然的秩序之下，各种群类才保持自身的特性，有别于其他生物。也就是说，礼乐要兼顾事物的差别、差序和和谐、相通——自然要照顾到不同人或不同群体的特殊身份、个性、情感经验；同时还要考虑彼此殊异的个体和群体之间如何各安其位、协同沟通。

因此，"和""顺"就是礼乐秩序所期待、推崇的理想状态。《乐记》在解释了理想的音乐之后，还展现了充分礼乐教育培养出的理想人格气象："乐极和，礼极顺。"即乐是要达到极致的和谐，礼是要达到极致的和顺，人内心和谐，面容和顺，就会有深刻感染力，所以理想的音乐是最高人文典范的化身。不过，这种具有神妙功能的音乐到底是什么样的？很遗憾，《乐经》已经失传，但《乐记》用文字记录为我们再现了这种音乐的面貌，希望读者能窥其堂奥：

> **乐者，德之华也。金石丝竹，乐之器也。诗，言其志也；歌，咏其声也；舞，动其容也。三者本于心……**

好的音乐是德的精华。金、石、丝、竹，是演奏音乐的工具。诗表达心志，歌曲吟咏心声，舞蹈则是内心姿态更显著的肢体表达。诗、歌、舞都源于内心，并不决然分开，都是音乐的具体表达方式。

至此，我们来总结《乐记》中的理想音乐：音乐是人内心真实无伪的情感表达，同时也是一种恰当、中和的表达；它寄寓了最高的品德，非娱乐或纯粹美学欣赏；它不仅包含审美旨趣、真实情感，还包含情感的恰当、适中，也就是有很高的理性追求。因此，乐是重要的安顿社会秩序的教化手段，乐并不独立于礼制文明，而是要承担其中的社会功能，其中一个重要的方面就是下文要谈到的教育功能。

五

从礼乐的角度理解『美育代宗教』

近代教育家蔡元培先生在1917年北京神州学会上发表了一篇题为“以美育代宗教说”的著名演说。他首先回顾了人类历史发展中宗教对人的作用——知识、意志（道德规范）、感情（美感），提到随着人自身的力量不断提升，这三个方面都渐渐脱胎于宗教而独立。他认为：

> **美育之附丽于宗教者，常受宗教之累，失其陶养之作用，而转以激刺感情。**

意思是说，美感、感情、艺术的教育，在历史上常常受到宗教的思想约束，而失去了陶冶情操、颐养性情的作用，反而刺激人的感情。因此，蔡元培提出：要真正发挥美育（或者审美、艺术教育）对人的化育和陶冶功能，就要摆脱宗教的影响。我们反观《乐记》对理想音乐的叙述和勾勒，会发现蔡元培的这一理想，与中国古代音乐论述有某种契合——审美、艺术教育本身绝不止于感官娱乐或美感的外在形式，而是因其承载、表达的超越性精神内容和价值追求，长久地保有社会教化功能。与其说它“代替宗教”，不

◆近代教育家蔡元培先生

如说它承担了古代本来寄予宗教对人的训导、教化作用。为什么音乐能如此神妙呢？我们可以从思想内容和艺术表达形式两方面解释。

思想内容方面，在历史上也确实流传着启迪人心的乐曲，古琴音乐便是显著代表。古琴是最古老的传统中国乐器之一，在古代文化艺术生活中占有重要地位，琴乐是古代读书人必学的雅乐。古琴曲《鸥鹭忘机》（也称《忘机》）就是一例。“忘机”就是指人无巧诈、钻营之心，因此能让异类亲近，也引申为君子隐居淡泊、忘怀世事。这首琴曲的思想内容出自《列子》一书中的寓言故事《黄帝》。故事说在遥远海岸上，有个十分嗜好海鸥的人。他每天清晨都去往海边与海鸥嬉戏。海鸥成群结队地飞来，甚至多达百只。有一天他父亲说：“我听说海鸥甚为喜爱与你结伴玩耍，不如你趁机捉一只来给我玩玩吧！”次日，此人依旧来到海上，试图捕捉鸥鸟，而鸥鸟却只是盘旋于空中，再不肯落下与之亲昵玩耍了。此人和鸥鸟之间虽无言语对话，但鸥鸟却感受到了他无形的心机和企图，不再友好。寓言警醒世人：唯有忘却邪念、心机、算计、狡诈，才能长久与他人和谐往来，进一步，才能与万物交融没有隔阂。这个故事就是古琴曲目《鸥鹭忘机》的创作来源，曲谱最早见于明代朱权所编的《神奇秘谱》（成书于1425年）。此曲广为文人雅士所爱，流传至今，潜移默化地滋润着钟爱它、弹奏它、聆听它的人们。

艺术形式方面，我们举春秋时期名相晏婴的例子。《左传·昭公二十年》记录了晏婴谈论音乐和治国关系的一段话，他说："先王之济五味，和五声也，以平其心，成其政也。"古代的君王，用各种味道相互调剂，用宫、商、角、徵、羽五音来相互调和搭配成和谐乐曲，都是为了使人心平和。他还列举了乐音成对的特征"清浊、小大、短长、疾徐、哀乐、刚柔、迟速、高下、出入、周疏"，涉及音高、音量、持续时间、乐曲速度、表达的情感、乐音的力度、节奏，和音乐的结构[1]。晏婴接着说，这所有相对的方面，相互有分别，但又相互配合、协调，而不至于有冲突。君子聆听如此形式丰富、风格变化多样、感情层次饱满、不同要素配合恰到好处的和谐之乐，内心就会被感动，养成平和、讲礼的德性，从而与人为善、以礼待人。从个人平和之德，扩展到群体关系的协调、和顺，从而"成其政"——成就良善的政治秩序与社会环境。

1 对晏婴这段话的解释，参考了范煜梅：《琴与诗书同行》，四川教育出版社，2010年，第14页。

这种认为音乐的理想境界在于“和”“平”，音乐陶冶人性、改善社会的观念渊源已久。《礼记·乐记》说音乐是“和顺积中而英华发外”，即平和、和顺的气质在内心蕴积而自然流露于外，显出华彩，便成为乐章。音乐的感化力量可以达到什么样的地步呢？《礼记·乐记》说音乐甚至可以使人的身体不受到怠惰、散漫、邪恶的感染，使得五种感官和心灵、身体都和顺、守正，而能践行正义的事，甚至可以激发最崇高的德，散发出光芒，使得四时节气调和、万物的规律得到彰显。万事万物井然有序、和谐且相互感通的情状，都可以在音乐中得到表达、昭明、发挥。譬如：“清明象天，广大象地，终始象四时，周还象风雨。”给人清澈明亮之感的乐章象征着天的品格，给人宽广壮大之印象的音乐象征着大地，乐章终始相接象征着四时的规律，乐句循环回转象征风雨的运转。总之，好的音乐是要模仿与表达这种天地、四时、万物运行最理想、平和、顺畅的状态，而最终作用于它的受众——感受音乐的人，使之血脉、气质都祥和宁静：

> **小大相成，终始相生。倡和清浊，迭相为经。故乐行而伦清，耳目聪明，血气和平。（《礼记·乐记》）**

大小轻重之声相互应和，曲式收尾循环相接。清浊的音色相互搭配，交替互为主旋律。因此乐兴起而可使伦理清明，让人的感官敏锐，身心气质平和安宁，从而达到广泛改良社会风气和实施道德教化的目的。而失去平和宁静精神气质的音乐，是君子所不齿的。换言之，这种承担着礼乐文明整体框架下教化、疏导人心的音乐，是足以培育人之善性的。

文化关键词

诗言志

诗歌表达作者内心的志向。“志”指诗歌作品中所表达的作者的内心志向、思想，兼及情感因素。“诗言志”最先见于儒家经典《尚书·舜典》，是中国诗论的“开山纲领”（朱自清语），经过历代诗论家的演绎，其蕴涵不断得以丰富，并由此确立了中国文论关于文学特征的基本观念。

乐

古代六艺之一，常与“礼”并称。相较于各种外在的礼法规范，音乐最能感动人的内心并对人的言行产生影响。但并不是所有的音乐都属于儒家所说的“乐”的范畴。“乐”应能有助于人的性情处于平和中正的状态，使人的言行自觉符合礼的要求，从而实现人与人之间的和谐共处。“乐”常与其他礼仪形式配合运用，是维系人伦秩序、移风易俗的重要手段。

中和

人心所达到的中正、和谐的状态。人的喜、怒、哀、乐等情感的活动及其在言行上的表现符合礼的要求，不失偏颇进而达到一种和谐的状态，即是“中和”。治理者如果能够体认并达到“中和”的状态，以此治理天下，天地万物就会处于端正、恰当的位置，和谐、有序，就可以实现彼此间的共同繁荣与发展。

篇二 慎终追远

礼乐的人间落脚

古代礼乐文明的一个重要源头是祖先崇拜观念和由此衍生的祭祀、纪念活动。祖先崇拜是一种普遍存在于许多早期人类文明的文化或宗教现象，既有深厚的思想、民俗内涵，也有丰富多层次的表达方式。中国人对此也是至为熟稔。它绵延古今，是一种无形精神概念的凝结，在当代中国社会仍然表现为各种重要的典礼和组织形式。

◆介子推之墓

一

清明念祖，民德归厚

清明节是人们集中进行祖先祭祀的时节。从起源来说，既有物候节气的含义，也是祭祖的重要时节。我们先说节气方面的意义。根据太阳在黄道上的位置，在一年中定出二十四个点，每一点叫一个节气，这是先民在长期的生活和生产经验中总结出的时令规律，与古代农业生产安排密切相关。作为节气之一的“清明”，一般对应的日期是公历四月四、五或六日，属于春天的节气[1]。我们前文谈到《乐记》说“清明象天”，唐人孔颖达注说“人之歌曲清洁显明以象于天也”，“清明”就是清洁、显明的意思，即在这一节气时，万物生长，呈现出清洁、明亮的景象。

关于清明节候的诗歌不胜枚举。除了读者们耳熟能详的唐代杜牧的《清明》，宋代黄庭坚的《清明》更是点出了这个节气背后深厚的文化意味和哲思：

佳节清明桃李笑，野田荒冢只生愁。
雷惊天地龙蛇蛰，雨足郊原草木柔。

1《逸周书·周月》:“春三月中气，惊蛰，春分，清明。”

人乞祭余骄妾妇[1]，士甘焚死不公侯[2]。
贤愚千载知谁是，满眼蓬蒿共一丘。

诗第一句叙述清明时值桃李争春，却映照荒野中使人悲愁的坟冢。雷震、雨润，万物惊动生长之际，人们与族人相约，扫墓祭祖怀远，这是清明对于人们的礼俗意义。那些故去的人当中，还有许多忠勇不阿的英魂，例如宁愿抱树焚死而不肯屈从出仕的介子推，其英灵也在此时被追怀。千年之下，世人是否早已遗忘贤者与愚者之别——一如人们所见贤愚长满蓬蒿的坟丘并无二致？全诗由物及人，由景及情，由今达古，意境一悲一喜，一生一寂，一凡一圣，一俗一雅，客观上展现清明这个与怀古、祭祖相连的节日深厚的文化内涵和教化意味。

人们为何需要追怀、纪念祖先？“慎终追远，民德归厚矣”，《论语·学而》里的这句话，也可以用来概述清明的意义：不论贫富贵贱，人终有一死，每个人都需要对生命的终极去向保持敬畏、审慎和反思。这种敬畏与反思，不仅仅是朝向死亡和逝者的，也能促使当下的生活更真切恰当；同

1 此句出自《孟子·离娄下》的典故，说齐国有人外出向扫墓者乞讨祭祀余下的饭食，回家哄骗妻妾有人请客。比喻卑愚贪婪者。

2 此句典故是关于春秋时期晋国名臣介子推宁死不屈的故事。

时，对远古先祖贤德的追思缅怀，能使人们的德行回归敦厚。所以，看似离当下生活有点遥远的“死别”，其实和每个人都有关系。每一种文化传统都需要正面安顿普遍生存经验中对死亡的态度，这正是通过丧葬之礼、追怀祖先之礼、祭祀之礼来实现的。世代延续的礼俗加深和塑造着这种道德意识，而道德意识越发醇厚，礼俗也不断加固、稳定。

在中国南方某些地区，如福建、广东、广西一带，清明祭祖，仍是要出动整个大家族之力（通常以“姓”为单位）的一件大事。集体扫墓时，人们来到祖先坟前，先恭敬地将祭品整齐摆放好，焚香，洒酒，供奉，跪拜，行礼。待香燃尽，族人们席地而坐，享用祖先已经“品尝”过的祭品。此时气氛方才由浓重转为轻快，料峭之寒中，透露出盎然生机。这种约定俗成的“仪式感”维系着家族、亲缘关系，温暖着家族记忆。

这里，我们从中华民族历史记忆的角度稍做讨论。古代中国主要是以农业社会中的血缘关系为纽带组织起来的，因此，家庭、宗族关系，不仅提供基本的情感支撑，也是经济生活的组织形式和人们立身行事的社会资源。因此，这种凝固家庭伦理的礼俗有着深厚的社会基础。而现代社会的伦理与人际关系已经有了很大的变化。例如，人们所需要的物资和人脉资源是在陌生人社交网中获取的。那么，为何清明祭祖的礼俗仍在延续呢？原因有二：其一，农村和农业人口仍然占有相当比重；其二，尽管大宗族已经越来越少，家庭仍然是社会的基本组成单位，也是培养人们基本道德意识、亲情观念和伦常规范的场域，家庭的恒定价值并未丧失。因此，“慎终追远”仍然能够唤起“民德归厚”，只是转换了具体的形式而已。

二

天地之大德曰生：『祖』的含义

前面介绍了祭祖历史，我们来追溯一下“祖”的原始含义。“祖”这个古字的字形在古代经历了一些演变，但基本保持了原初面貌：

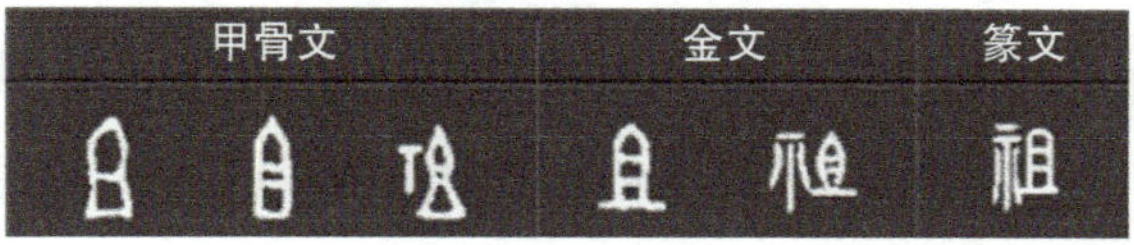

“祖”字字形的演变

上图中，前三者是“祖”字的甲骨文字形，中间二者是商周青铜器上“祖”的写法，最后一个是东汉学者许慎在《说文解字》中记录下来的篆书写法。《说文解字》说：“祖，始庙也。”“始庙”就是供奉始祖的宗庙，《尚书·舜典》说“受终于文祖”，意思就是舜在始祖尧的宗庙承继了尧的帝位。“祖”的字形，右边是“且”，表示男根和生殖力；左边的“示”旁表示与祭祀有关。所以祖的本意为男性祖先（女性祖先一般称为“妣”），“始祖”即爷爷以上各个辈分的男性长辈。

在早期的字形中，保留了先人对生育力量的崇尚。在远古社会，要面对严酷自然环境的挑战、延续生命、获得生活来源和生产资料，首先就要壮大人口、劳动力。所以，促使族群繁衍的生育力量在当时的社会条件下，是被群体肯定的能力。我们在很多其他人类早期文明遗址、遗存中都能见到“祖”这种朴素、原初的意义。

然而，生育力量是动物普遍具有的本能，算不上人区别于其他动物的特性。随着先民对“自我”和“世界”认识的深化，祖先崇拜也发生着变化。渐渐地，能被后世尊奉为“祖”的人，并非仅仅因为能繁衍后代，更是因为其都是“文化英雄”式的人物，为族群的发展做出过卓越的贡献。这种变化反映着先民的心理从“童年”时期逐渐成长、蜕变，随之，祖先崇拜的文化意涵越来越走向“祛魅”、理性化。

在西周文献中，也能见到贵族祭祀先祖仪式的记载，例如《诗经·周颂·潜》记载了在周人生活的漆河、沮河流域，在水中有许多大鲤鱼、鲟鱼、白条鱼、黄颊鱼、鲇鱼等。这些鱼都用在祭祀中供奉祖先，祈求福佑。漆、沮两河在今陕西境内，对于周人历史有特殊的意义。据《史记·周本纪》记载，周人的先祖公刘带领族人从漆、沮迁徙到渭河，在那里取用丰富的自然资源，使得人民丰衣足食、置业安居，百姓都仰赖、怀念其德行，也揭开了周人势力和文化兴盛的序幕。之后，周人击败殷商得到天下，他们反顾历史，心里自然怀着深深的追思、崇敬和自豪感，公刘就成为必不可少的祭祀对象。为何要用这么多名目的鱼类？很多学者认为，这是因为鱼有多子，代表强盛的生育力，有壮大族群的象征意义。据《史记》记载，公刘不仅颇有政治领袖才干，带领族人迁居，管理防御、外交事务；他还为周人培育了优秀的领导人后代。由此可见，至少在殷商、西周时期，在先民们心目中，祭祀祖先已经不单单是原初朴素的生育崇拜，而拥有了更多道德、政治色彩。

三

人谋鬼谋：问祖求启不断理性化

人们为何要祭祀祖先，并且在一段不算短的历史时期内，大大小小的事情都要征询先祖的意见？从文化心理来解释，首先，这些先祖在世时是具有特殊才干和能力的人，因树立的典范和功绩而备受尊崇，即便他们已经过世，人们出于追怀和对未知死亡的敬畏，仍然延续着大小事宜“听取”其意向的“习惯”，以期从他们的“灵魂”那里得到指导、启示，解决现实生活的种种疑问，获得特殊“大能”保护、福佑。这是祭祀祖先成立之初重要的精神动力。

例如，殷商时期的甲骨占筮活动中，人们灼烧甲骨，从甲骨裂开出现的纹路来判断吉凶，其实是在借用甲骨作为媒介，与逝去先祖的“灵魂”对话。商人贵族通过甲骨占问，来询问祖先应该如何祭祀，而祭祀的对象，也常常是某位祖先。例如，商的一位始祖叫“上甲微”，后世的文献《国语·鲁语上》说：“商人报焉。”就是说商人要报答上甲微。三国时的史学家韦昭对这段话的注释是：“报，报德，谓祭也。”韦昭认为，“报”就是后人对上甲微的德行、功业进行报答的一种祭祀活动。

如果稍加深究，就会发现以占筮为必要环节的祭祖典礼并不完全是出于盲目、无知的心理。早期中国的祖先祭祀有一个值得一提的特征是，形式上表现出某种“格式化”的特征，并固化为一定的系统、制度。[1]这种现象至迟在商代晚期开始出现并固定下来。考古发掘的殷商时期的甲骨刻辞中，商人对祭祀的祖先要依照一定的原则命名，并按照一定的次序排列。祖先名号的排列次序和举行祭祀的日期有严格的对应；对某一位祖先进行祭祀的方式、程序、所用牺牲的种类和数量，都有严格的限制与规定。这两片甲骨上的文字，就是说要在乙未这一天对诸位祖先进行一种名为“酒”[2]的祭祀。

描述“酒”祭的甲骨

1 关于“格式化”特征，可参考美国汉学家吉德炜对晚商时期甲骨刻辞中祭祖现象的观点。见吉德炜著，周昭瑞译：《祖先的创造：晚商宗教及其遗产》，载伊沛霞、姚平、陈致主编：《当代西方汉学研究集萃（上古史卷）》，上海古籍出版社，2012年。

2 “酒”这种祭祀行为具体为何，学界有不同说法。

从左往右、从上往下，甲骨上罗列着如下的文字：

上甲十、报乙三、报丙三、报丁三、示壬三、示癸三、大（太）丁十、大（太）甲十。

上甲（微）、报乙、报丙、报丁、示壬、示癸、大（太）丁和大（太）甲都是殷商先公先王的名号[1]，后面跟随的数字是祭品的数目。这些祖先的名号与司马迁《史记》等史料的记载可以相互印证，也使得我们能够清晰地认识殷商王朝的王的世系。但是，当时的人们为何要用“甲、乙、丙、丁、戊、己、庚、辛、壬、癸”十天干作为祖先的代号还是一个未解之谜。而这些顺序仪则的制定者往往是当时的王及掌管贵族祭祀占卜的祭司官，他们是享有文化教育权利的一群人。这种祭祀顺序和程序的严格布局，可能与古代天文历法、星象知识有关。不论如何，依照既定的顺序祭祀先祖，而不是杂乱无章地随意排列，且用牲的数量和种类皆

1 20世纪初，学者王国维与罗振玉借由殷墟甲骨的发现创立了影响深远的“罗王之学”。王国维把甲骨刻辞中出现的商人先祖的名号与《史记》等古籍记载的商王序列、典故对照，不仅证实了商王朝传承有序的世系，更大大推进了中国上古史的研究。参考王国维：《殷卜辞中所见先公先王考》《殷卜辞中所见先公先王续考》，载于《中国近代思想家文库·王国维卷》，人民大学出版社，2014年，第111—125页。

有讲究，反映出商人对祖先祭祀有一套出于天地整体秩序的考量。

除了上述这种“格式化”，殷商时期祖先祭祀的另一个特点，就是与甲骨、蓍草占筮两种占卜方式并存并用的文化现象关系紧密。“卜筮并用”在古代典籍有记载，同时在出土的甲骨上也有实物对照。“卜筮并用”就是将龟兆这种图像性的卜问结果和蓍草这种数字性的占筮结果相互参考，来最终决定祭祀等重大事项的安排。例如，在《仪礼》这本保存上古礼制的典籍中，有一篇记载大夫一级祭祀祖先之礼仪程序的《少牢馈食礼》[1]，说在进行“少牢馈食礼”之前，有三次重要的占筮，分别占问祭祀日期、礼仪中扮演祖先受祭的晚辈和配祭者。这个过程中，主人和家中掌管占筮的卦者记录占筮结果。所占问的事项叫“命辞”，往往依据严格的格式，比如：

孝孙某，来日丁亥，用荐岁事于皇祖伯某，以某妃配某氏。尚飨[2]！

就是说，主人自称为“孝孙”，卜问在未来的丁日、亥日，对祖先及配祭者祭祀，祈请祖先享用。整个占卜过程依

1 少牢：古代祭祀用羊和猪做祭品称“少牢”。

2 尚：发语词。飨：祭祀。

照既定程序：卦者站在庙门西面，左手持占筮用的蓍草等工具，右手用“韇”[1]击打占筮工具，同时重复主人的命辞。然后由坐在左侧的“卦者”在木版上书写占筮结果并呈给主人看。占筮结果若为“吉”，就可以按部就班准备祭祀用品；如果为“不吉”，就要择日重新占问。

从大量的文献和考古发现来看，“筮”“卦”都与数字法则有关。相比烧灼甲骨得到“兆纹”这种图像性的符号，“卦”以数字符号的形式加入了更多的理性规则，使得“占筮”这种看似偶然性的卜问活动，变得更为可控，更合乎理性，渐渐脱离神秘的外衣。这种祭祀活动的变革实际上是人类的理性与外在世界之间“博弈”的结果。后来的《周易·系辞传》把它总结为“人谋”（人本身的能力、智谋）和“鬼谋”（人之外不可知、不可控的因素和力量）之间的较量。就祭祀祖先的活动而言，趋向理性化就是从单纯向先祖、鬼神求问、讨喜，与鬼神交谈，转变为如何使祭祀活动促进人的现实生活和道德提升。我们通过对祭祖礼的考察，其实可以洞见当时社会的发展程度和人们理性思维的进展。

1 韇，音dú。古代占卜用的蓍草筒。

四

治世之音：祭祖仪典与音乐

礼和乐本一体两面，或者说，乐（包括歌、舞）本身就是礼制实践中的重要内容，这一点在前文已经介绍过。音乐对环境的渲染、烘托使得文字记载的平面仪节呈现为生动立体的场域，可以激发仪典之中人们的诚敬之心，也可以调和礼仪中人们身份高低悬殊造成的隔阂及过于拘泥外在礼节而造成的僵硬刻板，是“礼之用，和为贵”（《论语·学而》）的表现。

《诗经·周颂·有瞽》就是一首周人祭祀先王时，展现用乐细节的诗。全诗描写了礼仪进行时，盲人乐师来到周朝宗庙，架设摆放乐器的华美工具，摆放各种鼓、石制打击乐器、木制打击乐器和竹制管乐器。诗中描写各种声响合奏，和谐肃穆，雍容而响亮，先祖享用这样的乐音，在场宾客亦长久地感到欣悦。诗中提到的乐器，在考古发掘中都得到证实，有些沿用至今。整首诗描述了祭礼的有条不紊，充满了周人建立王朝后，祭祀先祖时内心的自豪。

礼乐一体的文化面貌，也在中国各地延续下来。如今很多地方民俗的祭祖礼中，都还有丰富的古乐和仪式相结合。

例如，今江西赣南客家祭祖仪式中使用的乐器既有传统中式乐器，也有西洋管乐器，而这些地方乐队，还负责一方的重要仪典、红白喜事，社会功能已经变得混合。[1]

通过《诗经》的记载和今人对江西地方祭祖礼风俗的田野调查记录，一古一今，一雅一俗，我们可以看到，祖先崇拜和祭祀的形式已经多有演变。现实生活，尤其是百姓日用层面的祭祀仪轨，学界称作“小传统”，常常处在流变中，显得更为灵活、贴合地方实际。但核心的对先人的追怀、借此凝聚集体的力量、塑造集体风尚，这一点是延续的。

1 参考幸莹洁：《赣南客家祭祖仪式调查研究——以会昌西江许氏宗祠为例》，载于《当代音乐》，2016年4月号（下），第43—45+50页，其中罗列了当时仪式之中乐队搭配使用中式乐器和西洋铜管乐器的状况。

五

认祖归宗：突破血缘的共同体文化纽带

随着人们对现实生活的认知、实践的逐步深入，人们敬畏先祖和惧怕“冒犯”先祖的心理随着在世之人能力的提高而淡化，占问祖先的活动，渐渐形式化或退出历史舞台。但祭祀仪式本身，作为涉及宗族群体成员的重大事件，与其说是为了先人，还不如说是为了教化、训诫、团结后人。这也印证了孔子说的“祭如在，祭神如神在”(《论语·八佾》)。祭祀神明时，参与者应当谨守神明如在眼前的戒惧谨慎，怀有战战兢兢的诚敬之心情，而不只是走过场、徒有形式，如此才能保证祭祀的意义和内涵。

祭祖礼的社会凝聚作用，使其绵延千年，触及国家各个阶层和社会生活的各个角落。例如皇家对炎黄二帝的祭祀及五帝并祭活动，就隆重盛大。在上古，“祖”和“宗”是分开使用的，《礼记 · 祭法》说：“有虞氏禘黄帝而郊喾，祖颛顼而宗尧。夏后氏亦禘黄帝而郊鲧，祖颛顼而宗禹。殷人禘喾而郊冥，祖契而宗汤。周人禘喾而郊稷，祖文王而宗武王。”[1]这里

1 喾：音kù；颛顼：音zhuānxū；鲧：音gǔn；契：音xiè，帝喾之子，商的祖先。

的“禘”“郊”“祖”“宗”应该是四种不同的祭祀或礼敬行为，对象各异。有虞氏、夏后氏、殷人、周人都是古代部族，后三者分别对应夏、商、周三个曾经创立历史朝代的集团，而有虞氏应该在夏之前。

我们今天还得依靠古人的注释来理解这几种祭祀行为的意思。汉代经学家郑玄认为[1]：禘是指在圜丘祭祀昊天，郊是指在南部郊外祭祀上帝（天帝、天神），祖、宗意思相通，是指在明堂祭祀五帝[2]、五神[3]。禘、郊、祖、宗都是祭祀各位天帝，分别以不同的先人或始祖相配，一起祭祀。也就是说，在《祭法》中，祖、宗都是以某位显赫的先人配祭于五帝或五神的仪式。

唐代经学家孔颖达在郑玄的基础上进一步说明：“祖，始也。言为道德之初始，故云祖也。宗，尊也。以有德可尊，故云宗。”孔颖达认为，祖就是起始之义，并不仅仅是生物学上的初始，而是具备卓越道德的初始；宗则是指因有高尚之德而备受尊崇。由此可见，传统主流观念中，对祖、

1 这里笔者参考了《礼记正义》，上海古籍出版社，2011年，第1783页：“禘、郊、祖、宗，谓祭祀以配食也。此禘，谓祭昊天于圜（yuán）丘也。祭上帝于南郊曰郊，祭五帝、五神于明堂曰祖、宗。祖、宗通言尔。”

2 指传说中的上古五位帝王。一说包括黄帝、颛顼、帝喾、尧、舜（《史记・五帝本纪》）。

3 指五方之神：句芒、祝融、后土、蓐（rù）收、玄冥。亦称五行之神。

宗的祭祀就是专注于尊奉和纪念那些有德行修养、为共同体做出过杰出贡献的人，这些人可说是文明史上里程碑式的人物。祖、宗有着浓厚的道德意味，相比简单原始的祖先崇拜有了文化的升华和飞跃。

在后世民间社会中，祭祖礼演变出各种形式和样态，更与不同地域风土人情及宗教传统、本土信仰糅合，形成缤纷多彩的地方传统。上层贵族和黎民百姓都供奉各自的“祖”，但整个国家民族又都尊奉远古的伟大王者为“共祖”，“祖”本身就分化成不同的层次和角色，凝聚着不同层面的社会力量。起先的“血缘”上的“祖”，到血缘先祖中卓越德行、功绩者的脱颖而出，再到更广大范围内，群体“共祖”、国家制度层面对“远祖”的追认，使得本身是由人创造的祖先祭祀，又反过来塑造着一定文化环境中群体、个体的社会心理。《礼记》有一篇《大传》，曾这样叙述尊敬祖先和团结宗族的关系：

亲亲故尊祖，尊祖故敬宗，敬宗故收族。

血缘上的亲人互相亲近，自然就会以祖先为尊贵，也进一步共同敬重比“祖”更早的“宗”[1]。这样才能使宗族血缘纽

1 “宗”本意与“祖”相近，有“宗庙”的意思，也有“祖先”的意思。但在这一段，“宗”与“祖”对举，应该是指远祖。

带更坚固，从而团结整个家族。从“祖”延伸到“宗”，一个家族的历史就延伸到更广远的时空之中，本来看似各自独立的“小家”，可能分享着同一“祖宗”，也就被置身于多个相互联系的网络中。“祖宗”这个词，越来越从某位具体祖先的指称转入抽象统称。中国历史上，几次战乱导致的移民南迁浪潮，使得许多诞生于中原的文化，辗转至南方落地生根，祖先崇拜观念和宗族的生活方式，促使血脉不绝、精神奋进。这一点，在下文还会进一步介绍。

可以说，“祖”之所以被追崇，最初源于人类出于生存需要而产生的对生育繁衍能力的崇拜，是一种对“生物学”意义的“生”的崇尚。但是，古代中国对“生”的精神的推崇，并没有往宗教迷狂的极端走去，而是不断被灌注许多“德义化”、理性化的内容。对“祖”的追怀，寄托着古人对生命延续的向往，这种延续，是个体生命的有限（人必有一死）融于集体（即国族、族群）意义的延续与兴旺。从这个角度也就不难理解，古人将传说中的“三皇五帝”这样的远古部落首领共同尊奉为祖先，其实是一种民族融合后集体心理的反映。“祖”的精神概念在文化塑造的过程中延续下来，这种“延续”是使人区别于一般生物的道德意识的反应，这便使祖先崇拜指向一种精神向度的提炼，指向对现实生活的导正、制约，从而伴生以家族为基本单位的社会运转机制。

因此，我们看到，先秦时期，哲人们赋予“生”这个概念厚重的哲学意味，例如《老子》说“道生之，德畜之”，认为从宇宙和人类社会整体的高度而言，并非某位始祖赋予了万物生命力，而是“道”作为世界本源化育了万物。孔子则说：“天何言哉？四时行焉，百物生焉。天何言哉？”（《论语·阳货》）孔子继承周代崇尚“天”的思想传统，赞扬“天”默默无言，却使得四时有序轮转、承载各种生灵生存于其间，十分伟大。《周易·系辞下》说“天地之大德曰生”，认为“天”最大的德性就是保全万物的生命，促使其成长和繁盛。

可以说，“道”或“天”是最具有博爱意义的“祖”，因其生养万物。这种对“生”的哲学性解读，与远古先民的祖先崇拜观念向道德义转化是有关系的。这种“尚德”，是一种入世的人文精神，是一种通过对现实的积极参与来实现永恒的努力。

文化关键词

卦爻

“卦”是由“—”和“--”排列组合而成的一套符号系统，其中的“—”为“阳爻”，“--”为“阴爻”。每三“爻”合成一卦，可得“八卦”。每六“爻”合成一卦，可得“六十四卦”。“卦爻”的产生与占筮有关。古人通过分取蓍草，演算其变化之数，从而确定卦爻，以预测吉凶。后人为卦爻赋予各种象征意义，并用以理解和阐发包括人事在内的天地万物的运行变化及其法则。

清明

中华民族四大传统节日（春节、清明节、端午节、中秋节）之一，是中国传统岁时体系中唯一与节气合一的节日，通常在四月四或五或六日。唐以前，清明主要作为二十四节气之一，反映自然时节的变化，与农事息息相关。唐宋以后，清明节取代寒食节而成为节日，寒食节原有的祭祖扫墓、吃冷食等成为清明节俗的内容。此时万物生气旺盛，人们顺应季节的变化，又有郊游踏青、插柳、放风筝、荡秋千等活动。时至今日，清明仍是中国人生活中具有特殊意义的节日。2006年，经国务院批准，清明节被列入中国第一批国家级非物质文化遗产名录。

篇二 敬天保民

礼乐的超越性根据

我们平时常常听见人们脱口而出“（我的老）天（爷）啊”，表示惊讶、悲伤等强烈的感情。这种约定俗成的表达方式是从哪里来的呢？事情还得要从远古时代先民对“天”的信仰和祭祀说起。

一

『天』与『帝』：礼乐的神圣源头

“天”是先民信仰世界中的最高神明，但是，“天”成为最高的信仰对象是经历了一个过程的。今天能看到的最早的“天”字是在商代晚期的甲骨文和西周青铜器上面，字形如下所示：

商代甲骨文和周代金文中的“天”字

甲骨文中的“天”，以“大”为偏旁，而“大”是象形字，本义是一个正面跨立的人的形象。“天”字则是在“大”字上端加上了一个“”或“，指高远宇宙中的物理空间，也具有超出人们日常经验的神秘性意义。

说到“天”，就不得不说当时人们信仰的另一个对象——“帝”，这是商代神灵世界中一个比较高级的神明：

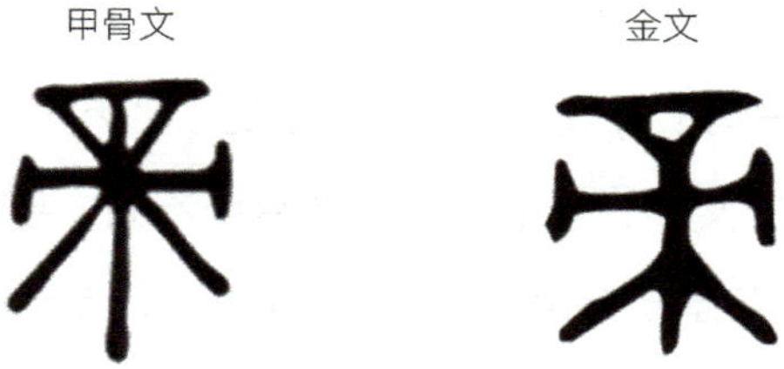

商代甲骨文和周代金文中的“帝”字

关于“帝”的字形起源，有不同的说法：有人认为这是古代祭天时所用的高架，也就是“禘”（即祭天礼）的本字；有人认为“帝”的形状是一个花蒂，因为同音被假借为“天帝”的“帝”；还有说法认为它是兵器。在殷商时期，贵族崇尚用乌龟的壳、牛的肩胛骨[1]来向神明卜问大小事情的吉凶和发展趋势，例如，向帝询问会不会下雨：

（1）丙寅卜，争贞：今十一月帝令雨。

（2）贞：今十一月帝不其令雨。

1 有时也用猪骨、鹿骨等。

以上这两句话出自《甲骨文合集》编号5658这块甲骨的正面，两句话都是询问“帝”会不会“令雨”，亦即召唤下雨。第（1）句的意思是：丙寅[1]这天占卜，由专门负责占卜的官员争进行卜问，询问“十一月帝会命令下雨吗”？第（2）句意思与第（1）句相同，所以省略了“丙寅卜”“争贞”等重复性质的文字，但卜问的方式有所不同，是从反面问：“十一月帝是不是不会命令下雨？”这两句话合起来就是一条“正反对贞”的记录。“正反对贞”是殷商时期占卜的一种习惯，即针对一件事情、在同一地点连续向神明卜问两次，先正面询问，接着反向发问。通常，在这样的卜辞中，第二条会省略部分重复的内容。

记录卜问“帝”是否会降雨的商代龟甲

“帝”是掌管天象的神明，有神力降下灾祸、呼风唤雨，有时也叫“上

1 殷商时期，人们用十天干和十二地支两两相配来标记年月日。此处，“丙寅”就是天干“丙”配地支“寅”的这一天。

帝”。例如，可能写于商代的《尚书·盘庚》这篇文献，记录了“盘庚迁殷”这一历史事件。盘庚劝说部属跟随他迁居新都城，说：“肆上帝将复我高祖之德，乱[1]越我家。”“肆”是一个发语词，整句话意思是“上帝会使我再具备、恢复先祖的德行，来治理我们的王家”。也就是说，上帝不仅掌管天象，还会影响人间的道德，人们对天象、自然的变化和人间政治秩序稳定性的诉求，都归之于上帝。

到了周代，“天”和“帝”就常常同时出现了，例如《尚书》中有一篇周初文献《大诰》，记录了周武王率军战胜殷商不久后，东边发生叛乱，而武王已经去世，儿子成王年幼，朝政暂时由武王的弟弟周公代管。周公决定出兵平定叛乱，出征前，他宣读了一篇动员大众的文章，说：“已！予惟小子，不敢替上帝命。天休于宁王[2]，兴我小邦周，宁王惟卜用，克绥受兹命。”意思是：“唉！我只是小子，不敢废弃上帝的命令。天对我们的先王文王恩惠有加，授予他天命，要振兴我们小小的周邦。当年文王在世的时候，就是通过龟甲占卜了解天降大命的。”这里，周公一方面诉诸文王的权威，因为文王在周人心中是一位有历史功勋和政

1 乱：治理。

2 此处宁王指周文王，是周武王、周公的父亲。

治谋略的首领；另一方面，他借用龟卜来证明自己所延续的是文王的使命，从而稳定军心，激发士兵的斗志。他接着说："今天其相民，矧亦惟卜用。呜呼！天明畏，弼我丕丕基！"——"现在，上天帮助黎民百姓，也要用龟卜来告知。呜呼！天的命令使人敬畏啊！请一起来辅助周邦成就伟大的基业吧！"

当时的西周贵族认为，王朝的更替、稳固、合法性都源自天意和天的使命。在这里，"天"与"帝"的意思有接近之处，都有一种"人格化"的意志。而天的意思会通过占卜时灼烧龟甲产生的裂纹来展现，人们遵循龟兆所揭示的指令就等于遵循了天命或帝命。总而言之，周人虽然击败了商人，但他们并没有一概拒绝、否定殷商积累的宗教观念和文化，而是继承了其中相当一部分，对其加以改造并融入自己的思想观念。天、帝、祖先、各种自然神灵并行，且彼此之间存在相对的差等，就是这种改造、融合的结果。

这种改造、融合所催生的新的宗教文化深远影响了后世历史，也影响了儒家创始人孔子的天命信仰。孔子祖上是殷商先民的后代，他自觉继承周人的典籍文化，尊奉制礼作乐的周公为理想人格。在西周本有天命观念的基础上，孔子突出了"天"在激发、培育个体道德责任方面的作用。例如，孔子有一次被仇敌桓魋[1]追杀、面临灭顶之灾时，表现出非常豁达、自信和镇定的态度，这就是来自他对天命在身的笃定。他说："天生德于予，桓魋其如予何？"（《论语·述而》）"老天赋予我这些高尚的品德来完成我的使命，桓魋能把我怎样呢？"与西周的观念相比，这是一个巨大的进步和突破——周公贵为摄政王，自以为周朝有天命护佑；孔子则不同，他虽也为官，但一生经历的动荡和失意太多——被董仲舒称为"素王"，即没有冠冕的王者。他的天命观突破了贵族的限制，具有浓厚的道德意味，从而淡化了等级局限，更具有普适性。

除了道德意义，孔子的"天"还有客观、自然法则的意味。有一次孔子对学生说："予欲无言。"子贡作为孔子非常亲近的弟子之一，听到老师这样感叹不无困惑，说："老师您如果不说话，那么我们这些学生跟谁去继承学问和道业呢？"孔子就发出那番意味深长的感叹："天说过什么话吗？天从不言说，四季却按时运行，百物在其中生长，天可曾说过什么啊？"（《论语·阳货》）在这里，天的那种意志性、人格性再次淡化，而呈现出一种默默使万物无差错运行的无声的伟大。每个普通人，不管出身高低贵贱，只要有一颗有

1 魋：音 tuí。

体悟的心，就能从宇宙万物的运行中体会到天的作用。

从殷商的“帝”，到西周的“天”“帝”“祖”等神明并行组成一个多彩的神灵信仰世界，再到春秋时期孔子突显“天”（天命）的道德性、自然性，“天”逐渐上升为传统中国精神世界中万事万物的终极源泉和人间道德的根据，因此也成为礼乐祭祀的最高对象。

二

天圆地方：天子在圜丘以乐舞祭天

现在我们来看看古代人用什么方式对天表达敬意，又是如何祭祀天的。人们为什么要祭祀天呢？这与先民关于宇宙万物天地生养的观念有关。《礼记·郊特牲》说："地载万物，天垂象。取财于地，取法于天，是以尊天而亲地也。故教民美报焉。"也就是说，大地承载着万物，人也在其上繁衍生息，所使用的资源都来自大地生养的物类；天时常呈现某些物象、气象，来指导人们的生活、生产，例如，风调雨顺才能五谷丰登，人要顺应天的运行法则。因此，要尊敬天、亲和地，教导人民赞颂天地之德，对之加以报答。这是古人非常朴素的道德伦理观念。人回报生养自己的父母，当然也要回报生养万物和人类的天地。

在远古时期，祭祀天的权力实际上被君王垄断了，因为天是最高的信仰对象，相应地，人间也只有掌握最高权力的人才能祭祀天。这个人因而也被尊称为"天子"，意即天的儿子。"天子"是继承王位、政权的人才配享有的称号，用父子血缘关系来象征王室与天特殊的亲密关系，从而佐证政权的合法性。《诗经 · 大雅 · 烝民》[1]写道：

天生烝民，有物有则。
民之秉彝，好是懿德。
天监有周，昭假[2]于下，
保兹天子，生仲山甫。

这是说，上天生了众民，人民就自有其形体、原则和规范。民众秉受了上天给予的美好的法则，生性爱好追求美善品德。天在上监视着周人的行为，把光明降临人间，来护佑这位周的“天子”，还让仲山甫来辅佐他。天不仅给了普通民众追求善好的品德，也赐予了天子特别的能力、品质和帮助。

那么，天子是如何回馈对他特别眷顾的上天的呢？《礼记 · 礼器》说：“祀帝于郊，敬之至也。”《礼记 · 明堂位》说：“祀帝于郊，配以后稷。天子之礼也。”就是说在城郊祭祀上帝（天帝、天神），这是表达极致的敬意，同时天子祭祀天还要配以后稷神。祭祀的专门场合就是“天坛”——在古代称作“圜丘”，意即圆形山丘。与古人“天圆地方”的观念相对应，圜丘用来祭祀天，方丘用以祭祀地。

1 烝：音zhēng，众多。

2 假：降临。

我们上文提到的《礼记》中关于祭天的内容，在《周礼》中也有记载。《周礼》是一部按照“天、地、春、夏、秋、冬”的线索记载古代官职制度的书，成书年代现在还没有定论，但是它的素材可以追溯到先秦时期，甚至一定程度上与西周时期的职官制度相符合。[1]《周礼·春官·大司乐》中有一个官职“大司乐”，是掌管国家祭祀音乐、音乐教育的总长官，也是掌管贵族子弟教育的官职。所以，祭天时礼敬天神的音乐、舞蹈，自然也由他管。当时，每年的冬至就是在圜丘祭祀天神的日子。首先要准备好乐、舞，即准备乐器并定好演奏的音准、排演舞蹈《云门》。古人认为，冬至那天在圜丘按照这种方式演奏舞乐就能够感召天神降临，而天神降临，就可以进献美玉，正式开始祭祀了。祭天的时候，人们会注意弱化阶层的分别，通过乐舞营造强烈、肃穆的氛围，让人秉持诚意进入与天神合一、感通的状态。

1 参考张亚初、刘雨：《西周金文官制研究》，中华书局，2004年，第140页。

——◆西安圜丘（天坛）遗址

三

玄酒祭天：礼乐崇尚朴素的敬意

除了用乐舞弱化等级结构来制造神秘气氛，祭天还有独特的表达内心诚敬的方式——在特定的方位摆放玄酒，以素朴表达对天的至高敬意。玄酒就是清水，是最普通、简单、淳朴的用品。

按照常识，既然对天有最大的敬意，应该用最丰盛、华美的祭品摆放在圜丘，但是为什么偏偏用最清淡、简单的玄酒呢？弄清楚这一点会帮助我们了解古人这一系列祭祀安排背后的考虑。《礼记 · 郊特牲》说，用来与神明力量交通、感通的工具“不可以同于所安乐之义也”——不可与日常享用的东西相同，只有这样才能突出神明的神圣性和人内心的虔敬。简而言之，古人认为世俗的酿造酒无法充分向上天表达内心的崇敬，只有朴实无华的清水才能相称。所以，酒、醴虽然美味，但是仍要把明亮、洁净的水摆在上位，以“贵五味之本也”（《礼记 · 郊特牲》）、“教民不忘本也”（《礼记 · 乡饮酒义》），即突显以五味的根本为贵，教导人们不忘记生养的根本。以此类推，穿衣也是以粗布为上，以感念先祖女工的劳作；羹食不必添加过多的佐料来调味，圭玉不需雕琢，有文饰的车不如素白的车尊贵，这些都是为了尊崇质朴无华的本质。

相应地，在祭天这种表达最高敬意的祭祀中，典礼、音乐的安排也都崇尚素朴、不倡导奢华：

> 是故乐之隆，非极音也。食飨之礼，非致味也。……是故先王之制礼乐也，非以极口腹耳目之欲也，将以教民平好恶而反人道之正也。（《礼记·乐记》）

音乐的隆重并不是要将人们对音乐的享受推到极致；举行飨礼，也并不是要最大限度地满足口腹、感官之欲。一切礼乐安排都是要教导人们有分明的好恶之心，遵循做人的正道。

四

『绝地天通』传说与山川祭祀的通天功能

我们前面已经说过，从商周开始，帝、天处于神灵系统的最高位置，但还有众多自然神也是人们崇拜、祭祀的对象。远古时代，人们对自然界的山川河流、季节运行的变化还没有系统性的认知，只是蒙眬地意识到自然界拥有某种超乎人力的力量和规律性。因此，人们将希望自然万物运行带来福祉、促进生活生产的愿望投射在祭祀典礼中，这也是古代礼乐制度的重要起源。

我们能见到的关于山川神明最早的记载也是殷商的甲骨文。商人的王畿地带是今天的河南，也就是史书上常说的中原地区，在这片土地上，对生产、生活影响最大的河流是黄河，当时的人称之为“河”；最重要的山，当时的人称作“岳”。历史记录表明，殷商时的王官向河神、岳神祷告，祈求风调雨顺、年丰岁稔。

甲骨文“河”字

甲骨文“岳”字

巍峨的高山在古人心目中，遥远而神秘，可以通往天界，因此，高山被视为沟通天地的桥梁，越发凝聚了神圣的意味，成为举办一些重大典礼的场所。保留了很多上古地理材料的典籍《山海经》，有一部分名为《大荒西经》，说在大荒这一块神秘的区域中，有一座灵山，山中有十位精通法术的巫师，能够升降于天地之间，而且此山还藏有成百上千种灵丹妙药、仙方。这段材料具体取材于哪一段历史，已经很难考证，但它告诉我们，曾有一个文化阶段，古人相信某些具备特殊能力的人精通沟通天地的方法。

随着人们理性常识的增长，这个特殊人群的历史地位不断受到冲击，最典型的就是所谓"绝地天通"——断绝普通民众使用与天地沟通的渠道，而交由职业祭祀者专门掌管。

为什么要断绝民间的天人沟通活动？《国语·楚语下》说：在古代君王少昊的年代，王朝日渐衰落，九黎族扰乱德行，生活事务和宗教祭祀混杂在一起，导致社会没有规则可依循。任何人都可以向神明提供祭品、举行祀典，家家户户都有自己的巫师。这导致人们因为祭祀过度耗费物资而穷困，也得不到福分；祭祀没有分寸，人和神灵处于同等地位；百姓对于盟誓之事心存轻慢，不再敬畏。神灵一旦习惯了没有分寸的祭祀，也就不再要求祭祀的洁净，从而各种谷物也不再受到神明的福佑，人们也就没有进献给神明的祭品。最终一定会导致各种灾害频频发生。

直到颛顼的时代，这些乱象还在延续，于是颛顼做出了重大的改变举措：

> **乃命南正重司天以属神，命火正黎司地以属民，使复旧常，无相侵渎，是谓绝地天通。**（《国语·楚语下》）

颛顼命令“南正重”来主管天的事务，负责汇集神，又命令“火正黎”主管地上的事务，来集合民众，恢复古代的常规，使得神和民各归其位，彼此不再侵犯、怠慢——这就是断绝地上的民和天上的神相通。祭祀神明的事务由特定官员专职负责，人们不必参与国家层面的祭典，而专注于社会和世俗事务。这是古代中国一个重要的文化事件，它标志着古代政治权力与祭祀权力的“合一”，同时又标志着官方宗教与民间宗教的分化。由此，祭祀天地、山川的重要典礼就是历代帝王的专门事务了。

历代官修史书对此都有记载，例如，司马迁的《史记》中有一篇《封禅书》，就是关于历代帝王，包括秦始皇，进行“封禅”的历史。“封禅”就是古代帝王祭天地的大典，在泰山顶上筑土为祭坛，来报答天的功德，这个过程称为“封”；在梁父山上，开辟另一个场域祭祀地，来回报地的德

——— ◆ 四山四鹿纹镜[1]

1 对山岳的崇拜，也反映在古代铜镜的纹路上。参考李学勤：《论上海博物馆收藏的两面珍贵铜镜》，载于《收藏家》，1996年第3期，第57页。

行，这个过程称为“禅”。司马迁认为，在泰山举行封禅的典礼起源非常早，可以追溯到唐尧、虞舜的传统。舜在祭祀了上帝、六宗[1]之后，就祭祀山川和众神。

对此，《史记·封禅书》中描述的具体过程是：首先舜要“辑五瑞”，即收取五种祥瑞的玉石，然后“择吉月日”，即审慎选择吉祥的月份和日子，接见四座重要山岳的诸侯牧守，最后“还瑞”，即将所收取的瑞玉交给他们。这一年二月，舜向东方巡视，抵达泰山，焚烧柴薪，让薪火缭绕上升，使得神明降临。接着，按既定顺序祭祀诸山岳、河川。之后，还要专门觐见“东后”——泰山就是东岳，由东后驻守。到了五月就要巡察南岳衡山；八月，巡察西岳华山；十一月，巡察北岳恒山；这些礼仪都与巡察泰山的礼仪相同。至于中岳嵩山，是五年巡察一次。

1 即所尊祀的六神，其具体所指，汉以来诸说不一。

五

礼以保民，民意为天

上文讲述了帝、天、地这些古代信仰世界最高神灵的起源，和其他众神明——山岳河川等神祇在古代祭祀中的地位和意义；接着介绍了古代帝王如何祭祀天和山川，以及其中的核心观念——与神明沟通、合一，表达诚敬之心，而并不刻意追求奢华繁复。实际上，天对于君王而言并不是抽象的、不可捉摸的存在。在西周，天意就和民心、民意紧紧相连。天总是用某种方式来昭示其意，这种昭示的象征，除了四时物候、天象之外，最重要的就是人民的心意了。古人认为，天实际上是通过民意、民情来视察王朝的政治是否安定：

皇矣上帝，临下有赫。监观四方，求民之莫[1]。（《诗经·大雅·皇矣》）

这首《皇矣》，应是写于西周时期。开篇第一句意思是：上帝是伟大而又充满辉煌的，目光如炬，洞察人间的情形，又时时刻刻以明亮的智慧监督着四方土地，去了解人民的疾

1 莫：安定。

苦与困顿，寻求人民的安定。在西周人心目中，上帝和天的意思趋近，但人格性特征更强。这段话明确表达了上天最看重的就是人民的福祉，若人民长期受苦，上天就会改变原来的旨意，改变王权的承载者，朝代就会发生更替。因此，西周的统治者，尤其是周初的统治者，有鲜明的“天命无常”的观念，认为天的旨意是变化无常的，只有保持自己的德行，勤政爱民，才能得到上天的青睐。

由此，古代衍生出一整套“敬天保民”的思想——敬畏上天的题中之义就是要保障民众的基本生存、正常生活和生产需求；民众的意志是天意的晴雨表，王者必须重视并时刻关注民意，自我省察。真正崇敬天，就一定会时时刻刻记挂着民情、民意。例如，《国语·周语上》说“事神保民”，认为保民和事神同等重要，天上的事和人间世俗的事不可偏废，要重视人民的实际生活问题。《国语·周语中》说“祥所以事神也，仁所以保民也”，亦即祥瑞征兆是用来侍奉神的，仁爱的德行则是用来保育民众的。《国语·楚语上》说：“民，天之生也，知天，必知民矣。是其言可以惧哉！”明确主张只有“知民”才可谓真的“知天”，民众（舆论）的力量可堪敬畏。只有敬重百姓，对待百姓的事情如同对待天命一样严肃、审慎，国家才能安定。这是在警示君王，天人两端，根本在民，必须重视保养民众的力量，大事都要以民情和顺、利于民事生产为标准。否则，必定会招致恶果："不祥则天弃之，不义则民叛之"（《国语·周语中》），国家出现凶兆则表示一国之主要被天弃绝，国家行事丧失正义则必然导致人民叛离。

古人认为，王权是上天赋予的，而民众是实际约束君王恪尽职守的力量。由此，天的意涵构成了一个上下通达的圆环：往上是生养宇宙万物的终极力量，往下是民意，与人同在。而礼乐的安排周遍地笼罩上天、人君、民意三极。

文化关键词

绝地天通

断绝地上之事与上天之事的相互干犯与无序沟通。见于《尚书》与《国语》。“绝地天通”是针对民神杂糅所导致的混乱状态，对神人关系做出的一次重新规范。古人认为，神灵祭祀之事属天，民众治理之事属地。天地两个领域的事务应由专人分别管理，以避免人们任意、无序地与神灵沟通，从而维护神灵的权威及其统摄之下的人世秩序。

天

“天”是中国古代思想中具有神圣性和终极意义的一个概念。主要有三种不同的含义：其一，指自然意义上的天空或人世之外的整个自然界，其运行呈现出一定的规律和秩序。其二，指主宰万物的具有人格意志的神灵。其三，指万事万物所遵循的普遍法则，同时也是人的心性、道德以及社会和政治秩序的依据。

天命

天的命令与赐予。“天命”主要包含三种不同含义：其一，指天对于人事的命令。命令的内容最初集中于王权的更替，即上天授命有德者征讨并取代失德之君，享有至高无上的权力和福禄。其二，指命运，具有不可抗拒之义，标志着人力的限度。其三，指天赋予人的禀性。《中庸》称“天命之谓性”。宋儒发挥这一思想，以“天命之性”指称人禀受于天的纯善的本性。

篇四 诗礼传家

贵族精神的培育与精神贵族的传承

世家贵族即世代拥有较尊贵政治地位、承袭礼乐文化的家族。世家因经济基础殷实而有条件进行文化积累和创造，同时政治地位较高、社会影响力大，是古代礼乐文化传承的重要环节。贵族精神就是指基于世家贵族的经济、文化和政治资源而培养起来的礼乐文化方面的知识素养和气质修养。礼制对人行为、言语的约束、引导，和古代雅乐对人内心的导向、感化，常常与诗教，也就是诗的教育紧密相关。

一

世族温柔敦厚的诗教风范

孔子可谓先秦诗教的集大成者，但是诗教并非孔子开创。在孔子之前，西周的贵族子弟教育的内容就是以“大小六艺”为主干。其中，“大六艺”就是指“六经”：《诗》《书》《礼》《乐》《易》《春秋》，亦即《诗经》、《尚书》（《书经》）、《礼经》（即《仪礼》）、《乐经》、《易经》、《春秋》。《诗》本身也是礼的组成部分，为当时人们，尤其是王官贵族在社交、典礼等最为郑重、肃穆的场合必备的表达方式。

临场赋诗是贵族子弟的基本素养，例如，《左传·襄公二十七年》记录了以赋诗观“七子之志”的“垂陇之会”，其中，主要人物引用了《诗经》中的诸多篇章：《草虫》《鹑之贲贲》《黍苗》《隰桑》《野有蔓草》《蟋蟀》《桑扈》等[1]。事

1《草虫》描写人与人之间的相求与思念。《鹑之贲贲》是一首婉转的讽刺诗。《黍苗》叙述了周宣王大力经营南国时，命召公护送舅父申伯到“谢”这个地方并为之筑城之事。《隰桑》是一首喜见君子之诗。《野有蔓草》是一首描写情人相会的诗。《蟋蟀》是一首岁暮抒怀、省思人生之诗。《桑扈》主旨有争议，可能是天子宴请诸侯时的颂祷之词，也可能是刺怨之诗。七子引用都是截取诗的某几句，读者若有兴趣，可自行查阅相关内容。

情的大致经过如下：郑简公在垂陇设享礼招待赵文子，子展、伯有、子西、子产、子太叔、印段和公孙段陪侍郑简公。赵文子（名赵武）说："七位跟从君王，是君王恩赐我的光荣。请求几位赋诗以完成君王对我的恩赐，也可以看到七位的志向。"子展赋了《草虫》这首诗。赵文子说："善哉，民之主也，抑武也，不足以当之。"意思是："甚好，这是在说百姓的主人！但我赵武不足以承当。"接着，伯有赋《鹑之贲贲》这首诗。赵文子说："床笫之言不逾阈，况在野乎！非使人之所得闻也。"——"夫妻之间说的体己话不能出门槛，何况野外？这不应该让人听到。"之后，子西赋《黍苗》的第四章。赵文子说："寡君在，武何能焉。"——"比起国君，我有什么能力呢？"接着，子产赋《隰桑》这首诗。赵文子说："武请受其卒章。"——"我请求接受它最后一章的意思。"子太叔赋《野有蔓草》这首诗。赵文子说："吾子之惠也。"——"这是大夫的恩惠。"然后，印段赋《蟋蟀》这首诗，赵文子说："善哉，保家之主也！吾有望矣。"——"真好啊，这是保住家族的大夫！我有盼头了。"再之后，公孙段赋《桑扈》这首诗。赵文子说："'匪交匪敖'，福将焉往，若保是言也，欲辞福禄，得乎。"——"'不骄不傲'，福禄还会远离吗？如果保持这样的品质，福禄是想推也推不掉啊！”[1]

这个赋诗场面让今人得以目睹古人学诗、诵诗、用诗、解诗的风采，领略礼乐文明熏陶之下典雅的外交辞令和翩翩风度。七人赋诗的场面行云流水，几乎是无缝衔接。赵文子通过诗句就能领会他们各自的心意，立刻做出回应，并对形势做出判断。而七人引用《诗经》只是截取某一诗篇的一两句话，不太追究原意，而是让诗句的意义服务于当时的心境。这种引用方式灵活多变，常常成为穿透《诗经》文献本身局限，进而重新创造、丰富诗歌意义的最佳契机。

同时，这些吟咏答对反映了各人内心所向和理想志向，同时也充满了道德训诫和箴言，无形中在引导社会的价值风尚。所以，《礼记·经解》用“温柔、敦厚，诗教也”来概括《诗经》的社会教化功效：它能引导人态度温和、朴实厚道。应该说，春秋时代这一批活跃于历史舞台的中上层精英在生活方式、行使官职等方面都凝聚了礼乐教化的结晶，也成为深刻影响后世的活水源泉。

1 参考刘勋：《春秋左传精读：二》，新世界出版社，2014年，第1192—1195页。

二

战亦有道：春秋时期战事中贵族恪守正义底线

上文所言诗教的社会和家庭教育作用更多是在和平年代显现出来。而在“非正常”的战争极端状态下，群体之间兵戎相见、面临生死对决时，礼乐之道也展现出维系人性、持守文明底线的功用。譬如，在《左传》记载中诸侯国之间交战而恪守战争礼仪与原则的故事不胜枚举。上层贵族的文化教养和自我约束即使是在战争这种人类社会最残酷的极端情形之下，也能保持不变，令人动容。我们试举一二。一则是《左传·僖公二十二年》里著名的“不鼓不成列”的故事。这一年冬天，宋襄公和楚国人在泓水交战。宋军已经排成战斗的行列，楚国人却还没有全部渡过泓水。子鱼（宋桓公之子）说：“对方人多势众，我方军力弱小，趁着他们没有全部渡过泓水，请攻击他们，出其不意。”宋襄公说：“不行。”楚军全部渡河，但尚未排好阵势，子鱼再次建议宋襄公发起攻击。宋襄公说：“还不行。”直到楚军摆好阵势，宋军才攻击楚军。最后宋军寡不敌众而大败，宋襄公大腿受伤，他的卫士也被杀了。

宋国人都责备宋襄公没有及时出击，宋襄公却说：

君子不重伤，不禽二毛。古之为军也，不以阻隘也。寡人虽亡国之余，不鼓不成列。（《左传·僖公二十二年》）

“对于已经受伤的人，君子不会再去伤害他。君子也不俘虏头发斑白的老人。古人传下来的用兵道理，是不凭借险隘的地形阻击敌人。我虽然是亡国者的后代，也一定要坚守这个道理，决不乘人之危，去攻击没有排成阵势、没做好作战准备的敌人。”宋襄公的做法遭到批评，很多人质疑他不懂作战，但宋襄公力排众议，坚守他认为正确的道义底线。

还有一则发生在襄公二十五年（公元前548年）陈国和郑国在战争中坚守道义底线的故事。陈哀公联合楚王进攻郑国，陈军所过之处，水井被填，树木被砍，人民生活受到强烈震荡，民怨沸腾。六月，郑国的子展、子产领着七百辆战车攻打陈国，夜里发动突然袭击，攻进了城。陈哀公狼狈地扶着太子偃师逃到坟地里，碰到司马桓子，便对他说：“用车载我！”司马桓子说：“我正打算巡城呢。”拒绝用车载他。随后，陈哀公遇到大夫贾获驾车而来，车上坐着贾获的母亲和妻子，于是贾获让母亲和妻子下车，把车子交给陈哀公。陈哀公对贾获说：“安置好你的母亲。”意思是可以与其母同乘。贾获辞谢说：“妇女和你同坐，不合礼制，不吉祥。即便事情紧急，也不可行。”说完就和他的妻子扶着母亲逃到坟地里，让出了马车，陈哀公和太子最终得以免于祸难。

子展命令军队不要进入陈哀公的宫室，还和子产亲自守卫在宫门口。陈哀公让司马桓子把陈国宗庙的祭器赠送给子展和他的将士，以示投降，认为子展理所应当会把这些“重器”当作战利品掳走。然后，陈哀公穿上丧服，抱着土地神的牌位，让手下的男女分开排列、捆绑，在朝廷上等待。子展见状，没有采取任何过分的举措，而是恭敬地向陈哀公行了隆重的跪拜礼，并捧着酒杯向他献礼。接着，子产进入朝堂，清点了俘虏人数就出去了。

之后，郑国担心战争扰乱、触怒当地神明，命令负责祝祷的祝官专程前往陈国向土地神祝祷，以此告诉神明：如今邪灾已经消除。接着，郑国的官员还采取了以下措施：

> **司徒致民，司马致节，司空致地，乃还。（《左传·襄公二十五年》）**

掌管人民行政事务的司徒把被俘的陈国民众归还陈国，掌管军事事务的司马把象征统帅军队权力的兵符归还给陈国，掌管土地工程的司空归还了陈国土地，以示不会进一步侵犯陈国。做完这一系列的事，郑国军队就返回了。

这个故事中，陈国大夫贾获在情急之中仍旧遵守礼节；

郑国子产、子展在战胜之后，没有乘胜以强力将敌方赶尽杀绝，也没有践踏对方国家百姓的尊严，还归还了他们的军权、宗庙器物、所崇奉的神明及各种典章、官职等，使之能维持正常运转。也就是说，战争双方都在恪守“礼”的行为准则。

在军事上战胜了敌国但不毁灭其宗庙礼器、不消灭其国族，而是尊重其既有文化传统和风俗，保留其基本社会结构，这是当时被贵族认同并遵守的伦理规范，展现了春秋时期高度发达的文明。这让我们体会到当时诸侯国贵族阶层在处理战争事务上的克制、谨慎；即使战事无可避免，也要本着重视生命的精神，尽一切可能减少伤亡和对社会、文化的破坏。战争结束，胜负分晓之后，还是要继续谋求彼此共存，因为战后社会重建的成本是非常高昂的。这也是《论语・尧曰》中孔子所赞扬的“兴灭国，继绝世”精神的具体体现——扶助倾危的国家使之兴盛发展，使后嗣将断绝的族群延续。扶危济困在古代礼乐制度中有直接的实践，是古今中外公认的价值所在。

三

思无邪：诗教的普及

说到“诗礼传家”的“诗教”，就不得不提教育家孔子。孔子生活在春秋时代，经历了西周王室政权的没落。其时，许多旧贵族落入民间，他们的典籍、专业技能和教育职能在民间继续发挥作用，客观上造就了文化下移的局面，促进了古代文明传承。到了春秋中后期，这种促进作用更加明显。孔子就是其中的代表和典范——孔子祖上是宋国人，家族世代保留了殷商遗风，孔子也熟悉西周礼乐和《诗》《书》《易》等古代典籍，相传他自己还删订了鲁国的史书《春秋》。但孔子一生绝大多数时间，并非享有高官厚禄之人，他从政经历的高光时刻只是鲁国的司寇。从其一生并不得意的政治履历看来，孔子算不上顶层贵族。但是，身份阶层并未局限他在文化承前启后上做出杰出贡献。

正是像孔子这样的一群人，使得诗书礼乐之教养，越来越不限于王室、诸侯等上层人员，而是关照到中下层的士人，进而扩展到更广泛的人群。这对提升当时整个社会的文化水平、促成历代文明盛世，都有举足轻重的意义。

《论语》里面好几处是孔子与学生探讨、琢磨《诗经》篇章的对话，且不一定拘泥于《诗经》原意，往往有师徒之间的发挥、引申，是饶有趣味的教学实录，与前文“垂陇之会”故事中“断章取义”的引诗风格相近。《诗经》是西周流传下来的诗歌总集，成书来源较为复杂，其中诗篇有的来源于西周，更早的可能是商代的诗篇，内容涵盖贵族宫廷礼乐和社会民生。根据历史文献记载，孔子可能对《诗经》进行过一定程度的编纂、订立，形成了较为稳定的版本，分为“风”“雅”“颂”三个部分。孔子认为，《诗经》这一整部书，如果简要概括其思想特质，就是“思无邪”——纯善而无邪念。《关雎》是《诗经·周南》的起首篇，孔子对之有高度评价：“乐而不淫，哀而不伤。”（《论语·八佾》）就是说，《关雎》所展现出来的人的心志与感情状态，欢乐却不流于过分，有哀戚之情但不至于伤心至深，情感真诚无伪，处于适度的合理状态。

那么，我们来看看这首传颂千载、人们耳熟能详的《关雎》是怎样书写感情的：

关关雎鸠，在河之洲，窈窕淑女，君子好逑。

这一小节诗的字面意思是：雎鸠这种有羽冠的水鸟，相伴在河洲上发出阵阵啼鸣；让君子联想起身形优雅的女子，这种女子正好可以做有德君子的好配偶。为什么雎鸠会使人联想起男女婚配呢？因为雎鸠是一种有特殊习性的水鸟，一旦选定配偶，终生不渝，而诗中描绘的正是雎鸠成双成对、真挚为伴的情景。诗人触景生叹，表达有德君子也应追求美好的女子、与之长相厮守的美好愿望。

但是，美好的情景如何会有哀伤呢？因为诗歌的后几个小节都是在描述男子遇见心仪的女子，昼夜思念、追寻，但终究爱而不得的曲折衷肠：

> 参差荇菜，左右流之。窈窕淑女，寤寐[1]求之。
> 求之不得，寤寐思服。悠哉悠哉，辗转反侧。
> 参差荇菜，左右采之。窈窕淑女，琴瑟友之。
> 参差荇菜，左右芼[2]之。窈窕淑女，钟鼓乐之。

这几节都是由河中荇菜茂盛生长而引申到对女子的追求、思念和爱慕，以至于寝食难安。更难能可贵的是，诗中君子虽内心热烈，仍以琴瑟、钟鼓这些象征文教、典雅而有分寸的方式靠近所钟爱的女子。即便没有天遂人愿，但始终不失君子风范，保持了自尊、自重和对对方的尊重。这是礼教文明熏陶下的青年人的真挚感情和对恋爱的吟咏。虽然《关雎》

1 寤：音wù，睡醒；寐：音mèi，就寝。“寤寐”表示无时无刻。

2 芼：音mào，扫取，拔。

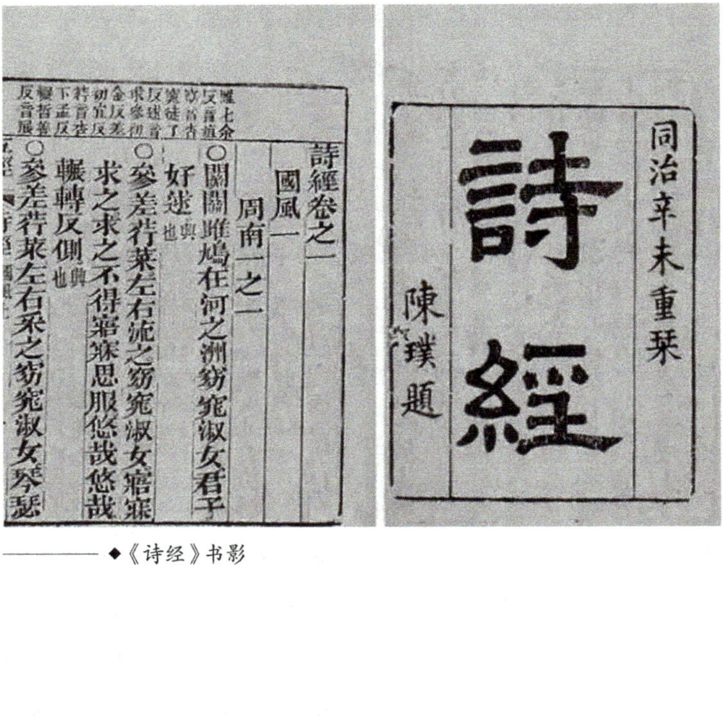

同治辛未重栞

詩經

陳璞題

詩經卷之一

國風一

周南一之一

關關雎鳩在河之洲窈窕淑女君子好逑

參差荇菜左右流之窈窕淑女寤寐求之求之不得寤寐思服悠哉悠哉輾轉反側

參差荇菜左右采之窈窕淑女琴瑟

◆《诗经》书影

隐隐涌出一股求而不得的哀情，却没有任此哀情泛滥而不加节制，以至于让人终日沉湎不可自拔。

孔子或许正是品出了这种“寓礼于诗”的精神内核，才以“乐而不淫，哀而不伤”加以概括。这也应和了前文所谈的礼乐调适真实情感表达以求达到“中和”的理想境界——这种自然而有节制的情感表达，就是“思无邪”的体现。有趣的是，“思无邪”本身出自《诗经·鲁颂》，这三个字在原诗中的意思可能并不是“思虑无邪念”，但是被孔子化用了。由此可见，这些上古经典文本，在古人那里也从来不是刻板的“标本”。

在汉代以前，《诗经》位居六经之首；汉代以后，由于思想倾向的转变，《易经》才跃升到首位。如此可知，先秦时代《诗经》对知识阶层心灵的深刻影响。孔子要求自己的儿子孔鲤学习《诗》，还把《诗》、礼的重要性并提，直言：“不学《诗》，无以言。”“不学礼，无以立。”(《论语·季氏》) 人要是不学习《诗经》的篇章，连言语都不知道如何恰切表达；要是不好好学习礼仪和礼的精神，则根本无法立身处世。

四

敦伦睦邻：宗祠文化对礼乐精华的世代传承

诗书礼乐的功用不限于王公贵族富丽堂皇的装点，更根本的是精神内核的传递和德性的培育，最终促进家族的凝聚、社会的长久安宁团结、文化的繁荣昌盛。纵观古今，延绵久远的大家族都尊崇“忠孝传家久，诗书继世长”，乡村人家也有“晴耕雨读”的古训：天晴时要勤于耕作，下雨时便在家中静静读书。文教是不论贫富贵贱都应推崇的有益事业。

历史上江南家族得以保持长久稳定兴盛，就与家风家训的传承、实践有关。这还要追溯到后唐时期吴越国王钱镠。钱镠年轻时曾轻狂颠沛，经历人生曲折之后幡然了悟，在八十一高龄之际留给后人的精神“遗训”，经过后代补充，就成为《钱氏家训》[1]。这份厚重的家训，最宝贵的信念之一就是“以民为贵”：其言“爱民如子，去蠹如仇”——要像爱护自己的孩子一般爱护黎民百姓，要视德行的败坏如同寇仇，倡导为政要大公无私，不计较一家之利。钱氏后人也恪

1 钱镠的生平事迹在《旧五代史》《新五代史》等史书中有记载。

守和履行了这样的理念：钱镠的孙子钱俶主政时期，吴越国大势已去，钱俶念及百姓安危，不忍因战乱而导致鱼米之乡生灵涂炭，未发一兵一卒，主动归降。他牺牲一家而换取百姓安居乐业的义举，使江浙地区得到庇护，得以富庶绵延千余年。以至北宋编修《百家姓》时，“赵”的国姓之后就是“钱”，足见当时钱氏家族备受尊崇。《钱氏家训》内容包罗个人修身、家庭生活、社会准则和治理国家等各个层面[1]。其中有一句流传甚广的话“子孙虽愚，诗书须读”，说子孙即便头脑愚笨，也必须读书学习。

民间有言“以产遗子孙，不如以德遗子孙”，物质财富会积聚，也会因应不同社会条件、遭遇而变化、消逝，难以长存。因此，真正能“富过三代”的家族，都需要以合乎社会道德规范、遵循国家法纪的家规为治家核心理念。良好家庭核心价值的传承，作用和影响比起单单将物质遗产留给子孙，更为稳固和持久。富而不骄、乐善好施的精神荫及子孙的文化生命，能让整个家族顺利度过历史的血雨腥风，并滋养整个社会的善风。

1 请参考张仲超编著：《钱氏家训》，线装书局，2010年。

◆保存至今的钱王墓碑

此外，徽州和汀州也是可供世人琢磨的典范，首先我们说说分布于今安徽黄山周边地区的徽州宗祠文化。这里的程氏、戴氏等，都是孕育文化巨人——比如北宋理学代表思想家程颢和程颐、清代哲学家戴震的摇篮。戴震祖屋已经毁于大火，如今人们用以敬奉戴震的纪念馆位于屯溪老街。正堂有戴震塑像、讲述其生平的画作，以及其著作的书影，厅堂后方摆放着戴氏宗亲当年修缮此馆的募捐名录，侧厅则陈列着四方贤达缅怀戴震深刻思想和行迹的墨宝。小小一方纪念馆，已经由家族内部走向全国，成为公共文化教育场所。

另一个范例则是位于闽西的旧时客家首府长汀，此处有客家宗祠文化盛景。宗祠建筑汇集了古代商贾公开议事厅、旅居之所和祭祀庙宇等多重功能。不论家祠、公祠，大多是砖木平房，以厅堂为中轴线，上厅设有神龛，供奉先人牌位。而会馆、试馆则是为了来经商、聚会、科举应试的人们所设立。祠堂、会馆、试馆三位一体，综合反映了此地客家人生活的样貌：以经商维系生计，却极其重视文化教育和家风培育，延续着祖先崇拜和祭仪。每逢重大节日，比如清明、端午、中秋、春节等，不仅是当地的本姓宗亲，就连迁徙外地的同姓亲属，都会赶来相聚。平日，族人则可以在此共同商议家族大事。

祠堂两壁常年悬挂着家族规训，语句通俗但道理至深，都是先人历经人事沧桑所沉淀的自省、修身、养德、处世的箴言。其中颇有特色的是“严婆田家风家训”，它是中国少见的以女性号令的家风家训。[1] 这些训诫，既有较为抽象的道理，也有具体的行为轨范，从以下选段可以略窥一二：

> **乐善得万心，乐施积万福，乐仁戒万恶，乐警避万失，乐礼立万仪，乐义结万缘，乐勤兴万业，乐苦成万愿……**
>
> **处世警责严律范，居乡居外孝忠良……世事纷繁唯警正，功过得失扪心问，对天照月求无愧，骄横恭正结局分。**

第一段大意是：乐意为善就能赢得人心，乐意施予就能积累福分，以仁爱为乐可以戒掉恶行，保持警惕之心可以避免诸多过失，持守礼节能树立仪容，多行正义的事可以广结善缘，勤恳会促使事业兴旺，吃苦耐劳将成就一切心愿。第二段的主题围绕“严”这一个字展开，包括“严教、严行、严省”等，大意是：处世要严守规范原则，不管是在故里还是在外地，都要恪守忠孝；在纷乱的世界中，更要保持操守的纯正，只求无愧于自己的良心，最终的得失、功过

1 请参考陈桂蓉：《民间家训的社会伦理功能及其启示——以汀州客家严婆田村为例》，载于《道德与文明》，2015年第4期，第125—128页。

不必太过忧虑，一个人是骄纵横行，还是恭敬正直，结局自然会见分晓。

徽州宗祠文化隶属于“徽商”这个特殊的迁移和经商群体，汀州客家族群也同样是以“外来人”的身份在闽西扎根。这两个群体在不断的迁徙中，一直保持着祖先崇拜的观念和仪轨，且“祖德”“祖训”可谓贯穿于日常生活的方方面面，潜移默化地塑造着人们的行为，成为其在异乡奋斗自立所倚重的准则。

从西周春秋的王侯贵族习诗书礼乐，到孔子普及六艺之教、开平民教育之伟业，再到历史长河中大宗族、小家族重视文化传承的共同信念，我们看到一幅礼乐文明从神坛走向大众又由平凡民间上升到高雅庙堂的画卷。

文化关键词

思无邪

思想纯正而无邪念。这是孔子评价诗歌总集《诗经》时提出的著名观点。孔子认为,《诗经》三百篇的宗旨可以用一句话概括，即作品的思想纯正而没有邪念，符合中和之美。由于孔子和《诗经》在中国历史上的重要地位，历代学者对这一理念都非常重视，常用这一标准来要求和批评作家和作品。但是《诗经》中的一些作品往往在思想情感上富有激情与真率，并不都符合“思无邪”的标准。

温柔敦厚

指儒家经典《诗经》所具有的温和宽厚的精神及教化作用。秦汉时期的儒学认为,《诗经》虽然有讽刺、劝谏的内容，但是重在疏导，不直言斥责，大多数诗篇情理中和，在潜移默化中使读者受到感化，养成敦实忠厚的德性，从而达到以诗教化的目的。温柔敦厚的诗教观是儒家中庸之道的体现，以中正、平和为审美标准，这也成为对于文艺创作风格的要求，体现为以含蓄为美、以教化为重。

篇五 克己复礼

礼是成人的自律与尊严

“克己复礼”是孔子在和他最得意的弟子颜回探讨何为“仁”的对话中提出的。孔子倡导因材施教，对不同的弟子采取不同的答疑和教授方式。颜回是一位勤学而富有智慧的学生，《论语》里记载孔子和他的对话并不多，但所及深度是跟其他学生讨论时所难见的。“克己复礼”的对话就是一个例子。很多学生都拿“仁”这个议题去询问孔子，因为这是孔子思想的核心。在与颜回的谈论中，孔子直接点出了“克己复礼”，指出要通过内心自觉的修养将仁、礼相贯通。古代记载礼仪制度的典籍是怎样将人一生的重要节点都纳入礼制的教化从而趋近“克己复礼”理想的呢？

一

克己复礼，天下归仁

颜回问孔子关于“仁”的问题，孔子说：“克己复礼为仁。”(《论语·颜渊》)就是要用自律自持、坚守原则去践行礼。显然，孔子这里谈到的“礼”，不仅限于具体的仪式、典礼、礼俗规范，而是指礼的终极目的。孔子曾经感叹说：“礼云礼云，玉帛云乎哉？乐云乐云，钟鼓云乎哉？”(《论语·阳货》)意思是：“礼啊，礼啊，难道就只是美玉、丝帛之类贵重的礼品、礼器吗？乐啊，乐啊，难道只是钟鼓乐器的声响吗？”为什么孔子会如此慨叹？因为他生活在一个巨变的时代，西周王朝衰落，王权威信不再，诸侯国开始僭越，搅乱原本的尊卑秩序，出现了古书中常常提到的“礼崩乐坏”。时代间隔和社会变动使得许多人虽然熟悉典礼如何安排布置、礼物如何呈送，但对于背后的动因，已经生疏或者懒于求问了。孔子的理想是效法周公定礼制、立乐的壮举，为国家和社会运转建立一整套的秩序和道德标准，为每个个体生命和整体社会提供一种妥当的安置和管理规范。因此，只有明白了礼的精神内涵和价值追求，人们才会去自觉、持之以恒地遵守和履行礼。由此我们可以理解，为什么孔子要求颜回将仁、礼贯通，因为礼的精神内核用一个字来概括就是仁。

“克己”有很丰富的内涵，可以包括顽强奋斗的干劲、主持正义的气魄、捍卫道德的勇气、维护天下和平的愿望等。孔子盛赞这种充盈的仁德精神，说“一日克己复礼，天下归仁焉。为仁由己，而由人乎哉？”（《论语·颜渊》）一旦做到了这一点，普天之下的人都会崇敬你、追随你。这种为理想而耕耘、奉献的精神，是靠一个人内心自主的动力支撑的，不需要外力胁迫，也不可能被勉强而为。所以，孔子才会反问：追求仁德，难道是别人的要求吗？

接着，颜回求教孔子进一步细说。孔子就回答了“克己复礼”的具体内容：“非礼勿视，非礼勿听，非礼勿言，非礼勿动。”但凡与礼相违背的事情，不要看、不要听、不要言说、不要做。孔子的解说看似简明直白，其实对人的修养提出了很高的期许，他希望人的一切心思、意念、言行都要符合礼的精神宗旨和规范。这是一种光辉饱满的生命状态，要求时时刻刻秉持理想的追求。

二

君子之争：射礼的自省精神

在古代，人的一生中有很多重要的礼仪时刻，除婚丧嫁娶外，“射礼”也是其中一项。射箭作为一项古老的运动，在非洲、欧洲、亚洲都有悠久的历史。据考古研究，古代中国的“箭”最早出现于新石器时代，神话传说中也有“后羿射日”的故事。中国古代射箭运动的独特之处可能就在于它不完全是一项竞技体育、狩猎或军事活动，而是被纳入礼乐制度，形成了专门的“射礼”。至迟在西周时期，“射”就是贵族子弟的教育内容之一，位列“小六艺”（即礼、乐、书、数、射、御[1]）。儒家对先秦射礼的解说记载在《礼记·射义》中，这篇文章开宗明义就说射箭的人“进退周还必中礼，内志正，外体直，然后持弓矢审固；持弓矢审固，然后可以言中”。进退、回旋必须符合礼，心念要端正，体态要正直，然后拿起弓矢瞄准，专注、稳固、无差，才谈得上射中的可能性。因此，射礼“可以观德行”，意即通过射礼可以了解一个人的德行。

1 御：驾驭车马之术。

孔子的先人是宋国人，父亲是勇武的大力士，而他本人平时也佩剑、习武，对射箭、驾车等事，也很在行，这些类似今天“武术”的技能也是孔子教授学生的内容。他本人对“射”也有专门的解说，曾把射礼精神总结如下：

子曰：“君子无所争，必也射乎！揖让而升，下而饮，其争也君子。”（《论语·八佾》）

君子其实没有什么可与人相争的事。如果一定要说有，那就是射箭了吧！射箭比赛的时候，在正式比赛前，参赛者要走上台阶，相互行揖让之礼，比赛过后，还要相互敬酒、致意。这样的竞争，是保持君子风度、彬彬有礼的竞争。射箭的礼仪和它的意义，也翔实地记录在《仪礼·乡射礼》《仪礼·大射》之中。

《乡射礼》有一系列完整的流程，主人和宾客之间要反复行拜礼，这些仪式赋予了整个典礼节奏感，淡化了射箭本身的“武力”竞技特征。例如，在礼仪正式开始前，主人和宾客要经过一系列的拜见、酬答。主人即主办射礼者；宾客即当地的贤者，通常没有官爵。在典礼开始之后，主宾之间还会有一系列相拜、相揖让、敬酒、对酬的环节，然后才进入射箭的竞技。同时，射礼包括音乐节奏的使用规范，所用的乐章，都来自《诗经》。参与射礼的人按照所属阶层和身份使用得当的音乐，表达自下而上对礼乐秩序的服膺和遵循，以树立德行、消弭暴乱，使国家安定。

竞技正式开始，每个动作、站立的方位、工具的布置，都有所讲究。《仪礼·乡射礼》是这样记载的："三耦俟于堂西，南面东上。""三耦"就是三对，每两个人组成一对比拼，共六人。这六人在堂的西面，面朝南方站立，东面是上位。司射来到堂西面，脱去左边的外衣袖子，用左手握住弓把手的中部，右手把四支箭与弓弦一起握着，从西阶升上堂，对宾报告"弓矢既具，有司请射。"——"弓和箭都已经准备好了，司仪人员请诸位开始射箭比赛吧。"此时宾客对答："某不能。为二三子许诺。"这是自谦的话，"某"也是自谦的称谓，说自己并不善于射箭，既然几位请求，那么我就开始射吧。此时，司射才到阼阶上，面朝东北方，跟主人报告说："我们遵照礼仪向宾客请求射箭，宾客已经答应了。"正式开始射箭时，司射还会郑重嘱咐宾客，请各位与自己的对手行谦让之礼，轮流取用弓矢。

开始射箭之后，会有专门的人计算射中数目，负责每个职责的人走步和禀告的方式，都要依据既定的规则，整个仪式在庄重的氛围中有条不紊地进行。具体的射箭规则，视礼仪的主要目的而定，分为"主皮"和"不主皮"："礼射不主皮。主皮之射者，胜者又射，不胜者降。"就是说，如果是为了练习礼仪而举行的射礼，目的就不在于射中，而在于熟悉礼仪。如果是为了习武而办的射礼，胜利者就会继续射，不胜者就下堂，不再射。在礼节的施行中，主人、宾客都得到了内心和行为举止的训练。射箭本身还是一种体育活动，能锻炼人的体能、体态；演奏《诗经》篇章也是对参与者音乐审美的熏陶。在礼的氛围中，人得到了身心的双重训练。孔子还总结过，射箭不应该沦为纯粹的武力强弱之争：

> **子曰："射不主皮，为力不同科，古之道也。"（《论语·八佾》）**

射箭比赛，最重要的并不是发猛力射穿靶心，而应该以是否射中为裁判依据。力量禀赋因人而异，不能用力量强弱为标准来判定，这是自古就有的经验和道理。孟子更是直接从射箭引申出君子修德重在反躬自省的道理：

> **仁者如射，射者正己而后发。发而不中，不怨胜己者，反求诸己而已矣。（《孟子·公孙丑上》）**

一个有仁心、仁德的人，他的德行就好似射箭者，首先要端正自身的身心，然后发箭。即便没有射中靶心，也不抱怨对手，而是省察自身，寻求改进。孟子还说，后羿教人射箭，是要教导人射中目标，就好像伟大的工匠教人制作器具，必须要用统一标准的圆规和矩尺来矫正器具的圆、方形状[1]一样。

那么，什么是最高境界的“射中”呢？《庄子》这本典籍中有一篇《田子方》，记录了列御寇和伯昏无人射箭的传说：列御寇先射箭给伯昏无人看，只见他拉满弓，放了一杯水在自己的手肘上，然后放箭，一发紧接着一发，而整个过程中，他整个身体就像木偶一样纹丝不动。然而，伯昏无人似乎并没有被他高超的技巧折服，而是说：“是射之射，非不射之射也。”意即这只是有靶心（固定目标）的射法，而不是没有靶心的射法。还反问：“您要是与我一同登上巍峨高山，踏着险要的山石，身临万丈深渊，还能这么射箭吗？”

于是，伯昏无人登上高山、踏上险石，站在悬崖边上，脚有两分悬在崖外，请列御寇过去射箭。列御寇吓得趴在地上，汗都淌到脚跟了。伯昏无人说：

> **夫至人者，上窥青天，下潜黄泉，挥斥八极，神气不变。今汝怵然有恂目之志，尔于中也殆矣夫！**

意思是：真正极致的高人，能上升高空观察到青天，往下可潜入黄泉（传说中的阴间世界），在任何处所都能应对自

1　孟子曰：“羿之教人射，必志于彀；学者亦必志于彀。大匠诲人，必以规矩；学者亦必以规矩。”（《孟子 · 告子上》）

如、神色不变。您现在满脸害怕的神情表明您内心是很恐惧的呀！

这个故事并不是在谈射箭的具体礼仪、技术，也没有像孟子一样直接陈述射箭与德行的关系，而是用夸张的手法刻画射箭的最高境界，说明射箭的最高追求是超越技巧的。就性质而言，射箭运动乃是倡导有德君子之间在自我提升的前提下进行良性竞争，以净化内心、磨砺意志、激发勇气，最终突破自我、追寻卓越。这种追求为现代体育激发人类突破极限、沟通友谊的宗旨所继承。

三

相人偶为仁：礼是自尊、尊人

在上文，我们从孔子和颜回探讨“克己复礼为仁”所包含的“仁”德和自律的内在深刻关系说起，介绍了古代社会较为重要的射礼，为读者呈现了礼乐的具体实践如何从宏观铺陈和细节设置方面由内而外训练人的素养。也就是说，在礼的修习上所下的功夫和践行礼的力度代表了仁德的厚度；一个人的仁心越是厚实，越会自觉地去琢磨、练习礼乐，尽量让自己举手投足都符合庄重的轨范，从而形成健全、美善的人格。

对“仁”的早期解释，有时还专门立足于人与人之间具体礼仪的法度展开，例如，汉代大经学家郑玄就在注释《仪礼》和《中庸》时提出了“相人偶为仁”的说法。《仪礼·聘礼》有一句话是“公揖入，每门、每曲揖。”聘礼就是一国君主派遣使者前往他国相问的礼仪，类似今日的外交礼仪，公就是聘国的君主，也就是聘礼的主人，宾即来聘之使者。在这个过程中，主人揖让请使者走到中门，然后自己要先入引领。使者随主人而行，每走到一座中门前、每当拐弯时，双方都要互相行揖让之礼。郑玄注释说：“每门辄揖者，以相人偶为敬也。”也就是说，行礼意味着主宾之间平等互敬。在《礼记》收录的另一篇重要论文《中庸》则直接提出：“仁者，人也。”就是说，仁道是人之为人的内涵。郑玄加注说明：

人也，读如相人偶之人，以人意相存问之言。

郑玄的意思是：从字义上说，“仁”与“人”相通，“相人偶”的意思就是二人并立，由此引申指代人与人之间把对方放在自己心里，相互牵挂、惦念、存问、关怀。在古代，“仁”字一种写法就是两个人在一起，例如下图的甲骨文。郑玄认为，这种二人并列的写法，正是两人互相行揖让之礼的形状，而行揖让之礼，就是为了表达存问、牵挂、礼敬、亲和。

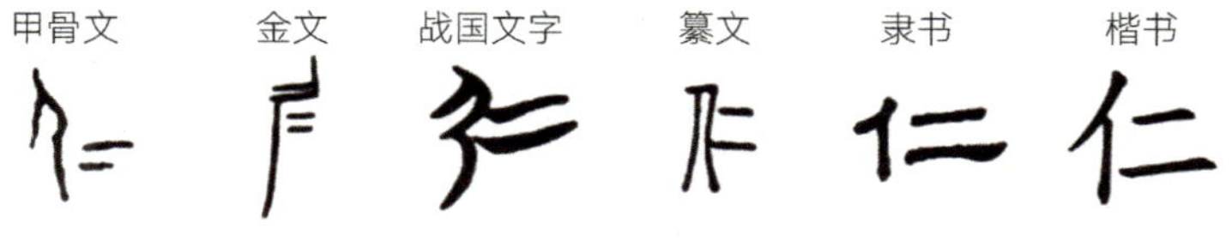

“仁”的字形演变

我们从“仁”说解“礼”，再由“礼”返回“仁”，仁、礼之间内在关系的紧密在很多典籍和思想家那里可以得到证明，二者其实互为表里。礼要在人与人基本的社会关系里展开，不同的关系有不同的表现方式和尺度；无论什么社会伦理关系，都有一个基本的、普遍的原则——将他人当作与自己一样的人来看待，像尊重自己一样尊重、善待他人。处理各种社会关系也恰恰是一个有德君子磨炼和培养仁德的机会。千百年来，礼这种自尊、尊人的内涵一直没有褪色。

四

君子固穷：仁德修养超越外在境遇

孔子“有教无类”“因材施教”的举措，开启了平民教育的大门。而他所树立的教育理想，则奠定了超越身份尊卑的“士人精神”，即知识分子的道德责任感和行动力。孔子教学生并不仅限于培养跻身上流社会的精英。实际上他希望培养持守“贫而乐，富而好礼”的理想人格——贫穷低微时，能够持守正道；身处尊荣时，能怀抱仁心、守礼，在自身守正的同时感染他人。

这很像孔子一生的写照，他大部分时间都在逆境中度过。他周游列国时，屡屡受到困厄，甚至面临杀身之祸，但从没停止鼓琴、吟诗，也没有丧失以雅乐振奋自我的从容达观。《论语·卫灵公》有一段生动记载。孔子走到陈国时，饮食没有着落，跟随的弟子都饿得爬不起床来。子路是孔门弟子中亲近老师而性格直率的一位，常常有直言不讳的发问，但孔子十分喜欢他的勇敢与直率，所以我们常常能从二人的对话中见到彼此的真性情。子路见此惨状，内心不无埋怨，于是问老师：“君子亦有穷乎？”——难道君子也有穷得毫无办法的时候吗？孔子的回答也仍然坚定明白：“君子固

◆明 仇英《孔子圣绩图》之《在陈绝粮》

穷，小人穷斯滥矣。”——君子固然会遭遇困厄，但重要的是，君子在险恶处境中能够不丧失志向，保持基本操守，而无德的小人一旦遭难了，就容易自暴自弃、没有底线，甚至一蹶不振。孔子从没有自认为是圣人，而是谦逊地说自己只是一个“好学”“好古”的人，他乐于学习，心胸开放，敏于追求古代圣贤。受困于陈国这一历史片段正是孔子实践礼乐精神的述写。

礼乐的核心精神超越社会地位的身份高低贵贱，也不是让所有人接受教育之后屈服于“丛林法则”，去争夺金字塔尖的地位和资源，而是为了实现社会资源更公平的分配，倡导、激励不同阶层和身份的人共同尊崇德性，从而塑造良善的社会秩序。礼乐教化的理想是通过培育健全的人培植健康的社会，通过打破阶层限制的六艺传授培养志趣高洁、德性醇厚的博雅君子，从而实现教育公平与社会公平相互促进的良性结构。

经过孔子和儒家学派的努力，《诗经》《尚书》等古代文献得以传承和转化，形成了中华民族重视文教的传统。不论是国家层面的科举取士，还是千家万户的推举读书为贵，都说明推崇文化教养、尊师重道之风深入人心，教师等从事文化传承和教育的职业普遍受到社会崇敬。这何尝不是一个民族的幸事！

五

管宁割席：有礼有节地坚守做人原则

面对古人所主张的礼乐精神，也时常出现另一种审视的声音：一味寻求和谐、尊重对方是否意味着放弃原则、充当“和稀泥”的“老好人”，从而造成含混并丧失了秩序？孔子曾严厉地批评过：“乡愿，德之贼也。”（《论语·阳货》）他认为“乡愿”这种乡人以为忠厚的人，只是表面老实忠厚，实际上与流俗合污、谄媚而无原则，对伦理道德只会产生破坏作用。真正的儒家坚决拒斥那种媚俗小人，孔子说，一个人就算能讨所有乡人的欢心，也未必是善人，真正的善人是“不如乡人之善者好之，其不善者恶之”（《论语·子路》）——乡人中有善德的人喜爱他，那些没有善德的人却厌恶他。在这里，孔子明确坚持伦理善恶有绝对的界限，散发着一种正邪不可共存的果决和刚毅。

所以，儒家并不强调把“和”推到极端，而是认为有时候要对“和”加以规范和约束。例如，孔子的学生有子说：“礼之用，和为贵。”礼乐制度最大的社会功能就是维系社会秩序的稳定和谐。但是，人们不能一味迁就“和”而失去秩序的规范和原则，这就是所谓的“知和而和，不以礼节之，亦不可行也”(《论语·学而》)，意即只强调和而没有礼的秩序规范，也是不可行的。

君子知礼守礼，不仅坚持道义、不苟且与不义者为伍，还能以有礼有节、进退得当的方式坚守原则。南北朝刘义庆所写的《世说新语》就记载了“管宁割席”这个关于守礼君子的耐人寻味的故事。管宁和他的朋友华歆在菜园中一起劳作，俩人都看见地上有一片金，管宁挥动锄头，如同清除瓦砾、石块一样锄走金子，而华歆却忙不迭把金子拿去，但可能碍于管宁的态度，随即又将它丢弃。之后，他们在同一张席子上读书，有一位穿着礼服、戴礼帽的人乘着有围栏的马车经过，管宁置若罔闻，继续专心读书，而华歆却立马把书抛到一边，前去观望。见金起贪，说明他心术不正；读书心不在焉，说明他心思散漫。这样的人违背君子之德，不值得深交。于是管宁当即把席子分割为二，并对华歆说：“你不是我的朋友”，以表明绝交之心。

故事中有两处值得注意的细节可以体现管宁的“有礼”和“有节”。第一处是管宁并未在第一次发现华歆三心二意时就跟他断交，而是明示了自己不赞成贪财之举的态度，相当于给了朋友一次机会，盼他知错能改。但这样的警醒并未奏效，由此管宁意识到二人“道不同不相为谋”——志向、理想、心性都不是同路人，他不齿于与这样的人做朋友，因此以“割席”的举动果断表明心志。第二处，他在表达绝交时，仍然使用了“子”的尊称，并无过激语言，表现得克制而有分寸，让对方知道了自己的决绝态度，又留有情面。从这里我们能看到礼乐之教养在“君子”言行举止上的体现。刘义庆记录的这则短小的历史故事，对后人修德立身是一种鞭策与警醒。

文化关键词

反求诸己

反省自己的言行与内心。"反求诸己"是孟子提出的一种道德修养方法。孟子秉承了儒家的主张，认为人的德行与功业的确立，从根本上取决于自身的修养。因此，如果自己的言语行事不能获得认可与赞赏，不应归咎于他人的误解，而应反省自己的言行与内心是否符合道德、礼法的要求。

克己复礼

克制自己的言行以符合礼的要求。出自《论语》，是孔子提出的实现仁德的基本方法。孔子认为，仁德的养成应以礼为标准。个人的言行应受到外在的礼的规范，但更重要的是通过约束自身的私欲，使自己的所见、所闻、言语、行为都符合礼的要求。能够做到"克己复礼"，就达成了仁德。

为仁由己

践行仁德取决于自己。孔子在向弟子讲解仁德之义时，提出了“为仁由己”的观念。孔子强调，仁德的实现并不依赖于外在的规范。虽然仁德要求人们克制自己的言行以符合礼的要求，但对仁德的践行根本上还是取决于人们自身对仁德的认同与追求，并自觉地按照仁德的标准行事。

篇六 安土顺时

农耕中的礼乐文明

古文字中的“礼”“乐”本义都跟向神明等不可知力量的献祭仪式有关，但祭祀的形式之下是精神信念的传达和社会生活的组成与维系，实质上体现的是人的需求和发展，也在“人谋”（人的能力、智谋、道德等综合力量）的参与中不断变化和改进。古籍中一再强调天、地、人“三才”是宇宙中三种最根本、最重要的力量，人生于天地的大环境中，身上有其他物种所不具备的尊贵与能力，因此，在古人的世界观中，人可以参与天地的运转、帮助万物和谐共生，即所谓“赞天地之化育”（《礼记·中庸》）。

同时，国家、社会、个人层面的礼仪，还要根据“天时地利”，即自然气候、地理环境、资源条件等客观因素实行。只有恰切安排礼制，才能合理地塑造、培育人，这就是《周易·彖传》在解释六十四卦之一的“贲”[1]卦时所提出的：

观乎天文，以察时变；观乎人文，以化成天下。

“天文”和“人文”，两者关系密切，前者制约着后者，又是后者发挥才能、展现本性的舞台。古人通过观察“天文”，即天象星辰来确定历法，依据自然事物、现象归纳出时节演变的规律；通过观察“人文”，即人类社会的规律，来教化、培育人，实现全天下的正常运转。对于生活在以中原为中心的这片土地上的先民而言，以农立国是基本国情，农耕文明所面对的“天地”是种植等基本生产活动发生的场所。对天地运转的规律认识越深入、细致、精确，就越能在生产活动中达到预期目的。因此，围绕“天”运转之时变规律和土地物产之利，衍生出一系列与农耕活动密切相关的礼乐观和礼仪。

1 这一卦的意思有很多说法，但总体而言都包含“仪节中的纹饰”的含义，后人从这一意义引申出对礼的意义的阐扬。

一

民为贵，社稷次之：土地、五谷是立国基础

地（大地）承载着人类一切物质资料的来源，地上万物丰饶，除了满足人类生存所需，也激发起无尽崇高之美感。因此，《周易》在解说象征大地的“坤”卦时说“地势坤，君子以厚德载物”——君子要效法大地宽厚、广博、包容之德，像大地一般容纳、承载和生发多姿多彩的万物。

与敬天相似，先民对土地的礼敬和祭祀历史也十分悠久。早期人们用“社”来表示土地神——“社”在甲骨文里的写法是，像一个立起来的小土堆。此外，在先民信仰中，还有一位掌管谷物丰收的神明“稷”——谷神。渐渐地，“社稷”成为一个词，成为国家的代称，可见土地和五谷的对于国家的重要性。《孟子・尽心下》就说：“民为贵，社稷次之，君为轻”，认为百姓是一个国家根本，是最重要的，其次是农业生产，而君王要以这二者为优先。如前文所言，民众其实是天意的代表，天子敬畏天命，就必须尊重民心民意，要以人民为执政最重要的考量。

历代官方史书对君王祭祀土地也有很多记载。如《史

记·封禅书》记载秦始皇在东海巡游，礼敬各地名山大川和所谓“八神”，并求访长生不老仙人的足迹。这八神包括天主、地主、兵主、阴主、阳主、月主、日主、四时主。其中，地主排在第二，仅次于天主，可见其重要程度。

秦朝之后是西汉王朝，历史上有“汉承秦制”的说法，也就是汉朝沿用了秦朝的很多典章制度。这个时代，土地神也称“后土”，由此，“皇天后土”代指天地神祇。据《史记·封禅书》记载，有一年冬天，君臣议论礼制问题，有人提出，君主亲自祭天而不祀地，在礼制上是不周全的。主持祭典的官员对司马迁的父亲司马谈（也是一位史官）和掌管祭坛的官员宽舒说“天地牲角茧栗”——祭祀天地的牺牲，要用刚刚开始长角的小牛犊。他还说，若武帝亲自祭祀后土，“后土宜于泽中圜丘为五坛，坛一黄犊太牢具，已祠尽瘗，而从祠衣上黄”，意即在湿地中造一座圆形的土丘，分成五个祭坛，每一坛用一头黄色的小牛作为祭品。祭典之后，要将牺牲全部埋入土中，供后土享用；陪同天子行祭的人员也要着黄色上衣。后来，武帝果真按照这个要求进行了祭祀。

我们可以看到，汉代帝王祭祀后土，有非常浓厚的五行观念——五坛可能象征五方（东、南、西、北、中），仪式中要用到代表土地的黄色牺牲和黄色礼服；牛犊是非常珍贵的祭品，祭祀完成之后并不是供祭者享用而是埋入地下留给神明，可见诚意满满。那么，祭祀后土成为国家级的重大仪典，它的起源是哪里呢？

二

后稷稼穑：周人农祀与英雄史诗

在中原的古代文明以农业耕作为主要生产方式，因此历史上对农业做出过贡献的先人格外受到后人尊敬。古代极其重要的一位农业之神就是后稷。关于后稷的传说，在《诗经·大雅·生民》中有记载，曲折回荡，富于传奇色彩。相传，后稷是周人的先祖，他的母亲是姜嫄，而姜嫄是一位有贤德的女性，她总是能够十分虔诚地祭祀。由于出生时的神迹，后稷被认为不祥，一开始就遭到抛弃，所以后稷也叫“弃”。后稷被丢弃在窄巷中，却得到牛羊爱护，久而久之，牛羊皆至。后来被扔在林间，又被樵夫偶然救起。之后再被抛弃在寒冰之地，却有巨鸟用翅膀遮盖他，给他取暖。巨鸟飞走，后稷开始放声啼哭，哭声响亮。

这些情节虽然充满神秘色彩，甚至有悖常识，但反映了先民的一些伦理思想——这位传说中的英雄有一位心思虔诚的母亲，而他自己则自幼宅心仁厚，得神灵护佑，所以屡屡得以化险为夷。同时，他还有杰出的农业种植才能，比如，他能娴熟地种植大豆、粟苗、麻麦、瓜果，还能勘察和明辨农田品质，因地制宜，促进农作物生长。“茀厥[1]丰草，种之黄茂[2]”，他将杂草除去，栽种上好的禾苗。他所栽种的禾苗呈现令人欢欣的样貌：“实方实苞[3]，实种实褎[4]，实发实秀[5]，实坚实好，实颖实栗[6]”——很快吐芽、长势茁壮、结穗饱满，好年成对周人而言如同至宝。周人觉得，后稷能带领大家喜获丰收，是受到了上天的眷顾。后稷“是任是负”，躬身劳作，在妥善完成农事之后，就去进行祭祀，祈求往后的丰收。《生民》记述了后稷的生平传奇，为我们刻画了周人在克商之前作为一个较小部族的发展史。

那么，在农业丰收之后，是怎样举行祭祀的呢？诗里说：舂米、舀米，用簸箕筛去米糠，然后把米蒸熟。“载燔[7]载烈，以兴嗣岁[8]”——用香料、牛羊肉来燃烧，发出香味，供神明享用，来祈求年年岁岁丰收兴盛。再将烧烤的肉摆放

1 茀：音fú，拔除。

2 黄茂：茂盛。

3 实：是；方：大；苞：茂盛。

4 种：可能是“丛”，葱郁；褎：音yòu，禾苗渐长的样子。

5 秀：长出穗。

6 颖：长出芒的穗子；栗：谷粒饱满而充实。

7 燔：音fán，焚烧。

8 嗣岁：来年。

——————◆盛放祭品的青铜礼器“豆”

在“豆”这种祭祀用的礼器中，“其香始升，上帝居歆[1]”——香气弥漫上升，感召上帝降临来享用丰盛的祭品。人们认为，后稷的功劳不仅是善于稼穑、引导大家进行耕种并取得丰收，而且他懂得筹划、组织祭祀，用收成来慰藉上帝。因此，诗的最后一句总结了他的功绩：“后稷肇祀，庶无罪悔，以迄于今。”认为后稷开创了用农产品享祭上帝的传统，祈祷神明护佑周人，免受灾祸，并且让这种福荫绵延久远。可能正是因为后稷在农耕生产和农事祭礼中的典范作用，后世的农官都称作“后稷”。

1 居：安；歆：享受。

三

赞天地之化育：农事安排与籍田礼

从《生民》这首诗可知，作为农官的后稷不仅负责具体的耕作事宜、教导人们耕种，而且非常重视丰收时的祭祀，对神明和祖先表达感恩。自古以来，农官肩负着人们温饱的重任。农业活动从某个角度来说，也是“赞天地之化育”，协助万物生长、化育，使得万物各归其位。人发挥主观能动性，按照时间、季节的运行合理安排农业生产的步骤，求得劳动果实，这是一种追求合乎人类预期目的的活动。因此，农官极度重视天象、气候、物候的变化，据此判断何时播种、中耕、收成。

对四时、物候、天象的运行规律，古人有一种大略的抽象认识，他们认为这些变化都是“气”的运行引发的——气是一种细微的物质形态，具有精细、流动、无形的特点。气总体上分为阴阳两种，如果阴阳二气相互协调，就会风调雨顺；如果两者错乱、壅滞，就会引发各种自然灾害，导致农业收成受到影响。因此，农官还要跟各种观察天象、天气变化的史官相互配合，审慎选择时间点进行祭祀，祈求风调雨顺。先秦时期的典籍《国语》收录了很多反映西周时期历史事实的记录和对话。其中，《周语》就生动记载了这种官员相互配合促成农业丰收的“籍礼”的片段。所谓“籍田”，就是古代天子、诸侯征用民力耕种的田。相传天子籍田千亩、诸侯百亩。每逢春耕，天子、诸侯执耒耜在籍田上三推或一拨，亲自示范耕作，称为“籍礼”，来向百姓昭示他们对农业的重视。

《国语·周语上》说，自古以来，掌握国家祭祀、典籍、礼仪等事务的太史一类的王室官员，都要顺应时节变化，来观测土气的变动。譬如，在孟春之月，史官观测到天地之气的运行状态是“阳瘅[1]愤盈，土气震发”，即阳气盈满喷发，土气震动。而经由对天象的观测，史官确定在这一天，天上房星、日月等也在特定的时刻运行到特定的方位[2]，在这个时刻，“土乃脉发”，就是说土气会准时生发。这些有节律的自然现象标志着农事可以开始。于是，在立春之前第九天，太史告知掌管农事的后稷：“从今天至立春，阳气统统上升，要让土地震动和输泄；若不然，土气就会积压，导致地气运行不畅，农作物无法生长。”后稷听

1 瘅：音dàn，奋起。

2《国语·周语上》的原文是“农祥晨正，日月底于天庙”。这句话在古代有不同解释，我们暂且解释为立春之日，房星处于常规的位置，没有出现异样。

到这则重要的预告，便去告诉君王："春官（或掌管观测阳气运行的阳官）告诉了我土气运行的状况和时间节点。现在恳请君王您恭敬地斋戒，以攘除祸患，监察农业，不要妄自改动农事规律，这样作物才能按照时令生长。"于是，君王就根据这些审慎的建议，开始准备相关的斋戒和祭祀事宜，同时命令司徒去告诫公卿、百官及普通民众一同做准备工作。司空则去打扫祭坛。农耕正式展开的前五天，掌管音乐的太师告知"协风"，即和畅的春风，会准时到来，说明时节正常，不会耽误农产。君王就在宫中斋戒。

预备工作就绪后，具体的礼仪是怎样展开的呢？这需要众多官员通力配合，共同完成。掌管宫廷饮食的膳夫和主管农业生产的官员将祭品陈列在田中，太史则作为向导指引君王恭敬地行礼。之后，后稷省察官员在此过程中的功劳，而后稷的工作由太史监督。司徒省察民众的生产劳作情况，由掌管王室音乐的太师来监督司徒。之后，正式祭祀这天，大乐官用不同长度的律管[1]来观测土地之风气运行是否正常。接着，后稷告诫百官要遵守农事的纪律，并说："阴阳二气各安其处，雷电震动，打破滞塞"。这也就象征着气候会协调，年成会和顺。

1 律管：形状像笛子，侧面有气孔，定音高的工具。

如果说这段故事中的“土气”“协风”，对于现代人而言显得有些陌生，那么二十四节气，可能更能唤起读者们的感应。居住在福建、广州等地的客家人，儿时应该都听过一首民谣——《二十四节气歌》[1]：

春雨惊春清谷天，夏满芒夏暑相连。秋处露秋寒霜降，冬雪雪冬小大寒。

这几句歌词以简洁的方式唱出了二十四节气的分布和排序，即春季：立春、雨水、惊蛰、春分、清明、谷雨；夏季：立夏、小满、芒种、夏至、小暑、大暑；秋季：立秋、处暑、白露、秋分、寒露、霜降；冬季：立冬、小雪、大雪、冬至、小寒、大寒。

二十四节气本质上是古代一种历法，对农业影响至深，在我国自古沿用至今，农民仍然依靠它来安排一年的农业活动，可见其有效性和精准性之高。“土气”“阴阳二气”“二十四节气”，其背后的运算理论或许不同，但都是基于“气”的观念。“气”或许已被很多现代科学概念所替代，

1 二十四节气：一年中地球绕太阳运行到二十四个规定位置（即视太阳黄经度每隔15°为一个节气）上的日期。各节气分别冠以反映自然气候特点的名称。西汉刘安《淮南子·天文》中已有完整的二十四节气记载。汉武帝太初元年（公元前104年）实施的《太初历》首次将“二十四节气”订入历法。

但节气的观念和计算方法，在今天中国人的生活中仍发生着影响。通过它，我们也得以感受大自然的变化与日常生活、内心世界的连接。正是因为对自然和万物运行法则、节律的感知和探究，人们得到灵感，也得到可依循的根据，从而妥当地安排劳作和其他社会事务。农事礼仪也在对天地节律的感知和把握中得以妥善安置。

四

顺天应时：物候、农政月令和生态保护

《周语》中说史官根据天地之间“气”的运行状况来判断风、霜、雨、雪等天气的来临及其对农事的影响，二十四节气更说明天文历法对农业安排的重要性。不同的地域环境，有不同的物产、物候现象，不同的历史时期，使用的时令也不尽一致，因而礼仪和祭祀方式也各自不同。下面我们试举几例比较早的记载，从微观角度看看不同文献记载的古代农业生产中的祭典。

第一个例子是《诗经·豳风·七月》，这首诗的写作年代和涉及地域，现在学界还有不同看法。但是相当一部分人认为它体现了非常久远的“豳历”，其中所记录的十二个月份、各月的物候现象及相关农事安排，是古代劳动生活的珍贵写照，例如：

二之日凿冰冲冲，三之日纳于凌阴。
四之日其蚤[1]，献羔祭韭。

1 蚤：通“早”。

“一之日”即夏历十一月[1]，相应地，“二之日”相当于夏历十二月。十二月正值冬季，人们凿冰发出“冲冲”的声响，直到“三之日”，即夏历正月，农人都在凿冰，储存在冰窖，以备夏日避暑之用。“四之日”，即夏历二月，人们忙着用羔羊和韭祭祀掌管寒冬的神灵。之后到豳历九月（夏历的七月），天上降霜；十月就要将围场打扫干净，一整年的农事顺利完结。人们就要在这个时刻，设酒宴招待宾客，还要宰杀羔羊来款待，庆祝劳作告一段落。

第二个例子就是《礼记·月令》，它把一年十二个月分为四个季度，每个季节三个月，以“孟”“仲”“季”为之冠名。分别叙述每个月的物象、气候、天象等，并配置相应的典礼、音律，举行不同的祭祀活动，安排相应的农耕进度，还会从反面警示如果出现反常的物候、天象，会有何种灾祸。我们以第一个月孟春为例。

首先，先来考察孟春之月的星象：本月太阳运行到了营室宿的位置（西北方向），黄昏时候，参星出现在南面天空的中心。除了考察天象的运行是否符合规律，还要考察地上的各种生灵。古人除了将每个月与天象、物候相配，还将它与不同的乐音相配。孟春这个月所对应的声音以角音为主，使用

1 参考高亨：《诗经今注》，上海古籍出版社，2018年，第254页。

候气的律管以太蔟为准。除此之外，还将这个月所适宜的味道确定为酸味。这个月的祭祀对象主要是户神——古人认为门、窗、道路等事物背后都有执掌的神灵。在这个月内，祭祀用的祭品，以动物的脾脏为优先[1]。这个月，“东风解冻，蛰虫始振，鱼上冰，獭祭鱼，鸿雁来”，就是说东风吹化了上一个冬季的冰冻，蛰居冬眠的虫子开始复苏活动，鱼类开始跃出正在解冻的冰层，獭下水捕鱼，将猎获物陈列在水边，就好像祭祀一般，鸿雁也从南方归来。古人对于自然物候的观察可谓细致入微，感知相当深刻，而且赋予自然物象深厚的人文意义，品味出许多人世的法则。在这样的自然氛围之中，各个职官都有自己的职责要完成，天子命令掌管礼乐的官员学习舞蹈，并修订祭祀礼仪的事宜。还要祭祀山林、河流、湖泊。难能可贵的是，还专门提出明确的禁忌：

牺牲毋用牝。禁止伐木。毋覆巢，毋杀孩虫、胎夭、飞鸟。毋麑，毋卵。毋聚大众，毋置城郭。掩骼埋胔[2]。

这一段意思这是说，在孟春之月，祭祀的牺牲不得使用雌性生物——雌性动物在这时要繁衍后代，春天是万物生

1《礼记·月令》：“孟春之月，……祭先脾。”

2 胔：音zì。掩骼埋胔：收葬暴露于野的尸骨，古代恤民之政。

发的季节，人应该促进万物生长化育，而不能破坏万物的生机。此时，禁止入山砍伐林木、捣毁鸟巢、杀害一切初生动物和飞鸟。不能杀害一切幼小的兽类，也不能毁坏鸟蛋。这个时节不适宜聚集众人、建筑城墙，因为这些活动会耽误农业生产。如果路上看见枯槁的尸骨，要及时掩埋，以免影响春天的生气流行。这些禁令都体现了古人敬畏自然、珍惜有限资源和对生命的尊重。

不仅不能惊动自然界的生命，动用武力也是禁止的："不可以称兵，称兵必天殃。"绝不能兴师动众发动战争，否则必定会遭受天降的灾祸。"兵戎不起，不可从我始"，绝不能主动发动任何战争。为什么有这么清晰、严格的规定呢？因为上天运行的法则是人间一切行动的根源：

毋变天之道，毋绝地之理，毋乱人之纪。

不要去肆意改变自然的运行法则，不要去乱杀生灵、无穷攫取大地的物资或扰乱其规律，也不要去打乱人文世界的纲常。换言之，对待天地自然也是人道世界规则的内容，人的世界和自然的世界是相互贯通的。

《礼记·月令》接下来从反面申明，若不按照规矩行事，会导致一系列可见的负面后果，既包括天气紊乱、作物生长受到影响，也包括人们生活方面的灾难。例如，如果错行了夏季的命令，雨水就不会按时到来，草木会早早凋零，国家会有令人恐惧的事情发生。如果错行了秋季的命令，人们将遭受瘟疫，狂风接连暴雨随之到来，各种杂草就会生发。如果错行了冬天的命令，就会有涝灾，败坏农田，冰雪、寒霜会接踵而至，让早春播种的农作物颗粒无收。也就是说，春、夏、秋、冬四个时节的自然特征是制约人类社会行为的准则，也是人类社会行动的依据。

四时十二个月就是天运行的基本法则，天信守承诺，从不肆意改变这种顺序，人也应该依循这个法则——礼乐的根源是人对自然运行的悉心认知、总结、体会，是在历史中逐渐形成的一套完整的、由全体社会成员共同遵循的法则。适合在某个时间段做的事情要尽职尽责去完成，错过了就不能挽回损失；不能做的事情则要充分自省、自律，才能维护资源丰饶、运转流畅，保障丰衣足食、繁衍兴盛。例如，现代社会，居住在山区的人，伐木仍然讲究季节限制，而依水而居的人群，每年都有休渔期，都是同一个道理。

第三个例子是《四民月令·正月》。《四民月令》是汉代崔寔撰写的专业农书，将一年分为十二个月，进而叙述相关的农事。以正月为例：人们在正月的旦日（即第一天），举行仪式。一家之长带领妻儿，虔诚地祭祀先祖。家长和家中负责各项具体事务的人，都要在行礼之前的一些时日斋戒，悉心做好准备。到了祭祀那天，要先献酒，感召神明降临。祭祀之后，全家人要齐聚一堂，按照一定的顺序排列在先祖的牌位前。而后按照儿子、妇人、孙子、曾孙的顺序，依次向家长敬椒柏酒，举杯向家长祝寿。之后，家族成员还要拜谒家族的亲朋好友、师长、宗族长者等。在这一系列过程中，首先要内心存敬，行事有长幼次序，使家族内外人伦和谐，和乐融融。

五

祈祷受年：礼乐寄寓和美的生活愿景

上文我们以节气、四时为脉络考察了古代礼乐安排所取法的自然规律。现在我们来了解“年”这个周期更长的时间单位的意义。“年”字在甲骨文中的写法所表征的意义，跟今天汉语中指代地球绕太阳一周的时间不同。在甲骨文中，“年”写作“”，描摹的是一个人背着稻禾的形象，表示稻谷成熟、收成的意思，在金文中则写作“”，下半部分笔画拉直并加了一短横，之后渐渐演变成楷书的“年”。《甲骨文合集》收录的编号36975的甲骨就体现了“年”字最初的用法，记录了殷商时期人们祈求农业丰收之辞。

《甲骨文合集》收录的编号36975甲骨

卜辞有五段话，阅读顺序是从下往上、从右往左，用现代中文的书写习惯写出来就是：

己巳王卜，贞："今岁商受年？"王占曰："吉。"

东土受年。

南土受年。吉。

西土受年。吉。

北土受年。吉。

这一组卜辞所表达的意思其实并不晦涩。它是说，在己巳这一天，商王进行占卜，他问："这一年，商（殷商王朝的中央领土）能不能得到丰收？"他观察了灼烧之后的甲骨上出现的裂纹，判断说："结果是吉利的。"接着，王又针对位于殷商王畿中心的东、南、西、北四面地区占问了同样的问题，都得到了"吉利"的答案。遇事占问的习俗，在商代以后就已经随着人类理性的强健渐渐淡出了人们的视野，但礼乐祭祀仍然广泛存在。祈求丰收，也代表对美好生活的期盼，"吉利"这个回答，不仅仅是一种盲信，也是对人间劳作的一种激励。"年"从本来的丰收之义到代指一个自然时间单位的演化过程，一方面体现了农业生产对古代邦国至关重要的地位；另一方面也保留了关于祈年祭祀的礼乐文化的意义。在现代社会，人们不再通过甲骨向神明占问或祈求年成，但其中寄寓的对天地伟大力量的敬畏、对天地长养之恩的报答是有普遍意义的，而这种期盼、敬畏与感恩，也能够凝聚人们共同劳作的力量。所以，《礼记·乐记》说：

大乐与天地同和，大礼与天地同节。和故百物不失，节故祀天祭地，明则有礼乐，幽则有鬼神。

最伟大的音乐与天地一般和谐、和顺，最伟大的礼与天地运行的节律相符合。和谐，所以百物都不会失去自身的位置；有节律，所以可以对天地进行祭祀和表达敬意。古人借助礼乐完成人间的教化，还能感受到自然和人世背后未知的超越性力量，共同完成这些事项——或者这正是人内心诚意无形的力量，使得四海之内的人团结起来：

如此，则四海之内，合敬同爱矣。礼者，殊事合敬者也；乐者，异文合爱者也。礼乐之情同，故明王以相沿也。

使心中有敬畏的人和合团结，心存仁爱的人相互联结。展开来说，礼仪就是要让这些心存敬意的人在秩序中基于身份相互区别，从而相互尊敬；乐则有不同的乐舞形式、风格，使人相互联结、彼此亲爱。礼和乐实际上有相同的社会功能，因此，贤明的君王都会将礼乐代代沿袭而不荒废。

文化关键词

三才

“三才”指天、地、人。《易传》在解释《易》的卦象时提出了“三才”之说。在由“一”（阳爻）、“--”（阴爻）六画所组成的一卦中，处于下位的初爻（一爻）、二爻象征地，中间的三爻、四爻象征生活在天地之间的人，上位的五爻、六爻象征天。六画统一于一卦之中，也即象征着天、地、人是一个整体。三者遵循着共通的法则，但在各自的领域中法则的具体表现有所不同。

天时地利人和

“天时”本指作战时的有利气候，泛指时间上的各种有利条件，包括天气、时机、机遇等；“地利”本指作战时的有利地形，泛指空间上的各种有利条件，包括地形、地势、区位等；“人和”本指得到人们拥护，上下同心，团结一致，泛指人的优势。古人认为，它们是事关成败的三种最重要的因素；而且“天时不如地利，地利不如人和”，其中起决定作用的是“人和”。它反映了中国人考虑问题的三个基本向度——时间（时机）、空间（环境）和人，体现了“以人为本”的基本理念。

篇七

协和万邦

礼乐兼容会通农耕、游牧、海洋文明

上一篇我们介绍了古代农耕文明中与农事相关的礼乐实践。然而，古代文明并非单一的农耕文化，而是一直在涵容中原周边的游牧和海洋文明等多重因素。正是这种内部和外部差异的融合、互相影响，推动了传统礼乐文化与时偕行。

一

通则久：礼乐具有变通和容纳差异的能力

人类文明交通往来之早，往往超乎人们的想象。大多数人心目中，遥远的古代舟车不便，不同地域之间应是相互隔绝、彼此了解甚少，文化、礼仪、器具也应比较固守自身特征。然而，历史总是打破固定想象。根据学界研究，中西文明的交通互动，在8000多年前就发生了，并有考古实物证据可寻[1]。

远古时代的人类，虽然还不一定有文字，但通过考古学研究的积累，我们可以从他们的器具、工艺、居住和活动遗址，以及文字以外的符号、刻痕、创作——例如陶罐上的纹饰、洞穴石壁上的岩画、建筑结构与造型等，来探索文化之间的时空"交集"。另外，科技的进步带来了新兴手段，使得从微观上回溯当时人们的生活与文化成为可能，例如，

1 田广林、周政:《8000年前的中国就开始与西方交流——以红山系列文化石构墓葬与人形雕塑为例》，载于《光明日报》2020年6月13日，文章认为:"石构墓葬，最著名的就是金字塔，即古埃及法老的石构陵墓。在中国，西辽河流域的兴隆洼文化积石冢，亦是世界上最早形态的石构墓葬遗存之一，距今8000年左右。……5000多年前的红山文化，髡发是上流社会流行的发型式样，而这种发型在古埃及也比比皆是。"

我们可以通过留存下来的生物化石分辨不同考古遗址的人群类别、所食用动物的品种，或推测古人所栽种、食用的农作物种类；如果足够幸运，遗址中也许还会留有服饰、纺织品原料等。世界范围考古发现中的早期人类黄金制品的传播与流行，就能说明欧亚大陆人们的交流情况：

> 复旦大学科技考古研究院研究员王辉分别从人体装饰品、车马饰件以及其他器物上的装饰三大方面介绍了甘肃礼县大堡子山、宁县西头村，陕西宝鸡益门村、西安神禾塬、凤翔雍城，宁夏南部和甘肃张家川马家源等地出土的东周时期秦与西戎的金银制品，并从用途、风格和工艺等多方面进行探讨，认为东周时期秦与西戎的金银制品受到了来自欧亚草原文化传统的较大影响。[1]

我们不禁要问，族群之间为何会发生交流互动？我想，首先在于人类需通过不断迁徙寻找更宜居的环境，避开高风险环境；其次，不同地域的人群有不同的物产和生活资料，可互通有无，丰富自身；再次，当人们体会到这种迁移

1 邵艳兵、谭盼盼：《探索欧亚大陆黄金交流传播之路：第一届“科技、艺术与考古——古代黄金制品中的中西交流”国际学术研讨会纪要》，《中国文物报》，2019年9月27日。

带来的利益和交流带来的物产丰盛，迁徙就会变得更自觉和频繁，文化互动就越来越普遍。由此不难理解，各个文化内部自古约定俗成的礼俗规范，不会一成不变。礼制不仅要确立稳定的规范和秩序，也需拥有容纳和安顿差异的能力。人们因相互接触而了解到差异的存在，进而促使自身的发展变化。

“礼者，殊事合敬者也；乐者，异文合爱者也。”（《礼记·乐记》），追求差异变动与稳定秩序的平衡也是礼乐的追求。这种平衡使得一个文化或者社会共同体形成持续生命力，而容纳差异需要一个普遍的心理前提：互相尊敬——将对方也当作和自身一样需要生存、有生命、有思考、追求幸福的人。人最初的“敬”往往来自比自己更强大的、神秘不可知力量，比如天、神明等。这种心理投射到人与人之间的关系，就体现为人的彼此尊敬。

二

旁行而不流：周人的开放精神

在古文献记载中，周人是一个因文化的开放性而赢得历史先机的族群。这种文化风貌可以从先周文化说起。先周文化是指周武王战胜殷商王朝、建立周朝之前，以姬姓周人为主的共同体在其活动地域所创造、积累的历史文化。[1]先周时期，在不窋[2]、公刘诸位先祖带领下，姬姓周人在今天的泾河流域辗转，维持着血统和文化的纯正，尚未完全对周围的部族开放。根据《史记·周本纪》的记载，不窋继承了父亲后稷的地位，在他之后是鞠，后来鞠的儿子公刘继位，对当时周人崛起有重要贡献。他在戎狄部族之间生存——戎狄是对当时少数族群的称呼，西方为戎、北方为狄，他们都遵循草原游牧生活方式，因而习俗、观念与长期从事农业耕种的周人有所不同。在周人生活的这个地带，农业文明和游牧文明长期交织、碰撞。公刘在此地重振其高祖

1 关于先周文化的探索历程，可以参看牛世山：《周族起源与先周文化研究的回顾与思考》，中国社会科学院考古研究所夏商周考古研究室编：《三代考古（七）》，科学出版社，2017年，第450—475页。

2 窋：音zhú。

后稷兴起的农业和治理事务，继续致力耕种，寻找适合当地水土条件的种植方式，从漆、沮两河迁徙到渭河，取用当地自然资源，从而达到了良好的治理效果：行路的人有资财，安居者有储蓄的财富，百姓都仰赖他。就连周边的民众，都心念公刘之德，纷纷迁徙到周地去归附。

这之后就到了古公亶父时期，周人的开明做法让关中地区姬姓周人、姜戎集团、关中西部土著这三种力量得以整合：

> **在文化方面，他们兼容并蓄……在名称方面，他们入乡随俗，使“周”成为姬姓族的代名词。……但以公亶父为首的姬姓贵族，却十分在乎自己的“高贵”血统和光辉历史，《诗》讴歌之，典记载之，而姜姓族、土著“周人”及“他旁国”的历史，则在他们耀眼光环的映照下黯然失色，渐被淡忘。**[1]

周人兼容并蓄，保持多元性：他们使用其他族群的器物，又接受了“周”作为自称。“周”最初指迁居地之名，这代表了周人对“他者”“异地”的接纳。但同时，周人坚持了他们基于血缘关系的宗法制度及相关的文化观念。两方面历史

1 参考韩建业：《先周文化的起源与发展阶段》，载于《原史中国——韩建业自选集》，中西书局，2017年，第140页。

经验综合，周人比较成功地实现了自主性与开明性相平衡的“中道”。

与这种文化精神相关的重大事件，还有姜姓与姬姓氏族的联姻。据司马迁的《史记·周本纪》，周人先祖、著名的农官后稷，他的母亲姜嫄，是来自姜姓部族的一个支系“有邰氏”。后稷带领族人农耕丰收，除了严谨祭祀外，还亲力亲为储存粮食，并送一部分到“有邰氏家”——也就是姜嫄家中。可见，周人与周边部族不仅联姻，彼此还有物质支持。也正因为这种开放接纳周边部族的举措，使得周人能逐渐联合更多友邦力量，步步强大。

历史证明，这种联姻政治成效显著：武王伐纣时，任命师尚父即姜太公为主帅，姜太公来自姜姓集团，也是“外族”[1]。姜太公足智多谋，懂得用兵之术，帮助武王克商之后，武王封他到齐国。他也没有辜负这番重用，到了齐国，施政得当，思路活泛。他勤修国政，顺应当地习俗，简化礼制，使商业互通，人们得以利用靠海的鱼盐物产盈利。(《史记·齐太公世家》) 这样一来，周边的人便被富庶兴旺的前景吸引，纷纷归附齐国，渐渐使齐国成为东边的大国。姜

1 古代“姜”等同于“羌”，姜姓部族跟今日的羌族也有关系。参考顾颉刚：《从古籍中探索我国的西部民族——羌族》，《社会科学战线》，1980年第1期，第117—152页。

太公并未使用整齐划一的标准强行改造当地民众的生活：顺应当地习俗是柔性的施政风格，而简化礼制可以减轻繁文缛节带给民众的负担。立国伊始，百废待兴，这一施政方案尤其恰切。他取得政治成就的前提是周王朝“分封建侯”的国策——将同姓、异姓诸侯分封到不同的诸侯国，管理一方广土众民，同时在军事上部署防御，共同保卫王畿之地。

虽然周人的执政方针中对地方的治理策略充分考虑了地域文化的差异，但原本姬姓周人的主体，在迁居岐山之下的岁月里，一直努力坚持着自身文化的特色——宗法制度，也为后世奠定了典范：

> **在从后稷到武王千余年的漫长时光中，姬周族辗转沉浮而能终成大业，与其“自强不息”的精神存在莫大关系。而此精神的长存，又与姬周族对其血统和文化的顽强维持有关。这大概是西周宗法制度的根源所在。**[1]

这里所言的精神和根源，就是周人“敬天法祖”“敬德保民”的核心观念，祭奠和礼敬天帝、祖先、山川等一整套神灵体系，以及从周初周公“制礼作乐”之后开创的代替商人“兄

1 韩建业：《先周文化的起源与发展阶段》，载于《原史中国——韩建业自选集》，中西书局，2017年，第142页。

终弟及”（兄弟之间继承王位）的“宗子继承”制。我们在前文已经提过，周人敬天，但不排斥商人的最高神“帝”和其他自然神灵，周人克商之后还继续深入融合商、周的文化。这可以用《周易·系辞传》“旁行而不流”来概括：“旁行”就是照顾到周边与自己不一样的文化，“不流”就是没有过分听任他人、失去原则，亦即照顾他人的同时保持自身的核心特点。

◆周原遗址出土的青铜器

三

因事制礼：“胡服骑射”改革

以中原为代表的农耕文明一直与西方、北方的游牧文明交织碰撞，这里就介绍异类文化互相影响的若干典型事件，及其它们如何塑造了历史、为今天留下了什么遗产。

第一个历史事件就是《史记·赵世家》记载的“胡服骑射”。大约在公元前325年，赵雍成为赵国的第八代国君，史称赵武灵王。赵国是战国七雄之一，处在“燕赵之地”，历来与北方游牧民族接壤，人们称这些部族为“胡人”。事件背景是赵国边境长期受到北方游牧民族袭扰，战乱频仍，百姓深受其苦。游牧民族长期游牧生活，逐水草而居，服饰轻便，善于骑马、射箭，迁移迅捷。与之相比，中原诸侯国武器装备比较笨重（以战车为主），应战不如胡人轻便，因此军事上往往处于劣势。

赵武灵王察觉到了这种差距，于是产生了在服饰、兵器等方面学习胡人，进行变通自强的谋划。他召集楼缓商议说：“我国祖祖辈辈都在此生活，不断被进犯，若无强兵，有亡社稷之风险。人如果只知道执着于高尚名号、坚守传统‘礼乐’服饰，一定会受到世俗拖累，而拥有高超智谋的人，往往不被人理解而招致怨恨。我们不如随胡人之俗。"此念遭到群臣劝阻，赵武灵王也疑虑会被天下人耻笑——毕竟礼服代表礼制，礼制背后是整个周邦礼乐的荣光。换用胡服，就是放弃对自我文化身份的优越感，虽能增强兵力，保江山社稷，却难免遭人诟病，而且有悖逆周邦精神之嫌。

只有一位臣子列举古代舜、禹的例子力排众议，表示支持。他认为，有至高德行的人往往不与流俗苟同，能成就大功业者不应顾虑众人议论。譬如，舜与苗人部族共舞，大禹赤身行走治水，他们的行为虽然看上去不合于正统礼节，但这样做并不是为求享乐、娱人，而是致力于修德、建功于天下。赵武灵王的叔叔公子成仍然坚决反对，理由是：自古以来中国（中原王朝地带）都是英杰所居住之地，是"万物财用之所聚也，贤圣之所教也，仁义之所施也"——万物资材也聚集于此，圣贤的教导流行于世，仁义之举在此施用，也是《诗》、《书》、礼制和雅乐发挥大用之地，才使得人们各种天赋得以发挥，远方之国无不仰视归附，边疆部族奉为正义之圭臬。如果舍弃这些礼乐制度、诗书仁义，而沿袭北方胡人之服饰，变更远古圣人留下的教诲，改易古代之道，就会悖逆民意，不可取。

赵武灵王听闻此言，亲自来到公子成家中，坦言："夫服者，所以便用也；礼者，所以便事也"——人的服装，终究是要求个便利的；礼仪规范，也是要讲求行事方便的。圣人有能力观察一乡之风俗而顺应各种约定的礼俗，因应各种事务制定合适的礼乐，这一切都是为了便利百姓、壮大国力。比如，把牙齿染黑，在额头雕花以展示美感，这是吴国的风气。各国礼服并不整齐划一，而是各自殊异，但共同点是为了求得便利。接着，他总结说，事情的功用、礼仪制度都要随着时间、空间的转换而改变。因此，圣人如果真能不断地有益国家，就不应强求统一的功用；如果真希望人民便利，就不应该勉强使礼仪齐同。儒生都共同崇奉孔子为师，但各自风俗互不相同；中原之国礼乐原则相同，但具体教化之方都有差异，更何况是遥远山谷之中的国家和人民呢？关于取舍，有智谋的人意见都不能统一；远近的服饰，圣贤也不能强同。只要风俗背后的原则和精神不变，具体的规范是可以灵活处置的。接着，赵武灵王说赵国处在复杂的军事要塞，腹背受敌，存在百姓受苦的危险，终于说服了公子成。

赵武灵王认为变革条件已经成熟，便颁布了一道胡服骑射的正式指令，宣告说，古代先王各自风俗不同，礼制也不一定相互沿袭，没什么古法古礼非依循不可。历代先王，都是顺应时间、具体条件而制定礼仪法度。衣服、兵器这些有形器物也要顺应各地标准，好方便使用、通行。所以，礼制不必统一，为国家谋利益也不必固守传统。他还求诸历史经验，说古代圣人也有并未靠着沿袭前代礼制而王天下的，像夏、商两代没有改易前朝之礼，却灭亡了。所谓服饰，就是圣人用来有益人身的；所谓礼制，就是为了便利人们生活的。进退礼节、衣服之制，可以规范一般百姓的日常生活，但不足以用来评判贤人的功过是非。所以致力于规范人民的贤人要与风俗流变相适应。指令还引用了古谚“以书御者不尽马之情，以古制今者不达事之变”，意即只凭理论知识来驾驭车马而没有实操的人，是没法好好发挥马本身材用的；用古代规范来治理现今国情的人是没法知晓国情变化的。一味依循古代礼法，算不上有高明智慧，更不足以解决今时今日之困难。

这之后，赵国人不分身份，都采用胡服。久而久之，人们从不适应到能渐渐感受到胡服的灵活便利，不论是务农还是从军，胡服的优点都被广泛接受。在这之后，赵武灵王又颁布命令，让本国士兵加强骑马射箭的训练，最终使得赵国强大而能抵御外敌。公元前305年，赵武灵王亲自率领骑兵出征，击败中山国，收服了东胡等部族。七年之后，赵国又再次扩张了领土。

实际上，赵武灵王和朝中较为保守的反对者们争论的焦点是外在的服饰和能骑善射，是否等同于礼制的核心精神和原则，或者说服饰和骑射技能的目的是什么。赵武灵王的观念显得开通和务实：礼服不能等同于礼，礼乐的德义教化、卑己尊人的原则，不会因为服饰的改变就湮没；服饰、骑射的作用是为了给生活、生产和打仗带来便利，为了国家强大、人民安定。他的确是能够察时而务实的改革之君。历史证明了他的举措带来的正面效应，同时，这种改革也间接促进了民族间的交融，人们因为服饰改换而更可能与原本充满敌意的异族和解。

四

大唐气象：多元绚烂的丝路敦煌

众所周知，唐朝建立了疆域广阔、文化繁荣、中外交流兴盛的王朝。也是在唐代，从印度经过中亚、西域传入的大乘佛教文化，经过汉地自身的转化，与汉地本土文化碰撞和交融，形成了中国佛教独有的宗派——禅宗，这标志着我国本土文化成功吸收了外来的佛教文化，形成了“中国化的佛教”。从西域传来的文化因素，也越来越普遍地出现在文化生活和百姓日用之中。丝路上的瑰宝敦煌石窟，就是集中的展现。2023年是癸卯兔年，我们就先来看看敦煌石窟藻井中的瑞兔图案，探究其背后深藏的文化交流密码。

藻井是中国古建筑中的顶棚嵌板，多建造在宫殿宝座或寺庙佛坛上方。自天花平顶向上凹入，似穹隆状，其上常装饰有各种花纹、雕刻或彩画。敦煌莫高窟第407窟顶的藻井中，有三只环绕奔跑的兔子，被置于数重莲瓣之中，造型优雅、活泼，富有动感。最有趣的是三兔共三只耳朵，三耳围绕成接近等边三角形的结构，不仅使三兔在视觉上流畅地连为一体，也让画面布局简洁舒展。有学者分析其深层意蕴说：

> 三兔藻井图案是中国传统文化、佛教文化与其他文化的有机结合，更是洞窟功德主们朴素的多子多福与生生不息思想的美好寄寓。因为藻井寓意“以水克火”，故藻井中的兔子便是中国古代象征“阴精”的月中兔。古人认为北斗的斗柄三星即为玉衡之精，而玉衡又是兔子的象征，加之数字“三”在中国古代有无限之意，故藻井中出现了三兔形象。佛教中兔乃佛本生的化身，佛教强调因果轮回，所以循环往复的三兔共耳图像便应运而生。[1]

如此看来，三兔共耳的藻井壁画图式，可谓敦煌文化中跨地域、跨时代、跨文化、跨宗教的一个有趣典型了。敦煌石窟中关于文化和民族融合的遗迹不胜枚举，我们再来看看壁画中的音乐和舞蹈。在唐代，西域传入的“胡旋舞”“胡

1 参见赵燕林：《莫高窟三兔藻井图像来源考》，载于《艺术探索》，2017年第3期，第62页。另外，关于三兔共耳图在世界其他地区的发现，赵燕林提到了英国人苏·安德鲁等人的研究《探索连耳三兔神圣的旅程》，载于敦煌研究院编《2004 年石窟研究国际学术会议论文提要集》（内部资料），2004年。文中介绍安德鲁等人的研究说“12～19世纪这段时期，三兔共耳图案在西亚以及欧洲被广泛应用，曾出现在英国中世纪的教堂内、伊朗的寺庙和蒙古的金属器皿上……”供读者参看。

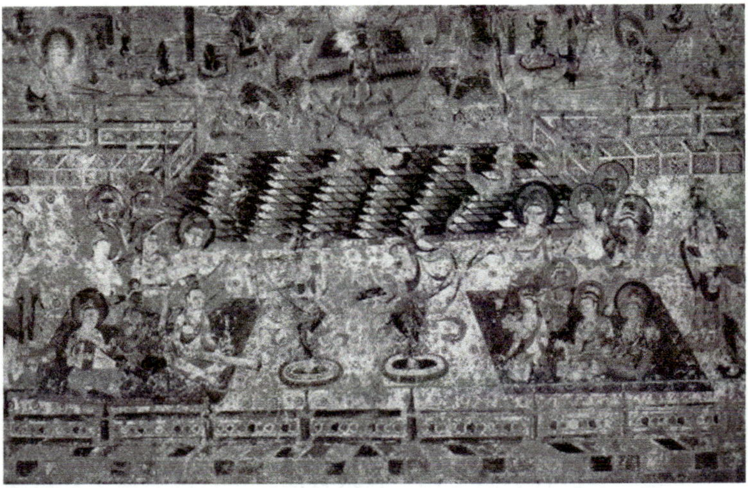

◆第220窟壁画经变图下方的乐舞图

腾舞”渐渐流行，深受欢迎，以敦煌石窟的第220窟北壁的壁画为例：

> 乐舞图中间是一座七层大型灯阁，两边各有一组乐队，共二十八人，坐在花毯上，分别演奏：古筝、琵琶、箜篌、阮弦、排箫、横笛、柏板、方响、腰鼓、羯鼓、芦笙、法螺、都昙鼓等，吹、弦、拍、击中西乐器。其乐队乐器的组合与唐代十部乐的规定相符合。灯阁和乐队之间，各有一对舞伎，发束圆髻，头戴宝冠，上体半裸，斜挎天衣，罗裙透体，腰缠彩绫，脚踩圆毯，挥巾起舞。这两对舞伎舞姿有所不同：一对展臂挥巾，发绺飘扬，背身旋转；一对举臂提腿，纵横腾踏。像似同时表演《胡旋舞》和《胡腾舞》。今日在新疆维吾尔、哈萨克、乌兹别克等少数民族民间舞蹈中，仍然可以看到《胡旋舞》、《胡腾舞》的某些舞姿。[1]

这幅画面中的乐队配置、乐器种类、服饰风格、舞蹈和音乐，都有明显的西域特色，与前文提到的先秦传统的“五音”（宫、商、角、徵、羽）、“八音”（八种不同材质的乐

1 谢生保：《敦煌壁画中的唐代“胡风”——之一<胡乐胡舞>》，载于《社科纵横》，1994年第4期，第58页。

器）等本土原生音乐形态相比，增添了许多新意。随着时间的推移，现代学者们对于敦煌壁画、雕塑所承载的社会文化信息，进行了越来越深刻的解读，也不断向世人呈现我们今天所面对的“传统”是一个具备多重面向、多重内涵，且在长久历史中不断自我调适、自我丰富的成果。

五

礼仪之争：敬王者与穿儒服

传统礼乐文明与西域、外来文化之间的交流互动，除了一方吸收、容纳另一方，也存在相互碰撞、竞争的局面，这种关系更具张力，在外来文化传入初期会表现得较为明显。文化的并存、交流、相互尊重和融合，从来不会是天然的既有成果，而是一代代先人前赴后继，以艰辛努力和智慧换来的。在下文，我们举两个例子说明这一点。第一个是东晋时期高僧慧远所写的《沙门不敬王者论》，这篇著名论文的背景是当时关于佛教信徒（尤其是在家信徒）是否需要向君王行下跪礼的争论。印度佛教有浓重的出世倾向，认为世间最尊贵的是完全净化的佛陀，出家僧人只会向佛陀屈膝、折腰、顶礼，依此而言，在家信奉者也不必向世俗君王、父母等人行下跪礼。这一态度与中原本土的伦理道德有所冲突，也让佛教的传布遇到瓶颈。慧远为此写下了《沙门不敬王者论》，抒发自己的观点，调和这种矛盾。他在文中指出，古代典籍《周易》说“天地之大德曰生”，天地之间最大的德行是使万物生育、化育，帮助万物变化发展，而在人间能明了通达这种德行的人，恰恰是帝王："通生理物，存乎王者。"所以，他认为出家人应该尊敬帝王和国家，而且出家人推行教导百姓的事业，也有赖于国家的存续和安定，出家人的日用所需，也是国家供给。那么信佛者"岂有受其德而遗其礼，沾其惠而废其敬哉"，岂有受惠于国家、君王，却舍弃国家礼仪、沾得恩施却废弃对国王敬意的道理呢？由此，他主张，在家信徒应该遵从世俗礼节。同时他灵活引用中原大众熟悉的文化经典，来回答这个关于外来宗教的论争，有利于调和主张的推行。这样就调和了传统儒家礼制与佛教教义的矛盾。

当历史车轮一路行进到明清时期，佛教的中国化不断深入，人们对佛教文化的感受也十分亲切、熟悉。明朝万历年间，来自意大利的传教士利玛窦入华，也采取了服膺于中国主流文化的策略。他身着儒家士大夫的衣装，与在朝士大夫打交道，学习地道汉语、研读儒家经典、修习儒家文化礼仪、礼敬君主。同时，他和其他来华传教士，也携带着西方新兴的数学、天文学等科技知识，致力于西学东渐，客观上为中西文化交流和中国传统文化的现代化转向带来了外在的"刺激"因素。

从距今约8000年的兴隆洼遗迹，到战国赵武灵王的胡服骑射引进游牧民族服饰、学习其强兵技能；从东晋慧远调和儒佛，到敦煌大唐的中西交通气魄，再到明清时期西方传教士以儒服、儒礼出入华夏，文明的交流源远流长。前四者

利玛窦（左）与徐光启（右）

基本上沿着陆路，而利玛窦等则是沿着海路而来。在一个个鲜活的案例中，我们看见不同文明因素的并存、交锋、交通、交融。彼此有过针锋相对的取舍进退，有时是一方长驱直入，有时则是迂回曲折的此消彼长。我们今天也还面临着传统文化与西方文化会通的课题，以和平为主调进行文化交往，既是这些先贤的智慧行动，也是开创未来、通往“协和万邦”美好理想的重要借鉴。

文化关键词

保民

安定百姓的生活。“保民”一说最早见于《尚书·康诰》。古人认为，天命决定着人世中至高无上的王权的归属。天命的授予与剥夺遵循着固定的原则，君主有德则授命，失德则剥夺天命。君主保有天命的最重要的德行即是“保民”。“保民”意在使治下的百姓获得安定的生活，体现着君主对百姓的关爱与照顾。“保民”构成了古代政治治理的核心目标。

协和万邦

指古代有贤德的君主通过实行仁政，将天下诸侯都聚集在自己周围，以实现不同部族、不同国家、不同民族的融合和文化上的涵化，形成和谐统一的部落联盟或多民族国家。这一思想是中国文化整体和谐观的重要表现，是中华民族文化精神的核心观念。

中道

中正不偏的行事法则。“中道”是相对于偏颇的行为而言的。古人认为，天地万物的存在与变化遵循着基本的法则。这一法则体现在人为行事中，即是“中道”。人的言行应符合于“中道”。儒家主张通过遵循“中道”，避免过度或不及的言行，以实现完美的道德。佛教则主张践行“中道”，以认识事物的真实形态，从而达到解脱。不同学派、教派对“中道”具体内容的理解会有所不同。

篇八

『三教合流』与『天地君亲师』的民间礼俗

前文介绍了古代礼乐文化的基本含义，典籍里记载的主要礼乐形式、发展历史和社会功能，也提到礼乐实践从来不是一成不变的，而是不断因应社会现实的变化而充实和改变自身。上一篇我们是从时间流变的角度叙述本土和外来礼乐文化的融合；这一篇我们从儒、释、道“三教”由分到合的脉络来梳理礼乐文明。“三教合流”是传统社会中，从精英群体的礼乐思想到民间大众的礼仪实践，都存在的一个较为显著特点。它是指传统社会中儒教（或儒家）、道教、佛教三家文化在碰撞、交融后形成“你中有我，我中有你”的形态。这种文化现象与早期“神道设教”的文化心态有关。

一

『三教』释义

“三教”就是指儒家、道家和由道家思想派生的道教、汉代以来传入的佛教（主要是中原地区影响较大的汉传佛教）。所谓的“教”，在古代“神道设教”的语境下，更侧重社会伦理教化、文化思想传统之意。儒家思想创始人是春秋时期的孔子，孔子之后儒门分化成不同的派别，在战国时又有孟子和荀子等代表人物。“仁”“义”“礼”是儒家思想的核心精神。恢复西周鼎盛时期的礼制秩序和社会稳定，是孔子在那个君弱臣强、诸侯僭越的年代的理想。

道家思想的创始人是老子，老子生活的时代，文献中有不同记载，其中一种观点认为，他大约与孔子同时或稍早。老子崇尚恒常的“道”，世间万物，可以概称为“有”，具有有形、有名的实存性；宇宙在“有”之外还有“无”的一面，二者都是“道”的抽象意涵。老子是第一个自觉地、系统性反思“无”的哲人。他通过“无”来分析“有”的有限性，并以此揭示被扭曲异化的礼制对人的戕害。因此他更崇尚人性的“素”“朴”等价值，主张人应该返回“道”的本真。老子之后，庄子（与孟子同时代或稍早）继承发展了道家思想。道教又将道家思想和黄老学派“无为而治”“与民休息”的政治思想，及上古鬼神观念、战国神仙方术糅合在一起。道教以老子为宗师，以“道”为最高崇拜对象，追求修身、升仙。

儒、道之外，还有佛教，流传于中原的佛教支派主要是大乘佛教，有时也称为“汉传佛教”或“北传佛教”，旨在追求“普度众生”的菩萨道和“涅槃”成佛的终极智慧与觉悟境界。佛教最初源自印度，在公历纪元前后经中亚、西域传入汉地，进而与道家思想、道教思想发生交涉、影响，又与士大夫群体信奉的儒家思想相互碰撞激发，渐渐形成具有中国特色的佛学思想和宗派。

儒、道、佛三教思想，是中国传统主流思想的三根主线。在精英群体内部，有时会区分三家，甚至有所争论。但是，在广泛的社会大众的日常生活中，三教的思想和文化其实常常是水乳交融、难分彼此的，人们在一种“直觉性”的参与之中又进一步促使三教互动持续发生。以至于在很多民间仪礼、祀典中，参与者往往分不清哪些因素来源于儒家、哪些来源于道家（道教）、哪些是佛教的影响。只有在专门

◆南宋 佚名《虎溪三笑图》

的学术研究和反思中，方能厘清三家源流。[1]

南宋佚名所作的《虎溪三笑图》，反映了古代儒、释、道三教思想共处、交融的情况。画作描述的是晋朝僧人慧远与来访的陶潜（陶渊明）、道士陆修静相谈甚欢，颇有默契，以至于送客从不过虎溪的慧远不知不觉跨过了虎溪。

1 “三教合流”经过了长期的历史磨合，读者若有兴趣可以参看牟钟鉴：《儒道佛三教关系简明通史》，人民出版社，2018年。

二

『神道设教』：『三教合流』的文化心态基础

是什么因素促成了“三教合流”这一文化现象？我们可以从先秦时期基本的文化观念和对礼乐制度教化功能的理解中找到因由。例如，《论语》里孔子对鬼神的态度。有一次，孔子的学生樊迟问什么才算是明智，孔子回答说：

> **务民之义，敬鬼神而远之，可谓知矣。**（《论语·雍也》）

致力于对人民而言正义、合宜的事务，心中对鬼神等遥远难以说明的事物保持诚敬，行为上与鬼神保持距离，这就可以称为有智慧。孔子这段话，既没有断然否定鬼神等不可知的神秘超越世界的存在，要人心中持存敬畏、诚意，又不鼓励太过热衷于鬼神问题。他鼓励樊迟将重点放在思考什么是对人民生活、生产有利的事情，致力于解决切实的社会问题，认为这样才是明智的选择。孔子这一态度是春秋之际人文思潮的代表，当时的知识分子群体继承了西周以来“天道远，人道迩”的想法——天道是如何运行的、宇宙是如何产生的、星辰的规律是什么等，这些知识都太过虚无缥缈，没有实际意义。人道的知识——生产、生活如何安排，人如何履行道德责任，妥善处理社会关系、家庭关系，完善自身道德人格、修养学问，才是最紧要的事情。因此，他们开始深度反思花费大量人力物力的传统祭祀和礼仪，认为无论对鬼神的存在秉持何种态度，最终目的都是为了让人民生活得更好。儒家思想正是重点承继和发展了“人道”的内涵。

孔子内心有这种淡然、务实、理智而审慎的态度，他在实际中是怎样做的呢？《论语·乡党》有一处就生动刻画了孔子参加“傩”[1]这种驱鬼仪式的片段：

乡人傩，朝服而立于阼[2]阶。

“傩”是古代一种迎神驱逐瘟疫的风俗。“阼阶”一般指建筑物门口台阶的东侧，主人会站在那儿迎送宾客。“朝服”则是为官之人在正式场合穿的礼服。乡人举行驱鬼仪式的时候，孔子会身着朝服，庄重地站立在台阶东侧。虽然孔子本人并不热衷于探讨鬼神等神秘超越的问题，但他心中持有敬意，而且实际上是贯彻到行为之中的，他并未完全放弃祭祀礼仪，也没有表现出怠慢、轻视。

1 傩：音nuó。

2 阼：音zuò。

从这则记载可以看出孔子对既有礼俗传统和鬼神观念的尊重，他不主动干预人们习以为常的礼俗，虽然他本人并不主张思想上沉溺于鬼神。另外也可以体会到他对与自己观念、行为不同的人，抱有理解和尊重——他朝服而立，本身就是在实践礼制。这也刚好呼应了前文对“仁”的解读——“相人偶为仁”。对既有礼俗和观念不同的人采取尊重态度，为之留下合理的存在空间，加之对鬼神等神秘世界存在与否的问题持有审慎敬畏，铺陈了一种基本的文化心态：容许祭祀合理地、有限度地存在和发展，引导祭祀活动不妨碍人们的正常生活、生产，对未知世界心存敬畏，对异己者保持尊重。而这种深层的文化心态，并非孔子所独有，《庄子·齐物论》就说：

六合之外，圣人存而不论。

“六合”就是东、西、南、北、上、下六个方位，指人生存的三维立体世界，也指代普通人认知的极限。圣人或者有智慧的人，对于我们所能知道的世界之外是什么情形，包括鬼神等内容，应该存而不论，亦即容许它、不否定其存在，但不轻易妄加论断（而导致争端）、过度沉迷。这也是一种谦卑、理智而谨慎的态度。除了孔子、庄子，先秦时期一部非常重要、历史上最早解释《易经》的文献《彖传》，也较为系统地阐明了这种文化心态，以及这种心态之下人们——尤其是社会管理者——应该如何妥善安排各种礼制活动：

> **观天之神道，而四时不忒；圣人以神道设教，而天下服矣。（《周易·彖传》）**

这与上文的“天道远”稍有不同，并不强调天道与人事的不同，而是认为两者有内在的一贯性。“神”在这里并非鬼神，而是宇宙整体运行那种深邃、玄妙、难以测知的状态。君子观察天道神妙不测的运行，其中一个直观特征就是四时迁移有着固定规律，不因为人的变动而有所差池，这是天道信实的品格。进而，君子将这天道的品格与特性，推行在教化、引导百姓之上，就能使得天下太平、四方归服。宣称宇宙万化神妙不测之道，不是要让百姓沉迷在神秘的仪式之中。

这种文化心态，落实到普通百姓心理和日常生活之中，就是并不固守或执着于特定的学派或宗派归属——不论是儒家思想、道家思想或道教礼仪，还是境外传入的佛教，只要能够促进人心向好、引导社会风尚往良善面发展——即“务民之义”，就可以存在，彼此也可以互相承认、兼容并蓄。“神道设教”的“教”侧重于教化、教育和文化传统，这样就搁置了关于鬼神等神秘不可知力量是否存在、如何存在的争论，为中古社会“三教合流”的传统民间礼仪、祭祀面貌奠定了基本模式。各种祭祀、仪典，客观上是社会组织方式的一部分，起到了联结社会成员、巩固伦理规范、引导道德风尚的作用。因此，既然人们习惯用祭祀来安排生活，那么就可以顺应传统，引导人们通过祭祀培养必要的道德素质和精神涵养，这就是“设教”的意义。

三

礼入心性：从『孔子问礼于老子』到『三教合流』

三教融合经历了长时间的磨合。佛教传入以前，先有了儒家思想和道家思想“二教”的交融互补，之后才有“三教”融合。反应儒、道交流的早期文献是“孔子问礼于老子”的记载，不论是《庄子》《史记》《礼记》等史料，还是汉代画像石上，都有这个广泛流传的故事的不同版本。

孔子是研习周代礼乐文明的大师，据《论语》记载，他进入太庙（宗庙），每件事都要详细询问。而一些史料，如司马迁的《史记》、儒家经典《礼记》的一些篇章，还有《庄子》的某些篇章，都记载了熟谙周礼的孔子，专程前往老子那里请教“礼”的意义。《史记》记载中老子的回答颇耐人寻味：

> 良贾深藏若虚，君子盛德，容貌若愚。去子之骄气与多欲，态色与淫志，是皆无益于子之身。（《史记·老子韩非列传》）

老子这是在提示孔子：一个人应该虚怀若谷，才能锻炼

◆汉画像石《孔子见老子》

出深厚的涵养、包容众人；德性盛大的君子往往表面上看起来愚钝。人应脱去骄傲与欲望的累赘、涤除谄媚姿态与过度算计，因为凡此种种都无益于身心。我们暂且先搁置这段情节是否属于真实历史的问题。孔子和老子分别作为儒、道思想的代表人物，进行了会面，且沟通的主题正与“礼”相关，具有重要的思想史意义。孔子的工作集中于整理礼学文献、恢复礼的精神，他亲自实习、传授礼学的知识与施行，同时也把“仁”德——仁爱、诚敬、推己及人、正直、刚毅等美德，贯注到礼的实践中。而老子更多是从反向思维的角度，提醒世人，礼如果仅仅是表面文章，而没有内心的真诚素朴为基础，只会滋长人的虚伪、狡诈、傲慢、狭隘、争斗。在以礼修身的时候，必须注重内心的宽容与涵养——从这个角度而言，孔子和老子可谓殊途同归。

汉代佛教传入，也是道家、道教文化首先承担了接引这个“外来者”的任务——知识分子和社会精英使用“道”“无”等词汇来理解佛学典籍中的“空”“般若”等核心概念，使得国人在接受陌生文化时，有了一座桥梁、一套参照系。汉代人对于佛教的传入，并不强硬排斥或主张消灭，而是用自己文化中已有的精神传统和概念来消化、理解佛教，例如道教的早期经典《三天内解经》[1]认为，汉代人通常与大道思想有深厚渊源，且儒、释、道三家各自推崇的“道”，有共同的根源。《三天内解经》的这一段概说实际上着重论述的是道教和佛教，认为老子提出的“无为”清净之道和佛道，都是太上老君推崇的法则，只是具体的教化功能不同，但最终都归本于真道。老子之道主要围绕宇宙万物的生命、变化过程，而佛家的道主要关心死亡和死后的变化及归宿。佛道二家，兼以“道”统率。相应地，在当时的佛教界也有僧人认为佛教与道家（道教）有着共通的精神追求。

除了与道教、道家思想互动，佛教也与主流知识精英的儒家思想互动，再加上儒道两家本身互补交错的关系，就形成明清时期西学传入前从上层社会到普通民众心灵世界和礼仪实践最主要的三重底色。文化上的“三教合流”，也生动折射在古代文学作品中，吴承恩的《西游记》就是典型的一例。《西游记》以唐玄奘西行取经、师徒五人修行成佛的故事为主线，背景是佛教文化，但很多章回充斥着中国原生文化的特质，例如，孙悟空在遇到唐僧前还有一位恩师“须菩提祖师”，这个人物就颇具三教糅合的特色。“菩提”本是印度常见植物，佛教的创始人释迦牟尼佛是在一棵菩提树下

1 载于《道藏》第28册，文物出版社、上海书店、天津古籍出版社，1988年，0415c页。

觉悟成佛的，因此“菩提”成为最高智慧的象征，早期印度佛教的浮雕中，菩提树往往直接指代佛陀。《西游记》第二回描述了须菩提祖师教导孙悟空磨炼性情意志的片段。他教授的内容包括：“洒扫应对，进退周旋之节”，日常生活中洒水、扫除、待人接物的流程和细节，以及在与人交接的过程中进退、周旋的礼仪节度。他还让悟空坚持每天都与师兄们“学言语礼貌、讲经论道，习字焚香”，即训练合乎礼仪规范的言语谈吐、基本的礼仪容貌，学习典籍、讨论大道、练习书法、焚香礼拜等，日日磨炼。还有“闲时即扫地锄园，养花修树，寻柴燃火，挑水运浆”，有空时，就让悟空在园中锄草耕作，养护、修剪花木，砍柴烧火，挑水搬运等。“凡所用之物，无一不备”，只要是日常生活中需要的事物，全都齐备地教导。不知不觉，日复一日磨砺六七年后，菩提祖师这才登上讲坛高坐，“唤集诸仙，开讲大道”，召集众仙人，开始讲论大道。悟空明明是要学习高妙“大道”、深刻觉悟，听上去应该是远离俗世，闭关修炼才对，但须菩提祖师却不停地在基本待人接物、出处进退的礼仪、读书习字等事务上磨炼他。这表明，传统儒家所推崇的文化教养、道德伦理和体现道德伦理的礼仪，也是佛教修习心性、净化心灵的必备内容。

四

“天地君亲师”：三教共享的神明图景

三教在古代精英知识分子中，固然存在思想分野、分歧甚至激烈斗争，但是在社会功能层面，三教共同承担着守护伦常、维系人心安定、发挥终极关怀的角色，帝王也希望借用三教的力量维护社会安定。正因功能上的近似、重叠，五花八门的民间祀典和礼仪，最初可能各有教义来源和宗旨，但渐渐地三教的区分变得不那么重要，界限日益模糊。不论是崇儒、信道还是修佛，“天、地、君、亲、师”的神明系统都得到民间普遍尊奉，人们不分宗派地以之作为祭祀对象和尊奉的神圣力量。

天和地，我们在前文已经介绍过，天的观念自西周以来，就具有自然性、道德性、意志性，但人格性较弱；地与天相对，其重要象征意义是承载万物，具体表现为农业祭祀中的“社”神（土地神）。天和地综合起来又是宇宙最大的空间，象征着伟大、神秘、至高的力量。在有些情境下，天地之上还有更高的力量——“道”，或“天道”。在民间礼仪中，天地、天道和道的区分并不是那么清晰和绝对。“君”是君主，是人间政治的领导者、至高权力的秉持者，也象征国家，代表着个人的政治身份归属与认同。“亲”指父母双亲，引申为血亲、宗族，孝亲尊长，是培养人伦道德的起点。“师”是指老师、师长，是智慧杰出、阅历丰富、承担改善社会风尚责任的人，是血缘亲属、政治权力之外最受尊崇的群体，即所谓传道受业解惑者。

从天、地到君、亲、师，有浩瀚宇宙起源和人间伦理道德基础两重意义，是对人内心道德规范和外在行为有力的约束。人是天地之间的存在物，是万物的一员，也是社会中的存在，要承担基本的伦理角色、履行基本的义务。古代社会，对天地之生养万物怀有崇敬感恩，对国家及作为国家代表的君主效忠，对父母尽孝、兄弟手足行悌爱，对师者礼敬且努力效法其德行和智慧，就是“天、地、君、亲、师”信仰的教化方向。这五个祭祀对象，不分地域族群，具有较高的普遍性，因而能流传开来，广为接受。例如，在借历史进行文学虚构的《封神演义》中，备受古人尊崇的一代君主周文王姬昌，就真诚地自述：

> **臣虽至愚，上知有天，下知有地，中知有君，生身知有父母，训教知有师长。天、地、君、亲、师五字，臣时刻不敢有忘。**[1]

1 许仲琳:《封神演义》第十一回。

他说自己虽然天资愚笨，但内心知道在上有天，在下有地，天地之间还有君主，给予自己身体的有父母双亲，天、地、君、亲、师时刻存在自己心中，不敢忘记，也不敢胡作非为。除了存在于虚构的文学作品所中，这种文化现象也见于历史文献，表明它实实在在地活在百姓日常生活中。如清代学者陈宏谋就说：

> **今乡村人家中堂之上必贴“天地君亲师”五字，不知起于何时。人要看得此五字重大，亦不至大无忌惮。**
>
> **每日之间，有人将此五字指点，令其顾名思义，触目警心，所益不小。**[1]

现在乡村人家中厅堂高处必贴着“天、地、君、亲、师”五字，这种传统不确定起源于何时。一个人要是真将这五个字看得贵重，做事就不至于肆无忌惮、没有底线。日常生活中，如有师长时常用这五字从旁提点、促使其提持心中敬意，让他见五者之名，就去深思其意义，眼睛看到，内心就能警醒，约束自我，这对人的修养工夫将会有非常大的助益。清代地方志，也有具体的记载。比如，《遵义府志》[2]

1 陈宏谋辑：《五种遗规》十六卷，《四部丛刊》09增补版，子部，434/1205。

2 郑珍、莫友芝：《遵义府志》卷二十，清道光刻本。

就说当地一般士人和老百姓家里一定在正堂中央设立香火牌位，并写上“天地君亲师”，旁边还会供奉孔子、文昌、关帝[1]、灶神[2]等，多达十几位。有人还会将神名写在一张纸上。“富者至为龛，镂饰种种，兼世奉释道像，至三五罗列，板下位长生土地，并朝夕焚香，有祷祀必于此。”家境殷实的人，会把神龛装饰得非常精美，还镂刻雕花等；同时，也供奉三五尊佛教、道教神像，下方还有长生土地之牌位。早晚都在牌位前焚香敬拜，有祈求、祝告、祭祀活动也都在这个特定空间举行。据史料记载，这种风俗甚至在古代琉球地区也扎根下来，只是细节上有所不同：

> 贵家始有祠堂。又多以“天地君亲师”五字供奉者，竹帘以全茎细竹为之，挂四周。[3]

富贵殷实、物资充足的人家才会有正式的宗族祭祀祠堂，写有“天地君亲师”五个字的牌位，周围用细竹竿做成竹帘遮挡。如今的中国农村，还能看到这种牌位、牌匾，中式传统婚礼中新人“一拜天地，二拜高堂”也保留了旧时信

---

1 关羽死后被民间尊奉为神明，象征忠义精神和勇武力量。

2 传说中掌管炉灶之神，据称会记录一家人一年的善恶行为，每年向天庭汇报，故民间有祭灶神的活动。

3 周煌：《琉球国志略》卷四下，清乾隆二十四年漱润堂刻本。

念的痕迹。如今一些地方民俗中，三教交融的现象也屡见不鲜。如存续于福建客家人中的游傩习俗[1]，有民间传说、本土古老祭祀的元素，也有佛教因果轮回转世和菩萨救世的观念，更有传统乡土宗族社会的伦理道德。百姓们不太区分这些习俗来源和流派。对于他们而言，重要的是这些活动可以拉近社群关系、组织资源调配、拉近人心距离。乡间基层社会由此得以运转，同时内部矛盾也得到协调，成员的思想得以统一。这正是“神道设教”“故君子以为文，而百姓以为神”的鲜活体现。

1 电影《七圣庙》实录了此习俗的真实样貌：每年农历正月十三日，福建宁化夏坊村的吴、夏、赖三姓村民都要前往村中的“七圣庙”，请出供奉于庙中的“七圣祖师”面具，装扮成面目狰狞的傩神进行全境巡游。傩神手执竹须左右挥舞，为社区逐瘴驱鬼，为子民祈福。游傩习俗保留了傩文化的原始韵味。

五

百姓日用中的神圣性

前文梳理了儒、释、道三教融合的大致脉络，也阐释了促成三教走向合流的文化、社会原因，简要说明了民间、民俗层面普遍尊奉的“天、地、君、亲、师”的神明系统，还举例简要叙述了这种民间实践的古今样貌。有趣的是，在相关历史记载中，居于核心的是牌位上的五个字，可以没有塑像，但不能没有文字。文字是不可或缺的神圣性因素，这也是上古中原文明的特质之一。在商周甲骨占卜中，人们借助甲骨与神明沟通、探知事情吉凶的时候，是通过刻在甲骨上的文字来传达神明的旨意、来沟通“天人”的。文字所具有的这种特殊性、神秘性，一直保留在后世礼仪实践中。

同时，天、地、君、亲、师五者所代表的观念与力量，并不是与现实世界脱离、隔绝的，恰恰与生活世界关系亲密。天、地是万物创生者、滋养者和承载者，其形可通过物理的、自然界中的天、地给人触感和体会；君不必说，在古代，他是人间最高权力享有者和社会管理者；双亲是直接生养我们生命、有血肉之躯的人；师是与我们共同生活、学习的长者。以五者为神圣，暗示着神圣与世俗世界、奥

◆“天地君亲师”牌位

秘与生活世界浑然一体，没有绝对分界。这种观念表现在社会组织、祭祀行为上，就是学界所说的“弥散性”——弥漫、散布在社会生活的方方面面。神圣和世俗，有时候成为互相支撑的结构。这种注重礼祀社会功能的观念，的确减少了宗派、教派之间互相倾轧、争战的可能，也能促使人们通过可感知的对象、可见的礼教、可知的伦理原则、实际的道德行动，去上达神圣世界。

文化关键词

天道

天地万物的存在与变化所遵循的基本法则（与“人道”相对）。古人对“天道”的理解并不相同：其一，认为“天道”尤其是与日月星辰运行有关的天象暗示或决定着人事的吉凶成败。古代有专门的职官负责通过对天象的观察来推知人事。其二，认为“天道”是人的道德与人伦秩序的根源或依据。人的言行以及人伦秩序应该效法“天道”，或者通过体认、发挥“天”所赋予的心性来通达“天道”。其三，认为“天道”与有无人世的道德、秩序乃至人事祸福之间都没有必然的关联。

有无

“有无”有三种不同含义：其一，指个体事物的不同部分，实有的部分为“有”，空虚的部分为“无”。其二，指个体事物在生成、存在、消亡过程中的不同阶段或状态，既有之后、未消亡之前的状态为“有”，未有之前与既终之后的状态为“无”。其三，有形、有名的具体事物或其总和为“有”，超越一切个体事物的无形、无名的本体或本原为“无”。就第三个意义而言，有些哲学家认为“无”是世界的本体或本原，“有”生于“无”；另一些哲学家则认为“有”才是更根本的，反对“有”生于“无”。在“有无”对待的关系中，“有”与“无”既相互区别，又相互依赖。

篇九　礼容

古人生命的『仪式感』

前文讨论了很多古代礼乐的确立原则、社会功能和历史变迁。而礼乐的施行，是通过鲜活的人、诸多具体而微的细节达成的，这就涉及“礼容”即礼仪中人的仪态、容貌，和“礼器”即礼制中使用的器具。礼器、礼服的制作，往往需要耗费较多人力、物力和时间，是珍贵的物资。所以，礼仪实践中器物的使用包含了诸多象征意义，而不是随意安排。它们增添了礼仪时空范围内的神圣感、厚重感、庄重感。因此，了解礼器更能直观地理解礼乐文明的意义，及其在人身上发挥影响、在礼仪活动中实现教化功能的方式。

一

正衣冠：道德生命的外在焕发

古代最基本的礼书文献称为“三礼”，即最早专门记载礼仪及其意义的三本典籍，分别是《仪礼》《礼记》《周礼》。成书相对早的可能是《仪礼》，其次是《周礼》和《礼记》。《仪礼》是对先秦时期贵族礼乐流程、细节等方面较为翔实的记录；《周礼》是按照“天地四时”框架，将古代王朝各个职官，依身份、职位而作的分类汇编；《礼记》则以儒家思想为主体、对《仪礼》中的礼制内容加以阐释，侧重礼仪背后社会人生意义的发掘和揭示。《礼记》中有一篇《冠义》，专门阐释士阶层男子成人礼的意义。其中说，人之为人，要从“礼义”即实践礼的精神开始。礼正是体现在仪容之中：“礼义之始，在于正容体、齐颜色、顺辞令。容体正，颜色齐，辞令顺，而后礼义备。”容貌、体态、神情的端正，说话谈吐顺畅得当，这些言行举止最能展现一个人是否习得了礼的精神。一个合格的社会人，内在修养和外在言行的典雅应是对等、平衡的，而不应有所偏废。外在可见的修饰和规范，能辅助内心长养真诚切实的敬意。

打个比方，练习声乐的人，要立正、挺直腰板，保持脊椎为直线，有时双手叠加捧在小腹处，才能顺利发出各种饱满音色，这是因为声音练习不仅是脑部意识活动，也是基于身体器官、发声部位的物理练习。礼仪场合也是如此，身体的庄严与心志意念的无邪是内外相称的，内在饱满的道德生命唯有通过身体、仪态的持守才能充分彰显。传统的汉服、旗袍等，一般都有立领，提示人时刻端正肩颈；古代家具“太师椅”带有一个斜度适宜的靠背辅助人端正坐姿，提醒人勿歪斜身姿、心守规矩、立身中正。这些细节设计也是一种警示：人本性有怠惰、放任的倾向，如没有外在约束，大部分人很难仅依靠自律而合于社会规范。所以越是深谙人性，就越能懂得“制礼作乐”的深意。

太师椅

今天，男士身穿西服以示庄重已司空见惯，但在一些重大场合，也常常有中山装出现。中山装，顾名思义是由孙中山先生主持设计和倡导的男士礼服。它有八字形的、关合的领口，衣服正面上、下、左、右四个口袋，分别配有袋盖，正中间均匀分布五颗纽扣，衣服后背部分是整块裁剪，不分割。它的风格与巧思具有浓厚的民族性格，如四个口袋的设计，就是取自古代典籍《管子》所主张的“礼义廉耻，国之四维”，礼乐典章、仁义道德、清洁廉政、深明羞耻，这是君子人格的基本素养，也是维持国家良俗的基本纲领。中山装端正中透出典雅，又将礼、义、廉、耻寓于设计之中，是对着衣者自身修养的时刻警戒。那么，比之更古老的传统礼乐服饰、礼容又是怎样的一番景象呢？

二

礼服表征神圣 礼仪时空

“搢绅”本义是古代礼服的绅带。在古代，“搢绅先生”是读书人、官员的统称。《庄子·天下》说“邹鲁之士，搢绅先生”，本指战国时期的邹国和鲁国（位于今山东）崇尚六经、遵循礼乐教化制度的儒生。他们提倡“学而优则仕”，学习礼乐、六经有所成就，就应入仕为官，为社会服务，他们入朝参政时会把笏板插在绅带间。“搢绅”本是礼服的一个部件，但因为礼仪场合插笏在绅带间这一标志性动作，就可指代礼服，进而成为官员的代称。礼仪场合使用的服装和器具，往往来自生活，取材于日用，但又高于日常生活，与日常用品有所区别。例如，古代国家举行最高祭祀典礼——祭天时，天子穿着的礼服，就是与其独尊地位和祭祀上天的神圣职责相匹配的。

《周礼》所记载的官职中，有一个职务“司裘”，掌管的“大裘”就是专供君王祭天所着之服。大裘是用黑色羊羔皮制作的裘皮服，取黑色来祭祀上天，是为了表达质朴的诚

◆古代官员上朝的装扮

意[1]。称之为“大”，根据唐代学者贾公彦的说法，是因为君王穿着它来祭祀，仪式庄严、意义重大，而非因为裘衣宽大。在祭祀上天的礼仪中，礼服一反世俗思维，并不崇尚奢华靓丽，反而追求肃穆和质朴的黑色，是借用它这种质朴纯粹、没有被后天污染的性质，来表征上天的纯净、高贵，象征万物原始的状态。这种对用色的讲究，是为了向上天表达内心无以复加之诚意。

1 这一解释参考了东汉经学家郑众的注释。

三

“冠冕堂皇”：礼始于冠

接下来介绍古人重大礼仪场合中衣冠服饰、仪态礼容的要求和作用。《礼记·昏义》这样概括人生礼仪的高光时刻，说“礼始于冠”：

> **夫礼始于冠，本于昏，重于丧、祭，尊于朝、聘，和于射、乡：此礼之大体也。**

冠、婚、丧、祭、朝、聘、射、乡，是人一生中最重要的礼仪。礼从一个人的冠礼（即古代成人礼）开始，以男女婚姻之礼为本；众多礼仪中，一定要重视丧礼、祭祀；礼又在君臣之间朝见、聘问时彰显出尊贵，在射礼、乡饮酒礼时体现社会和谐。凡此种种，涵盖了人生命中所要经历的关键性礼仪。[1]

冠帽戴在头顶，与人目光交接时，最先注意到的也是对方头部、面部，因此，讲究礼容，头部首先要端正庄严。头

1 研究古礼及礼学思想的学者彭林曾有专文讨论先秦时期的礼服文化：《礼治背景下的先秦服饰文化》，载于《艺术设计研究》，2020年第1期，第44—49页。此处的讨论与介绍也是基于这篇论文的。

颈歪斜、身姿不正，冠帽也会不正。“冠冕堂皇”本义指古代帝王、官吏的帽子堂皇而富有气派。王冠是帝王尊严和权力的象征，自然得到非常重视。这个成语被引申来形容人外表庄严或正大[1]，可看出冠冕在整个传统礼制中的象征意义。《礼记·冠义》说：“故冠而后服备，服备而后容体正、颜色齐、辞令顺”，有冠帽，才算礼服齐备，礼服齐备才能端正容貌、体态、面部神情，进而言辞晓畅顺和，所以说“冠者，礼之始也”。

成年礼是广泛存在于人类社会的仪式，不同民族、不同文化习俗的成年礼有不同安排，但成年礼都预示着人踏入成年之后，会发生观念意识的提升和外在仪容装束的改变，也预示着要开始正式承担社会责任。因为男性在古代社会中的地位较高，所以男性成年礼集中反映了一些核心礼制观念。古代男子冠礼，是一件非常庄重严谨的事。首先要有人用特定的占卜方法反复卜问举办礼仪的吉日，这个环节叫“筮日”，要“筮宾，所以敬冠事”，斟酌适合邀请的宾客。对男子成人礼的敬意和重视，是对一个成年人所要承担的家国责任的深切期许。国家不是抽象的集合体，国运昌隆是靠无数有担当、有责任感的个体支撑起来的。

1 在现代汉语中，“冠冕堂皇”已经带贬义。

确定日期和宾客后，冠礼的流程有哪些别具意味的地方呢？首先，冠礼需要在祭祀先祖的宗庙举行："重冠故行之于庙；行之于庙者，所以尊重事。"在宗庙中举行，体现了对此事的庄重态度。同时这还象征着"尊重事而不敢擅重事"：即将成年的男子，尽管自己内心非常尊重冠礼之事，也明白自己成人之后要担负起社会和家庭责任，但责任带来的自主性、自立能力并不意味着凡事可擅作主张，反而更应懂得尊重亲长、包容他人。行礼之主人以自己为卑微而礼敬先祖，要在先祖之德的福荫下来举办成人之礼，"所以自卑而尊先祖也"，这也是"卑己尊人"精神的具体展现。

成人加冠要在阼阶即建筑东边的阶梯举行。一般家中成年男主人都在此迎接宾客，在此行礼象征着父子职责代代相传承。然后还要"醮于客位，三加弥尊，加有成也"，行礼之人要在客位上对受冠者行醮礼，这是用酒祭神；要给受冠者三次加冠，所加之冠一次比一次更尊贵，这是隆重地表示对受冠者正式具有成人身份这件事的尊重、庆贺。三次加冠之后，通常要由受冠者的老师，为他取一个"字"："已冠而字之，成人之道也。"这个字与父母所给的"名"是两个不同的称号，"名"和"字"的意思往往相呼应或互补[1]。从此以后，只有双亲和师尊才能称呼他的“名”，而其他人则要有区别地称呼他的“字”，表示对他的尊敬。授予“字”，以区别于“名”，也是一个人成人、具有不同社会角色的重要标志。

成人礼之后，原来与亲族、师生、朋友的相处方式也要有所改变，标志着成人之后生活整体的变化。例如，“见于母，母拜之；见于兄弟，兄弟拜之；成人而与为礼也”，加冠之后要去拜见母亲，母亲要答拜；要见兄弟，兄弟也要对他行拜礼。这都是因为周围的人要把他当作成人来对待了。此外，他还要戴着青黑色的冠冕、穿着青黑色的礼服，将准备好的见面礼摆在地上面见国君（表示不敢直接交给国君）；接着又拿着见面礼去拜见卿大夫及德高望重的老者。各级尊者、师长从今以后也都要以成人礼与之相见。步入成年后就要以成人的礼节来要求他了，要遵照做儿子、兄弟、臣子、晚辈的礼节来行事，不可再任性为之。因此，这是人生重大的转折点、里程碑，所代表的成人与未成年人的核心区别，并不是生理年龄，而在于人伦道德与责任的承担：

1 例如，大诗人李白，字太白，其名“白”和字“太白”意义是相近的。韩愈，字退之，“愈”是进，与“退之”意思相反。古人的名与字若意义相反，有进退互补、中和得当的寓意。

故孝、弟、忠、顺之行立，而后可以为人；可以为人，而后可以治人也。

具备了孝敬父母、尊敬兄长、忠于国君、顺从尊长的德行，才称得上是成年人——成为一个真正意义的“人”。只有自己先履行人之为人的职责与本分，才有能力去治理社会、引导他人向善。因此，“冠礼”各个环节实际上是在贯彻礼乐文化中核心的伦理道德观念，是在一个特殊的时间节点，塑造一个社会关系中完善的人格。

当然，除了男性，古代女子也有自己的成人礼，称为“笄礼”。笄是古代女子的头饰，类似簪子。这在《仪礼·士昏礼》《礼记·内则》中也有记载，限于篇幅不再详述，读者若有兴趣可以自行查阅相关典籍。礼乐意涵，不仅仅是典籍中的字面刻画，更是人生中活生生的、真实的时刻，通过一代代的约定俗成、言传身教，感染典礼的参与者，塑造个体和社群的思想性格、行为规范。

四

婚服摄盛而婚礼不举乐

男女成人之后面临的大事之一就是婚嫁，婚礼也是大多数人一生中要经历的仪式，是“夫妇之道”的肇端。《中庸》说：“君子之道，造端乎夫妇。”男女结合乃“人之大欲存焉”，是人类正常的欲望。若处理得当则为终身幸福奠定基础，若失范则往往是人作恶、子女深受负面阴影、社会败坏的开端。不论古今，健康的婚姻家庭关系都是社会稳定、人心安定的基础。所以古人在婚礼的安排设计中，凝结了重要的人伦教化，寄托了对男女婚姻家庭的祝福、对美满人生的向往。古代婚礼的程序严格而复杂，与冠礼一样，也要经历反复占筮挑选吉日，还要提亲、送彩礼、迎亲，最终才能成婚。各个仪节之中，人们所穿着的服装有很多特殊、细致的要求，不可以随意、错乱。如《仪礼·士昏礼》就规定了婚礼中最重要的“迎亲”环节中，新郎、新娘和随从人员的礼服规定：

主人爵弁，纁裳，缁袘。从者毕玄端……女次，纯衣纁袡，立于房中，南面。姆纚笄宵衣，在其右。

女从者毕袗玄，纚笄，被纇黼，在其后。[1]

专门研究古礼的彭林教授为这段话做出了解释：

主人，指婿，即新郎。纁裳，指缁衣。袘，以缁缘裳，象阳气下施。女，此指新娘。次，指装饰头部用的假紒，乃按照长短编列而成，或称髲髢。纯衣，丝衣。袡，衣缘。此纯衣即褖衣，是士妻助祭之服，平常不得用纁为袡，此为昏礼而摄盛之。“黼领谓之襮”“白与黑谓之黼”。古时天子、诸侯后夫人狄衣，卿大夫之妻的衣领绣以黼纹。士妻初嫁，亦在领上绣以黼纹，同样是摄盛之意。[2]

这段叙述能体现迎亲时礼服的严格考究和盛大绚烂。“爵弁”是古代一种礼冠；“纁裳”即浅绛色的下衣；“缁”即黑色装饰，象征着阳气向下施予。“玄端”即黑色礼服，祭祀时，天子、诸侯、士大夫皆穿着它，天子平日晏居也穿着它，可见婚服的隆重。“假紒”即假发所作的髻，古时也称为“编”，

1 弁：音biàn；纁：音xūn；缁袘：音zīyì；袡：音rán；纚笄：音líjī；袗：音zhěn；纇：音jiǒng；黼：音fǔ。

2 摘自彭林：《礼治背景下的先秦服饰文化》，载于《艺术设计研究》，2020年第1期，第47—48页。紒：音jì；髲髢：音bìdí；褖：音tuàn；襮：音bó。

新娘用它来装饰头部。“纯衣”即丝衣，“纁袡”即浅绛色边缘。纯衣是为人妻者帮助丈夫祭祀时才穿的衣服，平时祭祀并不用浅绛色边缘，这是为表现婚礼的隆重特地使用的。新娘朝南站立在房中等待迎亲。新娘的跟从者全都穿着“袗玄”，即上下同色的玄衣玄裳。“纚笄”即用发簪装饰束发；“潁”即麻布单罩衣，上面有“黼”——即黑白相间的花纹，取斧形，象征着临事有决断力。古代，天子、诸侯夫人穿有“狄”（即野鸡）纹样的衣服，卿大夫之妻在衣领部位绣着黑白相间的花纹，士人的妻子刚出嫁时，也在领子上绣这种花纹，与新郎的礼服相呼应，也是为了表达婚礼隆重。

根据彭林的研究，迎亲的过程有两处礼服安排是出自“摄盛”的考量。所谓“摄盛”，就是要显得比平日更盛大、隆重。一处是新娘穿着协助丈夫祭祀时才穿的浅绛色边缘的“纯衣”；另一处是士人之妻刚出嫁时也穿着超出自己身份所限的卿大夫之妻才穿的领子上绣有野鸡纹样的礼服。这两处“摄盛”的做法，一方面是表示对婚礼的极度重视；另一方面也通过高出日常范围的礼服，营造区别于日常的仪式感。但这里的仪式感，又不同于上文提到的祭天那种纯然朴实无华的神圣感，而是强调隆重、华美。因为婚姻是世俗社会的重大礼仪，隆重感也寓意夫妻的责任和婚姻对人生的长远影响。

婚礼虽盛大隆重，但婚礼的设计不仅仅是要衬托喜庆气氛，而更多包含了伦理约束的意味。例如，先秦婚礼“不举乐”的安排，就是出于对父母与儿女亲情的体恤。《礼记·曾子问》说：“嫁女之家，三夜不息烛，思相离也。”有女儿出嫁的人家，连续三夜烛火不熄灭，这是为了表达父母与女儿骨肉相离的哀情。人们夜里燃烛，通常是在等待晚归的家人；烛火不熄，表达父母等待女儿归家的心情。“取妇之家，三日不举乐，思嗣亲也。”娶媳妇的人家，三天之内不演奏音乐，因为儿子一想到成婚后，妻子就要接替父母掌管操持家务事，这就意味着父母在逐渐老去，因此心中悲哀伤感，不忍心奏乐渲染喜庆气氛。[1]

把迎亲时礼服的“摄盛”和不熄烛、不举乐两方面事宜综合起来看，古代婚礼既彰显了婚姻之礼的庄严隆重、美好期盼和欢乐喜庆，又不完全陷溺于喜悦而不自持，而是照顾到了成婚隐含的骨肉分离、代际接替的人生惆怅。可以说是分别考虑到了婚礼涉及的不同人群的“常情”与心理需求，全面权衡了婚姻所要涉及的伦理关系。文明的高度往往体现在社会风貌的细节之中，古人对婚礼如此细致入微的思量，尤其温情地照顾到家庭中长辈的情感需要，也是一种可贵的良苦用心吧！

---

1 除了婚礼之外，“不举乐”的规定还适用于丧礼。可见“不举乐”所隐含的沉重气氛。参考《礼记·杂记下》：“父有服，宫中子不与于乐。母有服，声闻焉，不举乐。妻有服，不举乐于其侧。大功将至，辟琴瑟。小功至，不绝乐。”

五

丧服之制

人进入成年、经过壮年之后，渐渐又会经历年迈和生命的终了。丧礼象征逝者的生命旅途告一段落，生前亲友要正式与之告别。古人依据宗族血缘的亲疏远近，发展出了丧礼的“五服”制，旨在规范亲属在丧礼上的形容举止和纾解悲情的分寸。

“五服”即记录在古代礼书中的以亲疏差等为标准的五种丧礼之服。总体而言，五服按照宗族关系的亲疏远近来排定，越是为至亲服丧，丧礼越是深悲至极，丧服的材质、工序越是粗糙、简陋；反之，则越精细。而且，在每一重服制中，还会区分“已嫁”和“未嫁”，未嫁女性与父亲宗族更亲密，已嫁女子则与丈夫宗族更亲密，这是宗法制度的展现[1]。从生到死，每个关口都合乎礼，其实也是合乎人情自然和内心需要。一个真正的孝子，“生，事之以礼，死，葬之以礼，祭之以礼。”（《论语・为政》）所谓孝道，绝不仅仅只是在物质上奉养父母而已，而是能够按照礼的要求，不论在父母在世时还是过世后，都始终以诚敬之心按照礼来侍奉。父母

1 五服的细节，包括服丧的时长、彼此的差异等，请参阅彭林：《中国古代礼仪文明》，中华书局，2013年，第213页。

在世时按照礼安顿他们的生活，过世后则按照礼来安葬和祭祀他们。这才是完整地履行为人子女的义务。

古礼中关于礼容、礼服的规定与解说非常丰富、细微，本篇只是截取了几个微观角度。所以这里介绍一些资料，供读者参考。首先是沈从文的专著《中国古代服饰研究》，为我们了解古代服饰提供了方便门径。其次，当代学者孙机的《中国古代物质文化》一书，也有“纺织与服饰”一章，专门介绍古代服饰的工艺、材质和变更，行文简略清晰，配有插图。再次，各类古代文献。除了《仪礼》《礼记》中对礼服的叙述外，《周礼》中还记载了专门制作礼服的职官名称和他们的职事。另外，我国历代正史都有专门的“礼书”“乐书”“礼乐志”“舆服志”等部分，记录每个朝代服饰方面的史实，当属较为直观的一手材料。除了官修的正史，各地还有“地方志”，对当地民情民俗及服饰有记载。最后，除了文字材料，各地大小博物馆，保留了许多古代礼服的实物，其中有的是考古发掘的，有的是流传至今的，都可以提供参考。

文化关键词

冠礼

加冠之礼，即成人礼，是古代人伦生活中的一项重要礼仪。按照古礼的规定，男子在二十岁时行“冠礼”。在行礼过程中，男子要依次被授予、佩戴不同的冠帽，因此有“冠礼”之名。“冠礼”是成人的标志。成人不只是身体的成熟，还意味着道德人格的确立。“冠礼”的完成昭示着行礼之人开始以独立的身份承担人伦生活中的各种责任，并具备了参与各种重要礼仪活动的资格。

成人

具备了健全德性与全面技能的人。在古人看来，“成人”的标志并不是年龄的增长所带来的身体的成熟，而是通过学习、修养获得了健全的德性和全面的技能。“成人”需要具备智慧、勇气，能够节制自己的欲望，并掌握各种技能，从而恰当地应对、处理生活中的各种事务，使自己的言行始终合于道义。

婚礼

男女结成夫妇之礼，是人伦生活中的一项重要礼仪，古作“昏礼”。在古人看来，“婚礼”是对男女之情的一种合理安顿。“婚礼”昭示着男女二人结合为相互亲敬的夫妇关系，并共同构成了人伦秩序中的一个整体。夫妇各自所归属的两姓家族之间，也以二人为纽带，结成了亲密的关系。同时，夫妇的结合也关系着人口的繁衍与人伦关系的迭代延续。在当代社会，“婚礼”的形式与意义都发生了不同程度的变化。

篇十　神人以和

陶玉上的礼乐发端

器物的使用方式、在仪式中的象征意义，常能让人以小见大、直观地领略礼乐的内涵。下文我们来探讨古代两种材质的重要礼器——陶器和玉器。

一

人类社会自古以来就在利用自然材质制成各种器具，不仅满足基本生活需要，如盛装食物等，更有实用功能之外的精神性、审美性追求，这在古代器物上的刻画符号、文饰设计等就有体现。

中华先民有悠久灿烂的彩陶文化，可以追溯到“距今15000年以前”[1]，陶器的起源与史前人类的渔猎采集文化和农业文化哪个关系更紧密，学界还未形成一致意见。彩陶是陶器的一种，“狭义的彩陶，是指在器坯表面绘彩，然后一次性烧成的陶器”[2]，世界范围内的其他古文明也有彩陶。彩陶制作需要绘画工具和能工巧匠，远古时代笔墨、颜料是特殊的稀缺物资，掌握造型艺术和陶画技巧的工匠有限，因此陶器上生动有趣的图景、符号，并不是日常的娱乐工具，而是制器者出于超实用需要的审美趣味、特殊的精神观念所制作的。陶中有礼，“古礼不是虚无缥缈的云雾山中，是看得见摸得着有载体的制度文化，其具体抓手

1 朱乃诚:《中国陶器的起源》，载于《考古》，2004年第6期，第76页。

2 韩建业:《彩陶时代与前文明社会》，载于《社会科学文摘》，2021年6月，第15页。

主要有用彩制度、用玉制度和用鼎制度。…… 早期中国的用彩制度至少有丧礼用彩、祭天用彩、盟誓用彩等多种专项分类。”[1]

譬如陕西西安，属于新石器时代仰韶文化的半坡遗址[2]，出土了一只彩陶盆，上面留下了“人面鱼纹”形象。通过这一帧珍贵的笔墨，我们得以了解先人的精神观念与生活信息：他们应该是居住于水域附近、靠渔业为生，生活与鱼类息息相关；人脸画成鱼纹的样子，旁边围绕两条几何形状的鱼[3]，可见人与鱼有某种亲近关系。

除了人鱼亲近的图画，陶盆上有纹面者，而纹面是非常古老的习俗，这位纹面者双眼闭上，留给人无限的遐想空间，或许意味着人与自然、神明之间神秘的关系。另一个引人瞩目的细节是人面和鱼形虽看似笔触质朴，实际上却构图严密，刚好跟陶盆的边缘规律分布的四个“个”形纹路和四

1 参考卜工：《为神绽放还是为礼歌唱——从仰韶时代的神采飞扬说开去》，载于《中国文物报》2020年8月7日。

2 参考王宜涛：《半坡遗址在中国考古学中的地位、意义和作用》，载于《史前研究》，2013年，第28页。

3 关于陶纹上的鱼，比较新的研究认为这是当时的“鱼女神形象”，反映了史前的女神崇拜。参考柴克东：《仰韶“彩陶鱼纹”的神话内涵新解——兼论中国古代的女神崇拜》，载于《文化遗产》，2019年第5期，第120—127页。

——◆人面鱼纹陶盆

个条形纹路对齐，似乎暗含着某种经严格计算得出的宇宙图式和陶盆的特殊用途。因此，有学者认为盆内和盆沿纹饰共同构成了当时的天文图像：

> 口沿画“四正四维”宇宙图式，四维“个”字纹与文献相符，四羊纹表示日入四隅，人面纹源自“二子”相争的故事，演绎为“参商”不相见的星象。参星和商星在春分和秋分点附近，是日月宿舍，两舍中间是冬至点。当二分点位于地平时，冬至点下中天。[1]

所谓“四正四维”，就是指东、南、西、北、东北、东南、西北、西南这八个基本方向，是人类生存经验中最重要的空间概念。“参”指参星，在天空中居西方；“商”是商星，亦称“辰星”，居东方。参星与商星分别位于东西两个方向，此出彼没，古人往往以“参商”比喻彼此隔绝，长久不得相见。如果依照这种解释，人面鱼纹陶盆就是先民通过古朴而精确的图绘，模拟天象的运行模式。那时，他们尚未用文字、数字表述天文演算的过程，却将所观测到的天文规律，在圆形陶盆的有限空间内生动地表达了出来。

1 武家璧：《论半坡彩陶盆的天象图式》，载于《文博》2020年第3期，第37页。

——◆出土于青海省上孙家寨的舞蹈纹彩陶盆

——◆出土于青海省宗日的舞蹈纹彩陶盆

前文已经说过，观天象、制历法的事项在古代直接影响农业活动，所以，在进行天文观测时举行隆重的仪式，是很有可能的。

由此可见，新石器时代人们的生活资料或许相对简朴，但并不妨碍他们在简朴稚拙的器物条件下创造符号、表达思想，追求超越有形器物之上的“道”。通过器物来表达对宇宙规律的认识，器物之中就能展现人们的思维方式和认知程度了。后来，这种具体器物与抽象道理、法则的关系，在《周易·系辞上》中概括为“形而上者谓之道，形而下者谓之器”，以是否有具体形象、形质来区分“器”和“道”。“道”是器物所象征的社会地位与身份背后的道理、规则和价值观念，有形器物是无形道理的承载者。

除了天文图式之外，上古彩陶还为我们提供了关于原始礼仪起源的重要资料。例如，1973年出土于青海省上孙家寨和宗日的两只“舞蹈纹彩陶盆”，都属于新石器时期的马家窑文化。

两个陶盆内壁都画了环形的图像。他（她）们分别手拉手，画面似乎带有动感，画中人在跳集体舞蹈，或者围绕某物进行某种仪式。青海上孙家寨出土的陶盆，根据学者的研究，与日常生活的使用无关[1]，而且它被发现时，是摆放在墓葬中逝者的胸部位置[2]，则更体现了特殊的重要性。关于画中人所围绕的对象和陶纹中的细节，学者蓝凡认为：

> 马家窑文化彩陶以鸟纹为主要的母题，表明了这一时期马家窑先民的太阳崇拜的信仰与太阳崇拜祭祀活动的存在。舞蹈纹彩陶盆的发掘出土，更证实了马家窑先民为农作物的丰产，人类自身所作的种种努力，包括这种“寓人以鸟”的舞蹈祭祀活动，也说明了因太阳崇拜而创造的祭祀舞蹈——祭鸟（日）舞蹈，与马家窑彩陶由鱼纹至鸟纹衍变发展的一致性……
>
> ……
>
> 以青海上孙家寨彩陶盆舞蹈纹饰为代表所呈现的远古先民的舞蹈活动，是对远古先民舞蹈活动的一种描述，也是中华民族的一种文化记忆。[3]

这种舞蹈纹饰带有祭祀礼仪性，反映了远古先民致力于

1 参考蓝凡:《中国史前舞蹈纹彩陶盆的新考释》，载于《民族艺术研究》2020年第6期，第77页。

2 同上。

3 同上，第83—86页。

农作物丰产的期盼和对太阳（鸟）的崇拜观念，也是他们的“集体记忆”。通过半坡遗址和马家窑遗址发现的陶盆，我们得以窥见史前璀璨绚烂的彩陶文化。从方法上说，考古学家、历史学家不仅会通过单个遗址的文物勾勒不同文化圈的发展特点，分析器具反映的精神观念和礼乐文化，还会比较不同遗址的文物在形制、纹样上的异同、变化，从而推导出各个地域性文化圈之间发生了怎样的交流和融合，又是如何相互影响并逐渐发展成为多元一体的文明实体[1]。凡此种种都是我们“读陶”的意义所在。

1 参考郭大顺：《神巫定位及夏商周三代形成的基础和“中国”的形成——八十述怀：我的两点思考》，载于《文化学刊》，2018年第12期，第23—28+22页。

二

“八音克谐”：陶制乐器与礼乐教化理想

我国传统乐器统称为“八音”，也就是八种材质做成的乐器：金（如青铜钟）、石（如磬）、丝（如古琴）、竹（如箫）、匏[1]（如竽）、土（如埙）、革（如鼓）、木（如柷[2]）。“八音”的记载最早出自《尚书·舜典》，文中说尧将帝位禅让给舜之后，舜四处寻求贤达，发现了夔，命他掌管乐制、用音乐教导贵族子弟。夔在接受使命时说：音乐能够陶冶人的性情，达到至中至正的理想境界。他描述这种理想人格的样貌是：“直而温，宽而栗[3]，刚而无虐，简而无傲。”正直而不失之于严苛，保持相当温和；宽缓而不失之于放逸、轻忽，而是有所谨敬；刚强又不至于苛刻害人；简略而又没有傲慢。他接着说：“八音克谐，无相夺伦，神人以和。”上乘的音乐能够熏陶人的情操，趋向理想人格特质，最终实现人和神明——超越终极实在的

1 匏：音páo。

2 柷：音zhù，古代木制打击乐器，上宽下窄。

3 栗：庄敬、严肃。

会通和谐、交融感通。夔接着说："于[1]！予击石拊[2]石，百兽率舞。"我击打和轻轻敲击石器，天地间所有的兽类都会与我一同起舞应和。[3]后世音乐家，还依据此记载谱写了一曲传世长久的古琴曲《神人畅》。这段简短的论述，表达了与前文所述对雅乐的一致理解：音乐不仅仅是曲调、旋律、音符、乐器制作和演奏技巧，也不仅仅是取悦感官的娱乐表演，而是被寄寓了浓厚的理想——陶冶性情、提升人格、感化人性、提升伦理道德，还表达人追求与自然、神明融洽亲和的愿望，是对人与宇宙关系的深刻探索。

先秦时期有各种掌管音乐的乐官，称作"师"。"师"在古代官职系统中有两类，一类是掌管军事、战争，另一类如"大师""小师"等，就是执掌音乐、乐律和乐器等的官员。《周礼·春官·小师》记载乐官"小师"掌管教导"鼓、鼗[4]、柷、敔[5]、埙、箫、管、弦歌"，即负责教导演奏各种乐器。其中，埙是一种陶制乐器，大小如鹅卵，上尖下平，有吹孔和按音孔，通过按音孔切换演奏不同声调。《周礼》记载的

1 "于"在这里是一个感叹词。

2 拊：音fǔ，拍打。

3 关于"百兽率舞"，有不同说法，这里暂且取字面意思。

4 鼗：音táo，拨浪鼓。

5 敔：音yǔ，一种打击乐器，形状如伏地之虎，背上有齿形突起，用木棒刮击发出乐音。

——————◆ 河姆渡遗址出土的陶埙

官名大多为周王室职官，可见埙至少在西周就已经是礼仪中使用的乐器。迄今所见考古发现最早的陶埙出土于浙江余姚河姆渡遗址[1]。

河姆渡遗址出土的陶埙为单孔，尚未发现有测音记录，无法确定只能吹出单音（类似哨子）还是能吹奏不同的音阶，也无法断定是用于日常生活还是典礼演奏。不过，近年来，史前埙的考古发掘又有了新发现。在辽宁兴隆洼文化遗址出土的两件石埙（现藏于辽宁朝阳德辅博物馆），很有可能是中国北方新石器文化时期的礼乐之器。

随着历史的演进，从新石器时代的河姆渡文化到夏、商、周三代，陶埙出现了多孔形制，可以吹奏更多声调和乐音。乐音高低与振动频率有关系，通过形制改造，埙能吹奏不同的音高。乐音更多意味着当时人们已经掌握了某些声音振动的规律。联系上文陶盆上的原始舞蹈场景，先民的音乐、艺术活动往往与礼仪和神明观念相关，前者是后者的外化表现。可以推断，史前尚无文字的时代，陶制乐器已经承担着礼仪功能，可以在演奏中表达思想和虔敬情感、激发人的精神、促进集体协作。

1 参考周延良：《河姆渡遗址出土玦、埙与原始宗教礼法》，载于《中国历史文物》，2009年第6期，第58—62页。

三

“巫玉之光”与王权之象

除了彩陶器具和陶、石乐器，上古文明还有耀眼灿烂的玉文化。与彩陶相比，玉器的原料采集、选取、运输、制作，都需要更多的人力、物力，更长的时间和更高的技术成本。只有掌握一定资源的阶层，才可能完成玉器的制作，并享有、使用和分配玉器。玉器时代的出现和玉文化的沉淀，需要更丰厚的社会资源配置和更牢固的社会阶层分化与劳动分工。“它山之石，可以攻玉”（《诗经·小雅·鹤鸣》）这句话就记下了古人用砂石来打磨玉的技术。以玉器作为礼乐制度、身份等级、社会秩序的表征，说明人类社会在彩陶时代之上又往前迈进了一步。

玉本义指石头的一种，质地细而坚硬、有光泽、略透明，可雕琢成工艺品。它温润而又具备一定硬度和透亮度，因而受到先民珍视，被广泛采集、加工。渐渐地，玉成了美好、尊贵事物的代称，也用于表达敬辞，如“玉泉”“玉液”（美酒）、“玉宇”（瑰丽堂皇的宫殿）、“金玉良言”（珍贵、有借鉴意义的话语）等；“玉不琢，不成器”则将人受教育成才的过程比作玉石被精心雕琢打磨成器具，成为证明教育和后天学习重要性的名言。

我国史前玉文化，目前所见，最早分布在东北地区的红山文化和东南地区的良渚文化。根据《周礼·春官·大宗伯》的记载，玉器自古用于献神，献神的玉器统称为“六器”，有六种形制和相应的功能。“以玉作六器，以礼天地四方”，掌管宗庙事务的官员大宗伯用玉制成六种器物，进献给天地、四方。这里的“礼”字是动词，是指人将祭品进献给神灵作为礼物。六器具体的献礼方式是：

以苍璧礼天，以黄琮礼地，以青圭礼东方，以赤璋礼南方，以白琥礼西方，以玄璜礼北方。

璧是一种正圆形的玉，中间带孔，深绿色的璧献给天；琮是外方内圆的筒形玉器，黄琮献给地；圭为长条尖头的玉，蓝绿色的圭献给东方；璋的形状是将圭从中剖为一半，赤色的璋献给南方；琥可能是指雕成虎形的玉，白琥献给西方；璜是指玉璧剖半的形状，青黑色的璜献给北方。此外，进献时“皆有牲币，各放其器之色”，分别都配有牺牲、束帛，颜色与所进献的玉器颜色相配。谁有权力使用玉器祭神呢？当然是王者。玉在古代社会首先是王权的象征，最典型的例证就是良渚文化的玉器[1]。

良渚玉琮在一块小小的玉石上以高度精密的构图和精妙

---

1 见余杭博物馆、良渚博物院、宁波博物馆编：《良渚玉韵：良渚文化玉器精品》，宁波出版社，2012年，第28－29页。

◆良渚玉琮

绝伦的雕工塑成神人兽面纹，反映了当时工匠高超的技艺和虔敬精神，博得了举世瞩目和惊叹。技术上如此高水平玉器的出现，必定是王权垄断技术人才的结果，说明良渚文化的社会结构已经完成了分层、分工。同时，关于神人兽面纹的解读，有学者将之与巫文化礼仪相关联，推测这是当时负责沟通天、地、人的巫者的形象：

良渚文化玉器主要出于显贵者墓葬，其中琢纹玉器更仅见于显贵者墓中。死后将大量与神灵崇拜有密切关系的玉器带入墓内，突显出显贵者与其所崇拜的神灵间实际上存在着密切关系。瑶山、汇观山祭坛与显贵者墓地合二为一的事实则反映出祭鬼（祖）也已成为良渚文化祭坛上不可或缺的重要内容。因此，良渚时期巫、神、鬼（祖）三者之间事实上存在着三位一体、互为感应的互补关系，而联系三者的纽带就是人神共享的祭品——玉礼器。……玉琮作为跟神人兽面复合图像关系最紧密的器类，其内圆外方的造型反映着“天圆地方”的原始宇宙观……以琮、璧、钺为代表的良渚文化玉器不仅是神灵崇拜的主要载体，而且极可能还是巫觋通天礼神的法器或媒介，是“人神合一，天人感应”东方理念的外在表现。

然而，良渚文化玉器在成就神圣的同时，也组成了

良渚文化社会世俗物质生活中最精致的部分。[1]

这段话分析了良渚遗址的分布特点，从而推断其社会权力结构的本质特征：贵族墓葬独有的玉器，雕琢精良，祭坛与贵族墓地合而为一，都反映了良渚社会神权与王权合一的特点。王者就是最高祭司和掌管沟通天地的巫师。因此，玉琮上的神人兽面纹，很有可能就是巫（王）的形象，他既是人间的掌管者，又是神界的使者。要表现王者在人间和神界得到的双重推崇和仰视，非怀抱虔敬精神、掌握绝伦技艺的工匠不能为之。玉有浑然天成、不加修饰的温润、剔透和细腻纹路，比之于驳杂的石料，更显得聚集了宇宙的灵气和光辉。在古籍中，巫者作为集王权和神权于一身的人也是出类拔萃。例如，《国语·楚语下》就记载“巫”的长处，说他们是一些精明纯粹、做事没有偏颇和差池的人，能容貌肃穆庄敬、内心保持中正，有足够的智力由上天的法则类推至人间；他们的超凡能力外显为光明的形象，可以通达远处。除了具备超常的人格气象之外，他们也有拥有异乎寻常的感知和理解能力，智慧能洞察事物，听觉能透彻听到声音。只有具备这样的超凡能力和品格，才能感通明智的神明降临人间。

1 见余杭博物馆、良渚博物院、宁波博物馆编：《良渚玉韵：良渚文化玉器精品》，宁波出版社，2012年，第14页。

这种有超乎众人之智力水平、感官能力，心思精纯，行为无偏差的状态，就好像美玉具有超乎一般石头的优越性：精纯没有杂质，而不似石头颜色、纹理驳杂不齐，温润而有中和之美感。因此玉成为象征巫（王）超越品质和精神气质的符号，被赋予神圣的特征，成为巫师用以沟通天地神明、与世界万物相互交感、执行各种祭典、传达上天旨意的中介。

这种巫玉文化，在距今约5500年（稍早于良渚文明）的安徽凌家滩遗址出土的一块玉板上，也表现得很明显[1]。这是一块完整的方型玉板，出土时夹在一只玉龟壳中间。中心有一个类似“巫”字的圆形符号（殷商甲骨文“巫”字的写法是 、），外围有放射状线条指向四面八方。最外围则是方形边缘，参差排列着22个小圆孔。这块玉板上“方”“圆”“八方”“巫”等符号，和它被放置在象征天圆地方的玉龟中间的位置，很容易让人联想到这是指示时间、空间的图式。22个圆孔，可能与当时的天文历法、数理运算有关。关于凌家滩的玉板、玉龟和玉文化的内涵，学界已经有丰富的研究成果和深刻的见解[2]，感兴趣的读者可以查找更多相关资料继续探究。

1 玉龟、玉板的图片来自安徽省文物考古研究所编著：《凌家滩玉器》，文物出版社，2000年，第14—15页。

2 请读者查看安徽省文物考古研究所编著：《凌家滩文化研究》，文物出版社，2006年。

——————◆凌家滩遗址出土的玉板

四

『君子比德于玉』

上文介绍的“玉”所表征的文化年代，都在夏、商、周以前。而到了西周，随着人文精神日渐昌明、人的道德理性不断增强，包括丧葬在内的用玉制度也发生了演变。玉的精神文化内涵，从巫术和王权合一的形态中慢慢走出来，成为有德之君子的象征。玉的品格成为君子修养的理想境界的代表。我国最早的诗歌总集《诗经》就充满了用美玉称赞“美人”的文句，如“白茅纯束，有女如玉”（《召南·野有死麕[1]》），是说洁白柔滑的白茅草，古人常用来包裹肉类，就像如玉般美丽的女子。除了用来形容女子之美，玉更是用来表征美好的品德：

> 有女同车，颜如舜华。将翱将翔，佩玉琼琚。彼美孟姜，洵[2]美且都。
>
> 有女同行，颜如舜英。将翱将翔，佩玉将将。彼美孟姜，德音不忘。（《郑风·有女同车》）

《有女同车》描写的是一名男子与一位名为孟姜的贵族

---

1 麕：音jūn，鹿的一种。

2 洵：音xún，实在，诚实。

女子同乘一车的感叹。这位女子容颜如同木槿花，身上佩戴着琼、琚这样的玉佩，随车之行而发出清脆舒朗的响声。女子美丽而文雅，玉佩发出美好的声音，使人难以忘怀。《诗经·秦风·小戎》还有“言念君子，温其如玉”，这是以女子口吻表达对一位君子（可能是她的夫君）的深刻怀念，这位君子有温柔的品性，就像好玉，手碰触到从不会使人觉得冰凉。还有《诗经·小雅·白驹》说：“皎皎白驹，在彼空谷。生刍一束，其人如玉。毋金玉尔音，而有遐心。”这可能是一首挽留友人的诗，感叹友人乘白驹离去，足迹已远离自己。在空谷中有一束喂牲畜的草料，表示时刻等待友人骑马返回。友人之品行如玉一般纯洁美丽。他希望友人切莫吝惜自己的音讯，即使远离，也要互通音讯。用美玉形容友人的品格，对真挚情谊的珍惜溢于言表，以物代德，比平铺直叙来得内敛隽永、深切动人、韵味十足。

经过史前、三代的积淀，玉这种自然之物，凝结了深厚的精神性意涵和礼乐观念，逐渐成为深入国人内心之物。“君子无故，玉不去身”的说法广为人们接受：没有特殊变故，有德君子应时常有玉佩随身，不能随意撤掉，因为玉是其高洁品行的象征。古人比德于玉、以德修身、须臾不离修德理想，佩玉是君子的自勉与美好期许，更由玉的通透温润、精纯洁净等特点唤起一种审美情趣。

文化关键词

八音克谐

八类乐器所演奏的声音能够协调配合，在整体上达到和谐。“八音”指由金、石、土、革、丝、木、匏、竹等八种材质制成的乐器所演奏出的不同声音。“八音克谐”的说法出自《尚书》。它强调发挥八音各自的长处，在整体协调、多样统一中臻于化境，体现了中国古典音乐及词曲创作中以“和”为美的审美追求。而音乐又与人的心灵相通，“八音”能够呈现或感动不同的心灵状态，故而它也成为古代教化的一种方式。其意在于使人心在不同乐声的影响下达到同样和谐的状态，以符合礼乐对于人的心灵与行为的要求；同时它也蕴含不同的人或群体都能发声，但须遵守共同规范、相互配合而能和谐共处之意。

形而上

无形或未成形质，一般以此指称有形事物的依据。出自《周易·系辞上》(与“形而下”相对而言)。“形”指形体，“形而上”是指在形体出现之前，也即无形者。此无形者被称为“道”。

形而下

有形或已成形质，一般指实际存在的具体事物。出自《周易·系辞上》(与“形而上”相对而言)。“形”指形体，“形而下”指在形体出现之后，也即有形者。此有形者被称为“器”。“形而下”的存在以“形而上”为依据。

篇十二 器以藏礼

礼乐铸于青铜

在陶器作为礼器的时代结束后，青铜时代到来了，陶器被青铜器取代，但青铜器的使用主要限于贵族阶层，而平民生活依旧延续着陶器的使用。青铜器的铸造技术，并非中国本土仅有，“这项技术在我国出现得比西方晚。可是西方的早期铜器除红铜制品外，主要是用砷铜和镍铜。我国则不然。早期铜器如陕西临潼姜寨仰韶文化遗址中的黄铜片，含锌达25%，距今在六千年以上”[1]，青铜技术驻足于中华文明圈的核心后，就被广泛应用于礼器制造，并吸收到本土的礼乐制度中。

铜的采集、搬运、冶炼、铸造，相比玉的打磨、刮削等，更为繁复不易，因此更需要调动大量社会资源才能得以维持。青铜器乃“国之重器”，重大、庄重，是贵族礼乐秩

1 参考孙机：《中国古代物质文化》，中华书局，2014年，第215页。

序的标志之一。春秋时期，孔子看见一种名叫“觚”[1]的青铜酒器，发出连连感叹：“觚不觚，觚哉！觚哉！”（《论语·雍也》）这是因为孔子看到当时觚的形制已经不合于西周礼乐制度，也不符合觚之名分，他从这个细节嗅到了浓重的“礼崩乐坏”的世风。器具虽小，背后的文化底蕴可不简单，下文我们将从青铜器的形制、纹饰、铭文、历史变迁与影响等方面来介绍其礼乐文明内涵。

1 觚：音gū，一种古代酒器。

一

『问鼎』

在众多青铜礼器中，鼎是极具政治权力、礼乐制度符号意义的器物。鼎本是先民炊具，最初为陶制。《说文解字》释“器”曰“皿也”，而释“皿”为“饭食之用器也”[1]。《左传·成公三年》有“器以藏礼”的说法，鼎这种饭食器皿自然也承载着礼制。鼎的基本特征是三足、两耳，三足可以稳定站立，两耳用于移动。鼎内盛装食物，三足中间的底部空间可用来放置燃料加热食物，是实用性的设计。目前考古发现年代最早的铜鼎，来自二里头遗址：

> **1987 年，二里头遗址出土的一件铜鼎，敛口、折沿、鼓腹、圆底，下有四棱锥形足。沿部两侧有半环状立耳，腹饰带状网格纹，壁胎较薄。口径 15.3 厘米，通高 20 厘米。这件铜鼎的形制，由仰韶文化陶鼎演变而来的脉络，清晰可见。**[2]

---

1 参考张闻捷、刘锴云：《西周初年周人墓葬中酒器与食器的变革》，载于《芳林新叶——历史考古青年论集（第二辑）》，第15页。

2 参考蔡运章：《禹铸九鼎与三代王权》，载于《洛阳日报》，2019年12月20日。

——————◆青铜鼎

西周时期成书的王官典籍《周易》的六十四卦中，“鼎”是其中一卦，卦象符号为䷱。从下往上看，第一条和第五条这两条爻画是中间断开的横线，是“阴爻”，其余都是完整的横线，是“阳爻”。整个卦象的形状就像从一个半俯视角度看去的三足鼎（下方一足被鼎身遮挡），鼎内还盛装了食物。如果拆分来看，鼎的卦象，下半部分是巽卦，象征木，上半部分是离卦，象征火。古人对这一组合卦的意义，有不同的解释，有一种说“以木巽火，亨饪也”（《彖传》），用木头顺应火，是烧柴烹饪之事的景象，也就是在鼎下生火加热食物的图景。另一种说“木上有火，鼎，君子以正位凝命”（《大象传》），木上面有火，这个组合是鼎的象征，君子见到鼎的卦象，就明白这象征着治理人民的大人君子，就会告诫自己：处于上位、手握权柄的人，应持守正道，行事有范，才能凝聚天命。这两种解释，都把以鼎烹饪食物与君子、君王的德行联系起来。

鼎是王权象征，也成为改朝换代之际追逐王权者迫切想要拥有的珍宝。譬如，周人灭商之后，周王室就命令原商王朝的高级官员搬迁大鼎、宝玉等重器（见《逸周书》中的记载）。后来，随着西周王朝宗法封建制度的确立，从周天子到各分封国诸侯、卿、大夫、士等，逐渐发展出了层级较为固定的“列鼎制度”：每一阶层所使用的鼎的形制、数量，都有限定，以此系统、规范地表明身份等级和家国同构的秩序[1]，这就是《左传·庄公十八年》所谓的“名位不同，礼亦异数”。

正因为鼎具有厚重的文化和政治意义，与“鼎”有关的习语渐渐成为常用成语。如“一言九鼎”，比喻话语分量重，其中的“九鼎”来自“禹铸九鼎”的传说：夏禹用九州各地进贡的青铜，铸造了九个鼎，象征自己是九州共主。另外，“问鼎”这个词也源自争夺青铜鼎所象征的王权的历史故事，典出《左传·宣公三年》：春秋时期，周王室权威衰落，诸侯争霸。其中实力渐强的楚庄王陈兵于洛水，向周王朝示威。周定王派使者王孙满前去慰劳，楚庄王却询问王孙满鼎之大小轻重，透露出夺取周天下的意图。后用“问鼎”指图谋夺取政权，现也比喻希望在赛事中夺冠。

1 参考张闻捷:《周代用鼎制度疏证》，载于《考古学报》2012年第2期，第131—162页。

二

崇德报功：铭文上的礼乐

除了形制、数量、列位等因素，青铜器还通过铭刻其上的古代文字来展现礼制文化意义。这些文字通常称为“铭文”，对于考古学、历史学学者而言，铭文是直接传达器物历史信息的重要因素，因此显得尤为珍贵。西周青铜器与之前的殷商之器相比，除了形制、工艺差别之外，最大变化就是出现了很多长篇铭文。周人有“以德配天”的思想，认为只有稳固、高尚、明智的德行才足以使王室与上天的旨意相配，如果丧失了“德”，天下共主的地位也将失去。与此观念相对应，青铜铭文在记录史实的同时也能体现道德训诫。譬如，1976年出土于陕西西安临潼的西周早期青铜器“利簋”就带有较长铭文。

这段铭文写成今人能够识别的楷书，是一段叙事，记录了主人的身份、器物铸造时间和缘由。我们将之分成两部分解读，第一部分是追溯周武王战胜殷商的历史。

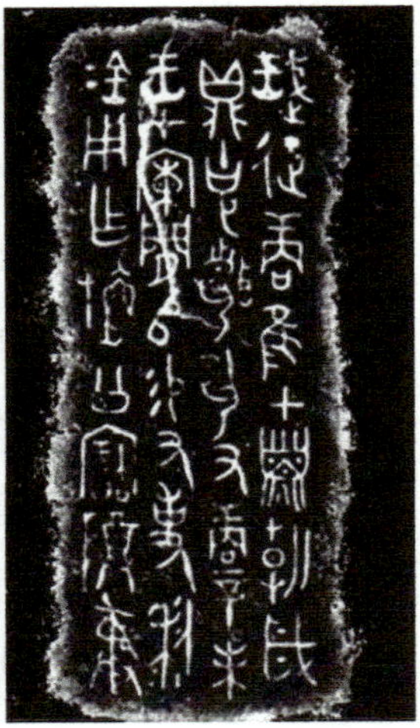

◆利簋及铭文

武王征商，唯甲子朝，岁鼎，克昏夙有商。

大意是：“周武王征伐商纣王，在甲子[1]那天日出后的早晨，夺得了鼎，打败了商纣王，推翻了商王朝。”接着又叙述之后的战事和周王的赏赐。

辛未，王在阑师，赐右史利金，用作檀公宝尊彝。[2]

在之后的辛未那一天，武王在阑师这个地方，把铜赏给了随从的官员利。利得到了赏赐，就做成檀公的宝器，而檀公是利的先祖。“宝尊彝”是西周对礼器的统称。[3]

这件青铜簋之所以称为“利簋”，就是根据铭文中提到的人名“利”。利就是这件礼器的制作者，他将王赏赐的铜铸成了簋。铸造此器的因由是武王在甲子这天打败了商纣王，结束了商朝统治，此后，武王将铜赏赐给利，因为利在武王伐纣的过程中立下了功劳。整篇铭文记录下了武王克商的史实、利的世系，以及作器的动机——感念祖先之

1 周人用天干地支来纪日，“甲子”这一天就是取十天干排第一的“甲”和十二地支排第一的“子”组合在一起。

2 参考张政烺：《〈利簋〉释文》，载于《考古》，1978年第1期，第58—59页。铭文中个别生僻字，采取了通俗的写法。

3 这段释文参考了唐兰：《西周时代最早的一件铜器利簋铭文解释》，载于《文物》，1977年第8期，第8—9页。

德福荫子孙。

除了记录功劳赏赐，青铜铭文还经常记载周王对官员的册命典礼，即周王亲自任命官员的仪式上。册命文书会刻在青铜器上，以表庄重，同时感念祖先之德庇佑。这反映了西周伦理道德的核心观念——“崇德报功”，崇尚有德行的人或祖先，酬报有功劳的人或神明。利簋的铭文里，利对于武王而言是有功、有德者，也是赏赐的对象；利的祖先檀公对于利而言也是值得纪念报答的对象。利簋出土于利后世子孙的墓葬中，意味着这件器物在家族中被代代珍视，作为先祖厚德、家族荣耀的标志。

三

“德将无醉”：青铜器上的“饮酒理性”

周人“崇德”的另一表现是西周青铜酒器的命运急转直下：由于着意吸取殷商亡国的教训，又经西周中期的礼制改革，周人开始限制曾被商人推崇至极的饮酒习俗。“周初八诰”之一的《酒诰》，就是周公为了严格限制、规范国人饮酒而专门颁布的行政命令。周公要求“无彝酒”，规劝人们不要以饮酒为常态，更不可沉湎于饮酒。周公的具体措施很务实，他并未直接彻底废除酒，而是将饮酒纳入礼乐、伦理道德的范围之内。他提出“饮惟祀，德将无醉”的原则：在诚敬祭祀时可以饮酒，但绝不可以醉酒，只有如此才称得上是“德”。在对酒进行严格限制的基础上，周公提出要把重心放在恒久的自我反观省察上，要以中正无偏的德行为准则。

这种相对的理性精神不仅体现在西周官方文献中，也见于青铜礼器上。譬如，赫赫有名的西周早期大盂鼎铭文[1]中，也强调“酒无敢酣”，不敢沉湎酣醉。此外，大盂鼎铭文还提

1 参考刘翔、陈抗、陈初生、董琨编著，李学勤审订：《商周古文字读本（增补本）》，商务印书馆，2017年，第65页。

到了比《酒诰》更严格的规定："有祡[1]烝祀，无敢醉。"祡就是烧柴，让香气升腾使天神闻到，烝、祀在这里都是泛指祭礼，这是说在祭祀的时候不能醉酒。另外，不仅从文献、器物能看出周人对酒的警戒，在考古墓葬摆设的酒器的整体变化上，这一点也能得到具体反映：

> 周人饮酒远逊于商。
>
> ……周以蕞[2]尔小国取代商而崛起于渭上，既需要强调姬周政权乃"天命所在"，又需要以社会等级制度的核心——礼制来对相关政治遗产和利益团体有所回应与模仿，这便顺理成章地反映在人随葬酒器和食器组合的比例变化上，尤其是西周早期酒器地位的显著提升。
>
> 直到西周中期穆王改革之后，随葬组合中酒器逐渐式微，具有彰显等级身份作用的包含食器、酒器、水器和乐器的完整随葬礼器组合走向完备……[3]

周人经历了从一个相对弱小的力量成为历史胜出者的转

---

1 祡：音chái。

2 蕞：音zuì，小的。

3 参考张闻捷、刘锴云：《西周初年周人墓葬中酒器与食器的变革》，载于《芳林新叶——历史考古青年论集（第二辑）》，第26页。

变之后，深思商王朝灭亡的原因，一方面借鉴其饮酒纵乐导致腐败衰亡的教训，反对骄奢淫逸的陋俗；另一方面在执行过程中有所顾虑，初期还要一定程度上顺应前朝风俗，避免短期内行动过激。到了西周中期，国力日盛，确立了文化自信和具备自身特色的礼乐制度之后，才开始真正在礼器设置中逐渐减少或舍弃酒器。汉代经学家郑玄在《尚书正义》中对这一曲折的历史过程做了解释，说这是周人出于对上天、神明的虔敬，等到告知神明自己要接替商人履行上天授予的使命之后，亦即确认了改弦更张的正当性之后，才正式施行周礼、改革酒制。

青铜器兴盛于夏、商、周三代，唯独因为西周青铜铭文尤其繁盛发达，使我们得以在器物与铭文相对照的基础上，窥见具体的礼乐制度内涵和“以德配天”的观念。

四

铸鼎象物：青铜纹饰上的灵物

青铜器的另一个重要特征是纹饰。《左传·宣公三年》说夏王禹铸了九鼎，来象征九州疆土，九鼎从此成为夏、商、周三代传国的宝物。其中追溯旧时夏代有德，“远方图物，贡金九牧，铸鼎象物，百物而为之备”，因此边远的方国悉皆用图画表征各地风物，同时进贡各自宝贵的青铜矿产。夏王用这些金属铸造鼎器，象征宇宙万物生灵，从而百物的形象都在鼎上完备地呈现。这能够达到神奇的治理效果：“使民知神、奸，故民入川泽、山林，不逢不若。螭魅罔两，莫能逢之。”能教导民众辨别、熟知正直的神明和奸邪的鬼，因此人民走入河流、沼泽低地、高山深林，各种各样的鬼怪都不能靠近，百姓对它们既不用迎合也不须顺从。这样的鼎最终能够“用能协于上下，以承天休”，协调上天与人间的关系，接续美好天命。鼎上的百物纹饰，不仅是生灵形貌的浓缩和集中写照，还有神秘深奥的意味。在古人的思想世界中，带有百兽文饰的鼎，可能类似“护身符”，能保护人们不受猛兽怪物的侵害，同时还能使百物皆俯首听命。

我们列举两件有代表性纹饰的器物，一件是商代晚期的“虎食人”提梁卣[1]，另一个是西周（可能是西周早期）的“神面纹”提梁卣。

“虎食人”提梁卣出土于湖南安化，是商代晚期的青铜器。它出土时有两件，后流出海外。这种器型叫“卣”，是古代盛酒的器具，一般有盖，还带有把手，方便携带，因此叫“提梁卣”。纹饰中的“虎食人”形象，也有研究认为是“虎抱人”，取决于如何解读纹饰中人和虎的关系。如果仔细看，会发现器身的动物纹饰远不止老虎，学者李学勤先生对之曾有一番探究：

> 卣通体作虎形，踞坐以后足及尾支撑，前爪抱持一人，张口啖食人首。人体与虎相对，手搠虎肩，脚踏虎后爪上，转面向左侧视。虎肩端连提梁，梁两头有兽首，梁上饰长形夔纹[2]，以雷纹[3]衬地。虎背上部为椭圆形器口，有盖，盖上立一鹿，盖面饰卷尾夔纹，也以雷纹衬地，与器体一致。虎两耳竖起，内饰鳞纹，面上及颚侧也有鳞纹和云纹。上唇

1 卣：音yǒu。

2 夔：古代一种龙形异兽。

3 雷纹：如雷电之形的花纹。

◆“虎食人”提梁卣

> 有密点，表示须根，牙齿如锯如钩，甚为锋利。虎颈两侧有鳞纹，其下沿人手有蛇纹。虎肩缘器口有长形卷鼻夔纹，前足外侧有顾首龙纹，龙首在“瓶形”角后加饰羽形冠，其下又有小的顾首夔纹两处，均有“瓶形”角。虎背饰牛首纹，垂象鼻作为虎尾，尾上为鳞纹。自盖后端，沿虎脊设一扉稜，稜中部有钩状突起。虎后足上有虎纹，其后加一口向下的兽首。人形发向头后直披，面容静穆，着衣，从背后可见方口衣领和较窄的袖口。人大腿到臀部饰一对蛇纹，蛇身有三角形纹饰。器外底有阴线纹饰，中为“瓶形”角的游龙，两侧各为一鱼。龙首向前，鱼首则相错，一向前一向后。[1]

除了虎、人之外，卣身至少还出现了鹿、夔、鳞、蛇、龙、牛、象、游龙、鱼和一种不知名兽首等百兽的身体部位或者完整形象。这些文饰、形象以立体或平面纹路出现在虎身上，分布密集，被天衣无缝地整合在器具的整体形制中，体现了繁复的构思和高超的工艺水准。而被虎抱在身前的人形，体格明显比老虎弱小，姿势为屈身，同时表情安宁，似

---

1 李学勤：《试论虎食人卣》，载于《南方民族考古》第一辑，四川大学出版社，1987年，第38—39页。

乎没有通常所认为的人被猛兽袭击或吞噬前表现的惊恐，反而有一种庄静肃穆的氛围。因此，有学者认为这反了反映人与虎的合一、交融关系[1]。

“神面纹”提梁卣，现藏于北京保利博物馆，自被发现以来也一直引人注目，散发着神秘色彩。关于其上的“神面纹”形象，有人持以下观点：

> **这件神面卣的纹饰非常特别，一反以往神秘、威严、诡异，甚至狰狞的神态，给人以温和的感觉：无底纹衬托，线条简洁，在主体纹饰上没有多少刻画，尤其是眼睑的构形与以往我们常见的兽面纹不同，近似于人的眼睛，上唇刻有两短道以示人中，是“人的形貌与神的威力的结合”。**
>
> **……**
>
> **所谓神面纹，不过是兽面纹的一个变种，是兽面纹发展到西周时期的产物，是一种具有地方色彩的兽面纹。**[2]

---

1 例如，潘守永、雷虹霁就持这种观点，参见《“虎食人卣”的文化阐释——续论“九屈神人”的文化义涵》，载于《民族艺术》，2000年第2期，第125—133页。

2 张懋镕：《试论山仲方座簋的价值》，载于《秦始皇帝陵博物院》，2013年第0期，第285—289页。

神面纹身上也同样集合了象（如提梁与卣身接合处）、羊（卣身中间突出的带圆盘形犄角之物）、龙等形象，且这些形象并无明确界限，而是盘根错节交织在一起。这一青铜器是贵族墓葬里的陪葬品，属于祭祀礼器，因此集百兽于一身的纹饰应与器物在仪典中的功能相配合。它指向一种不同于现代科学眼光的世界观：人和动物并不截然区分、神灵存在于万物之中、物种可以连续转换且彼此没有断裂的玄幻世界模式。现代人几乎完全生活在科学分类观、有机物与无机物有清楚界限的观念下，或许能从这种有强烈连续性、关联性的图景中，得到很多别样的灵感。

◆"神面纹"提梁卣

五

复古悠思：历代金石雅趣

先秦之后，青铜礼器也一直在礼乐祭典中扮演着重要角色。鼎的形象一直沿用，说明夏、商、周三代文明在历史长河留下的深刻烙印。除了青铜器物本身之外，青铜器物上的铭文在脱离其产生的历史情境——祭祀仪典后，成为文人墨客青睐之物。譬如，书法篆刻艺术中古朴庄重的审美取向就受到“金石学”的影响。金是指古代青铜器，石主要是古代碑刻、印玺等，金石学是以古代青铜器和石刻碑碣为主要研究对象的一门学科，也兼及甲骨、简牍、封泥、瓦当等材料的研究。这门学问在宋代兴起、一直延续到清代。对于传统文人而言，上古是一个淳朴无邪、圣君制礼作乐、社会太平的理想时代，因此，任何关于三代的文物和文字的新发现，都会给金石学家带来内心的振奋。这种“复古”，其实是通过回溯上古价值理想，参与现实，塑造当下。于是，也有了全形拓的兴起：全形拓是照相术发明之前，国人以墨来传拓青铜器全形的方法。

全形拓可以复制多份，使无缘看到古器物实体的人直观了解它的大小、形状、纹样，以及铭文等细节。金石学深刻

◆毛公鼎全形拓

影响了书画艺术的表达形式，如清代金农[1]的“漆书”，其运笔扁方、竖轻、横重，充满“金石气”。

金农的“漆书”以“醇古方整”[2]著称，这种稍显怪异而又稚拙古朴的书风，与金石学对文人内在精神世界的塑造有着深刻的关联：

> 金石学的发达也影响了中国艺术的气质，如中国艺术特别重视的“金石气”、“金石味”，重视古拙苍莽的格调，它还影响了中国人的审美生活。中国艺术一些观念的形成，也与金石的流布有关。如中国艺术推重的历史感，便与金石学有极为密切的关系。
>
> ……
>
> 他（金农）的艺术是在其金石之好中浸染出来的。没有金石之好，不会有他的奇特的书法；同样，没有金石文化的影响，也不会有他独特的绘画。金农绘画对永恒感的追求，就与金石气有密切的关系。金石气，有两个重要特点，一是它时历久远，二是它的恒定性。金农在把玩金石中，玩出了永恒，也将这气

1 金农（1687—1763），浙江仁和（今杭州）人，清代画坛“扬州八怪”之一。

2 此说法参考了王政：《金石派画家的书法研究》，山东大学硕士学位论文，2019年6月，第20页。

息带到了绘画中，他的绘画“不谢之花”盛开，与金石气深具联系。[1]

金石器物年代古远却历久常存；而锲刻在金石上的文字，是利器雕琢，不似毛笔书于竹帛、纸张上那般线条柔和，更多地透出刚毅、坚决、浑然、古朴之气。文人青睐金石，不仅因其年代久远，还在于金石是礼乐重器和文化传统的载体，其耐久之性更加深了庄重、恒定之感。加之传统文人有“复古”“尚古”的文化心理，喜爱将美好理想寄托在遥远的古代，金石成为永恒的化身。

1 参考朱良志:《金农绘画的“金石气”》，载于《艺术百家》，2013年第2期，第140页。

文化关键词

鼎

古代用于烹煮食物的器物，也是重要的礼器。相传夏禹铸九鼎，象征九州，成为夏、商、周三代传国的重要器物，被视作王位合法性、权威性的物证。鼎多以青铜铸成，一般两耳三足或四足。三足喻“三公”（古代中央掌管全国行政、司法、军事最高权力的三个官职），四足喻“四辅”（古代天子身边的四个辅佐）。秦代以后，鼎作为实物逐渐失去王权象征意义，但“鼎”字仍被用于指王位、帝业或国家政权，也被赋予“显赫”“盛大”“尊贵”等义。

金文

金文是商周时期铸刻在青铜器上的铭文，是在甲骨文基础上发展起来的一种文字。古代青铜器的种类很多，一般分为礼器与乐器两大类，乐器以钟为代表，礼器以鼎为代表，故前人将钟鼎作为古代青铜器的总称，因此金文也称为“钟鼎文”。金文应用的年代起于商代，盛行于周代，下至秦灭六国，计有800多年。据统计，金文有3700多字，其中能认识的字有

2420个，较甲骨文略多。金文的内容多是关于当时祀典、赐命、诏书、征战、围猎、盟约等活动或事件的记录，反映了当时的社会生活。

篇十二 损益之道

礼乐精神的现代性转化

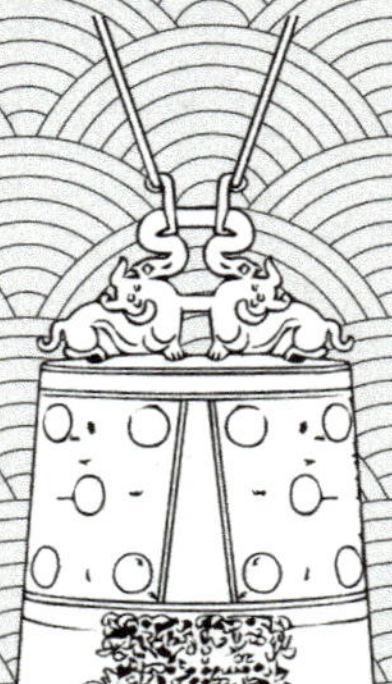

前文重点阐释了传统礼乐文明的核心精神及表现。绵延数千年的礼乐文明精神内核，还能再延续吗？它能直面当下社会高速运转与变化带来的挑战吗？能继续协调社会关系、厘定社会秩序吗？能够根植于现代人内心，陶冶品性与人格吗？要适应现代社会，哪些是不可改变的根本，哪些是可以变通的细枝末节？我们认为，它需要进行现代性的转化。让我们结合现代社会某些方面的变化和特点，试探一二。

孔子本身就是促使礼乐文明承上启下、实现良性改革的人。他面对“礼崩乐坏”、秩序失范的世界，没有选择完全抛弃传统，而是为礼乐注入了“仁”“敬”“和”等核心价值，并把这些价值建立在人内心的基础上，使得礼乐为之一新。他对学生说：“求仁而得仁。”（《论语·述而》）认为君子只要真正笃志于追求仁的精神境界，必定能够有所收获、得到某种内在的自我提升，“克己复礼”就能成为一种有内在驱动力的自觉实践。这就大致确立了礼的内在仁德精神和外在仪节的区分。内在精神价值是相对更稳定、持久的因素，外在的仪节则可以变通、增减：仪节可以因时因地调整，但是要在无损内在精神和原则的前提下进行。《周易·系辞传》说："观其会通，以行其典礼。"天下万物纷繁复杂，万民性情各异，要顺畅无碍地实行典礼，就必须观察事物的融会与变通，觉知外在环境的变化。

一

『道德金律』的普遍意义

孔子以仁充实礼，提出仁的内涵之一是“己所不欲，勿施于人”（《论语·颜渊》），不希望发生在自己身上的事，也不应该强加于人，这是将心比心、推己及人之道，是将他人当作和自己一样的个体来对待。就好比古代“作揖礼”的意义：彼此内心的相互尊重要在行为仪节上表现出来。这条原则被现代学者奉为可普遍适用的“道德金律”[1]。这条准则也有积极正面的表达方式：“己欲立而立人，己欲达而达人，能近取譬，可谓仁之方也已。”（《论语·雍也》）自己想要有所成就，也应该帮助别人有所成就；自己想要通达明白，也应该帮助别人通达明白。这就是一个仁者的品德，从切近实际的地方入手修养自己，这就是修养仁德的方法。孔子这是在提醒我们：仁的境界虽然高远广大，但还是可以从身边的人和事踏实做起，“孔子解释道德金律时主张平等的

1 [德]汉斯·兰克：《论儒家思想的道德金律》，载于《西安交通大学学报（社会科学版）》，2011年9月，第31卷第5期，第1—6页。

相互性，这似乎主要存在于也依赖于人的自尊自重和自我修养”[1]。

这样的原则是具有普遍意义的，可以成为调和人类社会各种关系的总原则。现代社会中，个体，社团组织（如商业公司、各种企事业单位等）、族群、国家都有自身的特点，都是平等的主体。在打交道的过程中，难免持见会有不同，甚至因为差异不可调和而产生冲突。如果双方都能秉持“己所不欲，勿施于人”的精神，体恤对方的想法和难处，“求同存异”——寻求交叉共识，尊重客观差异和各自个性，就能赢得处理矛盾的空间和机遇。

1 [德]汉斯·兰克:《论儒家思想的道德金律》，载于《西安交通大学学报（社会科学版）》，2011年9月，第31卷第5期，第6页。

二

『朋友有信』与公义

前文曾提到管宁割席的故事，这是涉及“朋友之义”的话题。古代社会崇尚“五伦”——父子、君臣、夫妇、兄弟、朋友，并将其作为人生最重要的社会伦理关系。五伦关系的理想状态是：父慈子孝，君王以礼使臣、臣以忠心侍奉君主，夫妇恩爱和睦，兄弟相互亲爱谦让，朋友之间讲求忠信、真诚。其中，父子、兄弟关系是基于血缘，夫妇关系是基于爱情和家庭的结盟，三者都是人类生活亘古不变的关系。君臣关系在“家国同构”的古代社会则更多是“父子”关系的扩大化，因此，这四者可以说都契合于传统社会的特点。这种社会架构定型于西周“封邦建国”之制，周王乃天下共主，他分封宗亲到各个诸侯国管理一方土地，也册封异姓诸侯，让其享有一定“自主权”。传统礼乐社会面临的第一次重大变革就是春秋时期周王室衰落，由周天子到诸侯、士、大夫各级礼乐制度失范，诸侯争霸称雄。最终，西方的秦国胜出，组成了统一国家，原来的“礼乐制度”经法家改革成为“礼法”制。春秋战国改革的实质是“从西周的封建世袭、身份和贵族社会向非世袭、非身份和功绩本位社会的转变过程，是从少数人的特权、从少数人对社会利益的垄断向社会利益对所有的社会成员开放的转变过程。”[1] 这一过程是由家国同构之“私”的社会迈向“公”的社会的重要一步。

此后再次经历的重大深刻变革，是近现代启蒙的转折[2]。与现代工商业社会相比，古人更加安土重迁，人员流动较少，社会基本单元相对封闭，除战争、政治活动外，一个人在一生中所要经验的社区主要是基于血缘、家庭和地缘范围的“熟人”。随着商品经济的发展、商业阶层的壮大、城市化的推进，农业之外的产业（手工业、工业、商业等）兴盛，人们的职业分工越来越细化，人口的流动大大增加，职业之间的差异也在加深，原本的“熟人”社会结构被打破。“朋友”是从古代“熟人”社会中突围而出的伦理关系，超乎血缘和地域之上，最能贴合“陌生人”关系的规范，也是从君主制架构之“私”进一步向现代化社会之“公”（公义、公理）价值转换的关键环节。

只要精神相通，志趣相投，就可能成为心灵的伙伴。传

1 参考王中江：《根源、制度和秩序：从老子到黄老》，中国人民大学出版社，2018 年，第271页。

2 当然，中原为主的农业文明一直在与周边的游牧文明、海洋文明发生碰撞和融会，但其激烈程度、带来的改变的深度、广度，都不及近现代变革的程度。

统意义上的“朋友有信”，不大涉及现代各行各业的具体分工和业内行规，因此与现代工商文明伦理道德规范有共性、也有差别。有法学学者认为：

> **我国传统社会生活中蕴藏着朴素的信义关系，传统优秀文化中更是蕴含着道德层面的信义义务逻辑结构。“义”是内在的道德规范，“信”是外在的行为标准。可以将此逻辑结构进行现代解释，并赋予其新时代精神后引入我国民商事法律制度体系中，在民法典中规定一般信义义务，并在此基础上对民商事具体信义义务制度进行体系化构建。**[1]

真正的朋友，彼此人格平等，相互尊重，并以忠信、诚信、道义等精神原则缔结深刻的关系，志同道合，可共赴理想事业，甚至必要时为义舍利。讲求诚信、忠诚、正义，重公义，都是与现代道德价值和法治精神相匹配的。

---

1 王莹莹:《信义义务的传统逻辑与现代建构》，载于《法学论坛》，2019年第6期，第27页。

◆墨子像

三

节葬：墨家对礼的反思

从思想流派的划分而言，古代崇尚礼乐的学派主要是儒家和部分法家[1]。儒家礼乐思想的合理性在历史上一直面临其他学派的批判，例如道家、墨家和后来传入中国的佛教。我们先谈较早旗帜鲜明反对儒家复归西周礼乐制度主张的墨家思想。

墨子明确提出要“节葬”[2]。有人问墨子厚葬的习俗如果不是圣王之道，为何中原的君子长久沿用、操持不断，墨子反驳说：“此所谓便其习而义其俗者也。”（《墨子·节葬下》）认为这只是不加反思沿用风俗习惯。他接着列举了当时各诸侯国的旧风俗，例如，秦国西边有个仪渠国，百姓父母死后，要积柴薪烧掉他们的身体，称烧柴时上升的烟气为父母的“登仙”，这样才是孝子。墨子认为儒家厚葬的做法只是因为上行下效，盲目接受传统样板，并非真正的仁义之道。从中原葬礼的角度而言，仪渠国的葬礼算不上“厚葬”。也就是说，厚葬并没有普遍适用性。那么，节制葬礼在理论上

1 原始的儒家和法家推崇的“礼”的意涵不尽相同。

2 可参见《墨子》一书《节用上》《节葬下》《鲁问》三篇。

就是可以的。接着他又从正面论述了节葬的理由：

> **故衣食者，人之生利也，然且犹尚有节；葬埋者，人之死利也，夫何独无节于此乎。（《墨子·节葬下》）**

穿衣吃饭是人活着时的利益，此事尚且需要有所节制；埋葬是人死后的利益，为何独不加节制呢？所以墨子制定了埋葬死者的具体规定。首先是棺木、衣冠方面：棺材厚度规定为三寸，为死者准备的衣服定为三件，只要足够使死者的尸体在里面腐朽即可。接着是下葬的安排：下葬时坟墓的深浅只要达到棺材下部不会湿漏、尸体腐朽气味不要泄出地面就可以，而坟头的样式只要能让人辨识就可以，不必另加华贵装饰。再来是亲友送葬的礼节：送葬的亲属哭着去，葬完哭着返回，之后即可继续从事生计，这样就算是向双亲尽孝了。墨子用以下这句话来概括自己规定的法则：

> **故曰：子墨子之法，不失死生之利者，此也。（《墨子·节葬下》）**

一切规定都是为了不伤及死者和生者的利益，兼顾了双方。墨子主要从两个角度来论证节制丧葬的合理性和必要性：首先是承认风俗各异是一种客观历史存在，从逻辑“例外”的角度否认了厚葬的存在合理性；进而从人力、物力耗费的角度，限定丧葬的尺度，既照顾到死者的底线，也合理照顾生者的情感需要，要求既不能过度耗费财物和人力，也不应长久沉溺于亲人离世的悲恸中，而是要尽快投入生产活动。

儒家推行厚葬，是出于对人伦道德的看重，认为隆重的丧葬仪式，是孝子抒发哀思的必要方式，也能凝聚宗族人心，其存在有社会、观念、情感基础。墨子是从实用、功利角度来谈丧葬礼俗的，对今天的社会，仍有启发意义。各民族文化传统看待死亡的态度不同，例如，受佛教文化影响的藏族同胞，对待死亡的态度更豁达、淡然，因此有“天葬”习俗。在这种情况下，墨子的态度就显得非常包容。同时，墨子能看到礼乐制度背后大量社会资源的投入、大量普通民众的劳动，这是可贵的。民众的创造是珍贵的、自然资源是有限的，节约资源、减少繁文缛节也是必要的。尤其是随着人口增加，人地关系日益紧张，土地业已成为稀缺资源。因此，墨子的观点还是有相当的前瞻性和合理性的。

四

返璞归真：道家的反思

与儒家重丧礼相对的另一方是老庄道家学派。老子说“夫礼者，忠信之薄而乱之首”（《道德经·第三十八章》），认为礼的形式并无忠信的内涵，反而引发混乱和争斗。礼乐是基于阶层名分划分的秩序，每个人限于身份所规定的范围内活动，行为不能出格，否则就是“失礼”。老子认为这种形式如果过度发展而没有反省机制，就会导致名分僵化，社会内部割裂，所以他主张理想的社会秩序应该是“大制不割”《道德经·第三十八章》，有一定的合理分化但不至于割裂。一旦名分割裂过激而对人的“真性”产生伤害，老子认为就应该回归大道，用没有名分束缚和割裂、如同朴实无华的大道，来使名分等级世界再度镇定平稳、使人回归纯真的天性。

孔子曾经向作为周朝王室史官的老子请教礼的事件。老子回答孔子说：“且君子得其时则驾，不得其时则蓬累而行。”（《史记·老子韩非列传》）这是老子对热衷于回归周礼、力挽狂澜的孔子的忠告，他认为君子若处在一个利于发挥自己才干的良好世道，就顺势驰骋才华、经世致用；若生逢乱世无法施展，就应如飞蓬一般飘转而行踪无定。善于经营的商贾都深藏自己的名利、心志如同空虚深谷，君子德行盛大，外表看上去却愚钝不扬。接着他告诫孔子一定要涤除身上的骄傲和过度的欲求（也许是指恢复周礼的高远理想），因为过于高昂的神情和外露的志向，对人的身心都没有好处。老子是从人类文明普遍的发展历程、礼教可能发生的弊端、名分制度对人真纯本性的戕害，以及君子道德教化理想的限度这几个方面来反思礼乐文化的。

再看看庄子。庄子对礼乐限度的反思则以更为活泼直观的方式表达出来。《庄子·至乐》提到庄子丧妻之后箕踞而坐、鼓盆而歌。一般人乍一听，会觉得庄子不近人情且荒诞不经，面对至亲过世不仅毫无悲戚，反而歌唱。庄子却说，妻子刚过世，哪能没有悲伤，但是自己对于死亡有一番基于独特宇宙观的独到见解："察其始而本无生，非徒无生也，而本无形，非徒无形也，而本无气。"如果深究一个人出生之始，其实本来无所谓"生"，非但没有所谓的"生"，其实人的存在本来也是无形的，非但无形，甚至也是"无气"的。那么生命从哪里来的呢？庄子接着说：

> 杂乎芒芴之间，变而有气，气变而有形，形变而有生，今又变而之死，是相与为春秋冬夏四时行也。

——◆明 仇英《竹林七贤图》

“在恍惚不清的奥妙状态中，宇宙变化出了流动的气，其产生变化而有万物的形象，形象之中变化出个体的生命。生命经过了一定的历程之后步向死亡，而死亡并非生命终结，而是与天地四时的运化成为一体，与宇宙大化合流了。这样看来，她其实是走向了一个更平静安然的阶段，我因为不懂得宇宙生命的规律而哀恸哭泣，实在是没有必要。”

生死是人间最普遍的事。如何行礼不仅反映对生命的态度，更牵涉对宇宙本源的洞察。如果说孔子主张“三年之丧”是孝子要尽到报答父母养育之恩的“人间真情”，那么庄子鼓盆而歌则展现了一种豁达、通达宇宙大化本然而具备的“自然天情”。《庄子》一书中不乏这样超凡脱俗的人物，比如《大宗师》中的子祀、子舆、子犁、子来。

老庄对礼乐制度的反思，也影响了不少文人雅士高洁、超俗的志趣。例如，魏晋时期“竹林七贤”[1]之一的阮籍，母亲去世后，好友嵇康的哥哥嵇喜前来致哀。嵇喜在朝中做官，是阮籍眼中对礼法、权贵卑躬屈膝的人。于是，他不顾世俗守丧礼节，以“大白眼”回应对方。后来，与他志同道合的好友嵇康携酒、夹琴前来，他显得大为欢喜。这个故事

1 “竹林七贤”指魏晋之间的阮籍、嵇康、山涛、向秀、阮咸、王戎、刘伶。此七人相与友善，游于竹林，世谓“竹林七贤”。他们的典故记录在《世说新语》《三国志》等书中。

虽然看上去有些怪异，但阮籍反对的并不是礼法本身，更不是没有丧母之痛和孝子真情。他只是不愿谄媚权贵，以看似怪诞的方式表达自己的为人原则。

五

『宣养九德』的音乐治疗与『礼宾矜穷』的社会关怀

现代社会中，传统礼仪、祭祀音乐虽已从很多场合“隐退”，但脱胎于具体典礼的古代“雅乐”，审美格调典雅、雍容，能够培育大众雅文化趣味；其演示、赏析活动，对表演者与受众双方而言都是一种情感的抒发、身心的操练。这种实践活动能在一定程度上起到疏导情感的作用。尤其在现代社会的高节奏运转之下，人们情绪更容易陷入焦虑、压抑，雅乐能够一定程度缓解身心困扰。先秦乐官伶州鸠就曾论述过好的音乐具备“身心治疗”作用：“…… 故名之曰黄钟，所以宣养六气、九德也。”（《国语·周语下》）经过严格校准的黄钟律奏出的音乐，按照音高规律排列，可以宣发、长养天地间阴、阳、风、雨、明、晦六种自然气象，并且能培育人的九种德性。《左传 · 昭公二十八年》记录的“九德”分别是：内心能制约于道义叫作“度”，德行端正反应和谐叫作“莫”，光照四方叫作“明”，勤于施舍没有私心叫作“类”，教导别人不知疲倦叫作“长”，严明赏罚显示威严叫作“君”，慈祥和顺使别人归服叫作“顺”，选择好的而跟从叫作“比”，用天地作经纬叫作“文”。这九种德行不出过错，做事情就没有悔恨。孔子也主张，完整的人格教育应该包含诗教、礼教、乐教三方面：

兴于诗，立于礼，成于乐。（《论语·泰伯》）

诵读《诗经》能兴发人的志向，学习礼乐的行为规范和了解礼乐制度的安排能帮助人立身行事，学习领会雅乐才能算得上修养历程初步完成。为什么说“成于乐”？东汉注家包咸说“乐所以成性”（刘宝楠《论语正义》引），音乐能够长期潜移默化地影响人的内在气质和心志，而只有内在心灵与人格的转变和成长才能称得上有所“成”。现代社会可以从中借鉴雅乐发挥作用的方式：不仅要在基础教育中实施雅乐，还要在社会范围内扩展其良性影响。

此外，古人除了从确定秩序、责任与义务的角度理解礼乐的意义之外，还注重礼制扶助弱者、实现社会救济的功能：

礼宾矜穷，礼之宗也。（《国语·晋语四》）

礼的根本宗旨在于礼敬宾客、卑己尊人、怜悯爱护穷困窘迫之人，这是对社会公平正义的强调。古今相通，实行社会救济，缩小贫富差距，使仁德日益敦厚，促进社会成员自发维系社会的整体平衡稳定，实现共同繁荣和整体美善，也是社会制度安排的题中应有之义。《仪礼》《礼记》记载了古时为培养尊老敬贤之风而专门设立的“乡饮酒礼”；宋代大儒朱熹在南方为官时曾亲自设计一套在乡间宗族社会行之有效的“社仓”制度，通过发动社会力量来赈灾、助学、扶危、济困。在现代社会，老龄化、养老、留守老人等问题的解决，也需要建立一套合理、可操作的规范，动员每个社会成员的力量。

不论是从礼的内在“仁德”根据而言，还是从制礼原则的“变通”而言，抑或是礼乐制度的变革而言，礼乐的具体内容都在不断变化以适应不同的社会历史条件。礼乐之中的人，也总迸发出因应时代变化的主动性，而对礼乐进行合理调适。对礼乐文明特点和发展脉络的深思有助于推动礼乐不断合理化和更新。也正是在会通、流变中，礼乐背后那不变的核心能更真切地显现：人之为人的真诚、真情、真性，不可磨灭的道德精神价值，以及使文明得以维系、进步的人与人之间的互尊、互助、互进。

文化关键词

己所不欲，勿施于人

自己不愿意的，不要强加给别人。这是孔子所提倡的“恕道”（推己及人的原则），以自己的心意推测、理解别人的心意，亦即今之所谓设身处地，换位思考。其哲学基础是“性相近”（人的本性是相近的）。它是儒家处理人与人关系的重要原则，如今也被引申为反对强权政治的国际关系原则，其基本精神是仁爱、平等与宽容。

求同存异

寻求共同点，保留不同点。战国时期的学者惠施、庄子等人认为，一切事物的差别、对立都是相对的，差异性中包含着同一性。从辩证的观点看，一切事物的差异都是相对的，都存在相互转化的可能。以孔子为代表的儒家文化则强调在处理人与人、国与国之间关系时，在承认彼此有差异的前提下，通过协调而达到一种“和而不同”的状态。承认差异的存在或者暂时搁置差异，承认文化和价值观的多元，不追求绝对的一致、苟同，尽量站在对方的立场去看问题，努力寻求彼此的共同点，最终达成各方最大的共识。这一思想后来成为中国处理对外关系的重要理念。

教育部、国家语委重大文化工程
“中华思想文化术语传播工程”成果
国家社会科学基金重大项目
“中国核心术语国际影响力研究”（21&ZD158）
阶段性成果

跨 | 越 | 时 | 空 | 的 | 中 | 国 | 词

家国天下

修齐治平里的人文情怀

姜海龙 著

外语教学与研究出版社
北京

图书在版编目（CIP）数据

家国天下：修齐治平里的人文情怀 / 姜海龙著. -- 北京：外语教学与研究出版社，2022.6（2023.12 重印）
（跨越时空的中国词）
ISBN 978-7-5213-3720-4

Ⅰ. ①家… Ⅱ. ①姜… Ⅲ. ①儒家－哲学思想－研究－中国－古代 Ⅳ. ①B222.05

中国版本图书馆 CIP 数据核字（2022）第 104339 号

出 版 人　王　芳
项目策划　刘旭璐
责任编辑　牛茜茜
责任校对　钱垂君
封面设计　覃一彪
版式设计　郭　莹
出版发行　外语教学与研究出版社
社　　址　北京市西三环北路 19 号（100089）
网　　址　https://www.fltrp.com
印　　刷　北京捷迅佳彩印刷有限公司
开　　本　889×1194　1/32
印　　张　11
版　　次　2022 年 7 月第 1 版　2023 年 12 月第 2 次印刷
书　　号　ISBN 978-7-5213-3720-4
定　　价　58.00 元

如有图书采购需求，图书内容或印刷装订等问题，侵权、盗版书籍等线索，请拨打以下电话或关注官方服务号：
客服电话：400 898 7008
官方服务号：微信搜索并关注公众号“外研社官方服务号”
外研社购书网址：https://fltrp.tmall.com

物料号：337200001

总序

对于“中华思想文化术语”这一名称，有的读者朋友或许有些陌生。实际上，日常生活中很多耳熟能详的词语，像“道”“理”“气”“诚”“仁”“义”“礼”“智”“信”“温故知新”“厚德载物”“自强不息”“和而不同”“见贤思齐”“得道多助，失道寡助”“千里之行，始于足下”等都属于中华思想文化术语。简要地说，中华思想文化术语就是浓缩了中华哲学思想、人文精神、价值观念、思维方式的词语。在几千年的历史长河中，中华民族创造了至今仍为世界瞩目的古代文明，涌现出许多杰出的思想家，而中华思想文化术语就是中国古代思想家对自身、家国天下、天地万物进行探索与思考的成果，是古代思想家用以阐述个人见解并建立思想体系的基石和支点。正是凭借这些术语，先哲们才得以建造出气势雄伟、楼阁高耸、厅室辉映的中华文明大厦。中华思想文化术语凝聚了中华民族的理性智慧与精神基因，也是今人打开古代思想宝库的密钥。可以说，不理解中华思想文化术语，就不可能真正读懂古人、读懂中华民族精神、读懂数千年中华文明史。打个比

方，如果不理解“道”“有无”“无为”“道法自然”“相反相成”“反者道之动”等术语，就很难读懂老庄的思想，也很难读懂魏晋以后的很多文艺作品。

“中华思想文化术语传播工程”（以下简称“术语工程”）即是以整理、诠释、翻译中华思想文化术语为主要目标的基础性文化建设工程。自2014年启动至今，“术语工程”已经整理翻译了文史哲等领域的上千条中华思想文化术语，这些术语或为中华思想文化史上的基本概念，或为古人提出的重要思想命题。也许有读者会问，人类已经进入21世纪，各种新名词、新术语层出不穷，为何还要挖掘、整理这些古代的思想文化术语呢？“术语工程”主要是出于以下几方面的考虑。

第一，“盘点”古人留给我们的精神遗产。人们常说，中华思想文化博大精深，但到底多“大”、多“深”，没有人能说清楚。如果将古人的精神遗产比作矿藏，将“盘点”这些遗产比作探矿，那么，只要持之以恒，终有一天我们是可以探明它的“储量”的。《周易·文言》说“知至至之”，《礼记·中庸》说“诚之者，人之道也”，《论语·子罕》说“虽覆一篑，进，吾往也”，意思是只要不懈努力，终究能达到目标。当然，这个类比不完全恰当，因为形而上的“道”、天地万物的“理”，还有像孔子、老子等伟大思想家

的思想，是很难测知它们的边际和深度的，但是古人用以建构思想体系的术语则是可计量的、可探查的。“术语工程”的要旨就是通过探查中华思想文化术语，大致推知中华民族精神遗产的“储量”。在中华思想史上，每一位学者、每一个学术流派、每一个历史时期都有自己的思想文化术语，但“术语工程”要梳理的则是纵贯中华文明史，横跨哲学、历史、文艺等众多领域的术语。对中华思想文化术语作如此全面系统的梳理，在我国尚属首次。通过对术语的梳理，我们可以全面了解中国古人对自身所处自然环境、社会历史、生存状况的认识与思考，体会他们的内心世界和精神追求；同时也可将那些具有普遍意义、代表文化发展方向、符合全人类共同价值的术语挑选出来。所以，梳理中华思想文化术语，也是对中华民族精神遗产进行去粗取精、去伪存真、披沙拣金的过程。

第二，破译中华数千年文明的基因和密码。每一种文明都有其独特的基因和标记，主要体现为不同的哲学思想、人文精神、价值观念和思维方式。中华民族在与大自然长期相互依存又斗争的进程中，在各民族多元一体相互融合的历史中，逐渐形成了不同于世界其他文明的思想轨迹与学术传统，也形成了自己独特的思想观念、民族精神和思维方式。比如，在西方人的观念中，人与自然往往是彼此

对立的两极，自然是被征服的对象；而中国古人则一般认为，人是天地万物的一部分，人类社会与天地万物服从于共同的秩序，天地万物的“理”，也是人类社会的“理”，因此，认识了天地万物之“理”，也就认识了自我，同样，反观自我，亦可通天地万物之“理”，尽万物之性，进而可“赞天地之化育”“与天地参矣”（《礼记·中庸》）。古人用“太极”“道”“理”“气”等术语说明天地万物的本原和普遍规律，用“太极—阴阳—五行”这样一个理论范式说明天地万物与人类社会形成、变化的过程。宋明理学家基于“心”“性”“理（道）”同一性的准则，阐发“我”与万物合一的思想。这些与西方人的思维方式是完全不同的。只有把握中国人的思维方式，才能深刻把握中华思想文化的精髓。

第三，为解决世界问题贡献中国智慧。当前，人类面临诸多挑战，如环境恶化、贫富分化、腐败滋生、地缘冲突不断等，这些问题的最终解决需要汇聚全人类的智慧。以儒家思想占主导的中华文明，主张由心性入手，从根本上去除私欲，复归人本有的善性，使言行自觉合于天道。“物有本末，事有终始，知所先后，则近道矣。”（《礼记·大学》）先哲的很多论述对今人仍有启示。像“和”“和而不同”“和为贵”“协和万邦”等术语所蕴含的思想，对于看待和化解人与人、国与国的分歧就有重要参考价值。据《国语·郑

语》记载，早在西周末年，郑国史伯就根据日常生活经验与自然规律，体悟到了“和”对于天地万物及人类社会所具有的普遍意义。他对郑桓公说：“夫和实生物，同则不继。以他平他谓之和，故能丰长而物归之；若以同裨同，尽乃弃矣。……声一无听，物一无文，味一无果，物一不讲。”“和”以差异性、差别化的存在为前提，寻求各种差异、差别的总体均衡，使之和谐并存于一个共同体。“和”是事物得以生长、壮大、延续的生命动力；相反，“同”则意味着同质性或机械的一致，也就意味着事物生命力的终结。在“和”“同”之辨的基础上，孔子提出“和而不同”的命题，将自然现象的“和”提升到道德与社会层面来认识，这一理论上的自觉意味着“和”成为中华思想文化的核心观念。“和也者，天下之达道也”（《礼记·中庸》），“和”“和而不同”是自然与社会普遍通行的法则，也高度凝聚了中华民族的理性智慧。

第四，为建设当代中国话语体系提供坚实基础。晚清以后，随着西学东渐与近代科技传入中国，儒家占主导的传统话语体系逐渐被西方话语体系取代，无论是自然科学还是社会科学，其基本框架、研究范式及学术话语大都来自西方，对中国传统思想文化的研究与解读也往往运用西学范式和西方话语。新中国成立后，随着改革开放的深入与综合国力的提升，中国日益走近世界舞台的中央，而中国话语体系的建

设没有跟上经济发展的节奏，中国的制度、国情、外交、社会关切、价值观念等都有待我们用自己的话语进行解读并及时传达给国际社会。越来越多的有识之士意识到这个问题的重要性与紧迫性。可是，中国话语体系不可能凭空产生，它的话语构成、议题设置、规则建构等都需要从中国传统话语体系中汲取滋养。中国传统话语体系是中华民族对自己的历史传统、人文精神、生存境况、社会现实等许多重大问题的理性概括与理论表述，而中华思想文化术语正是这种理性概括的结晶。梳理中华思想文化术语的目的之一，就是要从浩如烟海的中华典籍中挖掘那些既具中华民族特色又具世界普遍意义的话语，通过对富有民族特色的思想文化术语进行创造性转化和创新性发展，为构建当代中国的话语体系提供坚实的基础。只有建构起中国人自己的话语体系，才能在世界话语体系中占有一席之地，真正实现与西方国家的平等对话。

这是“术语工程”的宗旨，也可以说是最终愿景。而实现这个愿景，可能需要几代人甚至很多代人的持续努力。《尚书·周官》说：“功崇惟志，业广惟勤。”《论语·泰伯》说：“士不可以不弘毅，任重而道远。”我们每一个中国人都肩负着传承光大中华思想文化的重任。而欲当此重任，必要深透了解本民族的思想文化；而欲了解本民族的思想文化，必由

中华思想文化术语启其门径。

为了普及中华思想文化术语，“术语工程”秘书处策划了“跨越时空的中国词”丛书，首批推出《家国天下：修齐治平里的人文情怀》《民惟邦本：民本思想与中国古代政治》《仁者无敌：早期中国的兵家与军事》《有教无类：学以成人的教育理念》《人文化成：礼乐文明的理想指归》五本。由于“术语工程”要兼顾外国普通受众，因此对术语的解释高度概括凝练，很多内容无法展开。相比之下，丛书则有详细阐发的空间。丛书选择中华思想文化史上影响较大的若干术语为主题，用深入浅出的语言全面讲述中华民族的思想观念、思维方式、文化特征，深入阐发每条术语的历史背景、基本含义、思想源流以及当代价值，行文中还穿插很多引人入胜的历史故事，足以激发读者对中华传统思想文化的兴趣并可增慧启智。

因丛书策划之初，笔者有幸读过书稿提纲和部分章节，“术语工程”秘书处领导命我简要介绍一下“术语工程”及丛书概况，故而不揣浅陋写了上面的话，权作我的读后感想。

严学军

2022年3月28日于北京

前言

今天的中国人大都知道，“家国天下”观念和“家国情怀”是绵延数千年华夏文明的核心传统。那么，什么是“家国天下”观念呢？什么又是“家国情怀”呢？它们在历史中有怎样的缘起和哪些内涵的变化呢？呈现在诸位面前的这本小书，希望或可提供通俗而浅显的描述。

“家国天下”观念是历史中真实存在的社会结构的反映。《孟子·离娄上》说：“天下之本在国，国之本在家，家之本在身。”这句话很精要地概括出先秦特别是周代因分封和宗法制而造成的“家国同构”。天子对应天下，诸侯对应封国，卿大夫对应家，士则“独善其身”。等级制的社会结构，也影响了人们思考问题的方式是从个人到家、国、天下，逐级扩展，这就是“家国天下”观念。近代之前，我们说“家国”而不是“国家”，就是这种意识的反映。

周秦之后，典型意义上的（指周代）“家国”社会结构趋于崩解，但并未退出历史舞台。与此同时，“家国”逐渐从社会结构转变为中国人的精神结构。《大学》中的那段经典名言“古之欲明明德于天下者，先治其国；欲治其国者，先齐其家；欲齐其家者，先修其身”，被后世概括为“修齐治平”。修身、齐家、治国、平天下，既是儒家念兹在兹、不断追求的“八条目”中的重要目标，也是“家国情怀”的系统表述，串联起无数古人砥砺人格、挚爱乡邦、忠于国家、心系天下苍生的情感。

基于以上的理解，本书展现“家国天下”观念的思路是循着由个人的修身、家的情感、爱国之心到天下大同。从个人到天下共分为四部分，选取“修齐治平”“慎独”“正心”“诚意”“三省吾身”“见贤思齐”“格物致知”“良知”“德性之知”“推己及人”“诚”“恕”（修身部分），“宗法”“封建”“宗庙”“安土重迁”“叶落归根”“鱼雁”“庭训”“饮水思源”“封禅”“厚德载物”“民胞物与”“慎终追远”（家部分），“尽忠报国”“忠”“孝”“黍离之悲”“遗民”“九州”“四海”“鼎”“国家”“中国”“中华”（国部分），“天下”“天”“天下为公”“天下兴亡，匹夫有责”“道”“大同”“小康”（天下部分）等诸多中国文化关键词，力图能较有层次而清晰地向读者展示什么是“家国天下”。这些关键词大多我们耳熟能详，也有一些并非人人尽知，希望它们最终都能殊途同归、百川汇海，融入我们对家国文化的理解之中。

本书为“中华思想文化术语传播工程”（以下简称“术语工程”）的成果之一。中华思想文化术语（以下简称“术语”），是高度抽象概括的凝练之作。本书之所以在文中称“文化关键词”而非“术语”，是因为将“术语工程”术语库中与“家国天下”相关的术语作了延展和铺陈，笔墨耗费之处，是希望尽量有助于读者对术语的进一步理解。

当下为复兴中华传统文化之际，求真求实的学术研究，可以坚持自己的阳春白雪之路；而普及性质的读物，写作时则需要考虑读者的接受能力，不仅要照顾到讲什么，还要时刻想着怎么讲。以文化关键词为筋骨，以历史典故为血肉的写法，是本书独有的写作特色。具体讲，即用“修身”“格物致知”“中华”“九州”“天下大同”这些凝练的文化关键词串联起主题和各部分的纲目，使之成为本书的“关键结构”。以历史为“关键结构”外丰满的血肉，尽量把每一个历史中生成的文化关键词，还原回历史情境中去理解。阅读本书，你会发现，“家国情怀”的每一部分都是具体的、历史的，宏大的情感是从可见的历史典故、历史人物、历史制度、历史观念中升华出来的，这就是所谓的“道不远人”，远人非道也。

想着怎么讲，想着如何“亲近”读者，自然希望能够做到深入浅出。“深入”是要保持学术的准确和严谨，尽量不说无根据之话，杜绝戏说。自己先明白，然后才能让人明白，“以其昭昭，使人昭昭”。“深入”是“浅出”的前提，在“深入”的基础上，尽量能写得浅显、好看和有趣一些，使读者如沐春风是最好了。否则，读者读你的东西，读得昏昏欲睡，那就很失败了，不如不写。

本书写作之时，正逢新冠肺炎疫情肆虐全球之际，因此是特别岁月里一段特别的经历。作者与读者皆是时代大局中的普通人，做不到无感于周遭的环境。下笔之时常常悬想，今天的我们在思考人与人、人与社会、人与国家和世界、人与自然的关系的时候，有多少是和古人相通的？又有多少是属于我们这个时代的呢？“人事有代谢，往来成古今。”那些沉淀下来的思考和典故，是江畔之月，构成了文化和文明。每一代人都应对过往的历史有足够的尊敬，也应该知道自己和这个时代的局限性。在你的前面，有古人；在你的后面，有无数后来者。

时间和学力所限，定有见识不足和错讹疏漏之处，还望方家指正。

姜海龙

2022年5月于武汉

目录

篇一 修身

在中国文化中，家与国同构。家是小国，国是大家。

周代制礼作乐，大夫的封地称为“家”，诸侯的封地称为“国”，天子居于“中国”而有“天下”。孟子有言：“天下之本在国，国之本在家，家之本在身。”（《孟子·离娄上》）所谓的“家国情怀”，既是指向国家与天下的大情感，是“先天下之忧而忧，后天下之乐而乐”，是“城春草木深，国破山河在”；也是指向故乡的情思，是吾爱吾庐，是乡音无改，是莼鲈之思，是“月是故乡明”；更是指向一个人的人格与操守的“身”与“心”，是孝顺父母，是兄友弟恭，是推己及人，是饮水思源。家国情怀，是中华文化关于个人、家庭与家族、国家、天下有机关系的所有知识与人文情感的汇合。

《大学》开篇有一段非常经典的表述，是这样说的：

古之欲明明德于天下者，先治其国；欲治其国者，先齐其家；欲齐其家者，先修其身；欲修其身者，先正其心；欲正其心者，先诚其意；欲诚其意者，先致其知。致知在格物。物格而后知至，知至而后意诚，意诚而后心正，心正而后身修，身修而后家齐，家齐而后国治，国治而后天下平。自天子以至于庶人，壹是皆以修身为本。

这段话很精要地概括了中国文化中的“家国天下”情怀，与家国天下对应的是“修齐治平”。修齐治平就是修身、齐家、治国、平天下。循着由己到人，由个体逐渐扩散至天下的模式，家国情怀也在现实中有根基地展开。那么，什么是所有的起点呢？是修身。“自天子以至于庶人，壹是皆以修身为本”。如何“修身”呢？主要包括正心诚意和格物致知。一个人对家国的担当和责任，先从管理好自己开始，否则就是空谈。怎么管理好自己呢？要心怀其“诚”，身怀其“敬”，有“格物致知”的本领，做到能“知行合一”。然后，处理好与周围人和社会的关系，对父母要“孝”，对兄弟姐妹要“悌”，对于别人，秉持“爱人”之心，“己所不欲，勿施于人”，以“恕”的心态去理解别人。

一

正心诚意

“正心诚意”四个字是从《大学》“修其身者，先正其心；欲正其心者，先诚其意”简化而来。正心是指内心端正，诚意是要意念诚恳，不自欺。正心诚意是古代儒家特别是宋明理学所强调的修身的根本起点。

什么是内心端正？什么是意念诚恳？正心和诚意是什么关系？这在中国哲学史上有很深的讨论，各家的看法也不尽相同。不过，从最基本的意思来说，古人认为人能够成为一个圆满人格的人，先要内心光明正大，自我树立起人生的意义和价值，能够意念真诚地对待自己和他人，并且付诸实践。真诚开始于不自我欺骗，面对自己的时候的所行所思保持真诚，那才是真正的诚意。

春秋时期有“蘧伯玉守礼”的故事。这个故事的大意是这样，一天夜晚，卫灵公和夫人一起坐在宫殿里，听到外面“车声辚辚”，车声到了宫门前却停止了，不一会又在宫门另一侧响起。卫灵公问夫人：“你知道这是谁吗？”夫人回答说：“一定是蘧伯玉。”卫灵公很吃惊地问：“你是如何知道的呢？”夫人说：“我听说按照礼仪，臣子经过宫门要下马车步

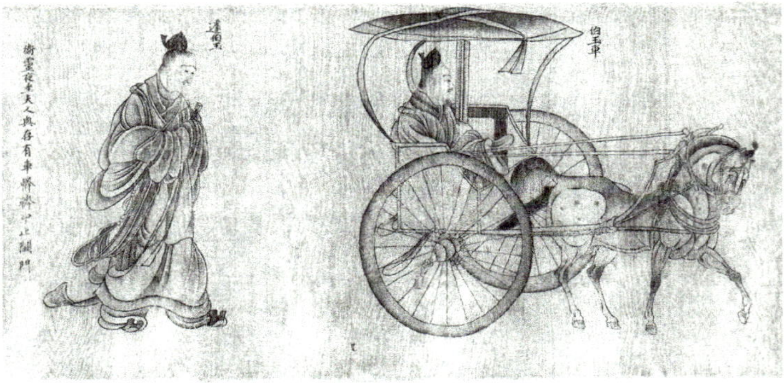

◆东晋 顾恺之（传）《列女仁智图卷》（宋摹本）二局部：卫灵公夫人、蘧伯玉

行，路上遇到君主要以手抚车前横木表示敬意，这样做是为了彰显对君主的尊敬。那些忠臣不会大庭广众时才去表现自己的节操，别人看不到时就败坏自己的德行。蘧伯玉是卫国的贤德大夫，为人仁爱又有智慧，他一定不会因为在深夜里没人看到就放弃礼节，所以我知道是他。”卫灵公派人去看，果然是蘧伯玉。“蘧伯玉守礼”这个故事是说，真正有修养的君子，他行事和所思所想，不会因为是在大庭广众还是在无人注意的夜晚的不同而改变。

无人注意的夜晚，真的就是无人看到吗？非也。杨震是东汉时的名臣，有“关西孔子”之称。他年轻的时候博览群书，专心学问。大将军邓骘听说杨震的贤德才能，于是征召他出来做官。杨震此时已经五十岁了，他历任荆州刺史、东莱太守、涿州太守等职。杨震到东莱郡赴任的时候，半路经过昌邑县。他以前推荐过的茂才（秀才，汉代避光武帝刘秀的讳，所以称茂才）王密恰好是昌邑县令。于是王密深夜来拜见杨震，并偷偷送给他金十斤。杨震说：“老朋友我了解你，你却不了解老朋友我啊，这是干什么呢？”王密劝他说：“深夜没有人会知道这件事。”杨震说：“天知，神知，我知，子知。何谓无知！”王密惭愧地退下了。“深夜拒金”的故事，成为千古美谈。杨震也被后人称为“四知”先生。除了轻财的清廉之外，杨震最为难得的是在别人几乎看不到的情况下，认为仍然有“四知”在注视着自己的一举一动。其实，这“四知”之中，最主要的是“我知”，是指自己对自己的修身要求。

对自己的要求，古人认为应该“诚意毋自欺”，这就有一个专门的词汇，叫作“慎独”。《中庸》里说：“莫见乎隐，莫显乎微。故君子慎其独也。”是说一个人在独处的时候，即使没有人监督，也能严格要求自己，自觉遵守道德准则，不做逾越之事。《大学》中关于慎独是这样说的：

> **人之视己，如见其肺肝然，则何益矣！此谓诚于中，形于外，故君子必慎其独也。曾子曰：“十目所视，十手所指，其严乎！”富润屋，德润身，心广体胖，故君子必诚其意。**

这段话的意思是，别人看到你，就像能见到你的五脏六腑那样透彻，装模作样没有什么好处。君子在独处的时候一定要慎重。曾子说：“一个人被众人注视，为众人所指，这是很可怕的啊！”富裕的钱财能够装饰房屋，良好的品德能够滋养自身，使人心胸宽广、体态安适，所以君子一定要意念真诚。

慎独不仅是一个人要努力做到人前人后表里如一，而且，一个人独处的时候是什么状态和长期形成的习惯，是瞒不过别人和装不出来的，有洞察力的人往往一眼就看出来了。所以，正心诚意的最高境界，是把独处和众人之前的状态自然合一，不是竭力克制自己某事不能做、某种欲望不能有，而是要自然而真诚地认为该如何做如何想，头顶是灿烂的星空，内心有坚定的法则。

◆元 佚名《至圣先贤半身像册》之《曾参像》

二

三省吾身

真正做到正心诚意是很难的。人格的修养绝不是一蹴而就，而是日久天长的工夫。更何况，功名利禄与贪欲之心又时时闪现于人性之中，这是常人很难避免的。连大文豪苏东坡都慨叹：“长恨此身非我有，何时忘却营营？”

自我的修身很难，但正是因为难，才需要想方设法去做。古人如何去做呢？三省吾身——这是孔子的弟子曾子所说。曾子名参，是春秋末期著名的儒家学者。他十六岁拜孔子为师，勤奋好学，颇得孔子真传。“省身”“慎独”的修养工夫就是曾子提出来的，对后世影响甚大。很多人起名字经常以“三省吾身”来寄托希望。比如，宋元之际的著名史学家胡三省、当代的数学大家陈省身等，他们的名字都和这个典故相关。

“三省吾身”出自《论语·学而》中的一段话：

吾日三省吾身：为人谋而不忠乎？与朋友交而不信乎？传不习乎？

这句话的意思是，我每天都要从多方面检查自己：为别人办事有没有不够忠诚、尽心？与朋友交往有没有不够诚信？老师所传授的东西有没有没温习到的地方？这里的“省”是自省的意思，表示省察和反思。反思的对象是谁呢？自己。一天之内反思自己在忠、信、习等多个方面做得怎么样，这就是三省吾身。后指多次自觉地检查自己。自曾子之后，“三省吾身”成为古代士人修身的必要科目。当然，人们继承的是“三省”的精神和态度，至于所省所思的事情，不必和曾子保持一致，重要的是“三省”。

范仲淹是北宋著名的政治家，也是千古名臣。范仲淹每夜就寝时，必思一天所为之事，不论巨细。无过则熟睡，有过则终夜不能安眠，一定想办法改过来。

宋明理学兴起之后，理学家们每日用功过格来进行自我反思，达到三省吾身的目的。明代之后，民间也十分流行用功过格来对普通人劝善。一般来说，功过格是把善书[1]分别列为功格（善行）和过格（恶行）两项，并用正负数字标示。奉行者到了夜晚自省，把每天行为对照功过格上的相关项目，给善行打上正分，恶行打上负分，只记其数，不记其事，分别记入功格或过格。属于自我修身的每日“打卡”。

1 古代民间劝人向善和教化人心的书籍。

到每个月底作一次小的总结，年底再将功过加以总计，看看一月或者一年之中自己的德行如何。为什么都是在夜间自省呢？一是因为普通人白天要忙于生计，无暇记录；二是因为夜晚容易安静下来，在不那么心浮气躁的情况下，容易“发明本心”，公正地看待很多和自己相关的事情，从而做出相对公平的判断。当然，判断的前提是正心诚意，否则难以秉持正确的是非观。这是民间社会民众比较朴素的三省吾身。

明《三才图会》之范仲淹

明代之后，随着印刷出版业的日益发达，上至王公贵族，下至布衣寒士，流行记日记，记录“我的世界”中的一切。利用日记进行省身和反思，是很多有写日记习惯的士人过内心生活的形式。曾国藩是近代著名的历史人物，思想家梁启超曾经高度评价他：“曾文正者，岂唯近代，盖有史以来不一二睹之大人也已；岂唯我国，抑全世界不一二睹之大人也已。”[1]曾国藩三十而立逐日写日记，留有近200万字的日记，他就是一个很典型的通过日记来省身、修身的贤者。

翻开曾国藩的日记，慎独自察的内容比比皆是。他为自己定下日课十二条：“一主敬、二静坐、三早起、四读书不二、五议史、六谨言、七养气、八保身、九日知其所亡、十月无忘其所能、十一作字、十二夜不出门”[2]，并切实履行。不过，和常人的想象不一样，曾国藩修身自省的内容，都是些大实话，没有半丝不接地气的虚伪。如他认为早起对于一

1 梁启超：《饮冰室合集·文集之三十四》，北京：中华书局，1989年版，第1页。

2 唐浩明：《唐浩明评点曾国藩家书》，长沙：岳麓书社，2002年版，第61页。

天非常重要，但是自己又做不到恒常早起，所以就在日记里经常大骂自己。清道光二十二年（1842年）十一月初八日的日记中是这样写的：

醒早，沾恋，明知大恶，而姑蹈之，平旦之气安在？真禽兽矣！要此日课册何用？无日课岂能堕坏更甚乎？尚腼颜与正人君子讲学，非掩著而何？

看了日记的内容，相信我们会会心一笑。因为曾国藩犯了人都会犯的错误：赖床。曾国藩对自己赖床不能原谅，认为是"大恶"，是"真禽兽"。由此自我反省要是连早起都做不到，日记岂不是白记了？早起都做不到，自己还有什么面目和正人君子一本正经地讨论学问？曾国藩对自己的要求不可谓不狠，并且把对日常生活小事的把握，看得很重。那么，他这种异于常人的自律，是不是因为天赋异禀呢？显然不是。五日后，他在日记里又骂自己了："又晏起，真下流矣。"一个"又"字，说明又起床晚了，骂自己太下流，可见不为圣贤即为禽兽。正是这种多次的挣扎和多次的与自我周旋斗争，曾国藩才大体做到了早起。于是乎，他总结说："勤字工夫，第一贵早起，第二贵有恒。"

曾国藩日记中展现的戒烟之路，也不平坦。受父亲烟瘾的熏染，他年纪轻轻就成为"枪棍"，每日不吞云吐雾抽

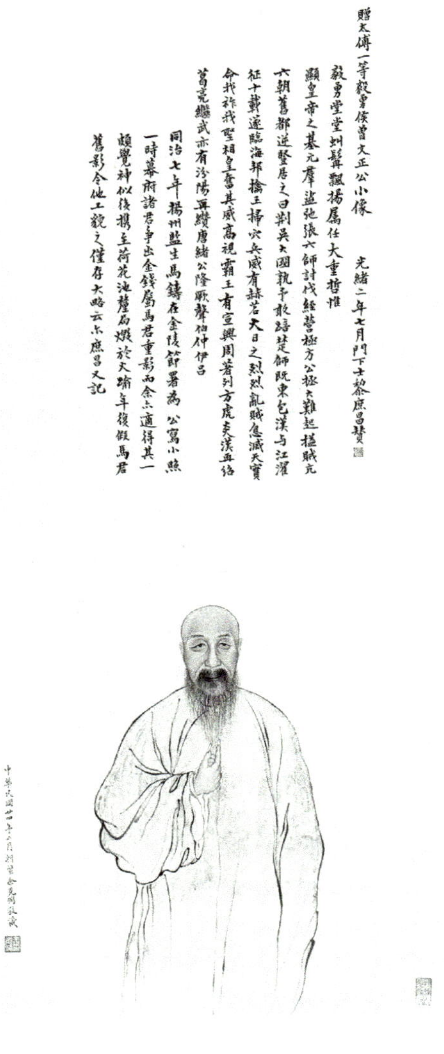

贈太傅一等毅勇侯曾文正公小像　光緒二年七月門下士黎庶昌贊
毅勇堂堂虬髯飄揚屬任大重誓惟
顯皇帝之基元摩盜弛張六師討伐經營極方公拯大難起搵賊亢
六朝舊都逆豎居之曰剗吳大國執予敢踣楚師既東包漢与江濯
征十載遂臨海邦擒王掃穴兵威有赫若大日之烈烈亂賊息滅天實
命我祚我聖相皇奮其威高視霸王有宣興周著列方虎夫漢再絡
葛亮繼武亦有汾陽再讚唐緒公隆厥聲伯仲伊呂
同治七年揚州監生馬鑄在金陵節署為公寫小照
一時幕府諸君爭出金錢屬馬君重影而余亦適得其一
頗覺神似後攜至荷花池薩局燬於火踰年復假馬君
舊影令他工竸之僅存大略云爾庶昌又記

◆清　佚名《曾国藩像》

几口，学问没法做，生活也颇觉无聊。道光十一年（1831年），曾国藩赴湘乡涟滨书院求学。书院山长刘元堂是一位饱学之士，他很叹赏曾国藩的诗文，认为曾国藩将来必成大器。刘元堂发现曾国藩抽烟，就狠狠训斥了他一顿。这是曾国藩生平第一次因抽烟太滥受到师长的呵斥，他意识到：必须改掉陋习，否则有何颜面谈及澄清天下的志向呢？所以他后来在日记中记载自己早年改号为“涤生”，“忆自辛卯年，改号涤生。涤者，取涤其旧染之污也；生者，取明袁了凡之言——‘从前种种，譬如昨日死；从后种种，譬如今日生也。’”表明自己决意告别过去重新来过。

曾国藩很快戒烟了吗？没有。道光二十一年（1841年）九月初一日日记里是这样记载的：

> 黎明起，走会馆拈香。归，圈《汉书》《冯奉世传》《宣元六王传》《匡衡张禹孔光传》。下半天，走雨三处、寄云处、敬堂处，夜归，早睡。是日早起，吃烟，口苦舌干，甚觉烟之有损无益，而刻不能离，恶湿居下，深以为恨。誓从今永禁吃烟，将水烟袋捶碎。因念世之吸食烟瘾者，岂不自知其然？不能立地放下屠刀，则终不能自拔耳。

从日记内容来看，这次曾国藩是真的下了狠心，把水烟袋都给捶碎了，表示要“立地放下屠刀”。此时，他已经离开湖南进京。北方寒冷的天气加上长期抽烟的恶习，使得肺病加重几乎夺去性命，所以他才要发誓戒烟。戒掉了？仍然没有，一年后道光二十二年（1842年）十月初七日日记：“本日说话太多，吃烟太多，故致困乏。”二十一日，曾国藩在日记中又发誓戒烟，这次发的是毒誓。“客去后，念每日昏锢，由于多吃烟，因立毁折烟袋，誓永不再吃烟。如再食言，明神殛之！”戒烟决心看着更大，已经发出若是再反复就让神明来处置的自责之语。八天之后，他在日记中记下了戒烟的痛苦：“自戒烟以来，心神彷徨，几若无主，遏欲之难，类如此矣！不挟破釜沉舟之势，讵有济哉！”认为自己若不是有破釜沉舟的勇气，很难遏制抽几口的欲望。正是这样痛苦的多次反复，曾国藩才逐渐战胜烟瘾，实现了自己戒烟的最初愿望，这个过程有十几年的时间。

曾国藩日记中关于“克己”的记载还有很多，除了早起、戒烟之外，他还主张晚上不出门。他在日记中发誓晚上不出门，但是经常禁不住诱惑，晚上出门找友人闲谈。哪怕京城刮起了大风，他还是选择了“无事出门”，回家之后很是自责：“如此大风，不能安坐，何浮躁至是！”但第二天，听说菜市口要杀人，有人叫上他一起去凑热闹，他又还是“欣然乐从”。

曾国藩不仅在日记中反省自己，还把自己的日记传示众人，让大家都看。这么做有点像现代人发朋友圈，不仅自己能看到，友人也能看到。他为什么这么做？就是想把一个真实的自己展示给众人，同时也让众人监督他的自我修身之路。他把日记给朋友看，给老师辈的人看，让大家监督自己是不是食言。倭仁是晚清著名的理学大家，年长曾国藩七岁，他亦将自己所记日记毫无保留地给曾国藩看，也批注曾国藩的日记，并常常使曾感到“悚然心惊”。朋友间把日记当成日课，彼此毫无保留地互相传阅、互相砥砺，这样的坦荡今天还有多少呢？

正因为曾国藩敢拿日记出来，诚意袒露自己给众人看，所以他的日记在其生前就已蜚声士林了。另一方面，后世非常重视曾国藩的日记，是因为他并非超群绝伦的天才，在并时诸贤杰中甚至还很“钝拙”，老友左宗棠就经常嘲笑他。然而这样一个“结硬寨，打呆仗”的人，却做到了立德立功立言，成就震古烁今，不得不令人叹服。这其中，他的自我反思和修身工夫起到极大的作用。人们读曾国藩日记的第一感受是一个普通人迎面而来，他并没有道貌岸然、拒人千里之外地讲大道理，而是从一点一滴的生活小事说起，其中不乏无奈、幽默和自嘲。他的修身和坚持，全是普通人能接受的、接地气的，读来使人相信：我若坚持也可以为尧舜。进而思之，会为他拙笨的真诚所打动，顿起效仿之心。这就是最大的诚意，也诠释了“慎独”的真精神。

晚清以来直至今天，读曾国藩的日记学习他的修身之道，期望能形成完善人格的人不胜枚举。“曾国藩日记”也成了很多人修身的典范，当然，也不乏有人想从中学习获取功名利禄的终南捷径，这无疑是南辕北辙了。

四

见贤思齐

古人认为，修身除了向内的诚意省身之外，也要向外学习，打破自我的封闭，并通过外在的边界来检视自身，再和省身共同内化。所谓向外学习，就是“见贤思齐”。什么是见贤思齐呢？《论语·里仁》曰：

见贤思齐焉，见不贤而内自省也。

这是见贤思齐典故的出典之处，包含两层意思：第一，见到有德行和才能的人，就应该向他虚心地学习，希望能和他一样。第二，看到别人不好的言行，就要进行自我反思，看看自己有没有，需不需要改正。其实，《论语·述而》里还有一句话表达的也是同样的意思：

三人行，必有我师焉：择其善者而从之，其不善者而改之。

贤和善者是榜样，是修身过程中应该学习和效仿的目标。古人特别强调“圣贤”的意义，那是因为圣者和贤者不仅自己达到了相对较高的境界，实现了人格的完满，他们还

◆明 佚名《孔子圣迹图》之《问礼老聃》

以自己的人格魅力作为榜样，吸引无数思齐者歆慕和向往。就像司马迁在《史记·孔子世家》中对孔子的“心向往之”：

太史公曰：《诗》有之：“高山仰止，景行行止。”虽不能至，然心乡往之。余读孔氏书，想见其为人。适鲁，观仲尼庙堂车服礼器，诸生以时习礼其家，余祗回留之不能去云。

作为一个和孔子生活在不同时空的晚辈，司马迁读孔子之书，想亲眼见到孔子本人的仪容和行止，所以特意到了孔子故地，想象当年孔子和诸生习礼的景象，沉醉其中。这就是榜样的力量。

司马迁所景仰的孔子，也有自己思齐的榜样，那就是老子。孔子适周问礼于老子，回来对弟子说：“鸟，吾知其能飞；鱼，吾知其能游；兽，吾知其能走。走者可以为罔，游者可以为纶，飞者可以为矰。至于龙，吾不能知，其乘风云而上天。吾今日见老子，其犹龙邪？”（《史记·老子韩非列传》）言下之意，把老子看作是高深莫测像龙一样的人物。

另一位圣人舜，相传耕于历山之下，天下的人都慕名前来，一年后他所居住的地方就成了村落，两年后成了小镇，三年后就成了城市了。这就是所说的“用一贤人则群贤毕至”，见贤思齐就蔚然成风。

◆明　仇英《程门立雪图》

除了圣者和贤者，师者也常常是思齐的榜样。宋代有个著名的典故叫作“程门立雪”，讲的是一个叫杨时的学者求学的故事。有一天下着雪，杨时和另外一个朋友一起去向老师程颐请教，正好碰上程颐坐着睡着了，杨时便和朋友恭恭敬敬地站在门外等着。程颐睡醒，门外的雪已经下了有一尺多深，杨时也成了个雪人。这就是“程门立雪”的故事，除了对老师的尊敬，也能看出杨时思齐的诚意。对于学生来说，向老师虚心请教，这是仰沾时雨之化。钱穆先生在为新亚书院制定的24条学规中就曾申明：“课程学分是死的、分裂的，师长人格是活的、完整的。你应该转移自己目光，不要尽注意一门门的课程，应该先注意一个个的师长。”因为每一个理想的人物，其自身即代表一门完整的学问；每一门理想的学问，其内容即形成一理想的人格。这就是古人所说的思齐。

见贤思齐，也并不只是普通人向圣贤学习、学生向老师学习、后辈向长辈学习，它应该是一个双向互动和时时刻刻的过程。“人人皆可以为尧舜”，是因为每个人身上都有闪光点，真正的思齐是能虚心向一切人学习，而不只是仰望。唐代的白居易，据说每作好一首诗，总是先念给牧童或老妇人听，然后再反复修改，直到他们能够听懂并称好为止，这是一种思齐的方式。北魏时有个叫李谧的年轻人，学习非常刻苦认真，不出几年，李谧的学问超过了他的老师孔璠，孔璠反过来向李谧求教。当时的人称赞两人说："青成蓝，蓝谢青，师何常，在明经。"孔璠和李谧的故事告诉我们，追求学问的路是没有止境的，学生也可以成为老师，老师也可以变成学生。这也是一种思齐的方式。

见贤思齐还有另一层意思，就是"见不贤而内自省"。顾名思义，以别人的过与失作为一面镜子，来反思自己的过。"人非圣贤，孰能无过？"每个人一生之中都会有这样或那样的过错，有些自己能意识到，有些自己意识不到，这就需要有一面镜子让自己常常能看到，并且能虚心改正。古人之中，子路闻过则喜，大禹善言则拜，这都是圣贤者对待过错的光明磊落的态度，是"君子之过也，如日月之食焉：过也，人皆见之；更也，人皆仰之。"（《论语·子张》）通过承认、反省和改正，把过错转化为提升自己的一次考验和机会。

对待自我的过错是人生中难得的试金石。古人把如何对待己过，上升到历史的智慧之中，体现了个人修身和家国情怀的同一性。对于圣贤者，如何对待过错，是检验其修身真诚与否的标尺，人人都要过这一关。对于君王，能够自我发现和改正错误，则是人君明主的象征。譬如盛年时的唐太宗以魏征为镜鉴，兼听则明，勇于接受刺耳的真话，常思己过。而不肯接受和改正自己的错误，最终祸国殃民，几乎是历史上一切昏君、暴君的通性。可见，能否省思己过事关历史的进程。

正因为思过与历史进程相关，古来史家在这个问题上有着精深的认识。良史秉笔直书的主要是一个时代的“过”。文天祥《正气歌》里有“时穷节乃见，一一垂丹青。在齐太史简，在晋董狐笔”之句。“在齐太史简”指的是春秋时期齐国权臣崔杼杀死国君庄公光，他不想背负弑君的恶名，命令齐太史曲笔写庄公病死。齐太史秉笔直书：“崔杼弑其君。”崔杼就杀了齐太史。当时史官是家族世袭，太史的两个弟弟也如实记载，都被崔杼杀了。太史的第三个弟弟应命而来，崔杼威吓他说：“你三个兄长都死了，你不怕死吗？你还是按我的要求来写。”太史弟弟仍然直书崔杼弑君。齐太史只是北史氏，齐国还有另一个史官南史氏，闻讯也抱着竹简匆匆赶来，见北史已据实记载，才安心而返。史书上留下这样一段简短的记载：“崔杼弑其君光”，它是良史以生命换来的。

“在晋董狐笔”，说的是春秋时期晋灵公无道，晋国正卿赵盾的族人击杀了晋灵公。史官董狐记载说：“赵盾弑君。”赵盾不服，认为自己当时也在逃亡路上，何况也不是自己亲手杀死国君。董狐认为，赵盾逃亡没出晋国国境，回来也没有处理凶手赵穿，这就是弑君。赵盾只能长叹无可奈何。

中国的史家秉笔直书掌权者之过，体现的是不畏权力直面生死的勇气和胆量，同时他们也有很理性的思考。书写权力者之过，除了如实记载之外，也有以真实昭示后世的意思。欧阳修在《新五代史》中，不仅如实地记载了后梁朱温一族的种种恶迹，同时也没有如当时流行看法一样伪梁，而是认为后梁尽管作恶多端，但仍是正统王朝，所以他为之立本纪。这招致了很多人的批评，认为不符合春秋笔法，没有惩恶扬善。欧阳修在《新五代史·梁本纪第二》中作了一段极其精彩的评论：

夫欲著其罪于后世，在乎不没其实。其实尝为君矣，书其为君。其实篡也，书其篡。各传其实，而使后世信之。

欧阳修认为，史家对待大恶者之过，不必因为其恶而否定一切，“不没其实”就可以了，功过各自如实叙述。这样的信史更能彰显功与过，善与恶。全善与全恶不足信。这是古人从修身之过引申到历史评判之中的冷峻深刻的智慧。

“修齐治平”的根本在于修身，这也是家国情怀的起始。从古至今，自西徂东，人类都强调自我的完善和发展。古希腊奥林匹斯山上的德尔菲神殿里有一块石碑，上面写着“认识你自己”。伟大的哲学家苏格拉底也曾说过同样的话。东方的圣贤如孔孟、程朱，一再念兹在兹的是“何以成人”。今天的我们，同样面临修身的问题。不管时代如何斗转星移，文化氛围如何改变，面对自己最好和唯一的方法是真诚，从点滴小事做起，从正心诚意开始。

北京孔庙大成门前的“先师孔子行教像”

文化关键词

修齐治平

“修身”“齐家”“治国”“平天下”的缩写。以个人自身修养为基础逐步向外扩展，先治理好家庭，进而治理好邦国，更进而安抚和治理天下百姓。这是中国古代儒家伦理哲学和政治抱负的一个重要命题，体现了儒家由个人而家而国而天下层层递进的道德政治观。在逐步向外扩展的过程中，个人的德行和修养与不同层面的政治抱负息息相关。

慎独

儒家提出的一种道德修养方法。“慎独”有两种不同含义：其一，将“独”理解为闲居独处。人们在独处时，没有他人的监督，最容易放纵行事。“慎独”即要求在独处时谨慎对待自己的行为，自觉遵守道德、礼法的要求。其二，将“独”理解为内心的真实状态。人们可以在言行上表现出符合道德、礼法的要求，但心中却没有对道德、礼法的认同与追求。“慎独”则要求在心上做工夫，使内心与道德、礼法所要求的言行相符。

正心

使心归之于正以践行日用伦常之道。出自《大学》，与格物、致知、诚意、修身、齐家、治国、平天下并称“八条目”，是儒家所倡导的道德修养的一个重要环节。“正心”以“诚意”为前提。在真诚践行日用伦常之道的过程中，人心不可避免地会因愤怒、恐惧、欢乐、忧患等情感而有所偏邪。因此需要时常修正自己的心意，使之不受干扰，始终保持对实现日用伦常之道的追求。

诚意

使追求日用伦常之道的意愿真实无妄。“诚意”出自《大学》，与格物、致知、正心、修身、齐家、治国、平天下并称“八条目”，是儒家所倡导的道德修养的一个重要环节。“诚意”以“致知”为前提。在知晓日用伦常之道的基础上，确立起内心对此道的认同与追求。内心的真实意愿会自然地表现于言行之中。个人的道德行为应出于真实的意愿，而不应在没有真实意愿的情况下仅仅使外在的言行符合道德规范。

三省吾身

多次反省自身。“三省吾身”是儒家所主张的一种道德修养方法。儒家认为，德行的确立取决于自身的追求与努力。因此应时时反省自己的言行与内心，并以此作为修养道德的基本方法。曾子特别提出，每日应从尽己为人、诚信待人、温习课业等方面多次反省自身是否存在不足，有则改之，无则加勉。

见贤思齐

遇见有德才的人，就要想着努力向他看齐。“贤”指德才兼备的人；“齐”是看齐，达到同样的水平。“见贤思齐”是孔子对自己学生的教导，后成为世人修身养德、增进才智的座右铭。其主旨在于鼓励人们善于发现他人长处，激发内心的自觉，主动向道德、学问、技能等比自己强的人学习看齐，从而不断进步。它体现了中华民族一心向善、积极进取、自强不息的精神。

篇二 知行

明代的某一天，在一片竹林旁边，有两个读书人，瞪着眼睛直勾勾地看着竹林里挺拔俊秀的竹子。

“已经第三天了，我啥也没有看出来？眼睛花，头很晕，我快坚持不住了。”其中一人对另一人说。

“还要再坚持一下，晦翁说了，一草一木，皆涵至理，我就不信我格不出这个道理，成不了圣贤？”另一个揉了揉眼睛疲惫地说。

终于，那个发问的在天旋地转中倒下去了，感觉四面都有竹子覆盖上来。另一个，又坚持看了四天，也在头晕目眩中栽倒下去，口中还念念有词：“格物致知，格物……”

◆明 蔡世新《阳明先生小像》

一

格物致知

这不是虚构的故事，是实有其事，见于王阳明的《传习录》。瞪眼看竹子的两个人，一个是王阳明，一个是他的钱姓朋友。两人为啥好好的工作不干，要去花费那么多时日看竹子呢？是竹子好看吗？不是。他们是要“格物致知”。

还是回到《大学》里那句著名的话：“物格而后知至，知至而后意诚，意诚而后心正，心正而后身修。”修身是修齐治平的起点。如何修身？主要是正心诚意和格物致知。可见，格物致知是古人修身的另一大方面。格物致知是指在和事物的接触中体认人伦日用之道。“格”是穷究的意思。通过对事物的接触探究其背后的道理，并亲自实践掌握各种德行、技艺，这是格物致知的意思。说得通俗一点，古人认为应通过学习和研究万事万物，来达到认识世界和自我的目的。

竹子是万物中一种，而且是古人喜闻乐见的植物。从《诗经》开始，古人就把竹子和君子高洁伟岸的形象连接在一起。《诗经·卫风·淇奥》中说：“瞻彼淇奥，绿竹猗猗。有匪君子，如切如磋，如琢如磨。”以“绿竹”起兴，借绿竹

◆宋　苏轼《潇湘竹石图》局部

的青翠浓密来赞颂君子，开创了以竹喻人的先河。唐代的杜甫有“天寒翠袖薄，日暮倚修竹”的名句，塑造了一个遗世独立的佳人形象。大文豪苏东坡也对竹子格外喜爱，“宁可食无肉，不可居无竹”——认为几顿不吃肉可以，但是庭院前后没有竹子就会俗不可耐。可见，竹子在中国古人的世界里，既是普通的与人为伴的植物，随处可见；又是士人精神文化层面不可或缺的存在，是岁寒三友之一。所以，王阳明要通过格物来致知，选的不是柳树、桑树，而是竹子。

王阳明格竹，是受到了宋儒朱熹（晚称晦翁）的影响。朱熹认为，理存在于万事万物之中，要一步步通过学习探究万事万物来认识天理。探究宋儒理学的王阳明受到了朱熹的影响，认为既然理在万事万物之中，那必然也在自己所喜爱的竹子中。这才有了他邀请友人一块“格”竹子的怪异之举。

王阳明和友人并没有从竹子中格出理来，而是格出了病。所以，经此一次“行为艺术”之后，王阳明认为通过朱熹的格物致知的方法，难以修身和认识天理。那么该怎么办呢？他提出了自己的见解，所谓的格物致知没错，但不应该向外在的万事万物中去探究，而是应该格自己的内心，回到自己的内心。因为天理就在本心之中，能够致良知，即是格物致知。

其实，“阳明格竹”是宋明理学中程朱理学和陆王心学的分野。宋代之后，儒学受儒、释、道三家会通的影响，产生了宋明理学，在理学的发展过程中，又进一步分化成程朱理学和陆王心学。两个学派基本都承认“理”的存在，但围绕着如何达到“理”，却产生了分歧。程朱理学主张格物致知、穷理，通过不断的学习和认知，最终博学归约认识“理”。陆王心学则主张“发明本心”和“致良知”，认为体认本心远比读书重要。南宋淳熙二年（1175年），由吕祖谦邀集，程朱理学大儒朱熹和心学大家陆九渊在江西上饶鹅湖寺会讲，实质上是两个学派就治学的分歧展开辩论，这就是历史上著名的“鹅湖之会”。它是中国哲学史一次堪称典范的学术讨论会，首开书院会讲之先河。双方辩论持续三天，结果互不相让，都未能说服对方，最终不欢而散。

程朱理学和陆王心学，尽管有一定治学的分歧，但是双方的共识比分歧多，比如，在最高层面“理”的认识上是一致的。《宋元学案・卷五十八象山学案》中记载陆九渊说：

> 东海有圣人出焉，此心同也，此理同也；西海有圣人出焉，此心同也，此理同也；南海北海有圣人出焉，此心同也，此理同也；千百世之上有圣人出焉，此心同也，此理同也；千百世之下有圣人出焉，此心同也，此理同也。

陆九渊强调“心同”，也强调“理同”。著名学者钱钟书曾经把陆九渊的这段话改为：“东海西海，心理攸同；南学北学，道术未裂。”[1]以此用来调和东西方学术的差异。此外，朱熹与陆九渊用会讲来讨论学问的方式，其实是受到唐代以来禅宗的影响。甚至两派的基本观点都很容易让人想起禅宗史上著名的神秀与慧能之争。

唐代禅宗发展到五祖弘忍的时候，门下有两大弟子神秀和慧能，后来两人分别创立了禅宗的北宗和南宗。《坛经》中记载，神秀和慧能之争，在历史上留下了两个著名的偈子。相传五祖弘忍自知要死之前，把门下弟子召集起来，让大家作偈。神秀作偈说：

身如菩提树，心如明镜台。
时时勤拂拭，莫使染尘埃。

慧能也作了一偈：

菩提本无树，明镜亦非台。
本来无一物，何处惹尘埃。

禅宗后来的历史发展，是沿着慧能的方向走的。所以后

1 钱钟书：《谈艺录序》，北京：中华书局，1984年版，第1页。

世一直以为是慧能高一些。冯友兰先生曾经指出，神秀和慧能偈子的不同，其实是“性宗”（北宗）和“空宗”（南宗）的分别。仔细品味程朱和陆王在格物致知上的争论，其实和禅宗南北宗的争论是很相似的。这反映了宋明理学受到禅宗的影响很深。

王阳明在《传习录》中讲这个“阳明格竹”的故事时，特意提到朱熹，其实朱熹也并没有说瞪着竹子格物就能格出竹子之理，王阳明不过借此发挥自己的学说，强调要返回本心，格心胜于格物。

江西上饶鹅湖书院

二

德性之知

北宋理学五子之一的张载在《正蒙·大心》中曾经把“知”分为两类：见闻之知和德性之知。“见闻之知”这种知识主要靠感官耳目之受获得，是可学而知的知识、经验，即“见闻之知，乃物交而知”;“德性之知”的“知”不是单纯通过学习能获得的，要靠自我修养的提升加上持续学习，方能“大其心，体天下万物”。换言之，德性之知更依靠的是内心修养和自我境界的提高。

当然，张载对格物致知的“知”的讨论，具有复杂的哲学思辨，不是简单几句话所能概括。不过，他对“知”的划分的角度大体上是中国古人从修身出发对待知识的态度：重视一个人的道德修养；写文章要文以载道；治史要微言大义；教育要“弟子入则孝，出则悌，谨而信，泛爱众，而亲仁，行有余力。则以学文”(《论语·学而》)；认为文化知识学习是德行训练后面的事情。所以，古人把追求德性之知作为格物致知中修身的首要之道。

怎么追求德性之知呢？其实这体现了修身的个人性和社会性的结合。对于张载、朱熹、王阳明等一心成为圣贤以代天立命的人来说，追求的方法是体万物、究本心、致良知。对于普通人来说，格物致知所追求的是成为一个有德行的君子，所以孝、义、勤、诚、恕这样最为日常的修身标准是达到德性之知的必由之路。

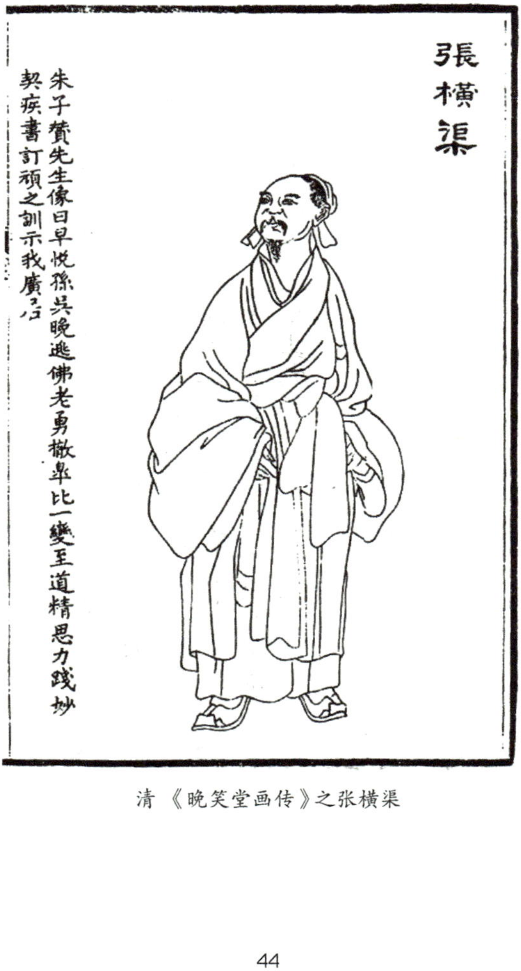

清《晚笑堂画传》之张横渠

三

孝与义

成为有德行的君子，首先是要在处理人伦关系时符合社会标准。中国儒家文化的核心是伦理文化，也即家国情怀。儒家文化重视人与人之间的关系，儒家思想中的大多数论述是关于如何处理伦常关系的，因为伦常关系处理好了，家国关系也就理顺了。梁漱溟曾经在《东西方文化及其哲学》中把世界文化分成中国文化、西方文化和印度文化，认为中国文化是调和和持中的，西方文化是进取和意欲向前的，印度文化是意欲反身向后的。后人在他的论述的基础上把中国文化总结为处理人和人的关系，西方文化是处理人和物的关系，印度文化是处理人和神的关系，这种概括在大的层面上有一定的道理。

儒家认为，人与人的伦常关系，主要是五伦，即君臣、父子、兄弟、夫妇、朋友。这五种人伦关系构成中国古人社会关系的最主要的部分。一个人何以成人？在伦常上就是要符合五伦中的道德和行事规则。五伦的基本规则是什么呢？孟子说："圣人有忧之，使契为司徒，教以人伦：父子有亲，君臣有义，夫妇有别，长幼有序，朋友有信。”（《孟子·滕文公上》）数千年来，孟子所说的父子亲、君臣义、夫妇别、长幼序和朋友信，基本上概括了五伦关系的主要规范，虽然具体的表述有所区别，但大体上意思是一样的。

我们都知道，三纲是指“君为臣纲，父为子纲，夫为妻纲”。纲，原意是提网的总绳，后来指关键、表率和规范。三纲是古代社会单向的人伦关系，认为尊者、长者拥有绝对权威，卑者、幼者唯有屈从，这是需要批评的。五伦和三纲共同构成三纲五常，它们是宗法制度的产物和宗法观念的表现。五伦与三纲并不一样，它虽然也有规定长幼尊卑秩序的作用，但并不是单向性的要求，而是含着一定的温情和双向互动的要求。比如，父子之间强调“父慈子孝”，不仅要求子对父要孝，也要求父对待子要慈。兄弟间讲究“兄友弟恭”，兄要对弟友爱，反之，弟要对兄恭敬。即使是君臣之间，孟子也主张具有一定的双向互动性，不主张臣对君绝对地服从，《孟子·离娄下》中讲到：

> 君之视臣如手足，则臣视君如腹心；君之视臣如犬马，则臣视君如国人；君之视臣如土芥，则臣视君如寇仇。

孟子的意思是，君怎样对待臣，也决定着臣怎样对待君。当然，孟子的思想带有很深的民本主义色彩，战国时的君主专制还没有完全形成，后世君臣之间的关系虽然残有孟子所说的“义”的层面，但更多主张臣对君绝对服从。不过，五伦强调人际间的互动，进而形成伦理关系，这是古代伦常的一大特点。梁启超指出：

> 五伦全成立于相互对等关系之上，实即“相人偶”的五种方式。故《礼运》从五之偶言之，亦谓之“十义”（父慈子孝，兄良弟悌，夫义妇听，长惠幼顺，君仁臣忠）。人格先从直接交涉者体验起，同情心先从最亲近者发动起，是之谓伦理[1]。

梁启超可谓是慧眼如炬。古代儒家为主的伦理社会，一个人人格的形成，基本上就是伦理。那么，古人最看重的基本伦理关系和人格的基础是什么呢？当然是“孝”。《孝经》能够位列“十三经”之一，足以说明问题。《孝经》开篇，是孔子和曾子两个人的对话，师徒两人是这么说的：

> 仲尼居，曾子侍。子曰：“先王有至德要道，以顺天下，民用和睦，上下无怨。汝知之乎？”曾子避席

1 梁启超：《先秦政治思想史》，《饮冰室合集》第9册，北京：中华书局，1989年版，第75页。

曰："参不敏，何足以知之？"子曰："夫孝，德之本也，教之所由生也。复坐，吾语汝。身体发肤，受之父母，不敢毁伤，孝之始也。立身行道，扬名于后世，以显父母，孝之终也。夫孝，始于事亲，中于事君，终于立身。《大雅》云：'无念尔祖，聿修厥德。'"

这段对话是什么意思呢？是说孔子在家里闲坐，他的学生曾参在旁侍坐。孔子问曾子：什么是先王的至德要道？曾子回答说：不晓得。孔子说：孝，是德行的根本，一切教化都从这里开始。人的身体每一根毛发和每一块皮肤，都是父母给予的，应当谨慎爱护，不敢稍有毁伤，这是实行孝道的开始。以德立身，实行大道，扬名后世光耀父母，是孝道的最终目标。所以实行孝道，开始于侍奉双亲，进而是侍奉君主，最终成就自己的德业。这段话开宗明义地指出了孝是诸德之本，认为"人之行，莫大于孝"。孝的意义是什么呢？个人可以以孝修身齐家立命，君主可以以孝治理天下，把孝子培养成忠臣。这是孝对于统治者的意义。

历代有德的圣贤君子中，孝无一不是他们的美德，不孝而能进身君子行列的，史籍中未曾有过。许多历史上著名的士人，甚至以"至孝"闻名于世，比如子路负米、黄香温席等等。孝不仅是个人的德行，也事关一个人一生的仕途功名。汉代以察举制选官，孝是重要的标准，所以才有“孝廉”的说法。孝也是一个士人生前死后被人评判的最基本的道德标准，所以对于古人修身来说，孝是天大之事，这是社会的性质决定的。

孝之外，君子修身追求德性之知，“义”也是极为重要的。什么是义呢？在儒家看来，就是各种道德规范累积而成的大道。前面讲孟子所说的“君臣有义”，这个“义”是指君要仁、明，臣要忠、直，君臣各自都要有坚持的规范和准则。一般来说，这个义是带有理想性的、利他的、有益于群体的规范。

同时，“义”也和“宜”相同，是人和事物应该有的样子。《论语·里仁》中说：“君子喻于义，小人喻于利。”认为君子以义当先，小人以利为本。当然，这里的“君子”和“小人”也并不完全是我们后世理解的高尚和卑鄙的代表，而是分别指士大夫和庶民。《论语·阳货》中子路问孔子：“君子尚勇乎？”孔子回答说：“君子义以为上。君子有勇而无义为乱，小人有勇而无义为盗。”这话的意思是，君子和小人的勇，要用义去衡量，符合义才是好的，否则就是乱和盗。这里的义，是儒家所认为的君子应该遵守和认同的规范，就是符不符合大道、符不符合礼、符不符合仁爱等等。

◆元 佚名《至圣先贤半身像册》之《孟轲像》

孟子发展了孔子所提倡的“君子之义”，认为义是“人之正路”，甚至君子为了义，可以放弃生命，这就是“舍生取义”这个典故的来源，《孟子·告子上》中说：

生亦我所欲也，义亦我所欲也；二者不可得兼，舍生而取义者也。

在“义”的标准下，孟子对王者所行之事也敢于批评。《孟子·梁惠王上》中记载：梁惠王召见孟子，向他请教“利吾国”之策。孟子认为梁惠王所想要的不过是兵强马壮和自己的威风，不符合儒家仁义的标准，所以劝他以仁义为本，不必多想攻伐之事，以民众为本，一人乐不如众人乐。梁惠王当然听不进去孟子的“废话”。但是，孟子的英气在于，王者所行不见得就是王者之义，王者不代表天然的义。士大夫应坚守君子之义，不必因时势变化而随之俯仰，这对于后世士人保持人格影响甚大。

在最基本的日用层面，儒家的义讲求的是利他性，即对别人能否有帮助。民间俗语常说“做人要讲义气”，指的也是个道理。明清四大小说之一的《水浒传》里，梁山好汉商议大事的地方叫“聚义厅”，后来改称“忠义堂”。为什么取一个“义”字呢？是因为认为自己干的事是“替天行道”，是符合大义的。无独有偶，中国民间财神崇拜历史悠久，财神有文财神和武财神之分。跨越大江南北的武财神崇拜中，关二爷常常充当武财神。尽管从何时开始各种说法不一，但关羽义薄云天的大义形象符合古人的“义利”观，认为“大义”必然带来“大利”，无疑是人们膜拜其为财神的重要的原因。

君子修身所追求的义，上自宇宙天道、治国平天下之策；中至齐家理政，做好一方父母官；下至与朋友相处、自我要求，都是无处不在的。所以，古人常常说“礼义廉耻，国之四维”，又说“仁义礼智信”，都把义涵盖在其中。

四

勤和诚

勤，简单地说就是“勤劳”，肯下工夫。“勤”字左边“堇”有黏土的意思，指在黏土地上劳动很辛苦；右边为“力”，看上去像农具，有用力的意思。所以勤本意指做事情很努力，不偷懒。农耕文明为主的古人相信勤劳是从事一切职业的必需。统治者要勤于政事夙夜在公，才能政治清明；农人要勤于稼穑，才能衣食丰足；读书人要珍惜光阴，才能金榜题名；匠人要肯下工夫琢磨，才能熟能生巧。《左传·宣公十二年》上所说的“民生在勤，勤则不匮”，有两个层面的意思：一是指普通百姓的生计在于勤劳，只有四体勤劳，衣食才不会匮乏，仓廪实、衣食足，家庭的日常生活也就有了保障；二是说人们衣食生活有了保障，也就不会在社会上作奸犯科，因此，勤劳也是社会安定的重要因素。

不知道大家是否注意到，如今很多人的书房或者办公室常常挂着这样四个字：天道酬勤。“天”指“上天”，“道”指“规律”，所以“天道”指的是客观的规律；“酬”的意思是酬答、回报。这个成语的意思是说勤奋的人会得到更多的回报，上天会实现勤劳的人的志愿。古人相信“勤”会带来成功和运气，因此对勤奋与成功之间关系的理解很丰富。比如，“日日行，不怕千万里；常常做，不怕千万事。”说的就是持之以恒的勤奋与目标达成之间的关系。又比如，“拳不离手，曲不离口”，说的是下工夫与高超技艺之间的关系。再比如，“羊角挂书”说的是勤奋和读书之间的关系。

那么古人如何以勤修身呢？主要是从两个方面进行。首先，是把勤看作一个人的美德，时刻要求一个人保持勤奋的状态。比如，各种家训中都会对家中子弟提及勤的要求。清代朱柏庐的《朱子治家格言》第一句便是“黎明即起，洒扫庭除”，要求朱氏家人在行动和意识上养成早起勤于家务的习惯，并认为一天充实与否，全在于早晨是否能早起。古人把早起和勤奋、惜时、好学等美好的品德联系起来，这是为什么呢？一方面，早晨是一天的开始，中国人认为凡事有一个好的开头，才能有好的过程和结果。另一方面，古代是农业社会，日出而作、日落而息的生活符合顺应自然的生活观。

其次，以勤修身就是实实在在地投入时间勤于本业。“业精于勤而荒于嬉”。对于读书人来说，勤意味着珍惜时间，把有限时间投入到读书追求学问之中。古代的“劝学诗”俯拾皆是。唐代大书法家颜真卿的《劝学诗》是这样写的：

三更灯火五更鸡，正是男儿读书时。

黑发不知勤学早，白首方悔读书迟。

诗中一是劝诫男儿珍惜时间早起读书，一是提醒男儿要趁年富力强多读书，不要头发白了才悔悟读书少。南宋的理学大家朱熹也写有《劝学诗》：

少年易老学难成，一寸光阴不可轻。

未觉池塘春草梦，阶前梧叶已秋声。

与颜真卿一样，朱熹也强调了珍惜时间。事实上，古代大多数劝学诗都是着眼于应珍惜年少时间、致力读书的劝诫上。读书人一生的勤，主要在读书治学：一方面，科举制度保证了好好读书可以学而优则仕，“朝为田舍郎，暮登天子堂”，实现为朝廷效力的可能；另一方面，怀有经世济民情怀的士人，唯有读好书才有能力和机会施展为天下苍生服务的抱负。因此寒窗苦读，也就成了士人尚勤的主要修身之路。

尚勤之外，古人也格外尚诚信。《说文解字》中，“诚”字是这样解释的：“信也，从言成声。”“信”字解释成：“诚也，从人从言。”可见，诚与信具有互证互释性。古人很早就发现天地有信，一年内寒来暑往、日出日落，二十四节气如约而至。根据天时地利，人也配合天地的诚信，做到守时和遵守秩序。从自然界的诚信转向人伦社会的诚，“诚者，天之道也；诚之者，人之道也。”（《中庸》）

因为诚是从天之道而来，人生于天地间，本身就是天地的一部分，人应该按照天道的诚去做事，这样才能有所成就。“惟天下至诚，为能经纶天下之大经，立天下之大本，知天地之化育。”（《中庸》）所以，古人把做到诚看作是成己成物的大事，认为至诚如神，追求格物致知中的诚与信。

如何在诚、信上修身呢？主要是向内和向外两方面，且以向内为主。前面我们讲过正心诚意中的“诚其意”，其实就是向内的诚信。一个人真正需要做到的诚是“勿自欺”的慎独。面对自我，面对内心，面对天地，做到至诚无欺，从宏大的层面上来说，是和天地保持一致；从小的方面来看，是自我能够同一，这是修身尚诚的最高境界。同时，诚信也具有向外的一面，不过，它是内在之诚的外在反映。

向外的诚信，表现在治学上，就是实事求是，不做虚妄媚俗之言，一切以真为根本标准；表现在社会交往和朋友来往中，是尽量做到“言必信，行必果”。《论语·为政》中说：“人而无信，不知其可也。大车无輗，小车无軏，其何以行之哉？”意思是说，人如果没有诚信，不知道能怎样在这个世界上生存。所以，古人格外注重诚信，上自君王下至平民百姓，无不以诚信自我约束。魏文侯是战国时魏国的国君，一次，他和掌管狩猎的官员约好了打猎的日期。到了约定的那一天，天下着大雨，左右大臣都劝魏文侯不要去了，何况他和掌管狩猎的官员是君臣关系，不必一定要遵守约定。但魏文侯坚持冒雨前去赴约，亲自告诉狩猎官员取消这次活动。天下的贤士为魏文侯的精诚所感动，纷纷前来投靠魏国。这是国君的诚信。秦末汉初的时候有个人叫季布，性格非常耿直，为人十分守信，答应别人的事情就一定会办到，当时流传着“得黄金百斤，不如得季布一诺”的说法，这便是“一诺千金”的典故由来。和“一诺千金”意思相同的成语还有“一言既出，驷马难追”“言而有信”等等。

勤和诚，是一个君子修身必须具备的品格，就像人离不开空气和水一样。

五

恕之道

君子修身，还需要“恕之道”。

什么是恕呢？《论语·卫灵公》中有一段孔子和子贡的对话：

子贡问曰：“有一言而可以终身行之者乎？”

子曰：“其恕乎！己所不欲，勿施于人。”

这句话的意思是，子贡向老师孔子请教说：“您有没有一句教导可以让我终身奉行呢？”孔子说：“有！那就是恕吧！自己不想要的，不要施加于他人。”孔子所说的“恕”，就是将心比心，根据自身对厌恶之事的感受去理解、体贴他人的意愿。用今天的话来说，就是要懂得换位思考，站在他人的角度考虑问题，而不能一意用自己的感受代替他人的感受。

朱熹在《论语集注》中对恕作了解释，称“推己之谓恕”，其实就是推己及人。建立在人与人之间可以互相共鸣共情的基础上，从自己对善恶、愿与不愿的感受出发，去建立同理心。其实，推己及人是仁爱的具体实行办法，从自己出发，向别人层层传导。它的前提是自己要达成某种真诚的人格的完满，所以要修身，先完善自己。修身的目的也不止于完善自我，还要推己及人去感染和帮助别人，这也是修身。

儒家以恕之道，来完成自我修身的扩大，由我向外层层传播。“穷则独善其身，达则兼济天下”，做到修己以安人。

《朱熹书翰文稿》卷首的朱熹画像局部

文化关键词

格物致知

在与事物的接触中体认人伦日用之道。“格物”“致知”出自《礼记·大学》，与诚意、正心、修身、齐家、治国、平天下并称“八条目”。“致知”在于“格物”，二者密切相关，故有时并称“格致”。历代学者对“格物致知”的含义有多种不同的理解：或强调在对事物的接触中穷究其“理”；或强调亲自实践以掌握各种德行、技艺；或以心意所在为“物”，进而以内心的修正为“格物”。

良知

人天生所具有的道德本性与道德上的认识和实践能力。“良知”一词最初由孟子提出，认为人不加思虑便能知道的便是“良知”。“良知”的具体内容包括亲爱其父母、尊敬其兄长。而亲爱父母是仁，尊敬兄长是义。“良知”说是孟子性善论的重要内容。明代的王阳明提出“致良知”，进一步发展了孟子的“良知”说。他认为，“良知”就是天理，一切事物及其规律都包含在“良知”之中。将“良知”扩充到底，即能达到对一切道德真理的认识和实践。

德性之知

由心的作用而获得的超越于感官经验的认识，与“见闻之知”相对。张载最先区分了“见闻之知”与“德性之知”。宋儒认为，人对生活世界的认识是通过两种不同方式实现的。通过目见、耳闻所获得的认识，是“见闻之知”；通过内心的道德修养所获得的认识，则是“德性之知”。“德性之知”不依赖于感官见闻，并超越于“见闻之知”，是对于生活世界的根本认识。

推己及人

以自己的心思推测别人的心思。亦即儒家所说的“恕道”，是实现仁民爱物的重要原则和方法。它首先承认人类在精神上的根本一致，进而以此为原点，弘扬宽和、仁爱精神，设身处地为他人着想，以自身的所思所欲去理解别人：自己不希望的，不要强加给别人；自己所希望的，也要帮助别人实现。

诚

真实无妄。“诚”是儒家思想的核心概念之一，儒家认为，“诚”是“天道”或“天理”的本质，是万物得以存在的根据。同时，

“诚”也是道德的本原和基础，一切道德的行为必须建立在内心真实无妄之上，否则便是虚妄，《中庸》称之为“不诚无物”。圣人以“诚”为本性，其言行自然与“天道”“天理”相合；君子则以“诚”作为道德修养的目标以及达于“天道”“天理”的途径。

恕

“恕”的基本含义是推己及人、将心比心。人可以根据自身对于厌之事的感受去理解、体贴他人的意愿。基于这种对他人的理解，人应避免将自己厌恶之事强加于他人，这即是“恕”。在执法者或受伤害者面对有过之人的情境中，“恕”被引申为宽恕、赦免之义。

篇三　说『家』

今天，我们常说家国情怀是中华传统文化的基本内涵。那么，什么是“家国”中的“家”呢？

从“家”这个字的造字来看，甲骨文与金文都表示家就是“屋内有豕”，豕就是猪的意思。为什么屋内有猪才是家呢？主要有两种解释。一种意见认为，当时人们还过着狩猎和采集为主的生活，不是很安定。把吃不完的捕获物比如猪圈养起来，这就是财富的象征。因此家光有人还不行，还要有猪。另一种意见认为，中国古代的房舍，本身就是上面住人，下面养牲畜，驯服的牲畜主要就是猪。所以，屋内养猪是家的主要特征。不管是哪种意见，都表明猪这种日常家畜和华夏民族结缘甚早，共同构成了定居生活。在中国文化中，猪是十二生肖之一，猪所衍生出的拟人形象如猪八戒，也被老百姓喜闻乐见。

甲骨文　金文　小篆　楷书

明白了“家”的造字本意，就让我们一起来谈谈“家国”的“家”在历史中究竟有哪些含义。

湖北恩施吊脚楼民居，二层住人，底层放杂物或者圈养猪、牛等家畜。

一

家国就是家和国

所谓“家国”，其实就是家和国的合称，家和国同构，家是小国，国是大家。这来源于先秦时期的一种政治实态，后来反映到传统文化之中。《孟子·离娄上》中说：

人有恒言，皆曰：“天下国家。”

周代天下的秩序是天下、国、家。说白了，家和国在本质上是一回事，是相通的。家、国、天下的相通性在哪里？为什么家是国之本，而国又是家之本呢？

这缘于西周宗法制与分封制。周代建立之后，还没有完全脱去原始部落联盟社会的痕迹，没有像后来秦一统天下之后所建立的中央集权那样垂直管理。周公制礼作乐，实行“周政”。周政是天子居于京师，名义上是四海的共主，拥有天下的土地和百姓。实际上，以当时的交通条件和周克殷商的实际情况，周天子不可能直接管辖天下。那怎么办呢？裂土分封。把权力、土地和人口分封给有血缘关系的亲属或者功臣，这就是“封邦建国”，简称“封建”。这个封建和今天的“封建社会”和“封建迷信”的“封建”是不一样的。

周初天子分封天下，主要封给宗室亲属、功臣和先代贵族。三种类型的人中，以姬姓亲戚获封最多，《荀子·儒效》说："兼制天下，立七十一国，姬姓独居五十三人。"可见，分封主要是按照血缘关系把姬姓亲属分封到各地执掌权力，藩屏宗周，拱卫周天子。分封到各地的姬姓就是周代大小诸侯之始，他们的封地叫"国"，比如晋国、齐国、鲁国、燕国等等。分封之后该如何继承传下去呢？这主要靠宗法制。天子的嫡长子继承天子之位，其他的儿子出为诸侯。一代诸侯的嫡长子继承诸侯之位，其他的儿子则降一级，成为卿大夫。通过分封和宗法传承的交错，周代就形成了天子、诸侯、卿、大夫、士这样一个等级结构，它既是血缘性的，也是从上至下的。

不同的等级有不同的权力、土地和人口。诸侯封地叫"国"，卿大夫的封地称作"家"，"天子"居于"中国"而有天下。在先秦的文献中，家虽然有时候指宗庙或者家财，但更多的时候指的是卿大夫。《左传·桓公二年》中说的"天子建国，诸侯立家"中的"家"指的就是卿大夫。诸侯怎么立家呢？主要通过胙土命氏。胙土，就是分封给卿大夫采邑，也叫采地、食邑。国君封赏给卿大夫一定的土地以及土地上的人口，卿大夫没有土地的所有权，但享有采邑的管理权，同时也有义务，必须效忠国君，并承担进贡和在战时提供兵员的义务。这是国与家之间的关系。“命氏”就是立族，国君赐给姓氏，从此这一族人都有相同的氏，比如我们所熟知的元杂剧四大悲剧之一《赵氏孤儿》，其中的赵氏就是赵这一族的氏。不是随便什么家族都能被国君命氏，命氏意味着立族进入到贵族的行列，享受相应的权力。

被称作“家”的卿大夫，主要是指卿大夫的家族。我们都知道，春秋时期的晋国是大国，原本是周武王的儿子唐叔虞的封国，有“桐叶封弟”的佳话流传。春秋末年，晋国的国政为六家所把持，这六家是赵氏、魏氏、韩氏、范氏、智氏、中行氏六个家族，称为“六卿”。六卿中原本智氏家族最强，但被韩赵魏三家联合击败。最终，晋国为韩赵魏三个家族所瓜分，史称“三家分晋”，标志着从春秋到战国的转变和过渡。

除家族外，被称作“家”的卿大夫，还指他所控制的采邑。简而言之，就是赵氏或者韩氏的地盘，是诸侯国内部的地方政权，并不仅仅是家族。韩赵魏三家分晋之前，先联合击败了晋国内部势力最大的智氏，不仅灭了智氏家族二百余口，而且瓜分了智氏采邑的土地。对智氏来说，家族被灭和采邑无存，意味着灭家。

春秋末期，周代初年所形成的家、国、天下的政治秩序，开始出现剧烈的动荡。主要是周天子式微，各诸侯不断坐大；在诸侯国的内部，国君也受到卿大夫所代表的家的势力的挑战，“三家分晋”和“田氏代齐”类似的事情不断上演。到了战国后期，秦国一家独大，扫灭关东六国，随后实行中央集权的郡县制，正式在实际的政治秩序中终结了周政的家国天下。不过，虽然此后的历史中没有再完全出现周代的政治模式，但是分封一直伴随着中央集权反复出现于历朝历代，形成秦政与周政交错的局面。另外，家国天下作为一种政治文化，逐渐摆脱先秦时期实际的政治模式，从“家国天下”嬗变为“家国情怀”，成为中国传统文化的核心部分之一，并经过儒家的整理，有了新的阐发和寓意。正所谓“周虽旧邦，其命维新”。

秦之后“家国”中的“家”，一般来说，有三层意思，分别是家庭、家族、家乡。

二

家庭与姓氏

作为家庭的“家”，今天不难理解。在现代社会，一个完整的小家庭，特别是“五四”新文化运动之后的家，主要是包含有着血缘关系的直系亲属，比如祖父祖母、父亲母亲、兄弟姐妹等等。古人所理解的家，与今人一样，也首先是一个自然的家庭。家庭里的温暖、和谐与其乐融融，是每一个古人对于家的第一印象。比如，唐代大诗人杜甫的《江村》是这样描述一个普通的贫贱之家的：

清江一曲抱村流，长夏江村事事幽。
自去自来堂上燕，相亲相近水中鸥。
老妻画纸为棋局，稚子敲针作钓钩。
但有故人供禄米，微躯此外更何求。

这首诗大概的意思是说，在一个炎炎夏日里，村里的一切都很幽静，老妻正在用纸画一张棋盘，小儿子敲打着针做了一只鱼钩。家里虽然只有一点米了，我还夫复何求呢。杜甫把一个夏日乡村里农家的安静和悠闲，写得很传神。这是对一个小家庭的描述。再比如南宋词人辛弃疾那首著名的

◆清 徐善琴《木兰从军》瓷画

《清平乐·村居》：

> 茅檐低小，溪上青青草。醉里吴音相媚好，白发谁家翁媪？
>
> 大儿锄豆溪东，中儿正织鸡笼。最喜小儿亡赖，溪头卧剥莲蓬。

全词用白描的手法，有声有色地写出了乡村生活的清新欢快。词人把一个乡村五口之家其乐融融的场面描绘得很传神。一对农家夫妇一边喝酒一边拉着家常，他们的大儿子在溪水东面豆地里锄草，二儿子在家里帮忙编织鸡笼，最小的儿子天真无邪还不懂事，正在草丛中躺着剥莲蓬吃。这是一个多么和谐的乡村农人之家啊！

著名的《木兰辞》里写木兰从战场回家，家庭成员欢迎的激动场面：

> 爷娘闻女来，出郭相扶将；阿姊闻妹来，当户理红妆；小弟闻姊来，磨刀霍霍向猪羊。

这种场景和我们今天久别回家，妈妈准备了一些唠叨，爸爸张罗了一桌好饭，其实是没有多大古今差别的。支撑古人家庭的认知的，首先是血缘亲情和发自本能的爱，在这个基础上，形成了父慈子孝、兄友弟恭的伦理情感。

在中国传统中，家庭的家是小家，众多的小家组成“大家”，这就是家族，也叫宗族。家族的“族”字，《说文解字》里说它是“众矢之集”。什么意思呢？就是众多箭头放在一块儿，这就很形象地描述出家族其实也像箭头一样，是众多家庭和人口聚集在一起。

那么，众多的家庭是靠什么凝聚在一起成为家族呢？这主要是靠血缘和地缘。一个家族不管大小，基本都有共同的姓氏，共同承认的祖先。这就涉及中国的姓氏文化。一直到今天，我们初次见面还会问：“先生/女士贵姓？”

姓是怎么来的呢？姓的最早起源和原始部落社会的图腾崇拜有关。氏族部落不仅对本氏族的图腾视若神明，还把它作为部落的象征符号，久而久之，很多部落的图腾就变成了氏族共有的称呼——姓。

“姓”的形成和母系氏族社会有很大关系。母系社会中，人们只知有母，不知有父，就连“姓”这个字也是由“女”和“生”组成。上古的神话里普遍流传着“圣人无父，感天而生”，其实就是母系社会的一种反映。商人描述自己的祖先从何而来时，说“天命玄鸟，降而生商，宅殷土芒芒”（《诗经·商颂·玄鸟》）。玄鸟就是黑色的燕子，相传商人始祖契的母亲是有戎氏的女儿简狄，与别人外出时看到一枚鸟蛋，简狄吞下去后，就生下了契。再比如周人的始祖后稷，姓姬，名弃。传说有邰氏之女姜嫄在野外看到巨人的脚印，她踏巨人脚迹，因而生后稷，这就是周人的祖先。

一般来说，上古时期有所谓的八大姓，这八大姓虽然各种记载不尽相同，但都大同小异，比较公认的一种说法是：姬、姜、姒、嬴、妘、妫、姚、妊八个古姓。考古资料表明，西周时期青铜器的铭文上，大约可以明确考定的姓不到30个，大多都和女字旁有关。

夏商周三代，人们有姓有氏，姓和氏是分开的。《通鉴外纪》里说："姓者，统其祖考之所自出；氏者，别其子孙之所自分。"简单地说，就是姓起源比较早，形成后也较为稳定；氏起源较晚并不断发生变化。通常，姓的范围比较大，就像一个大的部落，氏的范围比较小，像一个大部落里的小分支。

《封神演义》里的姜子牙，又叫吕尚，其实就是姜姓吕氏。再比如，湖北所处的楚国，是芈姓，不过，在芈姓里又分了很多氏，楚王是芈姓熊氏，屈原是芈姓屈氏。一般说来，"氏"是"姓"发展到一定程度的产物，特别是周代胙土命氏，产生了大量的氏，这些氏或者来自国君所封的采邑、所赐的爵位或者来自所任的官职、死后的称号等等。不过，基本只有贵族才有氏，平民有姓无氏，女性一般只能称姓，像电视剧《芈月传》里的秦宣太后，被称为芈八子，芈就是楚国的姓。

◆明刻本《新刻钟伯敬先生批评封神演义》中的『子牙出关（谏主）隐磻溪』插图

秦汉之后，随着宗法等级制度逐渐瓦解，姓、氏的区别渐渐就取消了，没有以前那么复杂了，姓、氏开始逐渐合一，只保留一个。司马迁在《史记·秦始皇本纪》中直接就说秦始皇“名为政，姓赵氏”。这表明，原始的部落社会逐渐过渡到高度的文明社会状态之中。

到了宋初，有人把中国的姓氏收集起来，这就是《百家姓》。“赵钱孙李，周吴郑王，……”读来琅琅上口，易于背诵。为什么《百家姓》把赵姓排在第一位呢？那是因为当时的皇帝姓赵，敢不放在第一位吗？那么为什么赵姓后是钱、孙、李？这是因为写《百家姓》的书生生活在今天浙江一带，当地的吴越王姓钱，吴越王的妻子姓孙，而靠近浙江的南唐国王姓李，所以钱、孙、李紧随赵之后，排在所有姓氏的前面。《百家姓》里面收录了单姓400个左右，复姓30个。不过，现实生活中的姓氏远比《百家姓》中要多。

中国文化中，每一个具体的姓氏都有得姓的历史，既有真实的部分，也包含着文化传说。上古八大姓之一的“姜”姓，据唐代《元和姓纂》上记载说：“炎帝生于姜水，因氏焉。”可见，姜姓的得姓始祖与炎帝有关。姜水是岐水一段，姜姓是以居住的河流命名的。黄姓是今天分布比较广的姓，黄姓源出嬴姓，因受封于黄国，以国为氏，再由嬴姓派生出黄姓。大多数姓是单字的，所以很多人会对复姓的来源好

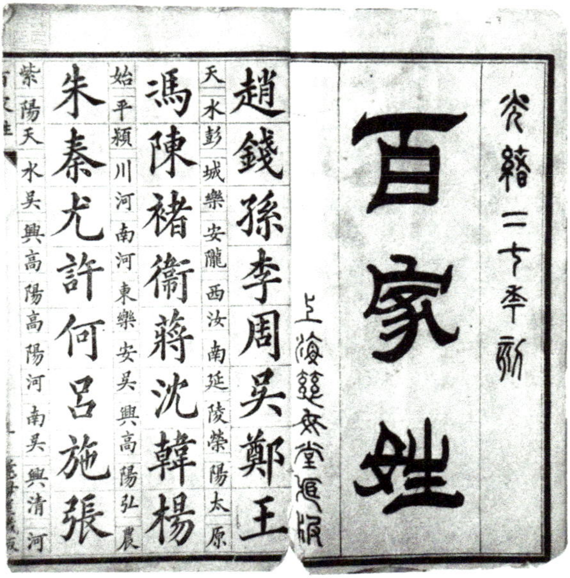
光緒二十年新
百家姓
趙錢孫李周吳鄭王
天水 彭城 樂安 隴西 汝南 延陵 滎陽 太原
馮陳褚衛蔣沈韓楊
始平 潁川 河南 河東 樂安 吳興 高陽 弘農
朱秦尤許何呂施張
滎陽 天水 吳興 高陽 高陽 河南 吳興 清河

◆清刻本《百家姓》

奇。比如复姓诸葛的来源，一种普遍的说法是伯益的后裔葛伯，被封为诸侯，后世有一支迁居诸城（今山东诸城），后迁至阳都（今山东沂南），当地已有葛姓，故后来的葛姓取“诸葛”二字为他们的姓氏，意思是诸城的葛氏。再比如说上官和欧阳这两个姓，上官是和地名有关。春秋时期，楚庄王的小儿子子兰被封在今天河南滑县东南作上官大夫，所以子兰的后代就都姓上官了。欧阳这个复姓也和地名有关，越国国君的儿子蹄被封在浙江欧余山的南面，古代山南水北是阳面，所以蹄的后代就都以欧阳为姓了。

三

郡望

家族的象征除了漫长历史形成的姓氏文化之外，还有其他几个核心的要素：聚族而居、家谱、祠堂。

先来看“聚族而居”。具有一定血缘关系的某一姓氏，一定要在一个地方聚集居住很久，才能构成一个稳定的宗族。这个时间，少则百年，多则数百年。中国有些地方的宗族延续了近千年，决定性的原因是大致不变的地理范围，因为传统中国是农耕社会，土地是人们最重要的生产生活资源，《击壤歌》中说：

日出而作。
日入而息。
凿井而饮。
耕田而食。
帝力于我何有哉。

一个姓氏在同一个地方居住生活久了，慢慢就会形成大小宗族。可能是十里八乡都姓王，也可能是一个村子都是或者主要是王姓。在历史上，用来形容某一姓氏的世家大族，有一个词汇，叫作“郡望”。郡望一词，是“郡”与“望”的合称。郡是行政区划，望是名门望族，郡望连用，即表示某一地域或范围内的名门大族。

举一个例子，我们都听说过这样一句话：“天下黄姓出江夏。”实际上，江夏就是黄姓宗族的郡望。直到今天，全球黄姓的华人都把江夏当作文化归宗之地，称自己是“江夏黄”。江夏黄中的“江夏”指的就是西汉至唐代的江夏郡。中国的姓氏文化，一般某姓都有其郡望之地，比如弘农杨氏、南阳邓氏、天水姜氏、江夏黄氏等等。揆诸历史，西汉时期开始存姓废氏，郡望兴起。而郡望真正大兴则是东汉以后至唐代。弘农郡作为杨氏的郡望，是因为自杨震开始，子孙后代“四世三公”，名震朝野，成为地方的世家大族。同样，东汉时期生活在江夏郡的黄姓也在江夏郡成为世家大族，将江夏变为黄姓的郡望。

江夏黄在历史中得以流传，离不开黄香家族。众所周知，黄香列名于“二十四孝”中的“扇枕温席”，被誉为“江夏黄童，天下无双”。出生于江夏郡安陆的黄香将江夏黄的名声第一次载入正史，其子黄琼、曾孙黄琬皆为东汉名臣，遂使江夏黄姓家族显赫于天下。加上东汉到唐代的选官制度，无论是察举制、九品中正制，都是以郡为单位从世家大族子弟中甄选，进一步强化了姓氏郡望的地位，最终形成了江夏郡为黄姓郡望的历史定位。江夏郡故地范围内从古至今，一直生活着兴旺发达的黄氏族人。今天江夏周围仍有许多带有“黄”字的地名，如黄冈、黄陂、黄安、黄石、黄梅等。这不是偶然，而是黄姓文化与宗族大量聚集的反映。

聚和散似乎是宗族永恒的话题，只有聚居在一起，睦宗敦族，同一姓氏的宗族才会强大。但是宗族过于繁衍，人口众多，原居地生产条件和承载量有限的情况下，外出迁徙谋求更好的生存条件也是很自然的事。在黄姓人口从江夏故地向外迁徙的过程中，江夏黄的名声也播迁天下。

四

家谱

同一姓氏聚族而居，形成大大小小的家族，每个家族的内部管理和文化象征中，家谱起到了不可替代的作用。什么是家谱呢？就是记载一个姓氏与宗族历代世系、历代人物事迹的“家史”。清代史学大家章学诚说：“家乘谱牒，一家之史也。”作为家史的家谱，后人看到之后，可以了解自己的祖先都有谁，都做了什么事？自己的家族来自哪里？历史上经历了哪些重大的事情？自己在家族中是一个什么样的辈分？等等。

家谱的名称很多，常见的有宗谱、族谱、家乘、支谱、房谱、谱牒、家牒等，这些都是家谱。除了叫法不同之外，也和家谱修的范围有关。比如，家谱只修了自己这一房十代左右的家史，那么这就是某房的房谱或者支谱。如果家谱修了某地某姓数百年的世系，这是某姓在某地的家谱。同理可以推论，还有历史和涵盖范围更大的某姓血缘家谱。甚至，明代万历年间还修有《古今万姓统谱》。

家谱的格式也是在流传的过程中有很多种。不过，自宋代以来，主要流行的家谱格式是四种，分别是欧式、苏式、宝塔式和牒记式。欧式家谱是欧阳修在编撰《欧阳氏谱图》

◆（1）欧氏家谱（2）苏氏家谱（3）宝塔式家谱（4）牒记式家谱

一世

朝化

生于嘉庆丁丑年十月十四日子时卒于咸丰庚申年十二月十四日卯时，配苏氏转适，生子一女一适本里白仁超，公与光绪庚辰年十二月初三日辰时安葬本里老屋后坐甲庚兼卯酉分金。

二世

廷苏

移居杭州府吴兴县埭溪镇二百另五庄凤坞生于道光己酉年十月初十日酉时卒于民国己未年二月十九日巳时，享寿七十一，配本里林有丙公女生于咸丰辛亥年十一月初八日亥时卒民国壬戌年十月廿三日戌时享寿七十二，生子二女二长适埭溪镇林山朱敦厚次适瑞邑四十八都新。

三世

邦霖

生于同治癸酉年十二月廿七日酉时卒光绪癸卯年四月初九日时，配林氏再醮生子一女一适武康县鲍家庄何邦瑞。

邦灶

配朱氏，山东省德州市庆云县尚堂镇东郎坞村生于光绪丁丑年正月十九日酉时卒于宣统庚戌

四世

家朋

字子良，生于光绪庚子年九月初三日酉时卒于民国辛巳年十月十七日辰时配武康县乌汀桥王邦底公长女生于光绪辛丑年四月十九日巳时卒民国辛酉年二月十二日寅时生子一。

家宝

生于宣统己酉廿九月初二日申时卒于一九配许氏转适，继配吴兴开昌林孔畲公女生民国壬子

五世

际欢

生于民国八年，己未八月初一日巳时卒失考。

际松

际川

（1）

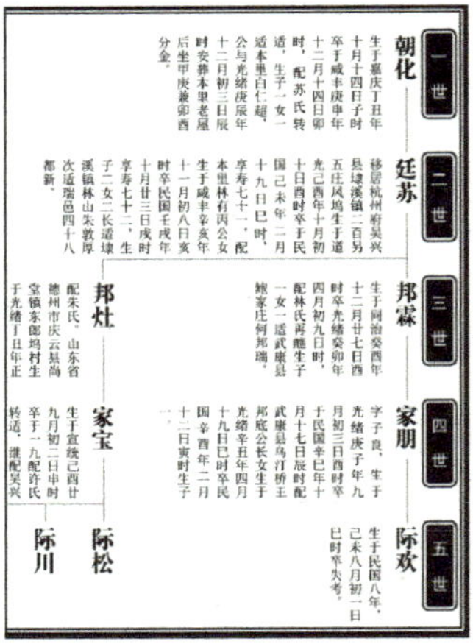

一世

朝化

生于嘉庆丁丑年十月十四日子时卒于咸丰庚申年十二月十四日卯时，配苏氏转适，生子一女一适本里白仁超，公与光绪庚辰年十二月初三日辰时安葬本里老屋后坐甲庚兼卯酉分金。

二世

廷苏

移居杭州府吴兴县埭溪镇二百另五庄凤坞生于道光己酉年十月初十日酉时卒于民国己未年二月十九日巳时，享寿七十一，配本里林有丙公女生于咸丰辛亥年十一月初八日亥时卒民国壬戌年十月廿三日戌时享寿七十二，生子二女二长适埭溪镇林山朱敦厚次适瑞邑四十八都新。

三世

邦霖

生于同治癸酉年十二月廿七日酉时卒光绪癸卯年四月初九日时，配林氏再醮生子一女一适武康县鲍家庄何邦瑞。

邦灶

配朱氏，山东省德州市庆云县尚堂镇东郎坞村生于光绪丁丑年正

四世

家朋

字子良，生于光绪庚子年九月初三日酉时卒于民国辛巳年十月十七日辰时配武康县乌汀桥王邦底公长女生于光绪辛丑年四月十九日巳时卒民国辛酉年二月十二日寅时生子一。

家宝

生于宣统己酉廿九月初二日申时卒于一九配许氏转适，继配吴兴

五世

际欢

生于民国八年，己未八月初一日巳时卒失考。

际松

际川

（2）

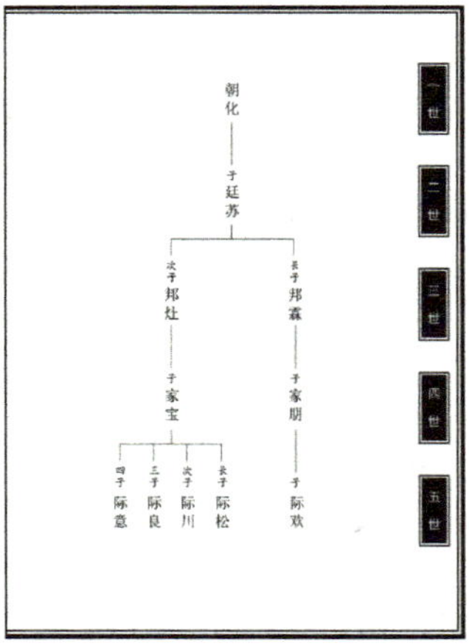

（3）

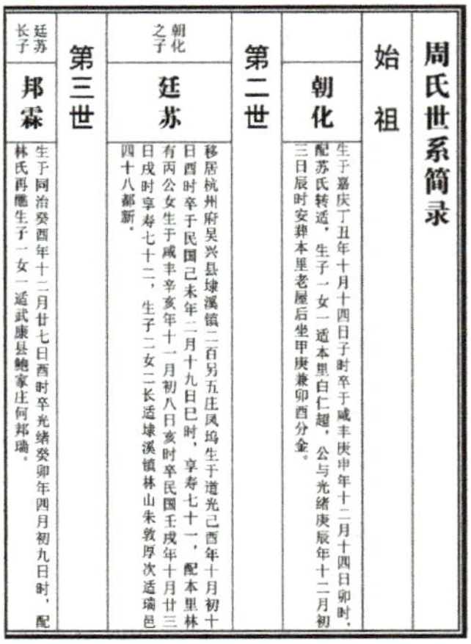

周氏世系简录

始祖

朝化

生于嘉庆丁丑年十月十四日子时卒于咸丰庚申年十二月十四日卯时，配苏氏转适，生子一女一适本里白仁超，公与光绪庚辰年十二月初三日辰时安葬本里老屋后坐甲庚兼卯酉分金。

第二世

朝化之子

廷苏

移居杭州府吴兴县埭溪镇二百另五庄凤坞生于道光己酉年十月初十日酉时卒于民国己未年二月十九日巳时，享寿七十一，配本里林有丙公女生于咸丰辛亥年十一月初八日亥时卒民国壬戌年十月廿三日戌时享寿七十二，生子二女二长适埭溪镇林山朱敦厚次适瑞邑四十八都新。

第三世

廷苏长子

邦霖

生于同治癸酉年十二月廿七日酉时卒光绪癸卯年四月初九日时，配林氏再醮生子一女一适武康县鲍家庄何邦瑞。

（4）

中创立的，家族每五世一图，第二图五世至九世，第三图九世至十三世，以下类推，至现存者为止。每个世代人名左侧可有一些生平记述，主要介绍该人的字、号、功名、官爵、配偶、功绩等。苏式家谱是苏洵在编修《苏氏族谱》时所创。苏洵所编的家谱，一方面强调纵的方面，注意父子相继关系，主张五世则迁的小宗之法；另一方面，又强调从横的方面，对兄弟分支加以区别。宝塔式家谱是将世代人名像宝塔一样，自上而下排列。始祖置于上方正中位置，后世子孙按辈分依次排列，每一父辈必置于子辈的上方正中，家庭成员的亲疏、血缘关系一目了然。牒记式家谱纯用文字来表述世系关系。每代的人名下都有一个简介，如字、号、功名、官爵等。这种家谱有些类似于家庭成员的简历汇编。

尽管不同时代不同姓氏所修家谱内容不尽相同，不过，一份比较完备的家谱至少应该包括以下几种要素：1. 姓氏源流。某个姓氏的家谱一般都会在开篇讲到本姓得姓的来源和本族的历史渊源、始祖、世派、迁徙、各支派间关系甚至改姓的原委等。2. 世系表。世系表是家谱中的主体部分，主要将家族中历代先人的名字、辈分和关系都一一罗列出来，供后人追念。3. 祖先画像。家谱中的祖先画像，少则几幅，多则数十幅。为什么要把祖先画像放在卷首呢？这主要是想给后世子孙一个直观的印象，建立起对祖先的崇敬。能够进入祖先画像的，大多是本家族的始祖、始迁祖，或者是近世先祖，还有些是本族内的名人。4. 家族名人事迹、文章。一个姓氏在历史上通常会有一些比较有名的人，这些人的事迹和道德文章，是家族的荣耀和典范，值得大书特书。5. 家训。家训是家族对子孙立身处世、持家治业的教诲。一般有影响力的家族，都会有一定的家训，形成一定的家风。历史上著名的家训很多，比如南北朝时的《颜氏家训》、清代的《朱子治家格言》《曾国藩家训》等等。6. 编纂信息。一个姓氏和家族的家谱，并不可能有条件年年修纂，而是要物力、人力、财力都充足的条件下，才能编修或者续修家谱，因此修家谱是一件合族大事。所以，不同版本的家谱，大都要写明何时编修、哪些人主持编修、哪些人为修家谱贡献了力量等等，这些都是家谱编修的信息。对于能够主持参与修订家谱的人来说，这是莫大的荣光，是要写进家族历史之中的。

中国古代的家谱，绝大多数都是“书善不书恶”和“扬善隐恶”的。所以，我们在家谱中看到的一般都是祖先善美之事，这也和家国文化中的“孝道”有关，为祖先彰善隐恶。出于血缘亲情的家谱笔法其实渊源甚早，周代的《礼记·祭统》中就已经介绍得明明白白了：

夫鼎有铭，铭者，自名也，自名以称扬其先祖之美，而明着之后世者也。为先祖者，莫不有美焉，莫不有恶焉，铭之义，称美而不称恶，此孝子孝孙之心也，唯贤者能之。

那么，为什么古人热衷修家谱呢？一方面，这是中国人历史意识的体现。国有史，方有志，家有谱。这是一个从国家到地方再到家的历史修纂之路。另一方面，修订和重修家谱，是古人寻根归宗、报恩返本意识的体现。通过家谱，知道祖先筚路蓝缕的创业征程，知道家族血脉的渊源所在，从而在时间上树立起纵向的家族意识。对于现实中的人们来说，通过家谱可以敦宗睦族，团结同一血脉祖宗的人群，更好地教育后人形成家族团结的意识。

五

祠堂

祠堂就是家庙。

中国人祖先崇拜的意识由来已久。早在殷商时期，祠庙祭祖就已经非常流行。根据不同的祭祀规模，可分为宗庙、祖庙、弥庙。“宗庙”是同一氏族的人祭祖的场所，规模最为隆重盛大；“祖庙”是同一宗族之人祭祖的场所；“弥庙”是同一家族之人祭祖的场所，规模要小于宗庙和祖庙。周代制礼作乐，对于祠庙祭祖有严格的等级规定。天子七庙（三昭三穆与太祖之庙），诸侯五庙（二昭二穆与太祖之庙），卿大夫三庙（一昭一穆与太祖之庙），士一庙。庶人则不可有庙，只能祭于“寝”（家宅中的正屋）。

“祠堂”一词最早出现在汉代。《汉书·张汤传》中说：

赐茔杜东，将作穿复土，起冢祠堂。

这里的祠堂，还不是家庙的意思，是指当时的王公贵族和士大夫在祖先的坟茔旁建祠祭祀，普通人只能在家祭祀。宋代之后，家庙形式的祠堂开始在士大夫阶层营建房屋住宅的时候出现。特别是南宋理学大家朱熹在《家礼》中强调：

君子将营宫事，先立祠堂于正寝之东。

意思是说，修建房屋，要先修建祠堂。朱熹还在《家礼》中称，要是家中遭遇不测之灾，要先救祠堂和祠堂里的神主、祭品，最后才是抢救家中值钱的东西，足见祠堂所代表的宗族家文化的重要性。《家礼》中关于祠堂的论述，对南宋之后的祠堂兴建影响颇大。特别是明代嘉靖年间“许民间皆得联宗立庙”之后，大江南北以祠堂为主的家庙开始广泛营建，祠堂之于家族的重要性不言而喻。

祠堂的本意就是祭祀祖先，用来慎终追远，里面供奉着列祖列宗的牌位，每逢一年中特别重要的日子，合族都要到祠堂里进行对祖先的祭祀，加强宗族意识。祠堂虽然是宋明之后才大规模地在民间兴建，但很能反映中国人长久以来对祖先和家族的重视。

祠堂的本职工作是用来祭祀祖先，所以在家族里，它是很神圣的空间，也是最有权力的地方。家族里的大事一般也都要在祠堂里举行，比如个人婚丧嫁娶、教育合族子弟、惩戒不孝子孙等。电视剧《白鹿原》里面就经常会出现白鹿两家在祠堂中举行重大问题的讨论的场景。

一般来说，家族的祠堂通常都要修建在村落的核心地带，修建的规模要比普通民宅大得多。加上中国人有光宗耀祖的文化意识，祠堂是宗族的象征，所以族中子弟也会重修宗祠，来显示家族的兴盛，并以此团结宗族成员。

明清时期，安徽徽州宗族势力非常强盛，其中一个重要原因就是徽商财力雄厚，把在外面赚到的钱反哺家乡，兴修祠堂，比如徽州宏村内的汪氏祠堂、龙川胡氏宗祠，这些祠堂不仅具有重要的教化意义，也具有极高的艺术审美价值，代表了当时的建筑水平。不同地区的祠堂，反映的是不同的建筑文化。

徽州宏村汪氏祠堂

文化关键词

宗法

中国古代以家族为中心，按血统、嫡庶来组织治理家族、国家、社会的原则和方法。宗法由父系氏族的家长制演化而来，定型于西周，与封建制等互为表里。宗法分为家国两个层面，在家的层面，宗族的嫡长子是家族的嫡系继承人，拥有家族的最高权力，其余家族成员依据亲疏、世系各自确定其在家族中的地位和权力。帝王公侯或者世家大族的宗族等级制扩展到国家的层面，对于王位继承与国家政治具有决定性的作用。宗法制数千年来对中国人的生活方式、思维方式影响深远。

封建

即封邦建国。古代帝王将爵位、土地和人口分封给亲戚和功臣，让他们在封地内建国。各封国规模小于王室直辖领地；在遵循王室统治秩序的前提下，各封国在军、政等方面具有很高的自主性；封国之间相互制衡，共同拱卫王室。封国的世袭要经王室确认，并按规定向王室缴纳贡赋。作为一种政治制度，封建制相传始于黄帝时期，至西周时期达于完备；它与基于血缘家族制而形成的宗法制互为表里，并随之衍生出等级身份制等。秦始皇统一中国后，废除封建制，实行郡县制。自此直到清代，在中国占主导地位的是中央集权制或专制帝制；而“封建”作为专制帝制下的一种辅助性手段，或隐或显地存在着。

宗庙

奉祀祖先的专用庙宇，是人们为自己的祖先亡灵修建的寄居之所。人们将写有先祖名讳的神主（牌位）放在里面供奉、祭祀。在古代中国的宗庙制度中，宗庙主要是指天子、诸侯等祭祀祖先的专用庙宇。按周朝礼制规定，天子可建七庙，诸侯可建五庙，大夫可建三庙，士只能建一庙，一般百姓不准设庙。如果一个国家或政权被灭，它的宗庙往往也会随之被毁。因此，“宗庙”和“江山”“社稷”一样，常被用来作为王室、朝廷或国家政权的代称。它是祖先崇拜的延续，也是“家国同构”制度的体现。

篇四 故园情深

黄河岸边，两个农民相遇于烽火连天的抗日战争时期，一个叫张老三，一个叫王老七，遂有如下的对口歌唱问答：

张老三，我问你，你的家乡在哪里？
我的家，在山西，过河还有三百里。
……
为什么，王老七，你的家乡在何地？
在东北，做生意，家乡八年无消息。
这么说，我和你，都是有家不能回！
仇和恨，在心里，奔腾如同黄河水！
黄河边，定主意，咱们一同打回去！
为国家，当兵去，太行山上打游击！
从今后，我和你，一同打回老家去！

张老三和王老七不是现实中的人物。熟悉抗战歌曲的人都知道，这是冼星海先生创作的《黄河大合唱》第五乐章《河边对口曲》的歌词，《河边对口曲》吸取山西民歌音调，旋律朴实无华，口语化的歌词显现出浓郁的乡土气息。两个被迫离开家乡的农民相遇在黄河岸边，相互诉说着家破人亡和有家不能回的悲哀，最终决定参与到民族抗战的滚滚洪流中，打回老家去。

说到抗战歌曲，还有一首当时传唱甚广的《松花江上》。直到今天，这首颇具生命力的悲愤之曲，许多人仍能立刻哼唱出其中的歌词：

我的家在东北松花江上，
那里有森林煤矿，
还有那满山遍野的大豆高粱。
我的家在东北松花江上，
那里有我的同胞，
还有那衰老的爹娘。
……

“九一八”事变后，西安省立二中教师张寒晖，在目睹了东北沦陷后几十万东北军和人民流亡的悲惨景象后，创作了《松花江上》的歌词和曲调。《松花江上》先在西安省立二中唱起，很快流传到东北军军中，最后唱遍大江南北和长城内外。许多身处国破家亡之中的人，特别是东北流亡者，唱着唱着就不能自已地哭了，因为里面有他的家乡和爹娘。其实，《松花江上》是当时《流亡三部曲》的第一部，第二部、第三部是刘雪庵创作的《流亡曲》和《复仇曲》。离开家乡的人们逃无所逃，亡无所亡，发出了“流浪到哪年？逃亡到何时？”的怒吼，最终“跑上战场，誓死抵抗”。正如《复仇曲》所唱：

走，朋友！我们要为爹娘复仇！
走，朋友！我们要为民族战斗！
你是黄帝的子孙，我也是中华的裔胄。

作为抗战时期传唱中国的名曲，《河边对口曲》《松花江上》《流亡曲》《复仇曲》不知道激励了多少年轻战士走上战场，不知道给了多少流亡者逃亡路上心灵的慰藉，不知道聚拢了多少素未谋面的中华儿女。这些歌曲的歌词有共同的特点，都是用质朴的语言，讲述了离开故土的痛苦和对家乡的思念，把对故乡的深沉感情上升到对民族和国家的责任，扛起武器去战斗。

中国人的家国情怀，往往是从家开始，而以家国合一共鸣。

一

安土重迁

说到“家”，除了“家庭”和“家族”外，中国人自然会联想到家乡。是的，我们“家”的文化也包含着浓浓的故乡情谊。

家庭和家族久居一方水土之上，就会产生以家族为单位的“安土重迁”的意识。什么是安土重迁呢？简单来说，就是安于故土生活，不轻易迁往别的地方。《汉书·元帝纪》里有这样一段话：

安土重迁，黎民之性；骨肉相附，人情所愿也。

离不开、舍不得的，首先是土地。土地是农耕社会里人们最重要的生活资源，就像游牧民族离不开草原，航海民族离不开大海一样。不过，相对于游牧民族的逐水草而居和航海民族的四处漂泊，以农耕为主的中华先民，追求的是稳定和安宁，不轻易在空间上进行大的转换和迁徙，多数乡村社会中的人是“生于斯，长于斯，死于斯”，一辈子不会离开自己所居住的村屯和土地。所以，古人对家乡的土地怀着一种近乎神圣的宗教情感。游子离乡之时，常常携一抔故乡之土以解乡思。费孝通在《乡土中国》中讲到，他初次出国时，奶妈偷偷地把一包用红纸裹着的灶上泥土，塞在他的箱子底下，并对他说，假如水土不服、老是想家时，可以把红纸包裹的灶土煮一点汤吃。

《乡土中国》书影

其次，离不开、舍不得的是祖先坟茔和家族亲人。说到底，维系乡村社会的最重要的东西是血缘，栖居的土地不过是血缘的投影，这就形成了乡村社会的血缘、地缘性。祖宗和各种血缘亲属都在这里，过着耕织协作、耕读传家的农业生活。对于一个未曾离开过乡村故土的人来说，这是他全部的亲情和温暖所在，是他的整个世界。对于离开了故土的人来说，熟悉的父母之乡不可能在别的地方建立，所以它是难以复制的，且相对于个人的移动而言，它是不动的。

最后，离不开、舍不得的是生于斯长于斯的环境和社会。费孝通先生对中国乡村社会的人际关系有一个很精彩的概括，叫“差序格局”：

我们的格局不是一捆一捆扎清楚的柴，而是好像把一块石头丢在水面上所发生的一圈圈推出去的波纹。每个人都是他社会影响所推出去的圈子的中心。被圈子的波纹所推及的就发生联系。每个人在某一时间某一地点所动用的圈子是不一定相同的。[1]

费孝通认为，西方基层社会结构的界限是分明的，就像一捆一捆扎清楚的木柴，每根柴属于哪一捆都是十分清楚的。中国的乡村社会，人在家庭或家族中的关系像一块石头丢进水中所产生的涟漪和波纹，是以自己为中心不断向外扩散的差序格局。所谓的“家”，“‘家里的’可以指自己的太太一个人；‘家门’可以指伯叔侄子一大批；‘自家人’可以包罗任何要拉入自己的圈子，表示亲热的人物”，[2]怎么界定他们呢？这要看是面对哪个圈子。

差序格局的关系圈之所以能够形成，是因为乡村社会是一个血缘地缘结合的熟人社会。且不说拥有血缘关系的亲属都是看着自己长大的叔伯婶子，即使是街坊邻居，也都是熟门熟路的。这样一个乡土的熟人社会，追求的不是明文的规范条例和商业合作关系，而是融在生活中的不言自

1 费孝通：《乡土中国》，北京：外语教学与研究出版社，2012年版，第43页。

2 费孝通：《乡土中国》，北京：外语教学与研究出版社，2012年版，第43页。

明的规矩和价值——主张无讼、无为而治、尊老尚老与邻里和睦。

以尊老传统为例，中国文化传统中有许多尚老敬老的美谈，比如西汉时期“商山四皓”的故事，《杨家将》里的佘太君以及《红楼梦》里的史老太太，还有乾隆皇帝为了表示太平盛世所举行的“千叟宴”，皆是以老为尊的典例。古代有对老人“赐杖”的礼制，《礼记·王制》说：“五十杖于家，六十杖于乡，七十杖于国，八十杖于朝。”意思是，五十岁的老人可以在家里拄杖，六十岁的老人可以在乡里拄杖，七十岁的老人可以在国都拄杖，而年龄八十岁的老人，就可以在朝廷拄杖。年龄的增长带来的是礼遇的提高。在具体的乡村之中，年老也往往和德高望重联系在一起，具有极大的声望。民间的俗谚说“家有一老，如有一宝”，就是这个意思。

为什么古代乡村社会中有尊老的传统呢？一方面，这是传统家文化下孝道的要求。“老”和“孝”从字形上看有同源性，特别是孝，它含有子负老的意思。尊老其实就是孝道的展开，从尊重孝顺父母开始，进而尊尚祖宗以及一切有血缘关系的长者，进而扩散到熟人社会中的年长者。另一方面，乡村血缘地缘社会中的治理，大多都是“长老统治”，他们握有实际的权力和声望。村民对老者的尊重是实际权力秩序的反映。再者，农耕为主的乡村社会，其内部流动变化较慢，老者所代表的经验和智慧，不会因社会变迁过快而受到冲击。老者本身就是故土老屋、老树以及安土重迁的一部分和象征。

因为是熟人社会，有共同尊敬的长者、老者，村民们又是多年比邻而居的老邻居，所以，追求邻里和睦也是乡村社会的特征。邻里和睦的理想状态是什么呢？唐代的王驾有一首著名的《社日》，是这样描绘的：

鹅湖山下稻粱肥，豚栅鸡栖半掩扉。
桑柘影斜春社散，家家扶得醉人归。

社日是古代春、秋季节两次例行的祭祀土地神的日子：春社和秋社。诗里的社日是春社。诗的大概意思是说，鹅湖山下稻粱丰收，家家户户猪满圈鸡成群，其乐融融半掩门扉。桑树柘树的影子越来越长，春社的欢宴才渐渐散去，喝得醉醺醺的人在家人的搀扶下尽兴而归。这首诗描绘了一幅乡村邻里之间其乐融融的场景。古人的习惯，在祭社之处必植树，所谓“故园乔木”，指的就是社树，它象征着乡里。

邻里之间也不总是和平相处，经常会有纠纷和矛盾，如何化解纠纷也是邻里和睦的重要内容。清代著名的“六尺巷”故事，突出一个“让”字。相传，清康熙年间，张英担任文华殿大学士，他在安徽桐城的老屋与吴家为邻，两家院落之间有条巷子，供双方出入使用。后来吴家要建新房，想占这条路，张家人不同意。张家人一气之下写封加急信送给张英，要求他出面解决。张英看了信后，认为应该谦让邻里，他在给家里的回信中写道："千里来书只为墙，让他三尺又何妨？万里长城今犹在，不见当年秦始皇。"家人阅罢，主动让出三尺空地。吴家见状，深受感动，也主动让出三尺房基地，"六尺巷"由此得名。

土地、家人、邻里、成长的社会和不变的老屋、老树，共同构成了能不轻易离开的故乡。对于古人而言，故乡主要是指农耕为主的乡村社会。

安徽桐城六尺巷

二

背井离乡

关于故乡，古人有很多说法和典故。比如，吾爱吾庐、父母之邦等等，其中最普遍的一个词就是“桑梓”。《诗经·小雅·小弁》中说“维桑与梓，必恭敬止”，说的是看到桑树与梓树，就会想到父母和故乡。为什么会用桑梓指代故乡呢？

在我国古代，桑、梓是人们日常生活中常见的两种树。桑叶能养蚕，桑果可以食用和酿酒，树皮可以造纸。梓树嫩叶可以食用，皮可入药，树干是制作家具、乐器、棺材的好材料。因此，古人喜欢在住宅周围栽种桑树和梓树，人们对父母先辈所栽种的桑树、梓树充满了敬意。久而久之，桑树和梓树就成了故乡的象征，“桑梓”也成为故乡的代名词。

五亩之宅，房前屋后多种桑树与梓树，古人遂用桑梓指代故乡。其实很有意思，中国古人会用植物来代称事务和情感。如“椿萱并茂”这个词，它比喻父母都健在安康。椿，是椿树，用来象征严父，所以父亲的岁数也叫椿寿。《庄子·逍遥游》里说：“上古有大椿者，以八千岁为春，八千岁为秋。”大椿长寿，所以古人用来比喻父亲。《诗经·卫风·伯兮》里说：“焉得谖草，言树之背。”“谖”同“萱”，

“萱草”就是忘忧之草。“背”指“北堂”，北堂常为主妇的居所。所以古人用萱草来比喻母亲，母亲也叫萱堂，母亲的寿数也叫萱寿。

桑梓虽然不愿意轻易离开，但是古人迫于生计和各种原因，往往不得不离开家乡，比如出外谋生，科举赶考等等——展开一段“背井离乡”之旅。离开故乡，为什么叫背井离乡呢？是因为故乡的村口有一口老井吗？

背井离乡其实是和井田制有关。周代的井田制，一般把土地划为九份，八家为井，四周是私田，中间是公田，各家一起耕种。《孟子·滕文公上》说：“死徙无出乡，乡田同井。出入相友，守望相助，疾病相扶持，则百姓亲睦。方里而井，井九百亩，其中为公田。八家皆私百亩，同养公田。”后来，“井”就引申为乡里的意思，有乡井、市井、闾井的说法。

翻看史料，会发现“背井离乡”这个词出现最多的是元代的杂剧之中，比如关汉卿的《汉宫秋》里有“背井离乡，卧雪眠霜”，形容离开故乡后旅途之苦。我们今天也总把离家的惆怅说成略带悲伤的“背井离乡”。

三

浮云游子

古人背井离乡，在当时的交通和经济条件下，有些人可以很快回来；有些人要滞留他乡很久；有些人可能终生驻足异乡。这就产生了对故乡的思念，也就是乡愁。有关乡愁的典故不胜枚举，古人仅用动物比喻的就有很多动人的描述。比如“狐死首丘”，战国时被流放的屈原在《哀郢》中说：“鸟飞反故乡兮，狐死必首丘。”古代传说狐狸如果死在外面，一定把头朝着它的洞穴。因此，“狐死首丘”用来比喻怀念故乡，也比喻对故国和故乡的思念。再比如“代马依风”，西汉桓宽写有《盐铁论》，其中有这样的记载：“故代马依北风，飞鸟翔故巢，莫不哀其生。”“代”是古国名，泛指北方。“代马依风”意思就是北方所产的马总是怀恋北边吹来的风，常用来比喻人心眷恋故土，不愿老死他乡。再比如“越鸟南栖”，“越”是指南方地区，故称南方的鸟为“越鸟”。在《古诗十九首》中的第一首诗中写道：“胡马依北风，越鸟巢南枝。”这首诗的背景是东汉末年，士人游宦风气盛行，大批文人为了寻求出路不得不远离家乡，以求得一官半职。这些人长期在外，难免有对故乡的怀念，“越鸟南栖”就被用来表达游子对故乡的难忘。

乡愁是家国情怀中扎实而朴素的情感。古往今来，思念故乡的诗歌实在是俯拾皆是。这里就简单地分分类，略举几则思念故乡的感情。

第一种是人在外地，想念家乡型，这种思乡的情感，可能大多数人都有体验。比如杜甫的《月夜忆舍弟》中的前四句：

戍鼓断人行，边秋一雁声。
露从今夜白，月是故乡明。

这首诗是乾元二年（759年）秋天，杜甫在秦州所作，当时正值安史之乱，兄弟几人分隔各地，不通音讯。白露是二十四节气之一，在这天晚上，诗人在月夜思念兄弟，怀念故乡，这才有了“露从今夜白，月是故乡明”的千古名句。

很有意思的是，古人在表达思念家乡和亲人的情感的时候，月亮常常入戏，成为寄托情感的象征。这是为什么呢？一方面是月有阴晴圆缺，与人间的悲欢离合能够产生共鸣，月相变化预示着在外的时间的流逝；另一方面，每至夜晚，一轮明月高悬天际，古人会觉得无论是身在故乡还是他乡的人，看到的都是同一个月亮。简单来说，人的思乡情感需要环境的衬托，于是月亮成为假想的情感传达的寄托。“海上生明月，天涯共此时”就是这个意思，“但愿人长久，千里共婵娟”也是这个意思。

第二种故乡之思是家门口的彷徨。离家很久，终于回到故土，却又在家门口徘徊。唐代诗人宋之问的《渡汉江》，就很形象地表达了这种思乡的感情。

岭外音书断，经冬复历春。
近乡情更怯，不敢问来人。

这首诗的大意是说，我离开家乡去岭南，已经很长时间没有和家人联系了。如今，我回到家乡，离家越近，心情就越紧张。以至于遇到同乡，都不敢打听家里的情况。为什么到了家门口要紧张和徘徊呢？一方面是对故乡的思念深，以至于现在回来了，内心不能保持平静；另一方面很现实的原因是不知道家里有什么变化，不知道父母身体是否安好，儿女是否健康活泼，担心万一有不好的变化自己很难接受。贺知章在《回乡偶书》中说的“惟有门前镜湖水，春风不改旧时波”，大概也是这种多年后回家的五味杂陈的感情。

第三种故乡之思是现实中回不去家乡，只能在梦里回家的。元代散曲大家张可久有一首《清江引·秋怀》：

西风信来家万里，问我归期未？

雁啼红叶天，人醉黄花地，芭蕉雨声秋梦里。

这是一首游子思乡的小令。西风送来了远在万里之外的问候，什么时候回家诗人未定归期，只能在秋夜里听着雨打芭蕉的声音，做个好梦，回到家乡探望亲人。“梦中归乡”映衬的是现实中人在旅途的无奈，更增加了怀乡的深沉。

第四种是吃货想家的乡愁。在外为官很久，突然想到家乡的某种美食，立刻就馋得弃官返乡了。这不是开玩笑，是实有其事真有其人。西晋人张翰，字季鹰，吴郡吴县（今江苏苏州）人。张翰在洛阳做官的时候，有一天见秋风吹起，想起了故乡秋季的美味——莼菜和鲈鱼，便对旁人说：“人生最重要的事情是符合自己的心意，怎么能为了名和利就违背了自己的内心，离家千里呢？”于是放弃了官位，回到了家乡。后来，“莼鲈之思”便用来表达游子对故乡的思念之情。其实今天也一样，可能某一种小时候的食物就会勾起我们对家乡的思念，当然，也不排除家乡的东西确实好吃。

还有一种乡愁，相比之下更为豁达。毕竟，不是所有人离开故土都能衣锦还乡或者叶落归根，很可能就回不去了，要长做他乡之人。对豁达的人来说，即使如此，也可以劝慰自己，贬居岭南的苏东坡说得好：

试问岭南应不好，

却道，此心安处是吾乡。

“此心安处是吾乡”，安慰了古往今来多少他乡漂泊的心。苏东坡本人从家乡眉州出发，一生历经黄州、杭州、密州、儋州、惠州等地，最后也没有回到故乡，而是客死在异乡的路上。

明 朱之蕃《临李公麟画苏轼像轴》
传为苏东坡被贬岭南时，好友李公麟为其所作画像。

四

乡关何处

尽管中国人大都不愿意离开故土，但是迫于战乱、徭役、谋生各种原因，历史上大规模的人口迁徙经常上演。大槐树的传说、珠玑巷的历史、闯关东和下南洋、湖广填四川，江西填湖广……这些大规模的移民，带来的是大规模的背离故土，也就带来了对于家庭、家族、家乡追念的各种文化传统。

海内外的黄姓宗族内部，有一首流传很广的八句《认祖诗》，里面有四句是这样说的：

身居外境犹吾境，久住他乡即吾乡。
朝夕莫忘亲命语，晨昏当荐祖宗香。

这四句诗，既表示不忘宗族血缘的孝敬之心，又展示了面对生活，以他乡为故乡的进取精神。一代代普通的中国人，不正是这样走过来的吗？

北方很多省份的人，都认为自己祖先来自山西洪洞大槐树，要去大槐树寻根祭祖。这是为什么呢？其实大槐树下不可能养育那么多的人。元末明初的战争中，中原大部分地区人口死亡和流失严重。明代初建，洪武到永乐年间，陆续迁

◆山西洪洞大槐树

徙山西人口往河南、山东等中原地区，大槐树是办理手续的中转站。久而久之，人们就将大槐树视作是故乡的象征。至少，祖先的脚步曾经在这里停留过。广东韶关的珠玑巷，也和大槐树一样，是中原和岭南之间联系的通道，历史上无数中原人在夕阳西下之时，通过珠玑巷向岭南以南移民。清末，无数山东、河北人离开家乡，向广袤的东北黑土地进发闯关东。至今，仍有一个很有意思的现象，东北人对山海关格外看重，他们把山海关之内叫作“关里家”，一个家字，是冰天雪地中无数移民的乡愁。

明清之际的漳、泉二州的闽南人和粤东人，迫于生计的压力，跨过凶险的黑水沟，去对岸的台湾讨生活。很多人离开家乡的时候，随身携带着祖先的牌位和故乡的神灵，伴随自己一起去不可知的异乡开始新的生活。直到今天，台湾很多地方的庙宇供奉着各种各样的神灵，倘若你对这些神灵有研究，很快就能判断出附近聚居的民众来自大陆什么地方。因为，庙宇里的神灵是故乡的象征。台湾每年妈祖巡境、烧大王船等民俗活动，都带有浓浓的家乡情结。

由于历史原因，海峡两岸在很长一段时间内互相隔绝，不通音信。隔绝在两岸的，也有对故乡的思念和不能团圆的深深的遗憾。国民党元老于右任是陕西人，到台湾之后一直没能回到故乡。他用一首著名的《望故乡》，来表达自己的对家乡的思念：

葬我于高山之上兮，望我故乡；
故乡不可见兮，永不能忘。
葬我于高山之上兮，望我大陆；
大陆不可见兮，只有痛哭。

台湾作家余光中那首著名的《乡愁》，更是道出了他那个时代的海峡两岸思乡情。

乡愁是一枚小小的邮票，
我在这头，
母亲在那头。
……
而现在，
乡愁是一湾浅浅的海峡，
我在这头，
大陆在那头。

从母子、夫妻、生死到两岸，在余光中的笔下，乡愁是具体、自然而又发自肺腑的。唐代的柳宗元在被贬湖南永州之后，曾经有感而发写了忆及故乡的两句诗“乡禽何事亦来此，令我生心忆桑梓”，把他乡的黄鹂看成是故乡的乡亲。

千年之后，余光中给诗人流沙河的信中，写下了《乡愁》之外的乡愁。这个乡愁和柳宗元的思乡意象竟然是一样的：

> 在海外，夜间听到蟋蟀叫，就会以为那是在四川乡下听到的那一只。

黄鹂也好，蟋蟀也罢，都不是故乡的那只，只有人，才是故乡的那个。对于今天的我们来说，对桑梓故乡的感情，可能是过年回家；可能是想念某种家里的美食；可能是母亲的一顿饭。乡愁在古今是一样的，不存在时空和文化的隔阂。

中国人“家”的意识和传统是根深蒂固的。过年要回家，终老要落叶归根，追求的是团团圆圆。

文化关键词

安土重迁

安于故土生活，不轻易迁往他处。这是传统农业社会一般民众普遍具有的一种思想观念和情感。其实质，首先是离不开土地，因为土地是农业社会人们赖以生产、生活的基本资源；其次是离不开祖宗坟茔和血亲家族，因为传统中国是宗法制社会，祖宗崇拜是基本信仰，聚族而居是社会常态。此外，离开自己生于斯长于斯的环境和社会，人们会感到不便或不安。这种思想观念和情感偏于消极或保守，但也体现了人们热爱家乡、热爱土地、热爱亲人、热爱和平的纯良品格。

叶落归根

树叶凋落，回到树根周围。比喻事物总有一定的归宿，多指久居异乡的人终究会返回故里。和“安土重迁”一样，它包含着中国人自古普遍具有的一种思乡观念和情感。虽不免消极或保守，但也体现了人们热爱故土、思念亲人的纯良品格和家国情怀，是文化认同的原点之一。

篇五　家书抵万金

南北朝时任昉编写的《述异记》里，有这样一个小故事。西晋文学家陆机养了一只狗，名为“黄耳”。陆机在京城洛阳为官的时候，好久没有收到家中来信，担心家中发生了什么变故。一天，陆机对黄耳开玩笑说：“你能带着我的书信跑回家乡，并取来回信吗？”黄耳仿佛听懂了陆机的问话，摇着尾巴很开心的样子。陆机立即修书一封，装入竹筒，绑在爱犬黄耳的脖子上，并让它上路。黄耳沿着专门给马车通行的道路，日夜不停地赶路，竟然真的把陆机的信送回到家乡。家人看到陆机的信后，写了回信给陆机。黄耳再次翻山越岭，回到京城。陆机的家乡和洛阳之间相隔千里，人走路来回尚且需要五十天，而黄耳只用了二十多天，就把书信送到了。后来黄耳死了，陆机埋葬了它，立上碑文，名为“黄耳冢”。

《述异记》里的这个故事叫作“黄耳传书”，《晋书·陆机传》也有记载，可见它不是凭空捏造的虚构故事。自此之后，人们就把传递家书叫作“黄耳传书”。

清“黄耳传书”木雕板

一

鱼雁往还

家书，其实就是家人之间的书信。中国的书信文化由来已久，传递信息、交流情感是人类的本能，特别是文字发明之后进入文明社会，书信往还成为古人日常生活的一种自然状态。

不过，“书”和“信”最初不是一个概念。书是各类书信的总称，我们所熟知的乐毅《报燕王书》、司马迁《报任少卿书》、嵇康《与山巨源绝交书》等，都是今天书信的意思。而信在先秦时期更多指的是使者的意思。至迟汉代之后，信开始和书的意思互相替换。比如，唐代边塞诗人岑参的《安西馆中思长安》中说：

风从帝乡来，不异家信通。

这里的信，不再是信使的意思，而是指书信。这句诗的意思是人在边塞，从长安方向吹来的风，就像是家中来信一样亲切。到了晋代，书、信组合成复合词“书信”，与书、信共同皆指今天意义上的书信。

由于不同时期文字的载体不同，古代的书信还有很多别称。在纸未被发明以前，书写或刻在竹片上的叫“简”，如

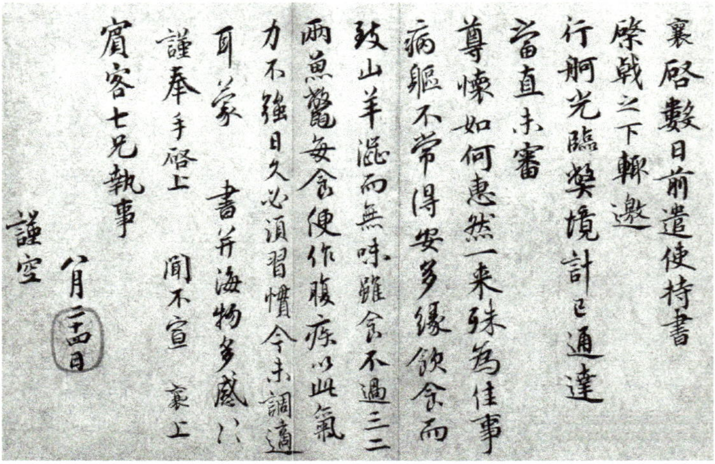
襄啓：數日前遣使持書
際，戟之下輙邀
行舸光臨獘境，計已通達
當直。未審
尊懐如何？惠然一来，殊為佳事。
病軀不常得安，多緣飲食，而
致山羊澀而無味，雖食不過三二
兩，魚鼈每食便作腹疾，以此氣
力不強。日久必須習慣，今未調適
耳。蒙
書并海物，多感多感。
謹奉手啓上
閒，不宣。襄上
賓客七兄執事。
八月二十四日
謹空

◆宋 蔡襄《持书帖》

“书简”“小简”等。书写或刻在木片上的称“札”，如“书札”“笔札”“手札”等。因书信写好之后要装在套里，故称又“函札”“缄札”。此外，写在木片上的也叫“牍”，古代用一尺长的木片作书信，所以称“尺牍”。古代文字载体除竹简、木片外，还有绢帛，写在绢帛上的称“帖”，如陆机的《平复帖》、王羲之的《快雪时晴帖》。写在一尺长的绢帛上的书信又叫“尺素”“尺锦”。纸出现之后，写在纸上的书信叫作“尺纸”“平笺”“彩笺”“尺翰”等。又因古代信纸竖写每页八行，所以书信有时也被称作“八行书”。

书信还有一个特别文艺的别名，叫作“鱼雁”，是“鱼书”和“雁足”的合称。书信为什么叫鱼书呢？有两种说法：一种说法认为，鱼在水中能够自在的迁徙，又是水中的沉潜之物，就像书信需传递而又有隐秘性，所以用鱼书来比喻书信；另一种说法认为，古人所用的信封，是用两块木板做成，上面刻着花纹，形状像鲤鱼，信被夹在中间，然后缄封好，所以称信为鱼书。汉乐府民歌《饮马长城窟行》中有这样四句：

客从远方来，遗我双鲤鱼。
呼儿烹鲤鱼，中有尺素书。
长跪读素书，书中竟何如。
上言加餐食，下言长相忆。

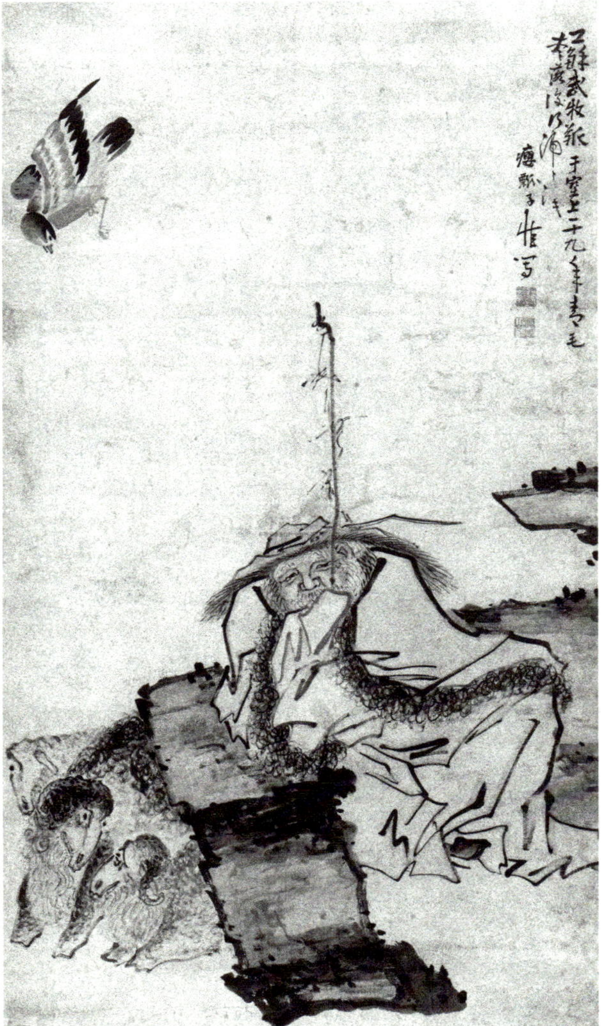

◆清 黄慎《苏武牧羊》

《饮马长城窟行》这首诗是妻子怀念远方服役的丈夫。诗中的“双鲤鱼”不是指真正的鱼，而是指鲤鱼形的信函。诗文大意是说，客人带来了远方丈夫的书信，妻子仔细去读丈夫的家信。丈夫在信中说，要妻子多吃饭保重身体；丈夫在信中还说，很想念妻子和家人。朴素的语言道出了家信中千古不变的关切和思念之情。

“雁足”或“雁书”也是书信的别称。鸿雁是候鸟，农耕社会的古人看到秋风起，大雁南翔，在家之人思念远方的游子，而离家的游子也思念故乡，因此希望每年秋飞春回的大雁能给双方传递音信，遂有以雁代书信之说。当然，雁书或雁足作为书信的别称，也是有具体的典故来源的。据《汉书·苏武传》记载，汉武帝时期，汉匈之间连年征战。苏武带人出使匈奴被扣留在草原上，居匈奴十九年而持汉节不变。汉昭帝即位，知道苏武仍被扣留匈奴，遂请匈奴放苏武，匈奴诈称苏武已死，不肯放人。赴匈奴的汉使节便谎称汉天子在上林苑射得一雁，雁足系一封帛书，上面说苏武等在匈奴某地中，匈奴无奈，只得归还苏武。后世就用雁足来代指书信。

鱼书与雁书作为书信的别称，又融入了古人诗词的表达之中，构成了中国式优美的情感诉说。宋代词人秦观写过一首《踏莎行·郴州旅舍》，其中的下阕是这样写的：

驿寄梅花，鱼传尺素，砌成此恨无重数。郴江幸自绕郴山，为谁流下潇湘去。

词人独居在孤寂的客馆，斜阳西下，远方友人的来信，更平添了他深深地离愁别绪，“鱼传尺素”代指的就是朋友的书信。宋代女词人李清照是写词的一代巾帼，她在《一剪梅·红藕香残玉簟秋》中有极优雅美丽的句子：“云中谁寄锦书来，雁字回时，月满西楼。”这里的“锦书”和“雁字回时”的意象，都指向了书信。闺阁中的李清照思念远方的丈夫赵明诚，渴望得到他的回信。

作为书信意象的“鱼雁”，满载了中国人两地的情感。

二

作为书信的一种，家书主要是家人之间的书信往来。父亲写给儿子、丈夫写给妻子、儿子写给父亲等等，是一个不能团聚在一起的家庭彼此之间沟通的桥梁。尤其是在通信不发达的古代，家书承载着一个家庭或者家族沉甸甸的情感积累。

现存最早的家书始于何时？20世纪70年代中期，在湖北云梦睡虎地4号墓，考古人员发现了两片秦代木牍，而这两片木牍其实是两封家书，这是目前所能看到的最早的家书实物。时间需要向前回溯到战国末期的公元前223年。当时，秦出函谷关，逐一与东方六国展开战争，渐有吞灭各国一统天下之势。秦将王翦率数十万大军进攻楚国，木牍家书的两位作者正在淮阳跟随秦军与项燕统领的楚军作战。两位普通的士兵在战火的间隙给家里写信。

睡虎地4号墓的墓主叫作“衷”，出土的两片木牍是衷的两个同胞兄弟“黑夫”和“惊”写给衷的家信。黑夫写给衷的信，编号为11号牍，木牍保存完好，上面的文字是：

二月辛巳，黑夫、惊敢再拜问衷，母毋恙也？黑夫、惊毋恙也。前日黑夫与惊别，今复会矣。黑夫寄益就书曰：遗黑夫钱，母操夏衣来。今书节（即）到，母视安陆丝布贱，可以为禅裙襦者，母必为之，令与钱偕来。其丝布贵，徒［以］钱来，黑夫自以布此。黑夫等直佐淮阳，攻反城久，伤未可智（知）也，愿母遗黑夫用勿少。书到皆为报，报必言相家爵来未来，告黑夫其未来状。闻王得苟得……（转背面）

毋恙也？辞相家爵不也？书衣之南军毋……不也？为黑夫、惊多问姑姊、康乐孝须（媭）故尤长姑外内（？）……为黑夫、惊多问东室季须（媭）苟得毋恙也？为黑夫、惊多问婴记季事可（何）如？定不定？为黑夫、惊多问夕阳吕婴、匾里阎诤丈人得毋恙……矣。惊多问新负（妇）、妴（婉）得毋恙也？新负勉力视瞻丈人，毋与……勉力也。

用今天的白话文来说，这封家信的大概内容是：黑夫和惊向家里的大哥和母亲问好，由于前方战事紧张，请家里赶紧给送点钱来，再让母亲做几件夏天穿的衣服送来。黑夫告诉家里，他们马上就要投入淮阳之战了，进攻战事不知要持续多久，谁也说不准会发生什么意外，所以请母亲给的钱也别太少了。收到信后一定要告诉他们官府授予爵位的文书送到没有。信和衣物寄到南方军营时千万别弄错了地方。替他们问候姑姑、姐姐以及乡里的其他人，惊特别惦记他的新媳妇，一切都好吧？惊嘱咐新媳妇要好好照顾老人，别跟老人置气。

惊写给大哥衷的信，编号6号牍，目前能够识别的有87个字，比较简短。

> 惊敢大心问衷，母得毋恙也？家室外内同……以衷，母力毋恙也？与从军，与黑夫居，皆毋恙也。……钱衣，愿母幸遗钱五、六百，布谨善者毋下二丈五尺。……用垣柏钱矣，室弗遗，即死矣。急急急。惊多问新负、娶皆得毋恙也？新负勉力视瞻两老……（转背面）
>
> 惊远家故，衷教诏娶，令毋敢远就若取新（薪），衷令……闻新地城多空不实者，且令故民有为不如令者实……为惊祠祀，若大发（废）毁，以惊居反城中故。惊敢大心问姑秭（姐），姑秭（姐）子彦得毋恙……？新地入盗，衷唯毋方行新地，急急急。

从信中内容来看，惊是个急性子的人，信中多次出现了“急急急”的字样，表明兄弟两人的处境比较艰难，也能看出惊有点焦虑。惊的信大部分和黑夫所讲的内容相似，不同的是惊对家里新妇所说的话。他说他非常惦记新媳妇，新媳妇要尽力照顾好家中二老。惊出门在外，拜托大哥来教育管束新媳妇了。如果要打柴，一定不要让新媳妇去太远的地方……

这两封睡虎地秦牍，是现今保存最早的家书。信的内容也没有什么和今天的家书特别不一样的地方，无外乎写的都是些家常，正如李春波在《一封家书》中所唱：“亲爱的爸爸妈妈，你们好吗？”除了日常的问候，就是向大哥和母亲要钱和衣服，以及惊对新过门的媳妇的惦念和要求，何其朴实无华！烟火气充盈于整个木牍家信之中。即使两千年之后，随着考古发掘重见天日，映入众人眼帘的仍是普通得不能再普通的家庭，简单得不能再简单的家信。一个战国末年的秦国几口之家的温情，跃然纸上。

秦楚之战的最终结局是王翦、蒙武灭楚。“二十四年，王翦、蒙武攻荆，破荆军，昌平君死，项燕遂自杀。”（《史记·秦始皇本纪》）那么，大的时代和大的历史之下的小人物黑夫和惊最终是什么样的结局呢？他们在战争中生还回到家乡了吗？如愿得到秦国的奖赏了吗？还是他们作为千军万马中的一员，伴随着“一将功成万骨枯”，长眠于金戈铁马的战场之中了呢？从他们大哥衷死后随葬的家信来看，也许结局是悲剧性的。不过，信史没有证据只能是猜测。而两片木牍家信的出土，真实再现了两千多年之前的家书样子。

在战火纷乱的年代，因战争而导致家庭成员的别离和天各一方，从来都是中国传统家国文化中的一个主题。战争的阻隔和家信的维系，是苦难和温暖并存的一体两面。唐至德二年（757年）的春天，因安史之乱而与家人分隔很久的诗人杜甫，深陷长安，目睹春天草木无情的茂盛和古都的一片废墟，写下了著名的《春望》，其中的“烽火连三月，家书抵万金”，是传诵后世的名句。因为，它写出了战乱之中家人分离、互盼音讯的急切，也写出了家国破碎、百姓无所归依、山河零落的悲凉。好的诗歌，从来不是表达上的华丽，而是能和读者在内容上产生深深的共鸣。

三

庭训家声

古代的家书，有很大一部分是和“庭训”相关，什么是庭训呢？其实就是父亲对儿子的教诲。庭训一词，和孔子教育自己的儿子孔鲤有关。

据《论语·季氏》记载，孔子的弟子陈亢曾经问孔鲤，你父亲对你有特别的教诲吗？孔鲤是这样回答的：

> **未也。尝独立，鲤趋而过庭。曰：“学诗乎？”对曰：“未也。”“不学诗，无以言。”鲤退而学诗。他日又独立，鲤趋而过庭。曰：“学礼乎？”对曰：“未也。”“不学礼，无以立。”鲤退而学礼。闻斯二者。**

这段对答用情景剧演绎，是这样的：

有一次孔子在庭院里站着，孔鲤低头快步从庭院走过。

父亲孔子问：“学《诗经》了吗？”

孔鲤说：“没有。”

孔子说：“不学诗，就说不好话。”

孔鲤就回去学《诗经》。又有一天，孔子又独自站在庭院中，孔鲤低头快步从庭院走过。

孔子问：“学《礼记》了吗？”

孔鲤说："没有。"

孔子说："不学《礼记》，就不懂得怎样立身。"

孔鲤就回去乖乖学《礼记》。

由于孔子对儿子的两次教诲，都是在家的庭院里，所以后世就把父亲对儿子耳提面命的教导，雅称"庭训"。上自天潢贵胄，下至庶民百姓，父亲都会对儿子做谆谆教导。古代的很多家书，就承载着庭训的功能。

父亲在家书中的庭训，主要是劝勉子孙辈积极上进，要求树立良好家风和家声。千百年来，有许多父子之间的家书，成为流传的经典。比如，三国时期蜀汉丞相诸葛亮临终前写给儿子诸葛瞻的家书《诫子书》：

> 夫君子之行，静以修身，俭以养德。非淡泊无以明志，非宁静无以致远。夫学须静也，才须学也，非学无以广才，非志无以成学。淫慢则不能励精，险躁则不能治性。年与时驰，意与日去，遂成枯落，多不接世，悲守穷庐，将复何及！

这封给儿子的家书，主要是教育儿子做人的道理。当时，诸葛瞻不过才八岁，很难读懂父亲的一片殷殷之情。因此，这封家书可以看作是诸葛亮对儿子的期待和训诫。家书中的"静以修身，俭以养德。非淡泊无以明志，非宁静无以致远”，早已成为千古名句，被许多人奉为立志修身的圭臬和座右铭。《诫子书》的庭训内容超越了一个父亲对儿子的私人教导，成为影响深远的先辈的训诫。之所以会有如此大的效应和回响，是因为它切中了中国人修身立德的根本。

诸葛亮之后，北宋的大史学家司马光，也有一封写给儿子司马康的极为有名的家书，叫《训俭示康》。这封家书很长，但意思却很简单，就是要儿子认识到“吾本寒家，世以清白相承”，要有“俭德”。家书中有一段是这样说的：

> 夫俭则寡欲：君子寡欲，则不役于物，可以直道而行；小人寡欲，则能谨身节用，远罪丰家。故曰：“俭，德之共也。”侈则多欲：君子多欲则贪慕富贵，枉道速祸；小人多欲则多求妄用，败家丧身；是以居官必贿，居乡必盗。故曰：“侈，恶之大也。”

在司马光看来，“俭”不仅是节约不浪费，而是所有好品德共有的特点。如果一个君子能够少点欲望，那他就不会被外在的物质和权力束缚住手脚，可以坦然走正直的路。相反，要是一个人贪慕富贵和权力，那就没法坚持正道，必然会败家丧身。司马光给儿子的这段训诫，直到今天还振聋发聩。有多少败家子，就是因贪慕虚荣和讲究享乐，最终走向了身败名裂的境地。不守节俭，小则毁己毁家，大则祸国殃民。然而数千年来，这样浅白的道理，许多人懂，却做不到。

司马康做到了。在父亲的教诲下，他短暂的一生为人廉洁，口不言财。就连天子的赏赐，他都“悉以与族人”。可见，司马光的庭训起到了作用，为儿子指明了一条宽阔的人生之路。

父亲家书中的庭训，虽然大都是教子修身治学，但内容却千差万别，各有各的细微之处。比如，西汉刘向有《诫子歆书》，告诫儿子刘歆要避免骄纵得意忘形，否则会“贺者在门，吊者在闾”。诸葛亮其实还给儿子写过另一封家书，叫《又诫子书》，谈的内容是喝酒：

> **夫酒之设，合礼致情，适体归性，礼终而退，此和之至也。主意未殚，宾有余倦，可以至醉，无致于乱。**

诸葛亮认为，适当地在宴席上设置一些酒，符合礼节，表达情意。不过，不能喝到迷乱沉醉的地步。东汉的蔡邕在写给女儿蔡琰的家书《女训》中，讲到修饰容貌和修养身心之间的关系。蔡邕告诉女儿，在揽镜自照的时候，外在容貌的修饰要和内心的纯洁、从容相匹配[1]。金代的韩玉，本是忠臣却被冤屈而死。临终前，他写有给儿子的《临终遗子书》：

> 此去冥路，吾心浩然。刚直之气，必不下沉，儿可无虑。世难时艰，努力自护，幽明虽异，宁不见尔？

韩玉在信中告诉儿子，自己虽然将要赴死，但是内心浩然，让儿子不必担忧，以寥寥数语，用生命为儿子书写了刚直的榜样。

庭训家书，负有教导的责任，多是父亲向儿子传授人生经验，告诫子孙修身的原则。这些家书也可以看作是和《颜氏家训》《朱子治家格言》一样的治家格言。

1 蔡邕在《女训》中谈容貌修饰与心之间关系的原文是这样说的："故览照拭面，则思其心之洁也；傅脂，则思其心之和也；加粉，则思其心之鲜也；泽发，则思其心之顺也；用栉，则思其心之理也；立髻，则思其心之正也；摄鬓，则思其心之整也。"

四

曾梁家书

近代以来，最有名的家书是“曾国藩家书”和“梁启超家书”。

观曾国藩家书，其中有对父母的问安；有对家中诸弟在学问上和为人处事上的教导与要求；还有对儿子的悉心培育。作为曾氏家族的一员，曾国藩对于“家”倾注了极大的心血。

曾国藩的家书，其实是很传统的。他和先代前贤一样，以培养家中栋梁为己任，书信中多是修身处事的道理，时刻不忘教导后辈。不过，曾国藩的家书讲道理讲得让人信服。和日记一样，曾国藩很真诚地和自己的兄妹儿女交流，从日常琐事到读书治学、修身养性，他都以自己为例子，剖析自己的优缺点以身示范，读来仿佛亲在眼前。这是很多人喜欢读曾国藩家书的一个原因：真诚。

在家书中，曾国藩反复表达了自己的治家理念。在写给儿子曾纪泽的信中，他说：“凡人多望子孙为大官，余不愿为大官，但愿为读书明理之君子。勤俭自持，习劳习苦，可以处乐，可以处约，此君子也……凡仕宦之家，由俭入奢易，由奢返俭难。”言外之意，他不希望子孙做大官，而是希望子孙多为读书明理，勤俭自持的君子。他说的是漂亮话吗？还真不是。曾氏子孙中，后来居官的不多，大都以学问和专才见长。即使是曾纪泽，也在科考屡次不中之后，自学外语，成为近代中国最早的一批外交官，驰骋于东西洋之间。

曾国藩不希望后人做官，而是做读书明理的君子，是有深远的考虑的。也是在给儿子们的家书中，他说：“历观古来世家久长者，男子须讲求耕读二事。”所谓耕读，其实就是传统农业社会的“耕读传家久”。在乡村，书香门第的家族，一边不脱离土地，一边以治学为己任，而居官一任，不过是相对短暂的一段历程。观察中国历史，似乎没有能逃过“君子之泽，五世而斩”的家族，曾国藩的思虑是有道理的。

怎么坚持“耕读”呢？曾国藩一是相信唯有读书可以变化气质，子孙当以读书为第一要义，他在家信中频频关注家中藏书楼的情况。二是认为要勤俭，在给儿子曾纪鸿的信中，曾国藩承认此时曾家已是门第鼎盛的大族，但这个时候也很危险、容易出纨绔子弟的时候，所以他说：“凡世家子弟衣食起居，无一不与寒士相同，庶可以成大器。若沾染富贵气习，则难望有成。”这句话听得进去，便可以人才辈出；听不进去，就是一世而衰。

再观梁启超家书，梁任公的家书情感充沛，很有意思，也很有价值。

梁启超是近代著名的思想家和学者，声名彪炳于海内外。世人皆知梁任公“流质善变”，笔端常带感情。其实，他对子女的爱也是十分敢于表达。梁启超一生有梁思顺、梁思成等子女九人，在他的悉心教育下，“一门三院士，九子皆才俊”，堪称是家庭教育的成功典范。梁启超对子女的要求，在数百封宝贵的家书之中，而且他在这些家书中从不避讳自己对子女的一腔感情。

梁思顺是梁启超的大女儿，两人相差仅20岁，所以很谈得来。梁启超的家书以写给大女儿思顺的为最多，特别是梁氏父女远隔重洋之后，梁启超偶有触动，便要写信给女儿，经常在书信中表达对女儿的思念和希望她尽快回来的迫切心情。1923年的一天，梁启超一个人独酌微醺，就写信给宝贝女儿思顺：

> 今天我一个人独住在馆里，天阴雨，我读了一天的书，晚间独酌醉了，好孩子别要着急，我并不怎么醉，酒亦不是常常多喝的。书也不读了，和我最爱的孩子谈谈罢，谈什么，想不起来了。……我常说天下事业无所谓大小，士大夫救济天下和农夫善治其十亩之田所成就一样。只要在自己责任内，尽自己力量做去，便是第一等人物。

和许多父亲的庭训家书一样，梁启超也不忘在家信中教导女儿如何做人，认为在自己的能力范围内尽职尽责就是第一等人物。不过，梁氏家书最有价值的地方不是他对子女的教诲，而是在一百年前，敢于直接表达爱！表达对子女的喜爱、思念和调侃、依赖与“撒娇耍赖”。你看，梁任公喝多了就要和最爱的孩子谈谈，而且和女儿之间的对话轻松平等，突破了传统父亲的严肃和“装”，以一个乐观幽默的老顽童形象，把自己透明地展现给女儿。1927年12月24日，他在致大女儿的家信中是这样说的：“须知你是我第一个宝贝，你的健康和我的幸福关系大着哩。好孩子，切须听爹爹的话。”为女儿健康着急的“柔情蜜意”，隔着信纸扑面而来。

对于其他的子女，梁启超也一样富于情感。在1925年5月9日致顺、成、永、庄书中，他是这么表达对远方的孩子的思念的：

> 你们到温（哥华）那天，正是十五，一路上看着新月初升直到圆时，谅来在船上不知蹭了多少次“江上何人初见月，江月何年初照人”了。我晚上在院子里徘徊，对着月想你们，也在这里唱起来，你们听见没有？

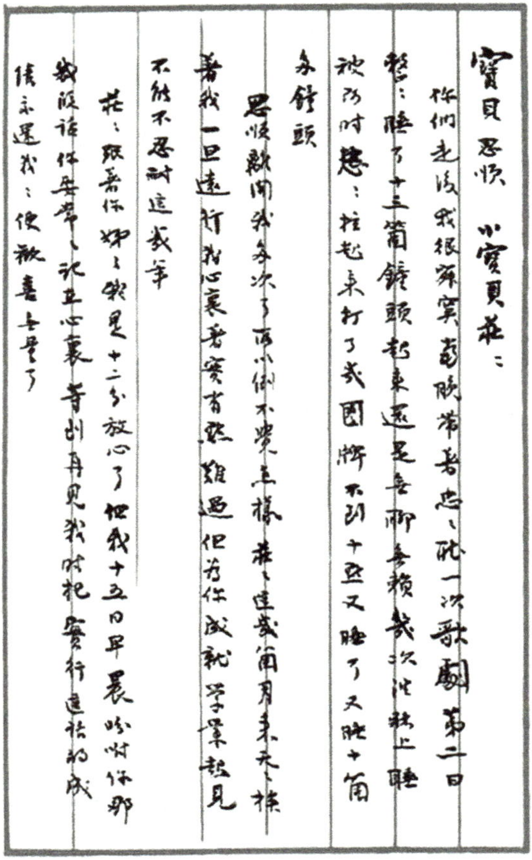

寶貝思順 小寶貝莊莊

你們走後我很寂寞，當晚帶着忠忠聽一次歌劇，第二日整整睡了十三個鐘頭，起來還是無聊，多賴我這次沒牀上睡，被你們時聰聰拉起來打了幾圈牌，不到十點又睡了，又睡十個多鐘頭。

思順離開我多次了，所以倒不覺怎樣，莊莊這幾個月來天天跟着我，一旦遠行，我心裏着實有點難過，但為你成就學業起見，不能不忍耐這幾年。

莊莊跟着你姊姊，我是十二分放心了，但我十五日早晨吩咐你那幾段話，你要常常記在心裏，務必再見我時把實行這話的成績示還我，我便歡喜無量了。

画面感很强，一群孩子在大海中望新月初升；一个老父亲在院里对月徘徊，牵系他们的，是家的温暖和血脉亲情。

得不到孩子们的来信，梁启超就很焦急。1927年6月15日给孩子们的家书中，他批评儿女们不写信给他："你们须知你爹爹是最富于情感的人，对于你们的感情，十二分热烈。你们无论功课若何忙迫，最少隔个把月总要来一封信，便几个字报报平安也好。"这"十二分的热烈"也体现在家书的署名上，他给每个子女在信中都起了有意思的名字，他给大女儿梁思顺取爱称"大宝贝""我最爱的孩子"；二女儿梁思庄，他在信中则肉麻地称她为"小宝贝庄庄"；三女儿梁思懿则被他戏称为"司马懿"；小儿子梁思礼是"老白鼻"（old baby的谐音）。写信时他自己的落款也常常是"爹爹""饮冰"之类的不停变换。

家书抵万金，无论是古人的家书，还是今人的家信，蕴含于其后的是家的观念、情感的延续和社会结构的变迁。

文化关键词

鱼雁

鱼与雁的合称，指代书信。古人认为鱼在水中自在的迁徙和沉潜，就像书信需传递而又有隐秘性。汉代以来用鱼形木板为信封。古乐府诗《饮马长城窟行》中有远方的客人带来双鲤鱼，鲤鱼中有书信的描述，所以书信被称为“鱼书”；雁足或雁书指代书信，是因为鸿雁是候鸟秋去春回，人们希望它能传递音信，《汉书·苏武传》中有雁足系帛书的故事，后世就用“雁足”来代指书信。中国古代诗词文化传统中，常常引用典故来增强美感和营造文化氛围。

庭训

父亲对子女教诲的雅称，即父教。根据儒家经典《论语》记载，孔子对儿子孔鲤关于诗、礼的两次教导，都发生在家的庭院里，所以，后世就把父亲对儿女的教育，称为“庭训”。中国传统社会是一个讲求血缘关系的伦理社会，上自皇家贵胄，下至庶民百姓，“庭训”既是家中孝道教育的一部分，也是家国孝治的重要内容。

篇六　饮水思源

丰子恺是现代著名的漫画家，师从弘一法师李叔同。他作的漫画不仅风格独特，而且妙趣横生，今天曾风靡一时的老树的漫画，和丰子恺的画颇有几分相似。他曾作画《饮水思源图》，画中一棵参天的古树，古树下面一口水井，人们三三两两从水井中提水。井的旁边竖着一块大的牌子。上面写着标语：“吃水不忘挖井人，时刻想念毛主席。”

《饮水思源图》是丰子恺先生1949年后的作品。他为什么要画这幅作品呢？据丰子恺在《饮水思源——参观江西革命根据地随笔》中记载，这幅《饮水思源图》创作于1961年。当时他随上海政协参观团去江西南昌、瑞金等地进行访问学习，到了瑞金附近一个叫沙洲坝的乡村，那地方有一口井叫红井，是毛泽东同志参加挖掘的。丰子恺就为红井画了一幅速写，回到上海后，就创作了这幅《饮水思源图》。丰子恺所要表达的，当然是革命根据地老百姓对红军的思念之情。

乡关之思

丰子恺所用的“饮水思源”四个字，是中国文化中的一个著名典故。那么，饮水思源是什么意思呢？其实很简单，就是喝水的时候要想到水是从哪里来的，人不应该忘本，要懂得感恩。

饮水思源的典故出自南北朝时期庾信的《徵调曲》（其六）中的一句：

落其实者思其树，饮其流者怀其源。

“落其实者思其树”是说当看到树木下落下的果实，就会想到生长果实的树木。“饮其流者思其源”是说喝着流动的水，就会想到水的源头。后人把这一句诗概括成了“饮水思源”。庾信是南北朝时期的大诗人，早年在南朝梁为官，梁武帝晚年爆发了“侯景之乱”，庾信逃往江陵。承圣三年（554年）奉命出使北朝西魏，值梁为西魏所灭，他只能留居北方。庾信在北朝仕途上还是非常顺利的，历仕西魏、北周，官至骠骑大将军、开府仪同三司，世称“庾开府”。

后来，北朝的北周与南朝的陈通好，很多因动荡而流落北方的士人，大都被允许返回故地，但是庾信却不被允许，大概是因为他文学才华极高，是一代文坛宗师的缘故。杜甫曾有诗句“清新庾开府，俊逸鲍参军”，赞扬的就是庾信和鲍照的诗才。庾信于隋开皇元年（581年）老死在北方，最终也没能回到自己深切思念的故国乡土。

庾信在北朝的状态，《周书·王褒庾信列传》中称：“信虽位望通显，常有乡关之思。”一方面，庾信身居显要高官，被尊为文坛宗师，受到极大的礼遇；另一方面，作为南朝人，庾信又常常有乡关之思，经常想念家乡父老和旧时景物，有羁旅漂泊之感和不得自由的怏怏不乐。更为重要的是，在庾信心中，江南才是他的故乡和文化归宗之地。

北去之后，尽管衣食无忧，但贯穿庾信余生的就是这种对于江南的乡关之思。实际上，庾信的遭遇在中国历史上并不孤单，它是一种类型。处在分裂乱世之中的士大夫，常因各种原因而身处异国不得归，遂有乡关之思。《左传·成公九年》里记载着这样一个故事：

> 晋侯观于军府，见钟仪。问之曰：“南冠而絷者，谁也？”有司对曰：“郑人所献楚囚也。”使税之，召而吊之。再拜稽首。问其族，对曰：“泠人也。”公曰：“能乐乎？”对曰：“先人之职官也，敢有二事？”使与之琴，操南音。

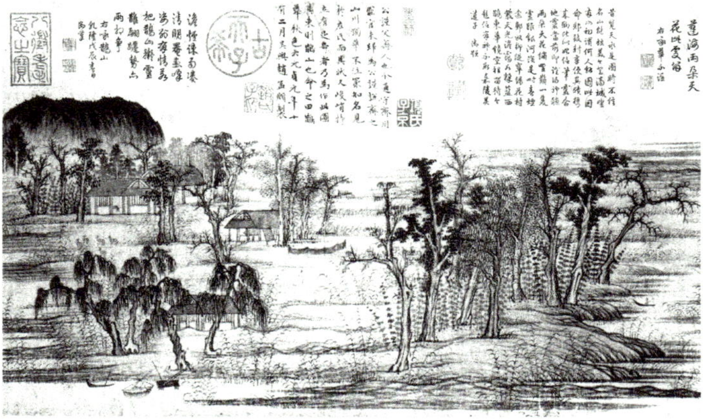

◆元 赵孟頫《鹊华秋色图》局部 古代著名的「思乡之画」

这段记载讲的是春秋时期楚、郑交战，楚军被击败，楚国乐师钟仪等人被郑国俘虏，献给了晋国。晋侯到军中视察，发现了有人戴南冠便问是何人？部下告诉他是楚囚。因钟仪自称是伶人，晋侯就给他一张琴，命他演奏。钟仪弹奏的曲子都是南方楚调，双方又对答了几句后，晋侯认为钟仪“言称先职，不背本也。乐操土风，不忘旧也”，感动之余将钟仪送回了楚国。自此之后，“南冠”成为深陷敌国与囹圄之地又坚守气节的士人的专称。唐代诗人骆宾王曾有《在狱咏蝉》的名篇，开头两句是“西陆蝉声唱，南冠客思深”，用南冠一词表达自己虽身处囚徒之境但志向高洁。

《左传·哀公八年》里记载着另一个和南冠类似的故事，后人把它总结为“君子不以所恶废乡”，表达离开故国之后应该有的态度。当时，邾国被破城，国君被俘。邾国大夫只好向南方吴国请求援助。吴王立即着手准备讨伐鲁国。进攻鲁国需要先找熟悉鲁国情况的人，正好鲁国季孙氏的叛臣公山不狃和叔孙辄都逃亡到了吴国。吴王先找来叔孙辄询问伐鲁的意见，一问，叔孙辄非常高兴地说：“鲁国有名而无实，攻打鲁国，一定能顺利拿下。”叔孙辄回来把事情告诉了公山不狃。公山不狃不赞同叔孙辄的态度，他认为君子即便离开自己的故国，也不会投奔故国的敌人。一个人离开故乡，不能因为有所怨恨而祸害乡土。叔孙辄听了，觉得很羞愧。

十六国时期前秦丞相王猛，出生于中原，后成为苻坚的股肱之臣，在他的辅助之下，前秦空前强大，“关陇清晏，百姓丰乐”。王猛临终时劝苻坚不要伐东晋，除了有现实的考虑，也有“君子不以所恶废乡”的思源情怀。当然，苻坚没有听从王猛临终的遗言，认为自己的百万军队可以投鞭断流，最终导致了前秦的溃败和身死国灭。

钟仪、公山不狃、王猛乃至庾信，都有着离开故国，生存于他乡的处境，有深深的乡关之思是很自然的事情。就如同今天身处海外的游子往往最想念家乡一样。渐趋晚年的庾信，乡关之思愈加萧瑟悲凉。经陈寅恪先生考证，约于北周宣政元年（578年），庾信作《哀江南赋》，悼亡故梁，思念江南，哀叹个人如浮萍一样的羁旅生涯，被称为一代赋史。作者将“悲身世、诉离情”与“叹家国、念王室”互相交织在一起，写尽了离合兴亡之情。《哀江南赋》中名句迭出，比如“楚歌非取乐之方，鲁酒无忘忧之用”“日暮途远，人间何世；将军一去，大树飘零；壮士不还，寒风萧瑟”“辞洞庭兮落木，去涔阳兮极浦”等等。

庾信的《哀江南赋》篇名，取自屈原《楚辞·招魂》中的“目极千里兮伤春心，魂兮归来哀江南”。公元前299年，楚怀王不肯听从屈原等人的劝谏，前往武关与秦国会盟，结果被扣留在秦，最终客死他乡。屈原在流放途中听到楚怀王死于秦国的消息，采用“招魂”的形式来表达对怀王的哀悼和对楚国命运的感伤，在《招魂》的最后，屈原以江南美景让怀王魂兮归来：

皋兰被径兮斯路渐。
湛湛江水兮上有枫。
目极千里兮伤春心。
魂兮归来哀江南！

庾信客居北朝与楚怀王当年被扣于秦有深深的共鸣，遂作《哀江南赋》。这是屈原和庾信跨越八百年的一次情感和内心的相会，可谓是“异代相知”。人类的思想和文化世界内，有一种相同的情感共鸣是通过文字来作千年相遇的。此时和彼时，时异势移，身处渭北和江南，但处境遭际何其相似，一句同时击中两处心灵的文字，就把古人和今人连接起来。同样，大约在二百年后，唐代诗人杜甫安史之乱后流落四川夔州，于大历六年（766年）作《咏怀古迹》五首，彼时他读到了《哀江南赋》，想起了从江陵北上的庾信，感受到了同样的离乱漂泊，遂写下共情的“庾信平生最萧瑟，暮年诗赋动江关”。

杜甫以下，千年来读庾信《哀江南赋》而不能自已的士人不在少数。清初孔尚任作戏曲《桃花扇》，写的是明末

◆南宋 刘松年《四景山水图》之春景 古代画家笔下的江南

李香君与侯方域个人离合与家国兴亡交织的悲剧故事。《桃花扇》的结尾，以一套北曲《哀江南》结篇，里面有著名的“眼看他起朱楼，眼看他宴宾客，眼看他楼塌了”的感慨之句；也有借江南明媚的景色写兴亡沉痛的句子：

那乌衣巷不姓王，莫愁湖鬼夜哭，凤凰台栖枭鸟。残山梦最真，旧境丢难掉，不信这舆图换稿！诌一套《哀江南》，放悲声唱到老。

一方面，屈原的江南、庾信的江南、六朝烟雨空蒙的江南、白居易笔下怎能不忆的江南、孔尚任的江南，在中国文化的意象中无不呈现自然景色明媚的柔美。“春水碧于天，画船听雨眠。垆边人似月，皓腕凝霜雪。”（韦庄《菩萨蛮·其二》）这是杏花春雨江南画卷一样的美丽。另一方面，江南从屈原开始，一直与兴亡和阴郁的咏叹有关，直指文化书写中最为泣血的一面，正如王安石在《桂枝香·金陵怀古》一词的下阕所感叹的那样：

念往昔，豪华竞逐，叹门外楼头，悲恨相续。千古凭高对此，谩嗟荣辱。六朝旧事随流水，但寒烟衰草凝绿。至今商女，时时犹唱，《后庭》遗曲。

悲恨相续的江南，“潮打空城寂寞回”的江南，一直都是中国文化中家国情怀最为浓烈醉人的部分。进入近代，林纾读《哀江南赋》，评论它是“亡国大夫之血泪”。史学家陈寅恪早年熟读《哀江南赋》，认为“若就六朝长篇骈俪之文言之，当以庾子山哀江南赋为第一。”不仅如此，陈寅恪一生写史学论文考证《哀江南赋》，自己作诗感怀喜用《哀江南赋》，他在情感上与庾信有深深的共鸣。

《哀江南赋》之外，庾信另一篇名赋是暮年所作《枯树赋》，借树喻人，以树之盛衰来寄喻人生的哀苦。晚年无法南归的庾信，与枯树一样，“此树婆娑，生意尽矣”！树和人交织在一起，共同构成了对家国的感慨：“昔年种柳，依依汉南。今看摇落，凄怆江潭。树犹如此，人何以堪！”

二

感恩天地

饮水思源在中国文化中，既是乡关之思，也是感恩的代指，在流传的过程中，尤其喻指后者，用来比喻人应该感恩。感恩在中国文化之中也是一个重要议题，古人的感恩文化是非常宏大和复杂的，有感天地之恩、感祖先之恩、感父母养育之恩、感老师教育之恩、感朋友帮助之恩、感他人滴水之恩等等，并留下了诸多经典的表达和典故。

先来看“感天地之恩”。人生活在天地之间，天地给人类和万物提供了生存的土地、呼吸的空气与阳光，天地对于人类是有大恩的。古人很早就注意到了这一点，《论语·阳货》中有一段有趣的对话，孔子对子贡说：“我想不说话了。”子贡问他：“如果您不说了，那么我们这些学生该传述什么呢？”孔子说：“天何言哉？四时行焉，百物生焉，天何言哉？”孔子的意思是，天何尝说话呢？四季运行，百物生长，天说了什么呢？言外之意，天这样有巨大能力代表大道的都是无言的，我也不一定通过说话来传道。

天地对人类有大德和大道，有化育之恩。什么是“化育之恩”呢？《中庸》中说天地之道是“博也厚也，高也明也，悠也久也”。天“日月星辰系焉，万物覆焉”，地“一撮土之多，及其广厚，载华岳而不重，振河海而不泄，万物载焉”。简单来说，天有日月星辰覆盖万物；地载山川河流，上面又有草木生之，禽兽居之，宝藏兴焉，人类才能从容居住。所以，古人认为人类应首先感恩天地的孕育造化。

该如何感恩天地呢？主要是敬天地，祭拜天地。敬是内心的感恩，祭拜是感恩的形式。由于天地极其神圣，正式祭拜天地，尤其是祭天，那是天子独有的权力。祭天地必须有一定的神圣仪式，古人认为天圆地方，所以用“圜丘祀天”与“方丘祭地”，地点都选在郊外，也称为“郊祀”，这是特有的祭拜天地之礼。每年某些特定时日，皇帝会率领众大臣去郊外祭祀上天，感恩上苍，为百姓和国家祈福。一般来说，出城之后在南郊祭天，北郊祭地，这样一个方位的次序是不能改变的。明清时期，北京成为两代王朝的都城，所修天坛和地坛就是用来祭拜天地的，天坛在都城的南方，地坛在北方。

具体怎样祭祀天地呢？这有一套繁冗的礼节与仪式。简单说，主要是“燔柴”和“瘗埋”。燔柴是因为“天神在上，非燔柴不足以达之”，所以把玉帛、牺牲等祭祀的物品放在积柴上烧，气味达于上天。瘗埋是因为“地示在下，非瘗埋不足以达之”，就是挖坑把很多祭品埋在地下，敬献给大地。

除日常的祭拜天地以示感恩之外，每逢太平盛世或者天降祥瑞的时候，帝王也要举行大型的祭天地大典。从秦汉时期开始，一般前往泰山举行，叫作“封禅”。帝王登泰山筑坛祭天曰“封”，在山南梁父山上辟基祭地曰“禅”。为什么要在泰山封禅呢？那是因为华夏先民主要生活栖息在黄河中下游，形成了以中原地带为中心的地理认识，认为五岳是天下最高的山。在五岳之中，泰山属于五岳却又高于其他四岳，乃五岳之长。另外，泰山所在的东方，被看作是万物之始，阴阳交代之所，所以在泰山封禅。秦始皇是第一个泰山封禅的皇帝，宋真宗是有史可载最后一个在泰山封禅的皇帝。历史上有明确记载进行封禅的皇帝主要是在秦、汉、唐、宋四个朝代，涉及秦始皇、汉武帝、汉光武帝、唐高宗、唐玄宗、宋真宗等六位皇帝。有意思的是，据说今天民间称妻子的父亲为“岳父”“老泰山”，也和泰山封禅有关。据段成式《酉阳杂俎·语资》中记载，唐玄宗封禅泰山，宰相张说为封禅使，顺便把他的女婿郑镒也带去了。按照旧例，有幸随皇帝参加封禅者，自三公以下的官吏都可以升一级。张说利用职权，一下子把女婿升了四级。别人称这是“泰山之力也”，后人因此称妻父为“泰山”。

天地的祭拜被帝王所垄断，亿万斯民就没有资格对天地表达感恩了吗？也不是。其实，我们若留心中国传统民俗中

◆泰山岱庙天贶殿内壁画《泰山神启跸回銮图》局部

的诸多细节，就会有很多发现。直至今日，中国人婚礼仪式叫作“拜天地”，那是因为一对新人的三拜，主要是“拜天地”“拜高堂”“夫妻对拜”。为什么要把“拜天地”放在首位呢？其实就是感恩天地的孕育造化。天地之间的山川河流、草木鸟兽、六畜五谷共同养育了人类，所以，天子之下的普通民众祭祀和崇拜各式各样的“功能神”，比如我们耳熟能详的土地爷、山神、雷神、财神等等。每当进入腊月，中国人有过小年祭祀灶神的习惯，希望灶君能保一家的平安，同时感谢它一年的操劳。南宋的范成大在《祭灶诗》中说：“古传腊月二十四，灶君朝天欲言事。云车风马小留连，家有杯盘丰典祀。猪头烂热双鱼鲜，豆沙甘松粉饵团。男儿酌献女儿避，酹酒烧钱灶君喜。婢子斗争君莫闻，猫犬触秽君莫嗔；送君醉饱登天门，杓长杓短勿复云，乞取利市归来分。”读来妙趣横生，显示了人神之间的和谐关系。

三

厚德载物

古人认为人感恩天地，除需敬天和祭天之外，也应该和天地同步，具备和天地一样的品格，《易经》中对天地的品格有精要的概括。《易经·乾卦》中说："天行健，君子以自强不息。"《易经·坤卦》中说："地势坤，君子以厚德载物。"君子应该像天一样刚健，自强不息；应该像地一样厚德载物。对于天地感恩的同时，也应该学习天地本来品质，这在某种程度上就是"天人合一"。自强不息与厚德载物，后来在民国时期被梁启超用作清华大学的校训，希望清华的学子们可以像天地一样自强不息和厚德载物。

天地之间尚有万事万物。和天地同步之外，也要和万事万物同一和同步。古人对此有一个形象的表达"民胞物与"。什么是民胞物与呢？北宋的理学家张载在《西铭》是这样说的：

> **故天地之塞，吾其体；天地之帅，吾其性。民，吾同胞；物，吾与也。**

张载认为"气"是世界的本源，人和天地万物一样都源于气，所以人的本性也同于天地万物，老百姓是我的同胞，万物跟我是一样的，没有什么区别。世人都是我的同胞，万物都是我的同伴，所以应该爱世上一切人和物。这一思想超越了以人类为中心的窠臼，达到人我、物我的统一与和谐。宋代先哲的思想对今天反思人类过于以自我为中心，也是很有意义的。

民胞物与的思想，在中国文化中还有其他类似表达。西汉的董仲舒在《春秋繁露·仁义法》中说：

> 质于爱民，以下至于鸟兽昆虫莫不爱。不爱，奚足谓仁？

董仲舒认为，儒家所讲的仁爱，一方面要诚挚地去爱民众和百姓；另一方面，与人类生活息息相关的草木鸟兽，也是生命，如果不爱的话还能叫作仁吗？其实表达的也是对人和物统一的爱。

古人对万物感恩的仁爱，也发展出了一定意义上的生态观。《国语·鲁语上》记载，春秋时鲁宣公在泗水张网捕鱼，大臣里革把渔网割断扔在水里，并劝告鲁宣公要爱惜自然资源，合理利用。春夏鸟兽鱼虫孵卵怀孕，不应捕杀；树木发芽生长，不宜砍伐。野生动植物得到繁衍，才可能取之不尽、用之不竭。鲁宣公欣然接受里革的教诲，并赞曰：“吾过而里革匡我，不亦善乎！”孟子也有类似议论，认为“数罟不入洿池，鱼鳖不可胜食也。斧斤以时入山林，材木不可胜用也。”（《孟子·梁惠王上》）《吕氏春秋·孝行览》中有一个成语“竭泽而渔”，认为如果不顾长远只看眼前会捕获很多鱼，然而以后则无鱼可捕。

四川彭县出土的汉代“荷塘渔猎”画像砖拓片

四

感恩父母

中国古代是一个孝道为本的社会，饮水思源所指的感恩，除了感天地之恩外，当然也指感恩祖先和父母。

感恩祖先，是指知道我们是从哪里来的，知道我们的血缘脉络，这叫作“慎终追远”，这个词是从儒家的经典《论语》中而来。慎终，慎重恭敬地办理父母的丧事；追远，虔诚地祭祀远代祖先。慎终追远与敬天法祖一起，构成了古人对祖先的感恩之情。

相对于祖先，对生养自己的父母的感恩，更加具有亲切性。首先是感父母的生养之恩，《诗经·小雅·蓼莪》中说：

> **父兮生我，母兮鞠我。拊我畜我，长我育我。顾我复我，出入腹我。欲报之德，昊天罔极！**

《蓼莪》把父母对幼儿的生养抚育过程，描写得十分传神，使人仿佛亲临父母辛劳抚育的现场。千百年来，这成为注重孝文化的中国士人，感念父母昊天之恩的经典表达。哀哀父母生儿养女，辛勤操劳，在不知不觉中已是渐渐老了，青丝不再，皱纹爬满头。看到这时候的父母，古人和今人一样，内心是充满矛盾的。《论语·里仁》中说："父母之年，不可不知也，一则以喜，一则以惧。"这句话好像非常的平常，但仔细品读它，特别是有了一定的生活的阅历之后，你会发现平淡的话中饱含着对父母的感恩和爱。父母之年，指的是父母的生日和岁数，我们不能不知道并且要牢记。父母的生日为什么要高兴呢？是因为父母又长寿了一岁。然而伴随着岁月的增长，长寿的父母也意味着又老去了一岁，距离死亡又近了一步，内心中不能不感到害怕和忧虑。这种矛盾的情绪源于儿女对父母的感恩，就如同今天《时间都去哪了》那首歌所唱的一样：

时间都去哪儿了，
还没好好感受年轻就老了。
生儿养女一辈子，
满脑子都是孩子哭了笑了。
时间都去哪儿了，
还没好好看看你眼睛就花了。
柴米油盐半辈子，
转眼就只剩下满脸的皱纹了。

在表达对父母恩情的感动上，古今是一样的，无论《诗经》《论语》还是今天的流行歌曲。

在中国父严母慈的传统孝道文化中，母爱是历代诗人反复吟咏的感恩主题。一般来说，游子最能体会母爱的深沉。唐代诗人孟郊著名的《游子吟》，是千百年以来感恩母爱最脍炙人口的诗作：

慈母手中线，游子身上衣。
临行密密缝，意恐迟迟归。
谁言寸草心，报得三春晖。

孟郊用质朴的语言描写了游子临行前母亲为孩子缝衣的场景，歌颂了母爱的伟大和无私。孟郊的《游子吟》之后，“三春晖”成了母爱的代名词。这首诗写的是游子离家，母亲生怕儿子穿不暖，以及未曾出发先盼归来的殷切心态。离家的游子岁末年终回到家中，则是另一番景象。清人蒋士铨的《岁暮到家》，把游子回家母子重逢的感情描写得极为细腻、真挚。

爱子心无尽，归家喜及辰。
寒衣针线密，家信墨痕新。
见面怜清瘦，呼儿问苦辛。
低徊愧人子，不敢叹风尘。

这首诗说的是诗人在一年将终的时候还算及时地回到了家，母亲非常高兴！她正在为诗人缝棉衣，针针线线缝得密密实实，诗人寄的家书刚刚收到，墨迹还新。一见面母亲便怜爱地说诗人瘦了，连声问在外辛苦不辛苦？诗人愧疚地低头彷徨，不敢对母亲感叹在外漂泊的艰辛境况。这一幕游子回家的场景古今也是相同的，尤其是最后四句，是一再重复的经典场景。见面的嘘寒问暖和彼此心知肚明的报喜不报忧，何其相似！在游子离家和游子归家的场景里，相同的是可怜天下父母心和能够感知恩情的儿女心。

五

滴水之恩

天地、祖先、父母的恩情，自然应当感恩。古人的报恩文化中，还有对帮助过自己的陌生人应“投桃报李”“滴水之恩，涌泉相报”。

春秋时期有“灵辄报一饭之恩”的典故。晋灵公十四年（公元前607年），晋国的赵宣子见一人面黄肌瘦，就上前询问，那人说自己已经三天没吃东西了，于是赵宣子送了些食物给他。赵宣子见他只吃一半便询问理由，他说想把食物留给母亲。赵宣子让他把食物全吃完，并另备饭菜给他带回。这个饿汉就是灵辄，后来做了晋灵公的武士。晋灵公想杀赵宣子时，灵辄帮助了赵宣子脱险，报答了当年的恩情。

战国时期信陵君“窃符救赵”的故事相信很多人都知道。信陵君是怎样偷到兵符的呢？史书上只说“如姬果盗晋鄙兵符与公子。”（《史记·信陵君列传》）如姬是魏王的宠妾，当年她为求报父仇三年而不得，后来求到了信陵君门下，信陵君果然为她报了父仇，如姬十分感激，才有后来助信陵君盗兵符的义举。为此，信陵君十年不敢归魏，如姬是什么结局呢？可想而知。

◆江苏淮安漂母祠　纪念曾给韩信饭食的漂母

另一个著名的报恩故事和淮阴侯韩信有关。韩信少时父母双亡，生活很艰难。他有时到淮阴城下的河边钓鱼，钓到了鱼就换些钱，钓不到就只能饿肚子。河边有一个洗衣服的老大娘，常常将自己的饭分给他吃。后来韩信被刘邦拜为大将，灭了项羽，被封为楚王。韩信专门派人找到这位洗衣大娘，赠送她千金。后人用“一饭千金”来指受人滴水之恩，以涌泉相报，受人恩惠，切莫忘记。

在中国的文化中，饮水思源的报恩是被提倡的。对别人的帮助和善意，应该有互动和回馈，否则是对不起仁人义士的施恩的。对于施恩者来说，回报不是他必须考虑的问题，但对于受恩者来说，回报是必须面对的问题。所以历史记载中会有很多报恩的故事，它反映的是民众的一般的意识。甚至，在很多民间的鬼怪小说中，也经常有白狐报恩等主题。这是因为人们认为，感恩是一个人应有的基本道德。

文化关键词

饮水思源

喝水的时候，要想到水是从哪里来的。南北朝时，庾信被迫在北朝客居二十多年，他常常思念故土，写文章说自己喝到河里的水就想到水的源头，以此抒发对于南朝的情怀。后世将原文约为“饮流怀源”或“饮水思源”，比喻不忘本、知感恩。这种纯良的品格，历来为人称道。

封禅

主要含义有二：其一，指古代帝王登上泰山，祭拜天地以报告成功、感谢天降祥瑞，同时刻石记功、向天下宣示受命于天的一种大典。其中在泰山顶上筑土为坛行祭天礼叫“封”，在梁父或云云等小山上辟除场地行祭地礼叫“禅”。传说中三皇五帝、禹、汤、周武王等都举行了封禅，秦以后只有秦始皇、汉武帝、汉光武帝等在泰山举行封禅大典。其二，指封禅文，是古代劝告帝王封禅或记录封禅大典、歌颂功德的一种文体。由西汉司马相如创制。南朝刘勰指出，封禅文作为一个时代的典章，体制庄重宏大、气势壮阔，应当纪事可靠、说理清晰、文辞典雅。为了歌颂帝王的伟大和天地的神奇，封禅文作者要从浩瀚典籍中选用古雅而不晦涩的词语，或者采用新颖而不肤浅的词语，要竭尽想象力和夸饰之能事。封禅文后来演变为庆典致辞以及记录各类庆典活动的文章。遵循刘勰提出的要求写作，庆典文章可以体现一个单位、地区乃至国家的精神与气度，而优秀的庆典致辞或记录庆典的诗文，也有可能成为代表时代水准的大手笔。

厚德载物

以宽厚的德性承载天下万物。多指以宽厚之德包容万物或他人。古人认为，大地的形势和特质是宽厚和顺的，它承载万物，使万物各遂其生。君子取法于“地”，要像大地一样，以博大宽厚的道德容纳万物和他人，包含了对自身道德修养及人与自然、社会和谐一体的追求。这是中国人参照大地山川状貌和特质树立的治国理政和为人处事的理念和理想。它和“自强不息”一起构成了中华民族精神的基本品格。

民胞物与

世人都是我的同胞，万物都是我的同伴。北宋张载认为人和万物都是天地自然之气化生的，本性相同，因此提出“民胞物与”，主张爱世上一切人和物。这一思想超越了以人类为中心的窠臼，达到了人我、物我的统一与和谐，与“厚德载物”的内在精神是一致的，是宋明理学思想的重要组成部分。

慎终追远

慎重地对待丧事、追念逝去的先人。曾子主张以“慎终追远”的态度对待逝者。随着逝者的远去，人们容易逐渐淡忘其存在及其对自己的关爱与影响。“慎终”即要求人们慎重地遵行丧礼的仪节，表达对逝者的真挚哀悼。“追远”则要求人们依礼祭祀逝者，以缅怀其恩情及其德行、功业。曾子认为，“慎终追远”的做法有助于敦厚人情。

篇七　精忠报国

怒发冲冠，凭栏处、潇潇雨歇。抬望眼、仰天长啸，壮怀激烈。三十功名尘与土，八千里路云和月。莫等闲、白了少年头，空悲切。

靖康耻，犹未雪。臣子恨，何时灭。驾长车、踏破贺兰山缺。壮志饥餐胡虏肉，笑谈渴饮匈奴血。待从头、收拾旧山河，朝天阙。

这首《满江红》是南宋名将岳飞的词作，传唱千年以来，一直激励着每个中华儿女的爱国之心。提及岳飞，人们常常会想到“精忠报国”四个大字，与精忠报国一起流布民间的，是“岳母刺字”的画面。它们一起构成了中华文化史上爱国精神的经典表达。

精忠报国是什么意思呢？其实它指的就是“竭尽忠诚，报效国家”，是古人爱国精神的形象的表达。那么，精忠报国这样一个我们耳熟能详的历史典故，是怎样流传下来并进入到我们的视野当中的呢？

其实，今天我们所理解的精忠报国，主要有四个问题值得挖掘。不妨来做一个小小的考证：第一，什么时候开始有岳飞背后刺字的记载？第二，岳飞背上刺的字是哪四个字？是“尽忠报国”还是“精忠报国”？第三，谁给岳飞后背刺的字？现在我们都知道是岳母刺的，但是曾经在很长的一段时间里，并没有表明是岳母给岳飞后背刺的字。第四，岳母刺字背后的文化意义是什么？我们顺着这四个问题来逐一看一看。

一

尽忠报国

岳飞背后刻字的记载最早见于何时？相关史料最早见于《宋史》之中，在《宋史》的《岳飞传》和《何铸传》中首次出现。中国古代修正史一般都是后来的朝代去修前朝的历史，也就是说，《宋史》其实是由元代人所修，元末至正三年（1343 年）开始与《辽史》《金史》同时修撰，由元丞相脱脱和阿鲁图先后主持。元人所修的《宋史》列传之中，首次出现了岳飞背上刺有四字的记载。

《宋史·岳飞传》中是这样记载的：

> 桧遣使捕飞父子证张宪事，使者至，飞笑曰："皇天后土，可表此心。"初命何铸鞫之，飞裂裳以背示铸，有"尽忠报国"四大字，深入肤理。既而阅实无左验，铸明其无辜。

这段记载的大意是说，岳飞是为秦桧所害死的，秦桧最初派何铸去审理岳飞谋反的案件，何铸质问岳飞时，岳飞把衣服脱了让何铸看自己的后背，他后背刺有"尽忠报国"四个大字。

当时审理岳飞的人是御史中丞何铸，《宋史·何铸传》中也有一段相似的记载：

> **铸引飞至庭，诘其反状。飞袒而示之背，背有旧涅“尽忠报国”四大字，深入肤理。既而阅实俱无验，铸察其冤，白之桧。桧不悦曰：“此上意也。”**

《何铸传》中记载岳飞背后刺有字的情形与《岳飞传》中的记载差不多，皆是说他背后刺有“尽忠报国”四大字，深入肌肤，这是目前所能看到的，较早出现的岳飞背后有刺字的记载。我们不禁发问，岳飞死于南宋高宗时代，当时有岳飞后背刺字的记载吗？就目前所见史料来看，并没有这样的记载。岳飞后背刺字的记载是岳飞死后百年的时间里，人们通过对史料的不断整理和搜集后才逐渐出现的。有学者考证，元人编修《宋史·岳飞传》，大致是照抄南宋官史《中兴四朝国史》的《岳飞传》，而《中兴四朝国史》的《岳飞传》，是章颖《南渡四将传》之《岳飞传》（四将为岳飞、刘锜、李显忠、魏胜的缩写）；《南渡四将传》之《岳飞传》，又是根据岳飞孙子岳珂呈交给南宋朝廷的书稿中的《大父先臣飞行实编年》（即《鄂王行实编年》）写的，而《大父先臣飞行实编年》，则是在岳飞的三子岳霖多方收集资料的基础上完成的。后来在元代写宋史时才把这条史料用上。

显而易见，彼时岳飞背后刺的字与我们今天流行的精忠报国不太一样，差一个字，《宋史》是尽忠报国，而今天我们都说精忠报国。那为什么在今天流行的是“精忠报国”而不是“尽忠报国”呢？

宋 刘松年（传）《中兴四将图》卷首的岳飞像（右）

二

『尽忠』到『精忠』

我们今天所看到的精忠报国的流行，其实主要是受到明清时期戏曲小说的影响。《宋史》中的尽忠报国，到了明清戏曲小说之中，开始替换为精忠报国。历史中真实的岳飞和戏曲小说中的岳飞，显然是有差别的。

岳飞含冤而死风波亭之后，南宋以岳飞事迹为题材的戏曲仅有南戏《东窗事犯》，全称又叫《秦太师东窗事犯》。元代虽然戏曲文化发达，但以岳飞为题材的戏曲并不多。真正出现大量以岳飞为主要内容的戏曲是在明代中后期，这一时期改编和创作的岳飞戏曲有十几种。包括《岳飞三箭吓金营》《岳飞大破太行山》《岳武穆精忠传》《岳飞破虏东窗记》《精忠记》《阴抉记》《金牌记》《精忠旗》《后精忠》《救精忠》《关岳交代》《赐玉环》《醉菩提》《龙虎啸》《岳夫人收尸》等等，冯梦龙的《精忠旗》更是代表了明代岳飞戏的最高成就，位居“中国十大古典悲剧”之列。

清代前期，以岳飞为内容的戏曲小说也有很多，比如《夺秋魁》《续精忠》《牛头山》《如是观》，这四部戏曲作品又直接影响了钱彩、金丰创作的《精忠演义说本岳王全传》。

《精忠演义说本岳王全传》中有对岳飞背后刺字的情节作详细的描述，这个小说里说：

> 岳飞道："母亲说得有理，就与孩儿刺字罢！"就将衣服脱下半边。安人取笔，先在岳飞背上正脊之中写了"精忠报国"四字，然后将绣花针拿在手中，在他背上一刺，只见岳飞的肉一耸。安人道："我儿痛么？"岳飞道："母亲刺也不曾刺，怎么问孩儿痛？"

可见在清代的戏文中，已经是精忠报国而不是尽忠报国了。为什么在清代的戏文中要用精忠报国来代替正史《宋史》中的尽忠报国呢？有一条史料是我们解读替换缘由的关键。这条史料还是来自《宋史·岳飞传》：

> （绍兴三年）秋，入见，帝手书"精忠岳飞"字，制旗以赐之。

这段话说的是什么意思呢？宋高宗绍兴三年（1133年），岳飞去见皇帝，皇帝为了表彰他，手书"精忠岳飞"并制成旗赐给他。在中国古代，皇帝对臣下的褒扬是莫大的荣誉，而且还表扬岳飞精忠。清代的戏文有一定的流行的历史观念，因而这里用宋高宗对岳飞的褒扬"精忠"替换了"尽忠"。

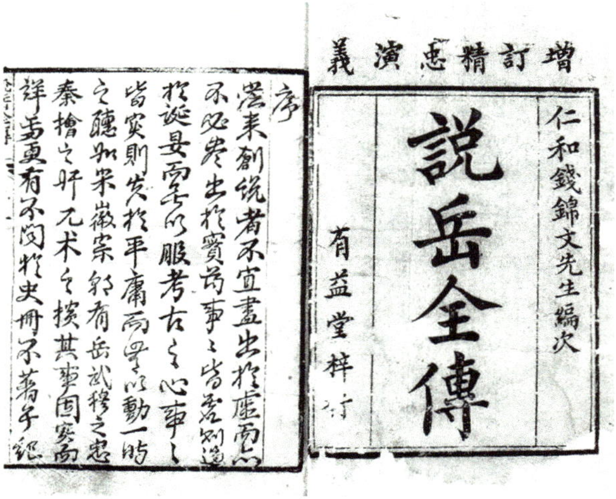
增訂精忠演義

仁和錢錦文先生編次

說岳全傳

有益堂梓行

序

從來創說者不宜盡出於虛而亦不必盡出於實苟事事皆虛則過於誕妄而無以服考古之心事事皆實則失於平庸而無以動一時之聽如宋徽宗朝有岳武穆之忠秦檜之奸兀朮之横其事固實而詳岳更有不同於史冊不著乎紀

◆清 有益堂刊本《说岳全传》

虽然只是一字之差，但两者的含义不太一样。尽忠含有自我明志的意思，我要竭尽自己的力量为国家尽忠，主要是相对个人所说。此前的《宋史》列传中，讲岳飞背后刺字尽忠报国实际上表达的是他个人对国家的忠诚。绍兴十一年（1141年），岳飞以“莫须有”的罪名，与岳云和张宪一同被害。被害之后，岳飞在高宗朝长达二十年的时间里一直顶着“谋反”的罪名。高宗退位之后，孝宗登基，岳飞的冤狱才被平反。绍兴三十二年（1162年），宋孝宗赵昚即位，他立志收复北方，于是下诏：“追复岳飞元官，以礼改葬。”（《宋史·孝宗纪一》）当年，正式恢复岳飞少保、武胜定国军节度使、武昌郡开国公的官爵，恢复岳飞的儿子们官职。后又追赠岳飞谥号“武穆”，这就是岳武穆的由来。宋宁宗时，追封岳飞为鄂王。宋代之后的元明两代，有感于岳飞的忠义，对岳飞的评价和封号逐渐走高，明神宗曾下诏封岳飞为“三界靖魔大帝”。

民国初年，关羽和岳飞成为“忠义神勇”和“文武双全”的历史文化人物楷模，历代官方一贯倡导并被民间所广泛接受的“忠义”“尚武”精神在这两个历史人物身上得到了凝聚性的符号体现。1914年，北洋政府陆海军部呈请北京政府提倡武力，崇敬历史上那些为国尽忠者，要求为之建立武庙，最终归为“关岳合祀”。同年11月20日，袁世凯发布将关岳合祀的告令：

关壮缪翊赞昭烈，岳武穆独炳精忠。英风亮节，同炳寰区，实足代表吾民族英武壮烈之精神，谨拟以关岳合祀……

很多历史人物以一个什么样的形象进入后人的视野，是在他死后逐步形成的。岳飞死后历史地位不断走高，从南宋冤狱平反到恢复官爵，从岳武穆到鄂王，从人到神这样的一个历史过程，人们逐渐认为岳飞是忠义的化身，是忠君与忠诚的代表。用皇帝赐给岳飞的号“精忠”，其实是表达皇帝和他人对岳飞的褒扬，显示了对岳飞评价的某种历史定位。这种定位，既是主流官方所给予的评价，也是民间口口相传的理想人物。今天所流行的精忠和此前的尽忠，两者之间尽管只是一个字的转化，但体现的是历史评价的转化。

这就是从“尽忠报国”到“精忠报国”。

三

岳母刺字

第三个问题就是“岳母刺字”。此前的《宋史》列传中，只是描述了岳飞的后背刺有四个字“尽忠报国”，并没有说这个字是谁刺的。那么，今天我们所知道的岳母给岳飞刺字这样一个历史形象，是从什么时候开始添加进精忠报国的典故之中的呢？其实也是从明清两代的戏曲中才出现的。

冯梦龙是明末著名的文学家，一生创作、搜集和改编了诸多民间文学作品。世人熟知他的“三言”在文学史中是不朽的经典，即《喻世明言》《警世通言》《醒世恒言》。冯梦龙还改编过岳飞戏的剧本《精忠旗》，在戏文第二折“岳侯涅背”里讲到了岳飞背上的字是谁刺上去的：

> （生）张宪，你把刀来，在我背上深深刻“尽忠报国”四字。（解袍露背介）（末）怕老爷疼痛。（生）（怒介）唉，我岳飞死且不惧，怕甚么疼痛！（末）既如此，小人大胆动手了。（作刻介）（生）我已拼头颅报效朝廷，便损肌肤有何悽楚。（末）刻完了。（生）与我以墨涅之。（末应涅介）（外与生穿衣介）（末）老爷

◆清「岳母刺字」木雕板局部

固然志报国，何苦忍此疼痛？（生）张宪，如今为臣子者，都则面前媚主，背后忘君，我今刻此四字于背上呵，唤醒那忘主背君的，要他回顾。

不难看出，戏曲文本中的“生”指的就是岳飞，而“末”指的就是跟随他的张宪。冯梦龙笔下的刺字者是张宪，是岳飞让他刺字来表示对君主的忠贞不贰，突出的是岳飞的尽忠。这个以岳飞为绝对主角的悲剧，相比之前的各种史料，已经开始明确刺字者是谁了。

那么，“岳母刺字”的说法始于何时呢？目前所见岳母刺字始于清康熙五十三年（1714年）的《如是观》传奇的戏剧文本中。《如是观》是昆剧传统剧目，源于清初苏州张大复所撰《如是观》传奇。作者因为姚茂良《精忠记》直叙岳飞遭冤死，秦桧虽受冥诛，但不足快人意，于是写了这一幕剧，更为岳飞抗金叙大功，秦桧受显戮。一善一恶，当作“如是观”，所以又叫《倒精忠》《翻精忠》。在这部戏剧文本中出现了岳母刺字的情节，是这么说的：

白：起来！我将“精忠报国”四字刺入你的皮肤了。

叹：你当日夜牢牢记。

这是目前看到的较早的岳母刺字的情节。此后清代的各种戏曲之中，“岳母刺字”成为一个经典场景，遂有了后来我们视野中的岳母刺字。岳母是什么时候给岳飞刺的字呢？一般的戏曲小说都把这个时间说成是宗泽死后岳飞返家。据清代的《说岳全传》等书描述，抗金老帅宗泽拒金兵于黄河以北，使得金兵不能南犯。后来宗泽病重不起，临终垂危时三呼“过河”呕血而死。宗泽死后，朝廷派杜充奉旨代理元帅，杜充一反宗泽积极抗金的举措，消极无为。壮志难酬的岳飞愤而从前线回家。岳母见儿子归来，责以抗金大义，催促他回营抗敌，并且在岳飞背上刺上“精忠报国”四字，来坚定他忠君报国的决心。岳母刺字的形象于是从清代开始广为流传，《如是观》《说岳全传》还有后来的京剧、川剧、淮剧等，皆有《岳母刺字》剧目。

那么，把岳母和岳飞背上的字连接起来，有什么意义呢？

失去丈夫的慈母单独抚育杰出的儿子，这是中国文化中的一个主题，岳母刺字也符合歌颂母教的范畴。岳飞在《奏乞终制札子》中称：“幼失所怙，鞠育、训导皆自臣母。”岳飞幼年丧父，靠母亲姚氏将其教养长大。岳母抚育教养儿子的事情，很容易使人联想起历史上其他的贤母。“孟母三迁”的故事，相信尽人皆知。《三字经》中：“昔孟母，择邻处。子不学，断机杼。”说的就是思想家孟子的母亲为了给他创造一个良好的学习环境，先后多次搬迁住处的故事。

陶侃是东晋的名将。年轻的时候，他曾经担任地方上掌管捕鱼的小官。有一次，他得到一条上好的腌鱼，就托人带回家中给母亲尝尝。不想母亲看到鱼后，原封不动地让来人退给了陶侃，并且附上一封书信责备他。陶母在信中告诫陶侃：“你担任县吏，拿了公物送给我，不仅不会让我高兴，反而让我担忧啊！”受到母亲的教训后，陶侃从此严格要求自己，为官清廉，终成一代名臣。这是“陶母退鱼”的故事。北宋大文学家欧阳修，四岁的时候父亲去世，家里很贫穷，买不起纸笔和书籍。母亲郑氏为了让他接受教育，就用芦苇秆儿在地上写字，教欧阳修认字读书。在母亲的悉心教育下，欧阳修成为一代文豪。这是“画荻教子”的故事。

孟轲之母仉氏、陶侃之母湛氏、欧阳修之母郑氏加上岳飞之母姚氏，合称“四大贤母”。仔细品味会发现，这四位母亲的故事有许多相同点。除了陶母湛氏之外，其他三位母亲都有着丈夫早亡，寡母抚幼的艰辛处境。中国古代社会女子受制于社会权力结构，在经济上难以实现独立，丈夫的去世带来生计的困窘和生存的艰难，是今天常人难以想象的。在如此“穷困”的境地下悉心抚养幼子，并且把他们教育成或文或武的著名人物，是这些母亲的成就。“母以子显”的成名方式意味着，这些母亲之所以成为历史上著名的“贤母”，在于子的功业。实际上，父亲的缺位，使母亲充当的是传统伦理文化的教化者的角色，面对的学生是她们的儿子。不难看出，贤母对幼子教育的故事，都指向修齐治平的家国情怀——或者是要培养孩子修身上的智性之知，让他学习知识认识文字；或者是在道德品质上要求孩子，让他洁身自好清廉自守；或者是向孩子晓以大义，让他报效国家。

寡母抚幼的经历，母亲的贤良坚韧和深明大义，特别是母亲的“不容易”，容易让儿子们接受母亲所传达的家国伦理价值观念，并且深信不疑。为什么会深信不疑呢？因为在接受教化的同时感受到的是母亲强烈的爱的情感。当这种家国文化处在内部和谐统一之时，它在大的层面成就了母亲的贤良和儿子的忠孝。

不过，这种带有情感的文化传递，也会在一定程度上造成接受者的“痛苦”，特别是近代社会文化转型，处在古今中西之间过渡状态的时候。我们都知道“五四”新文化运动的代表人物陈独秀、鲁迅、胡适，他们是新文化运动的重要提倡者和新思想、新价值的传播者。三位著名知识分子的个人的身世和孟子、岳飞一样，也是经历了寡母抚幼的成长过程，也同样在母亲的教育下取得了不小的个人成就，成为名动一时的著名人物。但是，陈独秀、鲁迅、胡适面临的大的文化环境和岳飞等人不一样，中国传统的家国伦理文化正遭到近代以来欧风美雨的猛烈冲击，不再是一湾平静的湖水。

陈独秀、鲁迅、胡适等人的痛苦在于，他们在理智上逐渐接受了来自西方的新的文化和价值观念，对传统旧有的伦理文化和价值观念进行了猛烈的批判。但是在情感上，却很难摆脱传统文化的笼罩和浸染。美国思想史家列文森曾经指出，中国近代的知识分子在理智上疏离传统而在情感上倾向于传统[1]。对于有着寡母抚幼经历的陈独秀、鲁迅、胡适来说：一方面，母亲代替缺位的父亲，向幼子传达旧有的修齐治平的家国观念；另一方面，长大的幼子在思想文化的认识上，不再与母亲是同一代人，共享同样的文化价值观，母亲所传达的某些文化观念，正是他们要批判的。因此，含辛茹苦的母亲们带着爱的一些传统观念，让陈独秀、鲁迅、胡适倍感痛苦的同时，又不能进行决然的反抗，只能隐忍和号召更年轻一代去超越他们。

1 Joseph R. Levenson, *Liang Ch'i - ch'ao and the mind of modern China* Cambridge: Harvard University Press, 1959 p.1.

众所周知，“五四”新文化运动提倡两性平等、婚姻自由等性别议题，“娜拉出走”和“娜拉出走后会怎样”的讨论还言犹在耳。一个奇怪的文化现象是，大力提倡婚姻自由的陈独秀、鲁迅、胡适却基本都是包办婚姻。陈独秀后来摆脱了包办婚姻，鲁迅把妻子朱安当成是“母亲送给自己的一件礼物”，胡适和江冬秀生活一生。究其原因，正是因为这些受到母亲单独抚养的幼子，不能违背母亲安排的婚姻，不能决绝地反抗，只能接受。

岳母刺字的贤母孝子文化，从属于传统的家国文化宏大叙事之中。但当近代以来文化出现转型与过渡，这种传统也面临着内在的冲突。

四

其实，元明清以来各种深入民间的戏曲和戏曲文本，往往反映的是普通民众的历史观。有什么样的观众，才会有什么样的戏曲创作来满足观众的思想和情感的要求。当代思想史家葛兆光曾说，思想史要考察一般的知识、思想与信仰的世界，不能只局限和囿于精英的思想和经典的文本[1]。流行民间的戏剧和戏剧文本就是当时一般的知识与思想世界，是普通社会民众阶层的所想所思。譬如，我们在戏剧中看到了岳飞"好人有好报"，奸臣秦桧最终难逃审判，下场悲惨。明眼人都知道这是戏剧里的故事，不是历史中的真实。民众为什么喜欢看这样的情节和结局呢？那是因为它符合普通百姓对历史的认识。即使是那些不圆满的悲剧，也是通过情节设定渲染英雄或好人跌宕起伏的悲情，来寄托百姓的无限同情和移情。

因此，今天我们对某一历史形象的认识，至少包括两个

1 葛兆光:《思想史的写法——中国思想史导》，上海：复旦大学出版社，2004年版，第16页。

层面：真实的历史和对真实历史的书写。以岳飞精忠报国为例，真实的历史是他含冤而死，背后可能刻有“尽忠报国”四字。对真实历史的书写有很多渠道，其中有一种是老百姓喜欢的戏曲戏说。戏曲之中的岳飞，在尊重真实的岳飞的历史基础上，可以有适度的改变，把普通人对历史的愿望写进去，这就是精忠报国和岳母刺字。

同样，明清戏剧虚构出来的岳母刺字，要反映的是岳飞的至孝。岳飞侍母孝顺，并不是虚构，而是历史中真实存在的。《宋史・岳飞传》记载：“飞至孝，母留河北，遣人求访，迎归。母有痼疾，药饵必亲。母卒，水浆不入口者三日。”简短的文字已经把一个大孝子的形象跃然纸上，寻母、侍母病、哀母殁的表现足见岳飞的孝之诚意。岳飞的孙子岳珂所编的反映岳飞一生的史料《金佗粹编・卷九》也记载了岳飞的孝：“先臣天性至孝。自北地纷扰，母命以从戎报国，辄不忍离膝下。屡趣之，乃留妻养母。”

事实上，在中国文化中，孝是杰出的人物或英雄必须具备的美德，否则难以为世人所接受，这其实是家文化对历史人物的要求。从岳飞很容易联想到舜，“二十四孝”的第一个故事就是舜以孝行感动天地。儒家伦理文化成为中华文化主流之后，孝是考验所有著名人物的道德尺度。《论语・学而》中说：“其为人也孝弟，而好犯上者，鲜矣；不好犯上，而好作乱者，未之有也。君子务本，本立而道生。孝弟也者，其为仁之本与。”说的是孝是所有伦理规范中最重要最基础的一环。对于岳飞这样的武将来说，孝的美德也暗示着排除飞扬跋扈和不服管教的可能，具有一定驯服意义，把武将拥兵自重的危险性降低了。

岳母刺字除彰显岳飞的孝之外，同时反映的是古代忠孝合一的文化观念。《孝经》中多次讲到了孝和忠的关系，比如“夫孝，始于事亲，中于事君，终于立身。”又说：“以孝事君则忠，以敬事长则顺。”言外之意，孝除了对于“家”的意义之外，也是能否为国忠的前提，忠孝两者是合一的，离开孝不能谈忠，离开忠，孝也就无意义了。所谓的忠孝合一实际上就是“在家孝，为国忠”这样一个历史观念的延续。为什么古人要讲“在家孝”和“为国忠”呢？这就涉及古人的“家国同构”文化观念。

在近代“国家”概念产生之前，在中国传统中，不是“国家”而是“家国”。周代的宗法制制度下，诸侯的封地称“国”，大夫的封地称“家”。“国家”是“国”与“家”的合称。家庭、家族、国家都是依据血缘、宗法关系构建起来的，在组织结构上具有共通性。这就是所谓的“家国同构”。正是由于家国同构，所以在中国古代讲究“在家孝”“为国忠”。这样我们便不难理解，为什么在《孝经》中说“天子以孝治天下”，是因为在家孝了，于国也就会忠，两者之间是密切相关的。明清之后，把在岳飞背上刺字的人变为岳母——这一历史人物的变更，实际上暗含着忠孝合一的观念。而忠孝合一观念的背后就是家国情怀。

北京西城区鼓楼西大街关岳庙

文化关键词

尽忠报国

竭尽忠诚，报效国家。亦作“精忠报国”。唐初编撰的《周书》《北史》已见“尽忠报国”一语。这一词语还与南宋抗金名将岳飞相关联。元人所修《宋史》记载了岳飞后背刺有“尽忠报国”四字，但未说明何人所刺，至清代始有岳母刺字的说法，遂演绎为岳飞遵母命而尽忠报国、至死不渝的故事。它蕴含了忠孝合一的儒家理念，至今仍是中国人爱国精神的典型表达。

忠

“忠”是一种尽己所能的态度。处在某一身份或职位的人应全心全意地履行其职责，而不应受个人私利的影响。“忠”的对象可以是赋予其职分的个人，也可以是其履职的组织、团体乃至国家。例如在古代社会，人们认为君主应该忠于民众，臣属应该忠于君主。

孝

子女对父母的顺从与敬爱。就言行而论，“孝”包含以下三点要求：其一，要谨慎保护受之于父母的身体，以免伤病，令父母担忧。其二，不能违背父母的教导、要求，即便不能认同，也应顺从遵循。其三，应以高尚的德行，成就自己的声誉与功业，以彰显父母的教导。“孝”植根于子女内心对父母的亲爱与尊敬。儒家认为，“孝”是个人德行养成的基础，并将其作为维系和强化父子关系乃至君臣关系的根本。

篇八　楚囊之情

《左传·襄公十四年》里记载着这样一个故事：

楚子囊还自伐吴，卒。将死，遗言谓子庚：必城郢。君子谓：子囊忠。君薨不忘增其名，将死不忘卫社稷，可不谓忠乎？忠，民之望也。《诗》曰："行归于周，万民所望。"忠也。

春秋末期，诸国之间混战不已，这就是孟子所说的"春秋无义战"。楚吴两国边境接壤，又同为大国，彼此之间互相攻伐。楚国的令尹子囊进攻吴国兵败回来后，生命垂危。临死之前，他对接任的子庚说："一定要在郢地筑城，防卫吴军。"子囊临死之际，还不忘保卫社稷安全，对楚国可谓是忠心耿耿。后来，人们就用"楚囊之情"来比喻对国家忠心不二。

今天，楚囊之情和精忠报国作为大家都知道的文化典故，指向的就是爱国，也是爱国精神的形象表达。中国的文化传统中，对很多事物的表达常常借用典故，这样既形象又有具体所指，容易使人相信和理解。除了耳熟能详的精忠报国和楚囊之情之外，关于爱国精神的典故还有很多，是一个“历史文化群”或者叫“典故群”的概念。什么叫作爱国精神的历史文化群呢？就是说有很多形成于不同时代的典故指向爱国，指向爱国的各个不同侧面。

一

先秦的爱『国』故事

中国历史中的爱国典故群，春秋战国时期是一个高峰时代。春秋战国之前，有史可考的夏、商、西周，或者出于史迹难求，或者是因为尚有部落社会的遗风，有关爱国的记载并不多。周之后，由于分封制与宗法制所造成的家国天下局面，使得“国”这个政治文明的概念逐渐得以确立。东周之后，周天子的天下秩序逐渐崩解，各分封诸侯国之间开始攻伐不断，战争造就了吾国与敌国、灭国与故国等相对的国的概念，在这样的一个历史进程中，爱国作为一种具体的行为和情感，逐渐形成并对后世影响深远。

春秋鲁僖公三十年（公元前630年），秦、晋两大强国借口郑国曾对晋文公无礼及亲近楚国，联合起来围攻郑国。在郑国危难的时刻，郑伯找到烛之武，让他去面见秦穆公晓以利害，来解郑国之危。烛之武起初不愿意前往秦营，推辞说：“我壮年的时候，尚且不如别人，现在老了，更不能有什么作为了。”于是郑伯检讨了自己没重用烛之武的过失，接下来是这样劝说他的：

然郑亡，子亦有不利焉。

意思是说，郑国灭亡了你作为郑人也没有什么好处！烛之武这才受命前往敌营交涉。在强秦面前，烛之武不卑不亢，极力向秦穆公说明为何郑国灭亡对秦国没有好处，反而会使晋国更加强大，当晋国强大时必然进攻秦国，所以灭亡了郑国最终会损害秦国的利益。秦穆公认为这一番话很有道理，于是决定与郑国结盟并撤军。晋国见秦国撤兵，便也离开了郑国。郑国的危难解除了。

“烛之武退秦师”作为春秋时期一个著名的智者爱国的故事，被《左传》记载下来，成为后人津津乐道的爱国典范。仔细思考不难发现，这则典故中相关各方思考问题的范畴是“国”，这个国正是周代分封制下的家国体制。郑伯劝说烛之武临危受命的说辞是郑国和郑人之间的关系，烛之武能够受命也因为自己是郑人，郑国有危难不能置之不理。烛之武前往秦营以其雄辩之才说服秦穆公的角度，也是站在秦国、晋国、郑国三国的力量对比上，使秦穆公认识到对秦国最有利的不是灭亡郑国，最终退秦师保全了郑国。

《吕氏春秋·先识览》里有一则“子贡赎人”的典故。春秋时期鲁国有一条法律规定，凡是鲁人在其他诸侯国沦为奴婢的，如果国人能把他们赎回鲁国，就可以到国库报销赎金。孔子的得意门生子贡，是儒商的鼻祖，善于经商之道，曾经经营于曹、鲁两国之间，富致千金。有一次他从其他国家赎回了鲁人，但却不要鲁国报销赎金。不料，子贡“仗义疏财”的行为却惨遭老师孔子的批评。孔子对子贡说：

赐失之矣。自今以往，鲁人不赎人矣。取其金则无损于行，不取其金则不复赎人矣。

子贡是端木赐的字，赐是子贡的名。孔子的意思是说，子贡你错了！你不领取赎金，那以后鲁人就不能从其他国赎回本国人了。为什么呢？鲁国之所以规定给赎人者报销赎金，是为了不给赎人者增加经济负担，鼓励赎人者的义举。拿这笔赎金既对自己有利，也不会有损于鲁人赎人这个大的行动。你子贡只考虑自己要高风亮节，却没有考虑你这么做对以后别人赎人所造成的阻力。

“子贡赎人”这则典故，显然也是一个爱国的故事，无论孔子还是子贡爱的都是鲁国。子贡能够利用经商赎回鲁人，并且不愿意为此领取报酬，是因为他对鲁国身怀感情。孔子赞赏徒弟赎回鲁人的做法，但是却批评子贡不领取赎金的行为。他的赞赏和批评，也都落实在是否有利鲁国之上。从鲁国和鲁人的整体利益来说，子贡自己有钱有德不领取赎金，其他人如果看到子贡这么做，就不好意思再去领取赎金，不领取赎金，赎回鲁人的义举必然增加很多困难。如此一来，不领取赎金是对鲁国和鲁人不利，所以孔子才会批评弟子的“做好事不图回报”的举动。

烛之武与子贡之外，尚有“豫让刺赵襄子”的故事，也是爱国的一种表现。春秋末期，韩赵魏三家分晋，共同灭亡了当时势力最大的智氏，将晋一分为三，就是后来的韩国、赵国、魏国。三国之中，以赵的创立者赵襄子“最怨智伯，漆其头以为饮”，可见仇恨之深。豫让是晋人，曾经投靠智伯，“智伯甚尊宠之”。现在，智伯及其家族被三家所灭，豫让觉得智伯对自己有恩，“士为知己者死，女为说己者容。今智伯知我，我必为报仇而死，以报智伯，则吾魂魄不愧矣”。决意刺杀赵襄子为报智氏之恩。豫让前后刺杀赵襄子两次，都没有成功。第一次赵襄子感动于豫让乃是义人，放他而去，引来豫让第二次击杀赵襄子，遂有两人之间的精彩对话：

> 于是襄子乃数豫让曰：“子不尝事范、中行氏乎？智伯尽灭之，而子不为报仇，而反委质臣于智伯。智伯亦已死矣，而子独何以为之报仇之深也？”豫让曰：“臣事范、中行氏，范、中行氏皆众人遇我，我故众人报之。至于智伯，国士遇我，我故国士报之。”襄子喟

然叹息而泣曰:“嗟乎豫子!子之为智伯,名既成矣,而寡人赦子,亦已足矣。子其自为计,寡人不复释子!”使兵围之。豫让曰:“臣闻明主不掩人之美,而忠臣有死名之义。前君已宽赦臣,天下莫不称君之贤。今日之事,臣固伏诛,然愿请君之衣而击之.焉以致报仇之意,则虽死不恨。非所敢望也,敢布腹心!”于是襄子大义之,乃使使持衣与豫让。豫让拔剑三跃而击之,曰:“吾可以下报智伯矣!”遂伏剑自杀。死之日,赵国志士闻之,皆为涕泣。

赵襄子感到不解,为什么豫让也曾经做过范、中行氏两家的家臣,却独为智伯执意报仇?豫让的回答很简单,三家之中,唯有智伯“国士遇我”,所以我也要“国士报之”。豫让最后的死,也颇有神圣的仪式感。因他没有击杀赵襄子完成报仇夙愿,最后要赵襄子之衣三击伏剑而死,算是对故主有了交代。

“豫让刺赵襄子”的典故见于司马迁的《史记·刺客列传》。太史公传神的文笔,足以让豫让这位刺客千古留名。不过,豫让的意义不只是刺客那么简单,表面上这是一个报仇的故事,实际上后面暗含着春秋时期人们对忠的理解和认识。我们都知道,在中国文化中,爱国意味着要精忠报国，往往和忠君联系在一起。其实，先秦时期，忠并不专指臣对君的道德规约和行为职责，而是指对别人尽心竭力的态度。曾子在三省吾身中的一省是“为人谋而不忠乎”？这里的忠不是忠君，是尽心竭力。即使是讲到君臣关系，忠也不是单向的，而是带有双向选择的色彩，“君使臣以礼，臣事君以忠”。豫让不是智氏固有的家臣，却因为智伯待他如国士，就要为智伯“忠臣有死名之义”，以报智伯。豫让的忠就是君臣道义双向互动的结果。

如果君不使臣以礼，那么臣需要事君以忠吗？这在春秋战国时期是有争议的讨论，至少不像后世那样绝对地肯定。伍子胥本是楚国贵族，父亲伍奢和兄长伍尚都被楚平王杀害。伍子胥投奔到吴国，利用吴国的军队，发誓要灭楚为父兄报仇。后来他真的率吴国之兵攻陷了楚国，鞭尸楚平王，赶跑楚昭王，算是为伍氏家族出了恶气。在伍子胥眼里，君无道，臣子不必尽忠。不过，伍子胥的行为引起了好友申包胥的激烈反对，他认为伍子胥违背了臣子之道。伍子胥说：“我必覆楚。”申包胥的回答是：“我必存之。”

为了救楚，申包胥逃到秦国，请求秦哀公发兵复楚，立于秦廷，“昼夜哭，七日七夜不绝其声”（《史记·伍子胥列传》），这就是“申包胥哭于秦廷”的典故。最终，秦军出兵帮助楚复国，而申包胥隐退不受封赏，认为这是臣子辅佐君主应该做的。伍子胥和申包胥这对好友之间的覆楚存楚之战，很能反映先秦时期对国家与君主的忠存在着不同的看法，这和秦汉之后君臣之间绝对的忠诚关系是不同的。先秦时期臣对不守道义之君，不见得一定要尽忠；忠诚的对象可以是国之诸侯，也可以是待己为国士的知遇之君。

不管怎样，春秋战国各诸侯国之间的征战，使得人们对国的概念和情感日益明晰。人们对国的感情，存在着多样的状态，退敌、赎人、报恩、复仇等等不一而足。且对国的尽忠也并非要完全与忠君联系在一起。

二

从苌弘化碧到屈原放逐

春秋战国时期还有很多其他的典故指向爱国。“苌弘化碧”相信大家也很熟悉，它在民间有一个通俗的说法叫“碧血丹心”，形容对国家的忠诚。

周景王和周敬王时期，大臣刘文公手下一个大夫叫苌弘，忠诚于周王，据《左传·哀公三年》记载，他牵连进当时晋国的内讧，后被杀害。民间流传的是苌弘遭受别人诬陷，被周王室流放蜀地，自恨忠诚而遭诽谤，满怀怨愤，剖腹自杀。蜀人为他的遭遇所感动，把他的血用柜子藏起来，三年以后，其血化为碧玉。这就是后来所说的苌弘化碧典故，也称碧化、碧血、藏碧、苌弘碧、千年碧、血碧。

尽管苌弘的身世和死亡的原因，在历史记载中有不同的版本，但他的形象却以一个蒙受冤屈而忠心不泯的爱国者流传下来。《庄子·杂篇外物》中说：

> 人主莫不欲其臣之忠，而忠未必信，故伍员流于江，苌弘死于蜀，藏其血三年而化为碧。

庄子以苌弘死于蜀和伍子胥流于江来指代历史上的忠臣，可见，庄子是接受了苌弘化碧这样一个文化典故。不过，庄子也指出，历史上著名的忠诚者常常在当世得不到信任，往往是死后才被后人追认其生前之忠。因此苌弘是死后三年以碧血换得世人对其忠心的相信。庄子所说的“伍员流于江”，指的是伍子胥死后尸体被吴王扔到江中漂流。伍子胥本为楚人，逃到吴国帮助吴王成就霸业，但遭奸臣伯嚭谗言所陷害。伍子胥一生颇有悲剧的传奇色彩，本为楚人的他前半生遭费无极陷害，家破人亡出逃到吴国，借助吴兵攻陷楚国，得报家仇。后半生助吴王成就霸业，却又被伯嚭离间，最终以吴国忠臣的身份自杀而亡。《史记·伍子胥列传》中载伍子胥赴死极其悲壮：

乃告其舍人曰：“必树吾墓上以梓，令可以为器；而抉吾眼，县吴东门之上，以观越寇之入灭吴也。”乃自刭死。吴王闻之大怒，乃取子胥尸盛以鸱夷革，浮之江中。吴人怜之，为立祠于江上，因命曰胥山。

伍子胥临死之前，让人将自己的眼睛悬于吴国都城城门之上，认为吴必然为越所灭。九年之后，吴国国破之日方尽显伍子胥之忠。

◆江苏苏州胥门　春秋吴国建造都城时所辟古门之一

苌弘化碧、伍子胥流于江的典故，实际上开启了中国文化传统中关于忠诚书写的一种类型：忠未必信。为什么历史中总是出现忠未必信的爱国典故呢？

一方面，这是传统皇权政治文化所决定的，特别是秦统一天下开启了君主专制制度之后，生杀大权出自君主一人之手，君主的个人好恶往往能左右一切。忠臣在世相伴左右之时，通常不尽合君主心意，甚至常常会因忠言逆耳触怒龙颜，招来杀身之祸。君主难道不愿意臣下尽忠吗？君主当然愿意臣下尽忠，但忠诚是一个带有很强主观立场的认识过程，所以，历代君主都大肆表彰历史上的忠臣，而对本朝臣子之忠则不尽相信，除非在危难之时方才“国难思良将”。

另一方面，我们今天读到历史上如此之多带有悲剧色彩的精忠，很大原因是掌握书写权力的历代具有理想色彩的士人的“怨”。这个怨会让人立刻想起著名的三闾大夫屈原。屈原为楚之同姓，战国末期楚怀王时的贤臣，“博闻强识，明于治乱，娴于辞令。入则与王图议国事，以出号令；出则接遇宾客，应对诸侯。王甚任之。”然而，屈原也难免被进谗言而遭流放。在流放的路途中，他还忧心楚王和楚国的政事，希望国君能幡然醒悟，楚国的颓势为之一改。但最终等来的是楚怀王客死秦国，楚国摇摇欲坠，屈原的一片忠心不能为新任楚王所识，最终绝望投汨罗江而死。

◆明 陈洪绶《屈子行吟图》

史学家司马迁在《史记·屈原贾生列传》中，借屈原之口说了一段千古名言："屈平正道直行，竭忠尽智以事其君，谗人间之，可谓穷矣！信而见疑，忠而被谤，能无怨乎？"司马迁同情屈原的境遇，为屈原抱不平，认为屈原如此竭忠事君，最后落得"信而见疑，忠而被谤"乃至身死形歿的悲剧结局，能无怨吗？这个怨：一是屈原本人尽忠却不被君主接受的怨；一是后世士人司马迁怀着深深同情为其抱不平的怨；也是千古文人对历史中不断重复出现的奸佞当道、忠良被逐的情形的悲鸣。所以，我们读到的很多精忠典故，都带有悲剧色彩，唯其悲剧色彩，才让人动容和感慨以生命为代价的精忠！

读罢历史掩卷而思，许多跨越千百年而来的忠诚故事，其中的形象至今还栩栩如生。很大程度上，是因为里面有巨大张力的悲剧色彩。如庄子所说，每个君主都想让臣下尽忠，然而真正的忠诚者在当世却未必能因忠而获得重用，如此将何以报忠诚者？一是相信历史，请俟来世，知我罪我，历史定有公论；一是托之于民心民意，君不见端午万舸竞发祭屈原，君不见秦桧西湖长跪千年？

三

黍离之悲

爱国的精忠，除了以生命为代价之外，也表现为对故国的悼念和热爱，比如“黍离之悲”。

黍离之悲出自《诗经·王风·黍离》，讲的是周的一个大夫路过过去的国都镐京时，看到故都的宗庙被掩盖在长起来的庄稼之中，发出深深的感叹：

> **彼黍离离，彼稷之苗。行迈靡靡，中心摇摇。知我者，谓我心忧；不知我者，谓我何求。悠悠苍天，此何人哉！**

历代的诠释都认为这首诗是“悯宗周也”。《黍离》这首诗，用宗周故地茂盛的庄稼映衬故国已成废墟的荒凉，一个人在悠悠苍天之下，同时进入两种历史场景：昔日的宗庙宫阙和眼前的庄稼地，不由得从内心发出对故国思念的感慨。

《黍离》之后，在中国传统文化的意象中，黍离之悲常常成为对故国覆灭的感慨，其实也是关于爱国的表达。它体现在很多诗歌里面，比如杜甫的《春望》：“国破山河在，城春草木深。”安史之乱后，诗人于唐至德二年（757年）目睹了长安被攻陷之后的萧条零落，想起了家人和国事。

司马光评论说：“‘山河在’，明无余物矣；‘草木深’，明无人矣。”（《司马温公诗话》）这是杜甫的黍离之悲。

再如李商隐的《曲江》中有“死忆华亭闻唳鹤，老忧王室泣铜驼”，这是他于甘露之变之后的第二年，重游曲江所写。曲江是唐代长安的名胜之地，安史之乱后逐渐废弛，唐文宗想恢复曲江昔日的繁华盛况，重修了曲江庭苑，不想当年就发生了甘露之变，唐王朝继续风雨飘摇。李商隐今昔对比，发出黍离之悲的哀叹。诗中所说的“死忆华亭闻唳鹤”，是和陆机有关的典故。西晋的陆机为宦官孟玖谗言所害，临死前悲叹道：“华亭鹤唳，岂可复闻乎？”华亭，是陆机故宅旁的谷名，陆机悲叹自己再也听不到故宅旁华亭的鹤鸣声了。“老忧王室泣铜驼”也用了一个典故。西晋灭亡前，后将军索靖预感天下将有大乱，他指着洛阳宫门前的铜驼叹息说：“不久后你可能就埋在荆棘野草之中了”，后来果然天下大乱。

距离岳飞年代不远的南宋词人姜夔，有一首代表词作《扬州慢》，讲的是金与南宋战争之后，曾经的淮左名都扬州失去了昔日的繁华，词人路过时呈现的是“夜雪初霁，荠麦弥望。入其城则四顾萧条，寒水自碧，暮色渐起，戍角悲吟”的萧条和肃杀。词中“过春风十里，尽荠麦青青”的古今对比，让千岩老人萧德藻想到了黍离之悲，词人的本意也正是如此。

◆南宋 李唐《采薇图》局部

黍离之悲所表现出的对故国和过去的眷恋，除了触景伤情引起感伤之外，在历史之中，真的就有一群人，以一生来表达对覆灭的前朝的忠诚，这叫作“遗民”。伯夷、叔齐是商末孤竹君的两个儿子，周武王伐商之后，两人认为武王是以臣子弑君，是不仁。兄弟俩隐居在首阳山，不肯吃周的粮食，只靠采野菜为生，最后活活饿死。临死前作《采薇歌》：

> 登彼西山兮，采其薇矣。以暴易暴兮，不知其非矣。神农、虞、夏忽焉没兮，我安适归矣？于嗟徂兮，命之衰矣。

这是中国遗民文化较早的开始，自此之后，历朝历代都有忠于前朝的“顽固者”，不管历史对他们具体的评价如何，人们还是对这些人保持敬意，认为他们是对前朝尽到了忠诚。

翻看“二十四史”，很多后朝修前朝史者，尽管对遗民的对抗和敌意不满，但对他们忠于前朝的气节都给出了很高的评价。1911年辛亥革命成功之后，中华民国取代清王朝，结束了历史上王朝轮替的帝制，进入到共和时代。但民国时期仍然有很多忠于清朝的遗民，成为当时社会的一大景观。辫帅张勋因为对清朝皇室念念不忘，所以他的军队还都保留着长辫，人称“辫子军”。1917年，张勋借调停“府院之争”的名义，在北京发动了短暂的“张勋复辟”，成为历史上著名的“倒行逆施”。不过很快张勋失败，之后他隐居天津多年直至去世。时人尽管不赞成他复辟帝制，但对他一意忠于前朝的“孤忠”多有表扬。民主革命的先行者孙中山也是一分为二看待张勋：“清室逊位，本因时势。张勋强求复辟，亦属愚忠，叛国之罪当诛，恋主之情自可悯。文对于真复辟者，虽以为敌，未尝不敬之也。”[1]言外之意，张勋在价值选择上虽然有错，但是他忠于前清王朝的孤忠情感却值得感动，比社会动荡之际左右逢源的投机者在道德操守上要强很多。

中国文化中的爱国典故，也表现在为国担当，勇赴国难上。西汉的“苏武牧羊”是勇者爱国的典范。西汉武帝时期中郎将苏武奉命出使匈奴，结果遭匈奴扣押。匈奴人极力威逼利诱，想要迫使苏武投降匈奴。但苏武宁死不屈，结果被流放到北海（今贝加尔湖）边牧羊。因为粮食无法运到北海，苏武只好掘取野鼠储藏的果实充饥。然而不管条件如何艰难，苏武始终手持着汉朝的符节，以至于系在符节上的皮毛装饰都全部掉落了。如此十九年，苏武持节不屈，终于在汉宣帝时期被释放回汉。

1 聂作平：《晚近人物札记》，《同舟共济》，2018年第3期，第68页。

南宋文天祥的《过零丁洋》:“人生自古谁无死？留取丹心照汗青。”这句诗也是关于爱国精神的著名的表达。到了近代，林则徐的“苟利国家生死以，岂因祸福避趋之。”(《赴戍登程口占示家人》)是近代人对于爱国精神的抒写。所以说在中国的历史中，关于爱国的文化典故，其实是一个历史的文化群，我们所说的精忠报国，只是其中最为流行和大家最为熟知的一个关于爱国的表达。

今天，中国社会经历了由传统到现代，由农耕到工业文明，由天下到世界的深刻转变，但对国家的忠诚和热爱在我们的文化传统中却没有变。对于普通人来说，爱国是一种信念，在日常生活中把本职的工作做好，这就是脚踏实地的爱国。

文化关键词

黍离之悲

怀念故国的悲哀之情。黍离之悲的典故出自《诗经·王风·黍离》，记载东周的一位士大夫路过西周的故都，看到旧城荒废、宫殿残破，上面长满了整齐而茂盛的庄稼。庄稼的茂盛映衬故国的荒凉，让诗人产生了故国兴亡的凭吊之痛。在中国传统文化的意象中，“黍离之悲”常常成为对故国兴亡的感慨，其实也是关于爱国的一种表达。

遗民

指改朝换代后仍然效忠前一朝代的人。中国历史上王朝轮替之际，经常会有自觉忠诚于被推翻的前朝的人，他们在情感上呈现出对前朝的认同和忠诚，对新王朝的抗拒和不合作，在实践上或是隐居山林或是拒绝出仕做官。历代遗民群体的写作与绘画，又构成了丰富的关于道德、气节、家国与审美的讨论。

篇九　九州

南宋嘉定二年（1210年）十二月二十九日这一天，是除夕。

八十五岁的陆游，蛰居在老家山阴，生命如同风中摇曳的烛火，已渐入弥留之际。六个儿子守在老人的病榻前，不知道父亲能否跨过江春旧年。

气息奄奄的放翁老人，神智在明灭之间若有若无，一生的往事，全部袭来。他想起了四十年前的沈园之遇，故人早已不在，沈园的桃花明年依然会开得灿烂吗？他想起壮年时“尚思为国戍轮台”的雄心，走马大散关前线，入蜀中上书北伐的岁月，如今铁马冰河只能在梦中。靖康之耻后，宋宗室渡江南来已近百年，不仅恢复无望，西湖的歌舞也常在北方铁骑的窥伺之中。

青春的斗牛剑气，如今已垂垂老矣。一生最大的遗憾就是没有亲眼看到恢复中原的那一天。长安父老，新亭风景，可怜依旧。陆游想起了老帅宗泽，身殁之前，还亲自部署抗金北伐，大呼三声“过河”而卒。如今，他也到了诀别之际。

勉强支撑起身的陆游，写下了绝笔诗《示儿》：

死去元知万事空，但悲不见九州同。

王师北定中原日，家祭无忘告乃翁。

陆游临终前所说的“不见九州同”中的“九州”指的是中原还是国家呢？翻看历史典籍，经常会遇到九州这个词。比如，古代发蒙读物“三百千”中的《千字文》中有这样一句：“九州禹迹，百郡秦并。”这里的“九州”和“禹迹”是指的什么意思呢？禹迹对于理解九州有何意义？再如，晚清著名的思想家龚自珍写有《己亥杂诗》：

九州生气恃风雷，万马齐喑究可哀。

我劝天公重抖擞，不拘一格降人才。

这里的九州，与陆游“但悲不见九州同”中的九州，在意思上是一样吗？它们是一个地理概念还是一个文化概念？带着这些思考，我们一起来看看九州这个词汇在中国思想文化中所蕴含的意义。

一

『九州』释义

九州其实是中国的别称。《尚书·禹贡》(以下简称《禹贡》)中将中国划分为九州，分别是冀州、兖州、青州、徐州、扬州、荆州、豫州、梁州、雍州。同时代或稍后的典籍《周礼》《尔雅》《吕氏春秋》等有关九州的说法大同小异。

《禹贡》说:“禹别九州，随山浚川，任土作贡。”这是什么意思呢？就是说大禹在治水之后，调查了大地上的山川形胜之后，分割了九州的地界，根据各地的土地条件、自然资源以及距离“中央”所在地的远近，制定了地方向中央的“纳贡政策”。《禹贡》里的兖州、青州在东方，相当于今天的山东一带；徐州、扬州在东南，相当于今天的江苏一带；梁州、雍州在西方，相当于今天的陕西、四川一带；荆州在西南，相当于今天的湖南、湖北一带；豫州、冀州在中原，相当于今天的河南、河北、山西一带。

《尔雅·释地》中也有九州的记载，它是这么说的:

两河间曰冀州，河南曰豫州，河西曰雍州，汉南曰荆州，江南曰扬州，济河间曰兖州，济东曰徐州，燕曰幽州，齐曰营州。

《吕氏春秋·有始览》中的九州记载是这么说的：

何谓九州？河、汉之间为豫州，周也；两河之间为冀州，晋也；河、济之间为兖州，卫也；东方为青州，齐也；泗上为徐州，鲁也；东南为扬州，越也；南方为荆州，楚也；西方为雍州，秦也；北方为幽州，燕也。

对比《禹贡》，会发现《尔雅·释地》有幽州、营州，无青州、梁州；《吕氏春秋·有始览》中没有梁州，有幽州。《尔雅·释地》与《吕氏春秋·有始览》对比，会发现后者中没有营州，有青州。

三个典籍中九州的记载各不相同，后两者记载的九州基本相同，只是青州和营州名称的不同，基本都指的是齐地的山东。《禹贡》中的梁州，后两者都没有；但后两者都有北方的幽州，这是《禹贡》所没有的。《周礼》的《职方氏》、《礼记》的《王制》篇和《淮南子》的《地形训》也有九州的记载。此外，上海博物馆所藏出土的楚简《容成氏》

中记载的九州，和《禹贡》这些传世文献又都不一样，自成一个九州系统。所以，九州这个文化关键词，实际上只是大概反映了春秋以来中华先民栖息生养的大致地理范围，但从未在现实中实现过。

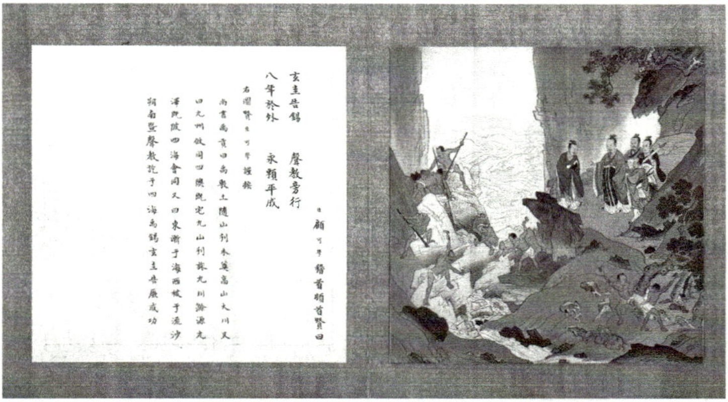

明 仇英《帝王道统万年图》之大禹

二

大九州和小九州

《禹贡》《尔雅·释地》《吕氏春秋·有始览》等典籍中的九州，又叫作“小九州”。为什么呢？因为在中国古代的典籍中还有更为科幻的“大九州”。

大九州和一个叫作邹衍的人有关。邹衍是战国末期齐国人，因他“尽言天事”，当时人们称他“谈天衍”。他是稷下学宫的著名学者，稷下学宫位于齐国都城临淄一个城门稷门附近，是当时的学术中心，许多思想家都曾在此讲学，春秋战国时期的百家争鸣，和稷下学宫有很大的关系。

齐国面向大海，“海客谈瀛洲，烟涛微茫信难求。”所以齐地多出产一些带有科幻色彩的“怪人”，邹衍就是这些怪人中的一个，他是战国时期阴阳五行家的代表，认为金、木、水、火、土所代表的五德相生相胜，具体就是：木能够生成火，火能够生成土，土能够生成金，金能够生成水。金能够克制木，水能够克制火，木能够克制土，火能够克制金，土能够克制水。无穷循环下去。

“五行学说”之外，邹衍还提出了“大九州学说”。在邹衍看来，春秋战国时期各家学者纷纷言说的九州，境界太小了，属于坐井观天。他的大九州学说，司马迁在《史记·孟子荀卿列传》中是这样描述的：

> 以为儒者所谓中国者，于天下乃八十一分居其一分耳。中国名曰赤县神州。赤县神州内自有九州，禹之序九州是也，不得为州数。中国外如赤县神州者九，乃所谓九州也。于是有裨海环之，人民禽兽莫能相通者，如一区中者，乃为一州。如此者九，乃有大瀛海环其外，天地之际焉。

简单地说，邹衍认为，你们说的九州，只不过是世界的很小一部分，有多小呢？像中国这样的九州还有另外八个，九个九州组成一个中九州，中九州外还有另外八个中九州，一起组成大九州。算下来，我们一般意义上所讲的九州，只是大九州的八十一分之一。

不过，人们还是习惯小九州。大九州作为邹衍的浪漫地理想象，虽然一直都在，但大多都跟科幻、传说有关。

三

九州何以代表中国

既然九州并不是一个现实的行政地理概念，那它为什么能够成为中国的别称呢？实际上这个问题很复杂，简单概括来说，它至少是如下三方面问题的复合：1. 古人对于中国地理空间认识的想象。2. 战国中后期“天下”这个观念的具体化。3. 汉代以来“州”这个行政建制的实行和理论化。

首先，九州作为一个地理概念，具有传说的成分。在近代之前，大多数学者相信《禹贡》中所说的九州是大禹治水之后对于山川的重新划分，禹迹也就是九州。所以，在中国古代的地理学著作和古人的认知中，都将九州作为中国地理沿革的开始，这种认识一直持续到清末，期间虽有不少学者持怀疑的态度，但主流还是“茫茫禹迹，划为九州。”久而久之，九州就成了中国地理的代名词和别称。

不过，到了近代，情况出现了变化。随着现代地理学和史学的逐渐建立，很多学者开始怀疑古人对上古时期的许多说法是否可信，产生了很多疑古派的学者。日本东洋派的学者白鸟库吉认为中国上古时代不存在尧舜禹，九州这个地理概念在现实中也不存在，而是中国传统宗教哲学观念的反映，比如五行学说和《周易》中的某些观念。顾颉刚也认为古史中的大禹并不存在，很可能是九鼎上铸的一种动物。他引用《说文解字》中“禹”字的本义是虫作为例证，被论敌鲁迅嘲笑为“大禹是一条虫”，这在民国时期是一个很有名的段子。既然否定了禹的存在，顾颉刚认为九州也不是过去所说的那样是禹划分的。他认为“九州”这个地理名词，在春秋时期就已经有了，不过是一个笼统的整体概念，到了战国时期，九州之说才具体化为九个州，九个州的名字才逐渐确定下来。从春秋到战国，九州经历了从统称到具体化，所指地域从小到大的一个过程。对后世影响最大的是《禹贡》中关于九州的记载，它的成书年代应该是在战国中晚期之后，托名大禹而作，其实反映的是战国中晚期之后，人们对于中华疆域的认识。

其次，九州在中国的文化语境中，不是一个纯粹的地理概念，而是一个人文地理概念的复合。“观乎人文，以化成天下”，在古人眼中，天下不仅是一个没有边界的地理空间，也是一个人文化成的文明秩序。“溥天之下，莫非王土，率土之滨，莫非王臣”，这句话从政治层面理解就是天下是王道的天下，天子居于中国而有天下；从文化层面理解，天下是一个从中心到边缘的文化秩序的播迁过程。九州其实是天下的具体化。它反映的是中国先民从原始部族社会

◆明《历代古人像赞》之夏禹

到国家概念逐步形成过程中，对于疆域边界的政治和文化上的认识与认同。《禹贡》中的九州，有“任土作贡”的说法，这其实反映的是政治的秩序，因九州各在不同的位置，政治地位也不相同。此外，理解《禹贡》中的九州，还要对另一个概念“五服”有所了解。所谓的五服，是指以王所居住的都城为中心，逐渐向外扩展，以五百里为一区划，由近及远分为甸服、侯服、绥服、要服、荒服，合称五服。服就是服侍天子的意思。显然，九州和五服是天下这一政治概念的具体化。

再者，汉代“州”的行政建制的实施，对后世对于九州的文化认同，九州能够指代中国，起到了极为关键的作用。九州虽然是春秋至战国时期想象的地理概念，未在现实中实行过，但是到了西汉时期，汉武帝将全国除长安附近的七个郡级单位以外的政区划分为十三部，即豫州、兖州、青州、徐州、冀州、幽州、并州、凉州、益州、荆州、扬州、交趾、朔方，每部设刺史一人，负责巡察境内的地方官和豪强地主，称为“十三刺史部”，简称“十三州”。西汉时的州还是一种监察区，到了东汉，州成为最高一级的地方行政区域。在现实中，汉代将州变成了真实的行政区划，这对于九州的传播有很大影响。班固在《汉书·地理志》中，一方面承继了“禹划九州”的说法，“水土既平，更制九州，列五服，任土作贡。”另一方面，他将九州这样的地理传说和天下概念与汉代州的建制结合起来，使真实存在的州与九州形成了一套完整的论述系统，为后世沿用。

四

说『州』和『九』

为了能更进一步了解“九州”这个文化关键词，我们再从“九”和“州”这两个字的造字演变和它们各自在中国文化中的意思来看一看。

甲骨文　金文　小篆　楷书

州这个字，许慎在《说文解字》里是这么说的：

水中可居曰州。周绕其旁，从重川。昔尧遭洪水，民居水中高土，或曰九州。

不难看出，州的造字本身就和九州有文化上的关联。州字的本意是水中可以居住的高地。尧舜时代有一场大洪水，民众纷纷居于高地。许慎认为，这些高地就是九州。

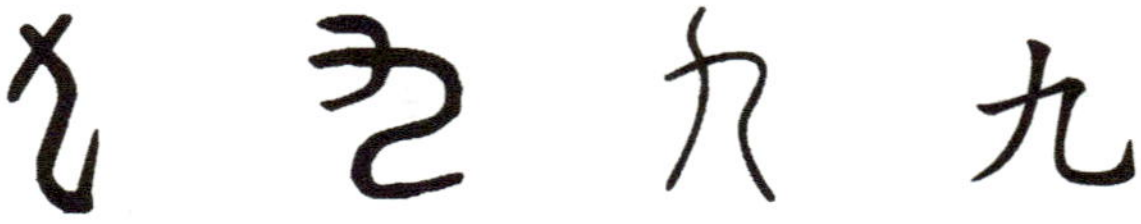

甲骨文　金文　小篆　楷书

九这个字是象形字，甲骨文的原意：一说是一条长虫弯曲着尾巴；另一说是人的肘部，表示弯曲。许慎在《说文解字》里说：

九，阳之变也。

这是用阴阳之变来解释九字，似乎没有什么道理。后来，九的本意消失，被用来指多数、多次。

古人造字以纪数，起于一，极于九。所以，九不仅是个数字，还有尊贵和极致的文化意蕴。我们常说：一言九鼎、九千岁、九五之尊，这是表示尊贵的意思，形容位高权重。又比如：天有九野、地有九州、土有九山、山有九塞；九合诸侯、九曲黄河、九死一生、九重云霄，这是形容多或达到了极致。

除了数字九，中国文化中也常用九的倍数来形容一种极致的状态。比如“十八般武艺”是用来形容武艺的种类多而全；“女大十八变”是用来形容女孩容貌的变化大；“十八层地狱”是用来形容地狱的恐怖和幽深。再比如三十六计、七十二行、七十二变、九九八十一难、三百六十行、十万八千里等等，你会发现都和九字有关系。

中国文化中，除了九州，还有很多以数字命名的文化地理名词。

四方：指的是东南西北四个方向，后来泛指各地。

四海：是指中国陆地四面所包围的海。古人认为中国的疆域四面环海，各依方位称“东海”“南海”“西海”和“北海”。它蕴含着古人关于中国和世界的地理图景的想象：九州居天下之中，天下由九州及其周边四海组成，中国是海内，外国则是海外。因此四海也泛指中国乃至世界各地。

五湖：说法很多，近代一般以洞庭湖（位于湖南北部）、鄱阳湖（位于江西北部）、太湖（位于江苏南部）、巢湖（位于安徽中部）、洪泽湖（位于江苏西部）为五湖。五湖四海，指四面八方，全国各地。

五岳：东岳泰山（位于山东）、西岳华山（位于陕西）、南岳衡山（位于湖南）、北岳恒山（位于山西）和中岳嵩山（位于河南）。

六合：上下和东西南北四方，即天地四方，泛指天下或宇宙。

八荒：指东、西、南、北、东南、东北、西南、西北等八个方向。

五

与九州相关的，还有“九鼎”。

相传，大禹将天下划分成九州之后，收天下之金，铸成九鼎（也有人说是一个鼎，叫九鼎），象征着国家统一和王权在上。许慎在《说文解字》里是这样解释“鼎”这个字的：

> **昔禹收九牧之金，铸鼎荆山之下，入山林川泽，魑魅魍魉，莫能逢之，以协承天休。**

这句话的意思是说大禹用天下的铜器，铸造了象征九州的九个鼎，并且在上面刻下九州的风物和各种怪兽，起到震慑的作用。大禹到底有没有铸鼎呢？历来众说纷纭，有人相信，也有人怀疑。不过，上古的很多史事都和神话传说混在一起，连大禹都可能是一条虫，假如他真是虫，还怎么铸鼎呢？

有没有铸鼎是一回事，人们相信并且传播这样一个文化传统是另一回事，后者就构成了文化史中可信的东西。即使疑古派的顾颉刚也不能否认鼎和中国以及王权之间的象征关系。

正因为禹铸九鼎象征统一九州，所以夏、商、周三代把朝代的更迭也与鼎连接起来。汤革夏命，周武王伐纣之后，都要把九鼎搬到自己统治的中心，昭告天下，表示王命在此。搬鼎和营建新的都城的工作，有个专门的术语，叫“定鼎”。《帝王纪》里说：

武王伐纣，营洛邑而定鼎焉。

说的就是修建都城洛阳，开创新王朝的意思。正因为鼎这么重要，所以总有一些“不法分子”去打听跟天子九鼎有关的事情，历史中最著名的就是“楚庄王问鼎”了，后来还成了一个成语：问鼎中原。其实，除了楚庄王之外，还有一个诸侯曾经冒冒失失去招惹过九鼎，这就是秦武王。宜阳之战后，秦武王入洛阳观鼎，并且以手举鼎，最终鼎脱手砸到自己，绝膑而死，这就是著名的“秦武王举鼎”。

周亡之后，鼎入秦，此后九鼎就再也没有记载，消失在历史之中。

夏商周三代是青铜冶炼文明高度发达的时期，除神秘的九鼎之外，鼎是日常生活中常见的容器和礼器。作为容器，鼎就没有那么高大上了。它就是用来烹煮、盛放食物的容器，比如要炖肉和吃肉，就用各式的鼎来盛放。作为礼器，鼎就有几分庄严和神秘了，它被用来祭祀祖先和神灵。特别

◆后母戊鼎及鼎内的『后母戊』铭文

是周代，不同等级的人拥有鼎的数量是不同的，有严格的规定。天子九鼎，诸侯七鼎，卿大夫五鼎，士三鼎，鼎变成了身份的象征，每有重大事情也常常铸鼎纪事。

说了半天的鼎，鼎长得是什么样子呢？其实随着现代考古发掘技术的提高，出土的青铜鼎数量不在少数，很多博物馆都藏有鼎，这其中著名的有后母戊鼎和毛公鼎。

后母戊鼎1939年出土于河南安阳，因鼎腹内壁上铸有“后母戊”三字而得名。后母戊是商王武丁的后妃妇姘的号，这个鼎是商王祖庚或祖甲为祭祀母亲“戊”所制成的。因为在古文字中，司和后是同一个字，所以一开始学者们将此鼎命名为“司母戊鼎”，“司母戊”就是“祭祀母亲戊”，但后来大部分专家认为“后母戊”的命名要优于“司母戊”，“后”的意义相当于“伟大、了不起、受人尊敬”，与“皇天后土”中的“后”同义，“后母戊鼎”的意思就是将此鼎献给“敬爱的母亲戊”。

毛公鼎是西周晚期青铜器，因作器者毛公而得名，现藏于台北故宫博物院，是该馆镇馆之宝。清代道光末年出土于陕西宝鸡岐山县，毛公鼎属于三足两耳圆鼎，最著名的是鼎内的铭文，长达500字，是目前所见青铜器铭文中最长的。铭文的主要内容是赞颂周宣王的叔父毛公帮助治理内外的大小政务，成为后人研究西周晚期政治史的重要史料。

◆毛公鼎及鼎内铭文

《禹贡》记载了九州的大体方位，为后世学者绘制地图提供了模本和想象的空间。中国古代的地图，最初大多以九州、禹贡、禹迹来命名，其原因可追溯到《禹贡》的九州说。

此外，《禹贡》提到五服同心方的观点，是中国制图学计里画方的原始方法。什么是计里画方呢？其实就是中国古人所发明的按比例绘制地图的一种方法。简单说，绘制地图时，先在图上布满方格，方格中的边长代表实地里数，然后按方格绘制地图内容，以保证一定的准确性。应该说，中国的计里画方的方法，在古代的地图绘制史上达到了很高的精度，特别是在绘制较小区域的地图方面具有不可替代性，所以流行于宋至清代前期。之后随着地理大发现和东西方海通日益紧密，逐渐为经纬线画图所取代。

裴秀是魏晋时人，完成《禹贡地域图》十八篇——从古代的九州图直到西晋的十六州行政地理图，是中国目前有文献可考的最早的历史地图集。裴秀提出的著名的“制图六体”，是当时世界上最科学、最完善的制图理论。除经纬线和地球投影外，现代地图学上应考虑的主要因素，他几乎全提了出来。中国科技史学家李约瑟称他为“中国科学制图学之父”。

裴秀之后，唐代的贾耽绘成了《海内华夷图》。图中的地名古今并注，古地名用黑色，今地名用红色，开中国以两种颜色标注地名的先河。这种“墨朱殊文制图法”为后世历史沿革地图所遵循。南宋时期《海内华夷图》被缩成《华夷图》和《禹迹图》刻于石上，保存在陕西西安碑林。

《禹迹图》是目前所能看到的最早且保存完好的石刻地图，其运用的制图方法正是计里画方。地图上的长江与黄河轮廓清晰而完整，令人不得不惊叹古人的智慧。

时间进入17世纪，对于东西方而言，意味着全球历史的开始。邹衍所说的大九州，似乎一定程度上应验在一张叫作《坤舆万国全图》的明代地图上。它是中国第一张完整意义上的世界地图，也是中西方知识交流融汇的结果。

《坤舆万国全图》和一个在中国家喻户晓的传教士有关，这个传教士叫利玛窦。利玛窦喜爱中华文化，热衷和中国的士大夫交往，并且将自己打扮成中国人的模样，人称“西儒”。

西儒这个称呼，很恰当地概括了利玛窦来华后的事业。就“西”的方面来说，他的背后是西方自15世纪大航海时代以来突飞猛进的世界地理知识，所以自登陆中国，他就不断绘制世界地图，受到当时中国士人的热捧。“儒”的方面，他本人肯虚心学习中国博大精深的文化，不仅对东方地图相关的学问涉猎较深，对于中国人所特有的天地空间概念，他也门儿清。所以，他所绘制的《坤舆万国全图》是把中国放在中间，所标的地名也都是按照中文的习惯。

这幅世界地图的产生，还跟一个中国人有关系，这就是李之藻。李之藻是明代著名的科学家，字振之，号凉庵。他学识渊博，精于天文历算，和徐光启、杨廷筠齐名，他对“泰西之学”兴趣很大，和利玛窦等传教士交往密切。《坤舆万国全图》就是利玛窦和李之藻合作完成的，并由李之藻于明万历三十年（1602年）出资刊刻。

《坤舆万国全图》命名“坤舆”，是和中国传统文献相呼应的。古人称天地为乾坤，坤就是大地，地能载万物，所以叫作舆。整幅地图分为三大部分，主图是椭圆形的世界地图，第二部分是天文和地理图，第三部分是解释和说明的文字。地图上一共标注了1114个地名，不仅遍及五大洲，而且对南美洲的地理标注的很详细，地图上使用的地名、海名及一些地理名词，如地球、经纬线、赤道、北极圈、亚细亚、欧罗巴、大西洋、北冰洋、地中海、尼罗河等，至今我们仍在沿用。

今天，《坤舆万国全图》流散在世界各地，全球至少有

P.MATTHEVS RICCIVS MACERATENSIS QVI PRIMVS E SOCIETAE
IESV EVANGELIVM IN SINAS INVEXIT OBIIT ANNO SALVTIS
1610 ÆTATIS 60

◆明 游文辉《利玛窦像》

九家图书馆机构藏有此图。在中国，南京博物院所藏的《坤舆万国全图》，是1608年的彩绘本，上面还有很多世界各地的动物形象。

2018年的央视春晚上，故宫博物院院长单霁翔向世界展示了《丝路山水地图》，《丝路山水地图》又名《蒙元山水地图》，是明代中后期佚名创作的绢本设色画，现藏于北京故宫博物院。该图描绘了东起嘉峪关西至天方城（今沙特阿拉伯城市麦加）的辽阔地域范围。

从《禹贡》中的九州地图到今天的世界地图，显示了人类对于地理空间认识的深化和文化交流的紧密。

九州作为中华文化关键词中一个重要的概念，在数千年的历史流变中，主要用来代指中国。春秋之际，在相关典籍上就已经开始出现九州这一词汇，至战国中晚期，九州已经有明确的各州的记载和界限所在，反映了战国时期人们对于栖息空间的认识。应该看到，九州这一词汇既包含着中华先民对于地理空间的想象，并且由此成为中国历代地理志、地理学与地图制作的起源和滥觞；又是古人对于人文化成中华文明秩序的具体化，它与五服、五岳、五湖四海等人文地理概念，共同承载了中国人的“天下”观。

◆明 佚名《丝路山水地图》局部

文化关键词

九州

中国的别称。《尚书·禹贡》中将中国划分为九州，分别是冀州、兖州、青州、徐州、扬州、荆州、豫州、梁州、雍州。同时代或稍后的典籍《周礼》《尔雅》《吕氏春秋》等有关“九州”的说法大同小异。“九州”作为行政区划在历史上并未真正实行过，但它反映了春秋末期以来中华先民栖息生活的大致上的地理范围。

四海

全国各地或世界各地。古人认为中国的疆域四面环海，各依方位称“东海”“南海”“西海”和“北海”，合称“四海”。它蕴含着远古中国人关于中国和世界的地理图景：“九州”居“天下”之中，“天下”由“九州”及其周边“四海”组成，中国是“海内”，外国则是“海外”。在古人那里，“四海”大多统指天下，并不确指某个海域，有时用来指陆地四周的海，有时又指“四海”所环绕的陆地。

鼎

古代用于烹煮食物的器物，也是重要的礼器。相传夏禹铸九鼎，象征九州，成为夏、商、周三代传国的重要器物，被视作王位合法性、权威性的物证。鼎多以青铜铸成，一般两耳三足或四足。三足喻“三公”（古代中央掌管全国行政、司法、军事最高权力的三个官职），四足喻“四辅”（古代天子身边的四个辅佐）。秦代以后，鼎作为实物逐渐失去王权象征意义，但“鼎”字仍被用于指王位、帝业或国家政权，也被赋予“显赫”“盛大”“尊贵”等义。

篇十 说『中华』

梁启超在《爱国歌四章》中写道：

泱泱哉！吾中华。
最大洲中最大国，廿二行省为一家。
物产腴沃甲大地，天府雄国言非夸。

梁启超另有名篇《少年中国说》，相信今人大都耳熟能详。另一位与梁启超同时代的才子湖南人杨度，在流亡日本时，为了回应《少年中国说》，写下了慷慨激昂的《湖南少年歌》，歌中写道：

中国如今是希腊，湖南当作斯巴达，
中国将为德意志，湖南当作普鲁士。
诸君诸君慎如此，莫言事急空流涕。
若道中华国果亡，除非湖南人尽死。

两位旷代才子的诗歌里都提到了“中华”这个词。今天，我们也常说我们是中华儿女，我们的文化是中华文化，我们的国家是中华人民共和国。那么，中华这个词是怎么来的呢？它的背后有哪些值得我们探究的历史呢？

其实，中华是“中国”和“华夏”这两个词复合的简称。在古代，“华”通“花”，比喻文化灿烂。我们的祖先在黄河中游建国，自认为是居天下之中央，而且又文化发达，所以称中华。以华夏族为主体的多民族国家的疆土向外扩散渐广，凡其所统辖之地，皆称中华。在近现代历史中，中华成为指称中国、中国人和中国文化的一种符号。这就是今天中华这个词的含义。

一

中国与华夏

既然中华是由中国和华夏两个词复合而成，我们先看看“中国”这个词都有哪些意思。

最初，中国指的是中央之城。就是周天子所居住的京师（首都），和“四方”相对。陕西宝鸡出土的何尊所刻铭文上有这样一段文字：

唯武王既克大邑商，则廷告于天，曰：余其宅兹中国，自兹乂民。

这句话是什么意思呢？是说成王继承武王的遗志，向上天祷告，要像武王一样，在新建的京师，天下的中心，来统治民众。这段铭文中，出现了中国这个词，被认为是目前所见的较早的记载。这里的中国，是中央之城的意思。

载有《何尊铭》的何尊，它的出土过程也颇为有意思。1963年8月的一个上午，陕西宝鸡贾村镇刚下过一场大雨。村民陈堆在后院发现被雨浇塌的土崖上好像有闪烁的亮光，于是他和妻子两人去刨，结果刨出了一件青铜器。由于正值困难时期，家中度日艰难，陈家把这件青铜器卖给了废品收购站，换来了三十斤玉米。没有人知道，一代

◆陕西宝鸡出土的何尊

镇国之器，差一点被当作废铜烂铁来处理。幸好收购站的文物信息员感觉这件青铜器非同一般，报告了宝鸡市博物馆，博物馆把这件文物从收购站征集回来。1975年，国家文物局在北京举行“全国新出土文物汇报展”，宝鸡市博物馆将这件青铜器送到北京展出[1]。著名青铜器专家马承源在给青铜器除锈时，发现铜尊底部的铭文，其中“宅兹中国”四字铭文，是目前所见关于中国最早的文字记载。马承源这一发现轰动了海内外，也使这件铜尊成为镇国之宝。那么，铜尊为什么叫何尊呢？这也是马先生命名的。他根据铜尊底部122字的铭文，考证出铸造者是西周的贵族何，因此命名“何尊”。

我们可以来看看铭文中“中国”这两个字的写法：

中国的“中”，在甲骨文、金文里是一面直立的旗帜，四周有飘饰。士众围绕“中”（旗帜）听命，所以“中”又引申为空间的中央。中国的“国”在铭文中没有外面的方框，表示用武器戈来保卫国土的意思。

1 目前关于何尊在陕西宝鸡出土的过程，存在着多种细节有差异的说法。本文采取杨鼎芬发表于《陕西画报》中的《“宅兹中国”——青铜重器何尊》一文的说法。

春秋时期的《诗经》里，也有很多关于中国的记载，比如《诗经·大雅·民劳》里：

民亦劳止，汔可小康，惠此中国，以绥四方。

这句话的意思是说老百姓太劳苦了，也该稍稍得到安乐，爱护京师百姓，安抚四方诸侯。这里的中国，也指的是周天子居住的京师，即中央之城。随着历史的发展，中国这一词汇逐渐从中央之城的京师扩大到指称中原的意思。《世说新语》是魏晋时期很有意思的一本书，里面的《言语篇》提到了中国：

江左地促，不如中国。

这句话是什么意思呢？原来东晋大司马桓温移镇南州的时候，他规划修建的街道很平直。有人就对桓温的手下、王导的孙子东亭侯王珣说："你爷爷当初筹划修筑建康城的街道时，没有现成图样可以仿效，所以修筑得弯弯曲曲，和大司马相比就显得差些。"王珣辩解说："这正是我祖父规划得巧妙的地方，江南地方狭窄，比不上中原。如果街道畅通无阻，就会一眼看到底；特意拐弯抹角，就给人一种幽深莫测的感觉。"显然，王珣是为了给他爷爷王导辩解。不过，这里的"中国"和"江左"相对，江左指的是杏花春雨的江南。中国指的是中原，而不是京师的意思。我们都知道这一时期是北方少数民族群起的时代，原先居于统治地位的西晋王室和世家大族纷纷衣冠南渡，来到江南地区。他们将长江以北的中原地区习惯性地称为中国。从魏晋到隋唐，中国的近义词有“中土”“中原”“中州”“中夏”“中华”等等。

值得注意的是，中华先民心目中的世界，是“天圆地方”的，中国作为一种政治地理的概念，是以京师（或称王畿）为核心，逐渐向外拓展的，随着疆域的扩大，中国所指的核心地区，也不断扩大。西周及春秋早期，中国指的是黄河中下游及淮河流域一带，秦、楚、吴、越等还不能算中国，到了战国晚期，七国都纳入中国范围。到后来，中国在地理上更是扩大到整个中原以及南方地区。

在慢慢扩大的过程中，中国从华夏先民活动的地理中心与政治中心派生出文化中心含义。《唐律疏议》中是这样解释中华和中国的：

> 中华者，中国也。亲被王教，自属中国，衣冠威仪，习俗孝悌，居身礼义，故谓之中华。

这段话里的中国和中华，不仅指地理意义上的中原地区，更强调它的衣冠威仪、习俗孝悌、居身礼义等文教秩序的东西，这些才被认为是中国。中国和中华是文明高度发展的文化中心，强调的是中国的文化力。这是古人对于中国乃至中华的独特的文化认识，一直贯穿到今天。写《湖南少年歌》的杨度，对中国、中华的文化意义，总结得最好：

> 则中华之名词，不仅非一地域之国名，亦且非一血统之种名，乃为一文化之族名。……华之所以为华，以文化言可决之也。故欲知中华民族为何等民族，则于其民族命名之顷，而已含定义于其中。以西人学说拟之，实采合于文化说，而背于血统说。华为花之原字，以花为名，其以形容文化之美，而非以之状态血统之奇。

杨度是从创造共同文化、形成共同心理的角度来理解中华的。清末的湖广总督张之洞，在湖北推行新政十八年，兴办了无数新式的学堂。他在1904年写就《学堂歌》，以琅琅上口的形式，揭示了中国是一个文化秩序的概念：

> 辟中国，始三皇，黄帝尧舜垂衣裳。
> 洪水平，五伦讲，黎民于变愚变良。
> 稼穑教，礼乐匡，夏忠商质周文章。
> 指南车，定方向，天下地图司徒掌。

在文化的意义上，华夏其实与中国、中华是等同的。华夏又称“诸夏”或“诸华”，是古代住在中原地区的汉民族先民的自称，后来进一步引申为指中国或汉族。那么为什么叫华夏呢？唐代孔颖达在解释《左传·定公十年》的时候，是这样说的：

夏，大也。中国有礼义之大，故称夏；有服章之美，谓之华。华夏一也。

这个说法尽管只是华夏来源众多说法的一种，不过，它很鲜明地指出了华夏和中原高度发达的政教文化之间的渊源。

中国、中华这种居于天下之中和文化中心的感觉，其实也并非是我们所独有的。古代交通闭塞，世界各地都有以自己为中心的表达。西行印度的东晋高僧法显发现，印度人以为恒河中游一带居于大地中央，称那里为“中国”。东西方文化交流频繁之后，很多中国士人发现，中国只是万国之一，并非天下的中心。明末瞿式穀在《职方外纪小言》中说：

中国居亚细亚十之一，亚细亚又居天下五之一。

晚清的中国人在了解了地球的样貌之后，开始调侃传统的中国中心观说，皮嘉佑写过一首《醒世歌》：

若把地球来参详，中国并不在中央，
地球本是浑圆物，谁是中央谁四旁？

调侃中，也带有一种近代的反思。中国从天下的中国，进入到世界的中国。

二

国名的指代

前面谈到了，在传统文化的语境中，中国、中华的含义大多时候是可以等同互换的。中国、中华除了有京师、中原、文化中心的意思之外，还有一个意思，就是指国家和朝廷。《礼记·檀弓》里有一段话是这么说的：

今之大夫，交政于中国，虽欲勿哭，焉得而勿哭？

这里的中国指的就是朝廷的意思。中国古代多以朝代作为国名，比如汉代称“汉”“大汉”，唐代称“唐国”“大唐”等等。外国人也经常以我们历史上最强盛的王朝或当时的王朝称呼我们，比如日本称中国为“汉土”“唐土”，希腊、罗马称中国为“赛里丝”，就是“丝国”的意思。

那么，把中国、中华作为我们非正式的国名，是起源于什么时候呢？汉代的《史记·大宛列传》里就有记载。当时汉武帝派张骞出使西域，里面出现了用中国指代汉朝。不过，这种零星的用法在史书中并不多见。

到了宋代，中国作为与外国对等的国家概念，开始萌发。大家都知道，宋代积贫积弱，在国力上难以维持汉唐的强盛，加上北方的辽、金、蒙古和西北的西夏都十分强大，又和宋长期处于战争状态，宋朝还一再吃败仗，所以宋人所用“中国”一词，具有较清晰的国家意味。

征服南宋的元世祖忽必烈，派使臣前往日本，使臣所持的国书里称元朝是中国。

到了近代，国体意义上的中国概念，是在和欧洲国家建立条约关系时正式出现的。清道光二十年（1840年）第一次鸦片战争期间，中英两国来往照会公文，说到中方，有大清、中华、中国等多种提法，而中国用例较多，如林则徐等《拟谕英吉利国王檄》说：

中国所行于外国者，无一非利人之物。

这里的“中国”，显然已经是和英国对等的国家的称呼。在这样一个过程中，随着欧风美雨驰而东渐，中国传统意义上的“天下之中”的地理和文化上的骄傲观念逐渐退去。具有近代意义的民族国家意识应运而生，有识之士开始争取将中国作为一个现代国家立于万国之中。

如果说“大清”和“中国”在清末曾作为国名交替使用，那么，1911年的辛亥革命，则在历史上第一次将中国、中华作为我们整个国家的正式名称使用，一直延续到现在。辛亥革命前，1904年，孙中山在美国用英语发表《中国问题之真解决》演讲时，用了“中华民国”一词的英译：National Republic of China。1906年12月2日，孙中山在同盟会于东京召开的纪念《民报》创刊一周年大会演讲时，提出推翻清廷后，未来的国家将使用“中华民国”这个名称，强调“主权在民”和自称“中华”。

民国时期的教科书里，有一段描写中华的文字，很形象地把中国、中华这种近代意义上的转换给描述出来了。蒋维乔等人编的《新国文》里是这么说的：

> 中华，我国之国名也。自我远祖以来，居于是，衣于是，食于是，世世相传，以及于我。我为中华之人，岂可不爱我国耶？

1949年新中国成立，延续了辛亥革命以来国名自称的传统，将新生的国家命名为“中华人民共和国”，以示对历史延续的尊重和对中华这一表达的认可。

三

中华民族

中华是一个复合的概念，除了地理、政治、文化概念之外，它也是对古往今来生活栖息在中华大地上各个民族的统称。一部中华文化史，其实也是诸族融合的历史。历史上诸族融合的过程，是农耕民族与游牧民族不断碰撞、不断相互学习、不断互通有无的漫漫之旅。游牧民族刚健劲拔之风，影响了赵武灵王的“胡服骑射”和大唐的盛世豪迈。同样，中原汉文化的精致和华美，也促成了北魏孝文帝的改革和松赞干布的深慕华风。近代以来，民族的融合不再只是农耕与游牧之间的彼此影响，而是从国家的认同到民族的文化认同的过程，作为中国境内与海外华人总称的“中华民族”概念的兴起和最终定型，显示了民族融和的新时代。

说到历史上的民族融合，常常会提起胡服骑射的赵武灵王，他是战国时中原向少数民族学习的典范。武灵王，赵氏，名雍，战国中后期赵国君主。赵武灵王即位后，赵国处于大国夹缝之中，他推行了一系列改革措施，其中包括胡服骑射，使赵国军事实力空前强大，先后灭中山国，击败林胡、楼烦二族，开辟云中、雁门、代三郡，并修筑了“赵长城”，赵国成为当时超级强国。赵武灵王根据赵国农耕与游牧势力交融相错的实际局势，大胆推广胡服骑射，增强赵国的军力，这是民族融合过程中一个颇为特别的例子。不过，武灵王强国强军的同时，未能处理好国内王位继承的问题，以致引起赵惠文王与公子章之间的争斗，武灵王于公元前295年的沙丘之乱中被幽禁饿死。

另一个例子是北魏孝文帝的汉化改革，与赵武灵王胡服骑射相反，这是鲜卑族向中原学习。北魏本为北方的鲜卑族所建立，鲜卑族是兴起于蒙古高原东侧大兴安岭的游牧民族，在魏晋南北朝时期逐渐进入中原，并先后建立了几个政权，如后燕、西燕、南燕、北魏等。金庸武侠小说《天龙八部》中的虚构人物慕容复，就是鲜卑人。孝文帝改革的内容包括改用汉姓、说汉语、穿汉服、迁都洛阳以及用汉制等，其核心就是汉化。孝文帝汉化的改革，是呼应南北朝时期胡汉民族大融合的趋势，将社会发展形态较为落后的鲜卑族引入到中原农耕文明之中。不过，史书上对孝文帝改革虽然多为赞誉，但也不乏微词，显示了历史的复杂性。不仅当时诸多鲜卑贵族对汉化不满，后来的史家如王夫之、赵翼等皆不太认可孝文帝的改革。

唐代是一个胡汉民族高度融合的时代，人们常谓盛唐“胡汉是一家”。隋唐时期，由于吸收了少数民族的新鲜血

◆唐 阎立本（传）《步辇图》局部

液，使汉族面貌为之一新。这一时期的汉族已和秦汉时期的汉族有所不同，实际上是长江、黄河两大流域以汉族为主体的各族人民融合而成的新汉族。在当时，有很多混血儿，不仅市井里巷间有很多胡汉混血儿，就连隋唐皇室也有异族的血统。隋炀帝杨广、唐高祖李渊的母亲都是鲜卑族的独孤氏，唐太宗李世民的生母窦氏也出自鲜卑族，李世民本人有四分之三的胡人血统。隋唐的文臣武将中，有不少汉化的少数民族，如唐代名臣李怀仙，是汉化胡人；大将李光弼是汉化契丹人；高仙芝是汉化高句丽人；李怀光是汉化靺鞨人；姜公辅是汉化安南人等。据史学大家陈寅恪先生考证，李白也有胡人血统。鲁迅先生说："其实唐室大有胡气。"隋唐的强盛与少数民族新鲜血液的注入不无关系。边塞诗人岑参在《与独孤渐道别长句兼呈严八侍御》中是这么写的：

军中置酒夜挝鼓，锦筵红烛月未午。
花门将军善胡歌，叶河蕃王能汉语。

"花门将军善胡歌，叶河蕃王能汉语。"这两句极其生动地描述出边疆地区胡汉文化你中有我、我中有你的融合场景。

到了近代，民族的融合是伴随着现代国家意识的兴起的。说到现代国家意识的兴起，就不能不说中华民族这个概念。中华民族这个概念最早是由谁提出来的呢？是大思想家梁启超。

所谓的中华民族，是指自古以来在中国这片土地上生活劳作的各族人民，他们共同创造了中华文化。19世纪90年代之后，西方的民族国家概念逐渐传入中国，该用一个什么样的称谓称呼全体国民，是一件不容易的事。最初人们用人口数字来概括全体民众。《马关条约》割让台湾之后，著名诗人谭嗣同在《有感》中说：

世间无物抵春愁，合向苍冥一哭休。
四万万人齐下泪，天涯何处是神州。

“四万万人”指的就是全体中国人，后来才逐渐开始使用“中华民族”一词。1901年梁启超在《中国史叙论》中用“中国民族”来总称生息于中国的各民族。1902年在他的《论中国学术思想变迁之大势》一文中出现了“中华民族”一词，不过梁启超并未对中华民族作具体诠释。1905年他在《历史上中国民族之观察》一文中，正式对中华民族这个概念作了阐释，把中华民族分为九系：华族、苗蛮族、蜀族、巴氐族、徐淮族、吴越族、闽族、百粤族、百濮族。他指出：“现今之中华民族自始本非一族，实由多民族混合而成。”梁启超之后，又有不少人逐渐完善、明晰中华民族这一概念。时至现代，中华民族作为一个文化人类学（非体质人类学）概念，已然为生活在中国及散居世界各地的具有中华元素的诸族所共认、共用，成为一个具有强大概括力、凝聚力的称号。

青年时期的梁启超

四

中华人文始祖黄帝

中华民族作为一个整体的多元民族的混合，贡献最大的人文始祖应该是黄帝。

轩辕黄帝在中国历史中是介于传说和真实之间的人物。司马迁的《史记·五帝本纪》确立了黄帝帝王示范的形象，在《史记》的开篇，太史公是这样猛夸黄帝的：

> **黄帝者，少典之子，姓公孙，名曰轩辕。生而神灵，弱而能言，幼而徇齐，长而敦敏，成而聪明。**

诸位可以仔细品一品，黄帝基本是介于人和神之间。不过，这也不难理解。一方面，在战国之前，黄帝更多是一个道家的神仙形象。《列子·黄帝》中记载了一个跟黄帝有关的著名典故“华胥一梦”，说的是黄帝白天睡觉神游数千里之外的华胥国。后来，华胥一梦被用来指一场幻梦。这就能看出来在列子的笔下，黄帝是一个介于真实和传说中的人物。另一方面，古代的皇帝是天子，要符合君权神授的要求，把皇帝的模板说得神一些也不足为怪。明代的著名类书《三才图会》里画有黄帝的形象，一看就是

《江苏》第3期，1903年6月

《黄帝魂》1904年1月

标准的皇帝范儿，是司马迁在《史记·五帝本纪》中，为了适应汉武帝大一统而创作出的帝王典范。不过，晚清民族国家意识高涨，人们在认同“中华民族”这个概念的时候，也开始赋予黄帝新的任务：担任中华民族的人文始祖。比如，当时很多留学生重新画了黄帝像，且和传统的帝王形象很不一样，往往把黄帝画成一个满脸络腮胡子的武者形象。

这是为什么呢？除了是因为清末身在东京的革命者，受到日本当时人物肖像画风的影响外，更重要的原因是，宋教仁、刘师培等革命者认为汉民族的人文始祖，应该是一个孔武有力的武者形象，这样才能提振士气，激发民族的自豪感。实际上，这是知识分子对晚清中国孱弱状态的一种反向想象。

受到耶稣纪年的影响，当时很多知识分子开始用中国的伟大人物纪年，“黄帝纪年”是其中最为流行的纪年方式之一。主要聚集在日本的革命派高呼以黄帝纪年挑战康有为等人坚持的“孔子纪年”。为什么要用黄帝纪年？1903年，刘师培在《黄帝纪年论》里说：

民族者，国民特立之性质也。凡一民族，不得不溯其起源，为吾四百兆汉种鼻祖谁乎，是为黄帝轩辕氏。是则黄帝者乃制文明之第一人，而开四千年之化者也。

显然，刘师培提倡黄帝纪年、尊崇黄帝，是为了确立黄帝为汉族人祖先的汉族意识。随着清末革命形势的发展，单纯的大汉族意识逐渐又为“五族大同”“五族共和”和“中华民族”这些更有包容意义的民族概念所取代，在这个过程中，不变的是人们对黄帝的尊崇和黄帝作为中华民族人文始祖地位的强化和高度认同。

晚清所形成的黄帝崇拜，从民国一直延续至今天，成为华人普遍接受的观念。1935年，国民政府设立“民族扫墓日”，并在这一天全国公祭黄帝。南京政府派大员邵元冲、张继等人赴陕西黄帝陵扫墓，“中央此次举行民族扫墓节，祭周陵、茂陵及黄帝陵，其意义厥为唤起民众，追念我汉族祖宗，发扬我民族精神。”[1]邵元冲自南京启程前往陕西，他在日记中写道：“连日阴雨冥晦，本日天忽放霁，知黄帝之灵来接也。”除了陕西黄帝陵，各地也纷纷举行祭黄帝的仪

1《张继由陕返平，将筹款修葺黄陵》，《申报》，1935年4月21日。

式。仪式中的“唱黄帝歌”也颇为有意思,《黄帝歌》的歌词是这样写的:“黄帝率汉族,来自昆仑。斩蚩尤,天下太平,建设我中华神圣。超群指南车,教人大方针,造宫室衣服,偃武修文,作内经,定乐正五音。创造文化,嘉惠后人,到如今,作民族灵魂,发扬光大,孝子贤孙。”[1]显然,歌词中的黄帝继承了晚清时期的革命论述,强化了其作为中华民族始祖和灵魂的形象。

1937年,民族危机加重,国共联合抗日,为了表示抗日民族统一战线的形成,双方在陕西黄帝陵共同祭祀中华民族的始祖黄帝。国共双方分别恭读了对黄帝的祭文,中共代表林伯渠在黄帝陵前恭读毛泽东亲笔所写的祭文,祭文的起首是这样写的:

赫赫始祖,吾华肇造。胄衍祀绵,岳峨河浩。
聪明睿智,光被遐荒。建此伟业,雄立东方。

抗战烽火中的各方力量都承认黄帝是中华始祖、我们是中华儿女,这也就不难理解时至今日延绵不绝的公祭黄帝行为了。因为,近代所形成的中华民族概念已经深入每一个中国人的心中。

1《浙江省立医药专科学校校刊》,1937年第17期。

◆陕西延安黄帝陵

文化关键词

国家

古代指诸侯和大夫的领地。古代诸侯的封地称“国”，大夫的封地称“家”。“国家”是“国”与“家”的合称。在古代中国，家庭、家族、国家都是依据血缘、宗法关系构建起来的，在组织结构上具有共通性。这就是所谓的“家国同构”。后演变指一国的全部疆域。近代以来，“国家”又指由一定疆域、人民和政权机构共同构成的政治实体。

中国

古代华夏族、汉民族以黄河中下游流域为中心生活和活动的区域。“中国”最初是一个地域兼文化的概念。华夏族多建国于黄河流域一带，以为居天下之中，故称“中国”（与“四方”相对）。后泛指中原地区以及在中原地区建立的政权和国家。清以来，“中国”始专指我国的全部领土与主权，现在只作为“中华人民共和国”的简称。

中华

“中华”是“中国”与“华夏”复合的简称。“华”同“花”，喻指文化灿烂。华夏的先民建国于黄河中下游，自认为居天下之中央，且又文化发达，所以称“中华”。随着华夏族为主体的多民族国家的不断扩张，凡所统辖之地，皆称中华。在近现代历史中，“中华”成为指称中国、中国人及中国文化的一种符号。

篇十一　天下

滚滚长江东逝水，浪花淘尽英雄。是非成败转头空。青山依旧在，几度夕阳红。

白发渔樵江渚上，惯看秋月春风。一壶浊酒喜相逢。古今多少事，都付笑谈中。

杨慎的这首《临江仙·滚滚长江东逝水》，是《三国演义》的开篇词，相信很多人都很熟悉这首略带历史沧桑感的词作。《三国演义》是中国古代四大名著之一，讲的是从东汉末年天下大乱到晋武帝司马炎结束三国一统天下的故事。所以，小说作者罗贯中开篇就说："话说天下大势，分久必合，合久必分。"问题来了，天下大乱、一统天下、天下大势中的"天下"，是什么意思呢？

一

说说『天』

要想理解“天”的含义，先要看看天这个字。天是个象形字。甲骨文的天就像正面站着的“人”，突出了上部的方框，这就是“头”，天的本义就是指人头或头顶。因为头是人的至高无上的部位，天的意义也就引申为自然界至高无上的部位了。

甲骨文　　金文　　小篆

所以，尽管天在中国古代具有很复杂的意思，不同的朝代理解也不一样，但有两个主要的意思基本不变。

第一，是指自然意义上的天空或者人世之外的整个自然界，它的运行有一定的规律。《荀子·天论》有句名言：

天行有常，不为尧存，不为桀亡。

这句话的意思是说，天的运行有一定的规律，不会因为尧的贤明而存在，也不会因为桀的暴虐而消失。古人说“碧云天，黄叶地”，指的也是自然的天。我们生活中常说的阴天晴天，天挺好，都是这个意思。

第二，是指主宰万物的有人格意志的神灵或者终极的道义，比如上天、天帝、天道这些称呼。正是因为天有这样神秘和神圣的力量，中国古人对天有一种深深的敬畏和相信。上至皇帝下到普通的民众，遇到难事要向天祷告，祈求天的保佑。在民间日常的口语中，经常能听到和天有关的话语。比如，表示惊叹，人们会不由自主地发出“天哪！”的感叹；遇到不平事，会说“人在做，天在看”等等。

◆费利斯·比托1860年拍摄的天坛祈年殿

二

天和天子

对天敬畏和相信，就要经常和天交流，来表达人们对天滋润、哺育万物的感恩之情，这就是“祭天”。祭天是谁都可以做的吗？当然不是，只有天子才有资格祭祀天。北京的天坛，就是明清两代皇帝用来祭天的地方。天子从字面意思来看，就是天的儿子。中国人都知道，天子实际上是指皇帝，历代王朝的最高统治者才有资格称天子。

为什么皇帝被称为天子呢？这是由于古人崇拜天，认为天很神圣。人间的帝王之所以获得这样大的权力和崇高的位置，那是因为帝王是秉承天的旨意来统治万民，他是天在人间的代表。西汉思想家董仲舒在《春秋繁露·三代改制质文》里这样解释天子：

故德侔天地者称皇帝，天祐而子之，号称天子。

这句话是说，道德和天地齐等的人做皇帝，上天保佑他，认他做儿子，所以叫天子。皇帝通过认天当爹，建立了自己统治的合法性。秦汉之后的皇帝都秉承着“王者，父天母地，为天之子”的政治理念。我们看一些古装历史剧经常会出现宣读圣旨的场景，一般圣旨的开头都会说："奉天承运，皇帝诏曰。"说的也是皇帝和天之间君权神授的关系。

皇帝作为天之子，代天行事，只有巨大的荣耀和权力吗？当然不是！他还有巨大的责任。古人认为，天的旨意和人心、民意相通，天子若是违背人心胡作非为，就是违背天意，不符合天命，严重的会丢了天下。

所以，古代有一种文体叫作"罪己诏"。罪己诏是古代的帝王，向天下颁布口谕或者文书，检讨自己的过失和错误。一般情况下，帝王颁布罪己诏，是在君主发现自己处理问题失当的情况下，发布罪己诏自责和修正。历史上著名的《轮台罪己诏》，就是汉武帝驳回桑弘羊等人在轮台戍兵的建议，对自己过去连年用兵而造成的国库空虚、民生疲惫的罪责，下诏自责。此外，当政权处于危难之际，最高统治者一般也下诏罪己，用以表示整顿秩序和争取人心，来度过危机。安史之乱后，唐玄宗在逃亡的路上颁布罪己口谕，以示悔过。最后一种情况，是当出现天灾或者异象时，皇帝通常下罪己诏，以回应上天的责罚。明天启六年（1626年），北京发生大爆炸，熹宗皇帝下罪己诏自责，以应天灾。

三

何为『天下』

天是神圣的，天子秉承天意来进行统治，天子所统治的地方，就是“天下”。所以，天下指的就是天子统治的范围和天子的统治权本身。

《诗经·小雅·北山》里对天下有很精彩的概括：

溥天之下，莫非王土；率土之滨，莫非王臣。

普天之下，无一不是天子的土地；四海之内，无一不是天子的臣民。这就是天下。作为一个政治和地理概念，天下是以天子居住的京师为中心，向四面八方延展，在地理上只有焦点和中心，边界则是模糊的；作为一个文化概念，天下是一种文明秩序，要不断将华夏礼乐文明传播到尽可能远的地方。这就是《周易》里说的：“观乎天文，以察时变；观乎人文，以化成天下。”

先秦时期的天下很大，交通也不是很发达。周天子不可能对天下进行直接的统治和管理，那怎么办呢？只能根据宗法血缘进行分封。

分封是这样的：周天子的嫡长子继承天子之位，拥有天下。天子其他的儿子被封为诸侯，成为各国的国君；各国国君的嫡长子继承国君的位置，其他的儿子成为卿大夫，卿大夫所统治和掌管的地方叫家；卿大夫的嫡长子继承一家之主的位置，而其他的儿子成为士，士是贵族的最后一个等级，到此为止。

周天子根据等级把土地和人口分封给诸侯、卿大夫，让他们参与天下的管理，但是需要服从命令和纳贡。不难看出，周代的分封制造成了家、国、天下逐级向上的概念，这些概念分别对应着卿大夫、诸侯、天子。古代读书人所说的宏伟理想——修身、齐家、治国、平天下，也正是来自这种家国天下的划分。

周代对天下的处理和管辖，其实就是“封建”。封建是“封土建国”的简称。《说文解字》这样解释封建：“封，爵诸侯之土也。”“建，立朝律也。”帝王以爵土分封诸侯，让他们在封定地区建立邦国。周初封国的数量大约在数十到数百之间，以王族姬姓为主。《荀子·儒效》中载，周公摄政间封国七十一，姬姓五十三，也分封少数异姓，所谓“贤贤表德”，比如我们熟知的姜太公封齐，以表扬他“勤劳武王”。

周天子与贵族亲戚和功勋之臣共同管理天下的封建模式，和西方中世纪的封建制类似。二者时间相距千余年，但在实行权力分散的贵族政治、领主经济上却大体近似。不过周的封建主要是宗法封建，西方中世纪封建是一种契约封建。到了近代，随着中西文化交流的日益频繁，严复、梁启超和日本学人西周、福泽谕吉等，用封建来翻译西方的feudalism，相对较为准确。不过，随着20世纪五种社会形态说的兴起，至今流行中国的泛化封建观，把秦汉以来的中国古代社会都叫作封建社会。其实把封建和落后、迷信合在一起是近代对中国古典表达封建一词的误用。

周天子与贵族共天下的封建模式，后人称为"周制"。秦王扫六合，一统天下，将周代各个诸侯国集合成为一个大帝国之后，建立起了君主专制的中央集权体制，废除了周代的宗法分封，转而以郡县制为基础，这就是后来所称的"秦制"。秦制虽然君主集权霸道有效，其兴盛之时孔武有力，然而对民众过于苛刻残暴，法网严密而赋税沉重，秦帝国并没有如秦始皇所想象的那样存之万世，而是二世而亡。后来继起的汉，吸取了秦亡的经验，在汉初又恢复了分封制，汉高祖刘邦兼用郡县制和封国制，设置郡县的同时，广封王侯，让他们拱卫皇室。然而，几代分封之后，终于在景帝时酿成了"七国之乱"，这是明显的同室操戈，平叛地方王侯之乱费了中央很大的劲。

汉景帝、武帝之后的中国历朝历代，虽然每个朝代具体的行政制度有所变化，但基本上都是周制和秦制并用管理天下。一般来说，一方面，以中央集权的郡县制、流官制、察举制、科举制为主，辅以对皇亲国戚和功臣宿将封侯赐土，以期拱卫皇室，但也明令王侯们“食土而不临民”，即只对封土拥有赋税权，而没有政治管理权。另一方面，自从汉武帝罢黜百家，独尊儒术之后，历代帝王治理天下表面用的是儒家欣赏的周制，克宽克柔、以民为本，实际上背后都跟着秦制的霸道，注重它的有效性。《汉书·元帝纪》记载这样一个故事，汉宣帝发现太子（后来的元帝）“柔仁好儒”，当太子向他建言“陛下持刑太深，宜用儒生”时，汉宣帝告诫太子说：

汉家自有制度，本以霸王道杂之，奈何纯任德教，用周政乎！且俗儒不达时宜，好是古非今，使人眩于名实，不知所守，何足委任！

汉宣帝的这番话，道出了历代帝王统治天下的根本就是“霸王道杂之”，并用周秦二制。中国历代思想家对于周制和秦制的优劣多有争论。比如，唐代的柳宗元在《封建论》中认为，周制“失在于制不在于政”，周的仁政、王道是好的，但封建制不利于国家统一；秦制“失在于政不在于制”，秦政暴虐，激化社会矛盾，二世而亡，但郡县制有利于国家统一。明清之际的大思想家王夫之在《读通鉴论》中用历史进化观念来看两种制度，他指出周制实行封建，属于早期国家发展阶段，有利于万国逐渐合一之势，而秦制实行郡县，进一步强化国家的统一，有利于文明进步。

熟悉中国历史的人都知道，春秋战国时期，周天子式微，最终丢了天下。再看《三国演义》，三国时代，也正是汉天子权威扫地，汉的天下岌岌可危的时候。《三国演义》第二十一回中有“青梅煮酒论英雄”的典故，曹操与刘备在亭中煮酒对饮，借着酒意，曹操问刘备谁是当世的英雄，刘备举了袁绍、刘表、孙策一干人等，都被曹操否定。最后曹操用手指着刘备，然后指指自己说：“今天下英雄，惟使君与操耳！”

曹操所说的天下，既是一个地理范围，言下指全天下的英雄只有他和刘备；同时，也暗指有可能夺取天子天下统治权的是他和刘备。三国鼎立的东吴孙权不在天下英雄里吗？当然不会不在，有辛弃疾的《南乡子·登京口北固亭有怀》词为证：

> 年少万兜鍪，坐断东南战未休。天下英雄谁敌手？曹刘。生子当如孙仲谋。

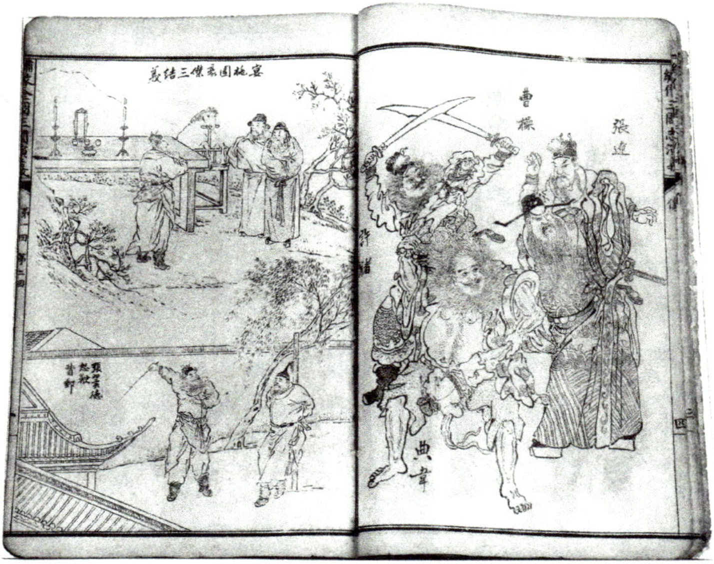

◆ 清刻本《增像绘画三国演义》内页

四

天下为公

虽然天下是天子所有土地和统治权的象征，但别忘了，天子是代替天来行使权力的。所以，古人关于天下的论述，发展出一个著名的论断，这就是“天下为公”。什么是天下为公呢？其实它出自《礼记·礼运》：

大道之行也，天下为公。

这句话是托名孔子说的。据说孔子参加了鲁国年终举行的祭典之后，出来在宗庙门外“喟然而叹”。弟子言偃好奇老师为什么叹息，孔子回答说，那种太平盛世的年代，我没赶上，但是心里很向往。言外之意，他对当时的社会很不满。那么，什么才是孔子心目中的理想的社会呢？其实就是：天下为公。

天下为公，是说好的社会，天下应该是人们所共有的，正因为天下是天下人的天下，所以应该把那些品德高尚的、能干的人选拔出来治理天下。人们之间其乐融融，互相照顾，都能有所依托。这就是孔子为代表的儒家的美好的政治理想。虽然它在现实中从来没有实现过，但这种“尧舜之

◆南京中山陵门口题刻的『天下为公』

治”对于中国人的政治理想有极大的影响，也时时刻刻提醒在位的君主，天下是天下人的天下，并非是一人私有的。

到了近代，孙中山先生最喜欢讲“天下为公”这四个字，他在不同场合阐述自己推翻帝制建立共和的理想时，常用天下为公来形容自己和革命党人的追求。他认为，帝制的核心是天下是私人的，共和政治的核心是天下是共有的，这就是天下为公。

天下为公最能概括孙中山的三民主义政治理想，他曾经在1894年的《兴中会章程》中说过：

> **夫以四百兆苍生之众，数万里土地之饶，固可发奋为雄，无敌于天下。**

孙中山生前为别人题字，写得最多的就是“天下为公”和“博爱”，据统计，孙中山赠予别人“天下为公”的书法，至少有32件，足见他对这个词语的喜欢。

1925年孙中山去世后，在北京的中央公园（即今北京中山公园）举行盛大的国葬典礼，中央公园门口扎起的是“天下为公”的纸牌楼。他安葬的南京中山陵的陵门上，题刻的也是“天下为公”四个大字。目前能看到孙中山最早题写的赠予他人的“天下为公”四字，是1912年4月他在武汉应湖北革命党人曾尚武所请，欣然落笔而写就的。

五

先天下之忧而忧

作为儒家政治理想的天下为公，不仅强调天下是共有的，也强调国家通过选贤任能，读书人可以参与治理天下。在现实的皇权政治中，去掉君主的天下之私不大可能，士人只能通过“修齐治平”的情怀，去辅助君主实行仁政，关怀苍生，以民为本，乃至心系天下。

士大夫读书人这种心系天下的情怀，在宋代尤为突出。众所周知，宋代是一个文臣执政的时代，读书人受到极高的礼遇，加之书院和理学十分发达，造就了众多著名的文人士大夫。

范仲淹是北宋最为杰出的政治家之一，他一生忧国忧民，不图个人荣华富贵，每遇国家大事，总是慷慨直言。由于他直言敢为，曾在八九年时间里三次被贬：天圣七年（1029年），范仲淹因谏言太后还政，被贬；明道二年（1033年）又在废郭皇后事上谏言二次被贬；景祐三年（1036年），范仲淹上《百官图》议朝政第三次被贬。据丁传靖《宋人轶事汇编》记载，范仲淹三次被贬，每贬一次，时人称“光”（光耀）一次，第一次称为“极光”，第二次称为“愈光”，第三次称为“尤光”。

范仲淹这种兼济天下的情怀，受到了后人的推崇和尊重，也对后世影响深远。清代的纪晓岚称赞范仲淹：“行求无愧于圣贤，学求有济于天下，古之所谓大儒者，有体有用，不过如此。”范仲淹去世后，他的谥号是“文正”，要知道文人做官后，梦寐以求想得到的谥号就是文正。在历史上，能得到文正这个谥号的除了范仲淹，还有大家熟知的司马光、曾国藩等寥寥数十人。

范仲淹兼济天下的胸怀，最集中体现在他写于《岳阳楼记》中的那段名言：

居庙堂之高则忧其民；处江湖之远则忧其君。是进亦忧，退亦忧。然则何时而乐耶？其必曰“先天下之忧而忧，后天下之乐而乐”乎！

范仲淹不仅胸怀天下之大，也以赤忱的善意对待自己的族人。他以德报怨，不计较族人早年对他的苛刻，晚年的范仲淹捐献了毕生大部分的积蓄，在家乡苏州购置良田千亩，设立义庄，使范氏宗族兴盛了一千年。稍晚于范仲淹的张载，住在凤翔郿县（今陕西眉县）横渠镇，人们又称他“横渠先生”，他对于读书人“志在天下”的抱负，提出了著名的“横渠四句”：

◆陕西眉县张载祠

为天地立心，为生民立道，为去圣继绝学，为万世开太平。

这几句话的意思是，读书人要为社会树立准则，为百姓确立生活的方向，为前代圣贤传承已断的学统，为万世开拓太平的基业。

张载是宋代理学的创始人之一，和周敦颐、邵雍、程颐、程颢合称“北宋五子”。张载年轻时曾担任基层官员，对民间疾苦十分了解，而范仲淹对张载的影响非常深刻，范仲淹所提出的“先天下之忧而忧，后天下之乐而乐”的天下情怀始终贯穿张载的人生，无论居官还是治学，他时刻心怀天下。

范仲淹和张载，代表了宋代文人以天下为己任的情怀。

六

天下兴亡，匹夫有责

到了明清之际，范仲淹的“先天下之忧而忧”，有了一个今天我们人人都耳熟能详的新表达，这就是：“天下兴亡，匹夫有责”。

“天下兴亡，匹夫有责”这句话的大概意思是说天下的兴盛和衰亡，即便是普通百姓也有义不容辞的责任。源于明末清初著名思想家顾炎武《日知录》中所说的：

> **保国者，其君其臣，肉食者谋之；保天下者，匹夫之贱，与有责焉耳矣。**

生活在明清之际的思想家顾炎武，他的许多思想与同时代的欧洲思想家是同步的。顾炎武提出“天下”和“国”是完全不同的概念：国仅代表帝王一家一姓，天下所代表的则是整个中华民族和中华文明。所以，帝王一家一姓的兴亡，顾炎武认为那是“肉食者谋之”的事情，与普通民众无关。而天下秩序的保卫，则是事关每一个人，人人都应尽到自己的责任。梁启超等继承了顾炎武的这一思想，并把他的话概括成了“天下兴亡，匹夫有责”这八个字。

“天下兴亡，匹夫有责”这句话最终成为今天中国人家喻户晓的名言，人人都知道它是爱国的经典表述。传统的普天之下的天下概念逐渐从历史中消退，但“天下兴亡，匹夫有责”所激发的中国人的爱国主义精神，唤醒了人们心系民族和国家安危并以天下为己任的担当。

文化关键词

天下

古多指天子统治范围内的全部土地及统治权。古人认为，大夫的统治范围是“家”，诸侯的统治范围是“国”，天子的统治范围是“天下”。“天下”字面义是“普天之下”，实质指天子统治或名义之下的“家国”统合体所覆盖的全部疆域，并包括天下所有的人及国家的统治权。后演变指全民族或全世界。

天

“天”是中国古代思想中具有神圣性和终极意义的一个概念。主要有三种不同的含义：其一，指自然意义上的天空或人世之外的整个自然界，其运行呈现出一定的规律和秩序。其二，指主宰万物的具有人格意志的神灵。其三，指万事万物所遵循的普遍法则，同时也是人的心性、道德以及社会和政治秩序的依据。

天下为公

天下是公众的，天下为天下人所共有。“天下”，本义是“普天之下”，喻指君位、国家政权或整个国家，后泛指整个世界。“公”，大家、公众，狭义指贤人、德才兼备的人，广义指全体国民或天下所有的人。“天下为公”主要有两层意思：其一，君位非一人一姓所私有，而为有才德的人所共有，即所谓传贤不传子。其二，国家非一人一姓所私有，而为公众所共有。其中包含着反对君位世袭、主张推举有才德之人掌权的“尚贤”和“民本”思想。古人相信，“天下为公”是实现“大同”社会、人民生活幸福的政治前提和保障。至近代，“天下为公”又演变成为推翻专制、实现民主的标志性关键词，后来成为一种美好的社会政治理想。

天下兴亡，匹夫有责

天下的兴盛与衰亡，即便是普通百姓也有义不容辞的责任。源于明末清初著名思想家顾炎武所说“保天下者，匹夫之贱，与有责焉耳矣”。“天下”在古代多指天子统治或名义下的中国全部疆域，而顾炎武提出“天下”与“国”是完全不同的概念：

“国”仅代表帝王一家一姓，而“天下”所代表的则是整个中华民族及中华文明的统系。近代思想家梁启超等继承了顾炎武的这一思想，并将其概括为“天下兴亡，匹夫有责”，使语意更为显豁、语势更为有力，后经许多政治家、思想家的引用，这句话最终成为中国家喻户晓的名言。近代以来，它对激发中国人的爱国主义精神，唤醒人们心系民族和国家安危并以天下为己任，产生了巨大影响。

篇十二 大同

一

小康社会

在讲“大同”之前，先来看一看当下很流行的一个词：小康社会。从小康社会说起，是因为“小康”和“大同”在中国传统文化的范畴里是一组相对的概念，它们之间有着很深的对应关系。

小康社会这个词，今天的国人都不陌生。因为从20世纪80年代中国社会开始实施“三步走”的国家战略，这个战略的第二步就是到20世纪末，国民生产总值比1991年翻一番，人民生活达到小康水平。时至今日，我们已在中华大地上全面建成了小康社会。“小康”再度成为当下流行的文化关键词。

在中国文化中小康是什么意思？为什么要用小康来表达我们对现代化进程的规划呢？其实，翻看历史典籍，会发现在中国传统文化中，小康的基本意思指的是生活安定，衣食富足。20世纪末人民生活达到小康水平的规划，指的就是从温饱到现代化之间的一个阶段：生活安定，衣食相对富足。

生活安定的相对状态在中国传统文化中也有一些其他的表述，比如春秋时期著名的政治家管子所说："仓廪实而知礼节，衣食足而知荣辱。"（《管子·牧民》）可见，古人对小康的理解除了衣食相对富足的物质条件之外，也强调精神层面：小康是物质与精神相结合，物质的相对丰富才能带来社会文明的提高和个人精神追求的自觉性。反之，持续的物质富裕状态，也需要社会文明高度发达的有力支撑。

那么。小康这个词出自哪里呢？主要出自儒家的经典《礼记·礼运》中的一段描述。《礼记·礼运》是这么说的：

今大道既隐，天下为家。各亲其亲，各子其子，货力为己，大人世及以为礼。城郭沟池以为固，礼义以为纪；以正君臣，以笃父子，以睦兄弟，以和夫妇，以设制度，以立田里，以贤勇知。以功为己，故谋用是作，而兵由此起。禹、汤、文、武、成王、周公，由此其选也。此六君子者，未有不谨于礼者也。以著其义，以考其信，著有过，刑仁讲让，示民有常。如有不由此者，在势者去，众以为殃，是谓小康。

这段话描述的社会状态就是小康社会。而所谓的小康社会是什么状态呢？是“大道既隐”和“大道衰微”，最理想的状态不在了，退而求其次就是小康。在古代的私有制社会之中，人们各自为家，各自善待亲人、处理钱财，讲的是一种私有制的状态，其实是一种有礼仪、有纲纪、有法度的状态。也就是说，在《礼记·礼运》中所讲的小康社会，是在最理想的大同社会没有达到之后的第二个相对理想的社会，它的核心虽然是私有制，但一切都井然有序，相对平和安定。

二

“小康”与“大同”

和小康相对的，古人认为更好的社会状态就是大同。在《礼记·礼运》讲小康之前，对大同有一段非常精彩的描述：

大道之行也，天下为公。选贤举能，讲信修睦，故人不独亲其亲，不独子其子，使老有所终，壮有所用，幼有所长，矜寡孤独废疾者皆有所养。男有分，女有归。货恶其弃于地也，不必藏于己；力恶其不出于身也，不必为己。是故谋闭而不兴，盗窃乱贼而不作，故外户而不闭，是谓大同。

大同社会有一定的标准。首先，是天下为公。天下是天下人的天下，是共有的，人们之间没有等级差异；“老有所终，壮有所用，幼有所长，矜寡孤独废疾者皆有所养”，这些人群都能受到很好的照顾。根据这段话归纳一下，所谓的大同社会的政治理想，主要有以下六个要点：

1. 天下为公：天下是天下人的天下。

2. 选贤与能：要选举出贤良有能力的人来管理天下。

3. 讲信修睦：讲求信用，人与人之间关系和睦，国与国之间也是如此。

4. 人得其所：每个人都能有自己愿意做的事情。

5. 人人为公：每个人做的事情不是为了自己，而是为了整个社会。因为天下是共有的，所以为的是大家，是“我为人人”。

6. 各尽其力：每个人根据自己的能力为社会做贡献。

这就是《礼记·礼运》中大同社会的特征归纳，其实就是古人心中一个无等差的理想社会。从《礼记·礼运》之后，这样的大同社会也是儒家的理想社会。

三

理想社会

古今中外无论东方还是西方，人们都有对理想社会的想象和描述。古希腊哲学家柏拉图著有《理想国》，他目睹了雅典民主政治的堕落，自己的恩师苏格拉底竟然以莫须有的渎神之罪被处以死刑。在《理想国》中，柏拉图认为理想的社会：在政治上应该确立公正的原则，不同的人承担不同的职责，哲学家负责管理国家，武士保卫国家，自由民的职责是从事生产；在经济上应该确立社会物质财富的公有，私有是造成一切争端的祸源；在公有的前提下，社会尽可能创造多的物质财富，让人们过上幸福的生活；在社会教育方面，柏拉图认为所有的公民都应该接受教育，也必须接受教育，儿童的教育应该由社会负责，执行严格的纪律。自柏拉图的《理想国》之后，哲学家们对理想社会的憧憬就没有停止过，无论是托马斯·摩尔的乌托邦还是马克思的共产主义社会，都体现了人们对理想社会的追求。

在中国文化中，有儒家的理想社会、道家的理想社会和佛家的理想社会，各自都有对理想社会设计的蓝图。老子在《道德经》中是这样描述自己心中的理想社会的：

小国寡民，使有什伯之器而不用；使民重死而不远徙。虽有舟舆，无所乘之；虽有甲兵，无所陈之；使民复结绳而用之。至治之极，甘其食，美其服，安其居，乐其俗。邻国相望，鸡犬之声相闻，民至老死，不相往来。

老子的意思是，完美的社会是一个面积不大、人也不是很多的地方。人们有武器而不用，一辈子安守在原地不用迁徙到远方；虽然有车有船，但没有人去乘；虽然有军队，却不用来列阵打仗；民众过着结绳记事那种简单的生活。对于这样原始简单缺少欲望的社会，人们甘之如饴而又安居乐业，这是老子的理想社会。

道家的另一位代表人物庄子也描述过同样的问题，在《庄子·胠箧》篇中，他的看法和老子几乎完全吻合：

民结绳而用之，甘其食，美其服，乐其俗，安其居，邻国相望，鸡狗之音相闻，民至老死而不相往来。

对理想社会的看法，老庄一焉。不过，庄子把“大同”进一步发挥，在《庄子·马蹄》中，他以马来做比喻，认为马“蹄可以践霜雪，毛可以御风寒”，有着自己无拘无束的天性，但是世人偏要“我善治马”“我善治木”，来摧残破坏

◆明 仇英《桃花源图》局部

事物本来的天性，这就离大同之境很远。真正的大同是“至德之世”，“夫至德之世，同与禽兽居，族与万物并。恶乎知君子小人哉！同乎无知，其德不离；同乎无欲，是谓素朴。素朴而民性得矣。”万物同一、无知无欲，保持素朴和天性，民众如野鹿一样自由自在，统治者无所事事，这是庄子眼中的理想社会。

和老庄的“民至老死而不相往来”的认识相似，晋人陶渊明所写的仙境故事《桃花源记》，向世人描述了一个与世隔绝的世外桃源的故事。由于武陵渔人的误闯，他进入到一个自己从来没见过的社会。里面的人“无论魏晋，更不知有汉”。在生活状态上也是相当地美好：

> 土地平旷，屋舍俨然。有良田美池桑竹之属，阡陌交通，鸡犬相闻。其中往来种作，男女衣著，悉如外人；黄发垂髫，并怡然自乐。

从这段描述来看，基本上就是古代农业社会所能想象到的最美好的理想社会了。“世外桃源”作为一个著名的典故，有道家的影子，更多的是农业社会的理想的折射。特别是人们在残酷的现实社会中得不到的东西，就要倒映在镜花水月的想象里。中国历代的农民起义，也有着口号式的对理想社会的呼喊。陈胜吴广抗击暴秦，打出的是“苟富贵，勿相忘”，但他们一旦获得了权力和财富，就真的相忘了。唐朝末年的农民起义领袖王仙芝自称“天补平均大将军”，用意在于补不足均有余。近代著名的太平天国运动中的“天朝田亩制度”，宣称要：“有田同耕，有饭同食，有衣同穿，有钱同使，无处不均匀，无人不饱暖。”这都是朴素的理想社会的呼声。

从《礼记·礼运》开始，大同一直就是几千年以来儒家知识分子所想象的理想社会的最好的样板，也是儒家所认为的最好的天下制度。此前的中国文化关键词讲过“天下”，天下不仅是地理的概念，也是人文的文化的概念。把好的文明的秩序波及天下，就是所谓的大同世界，是儒家所讲的理想社会的不断普及，是中国文化中关于理想社会的天下秩序。

尽管我们看到，古人几千年以来不断重复对于大同世界的向往，但在现实中，大同世界却从未实现过。以儒家为主的士人一直以来美好的终极政治理想虽然没有实现，但也有意义。通过对美好大同社会的想象，古人不断追求，想在现实中建立起仁政，这种理想就是所谓的大同，今天我们在中国传统文化中讲大同，其实就是儒家的终极的理想世界。

四

康有为的『大同』

步入近代，大同这样一个中国古已有之的思想文化关键词，也出现了变化。除了原本具有的代表传统儒家理想社会、代表中国文化终极理想的世界内涵之外，又受到西方近代以来形成的理想社会的观念的影响，例如空想社会主义、社会主义以及共产主义思潮，注入到了对于大同社会的理解之中。大同成为介于古今中西之间的一个复杂的表达。

很多古已有之的词汇和表达，当处在文化转型和过渡的时代时，原有的意思发生了一定的变化，吸纳了许多新的东西，共同组成了后人所能看到的词汇的样貌。比如，我们现在都知道“经济”一词是和政治、文化相区分，和英语中的economy相对应。其实这是“经济”一词在近代的引申义。中国传统的语境里，经济是经世济民的缩写，表达的是一种致用的担当和民本的情怀。同样，“大同”也成了近代的“大同”。

谈及大同思想在近代的嬗变，康有为和孙中山是不能绕过的历史人物，他们富有时代气息的阐释和发挥，让“大

◆ 康有为

同”这株老树，焕发了近代的新枝。

先说康有为，他是广东南海人，在晚清是著名的维新变革派领袖，戊戌政变后流亡海外成了保皇派。康有为在晚清秉持维新的精神，将学术和政治的变革合在一起，把孔子称为改革的“素王”[1]，他将儒家《礼记·礼运》中所描述的大同进行了改造。

康有为用非常漫长的时间写了《大同书》。康有为自称，他在19世纪80年代的时候就已经开启了《大同书》的写作。据学者考证，比较准确的是，书稿全书成于1901至1902年康有为在印度旅行期间，1913年两卷发表于《不忍》杂志，在他去世后，1935年由中华书局出版三十卷，名为《大同书》。

康有为写《大同书》的时代背景非常重要，他的思想从19世纪末到20世纪初是一个逐步形成和定型的过程，在这个过程中，他对近代中西方的文化和政治有很多看法，这些看法都融进了他写的《大同书》里面。因此，我们在研究康有为的思想时一定要关注《大同书》；反之，《大同书》也印证了康有为思想变化的轨迹。

1 在先秦文献中，“素王”本指远古帝王，还用以指有帝王之德而未居其位的人。后来，儒家把孔子称为“素王”，认为他虽然没有在现实中称王当皇帝，但是他修《春秋》是代王者立法，有王者之道，所以被称为“素王”。

康有为在《大同书》里面的主要观点很复杂，简单来说，他借鉴了中国传统的"公羊三世说"。什么是"公羊三世说"呢？《公羊传》把《春秋》从鲁隐公元年（公元前722年）到鲁哀公十四年（公元前481年）这二百四十二年的历史分为"三世"，分别是"所传闻世""所闻世"和"所见世"。由于公羊学家认为《春秋》是孔子所作，所以三世就是以孔子"所传闻""所闻"与"所见"为划分标准。至于三世每一世具体怎么划分，存在着一定的争论。康有为受到三世说的启发，把人类世界划分为据乱世、升平世和太平世三个阶段。这个划分一方面承接了中国传统经学，认为这是孔子作为先圣留给后世以待发现的秘密。与此同时，和《礼记·礼运》中的大同两者相互糅合，反映了他的学说向传统汲取营养的一面。另一方面，康有为在讲什么是据乱世、升平世、太平世的时候，其实已经滑出了中国文化既有的轨道，吸收了西方近代以来的空想主义学说和社会进化论。所谓的太平世就是他理解的大同；升平世就是欧美的君主立宪制这种近代政治体制；据乱世就是君主专制的时代。他认为历史是从据乱世到升平世到太平世这样一个不断前进的过程，这就吸收了西方近代以来的社会达尔文主义的线性历史观，认为历史是不断向前的，优胜劣汰的。中国传统文化中是讲循环论的，与康有为的认知很不一样。

很明显，康有为这时已经受到了西方学说极大的影响，跟前代学者不一样了。

除了对世界的划分之外，其他方面也能够看到康有为所讲的大同已经是现代意义上的大同。他的弟子梁启超后来总结了《大同书》中所说太平世的特点，如“病则入养病院，老则入养老院”“设公共宿舍、公共食堂，有等差，各以其劳作所人自由享用”“死则火葬，火葬场比邻为肥料工厂”等十三个。康有为笔下的未来太平世的理想世界，显然已经不是中国传统儒家所描绘的理想世界了，它带有强烈的西方乌托邦色彩。公共宿舍、公共食堂、养老院等都是西方的观念和社会组织，彼时正作为良善美政被趋新的晚清士人津津乐道。

特别有意思的是，太平世最后一条“死则火葬，火葬之后的骨灰进入肥料工厂”，也弥漫着挑战传统的意味，显然不是孔子这位先圣所能接受的，只能说是康南海这位“后圣”的引介和补充了。在传统观念中，人们并不支持火葬观念，认为脱离土地的安葬是对先人的不孝。火葬观念的大规模流行是与始于英国的工业革命有关，大量的人口进入城市，死后很难及时运回家乡，就采取集中火化的方式。从本质说，它是人类进入工业社会之后城市化发展带来的死亡的变革。

康有为讲的未来的太平世是中国传统儒家的内容糅合了西方近代的观念，是旧瓶装新酒或者说老树发新枝。这一时期大同这个概念，主要充当了康有为理解东方和西方的桥梁。

五

孙中山对『大同思想』的发挥

孙中山对传统大同思想进了充分发挥。1924年，他在题为《三民主义》的著名演说中，曾谈到“真正的三民主义，就是孔子所希望之大同世界。”他对大同思想的发挥主要是吸取了里面“天下为公”的思想，《礼记·礼运》中讲大同，第一句就是“大道之行也，天下为公”，孙中山抓住了天下为公。简单来说，天下为公是说天下是天下人共有的，孙中山用它来连接中西政治观念的表达，把从帝制向共和制的转变解释为天下为公。孙中山说：“我们三民主义的意思，就是民有、民治、民享。这个民有、民治、民享的意思，就是国家是人民所共有，政治是人民所共管，利益是人民所共享。”这是孙中山对于大同的第一个发挥，注重以天下为公来阐述近代西方的政治观念和自己的政治思想。

孙中山对大同思想的另一个发挥是强调了中国的大同和世界的大同。他认为三民主义，尤其是民生主义，就是使中国大同，中国大同是在中国建立一个理想的美好的社会。在中国建立了理想美好的社会之后，就要向世界看齐，使整个世界大同。所以，他将中国古代的天下大同划分为中国大同和世界大同两步，这是对“天下大同”的现代意义的划分。关于世界大同，孙中山有一句很有名的话：“世界潮流，浩浩荡荡。顺之则昌，逆之则亡。”[1]意即中国一定要跟上世界发展的大势。孙中山所建立的中华民国，其实在思想和观念上也是遵循着向世界大同看齐。这种看齐，不是简单说说而已，而是真正地在现实中追寻世界潮流之演变，做到与之俱变。辛亥革命前后，孙中山提出了民族、民权、民生三民主义，俄国十月革命之后，孙中山看到了当时马克思列宁主义的力量，转而开始接近和学习苏俄的革命之道，把自己原有的三民主义作了重新表述，增加了诸如“耕者有其田”和“节制资本”等富有时代气息的新元素。

1912年中华民国建立之后，民国政府各类公文中，为强调政令的合理性，常常说“以示大同”，意思就是这件事情要跟上世界潮流，与世界文明趋同。比如袁世凯在《临时大总统布告》中说，“现在共和政体业已成立，自应改用阳历，以示大同。应自阴历壬子年正月初一日起，所有内外文武官行用公文，一律改用阳历。署大中华民国元年二月十八日，即壬子年正月初一日字样。特此布告。”布告的意思是

1 见于孙中山先生的各种演讲与题词之中。一种说法认为，1916年9月15日，孙中山在浙江海宁观赏了钱塘潮之后，借观潮题词：“世界潮流，浩浩荡荡。顺之则昌，逆之则亡。”

说现在建立了共和政体，世界上其他国家是用的阳历，我们需要跟他们一样，叫作“以示大同”。这样的表述在民国文件中比比皆是。

除了政府文件以外，当时很多人都在讲大同、融合中西。康有为讲大同，谭嗣同也讲大同，但他们二人对大同的理解和思考不太一样。康有为以传统的儒家思想为框架，填入近代西学新内容。而谭嗣同是以佛学作为思想的底本，来讨论大同社会。清末民初之际，恒钧、乌泽声等人1907年在东京创办《大同报》，主张满汉平等和五族共和。

大同成为人们用来理解古今和中西的一个关键词，这个关键词除了在政治上讲理想社会之外，人们也开始用它表达怎么处理中西文化关系以及中西文明共存的问题。

六

民国大学校歌中的『大同』

民国时期，大同除了具有政治思想的意义之外，还与当时诸多大学的精神牵系在一起。很多大学校歌中都有大同思想的出现。

由汪鸾翔作词的清华校歌，大家都不陌生，特别是电影《无问西东》播出后。其中有一段歌词是这样的："西山苍苍，东海茫茫。吾校庄严，巍然中央。东西文化，荟萃一堂。大同爱跻，祖国以光。"这一段歌词的意思大致是清华校园的地理位置背靠西山面向东海，其实也有处在东西方之中的意思。而中国近代的大学一方面移植了西方大学的制度，另一方面也注入了中国传统，中西文化是汇通融合在一处的，这就是人类的文明是大同的，东海西海，心同理同。

东北大学创校时请刘半农来写校歌，刘半农是民国时著名的文化人物，他写的歌词里也出现了大同："爱校、爱乡、爱国、爱人类，期终达于世界大同之目标。使命如此其重大，能不奋勉乎吾曹，能不奋勉乎吾曹。"就是说大学生在学校的使命，从最小的爱校、爱乡、爱国到爱世界，达到大同的理想情怀，这个理想这么大，我们必须要努力。

民国时期的世界大同和中国传统的天下大同有什么区别呢？世界大同指的是东西方文化之间要交流并存，最后共同呈现人类文明繁荣的景象，而天下大同讲的是儒家把自己文明的秩序波及开来。

文化关键词

道

本义指人所行之路，引申而有三重含义：其一，指不同领域的事物所遵循的法则，如日月星辰运行的规律称为天道，人事活动所遵循的规律称为人道；其二，指万事万物所遵循的普遍法则；其三，指事物的本原或本体，超越于有形的具体事物，是万物生成的基始，又是万物存在和人类行为的根据。儒家、道家、佛教等都谈论道，其内涵差异甚大。儒家之道以仁义礼乐为基本内容，佛教和道家之道偏重“空”“无”方面的意义。

大同

儒家理想中的天下一家、人人平等、友爱互助的太平盛世（与“小康”相对）。儒家认为它是人类社会发展的最高阶段，类似于西方的乌托邦。其主要特征是：权力和财富归社会公有；社会平等，安居乐业；人人能得到社会的关爱；货尽其用，人尽其力。清末民初，“大同”又被用来指称西方传来的社会主义、共产主义、世界主义等概念。

小康

作为一般古典词汇，指生活比较安乐、富裕。作为儒家重要政治概念，它是指夏禹、商汤、周文王、周武王、周成王和周公旦这样的杰出人物经过努力而达成的较好的治理状态：国家渐告安定，社会秩序良好，人们遵礼守法，人民生活安乐，是次于“大同”的理想社会。如今所说的“小康”，基本是指广大人民安居乐业，家庭经济生活比较宽裕的状态。而“全面建成小康社会”，则是指包括经济、政治、文化、社会、生态文明等五个方面的建设目标。作为中国式现代化建设的目标，“小康社会”是一个有着深厚历史文化渊源的新概念。

教育部、国家语委重大文化工程
“中华思想文化术语传播工程”成果
国家社会科学基金重大项目
“中国核心术语国际影响力研究”（21&ZD158）
阶段性成果

跨|越|时|空|的|中|国|词

民惟邦本

民本思想与中国古代政治

严靖 著

外语教学与研究出版社
北京

图书在版编目（CIP）数据

民惟邦本 ：民本思想与中国古代政治 / 严靖著. -- 北京 ：外语教学与研究出版社，2022.11
（跨越时空的中国词）
ISBN 978-7-5213-4075-4

Ⅰ. ①民… Ⅱ. ①严… Ⅲ. ①民本思想－研究－中国－古代 Ⅳ. ①D092.2

中国版本图书馆 CIP 数据核字（2022）第 208407 号

出 版 人　王　芳
项目策划　刘旭璐
责任编辑　赵璞玉
责任校对　钱垂君
封面设计　覃一彪
版式设计　郭　莹
出版发行　外语教学与研究出版社
社　　址　北京市西三环北路 19 号（100089）
网　　址　http://www.fltrp.com
印　　刷　三河市北燕印装有限公司
开　　本　889 × 1194　1/32
印　　张　9.5
版　　次　2022 年 11 月第 1 版　2022 年 11 月第 1 次印刷
书　　号　ISBN 978-7-5213-4075-4
定　　价　55.00 元

购书咨询：（010）88819926　电子邮箱：club@fltrp.com
外研书店：https://waiyants.tmall.com
凡印刷、装订质量问题，请联系我社印制部
联系电话：（010）61207896　电子邮箱：zhijian@fltrp.com
凡侵权、盗版书籍线索，请联系我社法律事务部
举报电话：（010）88817519　电子邮箱：banquan@fltrp.com
物料号：340750001

记载人类文明
沟通世界文化
www.fltrp.com

总 | 序

对于“中华思想文化术语”这一名称，有的读者朋友或许有些陌生。实际上，日常生活中很多耳熟能详的词语，像“道”“理”“气”“诚”“仁”“义”“礼”“智”“信”“温故知新”“厚德载物”“自强不息”“和而不同”“见贤思齐”“得道多助，失道寡助”“千里之行，始于足下”等都属于中华思想文化术语。简要地说，中华思想文化术语就是浓缩了中华哲学思想、人文精神、价值观念、思维方式的词语。在几千年的历史长河中，中华民族创造了至今仍为世界瞩目的古代文明，涌现出许多杰出的思想家，而中华思想文化术语就是中国古代思想家对自身、家国天下、天地万物进行探索与思考的成果，是古代思想家用以阐述个人见解并建立思想体系的基石和支点。正是凭借这些术语，先哲们才得以建造出气势雄伟、楼阁高耸、厅室辉映的中华文明大厦。中华思想文化术语凝聚了中华民族的理性智慧与精神基因，也是今人打开古代思想宝库的密钥。可以说，不理解中华思想文化术语，就不可能真正读懂古人、读懂中华民族精神、读懂数千年中华文明史。打个比

方，如果不理解“道”“有无”“无为”“道法自然”“相反相成”“反者道之动”等术语，就很难读懂老庄的思想，也很难读懂魏晋以后的很多文艺作品。

“中华思想文化术语传播工程”（以下简称“术语工程”）即是以整理、诠释、翻译中华思想文化术语为主要目标的基础性文化建设工程。自2014年启动至今，“术语工程”已经整理翻译了文史哲等领域的上千条中华思想文化术语，这些术语或为中华思想文化史上的基本概念，或为古人提出的重要思想命题。也许有读者会问，人类已经进入21世纪，各种新名词、新术语层出不穷，为何还要挖掘、整理这些古代的思想文化术语呢？“术语工程”主要是出于以下几方面的考虑。

第一，“盘点”古人留给我们的精神遗产。人们常说，中华思想文化博大精深，但到底多“大”、多“深”，没有人能说清楚。如果将古人的精神遗产比作矿藏，将“盘点”这些遗产比作探矿，那么，只要持之以恒，终有一天我们是可以探明它的“储量”的。《周易·文言》说“知至至之”，《礼记·中庸》说“诚之者，人之道也”，《论语·子罕》说“虽覆一篑，进，吾往也”，意思是只要不懈努力，终究能达到目标。当然，这个类比不完全恰当，因为形而上的“道”、天地万物的“理”，还有像孔子、老子等伟大思想家

的思想，是很难测知它们的边际和深度的，但是古人用以建构思想体系的术语则是可计量的、可探查的。“术语工程”的要旨就是通过探查中华思想文化术语，大致推知中华民族精神遗产的“储量”。在中华思想史上，每一位学者、每一个学术流派、每一个历史时期都有自己的思想文化术语，但“术语工程”要梳理的则是纵贯中华文明史，横跨哲学、历史、文艺等众多领域的术语。对中华思想文化术语作如此全面系统的梳理，在我国尚属首次。通过对术语的梳理，我们可以全面了解中国古人对自身所处自然环境、社会历史、生存状况的认识与思考，体会他们的内心世界和精神追求；同时也可将那些具有普遍意义、代表文化发展方向、符合全人类共同价值的术语挑选出来。所以，梳理中华思想文化术语，也是对中华民族精神遗产进行去粗取精、去伪存真、披沙拣金的过程。

第二，破译中华数千年文明的基因和密码。每一种文明都有其独特的基因和标记，主要体现为不同的哲学思想、人文精神、价值观念和思维方式。中华民族在与大自然长期相互依存又斗争的进程中，在各民族多元一体相互融合的历史中，逐渐形成了不同于世界其他文明的思想轨迹与学术传统，也形成了自己独特的思想观念、民族精神和思维方式。比如，在西方人的观念中，人与自然往往是彼此

对立的两极，自然是被征服的对象；而中国古人则一般认为，人是天地万物的一部分，人类社会与天地万物服从于共同的秩序，天地万物的“理”，也是人类社会的“理”，因此，认识了天地万物之“理”，也就认识了自我，同样，反观自我，亦可通天地万物之“理”，尽万物之性，进而可“赞天地之化育”“与天地参矣”（《礼记·中庸》）。古人用“太极”“道”“理”“气”等术语说明天地万物的本原和普遍规律，用“太极—阴阳—五行”这样一个理论范式说明天地万物与人类社会形成、变化的过程。宋明理学家基于“心”“性”“理（道）”同一性的准则，阐发“我”与万物合一的思想。这些与西方人的思维方式是完全不同的。只有把握中国人的思维方式，才能深刻把握中华思想文化的精髓。

第三，为解决世界问题贡献中国智慧。当前，人类面临诸多挑战，如环境恶化、贫富分化、腐败滋生、地缘冲突不断等，这些问题的最终解决需要汇聚全人类的智慧。以儒家思想占主导的中华文明，主张由心性入手，从根本上去除私欲，复归人本有的善性，使言行自觉合于天道。“物有本末，事有终始，知所先后，则近道矣。”（《礼记·大学》）先哲的很多论述对今人仍有启示。像“和”“和而不同”“和为贵”“协和万邦”等术语所蕴含的思想，对于看待和化解人与人、国与国的分歧就有重要参考价值。据《国语·郑

语》记载，早在西周末年，郑国史伯就根据日常生活经验与自然规律，体悟到了“和”对于天地万物及人类社会所具有的普遍意义。他对郑桓公说：“夫和实生物，同则不继。以他平他谓之和，故能丰长而物归之；若以同裨同，尽乃弃矣。…… 声一无听，物一无文，味一无果，物一不讲。”“和”以差异性、差别化的存在为前提，寻求各种差异、差别的总体均衡，使之和谐并存于一个共同体。“和”是事物得以生长、壮大、延续的生命动力；相反，“同”则意味着同质性或机械的一致，也就意味着事物生命力的终结。在“和”“同”之辨的基础上，孔子提出“和而不同”的命题，将自然现象的“和”提升到道德与社会层面来认识，这一理论上的自觉意味着“和”成为中华思想文化的核心观念。“和也者，天下之达道也”（《礼记 · 中庸》），“和”“和而不同”是自然与社会普遍通行的法则，也高度凝聚了中华民族的理性智慧。

第四，为建设当代中国话语体系提供坚实基础。晚清以后，随着西学东渐与近代科技传入中国，儒家占主导的传统话语体系逐渐被西方话语体系取代，无论是自然科学还是社会科学，其基本框架、研究范式及学术话语大都来自西方，对中国传统思想文化的研究与解读也往往运用西学范式和西方话语。新中国成立后，随着改革开放的深入与综合国力的提升，中国日益走近世界舞台的中央，而中国话语体系的建

设没有跟上经济发展的节奏，中国的制度、国情、外交、社会关切、价值观念等都有待我们用自己的话语进行解读并及时传达给国际社会。越来越多的有识之士意识到这个问题的重要性与紧迫性。可是，中国话语体系不可能凭空产生，它的话语构成、议题设置、规则建构等都需要从中国传统话语体系中汲取滋养。中国传统话语体系是中华民族对自己的历史传统、人文精神、生存境况、社会现实等许多重大问题的理性概括与理论表述，而中华思想文化术语正是这种理性概括的结晶。梳理中华思想文化术语的目的之一，就是要从浩如烟海的中华典籍中挖掘那些既具中华民族特色又具世界普遍意义的话语，通过对富有民族特色的思想文化术语进行创造性转化和创新性发展，为构建当代中国的话语体系提供坚实的基础。只有建构起中国人自己的话语体系，才能在世界话语体系中占有一席之地，真正实现与西方国家的平等对话。

这是“术语工程”的宗旨，也可以说是最终愿景。而实现这个愿景，可能需要几代人甚至很多代人的持续努力。《尚书·周官》说：“功崇惟志，业广惟勤。”《论语·泰伯》说：“士不可以不弘毅，任重而道远。”我们每一个中国人都肩负着传承光大中华思想文化的重任。而欲当此重任，必要深透了解本民族的思想文化；而欲了解本民族的思想文化，必由

中华思想文化术语启其门径。

为了普及中华思想文化术语，“术语工程”秘书处策划了“跨越时空的中国词”丛书，首批推出《家国天下：修齐治平里的人文情怀》《民惟邦本：民本思想与中国古代政治》《仁者无敌：早期中国的兵家与军事》《有教无类：学以成人的教育理念》《人文化成：礼乐文明的理想指归》五本。由于“术语工程”要兼顾外国普通受众，因此对术语的解释高度概括凝练，很多内容无法展开。相比之下，丛书则有详细阐发的空间。丛书选择中华思想文化史上影响较大的若干术语为主题，用深入浅出的语言全面讲述中华民族的思想观念、思维方式、文化特征，深入阐发每条术语的历史背景、基本含义、思想源流以及当代价值，行文中还穿插很多引人入胜的历史故事，足以激发读者对中华传统思想文化的兴趣并可增慧启智。

因丛书策划之初，笔者有幸读过书稿提纲和部分章节，“术语工程”秘书处领导命我简要介绍一下“术语工程”及丛书概况，故而不揣浅陋写了上面的话，权作我的读后感想。

严学军

2022年3月28日于北京

前言

本书是“跨越时空的中国词”丛书之一种，介绍的是中国古代的民本思想，主要涉及民本思想的内涵、外延、具体展现和现实意义等内容。

民本思想是中国古代政治思想的重要组成，是中华优秀传统文化在政治和社会领域的代表。一方面，因为中国有悠久的文明史，所以民本思想也历史悠久，内容丰赡，有些民本词汇甚至已经通过各种途径深入人心，如“天下为公”“藏富于民”“君舟民水”“天下兴亡，匹夫有责”等。另一方面，儒、道、墨、法等中国古代的代表性思想流派都极其关注民本思想，众多思想家和政治家都曾以理论或实践推进民本思想的发展，书写了光辉灿烂的篇章。所以，无论对于历史还是现实，政治还是文化，民本思想都具有特别重要的意义。

古代的民本思想源于国家的建立和君王的出现。《尚书》作为中国最早的一部历史文献汇编，就记录了很多体现早期民本思想的重要言论，如《大禹谟》中的“可爱非君？可畏非民？”“德惟善政，政在养民”，《五子之歌》中的“民可近，不可下。民惟邦本，本固邦宁”，《泰誓》中的“天视自我民视，天听自我民听”。先秦儒、墨、法、道诸家奠定了民本思想的基础，此后各朝各代的思想家和政治家们又有各自的拓展或深化。

中国古代的民本思想总体上是积极的，是有利于限制君主专制和促进社会发展的，其内涵主要包括以下方面：一、人民是国家和社会的根本；二、民众比君主更为重要；三、政府及各级官吏因民而设，主要是为民服务；四、执政者应该重视民意，并且关注民生；五、人民决定国家和君主的命运，可以拥戴或推翻君主。本书的各篇内容安排也是依此而设定，循序渐进，由宏观到具体：

一、二两篇，谈民本思想的萌发及民本与公有的关系；

三、四两篇，讨论君民关系；

五、六、七三篇，分析古代政治中的民本思想，尤其是执政者与民意的关系；

八、九、十三篇，着重分析民生思想中的民本意义。

总体而言，从深度和新意的角度看，篇七“汤武革命：天命、君权与民本”、篇九“藏富于民：民富而国富”与篇十“仓廪实而知礼节：物质先于精神”，或许思辨比较深入，文中有一些笔者自己的想法。这既是因为在对历史的解读中文献和事例结合得较为充分，也与笔者有意用现代社会的民权、民生思想进行古今衡量和比较有关。

撰写此书的过程中，笔者感慨良多，其中最主要的有两方面。感受之一是关于叙述方式的探索。本套丛书立足文化普及，希望做到内容通俗易懂、表达简洁明了。然而，知易行难。毕竟自己水平有限，又时时受困于已使用习惯的、较为枯燥的学术语言和逻辑，某些地方可能做到深入，却做不到浅出，就在所难免了。感受之二是由本书的主题和内容引发的思考。在对一些重要典籍的阅读（不少是重读）过程中，笔者感受到中国古代民本思想有两大缺陷或遗憾。一是这些思想主要停留在士人的言论中，而未能转化为实践。其中有一些深刻或激进的思想，已经极为接近近代的民主观念，但并未能从根本上触动君主专制，就是由于普及得不够，或者缺乏接受的历史条件。二是虽然在某些历史时段（如文景之治、贞观之治时期），会出现个别重视民意或民生的“明主”，但这些“明主”只是在具体政策上对社会进行小修小补，而不能也不会改变“百代皆行秦制”的历史。寄希望于自上而下的制度内部的变革几无可能，君主专制的超稳定社会结构才得以长期存在。韦政通认为：“在理论上，民本思想只能看作人文精神在政治领域的发挥。”[1]虽然有些片面，但不无道理。

1 韦政通主编：《中国哲学辞典大全》，台北：水牛出版社，1983年，第241页。

尽管民本思想未能从根本上动摇君主专制的政治形态，却依然留下了具有生命力的思想遗产。考虑到漫长的君主专制社会对思想的钳制或压迫，古代思想家们做出的探索可谓成就非凡。

20世纪中国人的民主观念受欧风美雨的影响居多。西方近代民主思想经由晚清、五四中国知识分子的介绍，舶来遥远的东方，成为移植在这一古老民族身上的新事物。戊戌政变以降，“开民智、兴民权、立宪法”成为时髦的时代口号。严复提倡“鼓民力、开民智、新民德”，希望通过翻译思想、兴办教育来启迪民众。梁启超的“新民说”、鲁迅的立人思想，皆属于这一思想谱系。《民报》《新民丛报》都以“民”自居，指向的却是“国”。严复将卢梭的《社会契约论》译作《民约论》，用意也一样。

很多人只看到这些思想先驱“横的移植”的一面，而忽视其“纵的继承”的一面。由民国、晚清往前溯源，可以清晰地看到中国文化体系中民本思想这条重要的脉络，尤其是“国”与“民”关系中最核心的那部分含义，只是这个“国”有时候被置换为“天下”或者“君”。外来的民主思想与中国本土的民本思想之间，并非是完全对立的关系，也不是简单的前者取代后者的关系。中国的民本思想是一条更长的光谱，它既直接与外来的思想文化冲突、对话和融合，也早已化作国人接受新事物的心理土壤，而后一点是更为重要的。倘若通过阅读本书，读者能多了解中国古代的民本思想，并能产生更真切的现实思考，那么本书的意义也就实现了。

2022年8月20日

目录

篇一 天下为公

公有思想的萌初

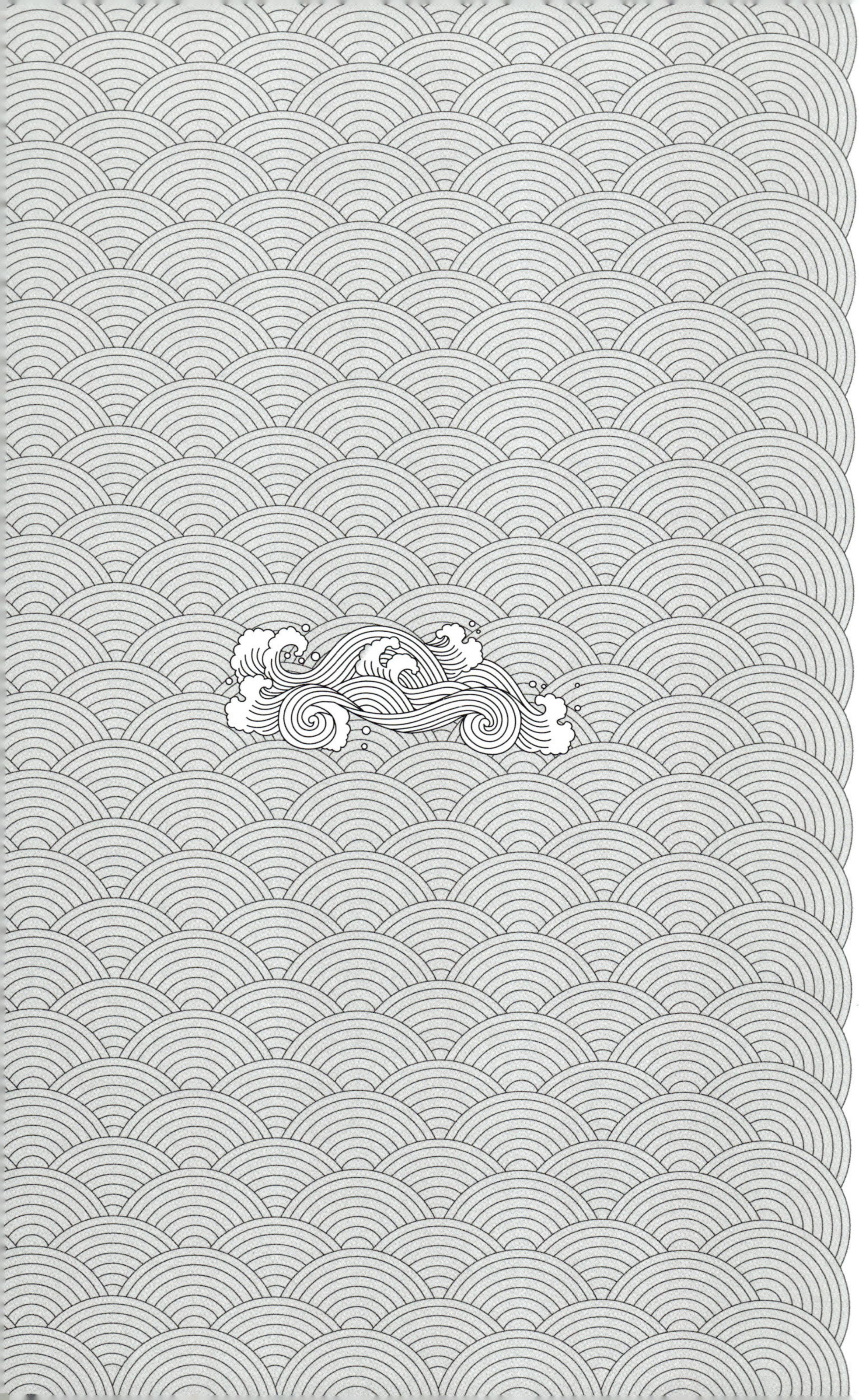

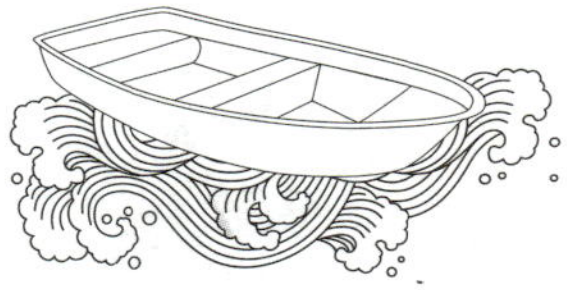

南京中山陵、广州孙中山故居、台北“国父纪念馆”、澳门“国父纪念馆”……在纪念孙中山先生的重要场所，尽管地理位置不同，场馆风格也相异，但参观者无一例外都能在醒目位置看到四个大字，那就是“天下为公”。人们用书法、雕刻等各种形式，将这四个字写在或刻在牌坊、正厅、书房等不同位置。“天下为公”，也伴随着中山先生的影响广泛传播，为世人熟知。

中山先生毕生宣扬“天下为公”的精神。除了文章和演讲，他还多次把此四字及相关文段抄送友人，其中有受主姓氏的就达32件。可以说，除了“三民主义”，“天下为公”是他提及最多、为之鼓呼奋斗最用力的政治思想。中山先生以后的革命先辈又将之不断发扬光大，从而使其成为中国现代政治文明的重要部分。

◆孙中山手书“天下为公”

一

天下国家

“天下为公”，即天下是公众的，天下为天下人所共有。其最早出处是《礼记》。《礼记》为西汉礼学家戴圣所编，是对秦汉以前礼仪著作的辑录。其中《礼运》篇是托名孔子的答问，内云：

大道之行也，天下为公。

由此可以看出，在秦汉时期，人们认为最能体现“大道”时代（也即理想社会）政治状态的，就是“天下为公”。这一思想在中国古代政治文化中占据极为重要的地位，代表了当时人们对理想社会的憧憬和追求。

“天下”，古代多指天子统治范围的全部土地及统治权，因此是一个蕴含着政治意味的地理概念。在周代的政治秩序中，诸侯封地按管治范围，大的称为“邦”，小的称为“国”；大夫的食邑称为“家”；天子的统治范围自然是“天下”。“天下”字面义是“普天之下”，实质指天子统治或名义之下的“家国”统合体所覆盖的全部疆域，并包括天下所有的人及国家的统治权。譬如：

溥天之下，莫非王土；率土之滨，莫非王臣。（《诗经·小雅·北山》）

“国家”则是“国”与“家”的合称。战国时期以降，随着大夫阶层的社会地位不断上升，诸侯的“国”和大夫的“家”含义更加接近，差别仅在于范围大小。同时，随着周天子统治的衰落，诸侯国纷纷争雄称霸，“国家”一词就开始兴起。

在古代，家庭、家族、国家都是依据血缘、宗法关系构建起来的，在组织结构上具有共通性。这就是所谓的“家国同构”。“国家”这个词语，与其说是一个偏义复词，不如说它体现了具有中国特色的“国”的观念。这一特征可以追溯至先秦时期：

人有恒言，皆曰“天下国家”。天下之本在国，国之本在家。（《孟子·离娄上》）

意即，人们常说“天下国家”，“天下”的根本在于“国”，“国”的根本在于“家”。在战国时期，“天下”是体现在“国”和“家”的存在形态之中的。周天子的统治仅存名义，天下之权实际在诸侯王霸手中。

秦汉之际，大一统帝国建立，“天下”和“国家”两个词语的内涵已经无限接近，区别仅仅在于使用的语境。以中央集权的郡县制为代表的法家思想，配合以“仁义”“忠孝”为核心理念的儒家思想，支撑起专制帝国的有效统治。于是分封制开始瓦解，“国家”逐渐融入“天下”之中。金字塔般的郡县制绵延了两千多年。塔的上部是等级式的官僚体制，朝廷位于最上层，而皇帝位于塔顶。众多的宗法家族位于金字塔的底部，支撑着上部。平民百姓则是金字塔的垫石，受皇权和族权的双重束缚。

近代以来的西学东渐中，英语词state被翻译成“国家”，并且广为运用，它指的是由一定疆域、人民和政权机构共同构成的政治实体。不过，如上所述，在中国，“家”文化对“国”文化有重要影响，因此进行跨语际交流的时候，仍然要注意文化系统的差异性。如同梁启超所言：

> 欧美各国统治之客体，以个人为单位（unit）；中国统治之客体，以家族为单位。故欧美之人民直接以隶于国，中国之人民间接以隶于国。…… 中国有族民资格，而无市民资格。[1]

“国”“家”“国家”的意义在不同历史语境中流动，“天下”也随之变换着主人。

1 梁启超：《新民说》，《饮冰室合集 · 专集之四》，北京：中华书局，1989年，第16页。

二

背『厶』谓之『公』

公是会意字。在甲骨文和金文中，“公”字的上部是“八”，表示分的意思；下部是“口”，代表所要平分的物品。整个字是以平分物品来表示公平、公正的意思。在篆体字中，“公”字下面的“口”部逐渐打开，被书写成“厶”（“私”的本字）。这样就出现了对这个字的新释义：上面是“八”，表示相背；下面是“厶”，即“私”的本字；合起来表示“与私相背”，即“公正无私”的意思。

甲骨文、金文、小篆的“公”字

中国古代的典籍这样解释“公”：

公，平分也。（《说文解字》）

背私谓之公。（《韩非子 · 五蠹》）

举公义，辟私怨。（《墨子 · 尚贤上》）

可见，“公”的概念一方面指事物在人群中的平分、平均；另一方面也强调“不私”，即不独有、不独占。“公”之褒义与

“厶”之贬义是并举的。

“公”的思想进入政治领域，很快生发出更为深刻的含义。“天下为公”的思想就是最原初、纯粹的“公”的政治理念。

在政治领域，“公”指全体国民，而“天下”则专指天下的资源、利益和权力。全天下或曰全国的资源、利益和权力为全天下人所有，为全体国民所有，就对权力掌控、对执政、对人才选拔内在地提出了要求。这是相辅相成的。

因此，《礼记·礼运》中紧接着“天下为公”的，就是“选贤与能，讲信修睦”（品德高尚、才能突出的人被选拔出来管理社会，人与人之间讲究诚实与和睦），体现了对执政者选拔机制的重视。权力之所有及运用，是政治的最核心问题。“天下为公”的思想也是“天道”落实到“人道”的体现。

与“天下为公”齐名的另一表述是“天下乃天下人之天下”：

> 太公曰：“天下非一人之天下，乃天下之天下也。”（《六韬·文韬·文师》）

《六韬》又称《太公六韬》，一般认为是战国人借姜太公吕望之名所著的书。这部以军事思想闻名的著作强调，天下不是一个人的天下，是天下所有人的天下。与天下人的利益一致的人，可以获得治理天下的权力；将天下人的利益占为己有的人，势必失去治理天下的权力。

无论是“天下为公”还是“天下乃天下人之天下”，实际上都是对政治权力的公私之辨的回应，包含几方面的内容：

（一）权力归属：权力是天下人的，执政者的权力是天下人赋予的，他是代表天下人而非独裁者。

（二）选拔机制：决定执政者选拔的是被选拔者的道德品质和能力素质两方面，而不是血缘或亲疏关系。

（三）执政目的：执政是为了造福天下人，而非为一己之私。

（四）人际关系：天下人之间互助互爱，和睦相处，平等公正，幸福生活，形成“大同”社会。

由这些内容可以看出，“一人”与“天下人”、“厶”与“公”的矛盾，是民本思想的主要矛盾。

三

『公天下』与『家天下』

先秦政治思想的主要代表是儒家的孔孟。对于孔孟而言，“天下为公”的时代、“大道之行”的时代、理想完美的时代，是夏商周三代和三代以前的尧舜时代，确切地说，是尧舜禹汤、文武成周时代。其中，尧舜禹是禅让的贤君，商汤、周文王、周武王分别是商和周的开国帝王，周成王和周公旦则是治国安邦的明君良臣。孔子这样歌颂尧帝：

> **子曰：“大哉，尧之为君也。巍巍乎，唯天为大，唯尧则之。荡荡乎，民无能名焉。巍巍乎，其有成功也。焕乎，其有文章。”**（《论语·泰伯》）

孔子对尧的歌颂是全面的，包括功业（“成功”）和礼制（“文章”）两方面。孔子认为，只有能成就伟大的功业和建立完好的制度，才称得上是伟大的领袖、贤明的君主。这样的时代也是“天下为公”的时代，是他最心仪的时代。

最能体现“天下为公”的“大同”的，是三代的禅让制度。

尧年老的时候，召集部落联盟会议，推选继承人。大家

◆山东嘉祥武氏祠汉代画像石中的尧舜禹形象

推选有才有德的舜。尧不将君位传给儿子而是传给了舜。

舜效仿尧，也未将君位传给儿子却传给禹。禹之贤，表现在他勠力治水，三过家门而不入，忙于公事，为国而不顾家；禹之能，表现在他摒弃过去堵塞的方法，而采用疏导的方法，结果治水成功。

禹学习前辈先贤，也准备将君位让给益。不过后来因为种种原因，益的君位为禹的儿子启所得。启之后，禅让制结束，“公天下”为“家天下”所取代。

禅让制度同时体现了选贤与能、尊重民意，是“天下为公”最显著而全面的践行和表率。尧舜时代的政治行为，成为后世眼中美德政治的典范。这是告诫后世：君位非一人一姓所私有，而为有才德的人所共有，即所谓传贤不传子；国家非一人一姓所私有，而为公众所共有。

即便是主要实行“家天下”的夏商周三代，也未完全放弃禅让制中的某些思想和原则，也有不少选贤与能和尊重民意的故事流传于世。

一代名臣周公姬旦，毕生忠心耿耿、殚精竭虑辅佐武王、成王两代君主，封藩建卫、营建洛邑、治礼作乐，功勋卓著。此外，他也重视贤士人才。《史记·鲁周公世家》记载了周公教育儿子伯禽的一段话，说自己虽然地位极高，但仍然“一沐三握发，一饭三吐哺，起以待士，犹恐失天下之贤人”。意思是即便自己正在沐浴，或是正在吃饭，若有贤士到来，仍然立刻起身去接待，以至于一次次地把未干的头发握起来，一次次地吐出口中尚未吃完的饭，唯恐错过或怠慢贤士。正是周初的种种类似的善政，奠定了周代八百年的基业。“周公吐哺，天下归心”是曹操《短歌行》中的名句，歌颂了周公，也反映出“选贤与能”和“得天下”之间的关系。

当然，既然是“家天下”，也难免出现专政暴戾、违背民意的君王。夏桀、商纣臭名昭著，自不必说。周厉王是西周第十位君主，在位期间贪财图利，统治暴虐。国人批评他，他就派巫师去监视人民，然后听凭巫师的报告进行捕杀，于是“国人不敢言”，但“道路以目”。厉王以为得计，召穆公却劝谏他改变这种愚蠢的暴政：

> 是障之也！防民之口，甚于防川。川壅而溃，伤人必多，民亦如之。是故为川者决之使导，为民者宣之使言。…… 民之有口，犹土之有山川也…… 夫民虑之于心而宣之于口，成而行之，胡可壅也？若壅其口，其与能几何？（《国语·周语》）

召穆公以河水比喻民意，强调民意不能堵塞，只能疏导。人民有意见要表达，是封锁阻碍不了的。这就是“召公谏厉王弭谤”的著名故事。结果是，厉王不听，三年后，被人民流放于彘。

周厉王死后，召穆公与周定公辅佐日后成为周宣王的太子，史称“周召共和”，实现了西周的中兴。这样的名臣代表民意抑制了君权独大的事例，在商周两代屡见不鲜，可以视作“天下为公”思想在夏商周三代的内在影响。

然而，秦汉以后，中国进入集权专制时代，“家天下”进入更成熟的阶段，“天下为公”的思想总体上也被抛弃或歪曲了。原本代表民意的“天子”，离人民越来越远。嫡长子制为代表的君位继承开始稳固地施行并代代相传，“选贤与能”的禅让制精神也就成为历史。维持政权的主要力量也不再是民心、民意，而是武力、暴力。这就是孔子所说的“礼崩乐坏”的时代，是政治权力全面私有化的时代。

不过，反思“天下乃天下之天下”等思想，也能看出其内在的缺陷。这些缺陷也是古代民本思想不足之体现。有人问“立敛若何而天下归之”（“制定什么样的收揽人心的方法才能使天下归顺呢”），姜太公的回答是：

> 同天下之利者，则得天下；擅天下之利者，则失天下。（《六韬·文韬·文师》）

如前所述，《六韬》实际上是战国人假借姜太公之口而讨论的称王之道。姜太公虽然之前说“天下非一人之天下，乃天下之天下”，但接下来都是在为如何“得天下”而出谋划策。无论是“同天下之利”，还是《六韬》后面讨论的“仁”“德”“义”“道”等好词，其最终目的和指归都是让天下归顺一人。“得天下”的主体是拥有全部权力的统治者——君王，天下之人则是被统治者而已。这一不无矛盾的论述，深刻地反映了秦汉以后“公天下”丧失而“家天下”日益稳定的社会思潮。

其实，对“天下”带有利用性质的论述或者相关的王霸之谋，在先秦和秦汉以后都很常见。比如：

> 寡助之至，亲戚畔之。多助之至，天下顺之。（《孟子·公孙丑下》）

这样的表述，一方面是劝告或警告统治者施行仁政，善待人民，尊重民意；另一方面又显示论述者是站在统治者的角度考虑利害关系，带有不同程度的“收买人心”的意向。所以，“得天下”之论与真正意义的民权思想有内在差异。它们有时候与“天下为公”缠绕在一起，有时候又与儒家的仁政思想相关联，不过更多时候是政治的权谋和机变的表现。战国时期以张仪、苏秦为代表的纵横家、谋略家们，其主张某种意义上也属于这一思想脉络。他们开创了中国文人的谋士传统。

四

天下为主，君为客

“家天下”的制度下，“天下”不再是决定执政者的力量，而是沦为皇图霸业争逐抢夺的对象：

> **（蒯通）对曰：“秦之纲绝而维弛，山东大扰，异姓并起，英俊乌集。秦失其鹿，天下共逐之，于是高材疾足者先得焉。”**（《史记·淮阴侯列传》）

这段话形象地描绘了秦朝崩溃后，群雄并起，抢夺天下权力和帝王宝座的历史画面。“逐鹿中原”也自此成为争当皇帝、追逐权力的著名比喻。“鹿”可指权力，也可指“天下”“天下之人”。而秦汉之后的中国历史舞台，上演的就是你方唱罢我登台的权力争斗。

直至明清之际，中国的民本思想才获得空前的扩展与突破。随着明朝覆灭、清兵入关，继元朝之后又一个由少数民族统治的王朝建立。面对历史的巨变，当时的汉族知识分子们产生了认识和选择上的重要分歧：有的仕清，有的反抗，有的归隐。在这种复杂的历史语境中，以王夫之、顾炎武、黄宗羲三大思想家为代表的明末清初知识分子，提出了一系

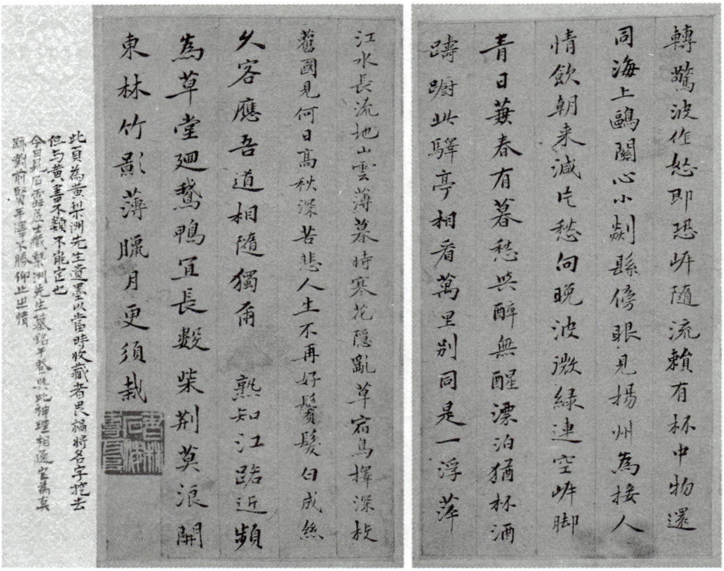
轉驚波作愁即恐岸隨流賴有杯中物還
同海上鷗閑心小劇縣傍眼見揚州為接人
情飲朝來減片愁向晚波瀲綠連空岸脚
青日華春有暮愁與醉無醒漂泊猶杯酒
躊躕此驛亭相看萬里別同是一浮萍
江水長流地山雲薄暮時寒花隱亂草宿鳥擇深枝
舊國見何日高秋深若悲人生不再好鬢髮白成絲
久客應吾道相隨獨角 熟知江路近頻
為草堂迴鷺鴨宜長數柴荊莫浪開
東林竹影薄臘月更須栽

此頁為黃梨洲先生遺墨以當時收藏者畏禍將名字挖去
但與黃書不類不能定也
今日見石霞居士藏梨洲先生墓銘手稿與此神理相通定為真
跡對前賢手澤不勝仰止之情

◆黄宗羲楷书诗札

列人本主义和朴素唯物主义的思想，不仅开创了新学风，也对民本思想有重要推进。

反对君主专制主义是他们思想创见的重要部分。其中，王夫之的新“天下观”堪称革命性的思想：

> 若夫国祚之不长，为一姓言也，非公义也。(《读通鉴论 · 卷一 · 秦始皇》)
>
> 一姓之兴亡，私也；而生民之生死，公也。(《读通鉴论 · 卷十七 · 敬帝》)
>
> 以天下论者，必循天下之公，天下非夷狄盗逆之所可尸，而抑非一姓之私也。(《读通鉴论 · 叙论一》)

“一姓之兴亡，私也；而生民之生死，公也”，这样的口号是震烁古今的。王夫之在此基础上提出了“不以天下私一人”的“均天下”主张。与过去的“天下为公”思想不同的是，王夫之直面和批判的是当时已经流传了近两千年的君主专制。“若夫国祚之不长，为一姓言也，非公义也”，说的便是这个道理。“国祚”指的是一个王朝维持的时间。王夫之质问，如果一个朝代只是一姓之私的统治而不是为天下人的公义而存在，那么这样的朝代短命，有什么值得惋惜的呢？典型的例子就是暴秦的二世而亡。这段话当然也是在提醒当时的知识分子，没必要因为明朝覆灭而痛苦。知识分子应当对天下苍生担起责任，而不是为朱家命运慨叹。王夫之对“私己”的专制传统的挑战堪称一声惊雷，意在唤醒国人对习以为常的传统的变革。

王夫之的主要成就在经学和史学，在政治思想领域做出更大贡献的是黄宗羲。黄宗羲揭示了专制体制下君民之间的不对等关系：在君权神授说的支撑下，君主不论是在理论上还是在现实上，都享受无上的威权；君民之间的关系，一边是牧民，一边是被牧而已。针对这个传统，他说：

> 古者以天下为主，君为客，凡君之所毕世而经营者，为天下也。今也以君为主，天下为客，凡天下之无地而得安宁者，为君也。（《明夷待访录·原君》）

“古”代表理想，“今”指现实政治；崇古抑今，是黄宗羲“假祖宗以压后王”的一种论证方法。以天下人为主、以君为客的理念，比孟子的民贵君轻之说更接近近代的民主思想。对专制的传统而言，主客互易，是一种天翻地覆的变化。

虽然随着清朝统治的稳固，王夫之、黄宗羲等的思想暂时被抑制而有所消减，但1840年鸦片战争之后，民本思想再次复兴。这一时期的民本思想，不仅是清朝统治危机的表现，也是西学东渐后西方现代民主思想逐渐传入中国，与中国固有的民本思想碰出火花的结果。晚清民初的民本思想具有中西相融的特征。

以梁启超为例，他提倡著名的“新民说”，以此改革国民性。围绕着“国民”，他讨论了一系列与之相关的政治制度安排问题。比如，关于国民与法律，他强调：

立法权属于民，非徒为国民个人之利益而已，而实为国家本体之利益。何则？国也者，积民而成。……故多数人共谋其私，而大公出焉矣；合多数人私利之法，而公益之法存焉矣。[1]

国家由国民个人组成，所以立法权属于国民，是为国民全体利益而存在。一个国家多数人的利益实现了，“大公”也就实现了。因此，代表了大多数人的利益的法律，就是公正合理的法律。梁启超的认识代表了晚清先进知识分子对“国家”的现代认识和理解。

关于政府与人民的关系，梁启超这样论述：

重视人民者，谓国家不过人民之结集体。国家之主权，即在个人，谓一个人也。其说之极端，使人民

1 梁启超：《论立法权》，《饮冰室合集·文集之九》，北京：中华书局，1989年，第106—107页。

之权无限；其弊也，陷于无政府党，率国民而复归于野蛮。重视政府者，谓政府者国家之代表也……其说之极端，使政府之权无限；其弊也，陷于专制主义，困国民永不得进于文明。[1]

他认为，过分强调国家主权在个人，会陷入无政府主义，而令国民复归于野蛮；过分强调国家权力属于政府，会陷入专制主义，而使国民不能进步到文明社会。因此，梁启超对政府与人民的权限进行了划分。这一思想也是对“天下为公”思想的批判性发展。

梁启超之后，孙中山、陈独秀、李大钊、毛泽东等近现代历史人物都对“天下为公”和“大同”思想进行了阐释和发展，并将之运用到中国革命和现代化的道路探索中。

伟大的民主革命先行者孙中山不仅提出了“忠孝、仁爱、信义、和平”的道德规范，也勠力将“天下为公”“三民主义”与社会主义思想相结合。在论及“民生主义”时，他说：

1 梁启超：《论政府与人民之权限》，《饮冰室合集·文集之十》，北京：中华书局，1989年，第1页。

> 我们三民主义的意思，就是民有、民治、民享。这个民有、民治、民享的意思，就是国家是人民所共有，政治是人民所共管，利益是人民所共享。照这样的说法，人民对于国家不只是共产，一切事权都是要共的。这才是真正的民生主义，就是孔子所希望之大同世界。[1]

在这一认识基础上，晚年孙中山采取“联俄、联共、扶助农工”的内政外交策略，与共产主义进一步靠近。中国共产党早期领导人所追求的共产主义、社会主义，也蕴含了“天下为公”的现代含义。中国特色社会主义道路，某种意义上说，是马克思主义与“天下为公”（中国公有思想的萌初）的结合，是外国先进的历史观与中华智慧的结晶。在当今全球化时代，“天下为公”思想之于进一步改革开放、“一带一路”建设、多边主义的世界格局与秩序建立等，将衍生出新的时代意义。

---

1 孙中山：《三民主义》，《孙中山全集》第九卷，北京：中华书局，1986年，第394页。

文化关键词

天下为公

天下是公众的，天下为天下人所共有。"天下"，本义是"普天之下"，喻指君位、国家政权或整个国家，后泛指整个世界。"公"，大家、公众，狭义指贤人、德才兼备的人，广义指全体国民或天下所有的人。"天下为公"主要有两层意思：其一，君位非一人一姓所私有，而为有才德的人所共有，即所谓传贤不传子。其二，国家非一人一姓所私有，而为公众所共有。其中包含着反对君位世袭、主张推举有才德之人掌权的"尚贤"和"民本"思想。古人相信，"天下为公"是实现"大同"社会、人民生活幸福的政治前提和保障。至近代，"天下为公"又演变成为推翻专制、实现民主的标志性关键词，后来成为一种美好的社会政治理想。

大同

儒家理想中的天下一家、人人平等、友爱互助的太平盛世（与“小康”相对）。儒家认为它是人类社会发展的最高阶段，类似于西方的乌托邦。其主要特征是：权力和财富归社会公有；社会平等，安居乐业；人人能得到社会的关爱；货尽其用，人尽其力。清末民初，“大同”又被用来指称西方传来的社会主义、共产主义、世界主义等概念。

得道多助，失道寡助

奉行道义，支持的人就多；违背道义，支持的人就少。“道”即道义、正义。中国人自古推崇道义，认为道义是决定战争或事业成败的根本力量。只有奉行道义，才能赢得内部的团结一致、赢得民心，取得战争或事业的最后胜利；否则就将不得人心，从而陷入孤立无援的境地，归于失败。它是中华“德政”思想与“文明”精神的具体体现。

天子

“天”之子，指帝王、君主，即帝国或王朝的最高统治者。古人认为，帝王、君主秉上天旨意统治天下，其权力乃天所授，故称帝王、君主为天子。这个名称肯定了帝王、君主的权力来自上天所赐的正当性和神圣性，同时也对之构成一定的约束。这和西方的“君权神授”的观念相似，但有根本不同：中国的“天”不同于西方的“神”，而且蕴含着“天人感应”的思想，即“天”的旨意与人心、民意相贯通。

篇二 天下兴亡，匹夫有责

国民责任与参政意识

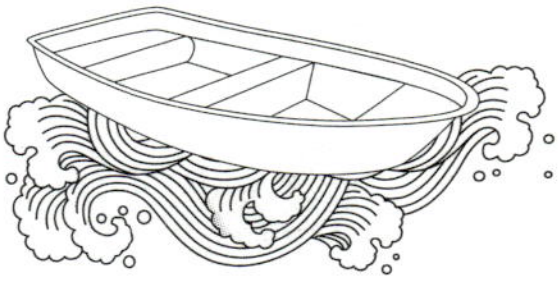

“天下为公”表达的是朴素的公有思想。由这一思想出发，才能推进至国与民关系的进一步认识。如前一篇所述，早在西汉，时人就提出了“天下非一人之天下，乃天下之天下也”的口号。虽然这一口号是假借姜太公之口说出的，目的也主要是为君王霸业及统治之恒久出谋划策，但它在客观上反映了“公天下”思想在民间一定程度的存在，反映了君主专制社会早期人们一定程度的民主意识。

“天下兴亡，匹夫有责”的口号，则代表了一种更为普遍的国民责任感，成为流传甚广、对中国人影响至深的家国理念。它是中国古代知识分子入世精神的体现，也是普通国民对国家朴素情感的体现。

一

从『亡国』与『亡天下』说起

“亡国”与“亡天下”之别，是明末清初著名思想家顾炎武所提出的。他在《日知录·正始》中说：

> 有亡国，有亡天下。亡国与亡天下奚辨？曰：易姓改号，谓之亡国。仁义充塞，而至于率兽食人，人将相食，谓之亡天下。……知保天下，然后知保其国。保国者，其君其臣，肉食者谋之；保天下者，匹夫之贱，与有责焉耳矣。

顾炎武着重强调，“亡国”与“亡天下”是两个不同的概念。“亡国”是指改朝换代，更改皇帝或年号；“亡天下”则是礼崩乐坏，道德沦丧，甚至出现人吃人的社会大倒退现象。在这一区分的基础上，他认为，维系一个朝代的运数，是统治阶级所关心的事；而保卫社会的道德和文化，则是举国上下，无论在朝在野，无论高低贵贱，都有责任参与和践行的。

顾炎武的“亡国”与“亡天下”之别，是具有极强时代感的政治思想。他所生活的年代，正是明朝灭亡、清朝建立的时代。作为晚明臣子，顾炎武曾积极参与抗清运动，南明灭亡后，又累拒仕清。《日知录》作为顾炎武全部学术、政治思想的精华之作，实际上也是他身为易代之际遗民的寄托之作，代表了他鲜明的政治倾向和文化立场。

当清兵入关并问鼎中原之时，作为汉文化捍卫者的顾炎武必须面对这一问题：作为政统的明朝政权已经覆灭，明代遗民士子在新的政权下该如何继续自己的使命？“亡国”与“亡天下”之别就是这一思考的产物。顾炎武建立了这样的价值体系：“天下”是高于“国”的，是比“国”更为重要的。“国”仅仅是少数人的统治形式，是王侯将相们的事；“天下”是一种集体的价值所在，是所有人的事。“国”是政治问题，事关政统；“天下”是道德、文化问题，事关道统。

顾炎武本意是通过这一辨析建立起异族统治下的道德和文化自信，并试图在道德文化的维度抵抗清朝。这一文化心理与源远流长的夷夏观有关。早在春秋时期，中原文化圈即普遍存在夷夏有别的意识。人们认为周天子所居的京畿地区为天下正中之地，京畿四周为华夏族的诸侯国，再外则是各夷狄所居的部落方国。《春秋公羊传》即云：“内其国而外诸夏，内诸夏而外夷狄。”[1]“中国人”或“华夏人”称周边其他部族为“夷狄”，其差序格局意识是很明显的。夷狄和各诸

1 古称东方部族为“夷”，北方部族为“狄”。“夷狄”常用以泛称除华夏族以外的各族。

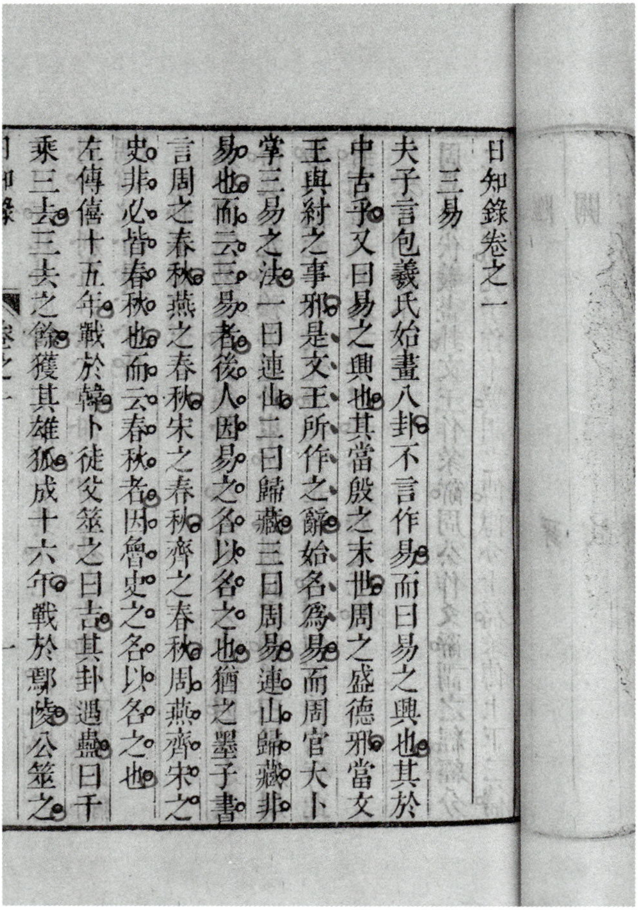
日知錄卷之一

三易

夫子言包羲氏始畫八卦不言作易而曰易之興也其於中古乎又曰易之興也其當殷之末世周之盛德邪當文王與紂之事邪是文王所作之辭始名爲易而周官大卜掌三易之法一曰連山二曰歸藏三曰周易連山歸藏非易也而云三易者後人因易之名以名之也猶之墨子書言周之春秋燕之春秋宋之春秋齊之春秋周燕齊宋之史非必皆春秋也而云春秋者因魯史之名以名之也

左傳僖十五年戰於韓卜徒父筮之曰吉其卦遇蠱曰千乘三去三去之餘獲其雄狐成十六年戰於鄢陵公筮之

日知錄　卷之一　一

◆顾炎武《日知录》书影

侯国与周天子之间通行“五服制”，即《国语·周语》所云：“夫先王之制，邦内甸服，邦外侯服，侯、卫宾服，夷、蛮要服，戎、狄荒服。甸服者祭，侯服者祀，宾服者享，要服者贡，荒服者王。”服，服侍天子之意。西周王畿外围，以五百里为一区划，由近及远分为甸服、侯服、宾服、要服、荒服，合称五服，分别行每天的祭礼、每月的祀礼、四时的献享之礼、每年的贡礼、以臣服身份侍奉天子之礼。

华夏族国家向以“礼仪之邦”自诩，主要是自认为社会制度、思想文化、伦理道德皆优于周边的未开化民族。《礼记·王制》称：“东方曰夷，被发文身，有不火食者矣。”《汉书·匈奴传》亦有言：“夷狄之人，贪而好利，被发左衽，人面兽心。其与中国殊章服，异习俗，饮食不同，言语不通，辟居北垂寒露之野。”这当然是一种带有偏见的文明优越感。

不过，自春秋战国开始，西北地区的“夷狄”不断南下侵扰，对中原地区的生产生活和制度文化构成威胁。《诗经·小雅·六月》序云：“《小雅》尽废，则四夷交侵，中国微矣。”《采薇》中的“靡室靡家，猃狁之故。不遑启居，猃狁之故”等诗句也是反映中原地区和夷狄地区交战的战争生活。从西汉的匈奴之扰，到西晋的五胡乱华及汉族衣冠南渡，再到北宋的靖康之变，西北“夷狄”侵占中原的步伐愈

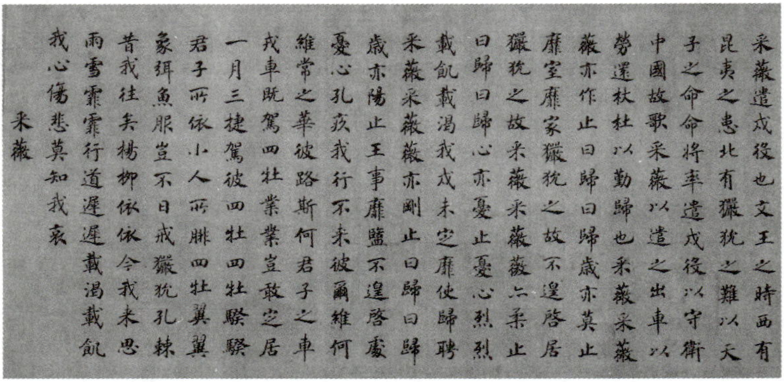
采薇遣戍役也文王之時西有
昆夷之患北有玁狁之難以天
子之命命将率遣戍役以守衛
中國故歌采薇以遣之出車以
勞還杕杜以勤歸也采薇采薇
薇亦作止曰歸曰歸歲亦莫止
靡室靡家玁狁之故不遑啓居
玁狁之故采薇采薇薇亦柔止
曰歸曰歸心亦憂止憂心烈烈
載飢載渴我戍未定靡使歸聘
采薇采薇薇亦剛止曰歸曰歸
歲亦陽止王事靡盬不遑啓處
憂心孔疚我行不來彼爾維何
維常之華彼路斯何君子之車
戎車既駕四牡業業豈敢定居
一月三捷駕彼四牡四牡騤騤
君子所依小人所腓四牡翼翼
象弭魚服豈不日戒玁狁孔棘
昔我往矣楊柳依依今我來思
雨雪霏霏行道遲遲載渴載飢
我心傷悲莫知我哀
采薇

◆《鹿鸣之什图》（南宋马和之绘）第七段：采薇

来愈烈，一直到元灭南宋，统一中国，建立了第一个完整地由“夷狄”统治的朝代。清则是第二个中原汉人眼中的异族政权。

在政治和军事不断失利的历史中，文化和伦理上的“夷夏之防”被发展出来，并日益得到巩固。孔子的思想就有强烈的夷夏观。《论语·八佾》主要讨论“礼”的问题，其中特别强调：“夷狄之有君，不如诸夏之亡也。”意思是，夷狄（这种文化落后的地方）虽然有君主，还不如中原诸国没有君主呢。在孔子看来，“诸夏”有礼乐文明的传统，这是最重要的。即使“诸夏”没有君主，也比虽有君主但没有礼乐的“夷狄”要好。北宋学者邢昺在《论语注疏》中说：“此章言中国礼义之盛，而夷狄无也。举夷狄，则戎蛮可知。……中国虽偶无君，若周、召共和之年，而礼义不废……”举的正面例子就是，西周时期国人赶跑了暴戾的周厉王，政权暂由大臣周定公和召穆公共同执掌，但是即便在暂时无君的时候，礼仪也没有丧失。在这种重礼仪而轻政权的思想影响下，《孟子·滕文公上》才说：“吾闻用夏变夷者，未闻变于夷者也。”意思是诸夏文明是优等文明，夷狄文明是劣等文明，所以只有前者改变后者，而不可能后者改变前者。《汉书·萧望之传》也表达了类似的思想：“圣王之制，施德行礼，先京师而后诸夏，先诸夏而后夷狄。”北宋面对北方少数民族势力，在外交和军事上屡战屡败，知识分子的夷夏观则更加强烈。如苏轼写《王者不治夷狄论》，论述“夷狄”的无法开化：“夷狄不可以中国之治治之也。譬若禽兽然，求其大治，必至于大乱。”他认为不应该用治理中国的方法来治理夷狄。

清朝逐渐巩固统治之后，一种新的夷夏观开始流行：“诸夏用夷礼则夷之，夷狄用诸夏礼则诸夏之。”这其实是雍正对韩愈所言的篡改。雍正在他编著的《大义觉迷录》中说：“自古帝王之有天下，莫不由怀保万民，恩加四海，膺上天之眷命……韩愈有言：‘中国而夷狄也，则夷狄之；夷狄而中国也，则中国之。’”他辩证地分析“中国”野蛮化与“夷狄”文明化的可能性，试图论证文明上升或下沉的现象：“中国”可能变野蛮，而“夷狄”也可能变文明。无论夷夏，只要君王“怀保万民，恩加四海”，就是上天眷顾的好帝王。实际上，韩愈《原道》的原话是：“孔子之作《春秋》也，诸侯用夷礼则夷之，进于中国则中国之。”韩愈讨论的对象是华夏血统的诸侯，是王城与蛮夷之间的势力。这句话说的是诸侯用夷礼则视为蛮夷，诸侯用中国礼则视为中国，并没有提到“夷狄”入中国的情形。雍正的篡改自然是为了论证清朝统治的合法性，并宣扬“华夷一家”，以期消弭汉人的夷夏之防和反抗心理，缓和民族矛盾，巩固统治。

雍正的用意固然是与顾炎武相对的，但二者都突出了文明、文化之于某一疆域的重要性。所不同之处在于：顾炎武强调华夏文明不因异族统治而消灭，因此应该延续和发扬之；雍正则强调无论华夏还是夷狄，都可以同处于一个文明空间。雍正的思想与近代知识分子对“中国”或“中华”的解释有相近之处，尽管出发点和目的可能完全不同。典型如章太炎，晚清时期推崇“反满”的他，在《中华民国解》中却说：“中华之名词，不仅非一地域之国名，亦且非一血统之种名，乃为一文化之族名。故《春秋》之义，无论同姓之鲁卫，异姓之齐宋，非种之楚越，中国可以退为夷狄，夷狄可以进为中国，专以礼教为标准，而无有亲疏之别。”[1]这一说法以文化、礼教而不以地域、种族为基准，其实已经是对从孔子以降的夷夏观一定程度的更新。民国初年强调的“五族共和”，与这一理念有内在的关联。

1　章太炎：《中华民国解》，《章太炎全集·太炎文录初编》，上海人民出版社，2014年，第258页。

二

国家观念和国民意识

金庸小说《鹿鼎记》是一部深刻思考了国家、民族与国民等问题的作品。小说的开头部分，安排了一段明末清初著名诗人和学者吕留良（号晚村）与其幼子的对话，讨论的是“逐鹿中原”与“问鼎中原”的话题：

> 那小孩道：“所以‘问鼎’、‘逐鹿’便是想做皇帝。‘未知鹿死谁手’，就是不知哪一个做成了皇帝。”
>
> 那文士道：“正是。到得后来，‘问鼎’、‘逐鹿’这四个字，也可借用于别处，但原来的出典，是专指做皇帝而言。”说到这里，叹了口气，道：“咱们做老百姓的，总是死路一条。‘未知鹿死谁手’，只不过未知是谁来杀了这头鹿，这头鹿，却是死定了的。”[1]

对话形象地反映了古代中国政权更迭中的权力斗争，也反映了在这种斗争中普通人（“匹夫”）无法掌控自己命运的状态。这也就是晚近先进思想家们所揭示的状态：

1 金庸：《鹿鼎记》，北京：生活·读书·新知三联书店，1994年，第7页。

> 且我中国畴昔，岂尝有国家哉？不过有朝廷耳！我黄帝子孙，聚族而居，立于此地球之上者既数千年，而问其国之为何名，则无有也。夫所谓唐、虞、夏、商、周、秦、汉、魏、晋、宋、齐、梁、陈、隋、唐、宋、元、明、清者，则皆朝名耳。朝也者，一家之私产也。国也者，人民之公产也。朝有朝之老少，国有国之老少。朝与国既异物，则不能以朝之老少而指为国之老少明矣。……一朝廷之老且死，犹一人之老且死也，于吾所谓中国者何与焉。[1]

这段话源自著名的《少年中国说》，发表于1900年2月10日，可谓世纪之声。梁启超区分了“朝廷”与“国家”。这二者之别，某种意义上也是野蛮与文明两种政治形态的区别。他认为，所谓“国家”，应该是“有土地，有人民，以居于其土地之人民，而治其所居之土地之事，自制法律而自守之；有主权，有服从，人人皆主权者，人人皆服从者”。在此定义下，中国是一个未成形的国家，是少年的形态，还在成长的过程中。

1 梁启超：《少年中国说》，《饮冰室合集 · 文集之五》，北京：中华书局，1989年，第9—10页。

国家意识的成长，也意味着国民意识的发生。陈独秀在25岁那年写作《说国家》一文，对自己的国家和国民意识的变化进行了回忆。他说少年的时候，只知道读些四书五经，以求考取功名，光宗耀祖，根本不知国家为何物，更不知国家与个人有何关系。这种状态一直到甲午战争才改变：

> 到了甲午年，才听见人说有个什么日本国，把我们中国打败了。到了庚子年，又有什么英国、俄国、法国、德国、意国、美国、奥国、日本八国的联合军，把中国打败了。此时我才晓得，世界上的人，原来是分做一国一国的，此疆彼界，各不相下。我们中国，也是世界万国中之一国，我也是中国之一人。……我生长二十多岁，才知道有个国家，才知道国家乃是全国人的大家，才知道人人有应当尽力于这大家的大义。[1]

可见，国家与个人的紧密联系的发生是具有现代性意义的事情。甲午战争和八国联军侵华、《马关条约》和《辛丑条约》，不再是统治阶级上层的事情，而是普遍地对中国国民产生着经济或政治影响的事情。除此之外，对外战争的不断

1 陈独秀:《说国家》,《安徽俗话报》第五期，1904年6月14日。

失败也刺激了知识分子用新的眼光和知识思考现实问题。

国民意识从本质上被激发出来了。在这一过程中，中国的知识分子自然地想到了先贤的精神遗产。梁启超在《痛定罪言·三》中即说：

> 今欲国耻之一洒，其在我辈之自新。我辈革面，然后国事始有所寄。……夫我辈则多矣，欲尽人而自新，云胡可致？我勿问他人，问我而已。斯乃真顾亭林所谓“天下兴亡，匹夫有责”也。[1]

个人的“自新”“革面”，是国家复兴的前提和基础，但不可能同时让所有中国人“自新”，所以只能由有知识、有思想的人从自己做起。这就是梁启超理解的“天下兴亡，匹夫有责”。

在新的历史语境下，顾炎武的“亡国”与“亡天下”思想，经由章太炎，再到梁启超，使“天下兴亡，匹夫有责”获得现代的意义，并鼓舞着每一个觉醒的国民。

在这一思想范畴中，“天下乃天下人之天下”不再是进谏于王霸之人的统治术，其思考的原点不再是让天下归顺一人的所谓“得天下”或“失天下”的问题，“天下人”也不再

1　梁启超：《痛定罪言·三》，《饮冰室合集·文集之三十三》，北京：中华书局，1989年，第9页。

是被动的统治者。虽然“天下兴亡，匹夫有责”与儒家的政治理想精神有深刻的联系，但它的确已经蜕变为一种朴素的国民意识。虽然“国家”与“天下”时时纠缠不清，但可以肯定的是，一种初级的共同体意识在逐渐形成。它有时候是基于对某一文化传统的坚持和聚合，有时候是对自己民族性的确认，有时候是身上国家和国民意识的觉醒，这是一个漫长的变化过程。

三

社会契约论之前的国民责任意识

“民约说”在晚清以后逐渐传入中国，其在政治理论的具体表现即社会契约论（social contract theory）。社会契约论是现代公民政治的基石。在这一理论框架下，宪法由国家主权而生，旨在限制国家机关的权力。政府是位于国家宪法之下的。因为国家是人民全体意识的体现，所以在政府违反民意之时，人民可以推翻和改换政府，另立合格的政府。政府的权力，是依托的而不是固有的。只有民意才是固有的。这就是所谓的人民主权（popular sovereignty）。社会契约论的立论之本即主权在民的观念。这样，政体也就由君主转变为民主。

近代英国的霍布斯、洛克和法国的卢梭，是将社会契约论建立并发扬光大的最重要的三位政治理论家。其中最激进的是卢梭。在他的人民主权论中，国家与政府的区别是极为清楚的。国家主权，与人民主权近似。政府只能是奉行国家意志之公仆，而绝不能代表国家意志。最重要的立法权永远属于人民。这是卢梭所谓的人民与政府的契约。这一契约是人民将权力而非自由和意志交予政府，因此政府是受民意约束的。真正的主权拥有者是全体人民。主权在民，自然不会出现政府迫胁人民的事情。同时，政府既然是奉行人民总意的公仆，那么选举政府或者替换政府也就是极为正常的事。

古代国家和现代国家在这一点上显然有别。那么，在主权在君不在民的时代，人们的国民意识和责任感是怎样的呢？

先秦时代，就有将“民”的发展与“国”（或“天下”）的治理联系在一起的论述。最著名的当属《礼记·大学》这段话：

> 古之欲明明德于天下者，先治其国；欲治其国者，先齐其家；欲齐其家者，先修其身。……身修而后家齐，家齐而后国治，国治而后天下平。自天子以至于庶人，壹是皆以修身为本。

儒家主张个人应该先进行内心道德修养，然后推广开来由己及人，由近及远，由家及国及天下。这就是所谓修齐治平，是一种层次感很强的政治伦理结构。那么，治国和平天下是什么关系呢？从表层的意思看，二者分别指治理国家和平定天下，存在范围的大小之别。但从《大学》的原话看，开头说的是“明明德于天下”和“治其国”，最后才是“国治而后天下平”。“天下平”只是一种状态的描述，实现“天下平”

需要的行动或者说“天下平”的实质内容则是“明明德于天下”，即令美德彰明于天下。这说明，如果说治国侧重的是政治层面的追求，那么平天下则强调道德层面的意义。在儒家政治伦理的顶层，是高于政治问题的道德问题。完美的政治形态应当是德治。

在修齐治平思想的熏陶下，一代一代中国士人普遍抱有忧国忧民之心。无论个人处于何种社会地位或者境地，治国平天下都是最崇高的理想。杜甫科场失意，困守长安十年，到处求人援引提携，但依然写下“致君尧舜上，再使风俗淳”(《奉赠韦左丞丈二十二韵》)表明自己高远的政治抱负。陆游于淳熙三年（公元1176年）被罢官，又病了二十多天，病后写了两首《病起书怀》。其一为：

病骨支离纱帽宽，孤臣万里客江干。
位卑未敢忘忧国，事定犹须待阖棺。
天地神灵扶庙社，京华父老望和銮。
出师一表通今古，夜半挑灯更细看。

这首诗写诗人病体虚弱消瘦以致纱帽都已宽松，孤苦地客居在与朝廷（杭州）相隔万里的成都江边；但即便境遇如此，职位低微，他仍然从未敢忘记忧虑国事，并且期盼朝廷重新起用自己，还以写《出师表》的诸葛亮激励自己鞠躬尽瘁，

◆林则徐（公元1785—1850年）画像（清代关乔昌绘）

死而后已。整首诗表达了诗人百折不挠的精神和家国担当，其中“位卑未敢忘忧国”成了后世忧国忧民的寒素之士用以自警自励的名言。

这首诗也与陆游另一名篇“僵卧孤村不自哀，尚思为国戍轮台。夜阑卧听风吹雨，铁马冰河入梦来”(《十一月四日风雨大作》)相得益彰，都表达了一种矢志不移的爱国情怀。“位卑未敢忘忧国”的“位卑”，不仅仅指士大夫阶层，也可以延伸指整个社会中地位低微之人。这样，“位卑”者就与顾炎武的“天下兴亡，匹夫有责”的“匹夫”相近了。

另一个著名的故事发生在晚年的林则徐身上。林则徐抗英有功，却遭投降派诬陷，被道光帝革职，发配新疆伊犁。他忍辱负重，于道光二十二年(公元1842年)远赴伊犁。在西安与妻子离别时，林则徐怀着满腔悲愤写下两首《赴戍登程口占示家人》。其二云：

力微任重久神疲，再竭衰庸定不支。

苟利国家生死以，岂因祸福避趋之！

与陆游相似，林则徐也坦陈自己因为国家事务感到精疲力尽，身体也走向衰老。但即便如此，只要是对国家有利的事，他仍然会舍生忘死去做好，绝不会趋利避害。三四句的典故出自《左传·昭公四年》。郑国大夫子产因改革军赋制度受到别人毁谤，他说：“苟利社稷，死生以[1]之。”

为“国家”或“公家”而生死以之的例子，在先秦时期并不罕见。《左传·僖公九年》讲了这么一个故事。荀息是晋献公儿子奚齐的老师，深得献公宠信。献公临终前，希望荀息能辅佐奚齐继承王位。荀息当场承诺，并表示当以忠贞事君：“公家之利，知无不为，忠也。”意即有利于公家的事，知道了就去做，这是忠心的表现。献公死后奚齐为君，但不久奚齐被杀。荀息后来自杀实践了自己的诺言。荀息所谓的“公家”自然是指某一君主统治之下的“公家”，所以他的“忠”是传统意义的忠诚，而非现代意义的公仆性质的忠诚。但随着历史流变，这句话慢慢诞生了其衍生义，“公家”成为现代意义的公共事业，这句名言也成为“鞠躬尽瘁”的相似语。

可见，中国古代有源远流长的国民责任意识，无论其对象是“国”“天下”“社稷”还是“公家”。从先秦到晚清，有一条比较清晰的士人入世并治国平天下的精神传统。所以王夫之强调，真正的君子当以天下为心。其中第一点就是要匡君而靖国，这是士人的责任和担当：

> 而匡维世教以救君之失，存人理于天下者，非士大夫之责乎？（《读通鉴论·卷二十七·僖宗》）

1 “以”在这里是“为”“做”或“从事”的意思。

四

从匡君靖国走向执政为民

中国古代的修齐治平思想或者国民责任，是具有相当的局限性的。

比如王夫之，终生勠力经世致用，心系苍生，匡时救世，是对国家和民族怀有深厚感情的知识分子。论述到知识分子与“国”和“君”的关系时，他说：“古之君子，遇无道之君，去国出奔，不说人以无罪，故三代立国千年，而无屠割赤地之惨。作善之祥，岂徒在一人哉！”（《读通鉴论・卷二十七・僖宗》）这里说的“古”指先秦时代，尤其是针对夏商周三代的政治而言。《礼记・曲礼下》曰：

> 大夫、士去国，祭器不逾竟。…… 大夫、士去国，逾竟，为坛位，乡国而哭 …… 不说人以无罪 ……

意即，君臣之礼规定：大夫、士（由于进谏不从，得罪国君）离开本国，不能携带祭器出境 …… 过了国境以后，就要除地为坛，向着本国的方向哭泣 …… 不向别人辩解说自己无罪。王夫之引用《礼记》的话，用意在于规约士大夫。他认为君王是可能有失误的，所以士大夫应该担当起救世匡时的大任。只有君王有君王的样子，臣子尽臣子的责任，才会有三代那样的祥和时代。这种政治景象不是君王一个人能够做到的，士大夫的参与同样重要。

王夫之这种对士大夫责任意识的要求是值得肯定的，而且也间接地对君王的独断专行进行了某种分权。但是总体上，在君主专制时代，民众惟统治者之命是从，是极为弱小的存在。因为君主专制，君王权力至高无上，对个体民众和小共同体（如家庭、行会等）形成全方位的压制。只有当主权在民思想流传，共和政体流行之后，国家才成为人民的而非君主的国家。在近代西方政治理论中，国家是人民集合的团体，是国民的公产，而不是执政者的私产。政府存在的目的在于维护全体人民的利益，所以这样的国家是民主的国家，而不是民奴的国家。人民为主人，执政者为公仆，这就彻底颠覆了专制时代的君民关系。现代国家，往往牺牲个人一部分的权利，以保全体国民的利益。专制国家，则牺牲全体国民的权利，以奉一个人或一个团体的利益。

现代国家，是重视个体存在及其利益的国家。国家为个体的集合而设立，自然也保护每个人的自由权利。先有个人后有国家，而不是先有国家才有个人，这一思想在近代欧洲风靡一时。虽然个人主义的思想也有其弊端，但现代政治和社会的发展却是在充分尊重个体的基础上实现的。个人充分发展，国家才能自由发达。所谓公共性，也就是每个社会成员，通过建设公共事业，实现全社会利益的同时，也实现自己的生活理想。共和国家的社会成员，互相尊重，互相扶持，各享自由，各尽义务。之所以能够实现利己与利他的结合，就在于这种社会的群己权界极为清晰。法律保障公民自由，同时也对公民提出应尽的责任和义务。

中西“民”与“国”关系的分野，主要是近四五百年的历史。中国古代社会的主要问题在于政治上个人意志的受压制和不发达，这也导致了科技和经济的不发达。执政者刍狗国民，民众也少“国”的意识，而只有“家”的观念。

当然，历史上也有极少数人跳出君臣或君民关系看待君主专制。比如，宋末元初的浙江思想家邓牧就写过《君道》《吏道》两篇有名的政论文。他大胆抨击封建专制主义，指出皇帝是最大的剥削者和掠夺者。在暴君与酷吏的压迫下，人民无法生活，起来斗争是必然的，也是合理的。《君道》质疑君王的作用：“天生民而立之君，非为君也，奈何以四海之广足一夫之用邪？”邓牧的思想已经具有初步的社会契约的特点。三百多年后，同样是浙江人的黄宗羲发展了邓牧的思想。他的《明夷待访录》中的《原君》是直接受邓牧影响而又有所深入的一篇政论，对设立国君的问题继续探讨：“然则为天下之大害者，君而已矣。向使无君，人各得自私也，人各得自利也。呜呼！岂设君之道固如是乎？”黄宗羲的思想，与洛克等人，尤其是卢梭的学说颇有异曲同工之妙。没有君王的时代，“人各得自私”“人各得自利”，不就是卢梭“自然状态”的中国表达吗？

黄宗羲提出这一观点比卢梭要早近百年，虽然中国明清之际的历史和法国有显著的差异，但他们都对君主制的合法性提出了大胆的质疑，其思想都具有划时代的意义。所不同者，在黄宗羲所处的时代，反专制的思想和实力极其薄弱，更缺乏社会革命作为助力，所以他只能止于学理层面的探索；而卢梭的理论则扎根于风起云涌的启蒙运动和法国大革命，具有广泛的群众基础。这样，前者的反清运动并未成功，中国的君主专制又延续了二百多年；法国大革命则成为欧洲民主革命最重要的导火索，不但结束了法国一千多年的君主专制统治，在法国初步确立了共和国的政治体制，而且为各国革命树立了榜样，动摇了欧洲乃至世界其他国家君主专制制度的基础。

文化关键词

鼎

古代用于烹煮食物的器物，也是重要的礼器。相传夏禹铸九鼎，象征九州，成为夏、商、周三代传国的重要器物，被视作王位合法性、权威性的物证。鼎多以青铜铸成，一般两耳三足或四足。三足喻“三公”（古代中央掌管全国行政、司法、军事最高权力的三个官职），四足喻“四辅”（古代天子身边的四个辅佐）。秦代以后，鼎作为实物逐渐失去王权象征意义，但“鼎”字仍被用于指王位、帝业或国家政权，也被赋予“显赫”“盛大”“尊贵”等义。

华夏

古代居住于中原地区的汉民族先民的自称。最早称“华”“诸华”或“夏”“诸夏”。“华夏”实际表达的是以汉民族为主体的中原先民对其共同的生活、语言、文化特征的一种认同和传承。秦建立以华夏为主体的统一的多民族国家以后，华夏才成为比较稳定的族群。自汉代以后，华夏又有了“汉”这一名称与之并用。后来华夏进一步引申为指中国或汉族。

修齐治平

“修身”“齐家”“治国”“平天下”的缩写。以个人自身修养为基础逐步向外扩展，先治理好家庭，进而治理好邦国，更进而安抚和治理天下百姓。这是中国古代儒家伦理哲学和政治抱负的一个重要命题，体现了儒家由个人而家而国而天下层层递进的道德政治观。在逐步向外扩展的过程中，个人的德行和修养与不同层面的政治抱负息息相关。

篇三 民贵君轻

君民关系的辩证

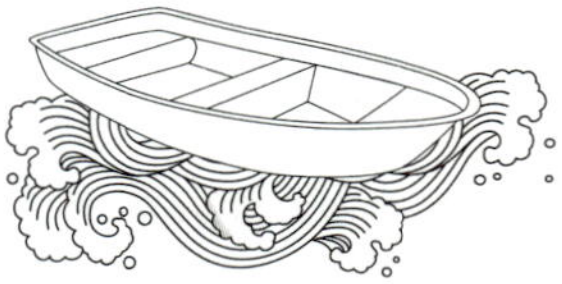

国家建立之后（在中国以夏商周三代为标志），统治者与民众的关系就成为最关键的政治问题。中国有漫长的君主专制历史，所以君民关系是古代民本思想涉及的核心问题之一。

“民主”在近代以来的语境中，是英语democracy的译词，指国家权力属于全体国民所有这一根本原则，以及基于这一原则构成的政治制度和社会状态。通俗地讲，这个“民主”就是人民当家做主，全体国民直接或间接参与管理国家的事务。它是公民权普及的基本体现。但是在中国古代，“民主”的本义为民之主，即君主或帝王，有时候也指官吏。构成这一词语的两个词“民”和“主”是一有机体，互相呈现意义：“民”的治理需要一个“主”；“主”是出自“民”的，其存在意义和价值是根源于“民”的。君民关系也就是“主”与“民”的关系。

一

立君为民

从文献记载看，古代中国的“立君为民”观念的产生可能要早于“民惟邦本”观念（“民惟邦本，本固邦宁”一语出自《尚书·五子之歌》，但该篇一般认为是西汉人所作）。《荀子·大略》即说：“天之生民，非为君也；天之立君，以为民也。”这说明，至晚在战国时期，就有明确的“立君为民”思想了。这一思想既说明了君主必须履行服务民众的职能，也反映了民众对君主存在某种程度的倚赖。

“君”的产生，首先具有功能性意义。《墨子·尚同上》认为：“古者民始生，未有刑政之时，盖其语人异义。”意思是人类社会刚刚诞生之时，政治制度还没出现，每个人表达自己的意见，各各不同，纷争不断。这就导致了互相攻击（“交相非”）。从家庭到社会，都充满怨恨，无法和谐，“天下之乱，若禽兽然”。为了社会的安定和发展，贤良之人被推举出来作为行政长官，这就是行政制度开始的过程：

> 夫明乎天下之所以乱者，生于无政长。是故选天下之贤可者，立以为天子。天子立，以其力为未足，

> 又选择天下之贤可者，置立之以为三公。天子、三公既以立，以天下为博大，远国异土之民，是非利害之辩，不可一二而明知，故画分万国，立诸侯国君。诸侯国君既已立，以其力为未足，又选择其国之贤可者，置立之以为正长。（《墨子·尚同上》）

天下大乱的原因，被认为是没有行政长官，所以人们就选择贤能的人，立之为天子。立了天子之后，人们又认为仅凭他一个人的力量毕竟有限，就又选择了一批天下贤能的人，把他们立为三公，辅佐天子。以此类推，“诸侯”“正长”也推选、设立起来。

《墨子》的描述基本符合人类社会（不只是中国）发展进程中政治和君主产生的历史事实。英国17世纪政治家霍布斯在其名著《利维坦》中也认为，人类社会初始阶段，也就是人与人斗争的阶段，根本无所谓生命权和财产权。弱肉强食是世界的常态，对社会的发展和个人的存在都是极大的阻碍。经过长期的历史经验之后，人们不得已捐出一部分天然自由，通过契约形成集体政治。在这一政治形态中，除了君主（sovereign），其他都是臣民（subject）。君主的权力来源于臣民的拥戴，又通过对臣民的统治来体现。

对于君主的权威和统治机制，先秦各派思想家都极其关注，并提出各自的看法。不仅儒、道、墨、法诸家，《左传》《国语》《管子》乃至《诗经》都包含有关立君为民的内容。上述《荀子·大略》的话自不必言，已将君与民的先后、轻重强调得十分清楚。《老子》第四十九章也说："圣人无常心，以百姓心为心。"法家创始人之一慎到（古称慎子）也有这样的言论：

> 古者立天子而贵之者，非以利一人也。曰："天下无一贵，则理无由通。通理以为天下也。"故立天子以为天下，非立天下以为天子也；立国君以为国，非立国以为君也；立官长以为官，非立官以为长也。（《慎子·威德》）

这段话强调的是立君的缘由与目的。慎子认为，拥立天子而使他尊贵，并不是为了让天子一个人得到利益。天子地位尊贵，国家的法令才行得通，法令行得通是为了治理好天下。所以是拥立天子来治理好天下，并不是设置天下来为天子一个人服务。同理，拥立国君是为了治理好国家，设置官吏是为了更好地履行职责，并不是为了国君或官吏的个人利益。

由此可见，在先秦时期，无论哪家哪派，都普遍重视君王对民众的服务作用。立君为民的思想既是不断提点君王尽到应尽的职责，也在舆论上形成对君王的某种监督。这一思想流传久远，常常为后世所提起。明代名臣丘濬针对当时君主专制日趋严厉的现实，犀利地提醒统治者："盖君之所以为君者，以其有民也。君而无民，则君何所依以为君哉？……国之所以为国者，民而已，无民则无以为国矣。"(《大学衍义补》)民是君立、国存的基础，"天生民而立君以牧之，是君为民而立也"，君是因为民的需要而出现的，君的意义依存于民。这是对前人思想的呼应与继承。

也有一些思想家从社会分工的角度，提倡尊君抑民之说。韩愈曾设计君、臣、民的社会分工："是故君者出令者也。臣者行君之令而致之民者也。民者出粟米麻丝、作器皿、通货财以事其上者也。君不出令，则失其所以为君。臣不行君之令而致之民，则失其所以为臣。民不出粟米麻丝、作器皿、通货财以事其上，则诛。"(《原道》)他认为君、臣、民三者各尽本分，社会就会安定和谐。而在宋明以后，君权愈大。君权无限扩张的同时，民权被极度压制，立君为民的"为"就形同虚设了。君主体现出来的是统治的权力，而非为民的职责。

二

君一民二

民众将部分自由交出，遴选君王（和官吏）作为权力代表。君王行使政事之权，本源于民众赋予，其权威本来不应该超越人民总体的民意。但是从人类历史来看，君主权威树立之后，很快都独立于人民总体的民意，并且成为凌驾于民众的神圣不可侵犯的力量和符号。最后乃至发展成很常见的代代相传的君主制，即所谓“家天下”。

因此，古代经典对“立君为民”的“为”（君王的功能性）进行强调的同时，也对君王的特殊地位和身份有意突出。《诗经 · 小雅 · 北山》曰：“溥天之下，莫非王土；率土之滨，莫非王臣。”这首诗虽然主旨上是怨刺役使不均，揭露了统治阶级上层的腐朽，表达了下层士子的怨愤不满，但也侧面反映了周代严密的等级制度以及君王权力的浩瀚无边。君主制国家成形之后，君王成为有别于人民的独异存在。《荀子 · 君道》说：

请问为国？曰：闻修身，未尝闻为国也。君者仪也，仪正而景正。君者槃也，槃圆而水圆。君者盂也，盂方而水方。君射则臣决。楚庄王好细腰，故朝有饿人。故曰：闻修身，未尝闻为国也。

这段话围绕“修身”与“治国”展开，论证道德（礼法）之于王道的作用。它用衬托的手法，形象地说明君主对于人民的表率、榜样和引导作用。“仪”即日晷，是利用日影来测定时刻的仪器；“景”通“影”，是日影的意思。这段话是说君主像测定时刻的标杆，可以规范民众的品性；又像盛水的盘或盂，可以确定民众的生活方式。君主做什么，臣子也会模仿；君主喜欢什么，民众就会迎合。因此，君主自身的道德修养是至关重要的，处处起着垂范作用。对于君主而言，修养身心也就成为比处理事务更重要的事。这是儒家典型的以德治国思想的体现。

儒家以德治国思想内含一个基本前提，那就是对君王地位与作用的无条件肯定。一个国家或王朝的兴衰，首先取决于“君”而不是“民”。民的道德品行、价值观念和生活方式，是模仿和学习君主的。君的责任和能力同时被夸大了。

春秋末期，晋国内乱，晋厉公为大臣栾书和中行偃所杀。消息传到鲁国时，鲁成公问大臣这件事是谁的过错。群臣面面相觑，没有应答，只有太史里革说：

> 君之过也。夫君人者，其威大矣。失威而至于杀，其过多矣。且夫君也者，将牧民而正其邪者也，若君纵私回而弃民事，民旁有慝[1]无由省之，益邪多矣。若以邪临民，陷而不振……桀奔南巢，纣踣于京，厉流于彘，幽灭于戏，皆是术也。夫君也者，民之川泽也。行而从之，美恶皆君之由，民何能为焉？(《国语·鲁语上》)

这就是著名的里革论君之过。他认为君主的威望是极大的。倘若一个君主丧失威望乃至被杀，他犯的过错一定是太多了。关于君主与民众的关系，里革用了著名的“牧民”说，认为君主是负责管理民众，纠正民众的邪恶错误的。倘若国君放纵自己的私心邪念而放弃管理民众的责任，民众中间发生的邪恶没有人去了解，邪恶就会越积越多。同时，倘若君主是用邪恶的办法管理民众，政事也会败坏乃至不能挽救。最后，里革举了三代三个暴君（夏桀、商纣王、周厉王）作为负面典型，说明一个君王过错太多、丧失威严就会得到悲惨的下场。

和荀子一样，里革也认为国君是一个国家民众的榜样，

1 “慝”，音tè，邪恶的意思。

好比养育民众的川泽。君王的行为民众是会学习的。一个国家的命运好坏由国君决定。如果不是国君的邪恶暴戾（如晋厉公听信谗言屡次杀害忠臣），民众是不会无缘无故反抗或杀害君主的。

君一民二的思想还体现在另一些形象的譬喻之中。《礼记·缁衣》说："民以君为心，君以民为体。心庄则体舒，心肃则容敬。心好之，身必安之；君好之，民必欲之。心以体全，亦以体伤；君以民存，亦以民亡。"这是将君与民比作心和体。东汉著名政论家荀悦则说："君为元首，臣为股肱，民为手足。"（《申鉴·政体》）这话也是用不同的身体器官来解释君、臣、民这三个要素在国家政治格局中的地位。君为元首、民为手足说，可以上溯至《尚书·益稷》中的记载："元首明哉！股肱良哉！庶事康哉！""元首丛脞[1]哉，股肱惰哉，万事堕哉！"意思是君主如果圣明奋发，大臣也竭诚尽忠，那么事业（国家）就会兴旺发达；君主如果处事不得要领，大臣也懒惰懈怠，那么什么事情都无法成就。虽然这里只是用"元首"和"股肱"来比喻君王和大臣，但将民众比喻成"手足"是从这里衍变而来的。

这些论述表明，在古代中国的君民关系中，有一点认识

---

1 "脞"，音cuǒ。"丛脞"，琐碎、杂乱的意思。

是颇为普遍的，那就是民众生活的好坏取决于统治者是否贤明。民众和士大夫对明君的渴望、对暴君的否定，是普通人最朴素的政治情感。对于君主而言，处理好君民关系也关系到自己统治的持久和威严的维系。

三

君亲民子

在对君民关系的各种阐释中，有一种是君亲民子说。《尚书·泰誓上》有如下文字："亶聪明，作元后，元后作民父母。""亶"是实在、诚然的意思。"元后"即王。前半句话意思是，一个人如果实在聪明，可以做天子。后世常以"亶聪"指代天子。"元后作民父母"，天子就是民众的父母。于是，君民的政治关系替换为亲子的伦理关系。

君亲民子说的本质是子民思想。孔子认为他所向往的尧舜之世就充分体现了这种思想。《礼记·表记》借孔子之言称颂虞舜：

> **君天下，生无私，死不厚其子；子民如父母，有憯怛之爱，有忠利之教；亲而尊，安而敬，威而爱，富而有礼，惠而能散。**

"憯怛"是忧伤、悲痛的意思。这段话描述了虞舜的美政：活着时没有半点私心，死了也不把帝位传给儿子；爱护百姓就像父母爱护子女，既有哀其不幸的慈爱，也有为百姓带来实惠的教育。虞舜就是百姓心中的严父慈母。唐朝经学家孔颖

——————◆唐太宗李世民（公元598—649年）立像（明代佚名绘）

达对“子民如父母”的解释是：“子谓子爱于民，如父母爱子也。”（《礼记·表记》孔颖达疏）这就是世人熟知的“爱民如子”观念，也可以说是中国人忠君思想的源头之一。

君既然视民如子，就理当关心民的生活，就要承担起养民、保全民之性命的责任。魏征就曾以此劝谏唐太宗：

> 陛下为人父母，抚爱百姓，当忧其所忧，乐其所乐。自古有道之主，以百姓之心为心，故君处台榭，则欲民有栋宇之安；食膏粱，则欲民无饥寒之患；顾嫔御，则欲民有室家之欢。此人主之常道也。（《贞观政要·纳谏》）

魏征劝诫太宗须有推己及人的心理，自己过得好的同时，老百姓也得过得好。这在一定程度上降低了君主的尊贵性，是很具胆识的劝谏。北宋思想家李觏继续发展了君亲民子说，用以论证官吏的作用。他说：

> 君者，亲也。民者，子也。吏者，其乳保也。亲不能自育其子，育之者乳保也；君不能自治其民，治之者官吏也。赤子之在襁褓，知有乳不知有母也；细民之在田野，知有吏不知有君也。（《安民策》第七）

乳保即保姆。李觏将民众比作子女，而君王则是父母，官吏则是保姆。官吏是代替君王教养、治理民众的。李觏对君主与万民、官吏与民众之间关系的看法，是中国封建社会中的主流看法。在漫长的专制时代里，皇帝被称为“君父”，其各级官吏被称为“父母官”。

“为民父母”的思想其实早在孟子就有，只不过他是从反面来论证的：

> 庖有肥肉，厩有肥马，民有饥色，野有饿莩。此率兽而食人也！兽相食，且人恶之；为民父母，行政不免于率兽而食人，恶在其为民父母也？（《孟子·梁惠王上》）

孟子用愤怒的语气告诫执政者：（官家的）厨房里有肥嫩的肉，马房里有健壮的马，可是老百姓面带饥色，野外躺着饿死的人。这等于是在上位的人率领着野兽吃人啊！这样的人怎么能够做老百姓的父母官呢？由此可见，孟子的思想对魏征有显著的影响。

《尚书·康诰》是周公封康叔时作的文告，重心在于阐明仁君治民之道：

> 若有疾，惟民其毕弃咎。若保赤子，惟民其康乂。

周公告诫康叔，君王对待臣民，要像医治病人一样，尽力让臣民抛弃自己的过错；要像父母护理孩子一样，使他们健康安宁。

北宋名臣范仲淹也曾以身体比喻君民关系，写过《君以民为体赋》。他说君王“育黎庶而是切，喻肌体而可分。正四民而似正四支，每防怠堕；调百姓而如调百脉，何患纠纷”。君主要治理、保护好国家，首先就要重视黎民。因为黎民百姓是自己身体的四肢、经脉，所以君主爱民就是爱自己，不能有所懈怠，更不能损害民众。爱民才能四海升平，害民却是损害自身。

父母照料子女，就要保证他的健康，提供他的衣食，还要给他人生发展的机会。这是对君王提出的义务要求。但另一方面，未成年的子女，在大事上是要听从父母的意见的；即便成年后，也还要对父母尊敬孝顺。因此，在君民关系置换成亲子关系的时候，君只需努力成为明君，但几乎没有力量监督和约束他；民不仅要成为忠顺之民，而且要将政治自由和权力全部交予君王。这一关系自然是不平等的。

晚清光绪年间，一些大臣实行洋务运动，官员周德润却上书朝廷要求进行抵制。他认为，西方国家研制生产出了机器，可以进行织布、挖河等很多工作，实际上就是“夺数百人之业”，即让无数人失业。他坚决反对在中国搞洋务、推行现代工商业：“外夷以经商为主，君与民共谋其利者也；中国以养民为主，君以利利民而君不言利者也。”[1]他认为西方人，无论是君王还是百姓，都进行牟利的商业行为，是符合事实的。他认为政府有责任保护中国传统的工商业者的利益，也是爱国之举。但他说中国的君王和官员是“养民”“利民”而不与民争利，与事实就大相径庭了。历朝皇帝既有至高无上的权力，很少有不利用这种权力牟利的。

1 周德润：《光绪七月正月初十日翰林院侍读周德润奏》，《洋务运动（六）》，上海人民出版社，1961年，第152页。

四

君舟民水

荀子在讨论统治者如何才能坐稳江山时，认为前提是使庶人“安政”。为了更形象地说明这个问题，他援引了古人的话：

传曰：“君者，舟也；庶人者，水也。水则载舟，水则覆舟。”此之谓也。（《荀子·王制》）

这就是著名的君舟民水说。荀子非常重视民众的力量，他认为，民众是社会基础，也是君主之所以能够成为君主的基础：“君者，民之原也，原清则流清，原浊则流浊。故有社稷者而不能爱民，不能利民，而求民之亲爱己，不可得也。”（《荀子·君道》）荀子以“舟”喻君，以“水”喻民，颇有深意：船只大小有限，水却广阔无边；船只只有在水里才能移动，水呢，既可以推动船只行进，也可以倾覆船只。这末一句暗示了民众是可以有反对君主的力量的，是对君主统治的一种警示。百姓服从了统治，君主的地位才能得到巩固。那么如何使百姓服从统治呢？只有实行仁政。

君舟民水说后来之所以显名于世，主要源于唐太宗与魏征的一次对答。贞观六年（公元632年）的时候，唐太宗提到历代帝王和王朝的兴衰，感慨道："天子者，有道则人推而为主，无道则人弃而不用，诚可畏也。"意思是天子施政得当，就会得到人民拥戴；施政不当，就会被人民抛弃。唐太宗并且引用《尚书·大禹谟》中"可爱非君，可畏非民"的话，强调"非君"（批评君王）值得称赞，而"非民"（批评民众）是可怕的，因为那样就会掩盖施政者的过错。魏征顺着唐太宗的话，围绕"可畏"进一步劝谏：

> **自古失国之主，皆为居安忘危，处理忘乱，所以不能长久。今陛下富有四海，内外清晏，能留心理道，常临深履薄，国家历数，自然灵长。臣又闻古语云："君，舟也；人，水也。水能载舟，亦能覆舟。"陛下以为可畏，诚如圣旨。（《贞观政要·政体》）**

魏征强调"失国"的责任在于统治者自身。尤其是在处理君民关系的时候，需要小心翼翼，才能保证天下太平。君主必须善待人民，对人民的力量有所畏惧，实行美政，才能长治久安。

魏征的话在唐以后的中国历史中被频频引用，作为统治者阶层（君王和官吏）自我警诫的训示。"水能载舟，亦能覆舟"，也刺激着执政者对自身进行改革，以安抚人民。其最著名的现代例子，则是黄炎培与毛泽东关于"历史周期律”的对话。1945年夏，抗日战争接近尾声之际，作为国民参政员代表的民主人士黄炎培访问延安，临别之际对毛泽东提问：“我生六十多年，耳闻的不说，所亲眼看到的，真所谓‘其兴也浡[1]焉’，‘其亡也忽焉’，一人，一家，一团体，一地方，乃至一国，不少不少[2]单位都没有能跳出这周期率的支配力。……一部历史，‘政怠宦成’的也有，‘人亡政息’的也有，‘求荣取辱’的也有。总之没有能跳出这周期率。中共诸君从过去到现在，我略略了解的了。就是希望找出一条新路，来跳出这周期率的支配。”“其兴也浡焉”与“其亡也忽焉”，语出《左传·庄公十一年》。“人亡政息”，典出儒家经典《中庸》。这段话充分展示了黄炎培对历史的深刻观察和洞见，以及对当时可能进行的国共和谈后新国家命运的担忧。

针对黄炎培对“新路”的希冀和担忧，毛泽东答道：

> **我们已经找到新路，我们能跳出这周期率。这条新路，就是民主。只有让人民来监督政府，政府才不敢松懈。只有人人起来负责，才不会人亡政息。**[3]

---

1 “浡”，原文如此，现在一般写作“勃”。后文“率”同，现在一般写作“律”。

2 “不少不少”，原文如此。

3 黄炎培口述，姚维钧执笔：《延安归来》，重庆：国讯书店，1945年，第64—65页。

◆ 黄炎培（公元1878—1965年）三十二字家训（戴颖涛刻）：“事闲勿荒，事繁勿慌。有言必信，无欲则刚。和若春风，肃若秋霜。取象于钱，外圆内方。”

这话让黄炎培深感欣慰。这次“窑洞对”后来不胫而走，成为人民民主专政的早期表达。唯有民主才能走出中国历史上治乱循环、兴亡相替的周期律，这一认识如今已经深入人心。

五

民贵君轻

民贵君轻思想大概是君民关系论述中最接近现代民主的了。这一思想在先秦时期最有名的表述来自孟子：

> **民为贵，社稷次之，君为轻。是故得乎丘民而为天子，得乎天子为诸侯，得乎诸侯为大夫。诸侯危社稷，则变置。牺牲既成，粢盛既洁，祭祀以时，然而旱干水溢，则变置社稷。（《孟子·尽心下》）**

孟子认为，百姓最为重要，土谷之神（象征国家）次之，君主为轻。所以得着百姓的欢心便做天子，得着天子的欢心便做诸侯，得着诸侯的欢心便做大夫。诸侯危害国家，那就改立。如果牺牲肥壮，祭品洁净，并且按规定及时致祭，但是还遭受旱灾水灾，那人们可以改立土谷之神。这段话其实包含“得”与“变”，或者说“立”与“废”两方面意思。无论是天子、诸侯、大夫，甚至包括土谷神，顺乎民心就能被拥立；倘若相反，就要被废止和替换。可以说，孟子的民权意识是很鲜明的。

西汉初年的名士贾谊，在君民关系论述中，将“民”的地位抬到最高，对“民”的力量极其重视，认为国家、君王、官吏的存亡都依赖民意，所以他警告统治者：“夫民者，至贱而不可简也，至愚而不可欺也。故自古至于今，与民为仇者，有迟有速，而民必胜之。”（《新书·大政上》）君主必须让人民富足安乐，“以富乐民为功，以贫苦民为罪”。真正做到爱民、富民，才是贤明的君王。

漫长的君主专制社会中，民贵君轻思想都广有市场。很多帝王都号称或认同“君为轻”。这是一种很有意思的现象。例如，秦末刘邦谋士郦食其说“王者以民人为天”，得到刘邦肯定；唐太宗说“君依于国，国依于民”；金末元初理学家许衡依据“民为重，君为轻”论朝政，元世祖忽必烈大加赞赏；连被后世加以“暴君”名头的隋炀帝，也曾标榜“非天下以奉一人，乃一人以主天下”。起码在口号上，许多帝王们都将民众置于比君王更重要的位置。

这里面特别值得注意的是元、清两个少数民族统治的朝代。元英宗曾告诫臣子们：“朕思之，民为重，君为轻，国非民将何以为君？”（《元史·拜住传》）清朝康熙撰文赞扬文天祥“社稷为重，君为轻，立君以存社稷，存一日则尽臣子一日之责”的话，“实千载忠臣之语”（《圣祖仁皇帝御制文集》第三集卷十九）。《钦定四库全书》中，“民为贵”“民为重”“君为轻”之类的字眼也不胜枚举。这说明，少数民族统治的朝代，也认同和接受以儒家文化为代表的汉族政治文化。

民贵君轻的思想凸显了“民”在王朝国家存续发展过程中的重要性，它直接对应着“民惟邦本”的总体思想。人民是国家的主要构成要素，这一点与君主在整个国家或政事中的主宰地位并不矛盾。具体的单个民众自然轻微，因其力量难以与以君王为代表的统治阶级相抗衡。但是在古代中国，“君”往往是以个体呈现的，而“民”则是以集体呈现的。集体概念的“民”，可以直接决定着“国”和“社稷”的兴衰，也决定着“君”的统治命运。这样，君与民就构成可以相持、对峙的局面。

诚然，“以民为本”常常是“以君为本”的工具性手段，很多关于民贵君轻的论述，其出发点或目的都在“君”而不在“民”。但是，“民”又是影响江山社稷存亡的巨大力量，尤其是在君王统治不善的时候，“民愤”“民怨”足以倾覆“君”的统治（“覆舟”）。儒家说“天下有道，则庶人不议”（《论语·季氏》），即“有道”必须践行，因为“无道”会引起庶人的非议。出于对“民”的畏惧，君主对“民”不得不尽量“仁”“爱”。因此，民贵君轻的思想对调和阶级矛盾，限制君权膨胀，促进民主思想发展，是有一定价值的。

只是必须看到，这些政治心理和行为，归根结底是为了

“君”的统治稳固。所谓民贵君轻思想虽然接近现代民主思想，但是与“以人为本”的现代民主思想还是有本质的差异。

明清之际的知识分子对这一问题看得比较通透。黄宗羲直呼君王为“独夫”“天下之大害”，君王的统治就是“屠毒天下之肝脑，离散天下之子女，以博我一人之产业……敲剥天下之骨髓，离散天下之子女，以奉我一人之淫乐”（《明夷待访录·原君》）。他提出兴办学校、实行法治，通过舆论和法制来监督君王，直陈君王的过错缺失，以“天下之法”取代君主的“一家之法”，逐渐削弱君王的影响和权力，从而使得天下减少“私”的因素，增加“公”的因素。另一思想家顾炎武也提出相似见解：

> 人君之于天下，不能以独治也。独治之而刑繁矣，众治之而刑措矣。（《日知录》卷六）
>
> 所谓天子者，执天下之大权者也。其执大权奈何？以天下之权寄之天下之人，而权乃归之天子。自公卿大夫，至于百里之宰，一命之官，莫不分天子之权以各治其事，而天子之权乃益尊。后世有不善治者出焉，尽天下一切之权而收之在上。而万几之广，固非一人之所能操也。（《日知录》卷九）

顾炎武提出的分权众治思想，其实是古老的“天下为公”政治理想的重申。

总的来说，中国古代的君民关系是充满复杂辩证，并且在不断变动之中的。这体现了君主制建立以后，统治阶层意识形态与民众意识形态的颉颃。儒家的政治思想是这一抗衡相持的典型表现。比如，孔子思想中心的“仁”，即包含了呼吁统治者广施仁政、爱护人民的内容。《论语》中的“节用而爱人，使民以时”“修己以安百姓”“博施于民而能济众”，都是在要求统治者克制私欲、广施恩泽，以让人民安居乐业。孟子所生活的年代，战争更为频仍，人民生活更加痛苦，因此他的思想的批判性更强烈。他多次批判统治者荒淫无度和横征暴敛，以至于“狗彘食人食而不知检，涂有饿莩而不知发”[1]。君主们罔顾百姓死活，无异于“率兽而食人”的独夫民贼。他也从正面劝诫统治者，国家必须获得民心才能繁荣安定，甚至提出“民为贵，社稷次之，君为轻”的说法。儒家的这些政治言论，表现了君主专制时代中国社会内部的弹性。

1 “彘”即猪；“涂”通“途”。这句话意思是，任由猪狗吃人吃的食物而不知道设法制止，任由路上出现饿死的人而不知道赈济饥民。

文化关键词

载舟覆舟

水既能载船航行，也能使船倾覆。“水”比喻百姓，“舟”比喻统治者。“载舟覆舟”所昭示的是民心向背的重要性：人民才是决定政权存亡、国家兴衰的根本力量。这与“民惟邦本”“顺天应人”的政治思想是相通的。自古以来它对执政者有积极的警示作用，提醒他们尊重民情民意，执政为民，居安思危。

民心惟本

民众的意愿、意志是政治的根本。出自战国竹简（五）《厚父》中所记载的商王（一说即太甲）与厚父（一说即伊尹）的一则对话，厚父对商王说：“民心惟本，厥作惟叶。”字面意思是民心像树的根，而树根决定枝叶的生长与繁茂。其深层意思则是说民心是国家的根本，民心的向背最终决定国家或政权的盛衰兴替。古人认为，一个政权的合法性在于“顺天应人”，而“天意”以“民心”为基础或前提，只有顺应“民心”，国家才能长治久安。它与“民惟邦本”的思想是一致的。

国无怨民曰强国

国内没有对政权心怀怨恨的民众，这样的国才叫做强国。这是法家关于“强国”的界说。法家虽然务实，讲求耕战，富国强兵，但并不仅以硬实力衡量国家是否强大，而是以软实力来诠释国家的强大，软实力的核心内容是百姓对政权没有怨恨。百姓无怨的前提是国家赏罚分明、公平合理，无怨的结果是上下一心、众志成城。这是“民惟邦本”理念的法家表达式。

篇四 设官为民

民本与官本

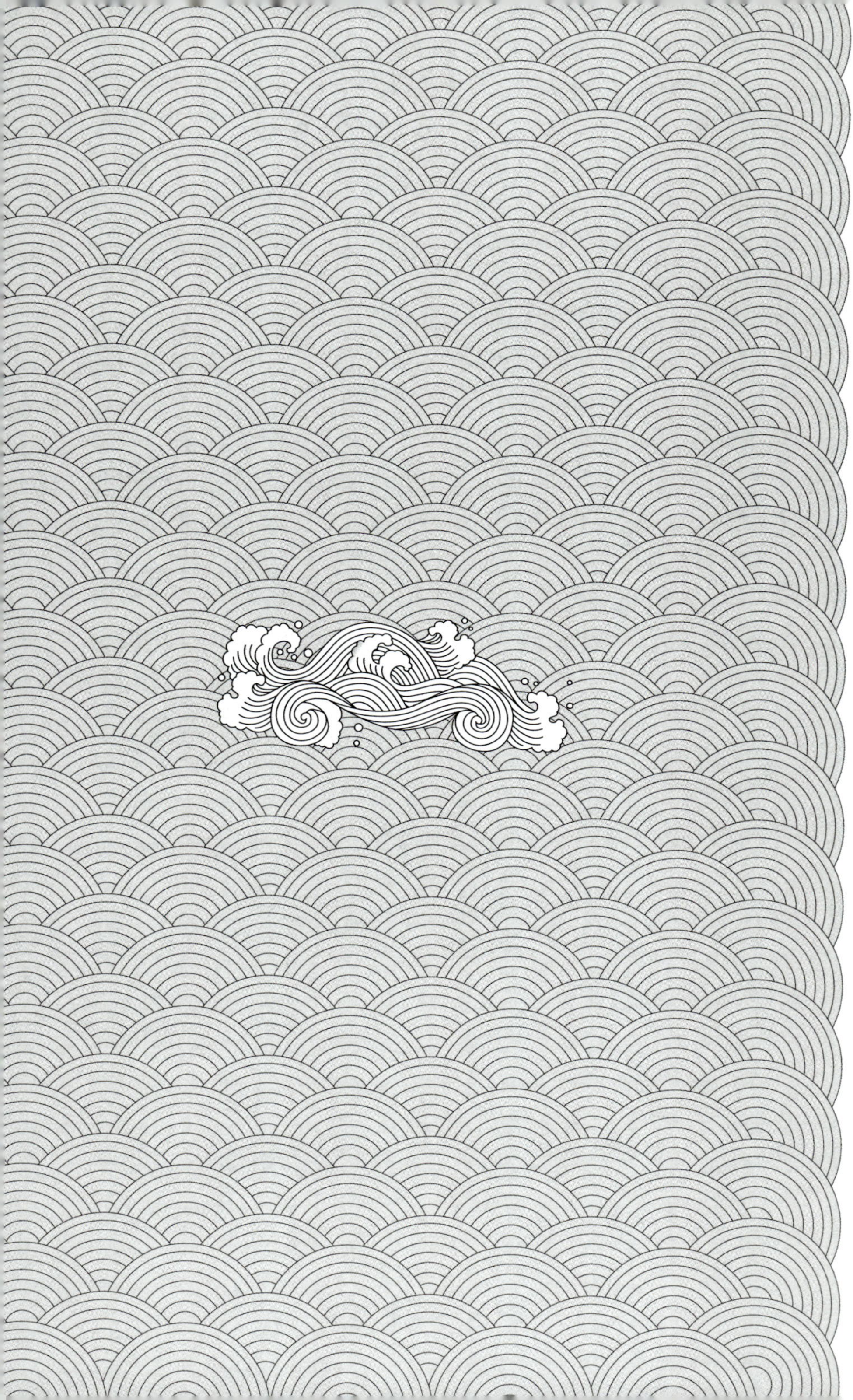

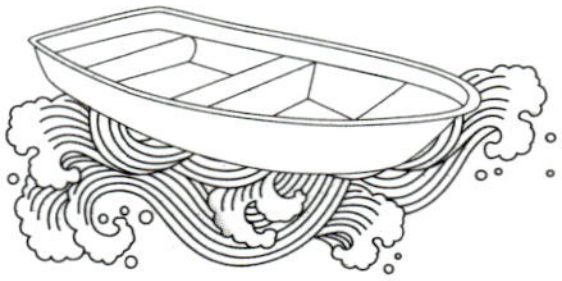

“官”是连接“君”与“民”的重要纽带。在中国古代政治秩序中，官的地位和角色具有双向性。一方面，官与民一样，是君主的统治对象。君臣关系的重要性经常不亚于君民关系，因此治吏与治民可以相提并论，甚至有人认为“明主治吏不治民”(《韩非子·外储说右下》)。另一方面，官与民之间是统治与被统治的关系。官对君主负责，是君主意志和国家政令的具体执行者。“为民做主”“为民父母”“青天大老爷”等通俗称谓或口号，显示了官民之间的隔阂与不平等。因此官民关系在稳定社会方面极其重要，但“官意”未必是“民意”的真正反映。

“设官为民”作为经典的官民关系命题，具有一定的民本意义。《周礼·天官·序官》曰:“设官分职，以为民极。”这是“设官为民”的经典依据之一。“极”在这里是准则、榜样的意思。古代典籍中，关于“设官为民”的注疏极其繁多，广泛存在于儒家经典和大臣奏议之中。甚至可以说，“设官为民”是古代官僚制度的基本原理。

一

『官』的产生

“官”字最早见于甲骨文，是会意字，有馆舍、临时驻扎的兵营、朝廷治事处等意思。许慎《说文解字》说：“官，吏事君也。从宀从𠂤。𠂤犹众也。此与师同意。”即“官”是侍奉君王的群体。一般认为，许慎这一说法其实是后起之义，将“官”的含义从处所衍变为人物。“设官为民”的“官”，主要指官吏，即政府工作人员。

甲骨文、金文、小篆的“官”字

“官”产生的原因和过程，历来有不同说法。其中，流传最广的说法是民不自治，设官以治民。这是从人类社会的起源进行分析的，主要包括止争说和教化说两部分。

止争即停止矛盾纷争，实现意见统一。止争说认为，人类社会早期，制度没有确立，人们愚昧野蛮，相互间争执、械斗乃至杀伐屠戮频繁发生。经过长期的经验和教训，为了大多数人的利益，立制止争逐渐成为共识。比较早提出立制止争的是墨家。《墨子·尚同中》曰：

> 复古之民始生，未有正长之时，盖其语曰，天下之人异义，是以一人一义，十人十义，百人百义。其人数兹众，其所谓义者亦兹众。是以人是其义，而非人之义，故相交非也。……明乎民之无正长以一同天下之义，而天下乱也，是故选择天下贤良、圣知、辩慧之人，立以为天子，使从事乎一同天下之义。

这段话形象地描述了政治制度建立的历程。人类刚刚诞生，还没有行政长官的时候，天下人的意见各不一样，一人有一种意见，一百人就有一百种意见。人数越多，意见也就越多。每人都认为自己的意见对，而别人的意见错，因此相互攻击，天下大乱。因此人们就选择天下贤良、聪明而口才好的人，推举他为天子，让他统一天下的意见。推举出天子之后，仅仅依靠他一个人无法独自处理天下事务，所以同理，需要推举贤人为三公、诸侯、将军、大夫，乃至乡长、里长等。这样，一个以天子为首的完备的官僚体系才算建立起来，天下才可能实现太平。

法家商鞅也曾讲："古者未有君臣上下之时，民乱而不治，是以圣人列贵贱，制爵位，立名号，以别君臣上下之义。地广民众万物多，故分五官而守之。民众而奸邪生，故立法制为度量以禁之。”（《商君书·君臣》）这就是说，起初没有君臣上下之礼的时候，社会混乱无序，圣人为了拯救人民于水火而制定了礼仪法制，设立了官僚制度。

立制止争是一种影响广泛的政治起源理论，秦汉以后，它几乎成为人们的共识。一方面，君臣之别和上下之序逐渐建立起来，君主通过官僚对人民实行管理和控制，统治更加稳固；另一方面，整个人类社会从丛林、原始、自然法的时期走向社会、文化、实在法的时期，发展更为快速平稳。就后一方面来说，官的产生具有积极意义。

教化说是从维护社会道德的功能的角度论证“官”的产生。这一说法认为，君主和官僚制度是为了“化民成俗”、教化天下而设。止争说的出发点是统一意见、政令通达，教化说则是教育民众，引导向善。这一理论的最典型代表人物是孔子。孔子认为，执政者最重要的工作就是通过“教”来开发民智，如此才能实现天下大治。在儒家看来，教化民众是治国的根本途径和手段，德治是比政治更重要的事。

这从孔子对管仲的评价看得出来。孔子的评价，无论正面负面，都是从仁与礼的角度进行的。譬如子路认为齐桓公杀了公子纠之后，公子纠手下的召忽自杀以殉主公，但管仲却没有自杀，因此管仲不能算是一个仁人。孔子却为管仲辩护说，齐桓公多次召集各诸侯国的盟会，却没有使用武力，这些是管仲的功劳，因此管仲的仁德是显著的。但在另一场合，孔子却批评管仲的“不知礼”，原因是管仲作为宰相，家中摆设和待客之道与君王一样：国君用屏风挡在门外，管仲也用屏风挡在门外；国君与别国来访的国君宴饮，堂上有安放酒杯的土台，管仲宴饮也有那样的土台。这些行为在孔子看来是不符君臣之礼的。

孟子对管仲则比较不屑，因为孟子有很强的“王”“霸”之别的思想。他说：“以力假仁者霸，霸必有大国。以德行仁者王，王不待大：汤以七十里，文王以百里。以力服人者，非心服也，力不赡也。以德服人者，中心悦而诚服也，如七十子之服孔子也。”（《孟子·公孙丑上》）这就是王道与霸道之别，前者建立在德性的基础上，后者建立在势力的基础上。在齐宣王面前，孟子宣称“仲尼之徒无道桓文之事者”，即说儒家弟子是瞧不起齐桓公、晋文公那样的霸主的。这一说法当然不属实，不过凸显了孟子“贵王贱霸”的立场。儒家普遍坚持王者先德而后事，但也不否定政治、经济和实利对于国家的作用。

教化说特别强调官僚的表率和示范作用。孔子说：“政者，正也。子帅以正，孰敢不正？”（《论语·颜渊》）《礼记·缁衣》记录了孔子另一更明确的说法：“子曰：‘下之事上也，不从其所令，从其所行。上好是物，下必有甚者矣。

故上之所好恶，不可不慎也，是民之表也。'"孔子认为，在上位者仅仅靠发号施令是不能对民众有所作用的，真正能起作用的只有君王的行为。这就是上行下效、上梁不正下梁歪的道理。所以君王的德行比威权重要。"修己以安百姓"(《论语·宪问》)之后，官员开始以礼教民。荀子则认为人性本恶，"偏险而不正，悖乱而不治"，这样就造成了"强者害弱"的景象，因此圣人"立君上之埶(shì)以临之，明礼义以化之，起法正以治之，重刑罚以禁之，使天下皆出于治、合于善也"(《荀子·性恶》)。这就是"化性而起伪"，用礼义法度等去变化人的自然本性，使之树立道德观念。其中，"法正""刑罚"虽偏向法家思想，但也是服务于君王对百姓的教化的。

在先秦思想家看来，设官为民与立君为民的根本依据是一致的，立君为民的根由也就是设官为民的根由。儒家、墨家从设立君主及各级官吏以"治天民"的角度加以论证。在他们看来，上天爱民，为民设官，君主与官僚都是代天牧民的角色。道家从立天子、设公卿以贯彻道义、教化民众的角度，论说设置君主制度及相应的官僚制度的必要性。法家从确立秩序的角度，论说由定制到设官再到立君的历史过程。各种立君说都包含着官僚制度设置的根由，即官僚制度是君主制度的组成部分，它们都是为了同一个目的而设置的。

立君为民、设官为民，这是从士人到百姓的普遍看法。“置君非以阿君也，置天子非以阿天子也，置官长非以阿官长也。”（《吕氏春秋·恃君览》）这里的“阿”是依附和服务的意思。这句话是强调官僚制度不该为统治者服务。在历代思想家的著作中，设官为民的思想也很常见。例如，东汉政论家王符认为，君与官都是为民而设：“圣王之建百官也，皆以承天治地，物养万民者也。”（《潜夫论·考绩》）君以养民为本，因而官也必须以养民为本：“帝王之所尊敬，天之所甚爱者，民也。今人臣受君之重位，牧天之所甚爱，焉可以不安而利之、养而济之哉！”（《潜夫论·忠贵》）因此，“封疆立国，不为诸侯；张官置吏，不为大夫。必有功于民，乃得保位。”（《潜夫论·三式》）

宋以后，民在官之上的思想时时出现。北宋经学家赵鹏飞即说：

> 人君所以立于民上者，以民为本，臣辅之而已。用舍黜陟，惟君之欲，而民之心则不可一日而离。无臣不害为国，无民何以为君！故君人者必有结于民心，以为邦本也。（《春秋经筌》卷十四）

赵鹏飞认为，官吏只是一种辅助的机制，国家的根本是人民而不是官吏。君王对官吏可以使用或不用，罢免或升迁，但对人民却一日不可忽视民心。即使没有官吏，对国家也没什么损害；但没有人民的支持，君主的统治肯定维持不了。宋明理学家更是从“天民相通”“民贵君轻”的角度，一再阐释设官为民的思想。陆九渊说：“天生民而立之君，使司牧之，张官置吏，所以为民也。‘民为大，社稷次之，君为轻’，‘民为邦本，得乎丘民为天子’，此大义正理也。”（《与徐子宜》）这些思想在凸显民本的同时，降低了“官”的地位，认为“官”是同时服务“君”与“民”的。当然，这些思想未能动摇“官”是“君”司牧民众的代理人的统治机制。

在古代历史中，“官”在表面上也是从民众中产生，典型如科举取士，甚至偶尔还有举孝廉这样的选官制度，但在根本上，官的产生都是依靠君主任命。至于鬻爵卖官，那更是政治腐败或经济衰败时代常有之事（清朝后期尤其流行）。

从官吏制度的历史看，商周时期主要是世代承袭的世官制，春秋战国则是自荐与他荐相结合的荐举用人制。秦朝到汉初，军功贵族崛起，以军功定官位也是官吏系统的一部分。汉武帝至隋初实行察举制、九品中正制，依靠社会舆论来评价和推荐人才为官。隋唐开始实行著名的科举取士。总体上看，选官制度是从散漫走向系统，从主观认定走向客观考试，从而逐步制度化的。

二

君不独治

君不独治，因而设官佐君治民。这是从完善统治机制的角度而言的，强调设置各级各类职官以协助君主统治、教化、养育广大民众的必要性。“独治”指君王一人独揽各种政务。《尚书·益稷》说“元首丛脞”，即国君做的事细碎、杂乱，而这种状态就是“独治”的后果。君王一人无法独自治理国家，必须依靠臣子的辅佐。官吏就是替君分忧，为君办事，佐君治民的。君与臣的关系犹如首脑与股肱、大厦与栋梁，后者对前者起分担或支撑的作用。

天子既已立矣，以为唯其耳目之请，不能独一同天下之义，是故选择天下赞阅贤良、圣知、辩慧之人，置以为三公，与从事乎一同天下之义。天子三公既已立矣，以为天下博大，山林远土之民，不可得而一也。是故靡分天下，设以为万诸侯国君，使从事乎一同其国之义。国君既已立矣，又以为唯其耳目之请，不能一同其国之义，是故择其国之贤者，置以为左右将军、大夫，以远至乎乡里之长，

与从事乎一同其国之义。（《墨子·尚同中》）

这段话即指出了“天子既已立”之后，由于个人能力有限因而设立百官的必要性。天子仅仅依靠自己耳闻目见的情况，不能独自统一天下的意见，所以设立三公进行协助。天子、三公立定了，又因天下地域太广，远方山野的人民难以管辖，所以又设立了诸侯国君，然后是各诸侯国君手下的将军、大夫，以及远至乡里之长。墨子此处指出设置各级官吏的必要性源于“尚同”，即统一意见，这是国家统治机能的一种体现。为了维护这种机能，或者提高政治统治效率，必须设置官吏。

官吏的存在是为了佐君治民，这样一方面继续肯定君王的主体性和官吏自身的依附性，明确官员作为代理人的角色；另一方面也显示出官吏自君王处分权的层级统治机制，君臣共生的关系得以巩固。

君不独治的思想构成君主专制社会的一个特殊要素。君王的独断专权在君主专制时代没有变更过，但大部分君主是认同君不独治、君臣共治的思想的。很多历史形象比较专断暴戾的皇帝也不例外。隋炀帝意识到：“天下之重，非独治所安；帝王之功，岂一士之略。”（《隋书·炀帝纪》）武则天《臣轨》的首篇即是讲述君臣一体的《同体》，她认为“臣以君为心，君以臣为体”，君主“非群臣同体，则不能兴其业”。

在帝制时代，君臣共担治民之责的思想具有特定的政治功能。一方面，臣分事佐君治理天下，客观上有利于巩固强化君权。对此，顾炎武的分析非常深刻：“所谓天子者，执天下之大权者也。……自公卿大夫，至于百里之宰，一命之官，莫不分天子之权以各治其事，而天子之权乃益尊。”（《日知录》卷九）另一方面，它对绝对君权也确有一定的牵制。黄宗羲即认为：“原夫作君之意，所以治天下也。天下不能一人而治，则设官以治之。是官者，分身之君也。”（《明夷待访录・置相》）在他看来，君臣异名同实，共治天下，官吏应以“天下万民”为事。不过黄宗羲的落脚点依然只是国家治理的有效性，而不是呼吁分君王之权力。他这句话的用意也只是批评“有明之无善治，自高皇帝罢丞相始也”，即明代罢黜宰相、君权独揽导致政府没有“善治”，强调对以相权为代表的官僚体制的维护。

三

忠君爱民

从君、臣、民的政治关系来说，忠君爱民、清正廉洁、勤政有为是基本的官僚规范。君、臣、民三种政治角色的关系中，官僚对上（君王）和对下（民众）都需承担责任。官为民设，为民事君。

从君臣关系角度看，君不能独治而设臣（官僚）佐君治民，臣是作为君的代表出现的，手中的权力来自君主的授予。这样，“忠君”就是为臣之道的最基本意识。先秦开始，“忠”就构成中国政治伦理中的重要概念。《论语·八佾》曰：“君使臣以礼，臣事君以忠。”法家更为深刻地揭示了“忠”的潜在根源，即：“臣尽死力以与君市，君垂爵禄以与臣市。君臣之际，非父子之亲也，计数之所出也。”（《韩非子·难一》）这里的“市”是买卖、交易、换取的意思。这句话是说，臣子尽死力来换取君主的爵禄，君主设置爵禄来换取臣下的死力。君臣之间，并非父子那样的亲属关系，而是基于算计的利害关系。

而从官民关系的角度看，“设官为民”“代天牧民”等又对官僚爱护民众提出要求。民不能自治而设官代君管治，官是作为民的管理者出现的，因而爱民恤民以得到民的认可是为官的必要条件。《礼记·王制》孔颖达疏曰：“官者管也，以管领为名。”传统文化把地方令长之官称为“民之父母”，父母官对百姓就要像对“赤子”一样诚心爱护。爱民就要为民着想，兴民利，除民害，从民欲，去民恶，既要对民负责，又要替民做主。“为民”是为官之道的理论支点，古代诸多文献都宣称官僚必须“体上天爱民之意，而无愧于代君治民之责”（李攀龙《仇香化陈元论》）。

落实到政治实践中，刚正和清廉这两个官僚系统的常见词语，是君王和民众对官之好坏优劣最重要的评判标准。《论语·颜渊》说：“政者，正也。”《荀子·赋》说：“行义以正，事业以成，可以禁暴足穷，百姓待之而后宁泰。”都是把正义和国家治理联系起来，认为如果正义得到实施，就可以达到善治的状态。《荀子·臣道》说：“故正义之臣设，则朝廷不颇；谏争辅拂之人信，则君过不远。”阐释的是臣子的正直品格对国家的积极作用。中国古代文学作品或民间传说常常有刚正不阿的官员形象，最著名的如东汉“强项令”董宣、北宋名臣包拯等。

董宣的故事出自范晔的《后汉书·酷吏列传》。在董宣担任洛阳县令的时候，湖阳公主的奴仆大白天杀人，藏匿在公主家中，衙役抓他不得。等到公主出行的时候，董宣听说这个奴仆随行，就守在半路。他把车拦下，先是数落公主窝藏犯人的过错，然后呵斥罪犯下车，把他杀了。公主向皇帝告状，光武帝召见董宣，想杀他。董宣说：“陛下皇恩浩荡，

——————◆李贽（公元1527—1602年）画像

却放纵奴才杀良民，将怎么使天下的人信服？”说完以头撞门，血流满面。光武帝让其向公主叩头谢罪，“宣不从，强使顿之，宣两手据地，终不肯俯”。光武帝赦免了他。“强项令”的名声由此而得，自此洛阳治安稳定，太平多年。

清廉是传统政治道德的另一标准。作为一种“吏德”，“廉”最早见于《周礼·天官》：“弊群吏之治，一曰廉善，二曰廉能，三曰廉敬，四曰廉正，五曰廉法，六曰廉辨。”至战国时期，管仲把“廉”与礼、义、耻连在一起，合称“四维”，即支撑和维系国家的四个主要道德规范。

清廉是为臣者的立足之本。与“廉”相对的是“贪”。中国古代有很多的贪官故事和更多的清官故事。李贽是明代杰出的思想家和文学家。二十五岁中举人，三十岁开始做官，先后任河南辉县教谕、南京国子监博士、北京国子监博士、礼部司务、刑部员外郎等职。但这些职位大多是虚衔。直到五十一岁，李贽才出任西南边陲的云南姚安知府。其时正值明朝政治腐败，官宦专权，官场黑暗之际。赴任途中，他一路上目睹民间的种种疾苦，感慨万分，手书对联一副：“从故乡而来，两地疮痍同满目；当兵事之后，万家疾苦总关心。”“万家疾苦总关心”也成为他的为官之道。三年知府期间，他秉公执法，清廉从政。姚安有座连厂桥，就是李贽目睹百姓渡河不便，慷慨解囊捐资修建的。最有名的是，因为憎恶官场黑暗，李贽每天履行完公务后就闭门谢客，摆明了不接受任何人送礼贿赂的姿态。他的妻儿主要靠种田、织布谋生，两个女儿都饿死于荒年。几年之后，他因厌恶官场腐败，弃官为民，晚年一直过着颠沛流离的困苦生活。明代大儒李元阳曾写诗歌颂李贽的清廉爱民："姚安太守古贤豪，倚剑青冥道独高。僧话不嫌参吏牍，俸钱常喜赎民劳。"李贽堪称古代清官的极致。

不过，清官总是以个体的身份出现，活在正史、野史或老百姓道听途说之中。这些个体的清官是不会也不能超越整体性的专制制度的。源远流长的清官叙事，往往是民众在对政治统治黑暗面的否定心理基础上的一种期待。清官也是官，也是皇权的代理人，首先着眼的也是统治集团的政权永固。他们的正直清廉事迹只是暂时缓和了社会矛盾。嘉靖年间，时任户部主事的海瑞为了劝说明世宗不要相信方士巫汉的骗术，抬棺别妻，以死上书，希望嘉靖整肃朝纲，振兴朝政。虽然海瑞的行为激烈，但他的奏折却很谨守人臣本分，处处强调匡扶社稷，以保朱明的江山永固。同样，向来为中国百姓津津乐道的包青天包拯，在小说中敢斩驸马陈世美。这一义行固然体现了包拯的清正不阿，但实际上依然离不开最高统治者的授权或默许。爱民的前提依然是忠君，只有李贽这样的极少数是例外。

四

选贤与能

如前所述，选贤与能的思想最早出自《礼记·礼运》：“大道之行也，天下为公，选贤与能，讲信修睦。”

“贤”（賢），从贝，从臤，本义为“牢牢掌握钱财的人、精打细算的人”，此处引申为“有才德的人”。“与”（與），一般认为通“举”（舉），是“选举、推举”的意思。能，《说文解字》认为是：“熊属，足似鹿。从肉㠯声。能兽坚中，故称贤能；而强壮，称能杰也。”后来被假借为能力、才能的“能”。从中可以看出古人对身体庞大、强壮的动物的崇敬。

“贤”与“能”在此是相近的意思，都是指有才能的人。但在一些文献里，“贤”与“能”分指不同的两种素质：“贤”偏向要求人的品德、内在素质，即道德修养；“能”要求的是人做事的水平，即处事的素质。这个区别类似于现代社会常说的“德”与“才”。中国政治文化中，一般情况下，德在才前，贤重于能。《大戴礼记·哀公问五义》说：“所谓贤人者，好恶与民同情，取舍与民同统；行中矩绳，而不伤于本；言足法于天下，而不害于其身；躬为匹夫而愿富贵，为诸侯而

◆《渭滨垂钓图》（明代戴进绘），描绘了周文王姬昌拜访姜太公的故事

无财。如此，则可谓贤人矣。”里面的要求都是德行方面的。另外，据《晏子春秋·内篇问下》记载，曾子曾问晏子隐士算不算贤人。晏子回答说：“夫上不谏上，下不顾民，退处山谷，婴不识其何以为成行义者也。”意思是所谓的隐士，不愿意劝谏君王，不热心关怀民众，只顾自己退居山谷，这种人对社会没有做出什么贡献，是无法称之为贤人的。

选贤与能是与天下为公的思想紧密相连的。如果说天下为公是一种宏观而根本的民本思想，那么选贤与能就是对这一宏观思想的具体实行措施。把品德高尚的人、有才干的人选拔出来，是为了更好地达成天下为公的理想。

在《礼记》原著中，“天下为公，选贤与能”特指尧舜禹禅让这段史实。这里的“选”，是天下人推举或君主推荐。进入君主专制时期之后，选贤与能成为古代中国政府选拔人才充当官吏的通行标准。

我们可以从很多历史文献和文学作品中发现统治者重视人才的故事。传说姜子牙七十二岁时，垂钓渭水之滨，等待明主的出现，后来终于遇见姬昌，相谈一番之后得到重用，成为后者推翻商朝、建立周朝的最重要功臣。《史记·鲁周公世家》记载了周公姬旦重视人才的著名故事：他洗一次头要多次握起头发，吃一顿饭要多次吐出正在咀嚼的食物，唯恐怠慢了前来求见的天下贤士，失去国家需要的人才。“周公吐哺”后来成为重视人才的著名成语。曹操的《短歌行》(其一)也引用了这一典故，表达其渴望延揽人才的心情和对人才定会以礼相待的热忱。事实上曹操也是这样行动的，他曾经相继颁布《求贤令》《举士令》《求逸才令》，就是为了破除世袭制、士族制、门阀制，希望不拘一格发现和利用人才。《求贤令》即说："二三子其佐我明扬仄陋，唯才是举，吾得而用之。"这是一种破除陈陋的选才标准的大气魄。“唯才是举”这一成语得以流传。在《三国演义》中，也有著名的曹操赤脚迎许攸的故事。许攸本是袁绍手下谋士，献计袁绍却不得重视，于是转投曹操，曹操迫不及待热情迎接。官渡之战中曹军能以少胜多打败袁绍，一部分原因即在于曹操比袁绍更重视人才，袁绍的一众手下在战前即纷纷投奔曹操了。

中国历史上另一著名的重视人才的故事发生在唐太宗李世民和魏征之间。魏征本为太子李建成的僚属，看到太子与秦王李世民冲突加剧，多次劝李建成要先发制人，及早动手。玄武门之变以后，李世民由于器重魏征的才能，非但没有怪罪他，反而因为看到魏征性格耿直，常常敢于据理力争，把他任命为谏议大夫，并经常向他询问政事。魏征的直谏常常令李世民难堪，但总体上他还是得到了后者的厚待，官至光禄大夫、太子太师。据统计，《贞观政要》中，魏征向李世民面陈谏议有50次，呈送的奏疏有11件，一生的谏诤多达数十余万言。魏征也成为贞观之治的重要功臣和中国历史上的一代名相。魏征死后，唐太宗甚为悲痛："夫以铜为镜，可以正衣冠；以古为镜，可以知兴替；以人为镜，可以明得失。朕常保此三镜，以防己过。今魏征殂逝，遂亡一镜矣！"（《旧唐书·魏征传》）并为此废朝五天。李世民与魏征的君臣故事成为古代皇权与相权合作愉快的佳话。

与任人唯贤相对的主要是任人唯亲。这在中国历史上也是古已有之。《墨子·尚同上》就深刻地批判了任人唯亲现象。墨子说，古时候设置行政长官，是用来治理人民的。设置长官，"非高其爵，厚其禄，富贵佚而错之也"，而是"为万民兴利除害，富贵贫寡，安危治乱也"。也就是说，上古的圣人君王设置官吏，是为公共利益而不是为私人利益的。然而，"今王公大人之为刑政则反此，政以为便譬，宗于父兄故旧，以为左右，置以为正长"。也就是说，现在的王公大人们将自己宠幸的弄臣、宗亲父兄或世交故旧，安置在左右，任命为行政长官。这样，人民就不相信政治的公信了。人民知道天子设立行政长官并不是为了治理人民，所以就上行下效，学会结党营私，隐瞒良道。当君王和官吏赏罚不公正分明，管理国家的也就不是公正的法律，而是官吏的个人偏好。最终结果就是与没有行政长官之前的历史一样，人民重新回到混乱的丛林时代。在中国君主专制的历史中，因为“家天下”的政治形态，任人唯亲是无法避免的现象。上梁不正下梁歪，当人治常常凌驾于法治，皇亲国戚之外各级官僚的任人唯亲现象也就屡见不鲜了。

总之，设官为民思想是古代民本思想的重要部分，这尤其体现在它维系着民本与官本之间的平衡。整体上，中国古代的政治管理都是自上而下的，因此官僚制度的重要性不言而喻。

一个著名的例子是范仲淹。作为北宋名臣，范仲淹以忧国忧民闻名青史，留下了“先天下之忧而忧，后天下之乐而乐”“居庙堂之高，则忧其君；处江湖之远，则忧其民”这样的千古名句。这两句话表明了介于“庙堂”与“江湖”之间、“君”与“民”之间的官员的担当和责任感。其实，在范仲淹的其他文字中，也多次提到“忧国”“忧民”，比如“臣敢不夕惕三省，寅恭一心，进则尽忧国忧民之诚，退则处乐天乐道之分”（《谢转礼部侍郎表》），“南阳风俗常苦耕，太守忧民敢不诚”（《依韵和提刑太博嘉雪》），“求民疾于一方，分国忧于千里”（《邓州谢上表》）等等。他的忧患意识既指向国家、朝廷，也指向民众、底层，这一点甚是难得，但也真切地反映了他在君民冲突之际的尴尬位置，以及自身遭遇贬谪迁徙之际的有心无力。

像范仲淹这样的官员，其从政为官的基本原则是利群为公，即以全社会的公共利益为视角思考和行事。他们为官主要是为了替天下百姓兴利除弊，确立社会正义，维护公共利益。同时，他们也看重君主权威和制度原则。这样，一方面，他们有一定的"天下"视域，将君王和民众都置于这个视域思考，希望自己能为天下苍生服务；另一方面，他们同时也认为自己的工作是为君分忧，在君主专制下和庞大的官僚体系中做一名称职的官吏。他们只具有有限的民本意识：在秉持设官为民的思想的同时，也时时不忘有个君王在监督和控制自己。因此，古代中国的"设官为民"与真正的"为人民服务"还是有本质的差异的。

与"为人民服务"的公仆思想比较接近的是"官为民役"。这属于古代政治思想中极为激进的。"官为民役"是柳宗元在《送薛存义序》中提出的。他认为，官吏是民众所雇佣的，官吏所吃的俸禄就是民众付出的赋税。因此，他说："凡吏于土者……盖民之役，非以役民而已也。"意即，凡是在地方上做官的人，都是老百姓的仆人，并不是奴役老百姓的官老爷。这一思想当然不同于"养民""牧民"等常见说法。柳宗元还申述"官为民役"就是要为官者"知其职"，懂得并履行公平公正地为百姓办事的职能："凡民之食于土者，出其十一佣乎吏，使司平于我也。"老百姓拿出了十分之一的收入来雇佣官吏，为的就是让官吏能公平地为大家办事，而不是养肥了官吏来欺压自己，因此对于不认真给人民办事的官吏，人民有权罢免、处罚他们。这些说法证明唐末民不聊生之际，有良知的官员如柳宗元等有一定的民粹倾向。不过这些论述并未在根本上改变他们的尊君意识，也未能超出在君主专制下“设官为民”这一认识的范畴。

文化关键词

惠民

惠爱民众，施惠于民。“惠民”属于“仁政”，是“爱民”理念的具体体现，重在把财富分给百姓，给百姓好处。它所强调的是，治国者及各级官员要得到百姓的拥护，就必须把百姓的实际利益放在第一位。亦即说，各项政策、措施必须代表、保障、实现百姓的实际利益，必须藏富于民，不能与民争利，更不能巧取豪夺。

制国有常，利民为本

治理国家有不变的原则，就是将有利于百姓作为一切制度和政令的根本。“制国”即“治国”，确立国家的制度、政策，发布政令，处理国家事务；“常”即恒常不变的原则；“利民”同“惠民”，保障百姓利益，使百姓得到好处；“本”即根本。以惠及百姓为国家制度、政令的根本出发点和归宿，这是中华传统“民本”“惠民”思想的又一种表达式。如今，坚持人民主体地位，顺应人民群众对美好生活的向往的思想，亦渊源于此。

不忘百姓之病

念念不忘百姓的疾苦。儒家认为，为官理政的目的，在于使百姓安居乐业，为政者要时时心怀“忧思”，即以百姓的疾苦为忧，想办法使百姓免于疾苦。它体现了儒家“仁政”理念、中华人文精神和仁人志士经世济民的担当精神。宋代范仲淹《岳阳楼记》中“先天下之忧而忧，后天下之乐而乐”一语，也是这一精神的精彩表达。

篇五　顺天应民

尊重民意

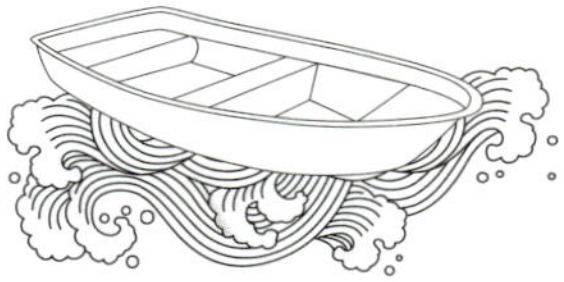

尊重人民的意愿，以满足人民的根本利益为执政者的主要任务，早已是现代民主国家普遍认同的执政理念。这一理念的基点是以自由意志、社会契约论为代表的现代人权观念与民主观念。不过在古代中国，影响君王尊重民意的，除了民众力量的直接或间接威慑，还有强大的天命观思想。君主对民意的尊重或者说爱民思想，常常是与顺应天命相联系的。只有理解顺天应民思想，才能理解在君主专制强大的情况下，古代中国民本思想何以存在以及怎样存在。

一

顺天者存与“奉天承运”

“顺天”即遵循天道、顺从上天的意旨。“顺天者存”的思想始见于《孟子》:“天下有道，小德役大德，小贤役大贤；天下无道，小役大，弱役强。斯二者，天也。顺天者存，逆天者亡。”(《孟子·离娄上》)孟子认为，天下“有道”的时候，道德低的受道德高的役使，才智少的受才智多的役使；天下无道的时候，力量小的受力量大的役使，势力弱的受势力强的役使。这两种情况都符合天理。顺从天理者生存，违逆天理者灭亡。不过孟子当然是倾向于对“有道”社会的肯定。

顺天者存的政治思想在古代中国源远流长。自“天下”“天子”在周代开始流行和使用，“天道”问题即随之产生。儒家经典都有谈论这一点：

> 天下有道，则庶人不议。(《论语·季氏》)
>
> 寡助之至，亲戚畔之；多助之至，天下顺之。(《孟子·公孙丑下》)

在儒家思想家看来，君王既然自命为“天子”，那他的统治首先就要对自然神负责。天子对天下的治理，应当是一种道德政治，体现这一道德的，就是“道”。“道”有如一把尺子，对执政者起着衡量、规范的作用。而具体体现着“有道”还是“无道”的，就是“天下”（或“国家”）范围内人民言语和行为的反映。这样，作为自然概念的“天”就与作为文化概念的“道”联系在一起了。

在中国漫长的古代历史中，“天”与“人”的关系一直是比较渺茫的。人们谈论“天”，多用于占卜和星象，相关认识也主要停留在吉凶命运的预测和解释层面。春秋时期郑国占星家裨灶通过夜观星象，预测郑国将发生火灾，子产对此事评论道：“天道远，人道迩。非所及也，何以知之？”（《左传·昭公十八年》）意思是天象的道理离人类是遥远的，而有关人事的道理才离我们很近，不应当舍近求远，关注遥远天象而轻视现实社会。这是一种比较客观、科学的自然观，也体现了子产重视人间事务的思想。西汉思想家董仲舒对“天人之际”的问题做了创造性的阐释。他认为的“天”，既是指日月星辰四时风雨等自然现象，也是指有意识的、能够监督人类行为并降下灾异或祥瑞的至上神；“人”，即人的行为，特别是指统治者的行为。天监督着人，人的行为体现为天象，君权与天命紧密相连。董仲舒的天人感应说是配合着君权神授学说的。自此之后，中国的君主专制统治就被赋予

◆明、清两朝皇帝举行祭天大典的场所：天坛圜丘

了更多的具体的神性。

自周代起，中国就有天子主持的祭天仪式，通过祭天来表达人们对于上天滋润、哺育万物的感恩之情，并祈求皇天上帝保佑天下太平。当然，天子的祭天也是为该朝代的千秋万载祈福。

中国文化中对天的重视，还体现在古代多有城市以“顺天”或相近词语命名。最著名的有顺天府、应天府、奉天府。顺天府在历史上出现过两次，分别是明朝顺天府和清朝顺天府。明朝的顺天府即今天的北京，其前身是1368年设置的北平府。1403年朱棣登基后，北平府改为顺天府。清朝的顺天府基本沿袭明朝。“应天”是“上应天意”的意思，应天府在历史上也出现过两次。北宋的应天府在今天的河南商丘，别名“河南郡”，是赵宋肇基之地。1014年宋真宗在位时，应天府改为南京，是当时政治、经济中心和军事重镇。明朝的应天府在今天的江苏南京，原为元朝集庆路。应天府作为明朝的都城，一直延续到1421年朱棣迁都北京，后来是明朝的留都。“奉天”的意思为“奉天承运”。奉天府在历史上主要指清朝奉天府，即今天的辽宁沈阳。清军入关后，将关外的都城盛京改作留都。1657年，顺治帝在盛京城设立奉天府。

与“顺天”观和“天人感应”学说相呼应的，是“奉天承运”这一套语。这一思想源于秦朝。秦始皇首称皇帝，命为制，令为诏，其玉玺上更是刻有“受命于天，既寿永昌”八字，以示统治之合法性与权威性。“奉天承运”一词正式出现且成为中国古代封建帝王诏书开头的套语，则是从明朝开始。明太祖时，将朝会正殿定为奉天殿，在皇帝所执大圭上刻“奉天法祖”四字，且在诰、敕命中首称“奉天承运皇帝”。这个称谓日后相沿下来，就成为皇帝在重大场合所颁诏书中的套语。

据《大明太祖高皇帝实录》卷二十九记载，明太祖解释自称“奉天承运皇帝”的缘由：“庶见人主，奉若天命，言动皆奉天而行，非敢自专也。”意思是作为君王，一言一行都奉天行事，遵循天意，不敢自己独断专行。这当然不是真话，也与明代开启的中国历史上空前严酷黑暗的专制统治这一史实相违。恰恰相反，以“奉天承运”一词加于“皇帝”之上，其效果是凸显了帝王的合法性和神圣性，以及皇权对民权的至高无上。需要补充的是，一些人将“奉天承运皇帝/诏曰”读成“奉天承运，皇帝诏曰”，虽然意思变化不大，但从这句话的起源看，断句是错误的。另外，由于中国古代的文书书写有“抬头”的习惯，遇到“天”或“皇帝”必须换行顶头书写，这更是不用说了。

二

依人而行：“天意”与“民意”的统一

在古代政治话语体系中，“天意”从来不是独立存在的，而是与“民意”紧密联系，统一存在。

《尚书·泰誓中》曰：“天视自我民视，天听自我民听。”意思是，上天所看到的来自民众所看到的，上天所听到的来自民众所听到的。这是君主自我告诫的话，强调对民意的重视。《尚书·泰誓上》又说：“天矜于民，民之所欲，天必从之。”上天怜悯、同情民众，所以民众的愿望，上天一定会依从的。这些都是比较古早的关于“天”与“民”关系的认识和规训。

究其原因，君王或政府虽然尊重天命和天意，但最终的施政对象却是广大的民众，因此一个好的执政者或政权必然是尊重民意的。

《孟子·梁惠王下》也假借《尚书》之口说：“天降下民，作之君，作之师，惟曰其助上帝宠之。”意思是上天降生黎民，同时也为他们降生了君主和老师，让这些君主和老师来帮助上帝爱护黎民。因此，安民、爱民既然是上天交予统治者的责任，那么也必须成为统治者的执政准则。

舜时期，名臣皋陶告诉他的部属，施政有两个重点：一是知人，一是安民。为什么要安民？因为“安民则惠，黎民怀之”（《尚书·皋陶谟》）。只有对人民有恩惠，人民才会思念和支持执政者。西周时，周公曾经囚禁和流放散布谣言的蔡叔度，但蔡叔度的儿子蔡仲有德行，周公就任用他为卿士，后来又封蔡仲于蔡国，并且写了《蔡仲之命》来告诫他：“民心无常，惟惠之怀。为善不同，同归于治；为恶不同，同归于乱。”这也是借告诫蔡仲来告诫群臣：民心是变化无常的，只有仁爱之主才会被民众怀念。各种各样的善事，都会达到安治；各种各样的恶事，都会导致动乱。这是警诫统治者务必把安民、惠民当做执政的首要责任。

民众的社会地位虽然低于君王和官吏，但民意的作用却常常被摆在首要位置。《尚书·洪范》告诉统治者，当遇到重大的疑难不能做决定的时候，第一步是“谋及乃心”，先由自己思考；然后“谋及卿士”，与臣僚们商议；最后再“谋及庶人”，听听人民的意见。虽然庶人的顺序排在君王自己和官吏臣子之后，但人民的意见却是最重要的，因为“庶民惟星”，所以最好还是顺从民意，所谓“月之从星”。人民是统治者的一面镜子，可以反映和监视统治者的一言一行，所谓“人无于水监，当于民监”（《尚书·酒诰》）。同时，民意也反映天意：“天聪明，自我民聪明；天明威，自我民明威。”（《尚书·皋陶谟》）依人而行，实行仁政，统治者才能做到真正的顺应天道。由此可见，《尚书》中有众多体现重视民意的篇章。

道家的政治思想也强调尊重民意和人民的生活，只不过他们是从无为、不干涉民众的角度进行阐释。《老子》第五章说：“圣人不仁，以百姓为刍狗。”第五十七章又说：“我无为，而民自化；我好静，而民自正；我无事，而民自富；我无欲，而民自朴。”执政者自己做到“无为”“静”“无事”“无欲”，那么民众自己就能实现自治、富足、和谐。老子认为良政应当以“百姓”或“民”为中心，尽量不去打扰、干涉人民的生活与选择，引导民众自治的效果是最好的。这种思想是很理想主义的，也是很深刻的。它反映了道家对当时强势政府的不满，以及对约束政府权力、增加民间社会自治权的呼吁。

儒家思想则勠力于敦促统治者实行仁政。其中，在强调和督促统治者实行仁政、尊重民意方面，用力最多、态度最激烈的莫过于孟子。《孟子·公孙丑下》直言：“得道多助，失道寡助。”《孟子·告子下》中，孟子也借批评魏相白圭自矜的话谈了什么是仁政。白圭认为自己治水比大禹还强。孟子反驳说，大禹治理水患，是顺着水的本性而疏导，所以使水流注于四海；白圭却是“以邻国为壑”，让水流到邻近的国家去，使得他国遭遇洪水，这是“仁人之所恶也”。因此，大禹是仁，白圭却不是。孟子的思想也影响了法家。商鞅有类似的表达：“得人者兴，失人者崩。”（《史记·商君列传》）

《孟子·离娄上》借孔子的话总结“仁”的意义：“仁不可为众也。夫国君好仁，天下无敌。”意思是“仁”的力量不在于人多，国君爱好仁德，就能天下无敌。同时，孟子也通过对“仁”的讨论，辨析了三代从禅让制转为世袭制的制度变革问题。当时，关于尧舜实行禅让，禹却把帝位传子启，人们多有非议。孟子却认为：“天与贤，则与贤；天与子，则与子。”（《孟子·万章上》）这是以天命、天意为视角评判人间政治。他继续分析道，舜向上天举荐了禹，十七年之后，舜去世了，禹是谦让王位与舜子的，但是天下民众追随禹而不追随舜之子。这一景象就像尧去世之后，民众追随舜而不追随尧之子。禹也学尧、舜之禅让，“荐益于天”。益在禹去世之后，也“避禹之子于箕山之阴”，但这次的情况就不同了——民众没有追随益，而追随禹之子启。这是为何呢？孟子说：

> 丹朱之不肖，舜之子亦不肖。……启贤，能敬承继禹之道。益之相禹也，历年少，施泽于民未久。舜、禹、益相去久远，其子之贤不肖，皆天也，非人之所

能为也。……孔子曰："唐、虞禅，夏后、殷、周继，其义一也。"

也就是说，启的境况与尧的儿子丹朱和舜的儿子商均不同。丹朱和商均都是无贤无德之人，启却很贤明，认真继承了禹的治国之道。另外一个因素则更是人力不可违的，那就是舜辅佐尧、禹辅佐舜时间都比较长，在民众中树立了很高的威望；益辅佐禹的时间却比较短，他对老百姓恩泽有限，自然很难获得舜、禹那样的威望。因此，孟子分析说，无论是子孙的贤不肖，还是从政时间的长短，都不是人的意愿可以决定的。他引用孔子的话说，尧、舜的禅让制，与夏、商、周的家天下制度，道理是一样的。制度的形式不重要，重要的是由有德之人领导、治理天下。有德者为君，就是天命。有德的主要标志就是爱民、得民心。这就是所谓"得民心者得天下"的逻辑，近乎一种"存在即合理"的观念。后来的汤武革命，也被认为是"顺乎天而应乎人"（《周易·彖下》），从而获得了合法性和正义性。

宋代以后，各级地方政府公堂前普遍树立戒石铭，为的就是警诫官员公正地行政执法。相传五代十国时期的后蜀国君孟昶为了整饬吏治，于广政四年（公元941年）亲撰《颁令箴》二十四句，内容是诫谕地方官员要爱护百姓，不做

◆南宋《太宗皇帝御制戒石铭》拓片（局部）

贪官污吏。后来宋太宗将《颁令箴》删繁就简，缩写为四句十六字，即“尔俸尔禄，民膏民脂，下民易虐，上天难欺”，并敕令勘石立于各州县的衙署大堂前。戒石铭虽仅十六个字，却犀利地揭示了官、民与天的关系。官员的俸禄来自人民。天虽然是一个抽象概念，但朗朗乾坤，崇高威严。民在表面上不是官的对手，难以约束和监督官员，但可以寄托于“天”。“上天”不仅指代自然界的上苍，更是王权（天子）的代表，对官有重要的监督作用。

三

令顺民心

《管子·牧民》说:“政之所兴,在顺民心。政之所废,在逆民心。”政权之所以能兴盛,在于顺应民心;政权之所以废弛,则因为违逆民心。因此,民心的向背决定政权的兴衰,成为绝大多数统治者的共识。

民心之所以如此重要,是因为君主虽然统治天下,但天下从来不是一家一姓能永久拥有的,而是“有德者居之”。判断执政者是否“有德”的标准,即在于人民是否安居乐业。管仲作为齐相,很早就意识到这一点。政权要稳定长久,就必须推行顺乎民心的政策:“民恶忧劳,我佚乐之;民恶贫贱,我富贵之;民恶危坠,我存安之;民恶灭绝,我生育之。”既然忧劳、贫贱、危坠、灭绝是人民所厌恶的,那么执政者就应当使人民佚乐(即逸乐)、富贵、存安、生育。政府的政策制定与执行,应当围绕民众之喜好及利益展开。只有如此,民众才会支持执政者。按今天的话,就是执政者要了解人民想什么、要什么、有什么困难和需求。

作为《管子》第一篇的《牧民》,讲的就是国家管理的问题。文中说,凡是一个国家的君主,必须注重生产和积累,这样才能聚集和吸引人民；必须施政得当，这样才能引导和管理好人民：

国多财，则远者来；地辟举，则民留处；仓廪实，则知礼节；衣食足，则知荣辱……不务天时，则财不生；不务地利，则仓廪不盈。野芜旷，则民乃菅。

这些论述体现了管仲鲜明的经济学思想。国家财力充足，远方的人们就会自动迁来；荒地开发得好，本国的人民就能安心留住；粮食富裕，人们就知道礼节；衣食丰足，人们就懂得荣辱。倘若君主不注意天时，财富就不能增长；不注意地利，粮食就不会充足。这样就会导致田野荒芜，人民惰怠。

与政令爱民、顺民相对的另一方面，管仲也对统治阶级提出警诫：

上无量，则民乃妄。文巧不禁，则民乃淫；不璋两原[1]，则刑乃繁。不明鬼神，则陋民不悟；不祗山川，则威令不闻；不敬宗庙，则民乃上校……

这依然是上行下效的道理：如果君主挥霍无度，人民也会胡

1 “璋”通“障”；“原”通“源”。“不璋两原”的意思是，君主不堵塞挥霍、奢侈这两个坏的源头。

作妄为；君主不禁奢侈，人民也会放纵淫荡。长期下去，犯罪者就会大量增多。官方不尊鬼神，小民就不能感悟；不祭山川，威令就不能远播；不敬祖宗，老百姓就会犯上。久而久之，国家就会走向灭亡。

管仲强调，刑罚不足以使人民真正害怕，杀戮更不能让人民心悦诚服。刑罚繁重而人心不惧，法律就没有公信力了。杀戮频繁而人心不服，统治者就失去民心了。因此，必须满足人民的“四欲”，即佚乐、富贵、存安、生育这四种愿望；必须禁止对人民实行“四恶”，即忧劳、贫贱、危坠、灭绝这四种人民厌恶的事情。做好这两点，“远者自亲”。这也是“予之于民就是取之于民”的道理。

管仲还说，一个贤明的君主，应该对人民开诚布公。在室内讲话，要使全室的人知道；在堂上讲话，要使满堂的人知道。同时，不掩蔽过错，不擅改法度。“城郭沟渠，不足以固守；兵甲强力，不足以应敌；博地多财，不足以有众。唯有道者，能备患于未形也，故祸不萌。”城郭沟渠、武力装备、地大物博，都不是一个国家最根本的力量。最重要的是群众的拥护。只有有道的君主，随时听取民意，关注民生，才能做到防患于未然，避免灾祸的发生。以上言论表明，管仲是先秦思想家中对民意与政治的关系思考得最深入、细致的一位。

从《论语》《孟子》到《管子》，存在一个对顺天应民思想的系统化、具体化的发展过程。虽然君主专制的历史大势在很长一段时间里未能变化，但任何朝代的统治者在颁布或执行政令的时候，都会顾及民意，都会将民众的思想、情感和利益纳入综合的施政方针中。这一思想是贯穿整个封建社会历史的。正因为如此，到五四时期，先进的知识分子才能有这样的总结性省思：

> 人事，演进者也。民情，流通者也。欲其循常轨而之，必因势利道，不激其流，区别条理，不壅其机，否则郁之久者宣必激，抑之甚者扬必高。凡力以其一冲击其一，必有反动之力以应之。冲力弥甚，抗力弥强，此无间于人情物理，莫不皆然者也。欲销除革命，惟有不挑激革命已耳。[1]

文章强调，民意是一种变动的力量，是需要尊重、顺从的。如果统治者压抑人民的思想，禁止人民的交流，强迫人民的意志，这样的政府人民必然群起而推翻之。统治者与人民是一种力的互动的关系，人民的革命即源于统治者的高压。现代知识分子比古代政治思想家更进一步的是，坚决认为自由

1 高一涵：《民约与邦本》，《新青年》第1卷第3号，1915年11月15日。

意志应当是属于个人的，万万不能交予国家。

当然，虽然古代思想家对个人的自由意志整体上是比较排斥和否定的，但是他们在民主的思考层面常常不失激进。典型如孟子，他曾说：

> 左右皆曰贤，未可也；诸大夫皆曰贤，未可也；国人皆曰贤，然后察之；见贤焉，然后用之。左右皆曰不可，勿听；诸大夫皆曰不可，勿听；国人皆曰不可，然后察之；见不可焉，然后去之。左右皆曰可杀，勿听；诸大夫皆曰可杀，勿听；国人皆曰可杀，然后察之；见可杀焉，然后杀之。故曰，国人杀之也。如此，然后可以为民父母。（《孟子·梁惠王下》）

孟子建议齐宣王，不要只信少数人的意见，要信多数。这符合我们常说的“少数服从多数”的政策实行规则，体现了孟子对民意的重视和显著的民主意识。至于多数民意的传达和实现方式该是怎样，孟子并未说明。而且，虽然说“国人皆曰贤”即多数意见是主要的人才考察标准，但最终“察之”“用之”的仍然是国君。最终的拍板权依然是独断的、专行的。可见，孟子的民主意识并未突破君王独治的基本范畴。

与其说古代民本思想家重视民意，不如说他们是重视民心。他们重视的是人君之有德与否，即贵民爱民还是贱民害民。这就是德治主义。德治主义只是伦理学角度的政治思想，“民意”则是制度层面的考虑。在专制时代，“民意”能否自由表达尚且成为问题，更何况“民意”与“君意”相提并论或者改变“君意”呢？

文化关键词

顺天应人

顺应上天的旨意和民众的意愿。“天”即“天命”，指上天旨意。古人认为，有德行的人秉承上天意志而确立政权，成为君主，故称为“天命”。“人”指人心、民意。它与西方“君权神授”思想相似，但它还强调人心、民意，体现了人本思想。在古代它常被用于称扬新朝代的建立和社会重大变革的实施，以表明其正当性、合法性。

天人感应

天与人之间相互感应。“天人感应”之说是董仲舒明确提出的。他继承了前人的思想，认为同类事物之间可以相互感应。而人作为天的副本，彼此之间也存在着感应。天的变化会影响人和人事，而人的言行、人事的治乱也会在天象上有所反映。统治者如果有悖乱的言行，就会引发灾异。董仲舒试图在“天人感应”的基础上，利用灾异现象规劝统治者施行德治。

篇六　为政以德

是仁政而非暴政

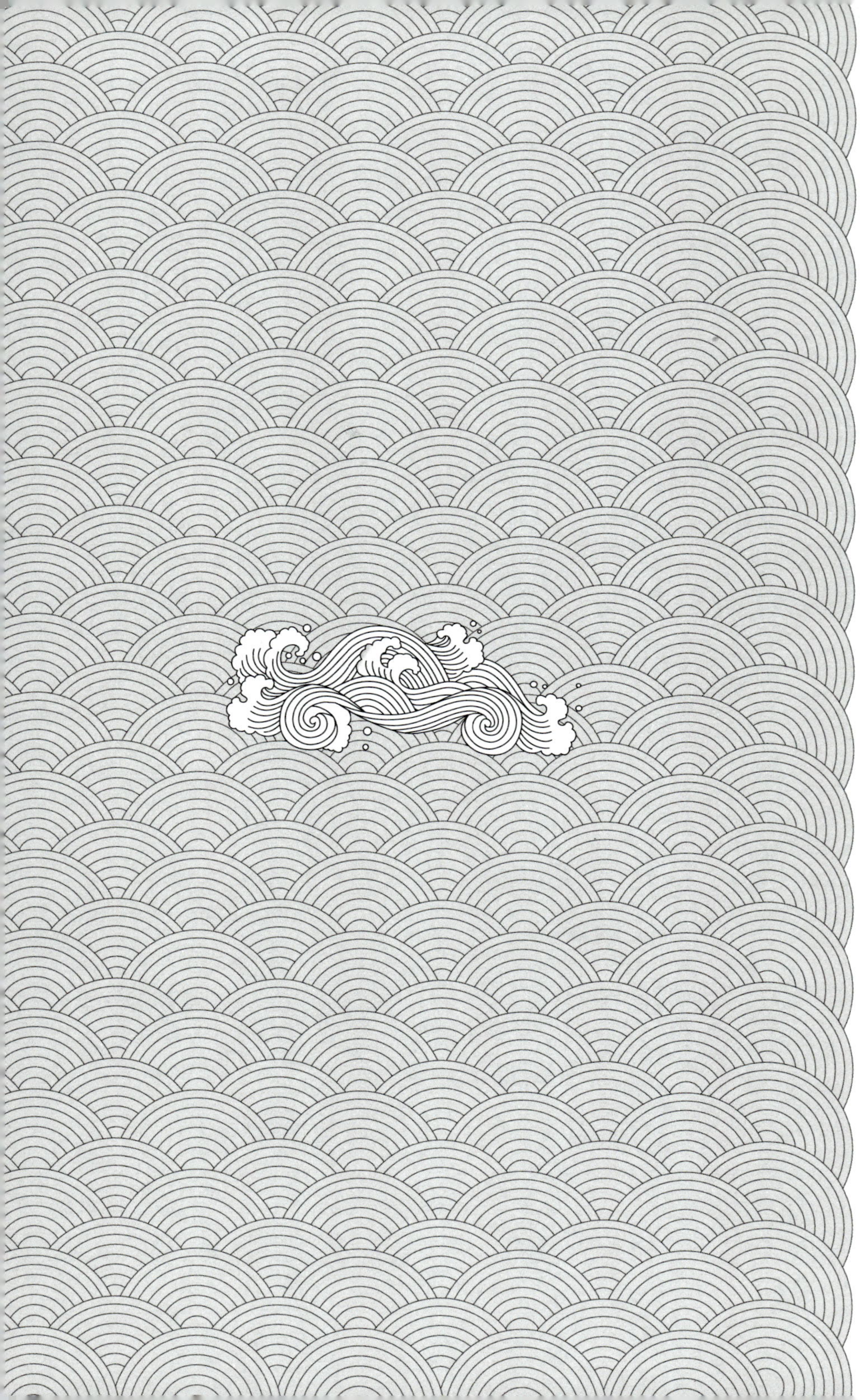

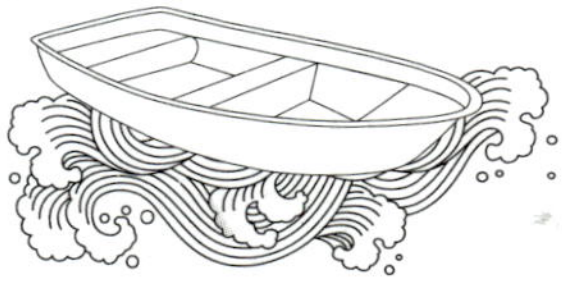

古代民本思想的政治批评中，仁政与暴政这组相对的词语是比较常见的。它们代表了人民对理想政治的肯定和向往、对坏恶政治的否定和批判。在某些历史时期，仁政思想得到了较多的践行，这些时期往往被称作治世。治世的君主被视为明主。不过大多数时期，是仁政而非暴政，更多的是作为一种历史经验出现在臣子对君主的劝谏中，或者是作为一种历史总结出现在古代政治文献中。

仁政思想是具有中国特色的民本思想。它内在地联系着儒家政治理论，又外在地影响了历朝历代的政治统治，具有深远的意义。

一

仁者爱人：儒家的仁政论述

“仁”和“恕”是儒家思想最重要的两个基点。二者之间有内在联系，但相对而言，“仁”更为世人所熟知。

“恕”即宽容，更准确地说，是以仁爱的心待人，用自己的心推想别人的心。在孔子的思想体系中，“恕”比较具有纲领性作用。《论语·里仁》云：“曾子曰：‘夫子之道，忠恕而已矣。’”《论语·卫灵公》里，子贡也问孔子：“有一言而可以终身行之者乎？”孔子的回答是：“其恕乎？己所不欲，勿施于人。”可见孔子对“恕”的重视。“恕”的思想也就是人己统一的思想，它要求人们在立身处世之时要推己及人，不把自己不喜欢的东西强加在别人身上。“己欲立而立人，己欲达而达人”（《论语·雍也》）也是相近的意思。“恕”的思想体现了对他人人格的尊重，也是一定意义上的平等观念。

不过，“恕”毕竟是更大一级的“仁”的组成部分。“恕”的思想是“仁”的思想的核心和基础，但儒家关于“仁”还有许多其他论述。

《论语·颜渊》几乎通篇都是关于“仁”的论述。比如：

樊迟问仁。子曰："爱人。"问知。子曰："知人。"樊迟未达。子曰："举直错诸枉，能使枉者直。"樊迟退，见子夏曰："乡也吾见于夫子而问知，子曰'举直错诸枉，能使枉者直'，何谓也？"子夏曰："富哉言乎！舜有天下，选于众，举皋陶，不仁者远矣。汤有天下，选于众，举伊尹，不仁者远矣。"

孔子说"仁"即"爱人"，"知"（通"智"）即了解人。孔子认为，"仁"与"智"是相辅相成的关系，就像人才选拔，如果选拔正直的人，罢黜邪恶的人，这样也就能使邪者归正。上古的舜帝和商汤，做法与此是一样的。他们在众人中挑选人才，把皋陶、伊尹选拔出来，不仁的人同时也就被疏远了，不仁的现象也就消退了。

另一段则说：

仲弓问仁。子曰："出门如见大宾，使民如承大祭。己所不欲，勿施于人。在邦无怨，在家无怨。"

这是孔子对他的学生仲弓论说"仁"的一段话，涉及"仁"的两个内容。孔子认为"仁"与"礼"应该是契合的。所以，一方面，出门办事应当如同去接待贵宾，使唤百姓应当如同去进行重大的祭祀，都要认真严肃对待；另一方面，自己不愿意要的，不要强加于别人，做到无论在朝在野都没人怨恨自己。因此，“仁”是一种严肃认真的为人处世态度，也是一种宽以待人的忠恕之道。

但必须指出的是，儒家“仁”的思想的提出，主要不是针对个人的修身养性或德行提升，而是对统治阶级的劝谏或告诫。

同样是《颜渊》篇，孔子的对话对象转而为统治者：

> 季康子问政于孔子曰：“如杀无道，以就有道，何如？”孔子对曰：“子为政，焉用杀？子欲善而民善矣。君子之德风，小人之德草。草上之风，必偃。”

季康子即季孙肥，时任鲁国正卿。这段对话是关于行政和司法手段的讨论。他问孔子，杀掉无道的人来成全有道的人，这种手法是否可行。孔子否定了季氏的想法。他力劝对方说，只要执政者努力行善，老百姓也会跟着行善。执政者的行政理念对百姓的影响很大，好像风吹草动一样。孔子是主张仁政而反对杀人的。他尤其提醒统治者，如果上层实行有德行的仁政，社会自然安定，无道、作乱的人自然就少了。

孔子之后，孟子继续发挥关于“仁”的思想，其劝诫和警告统治者的言论更加频繁且激烈。首先，他继续阐释“仁者爱人”的思想：

> 君子所以异于人者，以其存心也。君子以仁存心，以礼存心。仁者爱人，有礼者敬人。爱人者，人恒爱之；敬人者，人恒敬之。（《孟子·离娄下》）

孟子认为，君子之所以为君子，就是能够在内心建立仁与礼的道德规范。仁，就是人与人之间相互亲爱的关系，内心仁道的人才能爱别人；礼，就是尊重社会的行为规范，内心有礼的人才能尊敬别人。能爱别人的人，别人也常常爱他；能尊敬别人的人，别人也常常尊敬他。孟子对“仁”与“礼”重要性的论述，以及对二者关系的辨析，是对孔子思想的发展，体现了更为庄重严肃的道德自律。

孟子尤其强调，“仁”的获得，是需要不断自我反省的过程。只有这样不断地自我反省，才能达到纯粹的“仁”的境界：

> 是故君子有终身之忧，无一朝之患也。乃若所忧则有之：舜人也，我亦人也。舜为法于天下，可传于后世，我由未免为乡人也，是则可忧也。忧之如何？如舜而已矣。若夫君子所患则亡矣。非仁无为也，非礼无行也。如有一朝之患，则君子不患矣。（《孟子·离娄下》）

君子与非君子的分野即是前者具有道德自省的能力而后者没有。这样，君子有长期的忧虑，而没有短暂的患得患失。这种忧虑带来的是积极的自我提升意识。孟子举例说，大舜是人，我也是人，但大舜为天下作了榜样，名传后代，我却是普通百姓，怎么办呢？孟子认为，这种忧虑才是值得的忧虑，因为它会促使自己见贤思齐，努力朝大舜的境界精进——不去做不仁义、不合礼的事情。这样，所谓的忧虑其实就会逐渐随之消失。可见，孟子特别重视“仁”的实践意义。“仁”不仅是一种理论或观念，更是一个人达到至善、至圣过程中的具体行动。

在对仁、礼辨析的基础上，孟子开始讨论具体的政治伦理。他对统治者处理与人民的关系提出了原则性的要求。《孟子·梁惠王下》说：“乐民之乐者，民亦乐其乐；忧民之忧者，民亦忧其忧。乐以天下，忧以天下，然而不王者，未之有也。”统治者如果乐于做民众喜爱的事情，民众也会与统治者同乐；统治者担忧民众担忧的事情，民众也会为统治者分忧。统治者只要顺乎民心，将民众喜欢的和忧虑的都考虑在内，就能实现真正的王道。反之，倘若人民生活困苦，统治者却奢靡腐败，政府危亡就不远了。

和上述文字意思相近而更著名的表达是：

> 老吾老，以及人之老；幼吾幼，以及人之幼。天下可运于掌。（《孟子·梁惠王上》）

他劝告统治者，倘若敬爱自己家的老人，也敬爱别的老人；呵护自己的孩子，也呵护别人的孩子。那么天下归心，统治自然容易。关键在于统治者要把人之常情推而广之，普惠民众。真正做到与民同心，那么治理国家就举重若轻了。孟子在孔子的基础上，将君民关系的认识推进了一步。

先秦最后一个大儒荀子，对君民关系及仁政思想也有详尽的论述。比如《荀子·君道》分析人民性之于政治的重要性，就具有鲜明的民本特色：

> 君者，民之原也；原清则流清，原浊则流浊。故有社稷者而不能爱民，不能利民，而求民之亲爱己，不可得也。民不亲不爱，而求其为己用，为己死，不可得也。民不为己用，不为己死，而求兵之劲，城之固，不可得也。

荀子将君民关系比作“原”（通“源”）与“流”，与孔子（《论语·颜渊》）将君民关系比作“风”与“草”相辅相成。孔子的风吹草偃论，意在提醒在位者慎独，因为上行下效，唯有统治者实行仁政，百姓才能具有仁德。倘若统治者实行暴政，百姓自然也会沦为野蛮的暴民。荀子意思相近，认为君主就像人民的源头。源头清澈，那么下边的流水也清澈；源头混浊，那么下边的流水也混浊。掌握国家政权的人如果不能够爱护人民，使人民得利，却要求人民亲近爱戴自己，那是不可能的。不同之处在于，荀子继续强调，如果人民不被亲近和爱戴，反而被要求为国家服务，做出牺牲，这是不可能的。这样，一个国家想要兵力强大、城防坚固，也是不可能办到的。不爱护民众、不重视民众利益诉求的国家，必然走向灭亡。

从孔子、孟子到荀子，奠定了儒家仁政思想的根基。后世学者、官员在这一基础上做出了许多理论阐发或实践运用。西汉刘向《说苑・政理》云："故善为国者遇民，如父母之爱子，兄之爱弟，闻其饥寒为之哀，见其劳苦为之悲。"这与孟子"老吾老，以及人之老；幼吾幼，以及人之幼"的思想如出一辙。

二

休养生息：道儒思想的合流

休养生息指长期战争或社会大动荡之后，统治者放弃苛捐杂税、严刑厉法，改为宽刑薄赋，以保养民力，恢复和发展经济的做法。

典型的休养生息政策体现在西汉初期几任统治者的施政。汉高祖开始，历经吕后、文帝、景帝，总体上都推行休养生息的政策，历时六七十年。结果众所周知，“海内殷富”（班固《汉书·文帝纪》)。《汉书·景帝纪》概述得更清楚：“汉兴，扫除烦苛，与民休息；至于孝文，加之以恭俭；孝景遵业。五六十载之间，至于移风易俗，黎民醇厚。”

汉初的休养生息政策是从上下两方面进行的。从民政方面看，主要是减轻赋税徭役。文帝二年（公元前178年)、十二年（公元前168年)，两次把田租减为三十税一，这已经是极低的田税了，十三年又下诏全免田租。直至景帝元年（公元前156年）才又恢复到三十税一，并成为西汉定制。同时，文帝把算赋（人头税）由每人每年交纳一百二十钱减为四十钱；徭役也相应减轻，由原来的一年服役一个月，改为“三年而一事”。刑罚方面，文帝废除了连坐之法和一些肉刑，如黥、劓、刖等。景帝在文帝政策的基础上，将笞刑（文帝除肉刑后，改为笞刑，即以竹板鞭打犯人）亦减免，断狱从轻，达到狱事简省的效果。轻徭薄赋和减轻刑罚促进了农业生产的恢复发展。

从统治者自身看，汉初几位皇帝都厉行节约，养成了廉政之风。减轻赋税必然要求政府“过苦日子”。总体上看，西汉统治者是做到这一点了。《汉书·文帝纪》记载，文帝曾想建造一座露台，以观天象。召来工匠一算，造价要上百斤黄金，文帝就说：“百金，中人十家之产也，吾奉先帝宫室，常恐羞之，何以台为？”他认为百斤黄金相当于十户中等人家的产业，为此而大兴土木是劳民伤财的行为。这一事件不仅显示了文帝的节俭，更难能可贵的是他能把皇家的消费与民众的生活联系起来思考，知道皇家支出取之于民的基本道理。另一次，文帝拒绝了别人献给他的千里马，且说：“朕不受献也，其令四方毋求来献。”文景二帝的励精图治和注重节俭，使得政府节省了财政开支，官僚系统也因之养成廉政风气。

休养生息的政策，既符合儒家的仁政思想，也契合道家黄老之学。

黄老之学，顾名思义是黄帝与老庄（道家）之学的结合。

黄老之学的形成是一个复杂的历史过程。简而言之，春秋晚期即开始有相关的思想萌芽，到了战国中期已有较多的论述了。黄老学是道家思想的一个变形。道家哲学是黄老之学的理论基础。

那黄帝在黄老之学中又扮演什么角色呢？中国史书上记载的“黄帝”只是上古传说的残迹。“黄帝”在先秦诸子中的存在并不突出。最典型的，儒家宗师孔、孟以及儒家所传的《春秋》（含《公羊传》《穀梁传》）都绝口不提“黄帝”。《史记·五帝本纪》说：“然《尚书》独载尧以来，而百家言黄帝，其文不雅驯，荐绅先生难言之。”意思是很多史书都在写黄帝，但是这些资料都是缺乏考证的，欠缺可信度。

只有道家、法家和阴阳家热衷于谈论、渲染黄帝故事。《庄子·盗跖》曰：“世之所高，莫若黄帝。”《淮南子·修务训》说：“世俗之人，多尊古而贱今，故为道者必托之于神农、黄帝而后能入说。”“黄帝”出现于思想史，正是因应了时代精神。“黄帝”形象被抬升为一种思想与政治的符号，是战国后期政治生态的体现。在此之前，诸夏民族的宗神是契和稷，而华夏和四夷民族共同认同的始祖则变为尧、舜、禹。尧、舜、禹要比殷祖契、周祖稷更具广泛的整合力与号召力。这是春秋以前历史的状况。到了战国后期，具有更大

◆《帝王道统万年图》（明代仇英绘）之一，居中者为黄帝

覆盖面的“黄帝”的出现，显示了当时天下人希望维系共同的政治、文化与精神信仰的诉求，反映了人们向往“天下归一”“大一统”的心理。“黄帝”（加上“炎帝”）这样的远古圣王，逐渐成为各民族的“共祖”。如同历史学家顾颉刚所考证，古史上以黄帝为中心的一统世系成熟于战国时期，而且春秋战国至秦汉之际的黄帝形象确与道家黄老思想的流行有关。[1]

《管子·轻重戊》列举了“天下化之”（天下归顺）的几个时代帝王的做法，认为黄帝、虞舜、大禹、商汤、周武各有千秋。但是，《管子·任法》却以比较的方法刻画了一个黄帝治理下的黄金时代：

> 昔者尧之治天下也，犹埴之在埏也[2]，唯陶之所以为。犹金之在炉，恣冶之所以铸。其民引之而来，推之而往，使之而成，禁之而止。故尧之治也，善明法禁之令而已矣。黄帝之治天下也，其民不引而来，不推而往，不使而成，不禁而止。故黄帝之治也，置法而不变，使民安其法者也。

1 顾颉刚：《答刘胡两先生书》，《古史辨》第一册，上海古籍出版社，1982年，第101页。

2 “埴”，黏土；“埏”，用水和土。

管子将尧治理天下的方法比作陶工制作陶器，百姓就像黏土，被陶工（统治者）放在模具里，随意制作；又比作冶工炼造工具，百姓就像金属，被冶工（统治者）置之炼炉，随意铸造。管子认为，尧时代，百姓是招之就来，推之即去的，任由统治者管理和使役。尧只不过是善于明确地发号施令。而黄帝则不同。在他的统治时代，百姓不用招引就来，不用推动就去，不用役使就能够做成好事，不用禁戒就能够不做坏事。黄帝的治理方法是定了法就不改变，然后让人民习惯于依法行事即可。相较之下，管子认为“黄帝之治天下”是比“尧之治天下”更优越的。

联系到管子在另一处说，“凡有天下者：以情伐者帝，以事伐者王，以政伐者霸”（《管子·禁藏》），可以看出在管子思想中是有“帝道”“王道”“霸道”的区分的。西周以来的德政传统、礼乐文化（也就是孔子勠力呼吁、经营和推广的那一套思想文化体系），在管子时代一定程度被弃置了。新的天下局势和政治秩序呼唤新的政治思想的产生。就像某些学者所说，黄老之学的根本宗旨就是帝道而已；所谓“帝道”一方面是王道、霸道之外的政治哲学新思维，另一方面则是以道法之间为自己的思想空间，以“内圣外王”之道作为自身的理论结构。[1]黄老之学的勃发呼应着战国后期的特殊历史环境。

黄老之学广泛散存于战国至西汉的文献之中，如《庄子·天下》《管子》《吕氏春秋》《淮南子》《论六家要旨》《汉书·艺文志》和马王堆出土的黄老古佚书等。总体而言，它们的主要内容包括两个方面：一是以“无为”等典型的老庄政治哲学概念进行的阐述；二是以黄帝为象征符号，融合或超越了“王道”和“霸道”的政治思想。可以说，黄老之学是“帝王之道”与“无为”思想的结合。《老子》第四十九章说：“圣人无常心，以百姓心为心。”意思是圣人以民心为己心，不师心自用，无所厚薄。这一说法也显示了“帝道”中的“无为”因素。

在具体的施政领域，黄老道家提出了君逸臣劳、清静无为、万民自化、因俗简礼、休养生息、依法治国、宽刑简政、刑德并用等一系列的政治主张。这些主张一定程度上促进了民众的自主自由发展，也对君权有所约束。西汉初年对黄老之学的贯彻达到极致。丞相曹参本身即是黄老之学的信徒，他奠定了西汉休养生息政策的基础。

1　郑开：《黄老的帝道：王霸之外的新思维》，《道家文化研究》第三十辑，中华书局，2016年，第491—525页。

不过，汉武帝之后，儒家思想取代道家思想成为国家的正统思想，此后历史上的统治者是“外儒内法”“霸王道杂用之”，基本摒弃了黄老之学。不过，在某些历史时期，如社会大动荡或持续战争刚结束不久，黄老道家往往会短暂复活，并带来经济文化上的繁荣。唐宋明几代的初始数十年即如此。所谓贞观之治、开元盛世和两宋时期经济文化的高度繁荣，都与黄老思想有内在的关系。

三

“暴秦”的历史形象及对后世的意义

从历史发展的角度看，汉初采取休养生息的政策，减轻人民的徭役赋税，是吸取历史教训的做法。这一历史教训主要是秦朝的迅速覆灭。

秦朝在中国古代的文献中，主要是以负面的形象出现的。其中最常见也最著名的，则是“暴秦”。

无论是儒家还是黄老，他们的政治思想都有一个共同点是重视民意，主张统治者应当顺应民心，如此方能缓和统治阶级与被统治阶级的矛盾。他们也都主张减轻赋税徭役，宽松刑罚等。所不同者，儒家更侧重于道德修养方面，而黄老则重视具体的施政方针及其效果。另外，儒家的理想时代是夏商周三代，而非道家心仪的黄帝时代。

秦代则不同，自商鞅变法始，以法治军治国。严刑酷法、奖励军功及相应的其他政策，短时期促进了秦国的勃兴强大，直至消灭六国，建立帝国。但统一天下的秦未能及时改变政策，穷兵黩武，横征暴敛，很快招致天怒民怨。公元前221年实现大一统，公元前209年即爆发陈胜吴广起义，不过十余年的时间。陈胜所呐喊的“天下苦秦久矣”，反映

◆山东嘉祥武氏祠汉代画像石《荆轲刺秦王》场面

了广大百姓的心声。这才使得陈、吴队伍，能在数月之间，就从大泽乡起义时的九百余名戍卒发展至数万之众，并促使天下反秦势力云集响应，纷纷揭竿而起。两年后，中国历史上第一个大一统王朝即灭亡了。

秦之形象的负面性主要构成是"暴"，即实行暴政。西汉甫一建立，许多学者和政客就开始对秦王朝短命而亡进行分析和总结，贾谊、陆贾、司马迁等人都著文探讨秦速亡的原因。他们一致认为秦始皇"举措暴众而用刑太极"（陆贾《新语》）的政策是秦朝二世而亡的最重要原因。至东汉依然延续此说："毁先王之法，灭礼谊之官，专任刑罚……天下愁怨，溃而叛之。"（班固《汉书·刑法志》）

汉高祖时，就曾专门让儒生陆贾写文章研究历史，尤其是分析为何秦失天下而汉得天下。陆贾写了《新语》十二篇，成为传世名文。这些文章深入剖析了秦代政治的特征，对当时现实很有启发意义。比如《无为》篇曰：

> 秦始皇帝设为车裂之诛，以敛奸邪。筑长城于戎境，以备胡越。征大吞小，威震天下。……事逾烦天下逾乱，法逾滋而奸愈炽，兵马益设而敌人逾多。秦非不欲为治，然失之者，乃举措暴众而用刑太极故也。
>
> 是以君子尚宽舒以苞身，行中和以统远；民畏其

威而从其化，怀其德而归其境，美其治而不敢违其政。民不罚而畏罪，不赏而欢悦，渐渍于道德，被服于中和之所致也。

这两段话，前者是对秦政的描述与剖析，后者是启示与教训。陆贾认为，秦始皇为建立雄图霸业而南征北战，要处理的事务越来越多，但他处理这些事务的方式却是残暴专断的，这就导致事情不可收拾：军队越多，树敌也越多；法律越严，暴乱也越多。靠武力和酷刑来维持天下的稳定，是注定失败的。因此，圣明的君主应该宽刑减压，以中和宽舒的态度治理天下。君主自己树立了仁德，实行了仁政，百姓自然会主动归顺。这是一种不怒自威的效果：君主自己减少了事务，百姓也安居乐业而不需要军队和法律的高压统治。陆贾的《新语》对汉高祖采取黄老之学以治国有直接影响。

紧接着，名士贾谊写了更为著名的政论名篇《过秦论》。文章从各个方面分析秦王朝的过失，故名。这是一篇见解深刻而又极富艺术感染力的长文，分上中下三篇。上篇简述了秦国兴盛起来的历史，指出秦国变法图强而得天下，又“仁义不施”而不能守天下；中篇论述了秦统一之后的种种过失，这些过失导致处在很好形势中的秦王朝逐渐走向倾覆；下篇讲述秦二世未能改变原来错误的政策，陈胜起义军起而加速秦的灭亡。

贾谊提纲挈领地指出秦兴起和灭亡的原因，也就是《过秦论》的中心论点："仁义不施，攻守之势异也。"那暴秦的这些"仁义不施"体现在哪些方面呢？贾谊有具体的分析：

> （秦昭襄王时期）追亡逐北，伏尸百万，流血漂橹。因利乘便，宰割天下，分裂山河。强国请服，弱国入朝。
>
> （始皇时期）废先王之道，焚百家之言，以愚黔首；隳名城，杀豪杰；收天下之兵，聚之咸阳，销锋镝，铸以为金人十二，以弱天下之民。……天下已定，始皇之心，自以为关中之固，金城千里，子孙帝王万世之业也。

贾谊认为，秦的强盛，是完全依赖武力的。它对六国产生震慑力，令周边小国臣服，都不是靠"王道"，而是纯粹的"霸道"。秦统一六国之后，并未改变这种政策，反而变本加厉，并且以为消灭了全部反对力量而能使霸业千秋万载地存在下去。以下这段话高度总结了秦政与秦的统治命运的关联性：

不信功臣，不亲士民，废王道而立私爱，焚文书而酷刑法，先诈力而后仁义，以暴虐为天下始。夫并兼者高诈力，安危者贵顺权，以此言之，取与、攻守不同术也。秦虽离战国而王天下，其道不易，其政不改，是以其所以取之也，孤独而有之，故其亡可立而待也。

秦在强盛的过程中，只图树立个人权威，而不信任功臣，更不亲近士民。统一之后，行的也是与仁政王道背道而驰的政策：焚书坑儒，严刑厉法，残暴苛虐。总而言之，秦始皇未能顺时权变，战争时期和和平时期用的是同样的方法。从战国到统一天下，秦的路线和政令没有变，这样导致秦始皇只是名义上拥有天下，而实际上不能令天下人心真正归顺。秦的覆灭之快就不难理解了。

贾谊说：“牧之以道，务在安之而已矣。”使百姓安居乐业，才是治理政事的关键。“安民可与行义，而危民易与为非”，处于安定状态的人民可以共同行仁义，处于危难之中的人民容易一起做坏事，民众的安全感和幸福感之重要性可见一斑。君王只有将精力集中在安抚、爱护百姓，才能实现长治久安。

前事不忘，后事之师。魏晋时期，人们对秦始皇的评价大抵与汉代类似。名臣杨阜劝谏魏明帝应该厉行节约，切勿大兴土木和铺张浪费时，曾说：

> 古之圣帝明王，未有极宫室之高丽以彫弊百姓之财力者也。桀作璇室、象廊，纣为倾宫、鹿台，以丧其社稷；楚灵以筑章华而身受其祸；秦始皇作阿房而殃及其子，天下叛之，二世而灭。（陈寿《三国志·魏书·杨阜传》）

在此，杨阜是把秦始皇放在夏桀、商纣、楚灵王这些残暴腐败的君王序列之中进行评价的。他提醒魏明帝："不度万民之力，以从耳目之欲，未有不亡者也。"

劳民伤财是"暴秦"之"暴"的最突出表现之一。所以，直至整个唐代，都还持续有对秦始皇进行批判的诗文。李白、白居易等诸多诗人都曾以始皇为题作诗。李白的《古风五十九首》中有一首《秦皇按宝剑》，内云："征卒空九宇，作桥伤万人。但求蓬岛药，岂思农扈春。力尽功不赡，千载为悲辛。"这也是对当时唐明皇沉迷求仙而不体恤民情的讽刺。白居易写了三首关于始皇的诗：《答四皓庙》《草茫茫》《海漫漫》，都是对秦朝暴虐愚昧的批判，即所谓"秦皇肆暴虐，二世遘乱离"。这些都是借古讽今的讽谏诗。

当然，历史上也有少数人是肯定秦始皇的功绩的。如

◆《孔子圣迹图》之《泰山问政》（清代孔宪兰刻本）

柳宗元在《封建论》一文中，对秦始皇的功过都有辩证的分析。他尤其论述了郡县制对中国历史发展的正面意义，而且对始皇本人的帝王气度和一统之功业也是肯定的。明代政治家张居正则从政治改革与历史变迁关系的角度探讨秦政。他认为，从周到秦的变化是历史的必然，也是历史的进步。秦制比三代以来的制度都更先进，所以秦才能统一天下。他尤其强调："西汉之治，简严近古，实赖秦为之驱除。"(《杂著·天下之事》) 意思是西汉的制度不仅与秦制没有本质的区别，而且有赖于秦朝革命性的大破大立，所以是对秦的继承。他说秦的灭亡与秦始皇两个儿子的年幼、懦弱有关。当然，张居正也并不否认秦政之暴虐。

《礼记·檀弓下》记载了孔子的一个故事。他和子路经过泰山时，遇到一名妇女在哭泣。一问才知道当地虎患严重，她的公公、丈夫和儿子相继被老虎咬死。孔子问她怎么不早点离开那里，妇女说："无苛政。"孔子就感叹道："苛政猛于虎。"这个词也就成为后世谈论暴政时常用的词语。《晏子春秋·内篇问下》中，晏子说："意莫高于爱民，行莫厚于乐民。"强调作为统治者，最高尚的意愿莫过于爱民，最宽厚的行为莫过于让民众安乐。刻薄百姓是最卑劣的意愿，戕害百姓是最低贱的行为。

从孔子、孟子、荀子、管子再到老庄，无论儒法道，其政治思想虽然多有针锋相对或互相批评之处，但共同点都是重视民意民心。西汉刘向《说苑·政理》借姜太公之口谈论如何“爱民”：

> 利之而勿害，成之勿败，生之勿杀，与之勿夺，乐之勿苦，喜之勿怒，此治国之道，使民之谊也，爱之而已矣。……故善为国者遇民，如父母之爱子，兄之爱弟，闻其饥寒为之哀，见其劳苦为之悲。

这当然是一种理想状态。在专制时代，让帝王之心完全与百姓之心相通，统治者的利益完全以百姓的利益为前提，是不可能的。统治者对待民众，有如父母对待孩子，长兄对待幼弟，也是一种希冀而已。统治者自上而下的“爱民”，与墨家主张的人与人“兼爱”还是有很大区别的。众生平等在人类社会难以实现，所以古代思想家们，更多是在不动摇统治体制的前提下，劝诫统治者多以推己及人的思维对待民众，制定合理政策，多行仁政，不施暴政，最大限度地实现德治。

文化关键词

王道

儒家提倡的以仁义治理天下、以德服人的政治主张（与“霸道”相对）。上古贤明帝王多以仁德治国，至战国时代孟子将其提升为政治理念，提出国君应当以仁义治国，在处理国与国之间的关系时要以德服人，这样才能得到民众拥护，统一天下。它是中华民族崇尚“文明”、反对武力和暴政的具体体现。

霸道

霸者之道，指凭借武力与强权手段进行统治（与“王道”相对）。春秋时代，周王室式微，有的诸侯凭借自己的强大实力，操纵周天子和其他诸侯，维持秩序，成为诸侯领袖（初写作“伯”，后来写作“霸”）。他们的统治原理或政策，被称为“霸道”。它不重仁义道德，而重功利强权；不是以德服人，而是以力服人；不重文的感化，而重武的压迫；不使人怀德而使人畏威，甚至只顾本国利益，不顾他国苦难。中华民族崇文而不尚武，自古提倡“王道”，贬斥“霸道”。此为今日中国反对霸权主义、反对强权政治的历史文化渊源。

静因之道

虚静因循的为政方式。“静因之道”出自《管子》，一般被认为代表了黄老学的思想。黄老学继承了老子的“无为”思想，认为君主应避免依凭政治权力去干预百姓的生活，要以虚静的姿态因循百姓自身所固有的法则，使百姓能够按照自然的方式生存、发展。君主对待百姓的这种虚静、因循的方式，就是“静因之道”。

篇七 汤武革命

天命、君权与民本

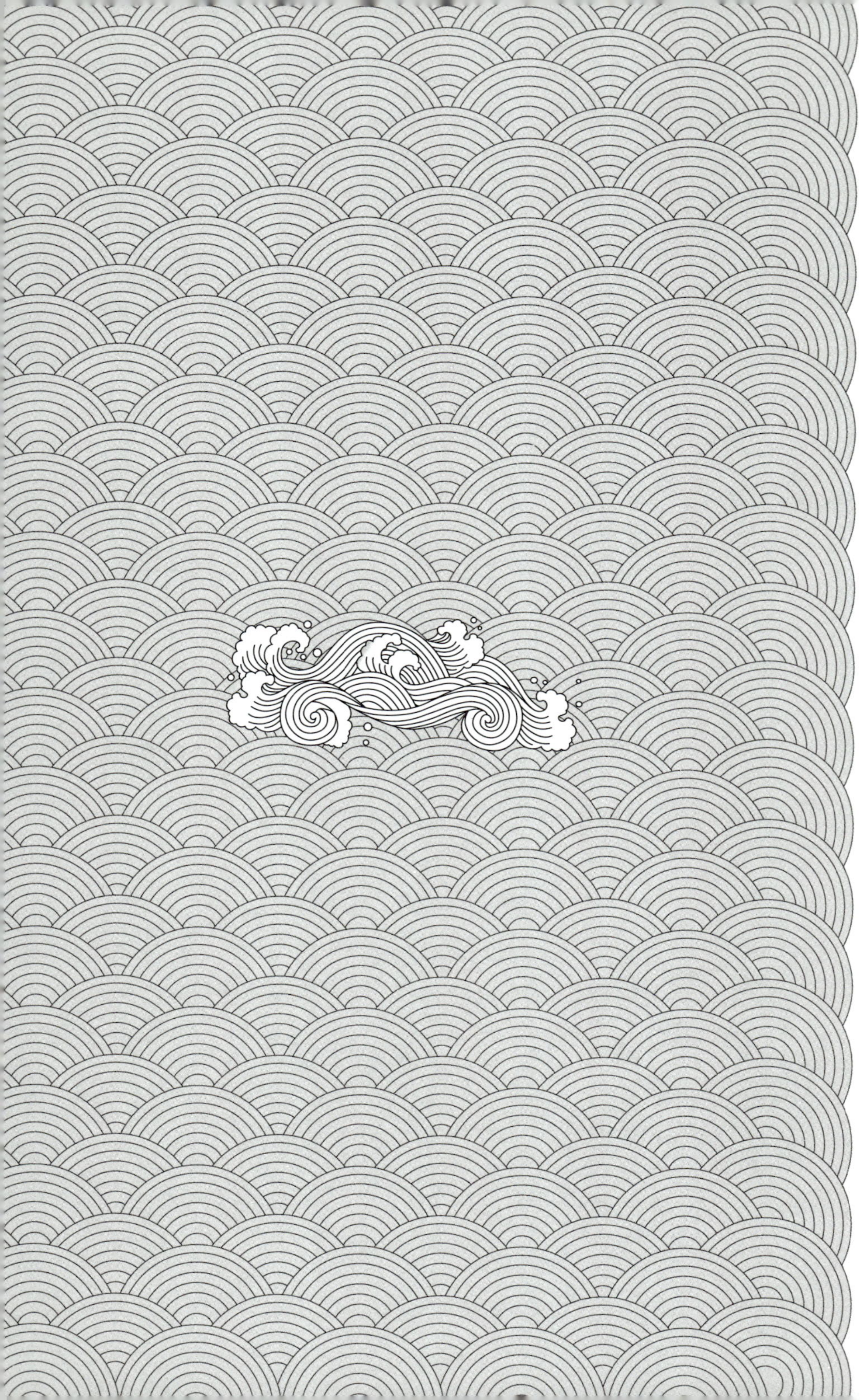

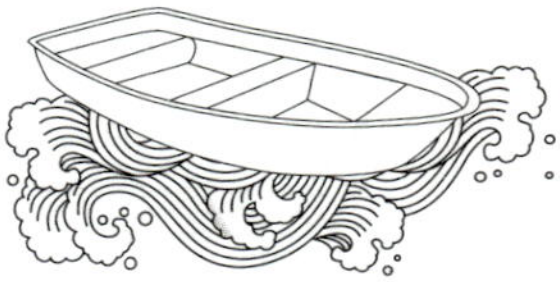

“革命”是20世纪的中国人最熟悉的概念之一，渗透到中国社会的方方面面，甚至在相当长一段时间内成为影响我们日常生活最重要的因素。但这个“革命”是近代日本人假借汉语词而对英语revolution的翻译，与中国古代思想史的“革命”有一些区别。

这里讨论的“汤武革命”，是中国古代民本思想范畴的“革命”。这个意义的“革命”，代表的是剧烈的改朝换代。它紧紧围绕的是君权的更迭，但又连接着天命问题。本质上，“革命”还是民本思想的反映。

一

『天命』与『革命』

“革命”出自《周易·彖下》的名言：“汤武革命，顺乎天而应乎人。”这里的“汤”指商朝建立者商汤天乙，“武”指周朝建立者武王姬发。汤武革命是指商汤与周武王以武力推翻前朝的行动。他们分别击败夏桀和商纣，以战争这种暴力的手段打败自己曾效忠的君王，建立新的王朝。汤武革命是禅让制之后另一改朝换代的方式，开创了历史的先河。

在汤武革命之前的历史中，君权神授的思想是占绝对统治地位的。历代君主正是靠这种“天命”不变的思想来维系持久的统治。权力是“天”与“君”之间的授受关系。君王是天选之子，代表的是上天的意旨，百姓只能遵从君主的意愿，即尊敬上天。

“革命”即变革天命，就是去除这种天命稳固不变的思想。“顺乎天而应乎人”，即顺应天命，合乎人心，将“人”（百姓）与“天”联合起来，是对天命的新认识。实际上，在这句话之前，有“天地革而四时成”。“革”，原意为兽皮经过加工制造成的皮革，引申为改变的意思。“天地革而四时成”，是说天地由于变革而形成四季，养育万物。因此，革故鼎新，是自然界和人类社会的法则，是社会进步的规律的基本体现。

“革命”意识的基本出发点是“天命靡常”的观念，语出《诗经·大雅·文王》。这首诗歌颂了周文王的德行，并对周代商的合法性进行了说明：

> **文王在上，于昭于天。周虽旧邦，其命维新。有周不显，帝命不时。文王陟降，在帝左右。……假哉天命，有商孙子。商之孙子，其丽不亿。上帝既命，侯于周服。侯服于周，天命靡常。**

其中，“有周不显，帝命不时”的“不”通“丕”，大的意思；“时”通“是”，认为某事正确的意思。此诗说周虽是古老的邦国，但以文王为开端，承受天命，去建立新的王朝。周朝之所以光辉荣耀，是因为完全遵照上帝的意旨。文王神灵升降天庭，就在上帝身边。周代商，完全是伟大的天命所决定。商的子孙后代，虽然人数众多，但是既然上帝已降下意旨，就应当顺应天命，臣服周朝。可见，天命无常，会因人事而改变。

这首诗因此也警告商朝遗民，不能有非分之想，应当“无念尔祖，聿修厥德。永言配命，自求多福”。意即应感念祖先意旨，修养自身德行。长久地顺应天命，才能求得多种福分。商之覆灭是一惨重的历史教训：“殷之未丧师，克配上帝。宜鉴于殷，骏命不易。”商没有失去民心时，也是与天意相称的。因此应该以其兴衰为戒鉴，天命不是不会变更的。《诗经·大雅·荡》又云：“殷鉴不远，在夏后之世。”成语“殷鉴不远”即源于此。总之，这些诗篇都具有训诫意义，在称颂文王的同时，也不断强调历史教训。

在真实的汤武革命中，天命观体现得更为清楚。以武王伐纣为例，“革命”的复杂过程以及其中人与天的互动关系，都有细致的展现。

众所周知，周代商是历经两代周人的伟大事业。一般认为，文王“演周易”开始，就有推翻商朝之意，但鉴于一开始双方实力过于悬殊，不敢行动。经过长期的准备和观察，文王殁而武王继，条件逐渐充分。据史书记载，周对商采取的是步步为营，逐渐蚕食的策略。即使是武王九年（约公元前1048年），周曾召集众诸侯人马自陕西南渡黄河，逼近商境，但依然班师回朝。这就是著名的孟津观兵。

> 九年，武王上祭于毕。东观兵，至于盟津。……武王自称太子发，言奉文王以伐，不敢自专。……是时，诸侯不期而会盟津者八百诸侯。诸侯皆曰：“纣可伐矣。”武王曰：“女未知天命，未可也。”乃还师归。（《史记·周本纪》）

前来孟津会盟的诸侯有八百之众，大约是夸张，但可以看出周武王当时的号召力。然而，当诸侯都说“可以伐纣了”的时候，武王却说：“你们还未知天命，现在还不行。”可见他还在等待最成熟的时机。

两年之后，时机成熟。商纣王帝辛昏乱暴虐，宠幸奸佞，杀害王叔比干，囚禁王叔箕子，太师疵、少师彊都投奔了周。殷商人心惶惶。这时候：

> 武王遍告诸侯曰：“殷有重罪，不可以不毕伐。”乃遵文王……以东伐纣。……武王乃作《太誓》，告于众庶：“今殷王纣乃用其妇人之言，自绝于天，毁坏其三正，离逷其王父母弟，乃断弃其先祖之乐，乃为淫声，用变乱正声，怡说妇人。故今予发维共行天罚。”（《史记·周本纪》）

武王作《太誓》向众人宣告：“现在殷王纣竟然听信妻妾之言，自绝于上天，违背天理，疏远自己的同祖兄弟，废弃其先祖的音乐，采用淫乱的音乐去窜改典雅的音乐，以取悦于他的妻妾。所以现在我姬发要替天行道。”再次强调自己出师有名，是奉“天”行事。

牧野之战，商军倒戈，商纣覆灭，武王进城，再次对商国百姓说：“上天降休！”这里的“休”是喜乐、吉祥的意

◆ 西周青铜器“利簋（guǐ）”和其底部记载武王伐纣的铭文

思。武王告诉商国百姓只要安心臣服于周，上天就将降福于他们。

为了表示自己不是以武力征服，周武王统一诸侯后，头脑很清晰，一方面，希望“我维显服，及德方明”，号召周人恪尽职守，弘扬德教；另一方面，“纵马于华山之阳，放牛于桃林之虚；偃干戈，振兵释旅”（《史记·周本纪》），向天下表示不再用兵。这更是为了减少世人的不服或不满之心。

周对商的革命，历经文武两代人几十年，但最终的战役，即牧野之战，却在一天之内即完成。当时商朝有17万人的兵力，周联军只有4.5万人。但周胜商败，历史改写，正是得道多助失道寡助的真实写照。史书对此事进行了深刻的揭示。周公以武王语气告诫商人：

> 尔殷遗多士，弗吊旻天，大降丧于殷，我有周佑命，将天明威，致王罚，敕殷命终于帝。肆尔多士！非我小国敢弋[1]殷命。惟天不畀允罔固乱[2]，弼我，我其敢求位？惟帝不畀，惟我下民秉为，惟天明畏。（《尚书·多士》）

1 “弋”，取代。

2 “畀”，音bì，给予；“允罔固乱”，指善于说谎而胡乱作为的人。

周公说，纣王不敬重上天，才把灾祸降给殷国。周国是奉上天之命，执行王者的诛罚，终结殷国的命运。周国弱小，本来是不能取代商国的，但上天惩恶扬善，辅助我们，我们才能取代商的位置。我们这些所作所为，都是在敬畏天命。这些话和武王说的如出一辙。

二

帝天之命，主于民心

《左传·襄公十四年》记载了一段有名的对话。提问者是晋悼公姬周，回答者是著名音乐家师旷。师旷不仅在艺术方面成就伟大，还是当时有名的政论家，曾任晋国太宰。春秋时多位君主都曾向他请教政治。

当时卫国发生一起轰动诸侯的事件。献公无道，被国人驱逐出境。事件的起因是卫国乐师师曹教卫献公的侍妾弹琴，侍妾不认真学，师曹便笞打了她。侍妾去告状，卫献公恼怒之下笞打了师曹三百下。再后来，卫献公令大夫孙文子、宁惠子不食（即不吃早饭）上朝，但卫献公自己一上午都在打猎。二人找到他时，他穿着猎装跟他们说话。穿猎服与公卿言语，是大不敬，引起二人极大不满。再后来，卫献公借《诗经·巧言》的话，背地里挖苦讽刺孙文子。孙文子听说后，觉得献公将对自己下手，便先发制人，带领手下将献公赶出了卫国。

献公被逐堪称春秋时期的国际大事。消息传到晋国，朝野议论纷纷。晋悼公当时才二十八岁，本来就高高在上，加之血气方刚，对此事甚是关切。他的第一反应是：“卫人出其君，不亦甚乎！”认为卫人做出这种事，实在太过分，太出格了。这当然也是他感同身受的话。师旷却不紧不慢地说：“或者其君实甚。”认为错误在君主不在臣民。师旷的理由是：“良君将赏善而刑淫，养民如子，盖之如天，容之如地，民奉其君，爱之如父母，仰之如日月，敬之如神明，畏之如雷霆，其可出乎？”如果君王爱民如子，百姓怎么可能驱逐他呢？师旷最后总结说：

> 天生民而立之君，使司牧之，勿使失性。……善则赏之，过则匡之，患则救之，失则革之。自王以下，各有父兄子弟，以补察其政。……天之爱民甚矣，岂其使一人肆于民上，以从其淫，而弃天地之性？必不然矣。（《左传·襄公十四年》）

师旷接续前人的君权神授思想，但他更强调“顺天应人”的具体实践。他说上天之所以将权力交给君王，是希望君王能好好牧养民众，使百姓保持天性。君王统治百姓的同时，也是要负起这一上天交予的责任的。因此在现实社会的制度安排中，才会有各级官僚、士人辅佐君王，让他更好地施政。如果君王没有这种对人民负责的心，而只是在人民头上肆意妄为，荒淫暴虐，那么人民必然会抛弃这样的君主。人民的这种行为，只是上天意旨的体现。

师旷的辩说，反映了春秋时期天命思想的重心从“天”转到“人（民）”的发展过程。逐渐地，天、君、民构成了一个互动的系统。上天将权力交给君王，君王代表上天养护民众，民众应当臣服明君，也可以反抗暴君（即上天向君王收回权力）。

也是在春秋时期，鲁国的附属国邾国的君主邾文公想将首都迁到绎这个地方，但史官占卜后说：“利于民而不利于君。”邾文公回答说：“苟利于民，孤之利也，天生民而树之君，以利之也，民既利矣，孤必与焉。”（《左传·文公十三年》）邾文公认为君因民而生，民众有好处，也就是君王有好处，因此主张迁都。他将自己的权力与民众利益结合在一起。这是何等明白的君王！

可见，春秋时期，初级的民本思想已经在社会上有一定市场。《尚书·蔡仲之命》说：“皇天无亲，惟德是辅。民心无常，惟惠之怀。”强调的依然是上天公正无私，总是帮助品德高尚的人；民心也如此，只归附于那些对自己有恩惠的君主。

《吕氏春秋·不苟论》有一篇专门论“自知”，主题就是敬告为人君主者须时时有自省精神，“存亡安危，勿求于外，务在自知”。古代天子“立辅弼，设师保”，都是用来检举天子的过失的。这篇文章还用具体例子来论证如何自知，以及不自知的后果：

> 尧有欲谏之鼓，舜有诽谤之木，汤有司过之士，武王有戒慎之鞀，犹恐不能自知。今贤非尧舜汤武也，而有掩蔽之道，奚繇自知哉！荆成、齐庄不自知而杀，吴王、智伯不自知而亡，宋、中山不自知而灭，晋惠公、赵括不自知而虏，钻荼、庞涓、太子申不自知而死，败莫大于不自知。

文章说尧设有供进谏的人敲击的鼓，舜立有书写批评意见的柱子，商汤设置了专管纠错的官员，周武王则希望手下在他犯错时甩响摇鼓。这些举例不是都有实证，但其用意在于说明，贤明的君主都担心自己看不到自身的过失而需要其他人加以监督，可那些贤能比不上尧舜汤武的君主却喜欢闭塞视听，掩饰或否认自己的缺点。楚成王、齐庄公被杀，吴王、智伯覆灭，宋、中山亡国，晋惠公、赵括被俘，钻荼、庞涓、太子申兵败身死，都是不自知而得到坏下场的著名例子。

无独有偶，管仲也曾用这种借古讽今的方式，谈论如何以广开言路、鼓励进谏的方式维护君主的统治。当时，齐桓公问管仲维持不失天下（“有而勿失，得而勿亡”）的办法，管仲答复道：

毋以私好恶害公正，察民所恶以自为戒。黄帝立明台之议者，上观于贤也；尧有衢室之问者，下听于人也；舜有告善之旌，而主不蔽也；禹立建鼓于朝，而备讯唉；汤有总街之庭，以观人诽也；武王有灵台之复，而贤者进也。此古圣帝明王所以有而勿失，得而勿忘者也。（《管子·桓公问》）

管仲提醒桓公，君主不能以个人好恶执政，而要以人民的意志为基准。从黄帝的明台、尧的衢室制度、舜号召进谏的旌旗，到禹的谏鼓、商汤的总街之庭、周武王的灵台，都是为了更好地搜集人们的意见，使得这些意见能够较快地上达视听。这样做，君主才能不受蒙蔽。尊重臣民意见而执政的君主，才能统治恒久。

特别值得一说的是儒家。关于“革命”，儒家的侧重点不是“天”“君”“民”的简单辩证关系，而是仁义、有道的德治，是完美的道德政治制度的确立问题。《论语·尧曰》集中体现了孔子关于国家治理的基本思想。他是这样解释舜代尧、商代夏、周代商的：

尧曰：“咨！尔舜！天之历数在尔躬，允执其中。四海困穷，天禄永终。”舜亦以命禹。

（汤）曰："予小子履，敢用玄牡，敢昭告于皇皇后帝：有罪不敢赦。帝臣不蔽，简在帝心。朕躬有罪，无以万方；万方有罪，罪在朕躬。"

（武王曰：）"虽有周亲，不如仁人。百姓有过，在予一人。"

尧把帝位禅让给舜，就是希望他担当起"天之历数"（上天的大命），管理好百姓。假如让百姓生活困苦，上天就会收回这一权力。"允执其中"即不偏不倚，诚实地保持正确。舜禅让给禹的时候也是这样说的。商汤用黑色的公牛祭祀上天时，自我诫告说不敢擅自赦免有罪之人，即便是自己犯了罪，也该自己一个人承担起来。周武王也说他会信任仁德之人，而非自己的亲戚。

孔子认为，最重要的莫过于"民、食、丧、祭"四件事。前两者属于物质领域，后两者属于伦理领域。处理好这四件事，就是仁，即"宽则得众，信则民任焉，敏则有功，公则说"[1]，宽厚、诚信、勤敏、公平，会获得人民的信任和拥戴。

发出"民为贵，社稷次之，君为轻"之声的孟子，对天命、君权与民本另有一番见解。他认同天意在于民意的思

---

1 "说"通"悦"，高兴的意思。

想，如《尚书》说的“天降下民，作之君，作之师，惟曰其助上帝宠之”，即上天是让君王和老师来帮助上帝爱护黎民。但他发展出更为直接的立君为民的政治思想，也就是说，不必以“天”“天命”为借口来威慑君权，而是直接从君民关系谈现实政治。

孟子有一个“天受”与“民受”的著名辨析。他说古代选君王，有个形式，就是由现任君王向上天推荐下任君王，然后看上天是否接受。上天如果接受了，还要看百姓是否接受。前者是“天受”，后者是“民受”。比如，“尧荐舜于天而天受之，暴[1]之于民而民受之”。孟子进一步指出，“天不言，以行与事示之而已矣”（《孟子·万章上》），即天是不会说话的，但百姓却可以根据被推荐者的表现来决定是否接受他。孟子援引《尚书·泰誓中》的话说：“天视自我民视，天听自我民听。”上天所见来自百姓所见，上天所听来自百姓所听，即天意是经由民意表现出来的。可见，孟子强调，“天受”为表，“民受”为里，他不否认“君权天授”，但已经将“天命”“君权”极大程度地与“民本”挂钩了。有这一认识为基础，他才能提出民贵君轻的论断。

简言之，儒家肯定君王权力是由上天赋予的，但这一权

1 “暴”，即披露、昭示。

◆《步辇图》（唐代阎立本绘），展现了松赞干布遣使觐见唐太宗的场景

力的稳定性和持续性，却有赖于“民”之视听。如果君王不能敬天爱民，就是失德，上天就会取消君王的统治权，赋予新的有德之人，这就是革命。董仲舒的《春秋繁露·尧舜不擅移汤武不专杀》说：“天立王以为民也。故其德足以安乐民者，天予之；其恶足以贼害民者，天夺之。”意思就很明确了。由此可见，儒家所了解的“革命”，强调的是“顺天应人”，是德行维系，它是反对暴力的。儒家还认为被替代的旧政权也该被尊重和优待，以体现政权过渡的平稳性。当然，随着儒家思想的激进派（如孟子）诞生，民本意识逐渐压倒天命意识，对暴力推翻失德政权的思想和行动起了很大的推动作用。

民本与天命相结合，一起监督君权，对秦汉以后的历史产生深远影响，一定程度上限制了君权。在某些开明君主那里，甚至能实践相当高程度的以民为本的治国策略。唐代贞观年间就是其中最有名的代表。

贞观六年（公元632年）时，登大位不久的唐太宗和魏征就有过一段载入史册的对话。太宗感叹说，古往今来的帝王们，都难以逃脱衰亡失败的命运，都是因为他们宠用奸臣，听信谗言，看不到自己的过错。所以，“天子者，有道则人推而为主，无道则人弃而不用，诚可畏也”。也就是说，在旁人看来至高无上的天子，在唐太宗看来却是一个高危职业。魏征则说，那些败亡的君主们，都是“居安忘危，处理忘乱”的，统治自然难以持久。他称赞太宗“能留心理道，常临深履薄，国家历数，自然灵长”(《贞观政要·政体》)。他借先秦圣贤的话说：“君，舟也；人，水也。水能载舟，亦能覆舟。”以此揭示君民关系中民的重要性。因此，他进一步称赞太宗的这种“畏”。对民众的力量有所敬畏，就会更加地尊重民意，关怀民生。民心安定，君王的地位也就更加稳固。好的君主应该“畏”民，而不是“畏”自己帝位的失去。

从唐太宗和魏征的这次对话，可以看出贞观君臣对于君权关系的深刻认识。君权根本地是来源于民众，君王与民众不仅是依存的关系，还是举用的关系。可以说，这种认识就基本上把“天命”“天意”搁置一边了。唐太宗还提出“君人者，以天下为公，无私于物”(《贞观政要·公平》)。也就是说，天下是天下人的天下，君王不能以天下为私有物。这话当然不能当真，但能这样说出来，已经是震古烁今了。

唐太宗在不止一个场合表达过他的“可畏”“临深履薄”的执政心理。比如：

朕每思出一言，行一事，必上畏皇天，下惧群臣。天高听卑，何得不畏？群公卿士，皆见瞻仰，何得不

惧？以此思之，但知常谦常惧，犹恐不称天心及百姓意也。（《贞观政要·谦让》）

人们常说伴君如伴虎，但太宗却反过来说自己面对着“群公卿士”，生怕做得不好而被批评。这也可以侧面印证贞观时期君臣之间较为平等自由的关系。而害怕自己的执政“不称天心及百姓意”，更是真正以民众的利益和感受为自己执政能力的衡量标准，以百姓之心为心了。这得到了魏征的称赞：“愿陛下守此常谦常惧之道，日慎一日，则宗社永固，无倾覆矣。唐、虞所以太平，实用此法。”

以民众利益作为政务处理的出发点，是唐朝初期鲜明的政治特征。这与当时的历史背景有关。隋之灭亡，很大程度上是因为炀帝好大喜功，屡兴战争和重大工程，劳民伤财。百姓赋税沉重，劳役繁多，苦不堪言，最终引发天下的起义，推翻隋朝。隋亡的教训类似于秦亡，但对于李唐来说，比秦更真切。炀帝继位之后，曾在诏书中说：“是知非以天下奉一人，乃以一人主天下也。民惟邦本，本固邦宁，百姓不足，君孰与足？”这是何等清澈的民本观念！然而，其真实做法却与这一口号相去甚远，以致隋朝覆亡。所以，贞观十九年（公元645年），太宗特意对大臣们说了一番心有戚戚的话。他认为，古今帝王们，很多都是因为骄傲自负而败亡的，最近的例子就是隋炀帝，做出一点成绩之后，就“心逾骄奢，自矜诸己，臣下不复敢言，政道因兹弛紊”。唐太宗之所以担心自己会重蹈覆辙，就因为他通过平突厥、破高丽、并铁勒，四海驰名。他担忧自己也滋长了骄矜之心，所以每日面壁思己，自我警惕，同时提醒属下大臣“有谠言直谏，可以施于政教者，当拭目以师友待之”(《贞观政要·政体》)。以师友之礼接待对自己提意见的臣子，不断看到自己的不足，这样才能让他心安。

“其兴也勃焉，其亡也忽焉”，是古代政治家们对于政权变动背后政治规律的总结，就是说政权常常是兴盛起来很迅速，败亡下去也很快。始见于《左传·庄公十一年》：“禹、汤罪己，其兴也悖焉；桀、纣罪人，其亡也忽焉。”这是鲁国大夫臧文仲评价宋国公子御说时所说的。当时宋国发洪水，御说认为天降大灾，是因为君王对上天不敬，因而责备自己。臧文仲认为御说能够自我反省，体恤百姓，将来能成为好的君王。事实也如其所料，御说后来继承王位，就是宋桓公，是历史上比较有才德的君王。可见，先秦时期敬天爱民的思想已经广为流传了。政治兴衰的原因一般也被归结于君王自身。像大禹、商汤这样的君王将问题归结于自己，他们的统治就很快兴旺；像夏桀、商纣这样的君王将问题推卸给别人，他们的统治就很快衰败。春秋时期的君王们自然都希望自己做大禹、商汤那样的君王。

有唐一代，政治总体是比较清明的。不仅贞观君臣常常反省君权，唐代的其他皇帝也有类似行为。肃宗是安史之乱中继位的。经过大乱，他更重视自己皇位的稳固。史书曾记载他与名臣于休烈的一段对话。于休烈为人正直，耿介刚烈。肃宗即位之后，他掌管朝会礼义事宜，并负责编修国史。皇帝的一举一动他都记录下来，绝不掩饰，堪称一代良史。唐肃宗认为自己也算励精图治了，就问他："朕有过失，卿书之否？"于休烈答道："禹、汤罪己，其兴也勃焉。有德之君，不忘规过，臣不胜大庆。"（《旧唐书·于休烈传》）他借古喻今，举了大禹、商汤的例子，以说明有道德的君王不是不犯错，而是善于认识并改正过错。他希望肃宗也是这样的有德之君。这样，他就用很巧妙的方法，一方面坚持了自己的做法，另一方面也对肃宗提出了心理上容易接受的希冀和要求。

明清之际，中国古代的民本思想突飞猛进，达到了一个前所未有的程度。此前，"一人主天下"的思想，即天子是上天的代理人，代表天命统治和管理民众，在人们心里根深蒂固。无论是孟子的民贵君轻思想，还是唐太宗、魏征的君舟民水思想，均未突破以君王为中心的思维，未能动摇家天下的根本体制。但明清思想家则提出了划时代的天下观：

> 古者以天下为主，君为客，凡君之所毕世而经营者，为天下也。今也以君为主，天下为客。凡天下无地而得安宁者，为君也。……向使无君，人各得自私也，人各得自利也。呜呼，岂设君之道固如是乎！（黄宗羲《明夷待访录·原君》）

黄宗羲指出，以君为主的制度，是违背上古时期以天下为主的制度的。上古时期，君为天下人服务，但后来君王就独断专权了，天下也不得安宁了。黄宗羲以此否定君权的合理性。这一认识十分接近当时西欧，尤其是英国有识之士的政治思想。洛克《政府论》讨论国家起源的时候也提出，原始社会之际，人们是自然地相处的，各得其所。后来为了更好地社会性相处，也是为了对权力和利益更明确地规定与划分，就产生了国家。所以，国家是以维护人民的根本权力和利益为本职的。并且，一部分权力寄托给政府，但另一部分仍然属于人民。人民不但享受各种权利，而且可以监督政府。政府权力由人民赋予，并且不能超过民权。如果人民对政府不满，就可以收回赋予政府的权力。人民对不良政府是具有革命权的。洛克的政府论的最重要创见就是关于权力寄托的认识，即认为政府都是临时性的，不可能是永恒性的，一旦人民不满，就有权用法律或革命的形式收回权力。卢梭的社会契约论在洛克的基础上，进一步推出政府与人民是契约关系，政府为保护人民利益而存在，也会因不能保护人民利益而失去执政权。英法经过多年历史的实践，逐渐奠定了欧美民主政治的基础。

值得一提的是，黄宗羲生于1610年，洛克生于1632年。《明夷待访录》（1663年）较《政府论》（1689年）早问世二十多年，但黄宗羲（连同顾炎武、王夫之等）的思想却未能广播天下，动摇君权的基础。中国的君主专制又延续了两百多年。中西历史的巨大分野，某种意义上可以说是在明末时期开始的。西欧自此进入现代资本主义社会，而中国的前现代社会结构还相当稳固。黄宗羲与洛克之比较，让人感到遗憾和历史的不可假设。

三

『内圣外王』与民主

外在地说，中国封建社会君主专制能够具有超稳定结构的特征，与地理、经济等因素有很重要的关系。比如地理环境，北边大漠、西边高山、东南大海，使得中国具有长期与其他国家和地区隔绝而存在的可能性，这一点与西欧是截然不同的。中国文明成为一个独立且亘古绵延的文明，环境因素不一定是直接的，但可能是根本的。在这一广大的封闭空间中，诞生的是农耕文明和与此相关的农业政治文明。

但从思想和文化的角度看，中国君主专制历史悠久的深层次原因与中国传统思想尤其是儒家思想有密切关系。

如前所述，从孟子开始的较为激进的民本政治观，虽然在中国历朝历代都有回响甚至推进，但在儒家传统中，它们只是比较边缘的声音。占据政治思想高地的是孔子思想和被法家改造后的儒家思想。

《论语》中的诸多言论充分展示了儒家政治观念的特色，那就是以德治为中心的思考。《尧曰》篇中，子张向孔子问政，孔子说："尊五美，屏四恶，斯可以从政矣。""五美"就是"惠而不费，劳而不怨，欲而不贪，泰而不骄，威而不猛”。这个比较好理解。“四恶”则是“不教而杀谓之虐；不戒视成谓之暴；慢令致期谓之贼；犹之与人也，出纳之吝谓之有司”。不经教化便加以杀戮叫做虐，不加告诫便要求成功叫做暴，不加监督而突然限期叫做贼，出手吝啬叫做小气。

从“五美”和“四恶”的内容可以看出，孔子论述的并不是子张期待的具体的政务问题，而是从政者（君王和臣子）的素质和条件要求，准确地说是道德修养。尊五美、屏四恶者，君子也。君子一定会处理好政事。“不教而杀”“不戒视成”的暴虐之政，则不是君子所为。这是相辅相成的关系。从中不难看出，孔子重视内在道德对外在政治有直接影响的思想。

在儒家思想中，人性善恶是一个重要的讨论原点。不能笼统地认为儒家主张性善论或性恶论，那样与复杂的儒家思想脉络不符。但无论以为人性本质如何，儒家都认为这一本性是可以净化、提升的。他们努力的方向也在于此，即伦理道德方面。他们坚信，道德高尚、修养良好，诸事都可以做好。

虽然孔子未能实现自己的政治抱负，“累累若丧家之狗”，并且经常用赞美三代的美政来表达对现实政治的不满，但他依然是一个乐观主义的教育家和思想家。他说：“不知命，无以为君子也；不知礼，无以立也；不知言，无以知人也。”（《论语·尧曰》）知命、知礼、知言，就可以做一个安身立命、彬彬有礼、言而有信的君子。这样的君子，就是治国安邦的不二人选。重视内在人格修养超过关注外在制度建设，是儒家思想的重要特征。孔子讲仁、忠恕，孟子讲义、大丈夫，都体现得很充分。某些时候，他们也会直接批评和嘲讽暴政，但他们给出的药方主要并非制度层面的，而是伦理层面的。

后世儒者，在义理上基本继承了先秦儒家的思想。至宋明理学时期，向内掘进的意识更加鲜明和强烈。现实政治越是让儒者们不满，他们对“理”就思辨得越多、越细致，以“天理”抗拒现实政治的趋向就越显著。

南宋期间，曾发生过一起轰动一时的朱陈之辩。论争的双方为朱熹和陈亮，都是当时有名的思想家，只不过朱熹思想倾向理学，而陈亮更重视思想的经世致用。辩论的中心就是王与霸、义与利。王与霸代表了儒者对于中国政治模式的基本分类。一般认为，代表王道政治的是夏商周三代的政治模式，代表霸道的是春秋战国诸雄的政治模式。人们对二者的性质和意义的理解是不同的。从政治统治的有效性看，它们只是不同的成功方式，与败亡是不同的。荀子是这样区分的：“义立而王，信立而霸，权谋立而亡。……粹而王，驳而霸，无一焉而亡。”（《荀子·王霸》）在荀子看来，王道是理想的政治模式，但霸道也不错。但是孟子就不这么认为了。他认为王道与霸道是对立的，“以德行仁者王”，“以力假仁者霸”（《孟子·公孙丑上》）。王霸的对立，就是德行与武力的对立。

朱熹继承了孟子的王霸对立观，并在汉唐历史的基础上，进行了更深刻的总结。他认为，道义本身就是具有绝对价值的（陈亮认为道义体现功用才有价值）。道义不仅代表公义，从而反对私利，它还反对一切功利。朱熹对董仲舒的名言赞赏有加，并加以发挥：“‘正其谊不谋其利，明其道不计其功。’谊必正，非是有意要正；道必明，非是有意要明，功利自是所不论。仁人于此有不能自已者。”（《朱子语类》卷一三七）坚持道义有其独立价值并追求之，就是对私欲的根本否定。

在这一认识基础上，朱熹才建立这样的历史观察：

> 视汉高帝唐太宗之所为而察其心，果出于义耶，出于利耶？出于邪耶，正耶？若高帝，则私意分数犹未甚炽，然已不可谓之无；太宗之心，则吾恐其无一念之不出于人欲也，直以其能假仁借义以行其私，而当时与之争者才能知术既出其下，又不知有仁义之可

◆朱熹（公元1130—1200年）画像（清代上官周绘）

借，是以彼善于此而得以成其功耳。(《晦庵集》卷三十六,《答陈同甫》六)

一般儒生推崇的汉高祖、唐太宗，朱熹却不以为然。他认为对这些帝王，要“察其心”，就是要从义利的角度考察。在他看来，唐太宗的私欲比汉高祖还强。他之所以能成功，一是因为善于“假仁借义以行其私”，二是当时的人只看其政绩而没有揭示其满足私欲的本质。他进一步说：

若以其能建立国家，传世久远，便谓其得天理之正，此正是以成败论是非，但取其获禽之多，而不羞其诡遇之不出于正也。千五百年之间，正坐如此，所以只是架漏牵补过了时日，其间虽或不无小康，而尧、舜、三王、周公、孔子所传之道，未尝一日得行于天地之间也。(《晦庵集》卷三十六,《答陈同甫》六)

朱熹指出，评判政治的标准有二,一是成败，二是道义。世人普遍“以成败论是非”，也就是只看到政治的功利性的一面。但这种貌似成功的政治背后，往往隐藏着诸多不义。朱熹自己赞成的标准是“尧、舜、三王、周公、孔子所传之道”。这种理想的政治模式是以道义为基准的，然而，这种道义在三代之后，“未尝一日得行于天地之间也”。朱熹哀叹的正是“仲尼没而微言绝，七十子丧而大义乖”的世道沦丧。朱熹也并不完全否认“力”在王道政治中的意义。他强调的是德可以兼力，但力不可以兼德，“有道德，则刑政乃在其中，不可道刑政不好，但不得专用刑政耳”（《朱子语类》卷一三三）。

由此可见，儒学从孔孟发展到朱熹，德性政治思想日趋完备。儒家相信人都有成为圣贤、彰显至善的可能。而道德最高的人，就是领导一个国家的君王。也就是说，一个人经由内在德性的不断培养之后，就可以掌握国家权力（从君到臣）。在这方面最为有名的事件，就是朱熹注释《四书》，尤其是其中的《大学》。朱熹从中提炼出的修齐治平思想，对后世中国产生了深远的影响。在宋以后的儒士那里，修身就是为了经世，内圣就是为了外王。

当然，必须补充的是，以朱熹为代表的理学家的追求天理以抗拒人欲的思想，在当时具有一定的积极意义。这一思想的提出，本身是针对统治阶级而非普通民众的，具有以道统对抗政统的意味。以道德理想去抗议虚伪的专制制度，即便没有直接批判当时的统治者，也是需要相当大的勇气的。

只是儒家这种基于道义的德治政治伦理，过于轻视了对外在政治制度的探讨。有学者认为，这就是儒学很难发展出民主宪政思想的重要原因。海外华人学者张灏进行过这样的对比："民主宪政是从客观制度着眼，对权力加以防范，而儒家的抗议精神则是着眼于主观德性的培养以期待一个理想的人格主政，由内在的德性对权力加以净化。"[1]即便是儒家传统的制度探讨，也主要局限于一时一世的政策商榷，而非基本的政治制度。

《史记·儒林列传》记载了汉景帝时期一个有意思的论争。论争发生在黄生和辕固生之间。辕固生以研究《诗经》闻名，黄生则专注于黄老之学。黄生提出一个与前人不同的看法，认为汤武革命并非顺应"天命"的行为，而是以下犯上的弑君。辕固生则坚持传统说法，从"天下之心"的角度认为"桀纣虐乱，天下之心皆归汤武"，所以汤武革命是"与天下之心而诛桀纣"，"不得已而立"。既然汤武代表的是民意而非自己，就是顺天应人，具有正当性。黄生还是坚持他的看法，认为社会中的上下等级是应当尊重的，"桀纣虽失道，然君上也；汤武虽圣，臣下也"。桀纣虽然德行有失，但毕竟是君主。作为臣下的汤武，要做的是"正言匡过以尊天子"，而不是趁机诛灭，代替他们的位置。通过武力以下犯上，是不仁不义的。辕固生情急之下，反问黄生，"高帝代秦即天子之位"，也是邪恶的行为吗？这时候，一旁的汉

1 张灏：《幽暗意识与民主传统》，《张灏自选集》，上海教育出版社，2002年，第19页。

景帝赶紧打圆场。他说："食肉不食马肝，不为不知味；言学者无言汤武受命，不为愚。"相传马肝是有毒之物。景帝的意思是，吃肉不去品尝马肝，谈学术也最好不谈汤武革命。景帝放话之后，"后学者莫敢明受命放杀者"。关于汤武革命的正义性方面的讨论，在后世就逐渐减少了，更多的是像朱熹说的"架漏牵补过了时日"，对某种现行制度进行缝缝补补。秦汉之后乃至明清的历史，整体上仍是专制制度逐渐加强的历史。

文化关键词

命

最初指“天命”，即上天对人事的命令。上天根据人的德行状况对人施与奖赏或惩罚。“天命”决定着王朝的更替、国家的兴衰乃至个人的吉凶祸福，被认为是一种不可抗拒的力量。后人逐渐淡化了“命”与“天”的关联，侧重于强调“命”的不可抗拒之义，也即是命运。对人而言，“命”意味着来自外部的某种限制，标志着人力的极限，并在某种意义上体现为人的无可奈何的处境。

天命靡常

上天的命令没有恒常不变的。出自《诗经·大雅·文王》。古人相信，上天的命令决定着人世中至高无上的王权的归属。但天命所赐予的王权并不是恒常不变的，殷周的更迭就是由于天命发生了改易。而天命的改易遵循着固定的法则，君主有德则授命，失德则剥夺天命。因此，“天命靡常”的观念警醒着统治者，时刻修养自身的德行以保有天命。

天理

天地万物与人类社会所遵循的普遍法则。宋明儒者认为，“天”的本质意义就是“天理”，并将“天理”作为具有终极意义的最高范畴。“天理”是事物的本体或本原，决定着人与事物的本性，是自然法则与人伦道德的依据。“天理”超越于有形的具体事物，但又包含在每一个具体事物之中。在人性之中，“天理”表现为人天生所禀受的至善之性，常与“人欲”相对。

篇八 政在养民

民生思想

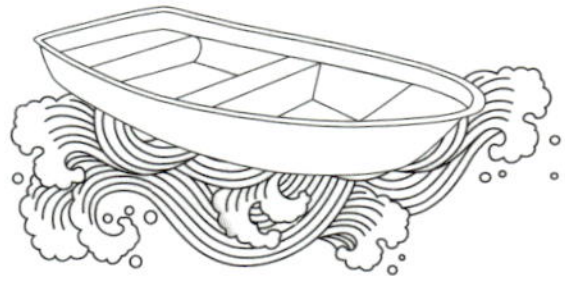

政在养民是中国古代思想中关于政治制度起源最常见的一种说法。它最早出自《尚书·大禹谟》:“德惟善政，政在养民。”“养民”既是政治制度和官僚制度设立的缘由，也是为官之道的根本目的。对于执政者而言，养民是爱民最主要、最直接的表现。

“养民”的思想与“养贤”有关联。《周易·颐卦》有“天地养万物，圣人养贤以及万民”之说，唐代经学家孔颖达疏曰:“圣人但养贤人使治众，众皆获安，有如虞舜五人，周武十人，汉帝张良，齐君管仲，此皆养得贤人以为辅佐，政治世康，兆庶咸说。”圣人或明君，为了更好地“治众”，都会重视“贤人”(政治人才)，以之为君王的左膀右臂，协助君王管理天下(万民)。这样，一方面“君不独治”，另一方面通过“养民”获得了政治安康、百姓喜悦的效果，从而巩固了君王的统治。可见，万民的生活与君主制和官僚制的存灭是密不可分的。国家是民众利益的代表，国家职能是养育天下民众，使之过上安定幸福的生活，这就是政在养民的根本意义。

一

养欲给求

“养欲给求”源自《荀子·礼论》的“养人之欲，给人之求”。《荀子·礼论》是一篇具有相当思想深度的文献，它空前地正视和肯定人的欲望，对人民的物质生活给予了高度的重视。

荀子首先讨论“礼”的起源问题。他认为“礼”的发明是与“欲”直接相关的。人生而有欲望，然后就会去不断地追求欲望的满足。但是，“求而无度量分界，则不能不争；争则乱，乱则穷。先王恶其乱也，故制礼义以分之，以养人之欲，给人之求”。如果人与人之间或者群体与群体之间对欲望索求无度，就会发生争斗和混乱。古代的圣王因此制定礼仪，划分等级，节制人们的欲望，满足人们的要求。礼义是平衡欲望与物资（生产生活资料等）的产物。荀子的论述已经初步显示了古人对上层建筑与经济基础关系的探究。

欲望可以适度节制，但却无法压抑和扼制。“礼者养也”，那么，具体怎么“养欲”呢？荀子也进行了很全面细致的说明：

> 刍豢稻粱，五味调香，所以养口也；椒兰芬苾，

所以养鼻也；雕琢刻镂，黼黻文章，所以养目也；钟鼓管磬，琴瑟竽笙，所以养耳也；疏房檖貌，越席床第几筵，所以养体也。(《荀子·礼论》)

刍豢，指牛羊猪等肉食；稻粱，指稻米谷子等粮食；椒兰，指椒树兰草等有香气的植物，芬苾即芬香；黼黻，原指礼服上所绣的华美花纹，这里用以形容纹样之华丽。荀子指出，口、鼻、目、耳、体，人的身体各器官都有欲望需要，所以谈论欲望之满足，就要尊重各类欲望，尤其是像“口腹之欲”这样的低级而基础的欲望。

荀子对人的欲望和生存的重视，具有一种朴素唯物主义的色彩。他说：“凡人有所一同：饥而欲食，寒而欲暖，劳而欲息，好利而恶害，是人之所生而有也，是无待而然者也，是禹、桀之所同也。”(《荀子·荣辱》)“寒欲暖”“劳欲息”“好利”“恶害”等，是人的本能，具有普遍性，无论是圣贤大禹还是暴君夏桀都存在这种本能和欲求。物质是先于精神乃至重于精神的。

当然，由于欲望是一种本能现象，它也需要“礼义之道”的引导，从而避免堕落和混乱。“生而有耳目之欲，有好声色焉，顺是，故淫乱生而礼义文理亡焉。然则从人之性，顺人之情，必出于争夺，合于犯分乱理而归于暴。故必将有师法之化，礼义之道，然后出于辞让，合于文理，而归于治。”(《荀子·性恶》)讲的就是这个道理。“礼义”“师法”能使人欲“归于治”，变得更有条理和秩序。这样做的好处是更好地满足群体的欲望，并使之可持续地存在。

同为儒家，在看待人的欲望方面，荀子与孟子有明显的分野。孟子认为人性本善：“人性之善也，犹水之就下也。人无有不善，水无有不下。”(《孟子·告子上》)人性趋向善，就像水往低处流的自然规律规律一样，是一种本性、本能。荀子却认为，不存在作为本性的善，道德礼法对人性的引导、教育和规训作用才是更重要的。他说：“人之生固小人，无师无法则唯利之见耳。人之生固小人，又以遇乱世，得乱俗，是以小重小也，以乱得乱也。君子非得埶以临之，则无由得开内焉。”(《荀子·荣辱》)人生下来的时候，本来就是小人，如果没有老师教导，没有法度约束，就只会看到财利罢了。如果又遇上混乱的社会和昏乱的习俗的话，渺小卑鄙的本性上又会加一层渺小卑鄙，昏乱的资质也会更加昏乱。君子要做的就是将好的思想灌输到百姓的内心，使他们从完全为了“口腹之欲”转而成为懂得“礼义廉耻”之人。

也就是说，“物欲”应当有，但不可“横流”。荀子重视欲望又强调以礼义制度节制欲望的思想，对后世有深远影响。西汉董仲舒即是一例。他认为人不可太富有，也不能

◆《清明上河图》（北宋张择端绘）局部，展现了北宋都城汴京（今河南开封）城内热闹的商业活动

太贫穷，因为“大富则骄，大贫则忧，忧则为盗，骄则为暴，此众人之情也”。所以，圣人要做的，就是基于这种情状而采取行动，预防社会不公导致天下大乱，“制人道而差上下也，使富者足以示贵而不至于骄，贫者足以养生而不至于忧，以此为度而调均之，是以财不匮而上下相安，故易治也”（《春秋繁露·度制》）。这种对资源的调控，以及分配制度的调均，对阻止贫富差距的扩大有一定的作用。当然，换个角度看，这也成为统治者压制民间豪强力量的一种说辞。

继承了“养欲给求”思想的最著名文献当属司马迁的《史记·货殖列传》。《货殖列传》专门记叙从事“货殖”活动的人物的故事，是一篇集中体现司马迁经济思想的名作。“货殖”是指谋求“生资货财利”以致富，即利用货物的生产与交换，进行商业活动，从中生财求利，也就是俗称的做生意。但它又不局限于商业活动，还包括各种手工业，以及农、牧、渔、矿山、冶炼等行业的经营在内。

《货殖列传》开篇即对老子宣扬的无为的社会观和国家观进行了批判。老子所说的“民各甘其食，美其服，安其俗，乐其业，至老死不相往来”的社会，被视为上古的太平社会，在西汉初年颇有市场。司马迁却不以为然：“必用此为务，挽近世涂民耳目，则几无行矣。”意即谁要是以此为目标，在新的时代去涂饰堵塞老百姓的耳目，让他们回复到上古时代，肯定是行不通的。和荀子一样，他认为人的欲望是本能的，具有这种本能的欲望是普遍的：

> 耳目欲极声色之好，口欲穷刍豢之味，身安逸乐而心夸矜势能之荣。使俗之渐民久矣，虽户说以眇论，终不能化。故善者因之，其次利道之，其次教诲之，其次整齐之，最下者与之争。

这一说法与荀子如出一辙：人们的耳朵、眼睛要竭力享受声、色之乐，嘴里要吃尽各种美味，身体安于舒适快乐，而心里又羡慕夸耀有权势、有才干的光荣。这种风气浸染民心已经很久了。“虽户说以眇[1]论，终不能化”，意思是即使用高妙的理论挨家挨户去劝导，也不能使民众改变这种对欲望的追求。因此，对民众的这种情况，最好的做法是顺其自然，其次是因势利导，再其次是进行教育，再其次是制定规章，限制他们的发展，最坏的做法是与民争利。

司马迁认为，社会经济的发展是历史的趋势，这是因为社会中的人们没有不追求富足的：“农不出则乏其食，工不出则乏其事，商不出则三宝绝，虞不出则财匮少。”“三宝”可以指金、玉、珍珠三种贵重物品，但这里泛指粮食、器

1 “眇”，通“妙”。

物、财货。“虞”指的是对山泽的开发。工商虞的重要性并不亚于农业，所以应当让其自由发展。政府不应当进行干涉，更不要同商人争利。

司马迁的经济思想具有鲜明的唯物主义色彩，也契合人类社会的发展规律。如果说黄老之道对西汉初年的社会经济恢复起了重要作用，那么到了汉武帝时期，“重农抑末”、打击商人的做法就阻碍社会的发展了。《货殖列传》肯定商业活动和人的欲望，呼吁统治者顺其自然，加以引导，具有划时代的思想意义。

二

利用厚生

《尚书·大禹谟》借大禹之口说:"帝念哉!德惟善政,政在养民。水、火、金、木、土、谷,惟修;正德、利用、厚生,惟和。"这是利用厚生思想的最早出处之一。由此可见,上古时期,中国人就有将"养民"与"善政"联系在一起的思想了,而养民的核心要求就是利民之用、厚民之生。

何谓"利用"?历代学者的阐释有别。孔颖达解释为"在上节俭,不为縻费,以利而用,使财物殷阜,利民之用,为民兴利除害,使不匮乏"(《尚书正义·大禹谟》),强调的是执政者应将天下生产的财富主要用于民间,使百姓富足。北宋苏轼则释为"利器用也"(《书传·大禹谟》),即对物的使用、运用。南宋学者蔡沈则认为:"利用者,工作什器,商通货财之类,所以利民之用也。"(《书经集传·大禹谟》)即有助于人民生产生活的工具。总而言之,"利用"就是充分发挥物的作用,使财用充实、器用便利,具有经济和技术的双重意义。

何谓"厚生"?孔颖达认为"厚生"就是"薄征徭,轻赋税,不夺农时,令民生计温厚,衣食丰足,故所以养民也"

(《尚书正义·大禹谟》)。蔡沈则说："厚生者，衣帛食肉，不饥不寒之类，所以厚民之生也。"(《书经集传·大禹谟》)二者的意思是相近的。厚民之生就是要厚待民众，重视民众的生活，使民众丰衣足食。

利用厚生是政在养民的具体化。这一思想与"正德"紧密相连。"正德"即匡正道德，对于统治者而言，即是追求德性政治。西周时，大臣祭公谋父曾规劝周穆王说："先王之于民也，懋正其德而厚其性，阜其财求而利其器用。"(《国语·周语上》)对"厚其性"中的"性"，有人释为通"生"，即生计、生活。祭公谋父之言与《尚书·大禹谟》互相呼应，是西周执政者重视民生的体现。重视民生，是先秦时期尤其是西周以后统治者的共识，注重利用厚生成为正德的一个主要的衡量标准。这一定程度标志了古代中国政治观念中"民"的地位的抬升。

先秦诸子大都肯定利用厚生的思想。最典型的自然是注重技术运用以利民生的墨家。《墨子·经上》就讨论了器械的制造和发明，并将是否有利于人民的生产生活作为衡量手工技艺、发明创造的价值标准，即所谓"功，利民也"。法家也倾向于这一思想。《韩非子·难二》认为"利用"能增加国民收入，主张"明于权计，审于地形、舟车、机械之利"，"利商市关梁之行，能以所有致所无"，也就是要运用先进工具提高劳动效率，同时发展商品经济来充足财用。只有道家对“利用”持否定态度。《老子》第八十章主张“绝巧弃利”，要人们回到结绳记事的上古社会。《庄子·天地》认为，采用“机械”会带来“机心”，导致心灵“纯白不备”而偏离于“道”。总而言之，先秦诸子大多对“利用”之于“民生”的价值持肯定态度。

北齐的思想家刘昼曾说：“衣食者，民之本也；民者，国之本也。民恃衣食，犹鱼之须水；国之恃民，如人之倚足。鱼无水，则不可以生；人失足，必不可以步；国失民，亦不可以治。”（《刘子·贵农》）将国家与民众的关系比作人与双脚，又是一个民本思想的譬喻。这篇文章强调的是作为国家重心的民生问题，尤其是驱民务农对于国家财富积蓄和社会和平稳定的根本性意义。先有衣食无忧，才有国泰民安。

近代的先进思想家们，则将利用厚生作为启蒙国民精神的路径，用以改变传统文化中“重虚文”的部分。陈独秀倡导“崇实际而薄虚玄”“实利的而非虚文”的伦理观念，重视个人利益与社会利益的结合，从伦理文化和经济学两方面提出了新的意见：

> 夫利用厚生，崇实际而薄虚玄，本吾国初民之俗；而今日之社会制度，人心思想，悉自周、汉两

> 代而来——周礼崇尚虚文，汉则罢黜百家而尊儒重道。——名教之所昭垂，人心之所祈向，无一不与社会现实生活背道而驰。倘不改弦而更张之，则国力莫由昭苏，社会永无宁日。祀天神而拯水旱，诵孝经以退黄巾，人非童昏，知其妄也。物之不切于实用者，虽金玉圭璋，不布粟粪土？若事之无利于个人或社会现实生活者，皆虚文也，诳人之事也。[1]

陈独秀将传统文化中“虚文”的盛行，归为中国社会落后、国力衰微的重要原因，所以他呼吁革除这种“诳人之事”。与之相对，“利用厚生”则是中国原初的、没有被礼制文化异化的优秀传统文化，因而得到陈独秀的肯定与赞许。他认为如果一种思想与文化是不利于个人或社会的现实生活的，“虽金玉圭璋，不布粟粪土”。由此可见，陈独秀对“利用厚生”的阐释是建立在一种鲜明的功利主义基础上的。这种偏激之词虽然有否认纯粹的基础科学研究意义的危险，但是在当时是具有进步意义的。

1 陈独秀：《敬告青年》，《青年杂志》创刊号，1915年9月15日。

◆陈独秀创办的《青年杂志》(后更名为《新青年》)第一期封面

三

无夺农时

农时，即农业生产中的耕种、收获等时节。古代中国农业对自然环境依赖极大，因此农忙季节、耕作时间和收获时间都是比较固定的。无夺农时也就是遵循自然规律进行农业生产。

无夺农时是针对执政者的政策而言的，是指国家对农民和农业生产资料的征调，不应该侵夺农忙时节。由于历代王朝都是以农为本，无夺农时也就成为历代思想家的重要共识。

先秦时期，齐鲁大地重视农事的思想尤其突出。鲁国讲究礼制，以契合儒家所提倡的“仁”。君王处理国家大事时，常有一套道德礼法规范进行约束。孔子强调治理国家必须“使民以时”(《论语·学而》)，即在农闲季节方可使用民力。鲁隐公时期，重臣臧僖伯就曾批评隐公不尊重民力、不重视农业的行为。他说：“春蒐、夏苗、秋狝、冬狩，皆于农隙以讲事也。”(《左传·隐公五年》)即春、夏、秋、冬四季的狩猎活动，都应该在农闲时节进行，国民的军事训练也应该在这一时期进行。君主不应该视此为儿戏。这一思想与南方的随国很近似。随国著名大夫季梁也曾指出，国家要做到民和年丰，统治者必须做到“三时不害”（《左传·桓公六年》）。三时，指春天、夏天、秋天这三个农忙时节。三时不害，就是要求执政者重视农业，国家军政事务不能侵占这三个季节的劳动时间。齐国自管仲改革以来，为了富国强兵，更是重视农业。管仲的执政理念是：“无夺民时，则百姓富。”（《国语·齐语》）这是劝告君王，当征调徭役时，一定不能侵占人民的生产时间。只有农业生产正常化，百姓才能富足。

在古代，徭役是“夺农时”的主要表现。这是专制时代统治者强迫平民从事的无偿劳动，包括力役、杂役、军役等。漫长的封建社会中，徭役始终存在，成为压在人民身上的一座大山。

力役的著名例子有秦始皇修长城、隋炀帝修运河征用劳力，以及历代王朝均有的各种边役（即到边疆守卫）。这些力役持续时间长，而且服役者大多难以生还。“不见长城下，尸骸相支拄”，这首秦汉时期的民谣，反映了这一历史事实。唐代“河湟戍卒去，一半多不回”（皮日休《卒妻怨》），明代“城边白骨借问谁？云是今年筑城者……今年下令修筑边，丁夫半死长城前”（李梦阳《朝饮马送陈子出塞》），诗人们以诗记史，说明力役对人民的危害是代代相传的。

著名的《诗经·小雅·采薇》就反映了西周时期军役对

农村和农业的影响。那时候周王朝与北方少数民族战事频仍（“猃狁之故”“王事靡盬”），士兵们呢，只能“靡室靡家”“不遑启处”“忧心烈烈”“载饥载渴”。当战事结束，士兵们回到家乡，看到田园荒芜，百事凋敝。“昔我往矣，杨柳依依。今我来思，雨雪霏霏”，就是以今昔对比的手法反映了战争和军役对农村、农业和农民的摧毁。这主要是因为军役不仅不顾农时，而且征发的是男丁，必然会严重影响农业生产的正常进行。杜甫的《兵车行》诗，形象地描写了这一情状：“君不闻汉家山东二百州，千村万落生荆杞，纵有健妇把锄犁，禾生陇亩无东西。…… 且如今年冬，未休关西卒。”其他力役和杂役也十分沉重。隋炀帝曾经三次乘龙舟游扬州，随行船只五千多艘，征发沿途民夫八万多人拉纤。路途遥远，纤夫粮食又不足，死者无数。

墨子特别分析过乱征徭役对农业生产和农民生活的危害。《墨子·节用下》即指出，统治者滥兴劳役，本质上是为他们的奢靡生活服务的。因为统治者自己缺乏劳动能力，所以他们的享乐全靠无偿使用民工实现。他们乘坐的车船，要雕刻上各种花纹，装饰各种文采，农民只能抛下农活，停止织布，去为统治者服务。这样，田地荒芜了，百姓陷入饥饿；没人织布了，百姓开始受冻。因此，造成百姓饥寒交迫的很重要原因就是这种乱夺农时的徭役。统治者只有减轻人民的劳役，不影响百姓的耕织活动，才能使百姓衣食无忧，安居乐业。

东汉末年著名思想家王符进一步论述了无夺农时对国富民强的意义。他说，由于粮食生产源于劳动，而且是较为长时段的劳动，只有保证足够充裕的劳动时间，粮食才会丰收，国家才会富足。倘若农业生产活动被打断，劳动时间不足，粮食歉收，国家就会贫穷。所以王符说："富贵生于宽暇，贫穷起于无日。"(《潜夫论・爱日》)时间对于所有国家都是一样长短的。治理得好的国家，人民的劳动时间充足，是因为君明官治，不扰百姓；反之，治理混乱的国家，人民的劳动时间短缺，是因为君昏官乱，干扰百姓。倘若"法令鬻[1]而役赋繁"，百姓没有时间从事生产活动，这样的国家必定混乱贫穷。"务省役而为民爱日"，即尽量减少劳役，珍惜百姓的劳动时间，使人们创造更多的财富，方为治国之道。

封建时代的历朝"明君"们，也极为重视农业，深知农业对于国泰民安之根本意义，所以在不同程度、通过不同形式表达了以农为本、无夺农时的民生思想。

《贞观政要・务农》云："国以人为本，人以衣食为本，凡营衣食，以不失时为本。""若禾黍不登，则兆庶非国家

1 "鬻"，在这里有逸出、过多的意思。

所有。”这些朴素的话表明了唐初为恢复战后社会经济而重视民生和农业的执政理念。唐太宗还说：“为君之道，必须先存百姓，若损百姓以奉其身，犹割股以啖腹，腹饱而身毙。若安天下，必须先正其身，未有身正而影曲，上理而下乱者。”（《贞观政要·君道》）他提醒执政者，暴政、虐政、苛政短时间内能养肥统治者，但这种政策必将导致人民的反抗和政权的覆灭。唐代前期统治者遵循这条最根本的道理：对百姓的征发超过一定的限度，百姓就会起义，推翻执政者的统治。统治者要想长治久安，前提是使人民的生存有基本保障。这就要求统治者“先正其身”，时刻反省自己的政策是否有利于民众，是否有利于农业生产。

皇帝亲耕是统治者表达其重农政策与态度的颇为有趣的一种仪式，据说源于上古伏羲氏。作为部落首领，伏羲重农桑，勤耕田，每年二月初二都亲自下地耕种。后来黄帝和尧舜禹纷纷效仿。帝王们并且主持祭祀仪式，向神祈祷天下丰收，以此显示重农思想和激励百官勤奋工作。到了周代，天子扶犁亲耕被正式纳入国家的典章制度中。《诗经·周颂·载芟》毛诗序曰：“春籍田而祈社稷也。”《史记》中也提到，周武王在每年二月初二都会举行盛大的仪式，率文武百官亲耕，这种仪式就叫做耕藉礼。唐代以前，皇帝们行耕藉礼只在地里耕三个来回，唐玄宗任性地改为九个来回。最

——————◆《雍正帝祭先农坛图》（清代佚名绘）局部

值得肯定的是玄宗的儿子肃宗，他看到手下为自己的农具上刻满了华丽的纹饰，很不高兴，下令撤掉："田器，农人执之，在于朴素，岂文饰乎？"（《唐会要》卷十下）农具是干活用的，本来就应朴素实用，弄那些装饰岂非虚伪？帝王亲耕，就是为天下做表率，首在真诚。他颁发诏令，让相关部门此后再不得做这些伪饰之事。

明清两代皇帝行耕藉礼的田地在京西先农坛里。先农坛建于公元1420年，至今已有六百余年历史。明太祖朱元璋祖上世代为农，出身寒微，对农业的重视又具有更深一层意义。他对耕藉礼进行了细致的完善，不仅包括仪式流程，还有每个人的站位、方向，耕牛和工具的装饰、祭祀之后的宴请等等。这不能理解为一种无意义的形式主义，而是有意向文武百官和天下百姓表明自己"农为国本""重农养民"的治国理念。清代统治者虽马上夺天下，但为巩固统治，也有重视耕藉礼的表演。其中很多都流于闹剧，典型如雍正颁布的《三十六禾词》。不过也有认真如康熙者，他不仅认真执行耕藉礼，还在西苑（今中南海）内修建了"丰泽园"，亲自扶犁耕作。田地有专人管理，直到秋收。他熟悉粮食生产的每一环节，甚至和手下人一起研制出优良稻种"京西稻"。收获的稻谷也绝不浪费，一部分用于祭祀，一部分用来恩赏。

虽然历代思想家苦口婆心劝导统治者"无夺农时"，历代帝王中也多有重农的言行，但总的来说，中国农民都未能摆脱重役之苦。历代王朝也多灭亡于各种农民起义，从而造成一种悖论性的历史循环。

从封建社会中后期起，一些经济思想活跃的官员开始改革劳役制度，甚至试图从根本上废除劳役制度。北宋王安石变法是其中最著名的。王安石深刻认识到劳役对农业生产的影响。他的做法是变差役法为雇役法，认为雇役能够解决差役侵占农时的问题，“去徭役害农”(《续资治通鉴长编》卷二二四)。他畅想：“举天下之役人人用募，释天下之农归于畎亩……故免役之法成，则农时不夺而民力均矣。”(《上五事札子》)变劳役税为实物税和货币税来解决积重难返的劳役问题，是一个划时代的举措。尽管由于种种原因，王安石变法失败了，但其思路却启迪了后世思想家和统治者。明朝的一条鞭法改革和清朝的摊丁入亩政策，可以视作对王安石改革思想的延续与发展。在这些改革之后，虽然强迫的无偿徭役并没有完全消失，但劳役侵夺农时的矛盾却大大缓和了，“无夺农时”可以说基本实现了。

四

不竭民力

司马迁在《史记·货殖列传》中，把治国的经济政策分为五等：“故善者因之，其次利道之，其次教诲之，其次整齐之，最下者与之争。”为什么“与民争利”被视为最低下的经济政策？因为“政之所兴在顺民心，政之所废在逆民心”《管子·牧民》，民心是最大的政治。

所以，不竭民力是政治“养民”的基本前提，也是主要内容之一。《增广贤文》所说的“若争小可，便失大道”，讲的是普通人与人为善的做人道理，但用之于执政者也是适用的。与民争利就像竭泽而渔，官府依靠公权力很容易在与民众的利益之争中取胜，但失去的是民心和执政合法性。这也是“得道多助，失道寡助”“水能载舟，亦能覆舟”等经典思想的一再印证。

“长太息以掩涕兮，哀民生之多艰”（《楚辞·离骚》），百姓生活的艰难，有落后的生产力的原因，但更多的是人为因素所导致。《左传》论及楚国开国历程，认为“民生在勤，勤则不匮”（《左传·宣公十二年》），楚国就是靠君民上下筚路蓝缕、开辟山林逐渐强盛起来，只要勤奋劳动，就能解决国民生存困难的问题。这自然不失为很好的国民教育。但在实际经济生活中，“国”与“民”的关系经常是冲突的。

法家重富国强兵，所以商鞅说：“民弱国强，国强民弱，故有道之国，务在弱民。”（《商君书·弱民》）秦的统治策略即是大国小民。这样能使秦国在短时间内迅速强大，并以庞大的军事力量迅速扫灭六国。但这种军国体制并不能持久。强权统治只能煊赫一时，普通百姓的日常生活仍然是最重要的。统治者忽视百姓的生存利益，必然无法长治久安，这是秦二世而亡的社会经济原因。

先秦时期试图弥合官民利益冲突的思想是儒家。孔子对君与百姓的关系，有丰富的辩证思考：“百姓足，君孰与不足？百姓不足，君孰与足？”（《论语·颜渊》）孔子这里是针对鲁国的田税制度而言的。孔子并不直接抨击鲁哀公试图增税的做法，而是告诉他国家税收取之于民的基本道理。只有百姓丰衣足食，政府才能相应宽裕。百姓歉收的话，君主还想维持奢侈生活，是不可能做到的。倘若强迫征税，致使百姓堕至温饱线以下，那么这种政治并非仁政而是暴政，百姓可以起而推翻之。这种政府收入取之于民的基本道理，具有显著的民本色彩。

汉初统治者吸取战国后期诸雄及秦朝的历史教训，以“休养生息”为基本国策。这一执政理念主要体现为不竭民力的思想，它对汉初人口和经济的恢复性增长起了巨大作用。后世各朝代统治初期，由于社会刚经历战乱和其他自然灾害，政府大都会执行这种以低税收、少徭役为主要内容的经济政策，旨在恢复民力。这些政策不同程度体现了官对民的让步，以及对君民舟水关系的认识。最典型的当属贞观之治。但随着统治者地位的稳固，专制力量的加强，官僚体系的膨胀，官对民的压制和剥削又日益增强。官民关系趋向紧张的同时，不竭民力也就不可能真正实行了。

文化关键词

养民

养育人民，包括满足人民的生活需要和对人民进行教育。《尚书·大禹谟》将其作为“善政”（良好政治）的目的；为了实现这一目的，治国者必须治理、协调好“六府三事”。“六府”是指金、木、水、火、土、谷，即人民生活所需的各种物质资料；“三事”是指“正德”（端正人民品德）、“利用”（使物质资料为百姓所用）、“厚生”（使人民生活充裕）。这是一种以民为本、物质文明和精神文明兼顾并举的治国理念。

民以食为天

民众将粮食看作天大的事情。“食”即粮食，泛指人类生存不可或缺的基本资源或物质条件；“天”比喻最重要的事物或主宰一切的根本因素。古人认为，治国者不仅要知道百姓是君主的“天”、国家的“本”，而且要知道百姓的“天”是什么；粮食既是百姓糊口养家、安居乐业不可或缺的基本物质条件，当然也是任何领导集团招抚民众，保障民生不可或缺的基本资源。确保百姓能吃上饭、吃饱饭，确保基本生存资源的供应，是治国安民的一条底线。这是一个非常务实的政治理念。

篇九 藏富于民

民富而国富

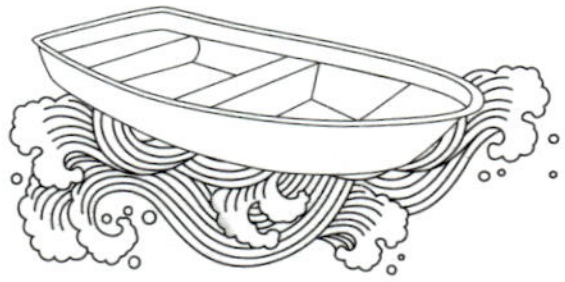

在古代民本思想中，“富民”是较为积极也较为激进的一种观念。它不仅是一般意义的仁政，而且对君主权力与利益形成了直接的冲击和制约。尤其是在一个不鼓励创造的时代，财富缺乏可持续性的增长，民富就会影响国富，反之亦然。

在中国古代历史上，富民思想层出不穷，可见古代民本思想达到了较高水平。藏富于民的思想，是民本思想中民生和民有问题的体现。

一

富民足君、民富国治

“足民”与“富民”同义，是中国历史上藏富于民的财政经济思想，也是民本思想最为朴素而直接的反映。

儒家思想中关于民生的部分，蕴含很多富民思想。其中，《论语·颜渊》是很有意思的一篇。该篇的核心内容是阐释什么是“仁”，主要是论述如何从礼法、道德、修养等方面践行“仁”，留下了“克己复礼为仁”“己所不欲，勿施于人”“君子以文会友，以友辅仁”等名言。孔子对“仁”的强调，其意旨并非针对个人，而是针对执政者。统治者如何对待人民，施行怎样的政策方针，是孔子极为关注的。孔子不止于政治伦理学的讨论，同时也注重经济、民生和民情：

> 子贡问政。子曰：“足食，足兵，民信之矣。”子贡曰：“必不得已而去，于斯三者何先？”曰：“去兵。”子贡曰：“必不得已而去，于斯二者何先？”曰：“去食。自古皆有死，民无信不立。”

这一段中孔子回答了子贡问政所连续提出的三个问题。孔子认为，治理一个国家，应当具备三个起码条件：食、兵、信，即粮食充足、军队充足、老百姓有统一的信仰和信念。如果不得不去掉一项，首选军队，其次是粮食。三者之中，信仰和信念最重要。如果老百姓没有统一的信仰和信念，那么国家就不能存在下去。

这里的粮食是泛指，即整个国家的粮食（或物资）储备。至于粮食（或物资）的占有权，是归国家还是民众，孔子是站在民众这一边的。

孔子有个弟子叫有若（有子），鲁哀公曾经问政于他。

> **哀公问于有若曰："年饥，用不足，如之何？"有若对曰："盍彻乎？"曰："二，吾犹不足，如之何其彻也？"对曰："百姓足，君孰与不足？百姓不足，君孰与足？"（《论语·颜渊》）**

鲁哀公问有若说，鲁国遭了饥荒，国家用度困难，怎么办。有若建议他实行彻法。彻是西周时期的一种田税制度，即抽取十分之一的税。哀公不解："现在我抽十分之二的税还不够用，怎么能只抽取十分之一呢？"有若说："如果百姓的用度够，您的怎么会不够呢？如果百姓的用度不够，您的怎么又会够呢？"有若的观点是，削减税率，使百姓减轻经济负担。只要百姓富足了，国家就不可能贫穷。反之，如果对百

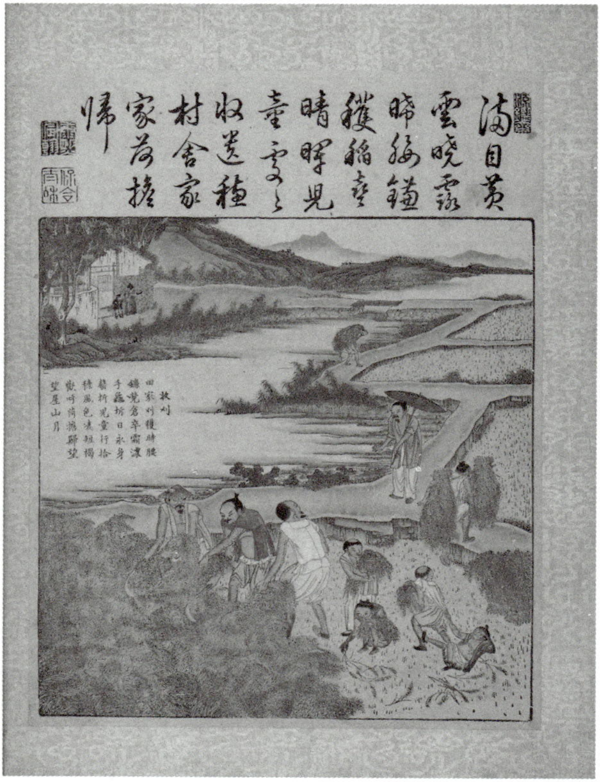

◆《御制耕织图》（清代焦秉贞绘）之一，展现了农民秋收的场景

姓征收过甚，这种短视的、剥削百姓的行为将使民不聊生，国家经济也会随之衰退。这就是儒家“富民足君”的经典思想。这一思想要求统治者眼光远大，实行宽惠的经济政策，允许人民牟利取财，同时压缩减少政府的开销和支出。人民富足了，政府才能富足（通过收取丰厚的税收）。民富先于国富，国富建立在民富的基础上，这就是“百姓足，君孰与不足？百姓不足，君孰与足？”的辩证关系。

富民足君、民富国治的思想在中国历史上广有市场。孔子之后，儒家学派另外两位代表孟子与荀子又对这一思想有所深化和发展。孟子曾经劝齐宣王实行仁政：

> 是故明君制民之产，必使仰足以事父母，俯足以畜妻子，乐岁终身饱，凶年免于死亡。然后驱而之善，故民之从之也轻。今也制民之产，仰不足以事父母，俯不足以畜妻子，乐岁终身苦，凶年不免于死亡。此惟救死而恐不赡，奚暇治礼义哉？（《孟子·梁惠王上》）

孟子以鼓励兼激将的办法，告诉齐宣王，贤明的君主所规定给予百姓的产业，必须能够奉养父母、养活妻儿。好年成的时候可以吃饱，坏年成也能免于饿死。做到这样，君王才能督促他们一心向善，民众才会乐于听从君王。如果规定给予百姓的产业，不够奉养父母和养活妻儿，无论年成好坏都要受苦甚至饿死。百姓连维持生命都怕来不及，哪有空闲去讲求礼义呢？这样，孟子发展了孔子关于食、兵、信的思想，对执政者的告诫也更加严厉。此外，孟子也提出了具体的富民建议。他说："易其田畴，薄其税敛，民可使富也。"（《孟子·尽心上》）认为发展生产和减轻赋税应该并行不悖。他建议君主们学习周文王对待农民的做法：

> 五亩之宅，树墙下以桑，匹妇蚕之，则老者足以衣帛矣。五母鸡，二母彘，无失其时，老者足以无失肉矣。百亩之田，匹夫耕之，八口之家足以无饥矣。（《孟子·尽心上》）

孟子设想的民众安康幸福的模板是这样的：家家户户都有五亩的住宅，旁边墙下种上桑树，妇女养蚕，一家人就可以穿上丝绵衣了；然后再养几只鸡、几头猪，家里人就不缺肉吃了；至于男子，耕种一百亩的良田，那样八口之家都有粮食吃了。有了田地，男耕女织，精耕细作，加上官府的赋税轻，家家户户自然可以温饱、富裕。这些建议也体现了孟子对农民私有财权的尊重。

荀子也进一步阐发了治国必先富民的意义，不过他的思想比孔孟更加深入和辩证。在论述"王制"（君主治理天下的规章制度）时，荀子曾经提出为君者的三层境界：修礼、为政和取民，即施行礼教、从事政事和取得民心。一般人可能认为，民心最重要，所谓“得民心者得天下”。荀子却不以为然。他并非否定获取民心的重要性。恰恰相反，他极为重视民心，但是警惕那种沽名钓誉的、短期或表面迎合百姓的做法，为此他还以子产作为例子。子产是春秋时郑国的国相，也是先秦时期著名的政治家和思想家。孔子以子产为师，很多思想都源于他。子产死后，孔子给予子产很高的评价：“夫子产于民为惠主，于学为博物。”（《孔子家语·辩政》）荀子对子产却略有苛评，理由就是他认为民心是比较容易获取的。“取民”比那些敛财自食的暴君自然是好，但是不如“为政”和“修礼”：

> 成侯、嗣公聚敛计数之君也，未及取民也。子产取民者也，未及为政者也。管仲为政者也，未及修礼者也。故修礼者王，为政者强，取民者安，聚敛者亡。故王者富民，霸者富士，仅存之国富大夫，亡国富筐箧、实府库。筐箧已富，府库已实，而百姓贫：夫是之谓上溢而下漏。（《荀子·王制》）

卫成侯、卫嗣公是战国时期卫国两任君主，是那种搜刮民财、精于计算的国君，自然不可能取得民心。荀子肯定子产

◆明代王圻、王思义《三才图会》中的子产画像

是取得民心的人，但不认为他处理好政事了。比子产更高一层境界的是齐相管仲，不过他虽然善于政事，但在施行礼教方面做得不够格。

荀子认为，君王如果搜刮百姓财物，必然灭亡。如果只是取得民心，或者处理好政事，也不过能安定和强大。真正要称王天下，则要把取民、为政、修礼都做到最好。最差的君王是自私的君王：只是使自己的仓库和箱子都塞满钱财，老百姓则一穷二白。这种上满下漏的社会一定会崩溃，民众一定会推翻君王的统治。因此，财富在国家和人民之间的分配是很重要的，直接联系着国家的兴亡。“王者富民，霸者富士”，同样是“富”，荀子认为使普通百姓富裕才是真正的王道。

那么荀子为什么说子产“未及为政”呢？子产执政时，在经济方面对郑国的改革主要是为田洫（xù）、作丘赋，即整顿田制，承认私田的合法性，向土地私有者征收军赋。这样就刺激了郑国私有经济的极大发展，也使郑国国库富裕起来。郑国上下一时都很拥戴子产。但荀子指出了子产执政的弊端。这个批评其实源于孟子。《孟子·离娄下》讲述了“子产渡人”的故事：

> 子产听郑国之政；以其乘舆济人于溱、洧。孟子曰：“惠而不知为政。岁十一月徒杠成，十二月舆梁

成，民未病涉也。君子平其政；行辟人可也，焉得人人而济之？故为政者，每人而悦之，日亦不足矣。”

子产有次驾车出行，看到百姓们正在渡河，冻得可怜，让百姓们上了自己的车，将他们载过去。百姓们当然很感激。这也是典型的“取民”事迹。但孟子却不以为然：子产心肠虽好，却不知为政之道。如果早点修好渡河的桥，百姓就不会为过河发愁了。没有修好桥，责任在身为宰相的子产。作为一国之相，应该处理的是修桥这样的大事，而不是施行用自己的车子去载人这种小恩小惠。显然，孟子、荀子对子产的批评是比较苛刻的。子产能够“取民”，与其“为政”有直接关系，而不是也不可能是仅仅对百姓施以小恩小惠。子产的经济改革和法制改革，都是“为政”大事，对当时和后世都有很大影响。不过荀子的批评如果作为一种对执政者的警示，倒也颇有意义。

“开源节流”这个词就来自荀子。其本义是指开发水源、节制水流，比喻增加收入、节省开支。荀子用这个成语说明一个国家的经济中，上层阶级的财富与平民百姓的财富的关系：

上好功则国贫，上好利则国贫，士大夫众则国贫，工商众则国贫，无制数度量则国贫。下贫则上贫，下富则上富。故田野县鄙者，财之本也；垣窌仓廪者，财之末也；百姓时和、事业得叙者，货之源也；等赋府库者，货之流也。故明主必谨养其和，节其流，开其源，而时斟酌焉，潢然使天下必有余而上不忧不足。如是则上下俱富，交无所藏之，是知国计之极也。……故田野荒而仓廪实，百姓虚而府库满，夫是之谓国蹶。(《荀子·富国》)

造成一个国家贫穷的原因可以有很多：君主好大喜功，贪财好利，官吏众多，工人商人太多,缺乏合理的规章制度，等等。但总的来说，就是一句话：民众贫穷，君主就贫穷；民众富裕，君主就富裕。所以，农村、农业、农民才是财物的根本，粮囤、地窖、仓库则是财物的末节。一定要尊重农业规律，让老百姓顺应天时，耕作适宜，而不是对他们横征暴敛。小心翼翼地施行政策，节流开源，使天下的财富绰绰有余，这是英明的君主应该做的。上下都富足了，就没必要刻意储藏财物了。反之，如果田野荒芜了，百姓很穷困，国家的粮仓却很充实，这样的国家必然灭亡。

荀子强调“王者富民”，并强调实行“裕民”措施：“裕民则民富，民富则田肥以易，田肥以易则出实百倍。”(《荀子·富国》)可见，荀子是一个既激进又务实的民本主义者。

管仲是子产之外另一个春秋战国时的名相。作为经济学家，管仲的富民足君、民富国治思想更为彻底，更为具体。他也强调富民先于强国：

> 凡治国之道，必先富民。民富则易治也，民贫则难治也。奚以知其然也？民富则安乡重家，安乡重家则敬上畏罪，敬上畏罪则易治也。民贫则危乡轻家，危乡轻家则敢凌上犯禁，凌上犯禁则难治也。故治国常富，而乱国必贫。是以善为国者，必先富民，然后治之。（《管子·治国》）

与孔孟荀等依然是坚持礼义至上不同，管仲持经济治国的立场。他说“仓廪实而知礼节，衣食足而知荣辱”，已经蕴含了一种革命性的思维：百姓过上好日子，才能更好地学习、遵循礼义。

正是基于这一立场，管仲的政治经济学可以说是极为超前的，这尤其体现在他关于消费的观念上。一方面他也主张节俭，将节俭视为一种美德和消费时的指导思想，这一点与儒家和墨家相似；但另一方面，他也不拘泥于为节俭而节俭，有时候也鼓励、崇尚奢侈的消费。

> 黄金者，用之量也。辨于黄金之理，则知侈俭。

知侈俭，则百用节矣，故俭则伤事，侈则伤货；俭则金贱，金贱则事不成，故伤事。侈则金贵，金贵则货贱，故伤货。（《管子·乘马》）

“俭则伤事，侈则伤货”，是说节俭会影响生产和货物的流通，奢侈会导致物价上涨。管仲还提出了用消费来刺激经济的办法。他说，假如民众遇到了水旱灾害这样的坏年成，政府与其直接给予财物的救济，不如兴建宫室台榭这些政府工程。从灾民中挑选较为贫困的部分作为劳工，实行以工代赈，才是最好的为政之法。这个办法后来被范仲淹付诸实践。范仲淹任杭州知府的时候，浙江曾发生严重灾荒，他的主要赈灾策略之一即是大兴土木，新建或翻修了很多房舍，动用了数以万计的民工。通过这一办法，范仲淹增加了灾民的收入，一定程度上弥补了他们的损失。当然，这种以工代赈的办法能够成功，有赖于国库的支持。总之，财富由上层阶级流向下层阶级，社会才能保持相对的和谐安宁。

明朝中叶著名的学者、政治家、经济学家丘濬曾经为官四十年，历事景泰、天顺、成化、弘治四朝。他也经常从经济的视角劝诫统治者实行善政：“古之明主，所以孜孜焉务民于农桑，薄税敛，广储蓄，以实仓廪，备水旱。使天下之民无问丰凶，皆得饱食暖衣，以仰事俯育，则常有其民，而君位安，国祚长矣。”（《大学衍义补》）意思是说，古代的明君，孜孜以求实行各种仁政（重视农业、减低赋税、治理旱涝），以图百姓富足，这样最终也能够实现统治稳固，国运长久。

与王夫之、黄宗羲、顾炎武并称明末清初“四大著名启蒙思想家”的唐甄同样认为，民为国家根本，为政首在富民。道理很简单：“国无民，岂有四政！封疆，民固之；府库，民充之；朝廷，民尊之；官职，民养之。”（《潜书·明鉴》）一个国家这四种政治机制的运作，如果没有老百姓，绝对无法维持。然而，很多刚愎自用的统治者却“见政不见民”，颠倒本末，以压迫剥削百姓为乐。唐甄主张将富民作为国家的基本经济政策：“立国之道无他，惟在于富。自古未有国贫而可以为国者。夫富在编户，不在府库。若编户空虚，虽府库之财积如丘山，实为贫国，不可以为国矣。”（《潜书·存言》）执政者如果不以富民为功，而想天下太平，是绝无可能的。“富在编户，不在府库”，即藏富于民，而非藏于官府。这说明我们现代的藏富于民思想，在明末清初已经有很明确的表达了。基于明朝社会现实，唐甄主张“为政之道，必先田、市”，与荀子“田野县鄙者，财之本也”的思想是一脉相承的。

二

不与民争利

“不与民争利”是富民思想的一个基本准则，也是中国古代政治思想中比较有特色的。

从《史记·循吏列传》起，正史都有《循吏列传》，记述那些重农宣教、清正廉洁的地方官吏的事迹。“循吏”相当于清官、好官，即奉公守法的官吏。《史记·循吏列传》讲述了春秋时期鲁国宰相公仪休的两个著名故事，从中可以看出司马迁对什么是“好官”的判断标准。

一个是公仪休嗜鱼而拒收鱼的故事。公仪休喜欢吃鱼，有一天有位客人上门要送鱼给他，却被他拒绝了。客人不解：“听说您极爱吃鱼才来的，为什么不接受呢？”公仪休回答说：“正因为我很爱吃鱼，才不能接受。现在我做国相，自己还买得起鱼吃；如果因为今天收下你的鱼而被免官，成为罪人，今后谁还肯给我送鱼？所以我决不能收下。”这个故事使公仪休成为后世景仰的清廉好官的典范。公仪休自己在日常生活中也遵奉法度，按原则行事，令行禁止。源清流洁，鲁国的政坛也随之清廉。

另一个是“拔葵去织”的故事。公仪休下令“食禄者不得与下民争利，受大者不得取小”，意即吃国家俸禄的人不得与老百姓争夺利益，因为已经得到大的利益的人不能再谋取小的利益。也就是说，拿俸禄的人家，就只该靠俸禄生活，不得再与民众争营其他产业。只有这样，社会的利益和财富才能平均分布，百姓才能富足。于是发生了下面的事：

（公仪休）食茹而美，拔其园葵而弃之。见其家织布好，而疾出其家妇，燔其机，云："欲令农士工女安所雠其货乎？"

有一天，他吃饭的时候吃到很美味的葵菜，一问是自家种的，非常生气，就跑到菜园子里把菜都拔光了。又有一天，他回到家看见一匹布十分精美，原来是妻子自己织的，就非常生气地把妻子赶出家门，又把织布机烧了。他说："我已经拿了朝廷的俸禄，家里怎么能再去种菜织布与农夫织女争利呢？那不是抢他们的饭碗吗？"《汉书·董仲舒传》也记载了这个故事："故公仪子相鲁，之其家见织帛，怒而出其妻；食于舍而茹葵，愠而拔其葵。"公仪休以身作则，奉公守法，文武百官自然也不敢胡作非为。

"拔葵去织"成为一个流传千古的成语，屡屡被后来为官者引以为戒，是居官不与民争利的典故。东晋葛洪《抱朴子·逸民》有云："濯裘布被，拔葵去织。"《宋书·谢庄传》也讲述："臣愚谓大臣在禄位者，尤不宜与民争利，不审可得在此诏不？拔葵去织，实宜深弘。”北周庾信写诗：“拔园葵而去织妇，无三惑而绝四知。”苏轼在《和阳行先》也称赞道：“拔葵终相鲁，辟谷会封留。”

藏富于民、不与民争利也是西汉兴起的根本原因。经过秦末战争、楚汉战争，汉初人口只剩下秦统一时的十之二三。整个社会极为凋敝，大饥荒流行，一石米卖到五千钱，死亡人口不计其数，甚至出现人相食的惨象。汉高祖刘邦下令允许老百姓卖儿卖女。天子都凑不齐四匹一样颜色的马，可见境况之凄凉。汉初奉行黄老之术，无为而治，与民休息。将政府所有的土地交给百姓，允许百姓自由经营，同时实行低税收、不折腾的政策。当时的田税从“十五税一”降到了“三十税一”，而成年的男子三年才服一次徭役，老百姓的负担因而逐渐减轻。与民休息，并且不与民争利，是汉朝初期的主要经济政策。文帝、景帝统治时期，史称“文景之治”，延续了三十九年，百姓开始富足，社会走向繁荣，国家变得强盛。到了汉武帝继位的时候，史书记载：

> 国家亡事，非遇水旱，则民人给家足，都鄙廪庾尽满，而府库余财。京师之钱累百钜万，贯朽而不可校。太仓之粟陈陈相因，充溢露积于外，腐败不可食。众庶街巷有马，仟伯之间成群，乘牸牝者摈而不得会

◆山东嘉祥宋山小祠堂汉代画像石中的车马出行场面

聚。（《汉书·食货志上》）

这段概括了武帝盛世的景象：国家没有大事发生，倘不遇到水灾旱灾，百姓人人可以安居乐业；各地粮仓都满了，甚至溢出到仓外，腐败不能食用；府库里的钱因为常年不用，穿钱的绳子都腐朽了，散落无法计算；而民间到处都是马匹牲口，骑母马的人会被大家看不起，不能参加聚会。

即便社会繁荣如此，"不与民争利"的思想依然是当时主流的政治思想。汉武帝曾向董仲舒咨询治国策略，董仲舒论及政府与民众的关系：

> 夫天亦有所分予，予之齿者去其角，傅其翼者两其足，是所受大者不得取小也。古之所予禄者，不食于力，不动于末，是亦受大者不得取小，与天同意者也。（《汉书·董仲舒传》）

董仲舒用了一个比喻说明万事万物应有合理的分配：拥有利齿的，就不能有角；生了翅膀的，脚就只有两只。这是受了大利就不能取小利的道理。所以对于当官的人来说，接受了俸禄就不能再靠力气吃饭，也不能经商盈利（古代认为经商是下等的末技），这也是既得大利就不能再取小利。董仲舒称赞公仪休是很自然的事。他批评那些与民争利的官员，认为这是违背先贤和上天的规律的。老百姓的怨声载道，也是因为有些达官贵族身居高位，享受俸禄，家庭富裕，却还要凭借着地位和权势与下层平民争利。在这种情势下，老百姓哪里争得过他们呢？这样必然造成一个后果：有权势的人奴婢越来越多，牛羊越来越众，田地产业不断扩张；平民百姓则日益被剥削压榨，日趋贫穷。富者愈富，穷者愈穷。久而久之，官逼民反，就会出现治安和社会动乱："则民不乐生，尚不避死，安能避罪！此刑罚之所以蕃而奸邪不可胜者也。"

这也是民富国治的道理。董仲舒提醒那些领着国家俸禄的官员，不可与民争利。无论君王还是官吏，都必须遵循这条"上天之理""太古之道"。他说：

> 尔好谊，则民乡仁而俗善；尔好利，则民好邪而俗败。由是观之，天子大夫者，下民之所视效，远方之所四面而内望也。近者视而放之，远者望而效之，岂可以居贤人之位而为庶人行哉！（《汉书·董仲舒传》）

即是说，做官的人爱好仁义，官风正，民风也正；做官的人总想发横财，官风坏，民风也坏。无论是天子、大夫，都是下层民众注视与仿效的对象，他们的一言一行都在百姓眼中。所以，怎么可以居高位而与民众争利呢？对于普通百姓而言，追求钱财是他们的本性，但对于君王和官吏来说，实行仁政才是应该做的，“德莫高于爱民，行莫贱于害民”。享受国家俸禄的人，吃俸禄就行了，不要与人民争夺产业。这样，利益就可以均匀分配，而人民的生活就可以富足了。

然而，在专制时代，贵族官僚们无视禁令，从事各种工商业经营，甚至高利贷盘剥的现象，屡见不鲜，屡禁不止。他们疯狂攫取资产财富，自然就会加剧民众的贫困潦倒。有时候官方经商还是公开行为。《隋书》记载，隋代时，因百官所需费用不足，中央和地方政府都设置用以放债的公款，“收息取给”。工部尚书苏孝慈认为官府与民众争利，“非兴化之道”，于是坚决反对，“上表请罢之”。唐朝武则天垂拱年间，管理皇家西苑的尚方监裴匪躬建议把吃不完的果蔬拿到市场上去卖，“以收其利”。时任宰相的苏良嗣也进行制止。他援引古代先贤的故事说：“昔公仪相鲁，犹能拔葵去织，未闻万乘之主，鬻其果菜以与下人争利也。”（《旧唐书·苏世长传》）这些官员都是极其看重政府行为的，认为政府的一言一行，都被百姓看在眼里，关系着政府的公信和国家的安危。

不过，与民争利的现象在历朝历代都是存在的。这些行为不同程度加剧了社会阶层之间的分化，激化了阶级矛盾，往往成为农民起义爆发的重要因素。尤其在一个王朝的中后期，很多贵族官僚们富可敌国，而官府财政则入不敷出，广大底层民众更是饥寒交迫，社会经济结构和资产分配格局严重畸形。因此，对于贵族官僚私营工商业，许多帝制王朝都是予以禁止的。唐代宗大历十四年（公元779年）七月，基于官吏经商问题严重，朝廷特下令给王公百官和各级官吏，“无得与人（民）争利”。（《唐会要》卷八十六）当时扬州地处南北交通要道的枢纽，云集了全国的货物和商人，是最富庶的地方之一。于是一些官员就在那里设置各种官邸和旅舍，里面囤积了大量商品物资。对外号称是军队使用，实际上暗地里进行投机买卖以谋取私利。在新政之下，这些官邸、店铺才被取缔了。

魏晋时期思想家傅玄在其所著《傅子》中提出，统治者欲安民，必须富民，“民富则安，贫则危”。原因是：“民富则安乡重家，敬上而从教。贫则危乡轻家，相聚而犯上。饥寒切身，而不行非者寡矣。”他告诫道，如果老百姓贫困，为求温饱，可能铤而走险，直至离家出走成为流民，流民啸集则容易生乱。此论反复被中国历史所证实。

文化关键词

王者富民

想要推行王道的君主会使百姓富足。“王者”本指想要推行王道、统一天下的君主，泛指成就伟大事业的领导者。其中隐含的道理是：伟大的事业必须有民众的广泛拥护才能成功，为此，有作为的领导者必须把广大民众利益放在首位，而不能着眼于一部分人的利益，更不能着眼于个人利益。这和“民惟邦本”“藏富于民”的思想息息相通。

欲强兵者，务富其民

要想使军力强大，必须使本国的百姓富足。它揭示的基本原理是：民富是兵强的基础或前提。百姓富足，国库就充盈，军资就有保障；百姓富足，人丁就兴旺，兵源就有保障；百姓富足，人心顺畅，国家的军政决策就会得到民众拥护。可以说，这一命题是“民惟邦本”理念在民与兵关系问题上的具体化。

国以义为利

国家以道义为根本利益。“义利之辨”是中国思想史上历久弥新的议题，“以义为利”则是先哲确立的基本理念。小到一身，大到一国，无利不存，但古人注重利与义的统一，认为利的本质乃是与义相合，实现利与义的和谐统一，不能因利害义，妨害大局。依照这一理念，国对民，不与民争利；国对国，不片面利己；努力达成兼顾、兼得、平衡与共赢。

篇十　仓廪实而知礼节

物质先于精神

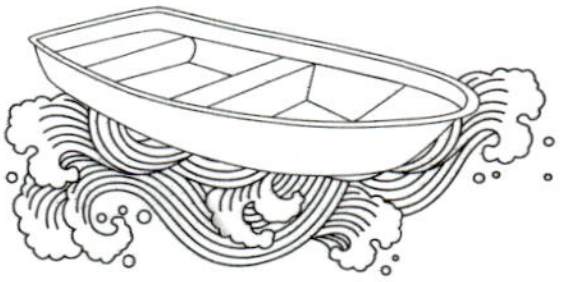

物质与精神是人类生活的两个基本面向，也是人全面发展的两个互相制约的因素。中国古代思想中对物质与精神的理论辨析和实际运用，有着漫长的传统。这些思想中有的偏重物质，强调物质资料、生产生活和经济活动对人类社会的根本性作用；有的偏重精神，认为文明教化、文化生活和精神生活才是人之所以为人的标志。

总体而言，中国古代思想还是偏实用的。从这个角度看，物质先于精神的认识影响深远。其中，“仓廪实而知礼节”是最著名的表达之一。

一

先富后教

先富后教是儒家关于经济与德育关系的一种学说，体现了先秦思想家对经济基础与文化教育之关系的思考。

儒家特别重视礼教德治，即以礼乐教化来培养人的道德，最终达到治国平天下的目的。但是，他们也承认，礼乐教化的前提是要有一定的经济物质基础，这就是所谓“先富后教”。

“先富后教”最早见之于《论语》，后来在《孟子》《管子》等著作中也有一些论述。《论语·子路》曰：

> **子适卫，冉有仆。子曰：“庶矣哉！”冉有曰：“既庶矣，又何加焉？”曰：“富之。”曰：“既富矣，又何加焉？”曰：“教之。”**

“庶”是人口众多、稠密的意思，“富”即富裕、兴旺，“教”即教育、教化。孔子对卫国的评论可以看出，民众、民富、民教，应该是层层递进的：一个国家的基础是人口，然后是人的富裕，衣食无忧后才谈得上教育。并不是说教育的重要性低于物质基础，但后者是前提。没有温饱，德治难以真正落实。

《孟子》和《管子》结合不同的时代和社会环境，继承和发展了先富后教的思想。《孟子·梁惠王上》说："明君制民之产，必使仰足以事父母，俯足以畜妻子，乐岁终身饱，凶年免于死亡。然后驱而之善，故民之从之也轻。"这是孟子习惯的对君王苦口婆心的劝诫。孟子是主张性善论的。他认为人的本性是向善的，如非如此则是违背本性，而违背本性的原因是社会性的。为人君者，如果保证人民有可以侍奉父母、抚养妻儿的基本财产，无饥寒死亡之忧，那人民怎么可能不向善呢？换句话说，如果民众中出现恶行，那是因为民众的生存受到威胁，而这是君王的责任。

管仲作为实干家和更为激进的物质民本主义者，将先富后教的思想表达得更直接、清晰：

> **凡有地牧民者，务在四时，守在仓廪。国多财则远者来，地辟举则民留处。仓廪实则知礼节，衣食足则知荣辱。（《管子·牧民》）**

管仲从重农出发，谈论牧民之道。他认为治理、管理民众，农业是根本。统治者必须重视四时农事，保证粮食储备。手中有粮，心里不慌。百姓安居乐业，外地人也会前来投奔，这样的国家就能兴旺发达。同时，在这样的国家，国民就能遵守礼节，重视荣辱。

显然，先富后教是一种认识经济基础与文化教养关系的思想。依照这一观念，治理国家应当先奠定一定的物质基础，令人民生活有所保障，然后才可以实行道德教化。当然，先富后教并不是说要等物质方面达到相当富裕之后再开始进行精神方面的教导，而是说进行教化需要一定的物质条件作为基础。

《荀子·大略》所言的“不富无以养民情，不教无以理民性”，与《汉书·食货志》所说的“食足货通，然后国实民富，而教化成”，都是这个意思。

二

有恒产者 有恒心

如果说“先富后教”是偏向于从统治者或教育家的角度谈论物质与精神，那么“有恒产者有恒心”则是偏向于从普通民众的角度讨论利与义的关系。

“有恒产者有恒心”出自《孟子》。当滕文公咨询孟子政事时，孟子说：

> 民之为道也，有恒产者有恒心，无恒产者无恒心。苟无恒心，放辟邪侈[1]，无不为已。及陷乎罪，然后从而刑之，是罔[2]民也。焉有仁人在位，罔民而可为也？是故贤君必恭俭礼下，取于民有制。（《孟子·滕文公上》）

孟子认为，要实现政治清明，就要了解人民的基本情况，这一基本情况主要表现为：一个人有稳固的财产收入，才有稳固的道德观念和行为准则，反之则无。假若人没有稳固的道德观念和行为准则，就会肆意作恶，违法乱纪。等到他们犯

1 “放”“侈”，都是放纵的意思；“辟”“邪”，指不正派、不正当。

2 “罔”通“网”，在这里是构陷的意思。

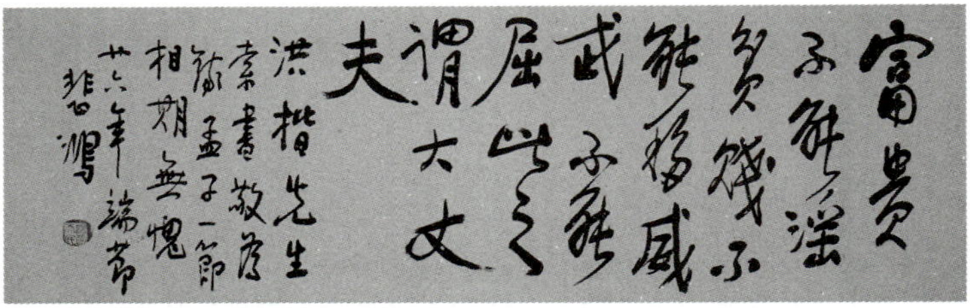

◆ 徐悲鸿行书《孟子》一节（1937年）：“富贵不能淫，贫贱不能移，威武不能屈。此之谓大丈夫。”

了罪，然后才加以惩罚，这等于陷害百姓。贤明的君主一定是根据民众的基本情况拟定制度，实施政策，认真办事，节省费用，礼贤下士，一切以人民利益为基本点。

在《孟子·梁惠王上》中，孟子把上述思想又重复了一遍。他并且认为，“无恒产而有恒心者，惟士为能”，即没有稳固的产业，却有稳定不变的思想，只有士人能做到。普通老百姓则都是重“产”优于重“心”的。如果限制民众的资产，使得他们“仰不足以事父母，俯不足以畜妻子，乐岁终身苦，凶年不免于死亡”，那么民众连维持生存都困难，哪有空闲去讲求什么礼义呢？

由此可以看出，孟子论及人的道德标准和实践要求时，是有“士”与“民”之别的。那些即使没有恒产的“士”（知识阶层），通过克己也可以做到道德不以物质为转移，普通人则几乎不可能。同理，孟子所说的“富贵不能淫，贫贱不能移，威武不能屈”的“大丈夫”标准，也是在知识阶层内部讨论的。这段出自《孟子·滕文公下》的文字，本是孟子为了辩驳景春所说公孙衍、张仪为何不是大丈夫的问题而提出的。景春认为公孙衍、张仪“一怒而诸侯惧，安居而天下熄”，就是大丈夫，即那种能影响天下现实政治的男人。孟子不同意这种政治势力标准，转从“礼”的角度提出新的标准。他认为“居天下之广居，立天下之正位，行天下之大道”的才是真正的大丈夫，即有大志、有作为、有气节的人。大丈夫应当“得志，与民由之；不得志，独行其道”，这是一种很高的道德要求。孟子谈论“大丈夫”问题时，是以最高标准衡量“士”；谈论“恒产”（物质）问题时，是以基本要求进谏“君”。这是一种很高超的辩证技巧，看得出孟子有极为清晰的自省意识和民本观念。

三

理欲之辨

“先富后教”和“有恒产者有恒心”，都偏向于现实政治，而古代关于物质文明与精神文明的探究还有历史与哲学层面的思辨。

关于“物质”，古代中国人的认识有别于科学意义上的“物质”或唯物史观的“物质”，而主要表现为对自然界物质的基本形态的看法。由于知识的有限以及对自然世界探究的不足，这些看法与人类生存发展相结合，形成含糊而又系统的天人合一的思想。

天人合一的思想一方面要求人敬畏天地鬼神，另一方面也肯定人的生存欲望。“民以食为天”“饮食男女，人之大欲”就是这种朴素的唯物主义思想的体现。

《礼记·礼运》这段话形象具体地展示了人的物质欲望及其合理性：

> 夫礼之初，始诸饮食。其燔黍捭豚，污尊而抔饮，蒉桴而土鼓，犹若可以致其敬于鬼神。及其死也，升屋而号，告曰：“皋某复。”然后饭腥而苴孰，故天望而地藏也。…… 昔者先王未有宫室，冬则居营

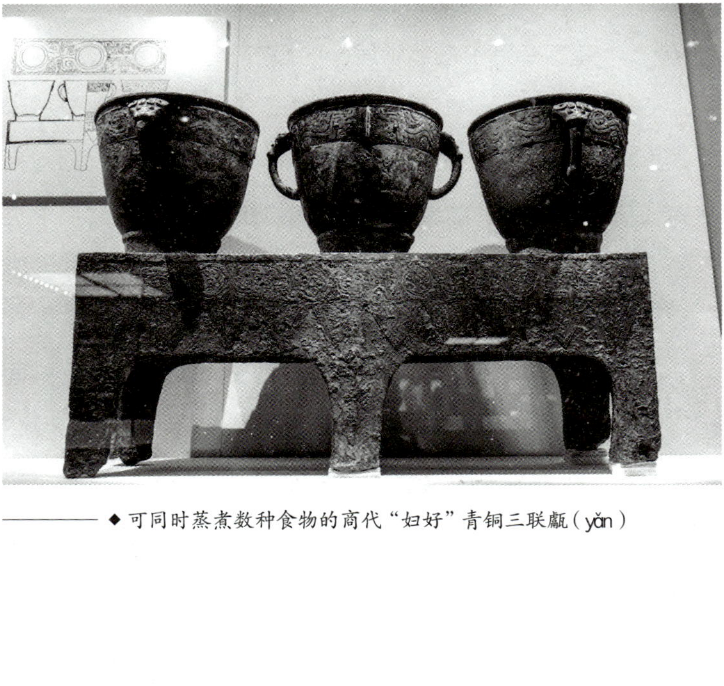

◆可同时蒸煮数种食物的商代“妇好”青铜三联甗（yǎn）

窟，夏则居橧巢。未有火化，食草木之实、鸟兽之肉，饮其血，茹其毛。未有麻丝，衣其羽皮。

先秦儒家认为，礼是起始于饮食起居这一人的最根本欲求的。人类社会的早期，在石上烧熟黍米和猪肉，凿地为杯，用手掬而饮之。祭祀则用泥土捏成的鼓槌敲打土制的鼓，以此敬献鬼神。人们对待死者，也仅仅是登上屋顶大声呼告道："哎——某人回来啊！"然后让死人口含生米，再包一些熟肉送殡下葬。这叫向天招魂而葬尸于地。

同理，人类早期并无房屋，冬天穴居，夏天巢居；也不知道用火烧熟食物，只吃草木的果实、鸟兽的生肉，茹毛饮血；更不可能有麻纱和蚕丝制衣，只是用鸟羽兽皮当衣遮体。

直至圣人出、礼制立，人类才进入文明。文明的标准就体现为：学会用火，以之烧烤烹调，制造各种器皿和金属工具；在此基础上，建造房屋改良居住条件；另外，学习生产麻丝，制成布匹丝绸，以暖人身。物质文明有了进步，可以更好地保养生者，送葬死者，侍奉天地鬼神上帝。这就是礼的诞生。

因此，儒家认为：

> **饮食男女，人之大欲存焉；死亡贫苦，人之大恶存焉。故欲恶者，心之大端也。人藏其心，不可测度也。美恶皆在其心，不见其色也，欲一以穷之，舍礼何以哉？（《礼记·礼运》）**

既然饮食和情爱是人的最大欲望，死亡贫苦是人的最大厌恶，就应该直视它们。美好和丑恶都是一种人之常情的心理，要理解它们，只有靠礼制来引导。假若没有得到合适的引导，社会就会走向混乱，人心也会败坏。

“先富后教”和“仓廪实而知礼节”的观点，代表了先秦儒家对物质文明与精神文明孰先孰后关系的基本看法。物质生活的改善是一个社会政治安定的前提，也是一个人道德进步的基础。在物质生活满足后，人们就要讲究礼节规范，追求高尚的道德行为，而不可止于物质的享乐。

这一先物质后精神的论述，与孟子所论的义利之辨相辅相成，但也有一些区别。《孟子·告子上》论述了孟子的一个著名观点：义重于生，当义和生不能两全时，应该舍生取义。孟子在此讨论的是一个价值观问题，即人生的追求与价值问题，也可以说是一个选择问题。所以孟子说：

所欲有甚于生者，所恶有甚于死者。非独贤者有是心也，人皆有之，贤者能勿丧耳。(《孟子·告子上》)

孟子对时人（尤其是士）警示规劝：人的一辈子，所喜爱的有比生命更宝贵的东西（那就是“义”），所厌恶的有比死亡更厉害的东西（那就是“不义”）。不仅贤人有这种本性，普通人都有，只不过有贤能的人不容易丧失罢了。那具体什么是“义”？孟子说：“羞恶之心，义之端也。”（《孟子·公孙丑上》）羞耻感是义的开端。

孟子还讨论了物欲与精神冲突的情境。如前所述，他并不否认物质对于人生活的重要作用，即民以食为天或饥寒起盗心。他论述物质先于礼义时，是针对当时统治者而言的。但是当他“反求诸己”，对个体（尤其是知识阶层的个体）提出要求的时候，就更强调精神力量的价值。

一箪食，一豆羹，得之则生，弗得则死。呼尔而与之，行道之人弗受；蹴尔而与之，乞人不屑也。(《孟子·告子上》)

这是孟子所假设的情境：假若有一碗饭、一碗汤，吃了就能活下去，不吃就会饿死，但是如果无礼地吆喝，或者用脚踢给别人，那么哪怕快要饿死的人也不会接受。孟子认为这就是道义。如果不顾道义而接受别人的施舍，那就是“失其本心”，即丧失了人所固有的本性。

可见，孟子所谓的“欲”，虽然包括了物质和精神两方面，但和其他古人的认识一样，是偏重于物质方面的，也就是《庄子·至乐》中说的“夫天下之所尊者，富贵寿善也；所乐者，身安厚味美服好色音声也”。《吕氏春秋·大乐》讲的“天使人有欲，人弗得不求。天使人有恶，人弗得不辟”，也是类似的意思。

大体而言，古人对“欲”的主要看法是弊大于利。先秦时期，对欲望批判得比较多的是道家。老庄重修身养性，认为“将盈耆[1]欲，长好恶，则性命之情病矣”（《庄子·徐无鬼》）。这句话是说对欲望的追求是有害身心的。同时，道家持“无为而治”的政治理念，所以老子说：“化而欲作，吾将镇之以无名之朴。无名之朴，夫亦将不欲。不欲以静，天下将自定。”（《老子》三十七章）人人充满欲念，天下难以安定。

法家批判欲望，主要是从实用主义的角度出发。典型如韩非子，他在阐释老子欲利伤身的思想时说：“欲利甚于忧，

1 “耆”通“嗜”，喜好的意思。

忧则疾生，疾生而智慧衰，智慧衰则失度量，失度量则妄举动，妄举动则祸害至。”又说：“可欲之类，进则教良民为奸，退则令善人有祸。奸起则上侵弱君，祸至则民人多伤。”（《韩非子·解老》）可见，在他看来，追求欲望对个人是祸害，对国家是灾难。

汉代董仲舒以及后来的宋明理学家，在孟子和韩非子的基础上，将重义轻利、重理轻欲的思想不断发挥，使其在相当长一段时间内成为古代中国社会占主导地位的价值观。无论是“存天理，灭人欲”的极端化表达，还是“修齐治平”“内圣外王”的个人发展路径规划，都是重视道德、修养、精神方面，而轻视物质、欲望、利益方面的，这对中国古代的个人追求、民族性格和社会形态都产生深远的影响。古代中国文化深耕伦理学，而轻视科技、经济，也与此有深刻联系。

与道家、法家和宋明理学不同，墨家强调义与利的统一性。《墨子·经说上》云：“义，志以天下为芬，而能能利之，不必用。”按照《说文解字》，“芬”即“草初生其香分布也”，这里比喻为一种兼相爱、交相利的社会和谐的状态。这句话是说，“义”志在使天下美好，而能善利天下，又不居功自用。可见，这里的“利”指天下之利，而非个人之利。但天下之利也是由个人之利所生产、组合的。墨子是尚利贵义的，认为功利就是道义内容的体现，从而实现义与利的统一。

关于物质欲求的观点中，荀子的思想是比较深刻的，也更接近现代心理学中的需求理论。虽然他也说过“先义而后利者荣，先利而后义者辱”（《荀子·荣辱》），但他仍然是先秦思想家中对欲望、利益肯定得最多的。荀子说：

> 虽为守门，欲不可去，性之具也。虽为天子，欲不可尽。欲虽不可尽，可以近尽也；欲虽不可去，求可节也。……道者，进则近尽，退则节求，天下莫之若也。（《荀子·正名》）

荀子明确表示“欲不可去”，即便是卑贱的看门人，也有欲望，因为这是人之本性（与孟子所强调的善良、道义为人之本性正好相对应）。同时，即使是高贵的天子，欲望也不可能得到完全满足。荀子进一步提到“近尽”与“节欲”的看法，认为欲望是可以接近于全部满足的，对欲望的追求也是可以节制的。这是荀子认为的处理欲望的正道：进可以接近于完全满足自己的欲望，退则可以节制自己的追求。

司马迁在荀子欲望理论的基础上，结合汉初社会情境，融入深刻的经济思想，形成更为系统的唯物论思想。《史记·货殖列传》批判了道家清心寡欲的个人伦理观和小国寡民的理想社会观。他认为有人即有人欲，“耳目欲极声色之好，口欲穷刍豢之味，身安逸乐而心夸矜势能之荣”，是无法禁绝的。他肯定管仲“仓廪实而知礼节，衣食足而知荣辱”的思想，认为齐国富强起来就有赖于这一思想。他对“礼”与欲望、利益的关系进行了犀利的辨析：

> 礼生于有而废于无。故君子富，好行其德；小人富，以适其力。渊深而鱼生之，山深而兽往之，人富而仁义附焉。富者得势益彰，失势则客无所之，以而不乐。夷狄益甚。谚曰：“千金之子，不死于市。”此非空言也。故曰：“天下熙熙，皆为利来；天下壤壤，皆为利往。”

司马迁在《礼记》“夫礼之初，始诸饮食”的基础上，进一步指出礼仪是在富有的时候产生的，贫困的时候就废弃了。一个人富裕的程度越高，所施的恩德越多，显得就更讲礼仪。这就像水深的地方鱼聚集越多，林密的地方野兽越是向往。仁义是和富裕程度相关联的。天下的人为了财利而奔走，并非坏事，而是人之常情。司马迁肯定人们追求物质财富的合理欲望，并且认为这一需求是推动经济和社会发展的。人的道德观念根本上是受制于经济基础的。

在此后的历史中，理欲对立、义利对立的思想时时占据上风，但也不乏反对的声音。例如，虽然有两宋的思想家如张载、二程、朱熹，认为“心”或“理”是独立的、至高无上的精神客体，而物质需要、生理需要是低层次的“欲”，不值得探讨；但是同时，南宋以陈亮、叶适为代表的偏向事功的学派，则反对程朱理学玄虚高蹈的天理，认为“人生何为，为其有欲。欲也必争，惟日不足”（陈亮《刘和卿墓志铭》）。他们坚持物欲是人之本性的观点，也认为需要以伦理和道德进行适度的约束。这一点与孔子是一致的。另一重要哲学家李觏是管仲的“仓廪实而知礼节”思想的继承者，他基于“治国之实，必本于财用”的道理，号召世人理直气壮地“言利”。他认为“人非利不生”，批判孟子的义利观：“孟子谓何必曰利，激[1]也，焉有仁义而不利者乎？”（《李直讲集·原文》）一代名相王安石也直言：“聚天下之人，不可以无财；理天下之财，不可以无义。”（《乞制置三司条例》）李王二人不仅讲义利统一，而且都主张利先义后，不啻为一股时代清流。

明代中后期，反对理学的声音更多。陈确就直言：“欲即是人心生意，百善皆从此生，止有过不及之分，更无有无之分。”（《无欲作圣辨》）王夫之说：“圣人有欲，其欲即天

1 “激”，偏激、过分的意思。

之理。天无欲，其理即人之欲。学者有理有欲，理尽则合人之欲，欲推即合天之理。于此可见，人欲之各得，即天理之大同；天理之大同，无人欲之或异。”（《读四书大全说》卷四）天理可以在正确的人欲中显示，人欲在恰到好处的时候就是天理。人要是没有欲望，就没有天理可言。他们都充分肯定了私欲、物欲的正当性与合理性，不认为有脱离“欲”的“理”，努力论证理欲的统一。

王安石变法的失败有很多原因，其中一个就是当时无论是官府还是民众，都对言利思想有所排斥。后世对理欲之辨认识最深刻的当属清代大儒戴震。他首先强调人欲之自然、正常、合理，反对理学“理正欲邪”“存理灭欲”等观念。他说：“有是身，故有声色臭味之欲……惟有欲有情而又有知，然后欲得遂也，情得达也。天下之事，使欲之得遂，情之得达，斯已矣。”（《孟子字义疏证·才》）欲望的满足不仅包括自己，还应该包括全社会，即既要“遂己之欲”，又要“遂人之欲”。他认为理学压抑人欲的做法无异于“以理杀人”：“此理欲之辨，适成忍而残杀之具。”（《孟子字义疏证·权》）戴震所提出的“理义在事”“理存乎欲”的理欲统一观，再次强调了物质先于精神、精神需求有赖物质需要的理念。戴震的观点是荀子、司马迁、陈确、王夫之等人思想的延续，又有所综合和发展。

纵观整个中国古代思想史，对物质与精神关系的讨论极为激烈。总体而言，占据主导地位的思想是扬精神而抑物质的。这包括道家、法家和佛家。儒家则有较大分歧：孔子言利但主张节制，孟子则重义轻利。相对地，墨家以及部分功利派儒家（以荀子、管仲、司马迁和王安石为代表）则不耻言利，虽然对利的重视程度有别。从民本思想的角度看，后者更符合广大人民群众的根本利益，所以代表着时代的进步。鲁迅曾说："我们目下的当务之急，是：一要生存，二要温饱，三要发展。"[1]岂止民国如此，任何时代与个人，都应当重视物质文明，重视经济基础。精神文明的追求、价值观的弘扬固然重要，但它们都是依附于一定的物质条件和经济状况的。生存和温饱，是发展的前提，也是发展的基本体现。脱离这一前提的制度和思想是空洞无益的。在这一意义上，"先富后教""有恒产者有恒心""仓廪实而知礼节"等理念，是中国民本思想中特别珍贵的一部分。

1 鲁迅：《忽然想到（五至六）》，《鲁迅全集》第三卷，北京：人民文学出版社，2005年，第47页。

文化关键词

制民之产

创制民众的产业。“制民之产”是孟子提出的一种为政要求。孟子认为，百姓如果没有稳定的产业收入，无法维持自身的生存，就会为了维持生计而背离道德。因此，为政者必须首先为百姓创造、提供必要的产业，使其生产所得能够满足日常生活的需要。“制民之产”是为政者推行道德教化的基础和前提。

义以生利，利以丰民

执政者按照道义和规则生财获利，而后用所取得的财利使百姓生活丰足富裕。“义”本指礼义，也可理解为道义、法度、规则；“生利”即创造财富，获取利益；“丰民”，使百姓丰足富裕。对于执政者而言，“利”的规定性，不仅在于符合道义、规则，还在于百姓能享其利，民生得到改善。它是“以义为利”“藏富于民”思想的结合。

理财正辞

调理财富，端正言辞。古人认为这是权力的两大基本职能。“理财”意为使财富的调配合理有序；“正辞”意为使官方的话语合乎礼法，进而使民众的言行也合乎礼法。财富分配合理了，言行合乎礼法了，整个国家和社会也就呈现良好的秩序和状态了。现代所谓物质文明建设和精神文明建设，与此不无契合之处。

跨 | 越 | 时 | 空 | 的 | 中 | 国 | 词

有教无类

学以成人的教育理念

谢远笋 著

外语教学与研究出版社
北京

图书在版编目（CIP）数据

有教无类：学以成人的教育理念 / 谢远笋著．-- 北京：外语教学与研究出版社，2022.6

（跨越时空的中国词）

ISBN 978-7-5213-3655-9

Ⅰ．①有… Ⅱ．①谢… Ⅲ．①教育思想－研究－中国－古代 Ⅳ．①G40-092.2

中国版本图书馆 CIP 数据核字（2022）第 095923 号

出 版 人　王　芳
项目策划　刘旭璐
责任编辑　刘虹艳
责任校对　刘　佳
封面设计　覃一彪
版式设计　郭　莹
出版发行　外语教学与研究出版社
社　　址　北京市西三环北路 19 号（100089）
网　　址　http://www.fltrp.com
印　　刷　三河市北燕印装有限公司
开　　本　889×1194　1/32
印　　张　10.5
版　　次　2022 年 7 月第 1 版　2022 年 7 月第 1 次印刷
书　　号　ISBN 978-7-5213-3655-9
定　　价　58.00 元

购书咨询：（010）88819926　电子邮箱：club@fltrp.com
外研书店：https://waiyants.tmall.com
凡印刷、装订质量问题，请联系我社印制部
联系电话：（010）61207896　电子邮箱：zhijian@fltrp.com
凡侵权、盗版书籍线索，请联系我社法律事务部
举报电话：（010）88817519　电子邮箱：banquan@fltrp.com
物料号：336550001

总序

对于“中华思想文化术语”这一名称，有的读者朋友或许有些陌生。实际上，日常生活中很多耳熟能详的词语，像“道”“理”“气”“诚”“仁”“义”“礼”“智”“信”“温故知新”“厚德载物”“自强不息”“和而不同”“见贤思齐”“得道多助，失道寡助”“千里之行，始于足下”等都属于中华思想文化术语。简要地说，中华思想文化术语就是浓缩了中华哲学思想、人文精神、价值观念、思维方式的词语。在几千年的历史长河中，中华民族创造了至今仍为世界瞩目的古代文明，涌现出许多杰出的思想家，而中华思想文化术语就是中国古代思想家对自身、家国天下、天地万物进行探索与思考的成果，是古代思想家用以阐述个人见解并建立思想体系的基石和支点。正是凭借这些术语，先哲们才得以建造出气势雄伟、楼阁高耸、厅室辉映的中华文明大厦。中华思想文化术语凝聚了中华民族的理性智慧与精神基因，也是今人打开古代思想宝库的密钥。可以说，不理解中华思想文化术语，就不可能真正读懂古人、读懂中华民族精神、读懂数千年中华文明史。打个比

方，如果不理解“道”“有无”“无为”“道法自然”“相反相成”“反者道之动”等术语，就很难读懂老庄的思想，也很难读懂魏晋以后的很多文艺作品。

“中华思想文化术语传播工程”（以下简称“术语工程”）即是以整理、诠释、翻译中华思想文化术语为主要目标的基础性文化建设工程。自2014年启动至今，“术语工程”已经整理翻译了文史哲等领域的上千条中华思想文化术语，这些术语或为中华思想文化史上的基本概念，或为古人提出的重要思想命题。也许有读者会问，人类已经进入21世纪，各种新名词、新术语层出不穷，为何还要挖掘、整理这些古代的思想文化术语呢？“术语工程”主要是出于以下几方面的考虑。

第一，“盘点”古人留给我们的精神遗产。人们常说，中华思想文化博大精深，但到底多“大”、多“深”，没有人能说清楚。如果将古人的精神遗产比作矿藏，将“盘点”这些遗产比作探矿，那么，只要持之以恒，终有一天我们是可以探明它的“储量”的。《周易·文言》说“知至至之”，《礼记·中庸》说“诚之者，人之道也”，《论语·子罕》说“虽覆一篑，进，吾往也”，意思是只要不懈努力，终究能达到目标。当然，这个类比不完全恰当，因为形而上的“道”、天地万物的“理”，还有像孔子、老子等伟大思想家

的思想，是很难测知它们的边际和深度的，但是古人用以建构思想体系的术语则是可计量的、可探查的。“术语工程”的要旨就是通过探查中华思想文化术语，大致推知中华民族精神遗产的“储量”。在中华思想史上，每一位学者、每一个学术流派、每一个历史时期都有自己的思想文化术语，但“术语工程”要梳理的则是纵贯中华文明史，横跨哲学、历史、文艺等众多领域的术语。对中华思想文化术语作如此全面系统的梳理，在我国尚属首次。通过对术语的梳理，我们可以全面了解中国古人对自身所处自然环境、社会历史、生存状况的认识与思考，体会他们的内心世界和精神追求；同时也可将那些具有普遍意义、代表文化发展方向、符合全人类共同价值的术语挑选出来。所以，梳理中华思想文化术语，也是对中华民族精神遗产进行去粗取精、去伪存真、披沙拣金的过程。

第二，破译中华数千年文明的基因和密码。每一种文明都有其独特的基因和标记，主要体现为不同的哲学思想、人文精神、价值观念和思维方式。中华民族在与大自然长期相互依存又斗争的进程中，在各民族多元一体相互融合的历史中，逐渐形成了不同于世界其他文明的思想轨迹与学术传统，也形成了自己独特的思想观念、民族精神和思维方式。比如，在西方人的观念中，人与自然往往是彼此

对立的两极，自然是被征服的对象；而中国古人则一般认为，人是天地万物的一部分，人类社会与天地万物服从于共同的秩序，天地万物的“理”，也是人类社会的“理”，因此，认识了天地万物之“理”，也就认识了自我，同样，反观自我，亦可通天地万物之“理”，尽万物之性，进而可“赞天地之化育”“与天地参矣”（《礼记·中庸》）。古人用“太极”“道”“理”“气”等术语说明天地万物的本原和普遍规律，用“太极—阴阳—五行”这样一个理论范式说明天地万物与人类社会形成、变化的过程。宋明理学家基于“心”“性”“理（道）”同一性的准则，阐发“我”与万物合一的思想。这些与西方人的思维方式是完全不同的。只有把握中国人的思维方式，才能深刻把握中华思想文化的精髓。

第三，为解决世界问题贡献中国智慧。当前，人类面临诸多挑战，如环境恶化、贫富分化、腐败滋生、地缘冲突不断等，这些问题的最终解决需要汇聚全人类的智慧。以儒家思想占主导的中华文明，主张由心性入手，从根本上去除私欲，复归人本有的善性，使言行自觉合于天道。“物有本末，事有终始，知所先后，则近道矣。”（《礼记·大学》）先哲的很多论述对今人仍有启示。像“和”“和而不同”“和为贵”“协和万邦”等术语所蕴含的思想，对于看待和化解人与人、国与国的分歧就有重要参考价值。据《国语·郑

语》记载，早在西周末年，郑国史伯就根据日常生活经验与自然规律，体悟到了“和”对于天地万物及人类社会所具有的普遍意义。他对郑桓公说：“夫和实生物，同则不继。以他平他谓之和，故能丰长而物归之；若以同裨同，尽乃弃矣。……声一无听，物一无文，味一无果，物一不讲。”“和”以差异性、差别化的存在为前提，寻求各种差异、差别的总体均衡，使之和谐并存于一个共同体。“和”是事物得以生长、壮大、延续的生命动力；相反，“同”则意味着同质性或机械的一致，也就意味着事物生命力的终结。在“和”“同”之辨的基础上，孔子提出“和而不同”的命题，将自然现象的“和”提升到道德与社会层面来认识，这一理论上的自觉意味着“和”成为中华思想文化的核心观念。“和也者，天下之达道也”（《礼记·中庸》），“和”“和而不同”是自然与社会普遍通行的法则，也高度凝聚了中华民族的理性智慧。

第四，为建设当代中国话语体系提供坚实基础。晚清以后，随着西学东渐与近代科技传入中国，儒家占主导的传统话语体系逐渐被西方话语体系取代，无论是自然科学还是社会科学，其基本框架、研究范式及学术话语大都来自西方，对中国传统思想文化的研究与解读也往往运用西学范式和西方话语。新中国成立后，随着改革开放的深入与综合国力的提升，中国日益走近世界舞台的中央，而中国话语体系的建

设没有跟上经济发展的节奏，中国的制度、国情、外交、社会关切、价值观念等都有待我们用自己的话语进行解读并及时传达给国际社会。越来越多的有识之士意识到这个问题的重要性与紧迫性。可是，中国话语体系不可能凭空产生，它的话语构成、议题设置、规则建构等都需要从中国传统话语体系中汲取滋养。中国传统话语体系是中华民族对自己的历史传统、人文精神、生存境况、社会现实等许多重大问题的理性概括与理论表述，而中华思想文化术语正是这种理性概括的结晶。梳理中华思想文化术语的目的之一，就是要从浩如烟海的中华典籍中挖掘那些既具中华民族特色又具世界普遍意义的话语，通过对富有民族特色的思想文化术语进行创造性转化和创新性发展，为构建当代中国的话语体系提供坚实的基础。只有建构起中国人自己的话语体系，才能在世界话语体系中占有一席之地，真正实现与西方国家的平等对话。

这是“术语工程”的宗旨，也可以说是最终愿景。而实现这个愿景，可能需要几代人甚至很多代人的持续努力。《尚书·周官》说：“功崇惟志，业广惟勤。”《论语·泰伯》说：“士不可以不弘毅，任重而道远。”我们每一个中国人都肩负着传承光大中华思想文化的重任。而欲当此重任，必要深透了解本民族的思想文化；而欲了解本民族的思想文化，必由

中华思想文化术语启其门径。

为了普及中华思想文化术语，“术语工程”秘书处策划了“跨越时空的中国词”丛书，首批推出《家国天下：修齐治平里的人文情怀》《民惟邦本：民本思想与中国古代政治》《仁者无敌：早期中国的兵家与军事》《有教无类：学以成人的教育理念》《人文化成：礼乐文明的理想指归》五本。由于“术语工程”要兼顾外国普通受众，因此对术语的解释高度概括凝练，很多内容无法展开。相比之下，丛书则有详细阐发的空间。丛书选择中华思想文化史上影响较大的若干术语为主题，用深入浅出的语言全面讲述中华民族的思想观念、思维方式、文化特征，深入阐发每条术语的历史背景、基本含义、思想源流以及当代价值，行文中还穿插很多引人入胜的历史故事，足以激发读者对中华传统思想文化的兴趣并可增慧启智。

因丛书策划之初，笔者有幸读过书稿提纲和部分章节，“术语工程”秘书处领导命我简要介绍一下“术语工程”及丛书概况，故而不揣浅陋写了上面的话，权作我的读后感想。

严学军

2022年3月28日于北京

前言

《有教无类：学以成人的教育理念》是一本关于中国传统教育的书。笔者自己教学、做研究主要集中在传统儒家哲学和现代新儒学，初看起来与“教育”并不直接相关。因为通常我们对“教育”这个术语的理解，主要是着眼于其“教育学”的意义。“教育学”作为一门现代学科，它是研究教育原理、教学方法及教学管理等问题的科学。

我们知道，中国传统教育将立德立人放在首位，其主要目的并不在于培养各种专门的人才。如果说前者对应的是成“人”的教育，那么后者对应的则是成为“某种人”（成才）的教育。特别是儒家的教育，从教的方面来说，重在教人成德，所以称为“成德之教”；从学的方面来说，它强调人的内在德性的自觉，所以称为“为己之学”。

成德之教、为己之学在中国哲学中属于工夫论领域，用现代学术语言来说，它们是就道德哲学的方法论而言的，类似于康德在《道德底形上学》[1]一书中所讲的“伦理学的方法

1 *Metaphysik der Sitten* 是康德晚年著作，李明辉译为《道德底形上学》。

论"，并非教育学意义上的教学方法。因此本书所述内容主要是哲学意义上的，而非现代教育学意义上的，虽然二者并不能截然分开。

所谓"性相近，习相远"，人的本性是相近的，由于习染不同才有了差别。因此孔子提倡"有教无类"，主张"学而知之"，意思是说，无论哪一类人，都应该受教育，只有学习才能让人性得到发展和完善。"性相近"说明人皆有成德的可能性，"习相远"则凸显教育的重要性。

"学"可以获得知识，发展智力，但"学"并不限于知识之学，学习的过程也是成人的过程。所谓"为己"是指成就自己的人格，孔子所说"匹夫不可夺志也"，孟子所言"大丈夫"，荀子所谓"成人"，都是对人安身立命的内在价值而言的，是对人不受外物所役的独立精神、自由思想的肯定。当然，成就人格，并不是以自我为中心，而是要推己及人，与社会、与他人和谐，最终与天地万物为一体。

有教无类、学以成人等教育理念影响了中国几千年，一直延续至今。在中国历史上，有教无类、推举贤才的理念落实在制度中，先后经历了荐举制、九品中正制、科举制等形式，逐步建立了系统的教育体系和完备的人才选拔制度，对中国社会的发展和文明的演进产生了重大影响。中国近现代实现了向近现代学校与考试制度的转变。在现代社会，教育普及化的程度已非常高，社会分工也愈来愈细，划分科系的技术性、专门性教育大行其道，成才的教育日益兴盛，成人的教育日渐萎缩。

与源自西方的现代教育方式相比，中国传统教育有自身的特色，其中不乏可资现代借鉴之处。本书从中国传统教育思想中提取十二个代表性主题，分章介绍其主要内容，体系如下：

第一章论述“有教无类”思想的基本内容及其实践情况，并揭示其“博雅教育”的含义；第二章“庠序之教”介绍中国传统学校教育的发展演变，以及它向近现代学校教育的转变过程；第三章分析书院兴衰及其近现代转型；第四章解读“为己之学”教育理念的主旨；第五章诠释传统师友之道；第六章介绍“因材施教”的教育原则和方法；第七章辨析学与思，指出二者均为获取知识的途径，不可偏废；第八章疏解传统“格致”理论，以及它如何向现代“科学”概念转变；第九章诠解中国传统知行理论；第十章“孔颜乐处”阐发安贫乐道、自得其乐的处世态度与人生境界，并简述“美学”概念的引入；第十一章阐释“经世济民”思想，梳理它向现代“经济”概念转变的历程；第十二章介绍中国传统体育及其近现代转型。

毫无疑问，源自西方的分科式的现代教育体系，对中国教育从传统到现代的转型产生了深远影响和重要意义，但也造成了分科的单一化、知识的平面化等诸多问题。教育有时候被忽略了其最根本的宗旨，即我们在成为“某种人”之前，先要成为“人”。当然，探讨中国传统教育思想，并不是要否定已经建立起来的现代教育体系，而是以其合理之处纠现代分科教育之偏。

中国传统的教育是广义的教育，就像前面提到的，我们可以从哲学、教育学、历史学等不同层面、不同角度对它加以解读，其中的很多专题，学界已经做了深入的研究。作为这方面的一本普及读物，本书只能择要介绍中国传统教育的代表性内容，介绍时对已有的研究成果多有参考，这是笔者要特别指出来的。如果说有什么新意的话，笔者自认是本书以“学以成人”为线索，将十二个主题连贯起来，构成一个整体，并做出深入浅出的论述。是否真的做到了这一点，尚祈博雅君子，不吝赐教。

谢远笋

2022年3月于武汉

目录

第一章　有教无类

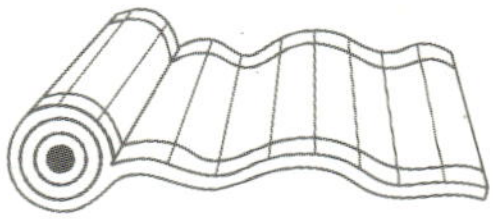

中华文明是重视学习的文明，中国文化有尊重学习的传统，这在《论语》中便得到体现。《论语》以《学而》开篇，其首句便是孔子的话："学而时习之，不亦说乎？"学习，然后按时实践它，不是一件很快乐的事情吗？将这句话置于一书之首，正是《论语》重视"学习"的体现。

最开始的时候，并不是每个人都有机会学习。春秋以前，学在官府，学校教育权为世袭贵族所把持，只有贵族及其子弟才能受教育，教育是"有类"的。孔子提倡"有教无类"，主张人人都可以受到教育。孔子的教学实践不仅打破了贵族对文化教育的垄断，同时也加速了学术下移的进程，扩大了教育范围，促进了华夏文化传承和发展。这是中国历史上的一件大事。

春秋时期，"天子失官，学在四夷"（《左传·昭公十七年》），学术文化逐渐下移，孔子设坛授徒，开启私人讲学的传统。他主张人不分贵贱、智愚、地域，均可入学受教。孔门弟子甚众，遍及鲁、卫、吴、陈、齐等诸侯国，来自不同社会阶层，具有不同文化背景，受教于孔子思想发展的不同时期，有着不同的性格和志趣，他们的思想倾向也并不完全一样。

据《荀子·法行》，南郭惠子问子贡："夫子之门，何其杂也？"子贡说，君子端正身心以待来学者，欲来的人不拒绝，想走的人也不阻止，就像良医门前多病人，正木器旁边多曲木，因此弟子自然庞杂。孔子是第一位打破贫富、贵贱、智愚、地域等因素的限制，将教育平等的思想贯彻于教育实践之中的大教育家。

一

学而知之

人为什么需要学习，或者说人为什么要受教育呢？这得从人或者人性谈起。孔子说："性相近也，习相远也。"(《论语·阳货》。以下本书引《论语》仅注篇名。）孔子看重教育对人性的培养所起的作用。人的本性是相近的，由于习染不同才有了差别。这是孔子教育思想的人性论根据。"性相近"说明人皆有成德的可能性，"习相远"则凸显教育的重要性。这二者相比较，孔子认为人的品德差异往往在于"习"而不在于"性"，正是教育的不同使得人们的差异越来越明显。因此孔子主张"学而知之"，他认为只有学习才能让人性得到发展和完善。孔子一生的教育教学活动，正是在"学而知之"思想的指导下进行的，他"十有五而志于学"(《为政》)，"学而不厌，诲人不倦""发愤忘食，乐以忘忧"(《述而》)，将学习与教育作为终生的志向和事业。

孔子说："生而知之者，上也；学而知之者，次也；困而学之，又其次也；困而不学，民斯为下矣。"(《季氏》）生来就知道的是上等；学习然后知道的是次等；经历困境后才知要学的，又次一等；遇到困难仍然不学，则是最下等了。《中庸》中孔子也说："或生而知之；或学而知之；或困而知之：及其知之，一也。"虽然人的资质有高下之分，但是通过不同途径，只要掌握了知识和道理，就是一样的。孔子说自己并非"生而知之者"，他只是"好古，敏以求之者也"(《述而》)，他具有爱好古代文化、向慕古代圣贤的品格，并且勤奋学习得到知识。

孔子"学而知之"的主张，与其"生而知之"以及"唯上知与下愚不移"(《阳货》)等说法，看似矛盾，但其实，在儒家的语境中，"才德全尽"的圣人方为"生而知之者"。圣人是"人伦之至"(《孟子·离娄上》)的人格典范。虽然儒家主张"即凡而圣"，但圣人并非直接就是现实生活中的人。孔子说"若圣与仁，则吾岂敢"(《述而》)，他自己并不以圣人自居。孔子所谓"困而不学"，并不是说此类人天生就没有学习能力，而是说他们即使遇到困难了也不愿意学习，这是他们主观意愿的问题，而非天生资质的问题。可见，"困而不学"之说与"学而知之"并不矛盾。虽然孔子有"唯上知与下愚不移"的说法，但是他从未明确指出过谁是"生而知之"的上智之人，或许这种人只存在于理想之中，现实中是找不到的，可见孔子所说的教育是针对"中人"而言的，现实生活中的人，都是通过后天学习来获得知识的。

孔子有著名的"六言""六蔽"说，主张以"学"来防偏救弊。所谓“六言”“六蔽”是指六种品德和六种弊病，正面的品德沦为负面的弊病正是由不学习导致的。据《阳货》篇，孔子说：“好仁不好学，其蔽也愚；好知不好学，其蔽也荡；好信不好学，其蔽也贼；好直不好学，其蔽也绞；好勇不好学，其蔽也乱；好刚不好学，其蔽也狂。”爱仁德却不爱学问，其弊病是易遭人愚弄；爱耍聪明却不爱学问，其弊病是放荡不羁；爱诚信却不爱学问，其弊病是容易被人利用，反而伤害自己；爱直率却不爱学问，其弊病是说话尖刻，刺痛人心；爱勇敢却不爱学问，其弊病是捣乱闯祸；爱刚强却不爱学问，其弊病是胆大妄为。如果我们轻视学习，就会使得仁、智、信、直、勇、刚等好的品德偏离正确的轨道，产生诸如愚、荡、贼、绞、乱、狂等弊病。

荀子延续了孔子“学而知之”的思想。他说：“吾尝终日而思矣，不如须臾之所学也；吾尝跂而望矣，不如登高之博见也。”（《荀子·劝学》）整天空想，不如片刻的学习；踮着脚跟远望，不如登高看得远。在他看来，学习的积累是人格养成和完善的重要途径，也正是所“积”的不同，才导致人们“习相远”。荀子举例说：“人积耨耕而为农夫，积斫削而为工匠，积反货而为商贾，积礼义而为君子。”（《荀子·儒效》）人们学习积累耕种的经验就会成为农夫，学习积累砍削的经验就能成为工匠，学习积累贩货的经验就能成为商贾，不断学习实践礼义则终将成为君子。人们的人格特质并非是天生的，而是通过后天的学习积累才形成的。

学习不仅是知识的获取，也是人格的践履。“学”并不限于知识探求，它要转化为道德实践。正如明代的王阳明所言：“外心以求理，此知行之所以二也；求理于吾心，此圣门知行合一之教。”（《传习录》中）在心外寻求理，这是将知行分别为两件事的原因；在心中寻求理，这是“知行合一”的教法。他又说：“知之真切笃实处，即是行；行之明觉精察处，即是知。知行工夫本不可离，只为后世学者分作两截用功，失却知行本体，故有合一并进之说。”（《传习录》中）认知达到真切笃实的境地，便是“行”；践行达到明确的自觉和精微的省察的境地，便是“知”。知与行的工夫不能割裂，不能分为“两截”。知必然要表现为行，不行不能算真知。

二

有教无类

春秋之前，教育主要由官府举办，教学对象都是贵族世家子弟。国家为教育设立各类专门的机构，即“古之教者，家有塾，党有庠，术有序，国有学”（《礼记·学记》）。塾、庠、序、学是各类教育机构的名称，它们主要依据覆盖地域的大小而设立。贵族子弟根据情况进入不同学校学习，并接受相应的考核，而当时平民子弟是没有机会接受教育的，这种情况一直持续到西周末年。春秋时期，时局动荡，一些贵族逐渐没落，而原本依附于贵族的“士”便失去了原来的地位和职业，不得不流落到民间。所谓“士”，原本是对贵族里最低等级的一类人的统称，他们熟悉各种典籍，并精通“六艺”。随着“士”流落民间，原本只供贵族阅读的典籍及只用于教育贵族子弟的“六艺”便开始在民间流传开来。

私学在春秋时期兴起，如孔子就创办了较大规模的私学，弟子众多，这是“学在官府”向“百家之学”转变的转折点，促进了学术文化的下移和“士”阶层的兴起。此时的“士”，是指在春秋时期开始兴起、以知识为业的新阶层，他们逐渐成为所谓“士农工商”四民之首，已不同于原来的含义。

◆孔子燕居像

孔子反对根据地域、贫富和政治地位等外在因素来决定谁受教育，他提出“有教无类”（《卫灵公》）的教育理念。“有教无类”，按照梁朝皇侃的注解，是指“人乃有贵贱，同宜资教，不可以其种类庶鄙，而不教之也。教之则善，本无类也”（《论语义疏》卷八）。所谓贵贱、庶鄙，是指出身和地位，而“有教无类”思想正是否定这些因素对教育的决定作用。在孔子的教育实践中，他对求教者没有限制，不会因为他们的地位、贫富而区别对待，只要能以礼求教，他都会倾心相教。孔子曾说：“自行束脩以上，吾未尝无诲焉。”（《述而》）即只要能送我一束肉脯作为见面礼，我没有不教诲的。所谓一束肉脯，就是指十条干肉，这在当时一般是作为初次拜见的薄礼。

孔门中汇聚了不同地域、年龄、出身的弟子，这正是孔子“有教无类”思想的体现。

从地域上来看，颜回、宰予、冉求、冉耕（伯牛）、冉雍（仲弓）等弟子是鲁国人，公冶长、高柴等是齐国人，任不齐、公孙龙（子石）等是楚国人，端木赐（子贡）是卫国人，秦祖、壤驷赤为秦国人，叔仲会为晋国人，言偃（子游）是吴国人，颛孙师（子张）是陈国人。

从年龄上看，年长的秦商只比孔子小四岁，颜回之父颜路只比孔子小六岁；而年少的公孙龙则比孔子小了五十三

——◆明 佚名《孔子圣迹图》之《退修诗书》

岁，叔仲会比孔子小了五十岁（一说小五十四岁）。

从职业和出身来看，孔子弟子中不乏商贾巨富和贵族子弟，但更多的则是出身贫贱的普通人。其中商贾巨富以子贡为代表，他出行都是车马相连，连国君也只能与他分庭抗礼。世家贵族子弟如司马耕，其家族在宋国是显赫贵族。而如颜回、曾参、闵子骞等弟子都出身贫寒，孔子曾说颜回："一箪食，一瓢饮，在陋巷，人不堪其忧，回也不改其乐。贤哉，回也！"（《雍也》）闵子骞曾为父亲驾车，因为身上衣服单薄而冻得手都抓不住马缰绳。

孔子收弟子不仅不以地域、年龄和出身为界限，而且也不计较弟子的过往，只要诚心向善向学，孔子都会倾心相教。如颜涿聚曾是梁父山的大盗，子路曾经冒犯过孔子，但后来都拜师孔子，在孔子的教化下成为贤者。

孔子也不因弟子的性格和资质而将之拒之门外，而是根据他们的特质进行有针对性的指导。孔子门下不仅有"闻一以知十"的颜回、"闻一以知二"的子贡（《公冶长》），同时也有一些资质并不太好的学生，如"柴也愚，参也鲁，师也辟，由也喭"（《先进》）。但是不管弟子是资质高，还是愚笨、迟钝、偏激、鲁莽，孔子都予以悉心指导，使他们有所成就。

孔子的"有教无类"思想在历史上产生了重大影响。正是这种思想和做法，打破了传统的世卿世禄制，教育得以向所有人开放。与春秋之前传统官学的教育不同，孔子特别强调人格的培养，使每个有志于学的人通过受教育来完善品行，成为文质彬彬的君子。朱熹在《白鹿洞书院揭示》中概括说："古昔圣贤所以教人为学之意，莫非使之讲明义理，以修其身，然后推以及人，非徒欲其务记览为词章，以钓声名、取利禄而已也。"在他看来，古代圣贤教人读书学习，无非是为了使人明白做人做事的道理，修身养性，然后推己及人，并不是为了记览词章，沽名钓誉，获取功名利禄。

"有教无类"的教育理念，也为中国传统的教育制度与文官制度奠定了理论基础。公平首先是机会的公平。"有教无类"的理念后来落实于科举制度中，促进了教育资源的比较公平的分配，较公平的受教育的机会，也为民众参与政治事务创造了条件，社会各阶层之间因此有了良性的流动，有效地避免了阶层固化。治权是向全社会开放的，即便是庶民，也可以凭借自身的努力，获取政治地位。用梁漱溟的话来说，中国是职业分途的社会，相较于西方，在中国传统社会中，并不存在截然对立的阶级，只有分工不同的职业；同时，传统中国是以伦理为本位的，社会制度、社会关系以及社会观念都是以此为基础而生发出来的。梁先生因此将中国社会的基本特征概括为伦理本位、职业分途，这样的特征使得它呈现出与西方社会不同的面貌。

中国古代的大部分官员，是经考试制度选拔，而非由世袭而来。历史上的许多寒门学子，通过接受教育，成为社会精英，在政治、经济、文化等各个领域取得了巨大的成就。如唐朝科举不分士庶，向全社会开放，吸收了不少出身低微的读书人进入政权。又如一代名臣范仲淹，他两岁时丧父，其母贫困无依，不得不改嫁，其窘境可想而知，但教育改变了他的命运，经过刻苦攻读，范仲淹考中进士，终成为宋代重要的政治家、文学家。在中国历史上，类似的例子不在少数，即所谓“朝为田舍郎，暮登天子堂”。

三

博雅教育

现在惯常所说的“博雅教育”（General Education，Liberal Education），是一个来自西方的概念，它发源于古希腊、罗马，在近代经过英国、美国等国的发展，成为现代教育的一种共识。现代大学教育是分科教育，这顺应了现代社会的需要，但也导致学术分科太过专门、知识被严重割裂等问题，为了改变这种局面，现代意义上的博雅教育便应运而生。博雅教育强调培养学生独立思考的能力，增加学生知识的广度与深度，使学生兼备人文素养与科学素养，从而培养出身心全面发展的人。

儒家的教育也以培养博雅君子为目标。孔子说“君子不器”（《为政》），君子并非只有一定用途的器皿，而应是博学多识的成德之士。君子要通过学问思辨、修身践行来完善人格、明达天道人性，做到通才达识，而不是局限于一技一艺。

子路曾经问孔子怎样才是一个完美的人，孔子说：“若臧武仲之知，公绰之不欲，卞庄子之勇，冉求之艺，文之以礼乐，亦可以为成人矣。”（《宪问》）在孔子看来，如果具有臧武仲的智慧，孟公绰的清心寡欲，卞庄子的勇敢，冉求的多才多艺，再用礼乐来增加文采，就可以算完美的人了。

传统儒家教育当然不完全等同于现代博雅教育，但二者的基本精神是契合的。正如钱穆说："中国教育特所注重，乃一种'全人教育'。所谓全人教育，乃指其人之内在全部生命言。贯彻此内在全部生命而为之中心作主宰者，乃其人之心情德性。"[1]君子是人格完备的人。

孔子是不是轻视我们现在一般所说的知识教育呢？《述而》中说："子以四教：文、行、忠、信。"意思是说孔子从四个方面来教育学生，这四个方面是：研读历代文献、从事社会实践、对人忠心、讲求诚信。这里既有书本知识的学习，也有道德实践活动。答案是显而易见的，孔子并不轻视知识。他施教的范围极为广泛，礼、乐、射、御、书、数之类均包含在内，不过，他强调求学者要将习得的知识转化为内在的德性，换句话说，他的目的并不是要培养某一方面的专家，而是要培养人格完善的君子。这其实涉及成人与成才的关系问题。

在传统社会，受教育者人数有限，教育本来就具有很强的精英色彩，那些幸运的能有机会受教育的人，其中有很多

1 钱穆：《中国教育制度与教育思想》，《国史新论》，北京：九州出版社，2012，第261页。

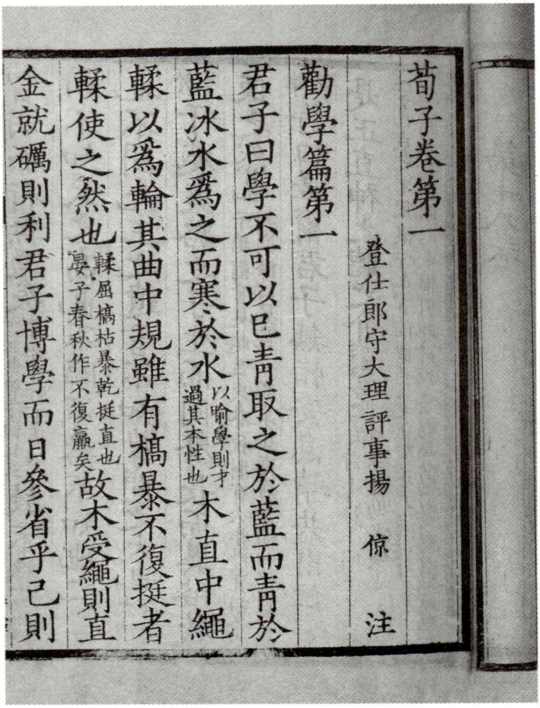

荀子卷第一

登仕郎守大理評事揚　倞　注

勸學篇第一

君子曰學不可以已青取之於藍而青於藍冰水爲之而寒於水以喻學則才過其本性也木直中繩輮以爲輪其曲中規雖有槁暴不復挺者輮使之然也輮屈槁枯暴乾挺直也晏子春秋作不復贏矣故木受繩則直金就礪則利君子博學而日參省乎己則

◆《荀子》书影

人的确也成了社会精英。在现代社会，教育普及化的程度已非常高，而且社会分工愈来愈细，单方面的成人或者成才教育都显得不够。成为某种人之前，我们先要成为人。这里的“先”是逻辑上的先，而不是时间上的先。但这并不意味着我们只能成为人，而不成为某种人。可以这样说，二者不可偏废，只是本末、主从的位置不能颠倒。成人教育为主，是本；成才教育为辅，是末。孔子对成人教育的重视是发人深省的，即便是在现代社会，也绝非迂阔之谈。

荀子说过一段关于君子的很经典的话，他说：“君子，知夫不全、不粹之不足以为美也。故诵数以贯之，思索以通之，为其人以处之，除其害者以持养之。使目非是无欲见也，使耳非是无欲闻也，使口非是无欲言也，使心非是无欲虑也。及至其致好之也，目好之五色，耳好之五声，口好之五味，心利之有天下。是故权利不能倾也，群众不能移也，天下不能荡也。生乎由是，死乎由是，夫是之谓德操。德操然后能定，能定然后能应。能定能应，夫是之谓成人。”（《荀子·劝学》）君子知道学习不全面不纯粹不能算是完美，因此反复诵读以求融会贯通，思考探索以求领会通晓，效法良师益友来实践它，排除那些有害的东西来培养保护它。达到好学之极的境地时，就能够权势利禄不能使他倾倒，人多势众不能使他改变，天下之大不能使他动摇。活着是这样，到死也是这样。这就叫作有道德操守。有道德操守，然后才能内心坚定；内心坚定，然后才能应物自如。能内心坚定，又能应物自如，这样称得上是完美的人。在荀子看来，只有掌握全面的学识，才能发展出全面、自由的人格，这与孔子的思想是一脉相承的。

在20世纪，马一浮提出，教育的目的是养成通儒，而不是专门性人才。如果说，养成通儒是成人的教育，那么，培养专门性人才则是成为某种人（成才）的教育。教育目的的不同，也会导致教育内容、教育方法上的差异。如在教育内容上，马一浮强调德性之知，很少涉及见闻之知。其实，德性之知、见闻之知只有本末、主从的关系问题，没有孰有孰无的问题。在现代社会，我们也不可能将所有受教育者都只是培养成通儒。我们理解马一浮先生提出这个主张的初衷，其用意无非是要说：在成为某种人之前，我们先要成为人。说现代教育忽略了“人”的培养，绝非危言耸听之谈。

重视教育是中华文明的一项重要的特质，有教无类、为己之学等教育理念影响了中国几千年，一直延续至今。中国历史上的那些具体的教育制度，虽然难免带有时代的局限性，但是其中所蕴含的精神，依然值得我们今天去发掘、整理和借鉴。

文化关键词

教化

指教育和感化。是中国古代重要的政治理念和治国方法。当政者一般通过行政命令、道德教育、环境影响、通俗读物传播、科举考试等诸种有形和无形的手段的综合运用，将主流价值观潜移默化地向民众普及，使之深入民众的日常活动之中，从而实现政治与风俗的合二为一。

有教无类

一种解释是：任何人都可以或必须接受教化；而人接受了教化，也就没有了因贵贱、贫富等而产生的差异。另一种解释是：在教学时对学生一视同仁，不会按地位、贫富等将学生分成差等。“教”指礼乐教化，即“人文”；“类”即种类，指贵贱、贫富、智愚、善恶、地域、种族等差别、区分。“有教无类”所昭示的是一种超越等级、地域、种族等差别的普及教育思想，更是一种主张平等待人、反对种种歧视的“人文”精神。

君子不器

君子不能像某种器物一样，只限于特定的形态和功能。出自《论语·为政》。孔子原话有两层含义：其一，每种器物都有自己特定的形态和功用，但君子的目标不囿于具体的器物形态或仅限于某一方面的功用，而是通达其基本原理，尽可能成为通才；其二，君子不满足于制作器物这样的一技之长，而是致力于事物基本规律的探究也即超越有形的器物而去把握无形的"道"。后世学者主要发挥后一含义。"君子不器"在当今仍有普适意义，即君子不应拘于本职事务的处理，而应有全局观念，致力于对基本原则和普遍规律的体认与遵循。

第二章　庠序之教

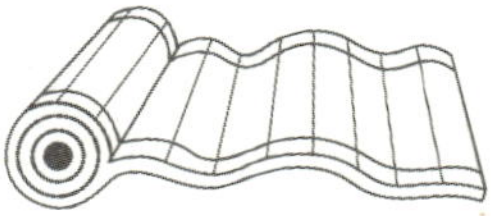

中国是一个重视教育的国家，在历史上逐渐形成了健全的教育机构和完备的人才选拔制度。在当代中国，教育机构包括幼儿园，小学、中学以及大学、研究所等各种级别的学校；人才选拔制度也有中考、高考、公务员考试等层级不同、类别各异的考试制度。不过，这在很大程度上是对西方现代教育模式的借鉴，与我国古代的教育模式有着很大的不同。

不论是教育机构，还是人才选拔制度，中国古代都有其独特的模式，其利弊并不能“一言以蔽之”，需要具体分析。就教育机构而言，最开始的“成均”“米廪”“庠”“序”“校”，逐步发展成国子监、宗学、府学、州学、县学和书院等，教育内容也有所变化。人才选拔制度则从最初的世袭制、察举制发展成比较成熟的科举制。教育和人才选拔制度的发展演变，对我国古代社会的发展和文明的演进产生了重大影响。

中国古代教育与科举制度，经历了漫长的发展历程，在近现代又实现了向近现代学校与考试制度的转变，是教育史、人才选拔制度史研究的重要领域。本章根据郭齐家著《中国古代学校》（北京：商务印书馆，1998）及其他相关论著，仅就学校的产生、教学的内容、官学的演变、科举制的利弊及近代学校等五个方面做简明扼要的叙述。

一

学校的萌芽

学校教育是人类社会发展到一定历史阶段的产物。其产生并非一朝一夕的事情，而是经过了漫长的孕育、萌芽、成长的过程。中国古代学校萌芽于原始社会末期，那时生产力有了发展，人们在维持自身和家庭成员的生活之外，逐渐有了劳动产品的剩余，使得少数人可以在别人的劳动产品供养之下从事脑力劳动。这就为学校的萌芽提供了条件。

古籍记载："成均，五帝之学。"(《周礼注疏·大司乐》)"五帝"即黄帝、颛顼、帝喾、尧、舜。"成均"可能就是"五帝"时期萌芽中的学校名称。又如："米廪，有虞氏(舜)之庠也。"(《礼记·明堂位》)"庠"是舜时学校的名称。庠的原意是"养"，即把有道德、有经验、有知识的老人养在"庠"，专门从事教育年轻一代的工作。"庠"既然是供养老人的地方，便需要储存一些粮食，所以后来又称"庠"为"米廪"。这里被供养的老人很可能就是为氏族显贵服务的巫、史。"成均"和"庠"可能就是萌芽中的学校，它们在最初虽然起着教育年轻一代的作用，但还不是专门的教育机构，而是逐渐形成学校的过渡机构，为以后专门的教育机构的产生奠定了基础。

夏朝是中国历史上第一个朝代，约在公元前21世纪到公元前16世纪。为了培养自己的子弟，夏代贵族便建立了教育机构。关于夏代教育机构的名称，古籍中有“校”“序”等不同的说法。如据《孟子·滕文公上》《说文解字》《汉书·儒林传》等古籍记载，“夏曰校”，而《礼记·王制》和《礼记·明堂位》又将夏代教育机构叫作“序”。它们是尚未完全发展成为学校形式的非专门的教育机构。

一般来说，原始社会末期都要经历一个军事部落联盟的时期，而夏代应该就在这个历史阶段之后，因此很注重军事训练。“序”原为练习射箭的场地，只有东西墙，没有房屋，这显然是军事训练的需要。习射的同时也要习礼。《孟子·滕文公上》说：“序者，射也。”这种解释应该比较符合当时的情况。“校”原为“木栅栏”，是养马的地方，后演变为操演或角力比武的场所，这也是为了军事训练的需要而产生的。夏代的“校”“序”，虽不能说是真正传授文化知识的机构，但也应是一种进行伦理教育和军事学习、训练的场所。

商代又称殷商。商代时已有学校教育制度，并为考古出土的文物所证实。《孟子·滕文公上》云：“殷曰序。”《说文解字》及《汉书·儒林传》中说："殷曰庠。"《礼记·王制》说：殷有"右学"和"左学"。《礼记·明堂位》又说殷学叫"瞽宗"。这说明商代可能已经有了"序""庠""学"和"瞽宗"四种学校了。

"庠"和"序"从前代继承发展而成，其教学内容得到了扩充。那时国家的大事有两种：一是祀（祭祀天地祖先），二是戎（军事征伐）。祭祀活动中的礼乐和军事活动中的军事技术就成为当时教学的主要内容。"庠"本是养老的地方，到了商代仍有养老的作用，同时也是对年轻一代进行道德伦理教育的场所，教他们孝顺父母、尊敬兄长等等。但同时"庠"也是习射的地方，在出土的甲骨文中就有关于在"庠"教练射箭的记载，可见"庠"的教育作用到了商代扩大了。在"序"中不仅要习射，还要学习武舞和"射礼"。"序"会教育贵族子弟懂得射箭的礼仪、礼节，并进而明确君臣上下长幼的规矩。

概言之，商代贵族很重视学校教育，设立了贵族学校——序、庠、学、瞽宗。教师由国家职官担任。教育的内容包括宗教、伦理、军事和一般文化知识。这就是中国官学的雏形。

西周继承了夏、商时的学校教育制度，建立了官学体系，形成了文武兼备的"六艺"教育。西周官学可分为国学和乡学。国学设在周天子所在的王城和各诸侯国的国都，分小学与大学两级。小学设在宫廷附近，大学在都城的郊区。乡学又分为“庠”“序”“校”“塾”等。

西周末年，官学日趋衰废，在昔日庄严神圣的辟雍、泮宫，学生们也无心读书，而是游荡嬉戏。到了春秋时期，周天子逐渐失去了“共主”的地位，同时士阶层兴起，贵族官学更趋没落，代之而起的是私人自由讲学，由此展开了中国古代学校教育的新局面。

春秋时期政局动荡，“礼崩乐坏”，原本属于周王室的一些文化官吏流落到各地。例如掌管周史的司马氏流落到晋国，之后又分散到卫、赵、秦诸国。还有一些文化官吏和百工，带着原来藏于宫廷的典籍、礼器、乐器等流落至各处。这就出现了学术、文化下移的趋势。

养士之风逐渐盛行，进一步促进了私学的发展。士既然成为一种新的阶层，不少人将此作为晋升的捷径，希望有朝一日能“学而优则仕”，以出色的才能被提拔做官。在这样的条件下，私学出现并得到较快的发展。如郑国的邓析办私学，讲的是自著的《竹刑》，专门教人打官司（“学讼”）。少正卯和孔子都在鲁国办私学，传说少正卯的私学名声也很大，曾一度把孔子的学生吸引过去，出现过私学竞争的局面。春秋末期私学日益兴盛，发展到战国时期，儒、墨两家的私学都弟子众多，儒、墨两家也成为当时的“显学”。同时其他各家各派的私学也得到发展。春秋战国时期百家争鸣的局面就是在这种氛围中产生的。

战国时代，七国争战不休，有识之士著书立说、讲学论战，客观上形成了学术上的繁荣局面。在东方的齐国出现了稷下学宫。稷下学宫集中了当时各家各派的学者，互相争辩，共同研讨，著书立说。一时间百家争鸣、百花齐放，蔚为大观。学宫位于齐国都城临淄的稷门附近，因此被称为“稷下学宫”。它创建于田齐桓公在位时期，并在齐宣王时期达到鼎盛。一直到秦灭六国，稷下学宫才走向消亡。

稷下学宫在鼎盛时期，几乎容纳了当时诸子百家中的所有学派，有儒、道、墨、法、名、兵、农、阴阳、纵横等诸家，汇集了天下贤士多达千人左右。其中著名的学者有孟子、淳于髡、邹衍、田骈、慎到、接子、季真、环渊、彭蒙、鲁仲连、荀子等。尤其是荀子，他曾三次担任学宫的“祭酒”。凡到稷下学宫的学者，无论其学术派别、思想观点、政治倾向，以及国别、年龄、资历如何，都可以自由地发表见解，这使稷下学宫成为当时各学派思想荟萃之地。学者们互相争辩、诘难、借鉴，成为战国时代“百家争鸣”的典型。同时，齐王对学宫的学者很优待，将其中有代表性的人物封为“上大夫”，给予爵禄，允许他们“不治而议论”“不任职而论国事”。因此，稷下学宫具有学术和政治的双重性质，它既是一个官办的学术机构，又是一个政治策士团体。

二

六艺

“六艺”有两种不同的含义。其一，指《诗》《书》《礼》《乐》《易》《春秋》这六部经典，又称“六经”。历代儒者通过对“六经”文本的不断解释，为这些经典赋予了丰富的意义。“六艺”之学体现着古人对于世界秩序与价值的根本理解。其二，指礼、乐、射、御、书、数这六种技能，是古代学校教育的基本内容。

西周国学注重对学生德、行、艺、仪等方面的培养，并以礼、乐、射、御、书、数等“六艺”为基本教学内容。在大学以诗、书、礼、乐为重点，在小学以书、数为重点。而射、御的学习，除了传授和培养有关的知识、技能外，还着重与礼乐之教相配合。

“礼”是政治伦理课。“礼”包括了整个宗法制度、道德规范和仪节。“礼”既是修身之要，也是用世之具。“乐”是综合艺术课。西周大学教育中强调“礼”与“乐”的密切配合。《礼记·文王世子》说：“凡三王教世子，必以礼乐。乐，所以修内也；礼，所以修外也。礼乐交错于中，发形于外，是故其成也怿，恭敬而温文。”礼的作用在于约束人的外部行为，具有一定的强制性；而乐则重在陶冶人的内心情感，使本来具有一定强制性的礼变为能获得自我满足的内在精神需要。

《礼记·乐记》说："乐者，通伦理者也。"乐通过艺术教育来实现伦理道德的教化。《乐记》又说："乐者为同，礼者为异。同则相亲，异则相敬。"乐教的重要目的在于增进贵族内部的团结，进而调和各阶层的矛盾。这种礼乐教育在西周社会处于向上发展的时期，确实对于改变社会习俗、稳定社会秩序、加强各诸侯国与王室之间的联系起了积极作用。所以有这样的说法："移风易俗，莫善于乐；安上治民，莫善于礼。"(《孝经·广要道》)礼乐教育成为西周"六艺"教育的中心。

"射"与"御"是军事训练课。"射"是指射箭，"御"是指驾车。当时的战车是重兵器，一般来说每辆战车有甲士三人，左持弓，右持矛，中驾车，每辆车有一定数量的步卒跟着。武王伐殷，革车三百辆，虎贲三千人，由于做了政治宣传工作，很快取得了灭殷的决定性胜利。可见战车在当时战争中地位之重要。但是要掌握战车的战术必须学好"射""御"这两种武艺。

"书"与"数"是基础文化课。"书"是指书写文字。"数"是指计算、算法。西周书写的工具是刀笔、竹木，字体为大篆。西周已有供小学文字教学的字书(课本)。据《汉书·艺文志》载："《史籀》十五篇。"注曰："周宣王太史作大篆十五篇。"又说："《史籀篇》者，周时史官教学童书也。"这是中国古代教育史上记载最早的儿童识字课本，今已失传。

西周小学教育从算术、识字、书写开始。《礼记·内则》提到："六年，教之数与方名。……九年，教之数日。十年，出就外傅，居宿于外，学书计。"儿童六岁开始学识数目和方向名称。九岁时学习朔望和六十甲子记日，到了十岁，要跟随老师学习识字、书写和算术。

西周时期形成的这套以礼乐为中心的"六艺"教育，体现了文武兼备、诸育兼顾的特点，反映了中华文明发展早期的辉煌。

孔子的私学继承了西周"六艺"教育的传统，教育学生广泛地学习"六艺"的知识技能。但由于孔子的培养目标是"君子"，对"君子"在德才两方面都有严格的要求，所以教育内容比西周的"六艺"更为广泛而深刻。在他的教学生涯中，他把可搜集到的历史文化资料，加以精心整理，编著成教学用书，被后世奉为儒家经典。历代相传的"六经"，基本上是经过孔子和他的学生不断整理、补充而流传下来的。

《诗》《书》《礼》《乐》《易》《春秋》等"六经"，是先秦非常重要的文化典籍，对中国古代有着深刻的影响。孔子说："温柔敦厚，《诗》教也；疏通知远，《书》教也；广博易良，《乐》教也；洁静精微，《易》教也；恭俭庄敬，《礼》教也；属辞比事，《春秋》教也。"（《礼记·经解》）中国是礼仪之邦，中国人守规矩、讲礼节，谦逊辞让、庄重严肃，这受到了《礼》经的影响；中国人是乐观主义、浪漫主义的，温柔敦厚，宽广博大，平易良善，这受到了《诗》与《乐》经的影响；中国人的性格是多方面、多层次的，开明通达，尊重历史，明辨是非，追求哲理，这受到了《书》《易》《春秋》的影响。

在现代社会为什么还要学习古代经典呢？或许有人会认为，虽然古代经典很重要，但它们毕竟产生于古老的年代，距离我们已经很遥远，因此没有必要再去学习。要回应这个质疑，我们得弄清楚经典何以成为经典。

经典是文化传统中具有典范性的作品，体现着文化中的基本价值理念和意义。经典教育的作用在于，人们通过生命经验与经典进行对话，从而思索人生的价值与意义。我们现在谈教育，如何能少得了经典？经典教育与知识教育的性质和内容是不同的，不能混为一谈。当然，在现代社会，经典并非只是中国古代经典，也包括现当代经典和其他文明的经典作品。提倡经典教育并不是要将经典神圣化，不加批判地接纳它的所有内容。中国古代经典产生于古代社会，难免带有历史的局限性，我们应当辩证地去看待，淘汰掉其中不合理的、落后的内容，吸取合理的、积极向上的、优秀的内容，使传统经典中的优秀思想能够在现代彰显其价值，并得到创新发展。

◆汉画像砖 传经讲学

三

官学的演变

公元前221年，秦王嬴政灭掉六国，建立了秦朝。为了适应大一统国家的政治需要，秦代在文化教育方面采取了许多重大的措施：整理和统一文字，普设官学——学室，设置博士官，颁“禁私学”令。

汉承秦制，但在教育上逐渐转而采用儒家的主张，重新肯定教育在培养人才和教化百姓两方面的作用，把学校教育当作巩固统一的中央集权制度的重要工具。

国家的统一，经济的发展，教学手段的更新——帛、纸作为书写材料的使用、发明，这是汉代学校教育发展的三个基本的社会物质条件。在这三个基本条件的基础上，在汉武帝刘彻实行的“独尊儒术”的政策指导下，汉代的官学和私学都得到空前的发展，学校教育制度已初具规模，逐步形成了儒学独尊的学校教育系统，为以后整个中国古代的教育制度奠定了基础。

魏晋南北朝时期是中国历史上一段比较长的分裂和动乱时期。政局动荡，战乱频仍，影响了学校的正常秩序。这个时期学校废置无常，特别是官学在数量上大大减少，呈现出时兴时废的状态，因此虽然这个时期文化仍在发展，并出现了一些新型学校，但官学教育总体来说有所衰落。

隋代同秦代一样，虽然结束分裂实现了统一，却又由于统治者的暴政是一个短命的王朝。但它所创立的教育制度却对以后的朝代有着重要影响。

隋初统治者为革新政治，扭转风俗，特别重视人才的培养，因此很注意学校的建设和发展，从中央到地方都设有官学。在中央设立国子寺，置祭酒，专门管理全国的学校教育工作。这是我国历史上设立专门教育行政部门和设置专门教育长官的开始。大业三年（607）将国子寺改称国子监。此外，隋代地方学校也有发展，特别是黄河中下游一带的州县，学校教育发展较快，讲诵之声不绝，初步呈现了繁荣的局面，但边远州县则仍处于落后状态。

唐代继承了隋代的学校教育制度，在政治统一、经济繁荣、文化发展的基础上，经过百余年的经营与发展，学校教育制度已相当完备，在我国和世界的学校教育发展史上都占有重要的地位。

唐代自开国到天宝末的130多年间，国力最强盛，教育也最为发达，形成了相当完备的学校教育制度。由中央直接设立的学校有“六学”和“二馆”。“六学”包括国子学、太学、四门学、书学、算学、律学，直属于国子监，国子监长官为国子祭酒。“二馆”是弘文馆和崇文馆，弘文馆归门下省直辖，崇文馆归东宫直辖。

到了宋代，学校设立更为普遍，学校种类增多，学校教育制度继续向前发展。宋代中央设立的学校除有国子学、太学、四门学、广文馆外，还有律学、武学、医学、算学、书学、画学等专门学校。地方官学有州学、县学等。宋代除了在中央设国子监管理中央官学，在地方上也设置了专门的行政机构——提举学事司来管理地方官学。由于宋代对地方教育的重视，地方学校教育也得到较大发展。

元代的中央官学有国子学、蒙古国子学和回回国子学，并在司天台和太史院附设学校，培养天文历数方面的人才。在地方上按行政区划设路学、府学、州学、县学等，并开设诸路医学、诸路阴阳学，分别直属太医院、司天台，培养医学、天文方面的人才。

明代的官学也分为中央官学和地方官学两大类。中央官学主要有国子监、宗学、武学等。明代国子监有南北之分。南京国子监规模恢宏，环境优美，除正堂和支堂作为主要教学活动的场所外，还有书楼、射圃、馔堂（餐厅）、号房（学生宿舍）、光哲堂（外国留学生宿舍）、养病房、仓库、文庙等建筑。永乐元年（1403）明成祖增设北京国子监，从此便有南监、北监之分，不过北监规模不及南监。地方官学

◆北京国子监

有府学、州学、县学等，并继承和发展了元代开始设立的社学，这是一种基层官学，设在乡镇地区，招收平民家庭儿童入学。

清代从顺治元年（1644）到道光二十年（1840）近200年间，其学校教育大致沿袭明代旧制，亦分为中央官学和地方官学两大类。同明代一样，清代学校也有严格的规章和考核制度，对学生从品行、学业、生活等多方面进行规定和考核。

四

科举制

科举制是一种通过考试来选拔官吏的制度，源自中国，并传播至汉字文化圈其他国家。它是古代中国的一项重要政治制度，对中国社会和文化产生了巨大影响。

科举制度开始于隋代。隋代之前，中国的官吏选用制度经历了不同的发展阶段。春秋以前，官吏主要通过世卿世禄制产生。西周时，周王将诸侯分封天下。《周礼》之下，社会阶级分明。国家的管理由周王、诸侯、卿、士分级负责。而各阶层依照血缘世袭。到了东周，原有的世袭制度开始崩溃，于是出现“客卿”“食客”等世袭制度以外的人才，为各国统治阶层服务。汉朝时分封制度逐渐被废，中央集权得以加强。当时采用的是察举制和征辟制。察举制是由各级地方向朝廷推荐德才兼备的人才，征辟制是官府直接聘请有名望的人来做官。这些制度对人才选拔都起到了重要作用，但由于缺乏客观的评选准则，人为因素对选才有决定性影响，因此虽有赏罚制度，但越到后期越出现较多官员徇私、所荐者不实的现象。

至三国魏文帝时，开始采用九品中正制，由中央派特定官员按出身、品德等标准考核人才，分为九等，按等录用。两晋、南北朝时沿用此制。九品中正制是察举制的改良，它将察举权由地方官负责改由中央任命的官员负责，但是这制度仍然是官员的人为因素起决定作用。魏晋南北朝时，士族势力强大，经常影响中正官考核人才，有许多中正官直接就由他们担任，后来甚至所凭准则仅限于门第出身，于是造成“上品无寒门、下品无士族”的现象。这不但堵塞了选拔民间人才的通道，还让士族得以把持朝廷人事权力，左右朝廷政局。

到了隋代，为了革新人才选拔制度，隋文帝于开皇七年（587）命各州“岁贡三人”，应考“秀才”，隋炀帝时开设进士科取士，这是科举制的开始。唐朝继承并发展了这一制度，唐朝的科举分为常科与制科两类。常科是每年举行的考试，设立的科目有秀才、明经、进士、明法、明字、明算、史科等，其中以考明经、进士两科的人数最多，又以进士科的考试最受尊崇。制科是皇帝临时设立的科目，也叫“特科”。武则天主政时，首创了由皇帝亲自主持的殿试和取武将的武科举。

但唐代的科举仍然留有一定的察举制影子。例如，士子在应试前，将自己的诗文写于卷轴内，呈送社会名流，希望名流能向主考官推荐，这种做法叫作“行卷”。除了武则天

◆南京江南贡院

主政的一段时间外，唐代的科举没有采用糊名（弥封）的做法。考官在评卷时，考生的名声往往是考虑因素之一。这样做的原意跟察举一样，是希望可以兼顾人才在试场外的表现。但这也无可避免地造成了不公平，容易出现士子与考官之间的利益瓜葛。到了唐末吏治败坏时，其弊病更甚。

宋代进一步改良了唐代的科举制度，确立了一套相当完整的体制。宋代殿试成为定制，并对考生试卷进行糊名、誊录，以增强考试的公正性。从宋代开始，寒门子弟在科举中考中的机会大为增加。寒门子弟机会的增加，不但拓宽了政府选拔人才的基础，也让处于社会中下阶层的知识分子，有机会通过科考向社会上层流动。这种政策对维持社会稳定、促进社会发展起到了相当大的作用。明清两朝的进士之中，接近一半是祖上没有读书、或有读书但未做官的普通家庭出身。

科举制具有促进社会发展、增进教育公平的重要意义。它在制度上为莘莘学子提供了上升的通道，打破了门阀制度的出身限制，读书人不论出身、贫富都有资格参加，使他们有机会通过自己的努力进入管理阶层，有参与治国和施展才能、抱负的机会，这样国家也可以选拔出更多优秀人才，促进社会治理和文化等各方面发展。

在实行的约1300年间，科举制为中国历朝发掘、培养了大量人才。其中涌现出像韩愈、范仲淹、王安石、苏轼、朱熹、文天祥、王阳明、明末东林党人、林则徐等等大批在政治、思想、文学、军事等领域卓有建树的优秀知识分子。他们受儒家传统教育影响，坚守心中道义，具有“浩然之气”，为国为民发出各种声音，不畏权贵威权，批判社会不平，关心民瘼，气节卓然，体现了传统知识分子的风骨和对道义的坚守。

但在后期，科举制在实行过程中越来越僵化，也成为统治者笼络、控制读书人，巩固其专制统治的一种方法。明清时代，科举考试内容以八股文为主，束缚思想，湮没灵性和才思，不能发挥人的真正才智，大量读书人投身于没有现实价值的八股制艺中，造成人才的极大浪费，这成为导致中国明清时代在制度上僵化、科技上落后的重要原因。

五

近代学校

1840年鸦片战争爆发，西方列强用坚船利炮打开了中国的大门。面对内忧外患的局面，一些有识之士开始寻求自强革新之道。19世纪60年代，清朝统治阶层内部形成了洋务派，他们以“自强”和“求富”为口号，推行“洋务运动”，引进西方先进技术，兴办近代化企业，以求富国强兵、挽救清朝统治。其代表人物有奕䜣、曾国藩、李鸿章、左宗棠、张之洞等。洋务教育是“洋务运动”的一个重要方面，是为“洋务运动”服务的。

当时兴办的新式学校主要有三种类型：一是外国语学堂，如京师同文馆（1862年成立）、上海广方言馆（1863）、广州同文馆（1864）、武昌自强学堂（1893）等；二是军事学堂，如天津水师学堂（1881）、天津武备学堂（1885）、广东水陆师学堂（1887）、江南陆师学堂（1896）等；三是技术学堂，如上海江南制造局附设的机器学堂（1865）、福建船政学堂（1866）、上海电报学堂（1882）等。这些学堂没有统一的学制，尚未形成完整的教育体系，教学内容虽然也包括“四书五经”等“旧学”，但主要是“西文”“西艺”。

此外，洋务派还兴办留学教育，派遣学生赴西方学习军事技术和自然科学。1872年由容闳带领青少年赴美，这是清末派遣到外国去的第一批官费留学生。洋务教育以学习短期急需的技术为主，缺乏全局的安排和长远的计划，也不可能对传统制度进行变革。但它毕竟在中国开设了近代第一批外语、军事和科技学校，翻译了第一批科技书籍，培养了第一批科技人才，派遣了早期的留学生，使中国的教育开始踏上了近代化的道路。

1898年，维新派发起变法图强的维新运动，主要代表人物是康有为、梁启超、谭嗣同、严复等。他们受西方近代思想的影响，是当时中国向西方寻求救国道路的一派人物。为了传播维新思想、培养维新变法人才，他们向清末光绪皇帝上书，组织学会，兴办学校，设立报馆，著书立说，并翻译西方近代文化教育著作。这些举措遭到了顽固势力的激烈反抗。顽固派坚持八股取士的科举制度，维护中学，反对西学。洋务派则主张“中学为体，西学为用”。维新派提出废八股，兴学校，建立近代教育制度，学习西方国家的自然科学、工程技术和社会政治学说。

在“百日维新”期间，维新派通过光绪皇帝颁布了大批维新变法的诏令，其中包括：废除八股取士，改革科举制度，设“经济特科”，选拔新政人才；在北京建立京师大学堂

（北京大学的前身）；筹办高、中、小等各级学堂，全国各地的大小书院一律改为兼习中学和西学的学堂；筹备设立铁路、矿务、农务、茶务、蚕桑、医学等专门学堂；派学生出国留学；建立新的译书局；等等。维新派所进行的学校教育制度和教育内容的改革，具有近代色彩，适应了当时中国发展的需要，具有进步意义。

虽然后来维新变法以失败告终，除京师大学堂还保留外，全部新法均被废除。但维新派就旧学与新学、中学与西学、科举与学校等问题与顽固派的争论，催生了大量的进步思想，如雨后春笋一般，冲破了专制主义的壁垒，这使得中国的民众，特别是读书人的头脑清醒起来，重新认识世界，其影响是十分深远的。

清王朝为了维护摇摇欲坠的专制统治，不得不做出让步，被迫对当时的学校和科举制度采取了一些改良措施。1902年公布了由管学大臣张百熙拟订的一系列“学堂章程”，即《钦定学堂章程》（亦称“壬寅学制”），但这个学制未及实行。1903年清王朝又命张百熙、荣庆、张之洞等以日本学制为蓝本，重新拟订学堂章程，于1904年1月公布，即《奏定学堂章程》，亦称“癸卯学制”，这是中国近代第一个以法令形式公布并在全国推行过的系统学制。

“癸卯学制”从纵的方面看分三段六级，共25—26年：

小学教育9年，中学教育5年，高等教育11—12年。从横的方面看，除直系各学堂外，另有师范学堂和实业学堂。师范学堂又分为初级师范与优级师范两个层次。实业学堂则分为初等实业学堂、中等实业学堂、高等实业学堂三个层次。此外还设有实业补习普通学堂、艺徒学堂、译学馆等。1904年“癸卯学制”开始实行，1905年科举制度废除。“癸卯学制”施行到辛亥革命为止。

虽然“癸卯学制”仍以“中学为体，西学为用”为指导思想，在课程设置上依然注重读经，并排除了女子教育，学制年限也较长，但是它的颁布与实行，标志着旧制学校教育在形式上的结束，近代化的学校教育制度开始形成和确立。

“癸卯学制”规定了各类学堂在学校体系中的地位和功能，将分散在全国各地的学堂纳入统一的教育系统之内，并以法令的形式规定了教育的年限，且引进西方近代科技知识，不仅增加了学校的数量，也提高了教育的质量，由此奠定了中国教育近代化的基础，具有教育革新的重要意义。

“癸卯学制”的颁布实行，宣告了中国传统官学、私学和书院等古代教育制度的终结，标志着近代学校教育制度的确立，中国的学校教育由此进入新的时代。

文化关键词

六艺

“六艺”有两种不同的含义：其一，指《诗》《书》《礼》《乐》《易》《春秋》六部经典。历代儒者通过对“六经”文本的不断解释，为这些经典赋予了丰富的意义。“六艺”之学体现着古人对于世界秩序与价值的根本理解。其二，指礼、乐、射、御、书、数六种技能，是古代学校教育的基本内容。

师法之化

教师和法度的教化。“师法之化”是由荀子提出的。荀子认为，人天生具有对外物的欲求，这是人的本性。如果放纵人的这种本性，就会导致人与人之间的纷争，社会将陷入混乱。因此，需要通过后天的教化，在恰当安顿人的欲望的同时，确立起对道德、礼法的认同与遵守。而教化的基本方式就是通过教师的传授和法度的规范，实现对人的欲望与言行的引导。

十年树木，百年树人

比喻栽培树木使之成材需要很长时间，培育人才则需要更长时间。其中的道理有两层：第一，培养和选拔人才关乎国家、社会的长远发展；第二，人才的培养和成长应立足于长远发展，要有战略眼光和整体规划，需做持久的努力。

第三章　书院兴衰

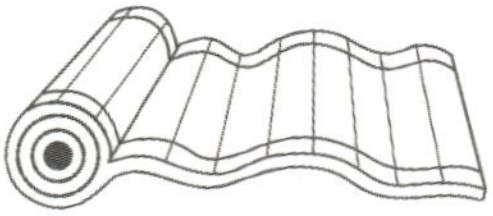

书院是我国古代的一种教育机构，它是古时地方上设立的供人读书或讲学的场所，其历史最早可以追溯到唐代，中间几经沉浮，最后在清光绪末年逐渐完成了向新式学堂的全面转化。虽然传统书院的办学形式已不再存在，但其办学精神仍然在现代学校中得到继承和发扬。

说到书院，大家会自然地想起无锡东林书院的名联：风声雨声读书声，声声入耳；家事国事天下事，事事关心。明代末年，顾宪成等人重新修复东林书院，并在此聚众讲学，提倡读书、讲学、爱国的精神。顾宪成撰写的这副对联，便是这一精神的集中体现。东林书院成为当时江南地区人文荟萃之地与讽议朝政的舆论中心。此联可以说表达了中国读书人的共同心声，后被广为传诵，激励了无数的知识分子。

除了东林书院，为人们所熟知的古代书院还有岳麓书院、白鹿洞书院、应天书院等，有些书院的建筑规模和样貌至今仍保存完好，让我们可以想象当年书院兴盛时期的恢宏景象。近年来，社会上又兴起了一股新的“国学热”，民间的各种学习组织如雨后春笋般涌现，其中就包括各种书院的创建。就教育功能而言，现代书院已无法与古代书院相提并论，但它在传统文化的发展和传播方面仍充满活力，提供了另一种可能性。

书院及书院史研究的成果颇多，如王炳照著有《中国古代书院》(北京：商务印书馆，1998)，邓洪波著有《中国书院史（增订版）》(武汉：武汉大学出版社，2012)，李弘祺著有《学以为己：传统中国的教育》(上海：华东师范大学出版社，2017)，本章仅对中国书院发展做简要介绍。

一

书院历史

书院起源于唐代。唐代出现了以“书院”为名的私人或官方机构，前者如瀛洲书院、九峰书院等，后者如著名的丽正书院、集贤书院。私人的“书院”，实际上是读书人的治学读书场所，其社会往来也仅限于师友之间，不对普通大众和其他士人开放，其性质更类似于“书斋”。官方的“书院”则是负责搜集天下书籍，履行修书、校书、顾问应对等职能的官方职能机构，与后世意义上的“书院”也有所不同。

到了五代年间，政权更替频繁，社会动荡不安，儒家文化也遭受了巨大的打击。一些富有社会责任感的士人，以书院为基地，承担起了赓续文化的责任。在这一时期，民间书院在混乱的社会环境中持续发展，并且展现出了后世书院的雏形。这一时期，书院开始对外招生讲学。比如窦氏书院就延聘教师，并资助贫寒之士，“有志于学者，听其自至”，使远近有志求学的人都能来此学习，在《三字经》中留下了“窦燕山，有义方”的美名。而后世书院最主要的功能——教育功能，也正是在这一时期奠定的。

北宋初年，由于官方的教育系统遭到了五代战乱的极大破坏，从中央官学到地方府学、县学基本上都处于瘫痪的状态。而五代方兴未艾的书院，就在这样的历史条件下得到了宋政权的大力扶持。这一时期，书院数量增加，教育功能得到强化，书院与科举的结合愈发紧密。后来，随着国力的恢复，北宋政府分别由范仲淹、王安石和蔡京发起了三次复兴官学运动，书院逐渐不再具有替代官学的特殊地位，其发展也受到了挫折。

南宋是书院发展的关键时期。靖康之变后，连续的战乱让不少书院灰飞烟灭。同时书院与科举紧密结合的弊端也逐渐暴露，很多士人将学习只当作谋取功名利禄的途径，置道德价值于不顾。在这样的背景下，胡宏、朱熹等理学家们掀起了书院复兴运动，各地开始创建或修复书院。这一时期，书院文化的显著特征是书院与理学的高度融合，理学家们纷纷将自己的思想融入书院教育之中，使书院成为了自己的学术大本营。他们力求消除科举流弊，倡导学以成人，反对功利化的学习。这一时期，书院制度也得到了重大的突破和完善，除了教育功能外，书院还逐渐具备了学术研究、刻书、祭祀、发展学田等其他功能。书院体制更加严密，从管理到后勤，从纪律规范到课程测试安排，都有详细的规定。可以说，南宋时期是书院制度确立的重要时期。

元代虽然由少数民族统治，但由于统治者看到了书院在维系人心和笼络人才上的重要作用，所以依然注重保护和发展书院，因此元代时书院也得到了发展和推广。原本书院匮乏的北方地区也出现了书院，比如在大都就出现了太极书院。与此同时，少数民族也加入书院的建设队伍之中，比如蒙古族人达可在四川创立石室、草堂、墨池三书院，又如苗族人杨再成创立儒林书院，等等。这一时期书院发展的明显特点就是其官学化趋势。元政府加强了对书院的控制，包括一方面严控书院设立的审批，另一方面规定书院的管理人员和财务机构的职能人员均由官府任命，从而使行政力量对书院事务的介入大为增强。元代还对书院制度进行过一些改革，比如双山长制度、山长改教授制度、训导主持教学制度等等。

明代前期，明朝政府并没有延续元朝支持书院的政策，而是抑制书院的发展。明朝政府没收了书院赖以为生的学田，并大力推动官学的发展。其中原因不甚明了，可能是因为明政府认为既有学校，书院即成冗余。所以在明朝前期，书院的发展确实在总体上呈现出了沉寂的状态。

明代中后期，随着朝廷遏制书院发展政策的松动，书院逐步得到恢复。但真正推动明代书院走向高度繁荣的还是阳明心学的兴起与流行。与宋代惊人地相似，明代学校也由于和科举紧密结合，逐渐呈现出功利的弊端，“视经书如土苴，而苞苴是求，弃仁义如敝屣”。更有甚者，由于明代中后期国家财政紧张，政府开始公然鬻卖国子监生员的资格，使得官学出现了“各处儒学生员多虚糜廪禄”的情况。一些学者便采取了与朱熹等人类似的方法，即抛弃官学而选择书院作为传播自己学术的大本营。心学的集大成者王阳明就选择贵阳文明书院、白鹿洞书院、稽山书院等讲学论道，心学大师湛若水更是“车从所至，咸有精舍”，忘我地投入到了书院事业之中。而由于心学主张“愚夫愚妇与圣人同”“满街人都是圣人”，书院走向民众，开始了平民化的进程。比如常熟的虞山书院就明文规定百姓可以参与书院讲学。

在明朝，书院还出现了很多值得关注的新发展。首先是书院分布范围的延伸，远至东北、西北、西南边陲都出现了书院。其次，出现了专门教育武学的“武书院”和供在职官员进修的仕学书院。明代书院的兴盛发展，也使得书院文化对外输出。朝鲜接受了明朝的书院制度，开始在国内创设书院，如崇阳书院、文会书院等。

然而到了明朝末年，书院的发展再次受到了阻碍。由于阳明心学被人指斥为“伪学”，早在嘉靖年间便出现了第一次禁毁书院运动。第二次禁毁书院运动出现于万历年间，内阁首辅张居正认为书院讲学已异化成巴结上司、希冀升迁的手段，失去了其原初的意义，便推行禁毁书院的方针。最后一次禁毁运动出现在天启年间，彼时魏忠贤的阉党集团擅权乱政，制造了东林党案，并波及天下的书院，大量书院在其时被拆除或被改为他用。书院的发展在明代末年再次陷入了沉寂。

清朝统治者在统一全国后依然对书院采取了严格的限制措施。但为笼络人心，避免激化社会矛盾，依然有限度地允许书院的讲学活动存在，甚至表彰了一些书院。同时，清政府开始着力构建官办书院体系，书院开始走向与科举紧密结合的“广学校所不及”的道路，甚至完全成为官学的附庸和科举的附庸。在清代，虽然书院在数量上依然保持繁荣，但在精神内核和内部发展上实际已经走向衰落。

清朝末年，随着书院教育的“弊已积重，习亦难返”，加之西方列强入侵，民族危机严重，学习八股辞章的传统书院已不能承担培养国家需要的新式人才的重担。一些有识之士遂主张模仿西方教育教学制度，改革传统书院。1898年，光绪帝在百日维新运动中下诏全国的书院一律改为兼习中学、西学的学校。这项措施虽然在维新变法运动失败后被慈禧太后废除，但革新已成历史潮流、大势所趋。八国联军侵华战争之后，面对局势，慈禧太后不得不同意“各省所有书院，于省城均改设大学堂，各府及直隶州均改设中学堂，各州县均改设小学堂”，实施新式教育。绵延约一千年的古代书院制度，至此终于落下了帷幕。

◆岳麓书院

二

四大书院

在我国的书院发展史上，有广为人知的“四大书院”的说法，大约在南宋时期这一提法就已经形成。但“四大书院”到底是哪四家，人们却有着不同的意见。应天书院、岳麓书院和白鹿洞书院名列其中并无争议，但石鼓书院、嵩阳书院到底哪一家应该名列其中，可谓众说纷纭、莫衷一是。兹将以上五所书院一并介绍。

岳麓书院

岳麓书院位于今湖南省长沙市。书院最初是在北宋开宝九年（976），由潭州知州朱洞主持，在原由僧人设立的办学设施基础上扩充规模、增置图书、创立而成。咸平二年（999），书院在原有基础上得到了扩建，并在两年后得到了北宋朝廷的赐书支持。大中祥符八年（1015），宋真宗召见书院首任山长周式并赐“岳麓书院”匾额。岳麓书院在北宋的发展在此时达到了顶峰，其时的岳麓书院已经是一个集教学、藏书、祭祀等功能于一身，具有较大影响力和完备体系的知名书院了。

北宋后期，岳麓书院被吸纳到“潭州三学”的教育体制之中，成为官学教育体制的一部分。学生于潭州州学成绩优秀者可升至湘西书院学习，在湘西书院表现突出者则可进入岳麓书院学习。这实际上就承认了岳麓书院的教学水平和教学质量在州学之上，成为了地方的高等学府。

南宋时期，随着张栻、朱熹等理学大家参与岳麓书院的讲学活动，岳麓书院渐渐与理学紧密结合，成为了理学发展和传播的重要阵地，而其自身也在浓厚的学术氛围中得到了快速的发展。南宋末年，元军攻破长沙，岳麓书院毁于战火。当时书院学生与军民一同抗敌，城破，“多感激死义者”。

元统一全国后，为了笼络天下士人之心，实行鼓励和保护书院发展的政策，所以在至元二十三年（1286）开始了书院的修复工作。然而书院的恢复势头在明代前期却由于朝廷对官学的大力倡导和对书院的抑制政策而受到了遏制，这种情况在明代中叶又随着政策的松动而得到了缓解。真正推动书院重新走向辉煌的还是王阳明学说的传播。王阳明多位弟子曾在此讲学，传播心学，推动了岳麓书院学术的重新繁荣。

清代大力推行书院官学化，岳麓书院也难以避免官学化的潮流而被列为“省城书院”之一。在清朝后期，随着民族危机的加剧和社会潮流的演进，传统的岳麓书院已经无法适应时代的需要，终于在1903年由湖南巡抚赵尔巽奏请，合并其他机构，组成湖南高等学堂，结束了它绵延千年的书院史。岳麓书院现已成为湖南大学的一部分，是研究中国传统学术的重镇。

白鹿洞书院

白鹿洞书院位于今江西省九江市庐山五老峰南麓。在南唐升元年间，这里创立了庐山国学，供士人学习，可谓白鹿洞书院的先声。不过庐山国学于北宋初废止，后来虽曾一度得到修复，但规模不大，知名度不高，内部发展动力并不充分。至迟到了宋神宗年间，书院再次沦为一片荒废的山林。

南宋孝宗淳熙六年（1179），朱熹出任南康军知军。任职期间，朱熹对于书院事业非常热心，主持修复了白鹿洞书院，还为添置学田筹集资金，并且除了自己和本院教师讲学，也邀请陆九渊等院外名流学者来此讲学，使书院讲学的特色更为突出。朱熹对于白鹿洞书院建设还有一个很大的贡献，是他为书院制定的学规——《白鹿洞书院揭示》，其中规定了书院的办学目标和基本章程。这不仅使白鹿洞书院事

◆ 白鹿洞书院

业制度化和体系化，这个揭示后来也成为其他书院学规的范本，间接促使白鹿洞书院名扬天下，名垂古今。南宋末年，白鹿洞书院侥幸逃过战火殃及。元朝末年，九江一带兵祸连连，白鹿洞书院终毁于战火。

明英宗年间，白鹿洞书院得到修复，并屡经翻修。万历初年，张居正下令禁毁天下书院。白鹿洞书院由于有敕额和先圣先贤像，免于被拆毁，然而书院赖以为生的学田大部分被充公，只留下了三百亩以供祭祀。张居正去世后，禁毁书院的命令废止，书院得到恢复，其发展一直延续到了清末。1901年，清廷推动教育改革，下诏改全国书院为学堂。白鹿洞书院停办，被改造成江西高等林业学堂，结束了其作为书院的历史。

嵩阳书院

嵩阳书院位于今河南省登封市中岳嵩山南麓。因为地处嵩山南侧，故名嵩阳书院。其前身原为一座叫“嵩阳观”的道观。五代时期，嵩阳观改为太乙书院。至道二年（996），太乙书院改为太室书院，并获赐匾额。景祐二年（1035），宋仁宗下令重修，并改书院名为嵩阳书院。

在宋神宗时期，随着程颢、程颐和司马光的讲学活动，嵩阳书院名声大振，成为与岳麓、应天和白鹿洞书院齐名的重要书院。北宋灭亡后，此处位于金国的统治区域，统治者对于书院教育的重视程度和往昔不可同日而语，加之书院地处兵家必争之地，战乱频仍，嵩阳书院的讲学活动便归于沉寂。这种情形持续了很长时间，一直到明中叶，随着官学的颓败和书院讲学的兴起，嵩阳书院才重新得到了恢复，不过这种短暂的恢复势头后来又被明末的战火打断了。

清初，在一些当地官员和学者的倡导下，嵩阳书院得到了快速的发展，其建筑和规制也得到了修复。清朝后期，书院再次陷入颓败，破败失修，摇摇欲坠。清末书院改制为学堂，嵩阳书院被改办为高等小学堂。

石鼓书院

石鼓书院地处今湖南省衡阳市石鼓山。石鼓山林木蓊郁、江水环绕、风景优美，是个读书治学的绝佳场所。唐元和年间（806—820），秀才李宽中在此处结庐读书。宋至道三年（997），李士真在原李宽中读书处建石鼓书院。其后，书院得到了朝廷的赐额，名声大振，一度与白鹿洞、应天和岳麓书院齐名。

元代时石鼓书院继续办学。但其学田一度被不法僧人、富豪强占，经过多年诉讼，方得归还。元末，书院毁于战火。明永乐年间，官方开始对书院进行大规模的修复工作。这次修复历经多朝，到正德年间，书院声名大盛，多位当时的著名学者到此讲学。书院建筑层次完整、布局井然，欣欣向荣。

明清换代之际，书院再次毁于战火。清朝前期，又多次对书院进行修复，大体恢复了书院的规模。清末，在教育体制改革的潮流下，石鼓书院于1902年被改为衡阳官立中学堂。

应天书院

应天书院位于今河南省商丘市，也叫应天府书院。五代时期，官学系统遭到了巨大的破坏，学术面临无法传承的危机。商丘人杨悫在将军赵直的帮助下开办睢阳学舍，收徒讲学，是为应天书院前身。杨悫去世后，其学生戚同文继承师业，继续办学，培养出大批人才。但随着戚同文的去世，睢阳学舍不久也被关闭。

大中祥符二年（1009），应天府人曹诚自发捐资，在睢阳学舍的基础上创建书院。这种行为得到了宋真宗的嘉许，并赐额“应天府书院”。庆历三年（1043），应天府书院升为南京国子监（当时应天府改称南京），成为全国最高的学府之一。应天书院不仅在学术上高度繁荣，名气也与日俱增，而晏殊、范仲淹等人的支持或讲学更使应天书院名声大振，被时人列为天下四大书院之一。

北宋末年，应天书院毁于兵火。其后屡建屡废，在明代中叶，应天书院毁于黄河水灾。修复后的书院也被迁到了商丘城的西北部，非复书院原址。万历初年，诏毁天下书院，应天书院也不能幸免。万历二十九年（1601），当地官员建“范文正公讲院”教学育人。明末讲院废毁。其后虽有兴废重修，但影响不大。

三

鹅湖之会

书院虽发端于唐代，但它的发展成型、蔚然成风则是在两宋。中国传统的书院教育，师生朝夕相处，身教胜于言教。师长循循善诱，点醒启发，学生领会体证，深造自得，比较典型地体现了儒家“为己之学”的教育理念。

理学家们以他们特有的社会责任感，在科举之外另辟蹊径，兴办各式书院。书院和理学的交融，是宋代和明代重要的文化现象。南宋时风行讲学，书院发达，发生在鹅湖寺的朱熹和陆九渊之间的辩难便是其中一个著名的例子。

南宋淳熙二年（1175），在吕祖谦的邀请下，朱熹和陆九渊相会于江西上饶铅山县的鹅湖寺，两人就治学的根本方法产生了激烈的争论，史称“鹅湖之会”。后来，人们为纪念“鹅湖之会”，在当地建“文宗书院”，后更名为“鹅湖书院”。

朱熹主张“格物穷理”，重视“道问学”。他认为人心有知，天下事物“莫不有理”，故要格具体事物之理，通过“用力之久”的工夫，最后达到“豁然贯通”，从而掌握天理。而“格物”的主要内容就是读圣贤书，因此他在治学方法上主张“泛观博览”。

陆九渊主张“发明本心”，提倡“尊德性”。他认为朱熹提倡的这套“即物穷理”的认识途径太“支离”繁琐，不切实用。陆九渊主张“心即理”，力求寻找一种简易、直捷的办法。这就是“切己自反”“发明本心”，即在治学方法上主张先发明人之本心，不必多做读书穷理工夫。

朱熹批评陆九渊的学说“太简”，以陆学为“禅学”。朱熹后来讥讽道：“陆子静之学，只管说一个心本来是好底物事，上面著不得一个字，只是人被私欲遮了。若识得一个心了，万法流出，更都无许多事。他却是实见得个道理恁地，所以不怕天，不怕地，一向胡叫胡喊。”（《朱子语类》卷一二四）朱熹斥其空疏，认为陆学说来说去就是一个“心”，万事万物都是从“心”流出来的，天不怕，地不怕，天上地下，唯我独尊。

陆九渊批评朱熹的观点“支离”，不得要领。陆九渊赋诗云：“墟墓兴哀宗庙钦，斯人千古不磨心。涓流积至沧溟水，拳石崇成泰华岑。易简工夫终久大，支离事业竟浮沉。欲知自下升高处，真伪先须辨只今。”（《鹅湖和教授兄韵》）其大意是：人们见到墓地就会产生悲痛之感，见到宗庙便会兴起恭敬之心，这悲痛、恭敬之心是人们所共有的千古不变之心；涓涓细流聚成沧溟之水，拳拳之石垒成泰山之巍；易简质朴、直达本心的学问定会永久流传，旁求他索、不着根本的支离之学终将走向沉沦；想要知晓由低到高的学问路径，只在于辨别当下的立志明心的一瞬。

陆九渊认为人有天赋道德之心，自古圣贤相传的也只是这一本心，只有认识“本心”，才犹如木有根，水有源，若将精力花费到注解诠释古代经典上，以探求精微大义，只会使人迷惘。“明本心”的观点承自孟子。孟子说：“人皆有不忍人之心。……所以谓人皆有不忍人之心者，今人乍见孺子将入于井，皆有怵惕恻隐之心——非所以内交于孺子之父母也，非所以要誉于乡党朋友也，非恶其声而然也。”（《孟子·公孙丑上》）其含义是，每个人都有怜悯体恤别人之心，之所以这样说，其道理在于：譬如如果突然看到一个小孩子要跌到井里去，任何人都会产生惊骇同情之心，其产生并非为着要和小孩的父母攀结交情，不是为了在乡里朋友中博取声誉，也不是厌恶小孩的哭声才如此；救孩子的行为并非受到某种外在的推动而做出，其动力源自人所固有的内在的本心。

鹅湖之会后，朱熹曾和诗一首以为答辩，诗云：“德义风流夙所钦，别离三载更关心。偶扶藜杖出寒谷，又枉篮舆度远岑。旧学商量加邃密，新知培养转深沉。却愁说到无言处，不信人间有古今。”（《鹅湖寺和陆子寿》）陆子寿即陆

◆ 鹅湖书院

九龄，是陆九渊的兄长，他也参加了鹅湖之会，当时曾赋诗一首——《鹅湖示同志》。上引陆九渊的诗《鹅湖和教授兄韵》，是和其兄的诗。朱熹的这首诗，首颔两联是对陆氏道德文章的称赞；颈联的本意是说学问并不是一成不变的，通过讨论切磋，旧学问会更加精深细密，新知识将愈益深沉，也含有希望对方广采博览的意思；尾联则表达了对轻视博览群书、只求发明本心的主张的委婉批评。

书院在南宋时期作为学术交流和学术辩论的重要场所，为中国思想的发展提供了重要载体。陆九渊的心学经明代王阳明的发展，臻于圆熟，世称“陆王心学”，由此形成与程朱理学相峙的局面。这两种学说对后世产生了巨大而深远的影响。

四

现代书院

现代学校与传统书院有着千丝万缕的联系，学校在某种程度上也对传统书院办学形式进行了延续和发展。我们在第二章讲到了近现代学校的产生，本节再就书院的近现代转型略加说明。

清朝后期，在列强入侵、民族危亡的大背景下，一些对国家兴亡有责任感的进步人士，针对书院官学化严重、教学内容脱离实际、不能满足国家为救亡图存培养人才的需要等问题，主张对书院进行大刀阔斧的改革。

改良主义者郑观应主张，应该仿照西方的教学机构设置模式，在各州县设小学，在各省府设中学，在京城设大学。1895年，官员胡燏棻上疏痛陈书院教育埋头于无用的八股辞章，而对于经世致用的实学却“一无讲求”，力主改书院为学堂，教授西方的科学知识。1896年，李端棻也在奏陈中提出类似的主张，希望在原有书院的基础上建立起新式学堂。

真正推动书院改制实行的是维新派代表人物康有为，他建议将书院全部改为学校，以省会的书院为高等学校，以府州县的书院为中等学校，以义学、社学为小学，传授能真正救亡图存的实学知识，他的建议最终得到了光绪皇帝的采纳。虽然书院改制在维新变法运动失败后被短暂废止，但这是大势所趋。八国联军侵华战争后，清政府不得不再次将书院改制提上议程。到1902年，随着《钦定学堂章程》（“壬寅学制”）的发布，清王朝再次开启了全国书院向学堂转化的步伐。书院逐步转变为近现代式的学校。

除了办学形式上的延续与发展，现代学校教育也重视对传统书院办学精神的传承。一些学者主张从古代书院尊重学术、重视德行的精神中汲取营养，重启对于书院的研究与实践，甚至身体力行，着手恢复或创办书院。比如，现代新儒家学者就积极地投身到书院实践的事业中，以书院为研究和传播中国传统文化的基地，其中著名的有马一浮创办的复性书院、梁漱溟创办的勉仁书院、张君劢创办的民族文化书院、钱穆与唐君毅等人创办的新亚书院等。这些学者以书院为学术研究的载体，著书立说，传道授业，不仅建立了自己的学术体系，也培养了众多研究中国文化的人才。

这里我们以马一浮创办复性书院的故事，来说明为什么书院在现代依然受到重视。北京大学蔡元培校长曾邀请马一浮先生前往北大任教。马一浮接到邀请后，以“古闻来学，未闻往教”八字回绝。他意思是说，从古到今，只听说过学生来老师家求学的，并未听说过老师去学校教书的。他因此拒绝了蔡元培校长的邀请。马一浮的做法在今天看来可能有些难以理解，甚至显得偏执、迂腐，但这体现了他对讲学独立性的坚持。现代学校遵循科层制管理，师道尊严可能会受到损害。

马一浮创办复性书院时，曾在《复性书院简章》中，对书院的性质做了明确说明："书院之设，为专明吾国学术本原，使学者得自由研究，养成通儒，不隶属于现行学制系统之内。"[1]马一浮生活在儒门淡薄、西学日炽的剧变时代，传统儒家式教育日趋式微，现代分科式教育几乎成了唯一模式。但是，现代学校教育过分强调工具理性，教学内容基本都是实用性的知识技能，支离破碎而无关人整全的生命，这样就只能培养专业的"才"，而不能培养通达的"人"。提倡传统书院精神，可补救这一偏弊。

虽然书院在体制上的教育功能，已被学校所取代，但它所包含的尊重学术、重视人格品性、开放平等的教育理念，却能超越时间与地域限制，对于我们为人为学，具有重要的价值。

1 马一浮：《复性书院简章》，《马一浮全集（第四册）》，杭州：浙江古籍出版社，2013，第41页。

文化关键词

书院

唐宋至明清时期出现的一种文化教育机构，是私人或官府所设的聚徒传授、研究学问的场所，兼具教学、研究、藏书等多种功能。它渊源于佛教禅林和私人藏书楼，萌生于唐，兴盛于宋。南宋初年，朱熹、张栻、吕祖谦、陆九渊等学者兴办书院，使之成为讲学及学派活动的基地。书院独立于官学之外，多设于环境宁静优美之地，由名师硕儒主持，追求学术自由与创新，注重言传身教、人格塑造，不图科举功名。南宋末年，书院逐步趋于官学，并与科举制度贯通。书院的兴衰与宋明理学的兴衰互为表里。1901年清政府下令书院全部改为学堂。书院存在约一千年，对中国古代教育和文化发展、推动中国文化走向海外产生过重大影响。

经学

研究儒家经典的学问。“经学”也称“六艺之学”，是围绕《诗》《书》《礼》《乐》《易》《春秋》等儒家经典展开的学问，包含对经典的训诂注疏、义理阐释以及对文本传承、学派源流等问题的讨论。“经学”的核心是通过对经典义理的不断阐释，表达阐释者对生活世界的秩序与价值的根本理解。

章句

主要含义有二：其一，汉语诗文中字词、句、段、篇的统称。南朝刘勰《文心雕龙》重点从写作角度探讨围绕文章主题遣词造句、安排段落、形成篇章的一般原则与方法。刘勰在强调立意高的前提下要求章句精雕细琢，启示后人在写作中自觉揣摩文法，总结经验，展开文学批评和理论探讨。其二，为古代一种注释体著作名称，意思是分章析句，主要对儒家经典文本划分段落，解释其中的字词并串讲大意。如东汉王逸的《楚辞章句》、南宋朱熹的《大学章句》《中庸章句》等。

第四章　为己之学

“学”的古义有教导、接受教育、效法、知识、学校等，朱熹说：“学之为言效也”（《四书章句集注·学而第一》），认为“学”是一个仿效的过程；“习”的繁体字是“習”，从“羽”，本义是小鸟反复地试飞。孔子说“学而时习之”（《学而》），学的内容是礼、乐、诗、书等古代文化遗产，这些内容大多与个人道德、社会生活密切相关，所以要“时习之”，即在一定的时候练习、实践。孔子在谈到知识教育和道德实践的关系时说：“弟子，入则孝，出则悌，谨而信，泛爱众，而亲仁。行有余力，则以学文。”（《学而》）显然，在孔子看来，道德实践是第一位的，知识教育是第二位的，虽然“学”的直接对象是古代的文化遗产，但是其目标则是道德实践。

在中国传统文化中，学习并不是简单的学知识，学习的过程也是成人、成德的过程，为学的最终目的是成就人格。冯友兰说："有各种的人。对于每一种人，都有那一种人所可能有的最高的成就。例如从事于实际政治的人，所可能有的最高成就是成为大政治家。从事于艺术的人，所可能有的最高成就是成为大艺术家。人虽有各种，但各种的人都是人。专就一个人是人说，所可能有的最高成就是成为什么呢？照中国哲学家们说，那就是成为圣人，而圣人的最高成就是个人与宇宙的同一。"[1] 如果说"成为某种人"对应的是成才教育，那么"成为人"对应的是成人教育。

儒家的"为己之学"是"成人"的教育。以"学以为己"为根本宗旨的传统儒家式教育，是一种人文主义的博雅教育，它以培养一己品格的完美为其目的，专门性人才的造就并不是其核心关切。

1 冯友兰著，涂又光译：《中国哲学简史》，北京：北京大学出版社，1996，第6页。

一

为己之学

孔子说："古之学者为己，今之学者为人。"(《宪问》)所谓"为己之学"，是说学习的目的在于提高自身的修养，成就自己的人格，学习是出于自己的兴趣。这里的"己"是人格之意，"为己"并不是自私自利，而是成就人格。与"为己之学"相对的是"为人之学"，其目的则是向别人炫耀自己的学问，而与自己的人格完善不相干，学习并不是出于完善自己人格的内在要求。"为己之学"与人的存在密切相关，它强调知识和行为的一致性；而"为人之学"是与生命无关的外在性知识，是记问之学。"为己之学"是中国传统教育的基本理念，也是中国古代读书人的最终关怀。

"为己之学"以成德为目标，但并不排斥知识之学，它当然重视知识的积累，不过它不以成为专门的学问家为目的，而是以成就道德人格为依归。"学"可以获得知识，发展智力，所谓"好学近乎知(智)"。但"学"并不是为了求知而求知，其最终的目的是成就仁德，所谓"力行近乎仁"(《中庸》)。

"学而时习之"的学，与追求专门知识的学，都开始于经验的知识，但二者有很大的差别：追求专门知识的学，是以成专家为目的，并无德性修养的意味；“学而时习之”的学，纵然也是从日常生活的实际经验着手，可是它以成德为最终的目标。“学习”的范围极为广泛，礼、乐、射、御、书、数之类均包含在内，但学到的知识需要经过一种转化，即将经验知识转化为内在的德性，才算是学习的真正完成。

教育的确可以增长我们的知识，但完成从知识到德性的转化则取决于我们自身。所以孔子说：“为仁由己。”（《颜渊》）又说：“我欲仁，斯仁至矣。”（《述而》）仁德的实现只能凭借自身的努力，不能依靠外在的力量。这就像是学骑自行车，我们当然要知道其基本的机械原理，脚踩踏板，通过链条传导，带动车轮转动，等等，但知道了这些知识，并不等于学会了骑自行车。我们必须要实际骑行一番，才有可能学会，否则无论看多少机械原理的书，也无济于事。这些知识是外在的，它只是个基础，“学会”有待内在的体验，需要我们切身参与。等到我们驾轻就熟的时候，自行车就像是我们身体的延伸，骑起来得心应手。

用杜维明的话来说，“为己之学”是体知（embodied knowing），即用我们的身体来感知，这是一种将外在世界内化的工夫，是一种整合身心的体验之知，通过对身、形、体的修养及训练，以身（如“修身”“身教”）体（如“体证”“体认”）之。杜维明认为，用具体的经验在生活中实践，用整个的身心去思考，是人们成为真实的人的途径。

孟子主张人性善，这种善性出于人的本性、天性，孟子称之为“良知”“良能”。人顺着先天的善性自然行事是道德的行为。而人之所以作恶，并不能归咎于人的本性，这是人没有自觉到它的存在。因为物欲的障蔽，人迷失了本心、本性，孟子称之为“陷溺其心”“失其本心”“放其良心”。人顺着私欲习气的下委堕落，恶便会产生。所以孟子说：“学问之道无他，求其放心而已矣。”（《孟子·告子上》）他认为，仁是出于人本来的善心，义是人所必由的道路。如果放弃了必由之路而不寻，丧失了固有的善心而不知去找，实在是可悲的。鸡犬走失了，人们还知道去找，善良的心丢失了，难道不应去找？学问之道没有别的，就是要把那丧失的善心找回来罢了。因此孟子主张教育应当“存其心，养其性”（《孟子·尽心上》），培养、扩充人性中的善端，找回丢失的本心。

既然仁德是每个人内心都有的，那么教育便不是将一套与其生命无关的外在性知识灌输给受教者，而是引导、启发他认识到自身内在的德性，并努力去践行、扩充。论及知识和德性的关系，孟子有“耳目之官”与“心之官”的区分。前者不会思考，它获取的是一般的知识，即后来宋代儒

◆孟子画像

者所说的“见闻之知”；后者职在思考，是“天之所与我者”（《孟子·告子上》），它所拥有的是宋代儒者所说的“德性之知”。

“见闻之知”源于感官与外物的接触，是由感觉经验得来的知识。“德性之知”则是关于德性自身的知识，获得的途径只能是内心的体认。前者是对外界事物的认识，后者是一种先天的道德直觉，因此不能由前者得来。

人的善性一经自觉便可得着，因此要“先立乎其大者”（《孟子·告子上》）。先将“心之官”树立起来，“耳目之官”便不能将此善性夺去。不过从知识到德性的转化并不容易，它必须通过内心的觉悟，因此古人将“学”训释为“觉”也是有一定的意义的。“觉”等于德性之开启或悟发，当然不是凭空地开启，而是从经验知识的获得开始。知识只是恢复先天善性的外在助缘，受教育并非是将外在的善性加给我们，而是帮我们恢复内心的善性。儒家的教育强调启发人内在的道德自觉。

荀子直接发挥了孔子“为己之学”的说法，他说：“君子之学也，入乎耳，箸乎心，布乎四体，形乎动静，端而言，蝡（蠕）而动，一可以为法则。”君子学习，听在耳里，记在心里，表现在规范的举止和符合礼仪的行动上。一举一动，哪怕是极细微的言行，都可以垂范于人。而“小人之学也，入乎耳，出乎口。口耳之间则四寸耳，曷足以美七尺之躯哉！”小人学习是从耳听从嘴出，相距不过四寸而已，怎么能够完善他的七尺之躯呢？所以荀子接着说：“古之学者为己，今之学者为人。君子之学也，以美其身；小人之学也，以为禽犊。”（《荀子·劝学》）古人学习是自身道德修养的需求，今人学习则只是为了炫耀于人。君子学习是为了完善自我，小人学习是为了卖弄和哗众取宠，将学问当作家禽、小牛之类的礼物去取悦于人。

荀子批评的知识功利化的现象，在隋唐科举制度开始实行后变得更为普遍。科举取士通过制度化的方式将读书与做官密切结合在一起。这造成了中国传统士人在仕与隐、出处进退之间常常两难的境地。在功名利禄的诱惑下，知识阶层中的一部分人逐渐偏离了为己之学的初衷，升官发财成了一部分读书人的追求。

在某种程度上，宋代书院的大兴正是对上述情况的弥补。书院虽发端于唐代，但它的发展成型、蔚然成风是在两宋。中国传统的书院教育，比较典型地体现了儒家“为己之学”的教育理念。理学家们以他们的社会责任感，在科举之外另辟蹊径，兴办各式书院，倡导学以成人，反对功利化的学习。

二

致良知

明代的王阳明对孟子“求放心”之说加以深化与发挥，提出以“致良知”为治学的本旨。他对“求放心”的解释是：“心即理也。学者，学此心也；求者，求此心也。孟子云：‘学问之道无他，求其放心而已矣。’非若后世广记博诵古人之言词，以为好古，而汲汲然惟以求功名利达之具于其外者也。”（《传习录》中）王阳明反对将理视为心外之物，看成外在的知识，他认为心就是理。学习即学习自己的本心；寻求即寻求自己的本心。若认为读书就是广记博诵古人的言辞，而不是为了寻求自己心中的理，甚至以功名利禄等身外之物为目的，这说到底与“为己之学”是不相干的，是“为人之学”。

在王阳明看来，虽然人与人之间，有贫富的不均、气禀的不同等诸多现实的差异，但说到做工夫，终究不过是“致良知”。“良知”是天生本然、不学而得的智慧；“致良知”就是将良知推广扩充到万事万物。“致”本身兼知兼行，因此“致良知”也就是知行合一。学、问、思、辨、笃行的工夫，虽有人资质低下，要付出比别人多百倍的艰苦努力，但当到了尽性知天这一工夫的极限，也不过是尽其良知罢了。良知

◆明 蔡世新《阳明先生小像》

以外，并不能再加一丝一毫。人们开口必说穷尽外在之理，却不知道反求自己的本心，那么，所谓善、恶的来由，真、假的区别之类，离开自己心的良知，又用什么来体察呢？甚至一个人被气质所拘束，为外物所蒙蔽，正是被外在之理束缚和蒙蔽罢了。欲摆脱这种蔽障，不知致力于自己的心，却想从外物去追求，这好比眼睛失明的人，不去服药调理以治好眼睛，反而到身外去追求视力一样，视力是不可能从身外求得的。

王阳明认为，只有去除私欲，才能正人心，搬弄文辞，只会助长私欲。他本人并不执着于著述，他对当时著述的泛滥、文辞的浮华、功利的追逐，持严厉的批判态度。特别是在《拔本塞源论》中，他认为圣人之学就是为己之学、成德之教，秦朝以前的上古社会是圣学隆盛的年代，而后圣学衰落，邪说横行，人们向外驰求功利，忘却了内在的本心，导致天下大乱。在王阳明看来，要匡救世弊，只有复兴圣人之学。好在人人生而具有自足的良知，只要致良知就能成圣成贤，达成救世的目的。

在王阳明看来，上古社会没有后世那样庞杂的知识、繁琐的记诵、浮靡的辞章，人们也不会去追求搅乱人心的利益，只要孝敬双亲，尊重长者，取信朋友，便能够恢复人人都认同的本心。这本是人们固有的天性，并非从外部借来，因此谁都可以做到。学校之中，以培养道德为主要目的，而学生才能是有差异的，有人对礼乐有特长，有人于政教有爱好，还有的人长于治理水土、播植农艺，这样，在成德的基础上，让人们在学校里对自己的专长精益求精。这是典型的为己之学。

王阳明认为，秦以降，训诂之学兴盛，很多学者以文字训诂及其传播来邀取名声；记诵之学兴盛，人们将背诵经书视作博学多识；辞章之学兴盛，很多人致力于写作华丽的文章。这些学问在世间群起并行，其流派数不胜数，令人无所适从。世上的学者，就像进入百戏的剧场，只见有嬉笑跳跃的，有骋奇斗巧的，有卖笑争妍的，从四面八方涌出来，令人应接不暇，因此目眩耳鸣，精神恍惚，忘记了学习的初衷。圣人之学愈发遥远，愈发暗淡，而功利的积习，却越来越盛。记诵很广，恰好用来助长了说教；知识很多，恰好用来推行了罪恶；见闻广博，恰好用来帮助了诡辩；辞章宏富，恰好用来掩饰了虚伪。以上情形便是落入为人之学。

三

从游

曾担任清华大学校长的梅贻琦先生在《大学一解》一文中，将传统儒家式教育概括为“从游”之义，文中讲到：“古者学子从师受业，谓之从游，孟子曰，‘游于圣人之门者难为言’，间尝思之，游之时义大矣哉。学校犹水也，师生犹鱼也，其行动犹游泳也，大鱼前导，小鱼尾随，是从游也，从游既久，其濡染观摩之效，自不求而至，不为而成。反观今日师生之关系，直一奏技者与看客之关系耳，去从游之义不綦远哉！”宋明理学家倡导的书院教育，是“从游”之义的生动体现。现代新儒家熊十力与其学生唐君毅、牟宗三、徐复观的交往，也是“从游”之义的很好例证。

新儒家原是指宋元明时期的道学或理学，是冯友兰为方便西方汉学界认知中国哲学而使用的名词。20世纪70年代中期以来，人们又用新儒家指称新文化运动后旨在复兴精神性的儒家或儒学的思潮、流派与学者。后来，人们一般以现代新儒家指代后者，以区别于宋明理学。熊十力及其学生唐君毅、牟宗三、徐复观，是新儒家的几位代表性学者。

抗日战争期间，牟宗三跟随熊十力多年，唐君毅、徐复观也曾从游于熊十力，深受他的启发。熊十力常责备、教训他的学生，他对牟宗三的批评及对徐复观“起死回生的一骂”是其中著名的例子。

中国古代哲学家的哲学智慧是从其精神人格中流淌出来的，知识和德性在他们身上统一而不可分。遵循自己的哲学信念而生活，这本身就是其哲学的组成部分。如孔子，他的思想与他的人生活动是合一的，他的一生都在践履他的思想，或者说他的哲学需要他生活于其中。用金岳霖的话来说：“对于他（中国哲学家），哲学从来就不只是为人类认识摆设的观念模式，而是内在于他的行动的箴言体系；在极端的情况下，他的哲学简直可以说是他的传记。”现代的熊十力也是这样。他的哲学也绝非智力游戏，其背后总有一个活生生的人呼之欲出。

熊十力的学问在他的生命中。用牟宗三的话来说，这种学问与自然科学不同，它是内容真理（intensional truth），数学、物理等自然科学真理，是外延真理（extensional truth）。外延真理是平面的，尽量把自己的生命推到一边，以表示客观，又把自己所研究的对象推出去，使其对象化、客观化。外延真理只关事实，不问价值，是外在性知识，与生命无关，属于“非存在领域”。内容真理是立体的，它是生命的学问，不单是要知道它，还要身体力行。

上文提到的见闻之知与德性之知，用牟宗三的话来说，即外延真理与内容真理。但由外延真理转到内容真理，却存在极大的困难，并不容易。熊十力却有方法，能使学习者思想升华，由外延真理的领域突进到内容真理的领域。

牟宗三第一次见到熊十力是在1932年，他当时24岁，是北京大学哲学系大三学生，熊十力是北大哲学系老师。这年冬天的一天，牟宗三跟随北大哲学系另一位老师邓高镜去北京中央公园喝茶，林宰平、汤用彤、李证刚等在座。不一会儿看见一位胡须飘飘、面带病容、头戴瓜皮帽、好像一位走方郎中的先生，在寒气瑟缩中走进来，那便是熊十力。牟宗三开始并未在意他，忽然在他们的闲谈中，熊十力把桌子一拍，很严肃地喊了起来："当今之世，讲晚周诸子，只有我熊某能讲，其余都是混扯。"在座诸位呵呵一笑，倒让牟宗三耳目一振，觉得这先生真是不凡，竟如此地不客气，很是威严。他便注意起来，感觉熊十力清秀奇逸，能挑破沉闷，直对着那纷纷攘攘的凡尘，"作狮子吼"。

后来，牟宗三在描述他与熊十力的第一次见面时说："我在这里始见了一个真人，始嗅到了学问与生命的意味。反观平日心思所存只是些浮薄杂乱矜夸邀誉之知解，全说不上是学问。真性情、真生命，都还没有透出来，只是在昏沉的习气中滚。我当时好像直从熊先生的狮子吼里得到了一个当头棒喝，使我的眼睛心思在浮泛的向外追逐中回光返照，照到了自己的‘现实’之何所是，停滞在何层面。这是打落到‘存在的’领域中之开始机缘。”[1]

熊十力常对后学说：“你不要以为自己懂得了，实则差得远。”这话无疑也是一棒喝。学习不仅是知识的获取，也是人格的践履。一个儒学的研习者，若局限于外延真理，则始终隔了一层。其实熊十力的意思是说你所懂得的尚停留在外延真理的层面，并没有从世俗的外在涉猎追逐中得到解放，在内容真理的层面尚未懂。

牟宗三在多年以后回忆说，他教了一辈子书，生命中没有波澜壮阔，但也没有消沉过，可是每当他见到熊先生，总觉自己的生命颓废，在往下退堕。他觉得自己一生并没有堕落过，也很努力，很用功，但是一见熊先生，便会往上跃一步。像皮球浸在水中，打它一下，便会蹦上来。不见熊先生，这球便永远平平地浮在水上，不会蹦上来。

在当时的思想界，源自西方的实证主义、唯科学主义、单线进化论大行其道，反传统主义风头正盛。中国哲学所讲的德性义理、人格价值普遍遭到轻视，甚至不被承认，弃如敝屣。熊十力正是在只重文字训诂、否定体认工夫的风气

1 牟宗三：《五十自述》，《牟宗三先生全集32》，台北：联经出版事业股份有限公司，2003，第76—77页。

下，弘扬中国本有的生命的学问的，并通过点醒、批评，甚至责骂，启发人由外在的提升而向内转以正视生命，由“存在的现实”而领悟“生命的学问”。

熊十力对于牟宗三的学问有决定性的影响。牟宗三说他在大学时代遇到熊先生，是他“生命中一件大事”。至于他自己，通过讲学、著作也吸引了许多仰慕者追随于他，执弟子之礼，向他问学。他的学生多数也是在存在的感受、时代的问题或文化的意识层面与他有真诚的呼应，对他讲的“生命的学问”“内容真理”有真切的体会。

熊十力与徐复观二人师生关系的最初机缘要追溯到1944年。当时徐复观身居要职，是一名陆军少将，他身着军服，到重庆北碚金刚碑勉仁书院初谒熊十力，请教熊十力应该读什么书。熊十力让他读王夫之的《读通鉴论》。徐复观颇为自得地说，那书早年已经读过了。熊十力带着不高兴的神情说：“你并没有读懂，应当再读。”

过了些时候，徐复观再去看熊十力，说《读通鉴论》已经读完了。熊十力问他有什么心得，徐复观便高谈阔论，接二连三地说出许多他不同意的地方。熊十力未听完便怒声斥骂道：“你这个东西，怎么会读得进书！任何书的内容，都是有好的地方，也有坏的地方。你为什么不先看出他的好的地方，却专门去挑坏的；这样读书，就是读了百部千部，你会受到书的什么益处？读书是要先看出他的好处，再批评他的坏处，这才像吃东西一样，经过消化而摄取了营养。……你这样读书，真太没有出息！”[1] 这一顿痛骂，骂得徐复观目瞪口呆。对他而言，这次见面无疑是醍醐灌顶。

正是熊十力“起死回生的一骂”，让徐复观重新找到了自己生命的方向和归宿。正如徐复观后来回忆时所说，这对他是起死回生的一骂，恐怕对于一切聪明自负，但并没有走进学问之门的人，都是起死回生的一骂。这次见面对徐复观后半生的影响甚巨，从此他决心步入学术之门。以后徐复观与熊十力见面，每谈到某一文化问题时，熊十力在听了他的议论后，总是带劝带骂地说：“你这东西，这种浮薄的看法，难道说我不曾想到？”这也可以说是当头棒喝。熊十力的用意无非是，我们读的书的内容，并不仅仅是与生命无关的外在知识，而是启发自身内在德性的助缘，读书的最终目的是成德，是学以为己，不是学以为人，更何况如果连知识层面的问题都没弄清楚，怎么能说得上是读书呢？

因受到熊十力的不断锤炼，徐复观才从个人的浮浅中挣扎上来，不再被浮浅的风气淹没下去，从而找到了自己的精神方向，将满腔热情倾注于中华文化的传承。徐复观后来在

---

1 徐复观：《我的读书生活》，《徐复观文录选粹》，台北：学生书局，1980，第315页。

回忆这一经历时说："我决心扣（叩）学问之门的勇气，是启发自熊十力先生。对中国文化，从二十年的厌弃心理中转变过来，因而多有一点认识，也是得自熊先生的启示。"[1]

第三章讲到理学家兴办书院，现代新儒家也是以书院为依托，弘扬中国传统的道德心性之学，重振书院制度下养成德性、成就人格的儒家式教育。他们与宋明理学家一样，也遭遇到"为人之学"盛行，不过"为人之学"此前体现在以跻身科场为目标，此时则表现为囿于科学分科而徇物忘己。因此新儒家学者与宋明理学家一样，也有着书院情结，一些重要的现代书院是由他们创办的，如马一浮创办的复性书院，梁漱溟创办的勉仁书院，熊十力也是这两个书院的重要参与者。熊十力与徐复观的初次见面，就发生在勉仁书院，牟宗三也长期在此追随他。

1949年，钱穆、唐君毅等现代新儒家学者在香港创办新亚书院[2]，牟宗三与徐复观也曾长期讲学于此。新亚书院上溯宋明书院讲学精神，旁采欧洲大学导师制度，旨在承续中国传统文化，并使其与现代学术结合，强调求学与做人齐头并进、融通合一。唐君毅认为："教学最后的目标就是要成就一个个

---

1 同上页注。

2 1949年创立时名为亚洲文商学院，1950年改组并易名为新亚书院。

的‘人’。所以教学生如何做人是办学的第一义；传授知识与鼓励学术的研究是第二义；说到学校的课程的编排与学生们考试成绩的问题是第三义。”（《办学的三大义与教学的三大事——新亚书院一九五九年春季开学典礼会上讲词》）

与源自西方的现代教育注重知识的传授不同，中国传统教育以成就人格为根本目的。所谓人格教育，并不排斥知识的传授，但绝不止于知识的传授，而是围绕着人的生命而展开。当然，这里所指的生命，并非生物学意义上的自然生命，而是道德实践中的生命。因而中国传统教育，主要是从德性实践的角度出发，教导学生以自己的生命本身作为对象，由此而展开学、问、思、辨，最终达到成就仁德的根本目的。

“为人之学”只是传授知识系统，“为己之学”方能做到生命的完善。就像《新亚学规》对书院教育特点的概括：“中国宋代的书院教育是人物中心的，现代的大学教育是课程中心的。我们的书院精神是以各门课程来完成人物中心的，是以人物中心来传授各门课程的。”“每一个理想的人物，其自身即代表一门完整的学问。每一门理想的学问，其内容即形成一理想的人格。”[1]教育中应当努力做到寻求知识与成就人

1 钱穆：《新亚遗铎》，北京：生活·读书·新知三联书店，2004，第2页。

格的统一，学生通过师长来接触人类文化史上的伟大学者、伟大学业与事业，进而在寻求伟大学业与事业中完成自己的人格，切莫忘失了自己的人格来专为知识而求知识。

毫无疑问，源自西方的分科式的现代教育体系，对中国教育从传统到现代的转型产生了深远的影响，但也造成了分科的单一化、知识的平面化等诸多问题。教育有时候被忽略了其最根本的宗旨，即我们在成为“某种人”之前，首先要成为“人”。当然，提倡传统儒家式的教育，并不是要否定近代以来中国建立起来的现代教育体系，将其推翻而以书院代之，而是借鉴传统书院精神的合理之处以纠现代分科教育之偏，或者说是作为其适当的补充。

文化关键词

为己之学

以自我修养为目的的学问。儒家将“学”作为一种成就道德生命的方式。学者通过对经典和礼法的学习以及对圣贤的效法，不断培养自身的德性，以成就理想的人格。因此，“学”是一个自我修养的过程，是“为己”的。“学”并不是为了向他人展示自己的学问或德行，以获取外在的利益。

君子

“君子”最初用以指称人的社会身份与地位，一般指统治者和贵族男子。但自孔子始，“君子”更多地被赋予了道德的意义，德行出众者被称为“君子”，反之为“小人”。在儒家传统中，“君子”成为一种介乎士和圣贤之间的人格理想，它标志着道德人格的确立。“君子”有志于追寻和实践作为价值理想的“道”，并把“道”而不是权力或利益等视为生命意义的根本。

成人

具备了健全德性与全面技能的人。在古人看来，“成人”的标志并不是年龄的增长所带来的身体的成熟，而是通过学习、修养获得了健全的德性和全面的技能。“成人”需要具备智慧、勇气，能够节制自己的欲望，并掌握各种技能，从而恰当地应对、处理生活中的各种事务，使自己的言行始终合于道义。

第五章 师友之道

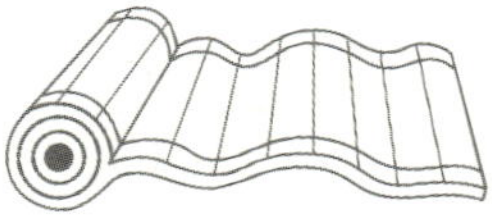

师友是老师和朋友的简称，泛指可以求教请益、切磋道义的人。韩愈说：“师者，所以传道受（授）业解惑也。”（《师说》）老师是传授道理、教授学业、解答疑难的人。朋友又可分为朋和友，“同门曰朋，同志曰友”，在同一个老师那里学习叫作朋，志趣相投的人称之为友。朋友在交往的过程中，一起研讨学习，相互切磋砥砺，提振精神，共同进步。

中国传统教育理念重视以成就道德人格为核心的“为己之学”，师友之道也以讲学修德、责善辅仁为其要旨。一个人的进德修业，自然需要老师的引导和朋友间的相互勉励。一方面，我们应该保持谦逊的态度，多向他人学习以提升自己；另一方面，我们在成就自己的同时，也要力所能及地帮助他人，努力使自己也成为别人的良师益友。通过彼此间的讲学修德、砥砺责善，建立基于道义而非私利的师友关系。

一

亲师取友

孔子施教，会随机指点，一部《论语》，便是孔子应答弟子、时人及弟子相与问答之言的生动记录。孟子也重视教育，他说："仁言不如仁声之入人深也，善政不如善教之得民也。善政，民畏之；善教，民爱之。善政得民财，善教得民心。"（《孟子·尽心上》）仁德的言语不如仁德的音乐深入人心，良好的政治不如良好的教育获得民心。良好的政治，百姓怕它；良好的教育，百姓爱它。良好的政治能聚敛到百姓的财富，良好的教育能赢得民众的心。

孟子将教育视为人生"三乐"之一。他说："君子有三乐，而王天下不与存焉。父母俱存，兄弟无故，一乐也；仰不愧于天，俯不怍于人，二乐也；得天下英才而教育之，三乐也。君子有三乐，而王天下不与存焉。"（《孟子·尽心上》）父母健在，兄弟无灾患，是第一种乐趣；抬头无愧于天，低头无愧于人，是第二种乐趣；得到天下优秀的人才而教育他们，是第三种乐趣。君子有这三种乐趣，用仁德统一天下不包括在内。

与现代注重成绩的应试教育不同，中国传统的教育旨在培养仁德，其目的是成就完美的道德生命，因此师友之间的切磋砥砺、互相扶持被放到了重要的位置，老师和朋友在我们成就人格过程中发挥着重要的作用。如果围绕在我们身边的都是一些仁德之士，他们的善言和善行，无形中会对我们有正面的影响。孔子说："里仁为美，择不处仁，焉得知？"(《里仁》) 与仁德之人为邻才是好的。选择住处，如果不是跟有仁德的人在一起，非明智之举。这是强调培养仁德需有一个良好的氛围，尤其是在为学的初期。

古人重交游，重视师友之间的交往。人并不是孤立的存在，我们的成长离不开老师的指导和朋友的帮助。孔子说："三人行，必有我师焉：择其善者而从之，其不善者而改之。"(《述而》) 几个人一起行走，其中必定有值得我取法的人。选择别人的优点去学习，看到别人的缺点，如果自己也有，就加以改正。孔子又说："当仁，不让于师。"(《卫灵公》) 在仁德面前，即使是老师，也不同他谦逊。《论语》中孔子与弟子是师生一体的，孔子并非居高临下地板着面孔说教，他们的学习场景是活泼有趣的，彼此尊重，互取所长。

孟母三迁的故事大家都耳熟能详，孟子的母亲为了激励他勤奋好学，曾为选择环境而多次搬家，这个故事旨在说明周遭的环境对个人成长有重要影响。孟子本人很重视良师益

◆清 康涛《孟母教子图》(局部)

友间的切磋和勉励，他说："以友天下之善士为未足，又尚论古之人。颂其诗，读其书，不知其人，可乎？是以论其世也。是尚友也。"（《孟子·万章下》）朋友遍天下还嫌不够，那就追溯历史，与古人交朋友。诵他们的诗，读他们的书，研究他们所处的时代，这便是"知人论世"。

不过，孟子反对"好为人师"，很多人没有真正领会师友的精神，只学到了师者为尊的死板形式。《孟子·离娄下》讲到一个事情，上古时逢蒙师从后羿学射箭，完全获得了后羿的射艺，逢蒙便想，天下的人只有后羿比自己强，于是杀害了自己的老师，孟子认为，在这件事中后羿也有责任，因为老师不光应传授学生技艺，师生关系还应包含操行砥砺和德性塑造等方面。

荀子将"师友"放在一起谈论。他说："故非我而当者，吾师也；是我而当者，吾友也。"（《荀子·修身》）批评我批评得恰当，他便是我的老师；肯定我肯定得恰当，他便是我的朋友。"庸众驽散，则刦之以师友。"（《荀子·修身》）对庸俗散漫的人，就用良师益友来管教他。荀子认为在师友的影响下，人可以改变自己不好的习惯，所以荀子主张"隆师而亲友"（《荀子·修身》），也就是要尊重老师、亲近朋友。

荀子主张人性本恶，一个人优良道德品质的形成必须经过"师法之化"，也就是要经过师长和法度的教化。"人性

◆荀子画像

恶”，所以要“化性起伪”，通过后天的教化来改变人的本恶之性。要成为道德的人，就要“化师法，积文学，道礼义”（《荀子·性恶》），然后才可能成为有修养的君子。这就是荀子说的“故必将有师法之化，礼义之道，然后出于辞让，合于文理，而归于治”（《荀子·性恶》），一个社会只有在这种状态下，才能治理得井井有条、秩序井然。

荀子将教育定义为：“以善先人者谓之教。”（《荀子·修身》）用善良的言行来引导别人才叫作“教”。荀子重视良师益友的熏陶对人潜移默化的作用，他说：“夫人虽有性质美而心辩知，必将求贤师而事之，择良友而友之。得贤师而事之，则所闻者尧、舜、禹、汤之道也；得良友而友之，则所见者忠信敬让之行也。身日进于仁义而不自知也者，靡使然也。”（《荀子·性恶》）人即使有优良的素质和很好的辨别能力，也必须寻求并追随德才兼备的老师；还必须选择品质优秀的朋友，与他结交。找到并追随明师，那么所听到的都是尧、舜、禹、汤修身治国之道；得到良友并且与他交往，所见到的都是忠、信、敬、让的行为。自己一天天地趋向仁义，可自己还不知不觉，是潜移默化的影响使他这样的。

二

学无常师

“闻道有先后，术业有专攻。”善于向别人请教，这不仅是一个人谦虚的德行，更是一种学习的方法。韩愈说：“圣人无常师。孔子师郯子、苌弘、师襄、老聃。郯子之徒，其贤不及孔子。”(《师说》) 孔子没有固定不变的老师，在自己不擅长的领域，他总是能够虚心地向别人请教。郯子、苌弘、师襄、老聃等人，孔子都曾向他们请教，因此孔子最终能成为圣人，为其他人所不及。孔子学无常师的例子告诉我们，要善于向别人学习，博采众长，这样才能不断提升自己。当然，这里的“师”，并不是我们现在所理解的狭义的老师，而是亦师亦友、相互促进的同道中人。

在汉代，经学的家学、师法界限分明，门户之见很深。有今古文经学之别，今文经学、古文经学各自又有各自之门户。各派皆备一说，互不相融。但是汉末经学家郑玄却打破这种成见，他先学习今文经学，又学习古文经学，网罗众家，成就己说，终成为一代经学大师。这是学无常师的例子。从中我们不难看出，学习不能局限在自己的领域，而是要虚怀若谷，保持开放性，广采众说，加以融会贯通，才能有所成。

《礼记·学记》说："玉不琢，不成器；人不学，不知道。是故古之王者建国君民，教学为先。"玉石不经雕琢，就不能变成好的器物，人不经过学习，就不会懂得道理；所以古代的君王，建立国家，治理民众，都将教育放在首要地位。清代学者章学诚说："东周以还，君师政教不合于一，于是人之学术，不尽出于官司之典守。"(《文史通义·史释》)随着社会的发展进步，"天子失官"，学术下移，私学兴起，教育有了一定的独立性，教师这个职业便越来越重要。《礼记·学记》曰："当其为师，则弗臣也。"《周易·蛊卦》曰："不事王侯，志可则也。"教师应当是那些具有独立人格的人，他们有着高尚的志操。

那么什么样的人才算得上是老师呢？《礼记·儒行》中说"衣冠中，动作慎"，要求教师穿戴要适宜，要不落饰、不怪异，一切动作举止要小心谨慎，勿失礼节。"儒有居处齐难，其坐起恭敬。言必先信，行必中正。道涂不争险易之利，冬夏不争阴阳之和。爱其死以有待也，养其身以有为也。"(《礼记·儒行》)这就是说，儒者在平日的起居中要庄敬整齐，以便行善道，如同孔子所言"言必信，行必果"，不为了私利与人争抢，爱惜生命以等待时机，修养身体以备有所作为，能做到"今世行之，后世以为楷"，所作所为可以成为后世的楷模，只有这样才能算得上是一位真正的儒者和老师。

具体来说，做一名教师需要什么样的素质呢？荀子说："师术有四，而博习不与焉。尊严而惮，可以为师；耆艾而信，可以为师；诵说而不陵不犯，可以为师；知微而论，可以为师。故师术有四，而博习不与焉。水深而回，树落则粪本，弟子通利则思师。《诗》曰：'无言不雠，无德不报。'此之谓也。"（《荀子·致士》）综合起来说，教师要有为师的尊严、威信，让学生信服；诵读、解说经典并在行动上不违背礼法；懂得精微的道理而又能加以阐述。这些条件提出了对教师的种种要求，包括了教师的职业意识、职业道德、知识水平、讲授水平等。同时，教师与学生也有着相互学习的关系，教学相长，相互促进。《诗经》上说，说话总会有应答，施恩总会有报答。讲的就是这个道理。

作为一名教师，除了应具备所教学科的专业知识外，还应掌握教育理论，懂得教育规律，善于施教，循循善诱，"记问之学，不足以为人师"（《礼记·学记》），仅凭死记硬背的学问是不足以胜任教师的工作的。古代尚且如此，在日新月异的现代社会，对教师的要求就更是如此了。所以教师必须不断进步，更新自己的知识。

我们又该如何选择老师呢？老子主张"贵师"，他认为对师必须有所选择然后从之，这与孔子“择其善者而从之”的说法相似。老子说：“故善人者，不善人之师；不善人者，善人之资。不贵其师，不爱其资，虽智大迷，是谓要妙。”（《老子·二十七章》）“善人”可以成为“不善人”的老师，这是很正常的，但是“不善之人”为何能成为“善人”之资呢？老子认为“不善人”可以作为反面教材，以资“善人”的借鉴。对于有高尚德行、优秀品质的人，我们应当尽可能地去学习他们的长处，而对于品行低下的人，我们应该引以为戒。

身为人之模范的师者，要以“达道”“成德”为根本，做到“忧道不忧贫”“安贫乐道”。《礼记·儒行》说：“儒有不宝金玉，而忠信以为宝；不祈土地，立义以为土地；不祈多积，多文以为富。”儒者不以金玉为宝，而将忠信当作宝；不祈求土地，将建立道义作为立身的土地；不祈求多积财物，学问大、才艺多就是他们的财富。孔子说：“君子固穷，小人穷斯滥矣！”（《卫灵公》）君子即便身处逆境，也会固守内心的操守；小人身处逆境，就容易胡作非为。当然，“君子固穷”固然是美德，但社会也应营造良好的环境，让德才兼备的人有更多的机会发挥自己的才能。

三

以友辅仁

曾子说：“君子以文会友，以友辅仁。”（《颜渊》）君子通过诗文来结交朋友，依靠朋友来培养仁德。成就仁德，虽然最根本的要素在于自身的觉悟，但朋友的助益也非常重要。

孔子说：“有朋自远方来，不亦乐乎？”（《学而》）有志同道合的人从远处来，不也是一件快乐的事情吗？儒家主张“为己之学”，“学”的目的不是为了追求物质上的享受，而是为了精神世界的完满和道德人格的完善。朋友从远方而来，与我们一起切磋琢磨，在讲学修德、切磋砥砺中提升彼此的道德人格和生命境界，这当然是快乐的事情了。

择友当然要有一定的标准。孔子说：“益者三友，损者三友。友直，友谅，友多闻，益矣。友便辟，友善柔，友便佞，损矣。”（《季氏》）其大意是，要同正直的人、诚信的人和见闻广博的人交朋友，与他们相交对我们改正自己的错误、提升自己的德行、增长自己的知识是有益处的，所以是益友；不要同谄媚的人、背后毁谤别人的人和夸夸其谈的人交朋友，与他们相交只会有损自己的内在仁德，所以是损友。孔子也说：“三人行，必有我师焉：择其善者而从之，其不善者而改之。”(《述而》)几个人一起走路，其中必定有值得我效仿的人。应当选择他们的优点去学习；他们的缺点，有则改之，无则加勉。

荀子同样认为交友要谨慎。《荀子·大略》篇说：“君人者不可以不慎取臣，匹夫不可以不慎取友。友者，所以相有也。道不同，何以相有也？均薪施火，火就燥；平地注水，水流湿。夫类之相从也，如此之著也，以友观人，焉所疑？取友善人，不可不慎，是德之基也。”君主不能不慎重选取臣下，普通人不能不慎重地选择朋友。朋友，是要互相亲善的，如果原则不相同，怎么能互相亲善呢？均匀地铺开草点上火，火总是向干燥的地方燃去；在平地倒水，水总是向低湿的地方流去。同类事物相互依存是这样明显。根据一个人的朋友来观察这个人，还有什么可疑的呢？选择朋友，不能不慎重，这是成就德行的基础。

据《世说新语·德行》记载：“管宁、华歆共园中锄菜，见地有片金，管挥锄与瓦石不异，华捉而掷去之。又尝同席读书，有乘轩冕过门者，宁读如故，歆废书出看。宁割席分坐，曰：‘子非吾友也。’”这是有名的管宁割席的典故。其大意是说，管宁、华歆一起在园中锄菜，看见地上有小片金子，管宁依旧挥动着锄头，就像是看到了瓦片石头一样，华歆则拾起金子把它扔掉。他们二人曾经坐在同一张席子上读书，有位官员从门前经过，管宁读书如故，华歆却放下书出去观看。管宁就割断席子和华歆分开坐，说你不是我的朋友。管宁、华歆在锄菜见金、见轩冕过门时的不同表现，显示出二人德行的高下。

华歆贪慕虚荣，所以管宁割席断义。或许有人会觉得，管宁择友的标准过于严苛。但试想，如果志不同、道不合，又怎么能真正做朋友呢？当然，对于素昧平生的人，我们的确不能这样苛求，须如孔子所言，“躬自厚而薄责于人”（《卫灵公》），严格要求自己，少责备别人。

孔子说：“见贤思齐焉，见不贤而内自省也。”（《里仁》）我们应该以身边的贤友为镜，修养自身。唐太宗也推崇“以人为镜，可以明得失”。真正的益友就是那些能够以良善的言行对你进行潜移默化的人，他们就像镜子一样，通过对比让我们知道自己的过失在哪里，自己哪些方面还需要改进。择友不可以不慎。当然，选择良师益友，不仅是对别人的要求，也是对自己的要求。我们不仅要去结交道德高尚的朋友，同时我们也要修身养德，成为别人值得结交的益友。

孔子对如何与朋友相处也提出了一些要求。首先，对朋友要以诚相待，真心实意。孔子在提到自己的志向时说：“老者安之，朋友信之，少者怀之。”（《公冶长》）孔子的志向是，对于老年人，要使他安逸，对于朋友，要使他信任我，对于年轻人，要使他怀念我。在他看来，朋友之间应该做到推诚相与、信实无私。朋友去世了，也要真心诚意地尽到朋友之责。据《乡党》篇，朋友去世，没有负责收殓的人，孔子便说“于我殡”，意思是说丧葬由我来料理。孔子的弟子曾子将是否真诚地对待朋友，作为自己每天反省的内容之一，他说：“吾日三省吾身：为人谋而不忠乎？与朋友交而不信乎？传不习乎？”（《学而》）曾子每天多次反省自己：替别人办事是否尽心竭力了呢？同朋友往来是否以诚相待了呢？老师传授我的学业是否复习了呢？

历史上的管鲍之交就是以诚待友的典范。管仲和鲍叔牙是朋友，在二人合伙做生意的时候，赚了钱，管仲总会多分一些，虽然他出的本钱并没有鲍叔牙多。鲍叔牙身边的人都说管仲贪婪，鲍叔牙却为管仲解释，说他是自愿让利的，因为管仲的家境不好，更需要钱。

后来，鲍叔牙和管仲一起参军。每次行军打仗，进攻的时候管仲总是落在队伍的后面，撤退时却跑到了队伍的前面。大家都说管仲胆怯，鲍叔牙却解释说，管仲家里有老母亲要奉养，我们应该多体谅才对。管仲听到这些话，深有感触地说：“生我者父母，知我者鲍子也。”管仲和鲍叔牙就这样结成了生死之交。

齐国内乱，鲍叔牙辅佐公子小白，管仲辅佐公子纠。为了帮公子纠当上国君，管仲差一点射死公子小白。在争夺君位的过程中，公子纠失败，公子小白成为齐国国君（齐桓公）。但是，鲍叔牙却竭力向齐桓公推荐管仲，管仲因此受到齐桓公的重用，而他自己甘愿做管仲的手下。管仲辅佐齐桓公，齐国逐渐强大起来，九合诸侯，一匡天下，最终成就了霸业。鲍叔牙对待管仲，可谓真心实意、推诚相与。

其次，与朋友相处要符合中道，既不要做得太过，也不能不讲原则。比如说，即便我们诚心想帮助朋友，如果对方不接受，也不要强加于人，伤了对方的自尊心。子贡问与朋友的相处之道，孔子说："忠告而善道之，不可则止，毋自辱焉。"（《颜渊》）我们对朋友要忠言相告，好好地引导，如果不听从也就罢了，不要自找侮辱。又比如说，我们不能因为交朋友而违反原则。孔子说过很多这样的话，如他说"君子矜而不争，群而不党"（《卫灵公》），君子矜持庄重而不与人争执，合群但不放弃原则而与人结成宗派；又说"君子和而不同，小人同而不和"（《子路》），在人际交往中，君子能够与他人保持和谐友善的关系，但对具体问题的看法不苟同于对方，小人只是盲从附和，却不肯表示自己的不同意见。

其三，与朋友相处要讲究适当的方法。如孔子说："侍于君子有三愆：言未及之而言谓之躁，言及之而不言谓之隐，未见颜色而言谓之瞽。”（《季氏》）意思是说，与君子交谈容易犯三种过失：未到他说话，却先说，叫作急躁；该说话了，却不说，叫作隐瞒；不看看君子的脸色便贸然开口，叫作盲目。所以与朋友相处要讲究一定的方法，不然就会犯这样或那样的过失。

孟子的交友观则更加注重彼此之间精神上的平等，不论你拥有多么优越的条件，也不论你身处多高的地位，在交友的过程中都不能有任何因有所倚仗而傲慢的心理。朋友以德相交，彼此在人格层面都是平等的，并没有高低贵贱之别。

孟子的弟子万章向孟子询问交朋友的原则，孟子回答说：“不挟长，不挟贵，不挟兄弟而友。友也者，友其德也，不可以有挟也。”（《孟子・万章下》）不倚仗自己年纪大，不倚仗自己地位高，不倚仗自己兄弟的富贵。交朋友，是因为朋友的品德而去结交他，因此心中不能存在任何有倚仗的观念。孟子列举了四个交友的例子：

第一个例子是关于孟献子的，他是位拥有一百辆车马的大夫，有乐正裘、牧仲等五位朋友。孟献子虽身居大夫之位，但是他同这五位朋友相交，自己心中并不存有自己是大夫的观念。而这五位的心目中也不存着献子是位大夫的观念。

第二个例子讲一个小国的国君费惠公，他将子思视为自己的老师，将颜般视为与自己平等的朋友，而将他的下属王顺和长息等人看成替他工作的人。

第三个例子是大国国君晋平公，晋平公对待寒士亥唐甚是恭敬有礼。有一次晋平公去拜访亥唐，亥唐叫他进去，他便进去；叫他坐，他便坐；叫他吃饭，他便吃饭。虽然吃的是糙米饭、小菜汤，晋平公也没有不吃饱的，因为他不敢不吃饱。然而孟子认为这只是一般士人尊敬贤者的态度，不是王公尊敬贤者所应有的态度。因为晋平公不同亥唐一起共有官位，不同他一起治理政事，不同他一起享有俸禄，对于一个大国的国君来说，仅做到晋平公这样还是不够的。

第四个例子是讲尧舜。舜谒见尧，尧就请他住在另一处官邸中。尧请舜吃饭，舜也请尧吃饭，他们两个人互为客人和主人。孟子认为这是以天子的高位与普通百姓交友的范例。

所以孟子说："用下敬上，谓之贵贵；用上敬下，谓之尊贤。贵贵尊贤，其义一也。"（《孟子·万章下》）地位低的人尊敬地位高的人，这叫尊敬贵人；地位高的人尊敬地位低的人，这叫尊敬贤者。尊敬贵人和尊敬贤者，道理都是相同的。

中国文化中有很多形容朋友交往的词语，如金兰之交、莫逆之交、贫贱之交、患难之交、道义之交、忘年之交、刎颈之交、淡水之交、竹马之交等等。从中不难看出，真正的朋友之间的交往，是与年岁的长幼、地位的高低、身份的贵贱、处境的好坏、财富的多寡等外在因素无关的，朋友之间，人格是平等的，彼此在交往的过程中切磋砥砺、提振精神，相互勉励、共同进步。在这个意义上，我们或许可以说，朋友之间，起点是德，归宿也是德。

以友辅仁强调在求仁过程中良师益友的重要性。不过，我们虽然可以通过良师益友的帮助，来提高自身的道德和学问，但师友的作用毕竟是“辅”。如果一个人对仁德没有最起码的觉悟，别人再多的帮助对他也起不了作用。求仁的根本工夫还须依靠自己，离不开自己的勇气、毅力和决心。孔子说：“我欲仁，斯仁至矣！”（《述而》）

真正志于仁德之人，何患无友？孔子说：“德不孤，必有邻。”（《里仁》）当我们真正立志于修身养德，有了一定的德行之后，自然会吸引志趣相投的良师益友。俞伯牙与钟子期高山流水的故事告诉我们，有德之人总会遇到知音，志同道合的人总有机会相聚在一起，正所谓“莫愁前路无知己，天下谁人不识君”。

文化关键词

尊师重道

尊敬老师，崇尚道义。“道”即宇宙的普遍法则、世间的真理和道义等。尊师是中华民族的传统美德，重道是中华传统文化的重要特质。“师”是“道”的载体和传播者，所以尊师和重道是一体两面的关系。它自古即被认为是国家兴旺发达的重要前提，也是政治清明的重要标志。

蒙以养正

通过教育，使人摆脱蒙昧，归于正道（一说从童年开始就要施以正确的教育）。“蒙”即蒙昧、幼稚、无知；“养”即培养、教育；“正”即正道或端正的品性。作为中华教育智慧，“蒙以养正”揭示了教育的功能和价值。

转益多师

尽可能博采众长，以丰富自己的文艺创作。“转益”意为辗转自益，只要对自己创作有益的东西都应该加以学习吸收；“多师”谓广泛师法，不必专学一家。出自唐代诗人杜甫《戏为六绝句》。它包含相互联系的两个方面：其一，尽可能广泛学习、师法古人或时贤的创作经验，博采众长，兼收并蓄；其二，在无所不师的同时既有继承也要有所批判。只有这样，才能合乎或接近《诗经》的风雅传统，形成自己的艺术风格。后来这一术语的使用范围由诗歌创作而扩展至文学艺术等各个领域。

第六章　因材施教

因材施教是指依据学习者的能力、性格、志趣等具体情况施行不同的教育。教师只有在充分认识并理解不同学生学习特质的基础上，才能展开真正有效的教育。就中国文化的主流思想而言，特别是在孟子学传统中，德性是内在的，因此人格境界的提升是自己的事，最终只能通过躬身践履来实现。在教育中，学习者是真正的主体，而他们自身的性格、志向和能力不尽相同，这就决定了一种讲授和记诵之法难以达到效果。教师必须针对学生的特质和志趣，采用不同的、启发式的教学原则和方法，才能使学生真正成就人格。

宋代理学家程颐从孔子与其弟子的教育实践活动中，概括出："孔子教人，各因其材，有以政事入者，有以言语入者，有以德行入者。"（《二程遗书》卷十九）孟子也曾经说："君子之所以教者五：有如时雨化之者，有成德者，有达财者，有答问者，有私淑艾者。此五者，君子之所以教也。”（《孟子·尽心上》）孟子这里所概括的五种教育方式，其实正是对不同特质的学生所采用的不同的教育方法。

一

因材施教

人的本性相近，但人与人之间难免会有个体差异，因此孔子主张“因材施教”，即根据弟子们的不同特质，施予不同的教育方法。重视人的个体差异，是“因材施教”原则的理论基础。即使是对待同一问题，孔子也会根据学生的不同情况和提问时的不同境遇，随机点拨，做出不同回答。我们先来看《论语》中的如下三段文字：

柴也愚，参也鲁，师也辟，由也喭。(《先进》)

季康子问：“仲由可使从政也与？”子曰：“由也果，于从政乎何有？”曰：“赐也可使从政也与？”曰：“赐也达，于从政乎何有？”曰：“求也可使从政也与？”曰：“求也艺，于从政乎何有？”(《雍也》)

闵子侍侧，訚訚如也；子路，行行如也；冉有、子贡，侃侃如也。子乐。“若由也，不得其死然。”(《先进》)

这三段文字，颇能说明孔子对其弟子不同特质的深切认识。第一段文字的意思是说，子羔愚直，子舆迟钝，子张偏

——◆《至圣先贤半身像》之颜回、子贡

激，子路鲁莽，四人性格迥异，这是从个性差异着眼。中间这段话中，季康子问子路、子贡、子有三人能否治理政事，孔子说子路果敢决断，子贡通情达理，子有多才多艺，三人各有所长，他们管理政治事务没有任何困难，这是从个人素质着眼。第三段文字是从个人内在的道德修养及由此展现的外在的容止风度的角度来谈弟子们的差异。子骞侍立在孔子身旁，是恭敬而正直的样子；子路是勇毅刚强的样子；冉有、子贡是温和而快乐的样子。几人气质不同，各有所长。孔子很高兴，但又担心子路可能因此而不得善终。

据《史记·仲尼弟子列传》："子路性鄙，好勇力，志伉直，冠雄鸡，佩豭豚，陵暴孔子。孔子设礼稍诱子路，子路后儒服委质，因门人请为弟子。"子路性情粗朴，喜欢逞勇斗力。他头戴雄鸡式的帽子，并佩带宝剑，曾经陵暴孔子。孔子用礼乐慢慢地诱导他，后来子路穿着儒服，带着拜师的礼物，通过孔子的门人请求做孔子的学生，最终成为孔门高足。子路的率直在《论语》中多有记载，他敢于对孔子提出批评，在师友言谈中敢于率先发言，等等。也正是基于对子路好勇个性的深刻认知，孔子引导他要将伸张正义的大勇与一般的逞勇好斗区分开，孔子告诫他说："君子义以为上。君子有勇而无义为乱，小人有勇而无义为盗。"（《阳货》）大意是说，君子只有勇没有义，就会捣乱造反；小人只有勇没

◆明 佚名《孔子圣迹图》之《子路问津》

有义，就会做土匪盗贼。

《先进》篇记载了这样一件事。子路问："闻斯行诸？"子曰："有父兄在，如之何其闻斯行之？"冉有问："闻斯行诸？"子曰："闻斯行之。"公西华曰："由也问闻斯行诸，子曰，'有父兄在'；求也问闻斯行诸，子曰，'闻斯行之'。赤也惑，敢问。"子曰："求也退，故进之；由也兼人，故退之。"

这则材料是孔子因材施教的生动说明。子路问："听到了就该去做吗？"孔子回答："家有父兄在，怎么能一听到就去做呢？"冉有问："听到了就该去做吗？"孔子回答："听到了就该去做。"公西华问："仲由问听到了就该去做吗，您说有父兄在；冉求也问听到了就该去做吗，您说听到了就该去做。我很困惑（两个人问题相同，而您的答复相反），大胆再问问。"孔子说："冉求总是退缩，所以我鼓励他；仲由好勇过人，所以我约束他。"这段对话充分地体现了孔子因材施教的思想。因冉有行事胆怯，孔子就激励他大胆行事；而子路做事好冲动，所以就约束他。

不难看出，孔子对学生非常了解，在解答学生的疑问时，纵然是同一个问题，因问者不同，他给的答复也不同。《论语》中弟子问仁，孔子从不同侧面给予回答，这也是因材施教的突出例子。如《颜渊》篇开头一连三章，颜回、仲弓、司马牛分别问孔子是什么是“仁”，孔子给出了三种答案。

孔子对颜回说：“克己复礼为仁。”其大意是说，要克制自己，使言语行动都合于礼。颜回一听便心领神会，又问其具体条目。孔子便兴致勃勃地讲了仁的“四目”，曰：“非礼勿视，非礼勿听，非礼勿言，非礼勿动。”意思是说，不符合礼的事不看，不符合礼的话不听，不符合礼的话不说，不符合礼的事不做。朱熹评论《论语》中这一章“乃传授心法切要之言。非至明不能察其机，非至健不能致其决，故惟颜子得闻之”。孔子数称“贤哉回也”，表现出对颜回的充分信任和嘉许。

仲弓问仁，孔子回答说：“出门如见大宾，使民如承大祭。己所不欲，勿施于人。在邦无怨，在家无怨。”大意是说，出门办事如同去接待贵宾，役使百姓如同去进行重大的祭祀，都得认真严肃，小心谨慎。自己不愿意要的东西，不要强加于别人。做到在诸侯的朝廷上没人怨恨自己，在卿大夫的封地里也没人怨恨自己。

司马牛问仁，孔子说：“仁者，其言也讱。”意思是说，有仁德的人说话迟钝。司马牛问的是“仁”，而孔子答的却是“仁者”。因为司马牛多言而浮躁，孔子实际上是通过解释“仁”来告诫他，促使他以后注意改正缺点罢了。

在《颜渊》篇其他章节，樊迟问仁，孔子回答说：“爱人。”又如在其他篇里，子贡问仁，孔子却说：“己欲立而立人，己欲达而达人。”（《雍也》）子贡名端木赐，利口巧辩，善做生意，家境富裕。子贡有志于仁，每天想要博施济众，但徒事高远，眼高手低，不知从何做起。孔子教他应该从身边做起，可以说教给子贡一个“仁之方”。

以上孔子对“仁”的不同解释，都是根据学生的不同情况提出的，具有针对性。可见，因材施教是一种行之有效的教育方式。孔门三千弟子，七十二贤人，难道不是对这种方式最好的证明吗？

明代思想家王阳明授徒，也秉持因材施教的原则。他一生讲学不止，门下弟子众多，他针对弟子不同的特点，采用不同的教育方法。在与顾璘的书信中，他说到自己的教育理念：“学校之中，惟以成德为事，而才能之异，或有长于礼乐、长于政教、长于水土播植者，则就其成德，而因使益精其能于学校之中。”（《传习录》中）在他看来，只要弟子是以成就德性为目的，就应当予以鼓励，并且应根据他们实际的才能差异，使其长处愈加精进。

我们来看一个例子。某天，弟子王汝止出游归来，王阳明问：你这次出游有何见闻？王汝止回答说：我看见满街人都是圣人。王阳明便说道：你看满街人是圣人，满街人倒看你是圣人在。又有一天，弟子董萝石出游归来，看到老师后说：我这次出游看到一件奇怪的事情。王阳明便问道：有什么奇怪的事情？董萝石说：我看见满街的人都是圣人。王阳明便说道：这是很平常的事情，有什么好奇怪的？（原文见《传习录》下）先不说“满街人都是圣人”这句话如何理解，我们看王阳明的施教方式。对于弟子们相同的说法，王阳明却做出了不同的指点。依照钱德洪的评价，王汝止锋芒太露，而董萝石似乎恍然有所得，因而王阳明根据他们不同的特点对他们予以启发。

在现代，马一浮秉持儒家因材施教的教育方法，主张根据学生的智力、性格、志向、态度等各方面的差异，有针对性地施教。在教学实践中，他于讲论之外，另开问答一门。所谓问答，“乃欲曲顺来机，加以接引，观其资质所近，察其习气所偏，视其志趣所向，就其解会所及，纳约自牖，启其本心之明，应病与药，救其歧路之失。随感而应，其用无方，祭海先河，庶几知本”。[1] 在他看来，设置这一环节有助于及时了解学生们的资质、志趣及理解程度，并根据他们不同的特点进行有针对性的教育与点拨。讲论之中当然也有启发，但主要是知识的传授；问答则是随机点拨，指引的意义居多。

1 马一浮：《泰和宜山会语》，《马一浮全集（第一册上）》，杭州：浙江古籍出版社，2013，第51页。

马一浮曾借用佛教“四悉檀”之说，对因材施教的教育方法加以解释，并以《论语》中孔子与弟子关于“仁”的问答为例。所谓“四悉檀”，是佛教中指佛陀用以教化、成就众生的四种方法的说法。马一浮说：

学者第一事便要识仁，故孔门问“仁”者最多。孔子一一随机而答，咸具四种悉檀，此是《诗》教妙义。（四悉檀者出天台教义，悉言遍，檀言施。华、梵兼举也。一世界悉檀，世界为隔别分限之义，人之根器各有所限，随宜分别，次第为说，名世界悉檀。二为人悉檀，即谓因材施教，专为此一类机说，令其得入，名为人悉檀。三对治悉檀，谓应病与药，对治其人病痛而说。四第一义悉檀，即称理而说也。）如樊迟问仁，子曰“爱人”；问知，子曰“知人”：世界悉檀也。答子贡曰“己欲立而立人，己欲达而达人，能近取譬，可谓仁之方也已”：为人悉檀也。答司马牛曰“仁者，其言也讱”，答樊迟曰“仁者先难而后获”：对治悉檀也。答颜渊曰“一日克己复礼，天下归仁焉”：第一义悉檀也。[1]

1 马一浮：《复性书院讲录》，《马一浮全集（第一册上）》，杭州：浙江古籍出版社，2013，第136—137页。

其中“为人悉檀”“对治悉檀”即含因材施教之意。前者是指根据各人根基、能力、性格、爱好的差异，教之以不同的方法。后者是指针对各人不同的病痛和缺点，形成不同的治疗改正方法，有针对性地去除病痛和缺点。

二

循循善诱

儒家所倡导的教育不是填鸭式的知识灌输，也不是简单的道德说教，而是一种启发、引导式的教育。正如《礼记·学记》中所说："故君子之教喻也，道而弗牵，强而弗抑，开而弗达。道而弗牵则和，强而弗抑则易，开而弗达则思。"其大意是说，好的老师对学生的教育，应当是引导而不是强迫，多给学生鼓励，不要去压抑他们的想法，对于学生们的疑惑应当给予启发而不是直接告诉答案。引导而不去强迫，就能使师生关系和谐；对学生多鼓励而不去一味压抑，学生在学习时就会感觉到比较轻松；多用启发而不直接说透，就能促使学生自主地去展开思考。

这种教育并不是将某些外在的、强制性的人文规范、知识体系灌输给受教育者。这些人文规范、知识体系均具有内在的人性依据，因此，受教育者并非被动地接受这些知识，而是自觉地体认它们。就此而言，教育的过程是启发学生独立探索、自我发现的过程，使他们能自明自晓、自行提高。

孔子的得意门生颜回曾称赞孔子的学问及其教学方法说："仰之弥高，钻之弥坚，瞻之在前，忽焉在后。夫子循循然善诱人，博我以文，约我以礼，欲罢不能。”(《子罕》)意思是说，我抬头仰望，越望越觉得高；我努力钻研，越钻研越觉得不可穷尽。看着它好像在前面，忽然又像在后面。老师善于循序渐进地启发我，用各种文章典籍来丰富我的知识，又用一定的礼节规范来约束我的行为，使得我想停止学习都不可能。

孔子采用循循善诱的方式来启发和教育学生，他并不是把现成的知识和盘托出，而是常常给学生留下思考的余地。《论语》中“举一反三”“闻一以知二”“闻一以知十”“告诸往而知来者”，讲的都是施教者的“善诱”“启发”，学生由此而自求、自省、自得、触类旁通的道理。

孟子说得更直接：“学问之道无他，求其放心而已矣。”(《孟子·告子上》)。他认为仁义内在于人心，是人皆有之的天赋德性，是人之为善的根源，此即“本心”“良知”，它为人所固有，“思则得之，不思则不得”(《孟子·告子上》)。人之所以“为不善”，是因为良知受到蒙蔽，因此学习就是“求其放心”，找回丢失的本心，并培养呵护，扩而充之。“放心”并不是没有“心”，而是丢失了“心”，就像丢失鸡犬，其实鸡犬还在。因此，老师对于弟子，只是居于诱导启发的位置，一个人成德，最终还是要靠他自己，正如孟子说的“归而求之”(《孟子·告子下》)。教育只是启发我们自觉到自己本心、本性。

在具体的教学实践中，孟子主张采用启发式的教学方式。在他所谓“君子之所以教者五”中，第一种便是“时雨化之者”。孟子认为，不锄草不好，揠苗助长也不好，好的教育方式应该像及时雨一样滋润化育，让学习者自省自得。孟子说：“君子引而不发，跃如也，中道而立，能者从之。”（《孟子·尽心上》）君子只引导而不发表见解，就像射手一样，张满弓，搭上箭，但引而不发，只是做出跃跃欲试的样子，君子以这种方式来启发诱导学生。

南宋理学家李侗也重视启发学生，他认为教育并不是灌输，而是要创造契机让学生自己体会领悟，这一方法在他对朱熹的指导上表现得尤为突出。朱熹年轻时曾浸润于禅学之中，想从中寻找到通往内圣的道路，但多年苦读之后仍“未有所得”，于是前往拜见李侗，希望得到他的指点。

第一次见面时，朱熹对自己的所学颇为自信，对李侗所讲半信半疑，并不完全信服。李侗知道此时朱熹自视甚高，因此并未以老师的身份，居高临下将他呵斥一番，甚至连他的错误也没当面给他指出来，只叫他回去以后多看圣贤言语，意思是让他多看儒家经典。

虽然，朱熹对李侗“心疑不服”，但还是遵从其指导，潜心研读。随着阅读的深入，他发现“读来读去，一日复一日，觉得圣贤言语渐渐有味。却回头看释氏之说，渐渐破绽罅漏百出”（《朱子语类》卷一百四）。经过李侗点拨，朱熹在阅读经典的过程中，对孔孟之道有了新的认识，最终回归儒学。

李侗还一改自己长期静坐独思的习惯，多次与朱熹涉足于南平的山水之间，悠游九峰山，论道磐陀石，切磋研学。为解答朱熹的疑难，他倾其所学，最终收到了“洒然冰解”“融释脱落”的成效。

现代儒者马一浮也重视教学过程中老师与学生的相互感应，他说：“有感必有应，所应复为感，其感又有应，如是则无穷。某今日所言，只患不能感动诸生，不患诸生不能应。若诸生不是漠然听而不闻，则他日必可发生影响。”[1] 见闻之知与德性之知是不同的，传授的方法也不相同。前者是记问之学，后者则是生命体悟。严格说起来，见闻之知的传授不需要感应，因为它是外延真理，是客观的知识。德性之知是内容真理，良知是每个人都先天具有的，不过，它可能被蒙蔽，也就是孟子说的“陷溺其心”，教育只是启发我们自觉到它的存在，使它呈现出来。有感应，师生便是一体的，这也正是从游之义。

1 马一浮：《泰和宜山会语》，《马一浮全集（第一册上）》，杭州：浙江古籍出版社，2013，第3页。

时代不同，教学的目标与教学的方法自然也会不同，但因材施教作为一项教学原则，仍然行之有效。针对学生的实际予以启发和引导，既能培养学生的学习能力，也有助于提升他们的学习兴趣。一个人只有对他所从事的事业有了浓厚兴趣，才会全身心地投入，才会真正能够有所发现。

三

教学相长

“教学相长”是《礼记·学记》提出的一项重要的教育或教学的原则。据《学记》：“是故学然后知不足，教然后知困。知不足，然后能自反也；知困，然后能自强也。故曰：教学相长也。《兑命》曰‘学学半’，其此之谓乎！”只有经过学习，才会发现自己所知有限；只有经过教学实践，才会发现自己的困惑之处。知道自己所知有限，便能自我反省，督促自己加紧学习；发现自己的困惑，才能自我振奋，鞭策自己努力进修。所以说，教与学是相辅相成、相互促进的。正如《尚书·说命》说：教人学习与自己学习，所获益处是相等的。

《论语》中多处记载了孔子和弟子之间讨论并相互启发的场景。有一次，子夏向孔子问诗：“‘巧笑倩兮，美目盼兮，素以为绚兮。’何谓也？”子曰：“绘事后素。”曰：“礼后乎？”子曰：“起予者商也！始可与言《诗》已矣。”（《八佾》）对于子夏的提问，孔子回答说，这几句诗的含义是指在绘画中，应当先画各种彩色，然后再用白色勾勒，彩色再绚丽多姿，也需要最后用白色来勾勒。子夏听完之后，立刻能有所领悟，并联想到仁义和礼的关系：礼的作用就相当于"素"，仁义是内在的，礼是外在的，一个人即使拥有了仁义，也还需要外在的礼来约束。听完子夏的话，孔子也大受启发，给了他很高的评价。孔子并不因为自己是老师就高高在上，相反，他在教学过程中能与学生互动，虚心听取学生的观点，并从中体悟到新的内容。这既是启发式教学的一种运用，也是教学相长的一个例子。

韩愈继承与发展了《礼记·学记》中"教学相长"的思想，提出"相互为师"的主张。他说："无贵无贱，无长无少，道之所存，师之所存也。"从师问道，没有贵贱之分，也没有长幼之别，道存在的地方，就是老师在的地方。韩愈夸赞巫医、乐师等，认为他们不以相互为师、相互学习为耻，以此来反讽当时的士大夫自命清高、耻学于师的陋习。所以他说："是故弟子不必不如师，师不必贤于弟子。闻道有先后，术业有专攻，如是而已。"(《师说》)学生不一定不如老师，老师不一定比学生贤能，学到知识有早有晚，学问技艺各有专长，如此而已。

教与学是互动互济、辩证统一的。教学过程并非只是教师影响学生的单向过程，而是师生相互影响、相互促进的双向过程。从教师方面来说，教的过程也是学习的过程，在教中学，两者相互促进。从学生方面来说，从教师的教授中获得知识，但仍需自己努力学习。教因学而得益，学因教而日进；教能助长学，学也能助长教。这种相互促进，不仅表现在教与学的关系上，也表现在教师与学生的关系上。[1] 教学相长蕴含的教学双方相互影响、互为主体客体的思想，是具有现代教育智慧的。

1 参见郭齐勇解读：《礼记（节选）》，北京：科学出版社，2020，第275—276页。

文化关键词

不愤不启，不悱不发

教导学生，不到他想弄明白而不得的时候，不去开导他；不到他想说却说不出来的时候，不去启发他。“愤”是将懂未懂时非常着急的状态，“启”即开导、引导，“悱”是想表达但表达不出来心里郁闷的状态，“发”即阐发、说明。这是孔子提出的教育智慧。它强调学生在教学过程中的主体地位。现代中国教学论中的“启发性原则”即渊源于此。

教学相长

教与学相互促进，教师与学生相互提升。中国古人早已认识到，教学过程不只是教师影响学生的单向过程，而是师生交互影响的双向过程；在此过程中，教学双方都不断取得进步和提高。其中蕴含着教学双方互为主客体的观点，颇具现代教育智慧。

授人以渔

把捕鱼的方法传授给别人。授：给予，传授。渔：捕鱼。原话是“授人以鱼，不如授人以渔”，意思是，把鱼给予别人，不如把捕鱼的方法传授给他。其喻义为：与其直接给人某种东西，不如教人学会如何获得它的方法，使他能够通过自身的努力获得这种东西。其蕴含的道理主要有：其一，在目标已定的情况下，达到目标的方法更重要；其二，帮助他人及管理他人的长远有效的方法是使人自立。

第七章　学思并进

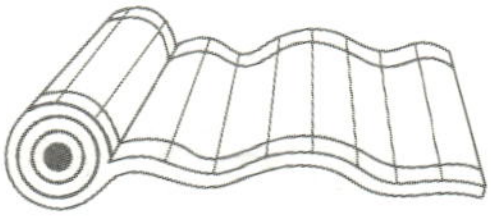

在中国文化中，“学”与“习”都包含实践的意思，它们不仅是认知活动，同时也是实践活动。现在我们一般将二字连用，称为“学习”，表示通过阅读、听讲、研究、实践等获得知识或技能的过程。

“思”从心从囟，古人认为心脑合作产生思想，“思”意为思考、考虑。学和思是获取知识的两种途径，在孔子看来，真正的学习应当是学和思的结合，两者不可偏废。当然，从广义上说，“学”和“习”都包括“思”，也包括“行”。

古人读书主张学思并进，进一步说可包括学、问、思、辨、行。尊德性与道问学的关系是其中的一个重要问题。学要落实到行，所谓力学笃行，即既要勤勉学习，又要切实践履所学。子夏说：“博学而笃志，切问而近思，仁在其中矣。”（《子张》）意思是说，广泛地学习并坚守自己的志向，恳切地发问并多思考所面临的事情，这样的话，仁德就在其中了。

一

学问思辨

古人谈学习，包括学、问、思、辨、行五个方面。《中庸》说：“博学之，审问之，慎思之，明辨之，笃行之。”广博地学习，详细地求教，谨慎地思考，清楚地辨析，切实地践行，学习要将这五种方法结合起来。对于“行”，我们在第九章“知行关系”中还会专门论述，此处主要介绍“学问思辨”四个方面。

我们先看“学”。孔子主张“学而知之”，他认为学习是人性得到发展和完善的基础。孔子反复强调自己并非“生而知之”，是通过勤奋学习得到知识的。他对弟子公西华说：“若圣与仁，则吾岂敢？抑为之不厌，诲人不倦，则可谓云尔已矣。”（《述而》）其大意是说，若要说圣与仁，我（孔子）是不敢当的，我不过是学习不知厌倦，教诲人不知疲倦而已。

在孔子看来，学习是求知的基础，离开了学习谈求知，不免失之于空玄，他曾说：“吾尝终日不食，终夜不寝，以思，无益，不如学也。”（《卫灵公》）在孔子看来，如果不学习，哪怕是整天不吃饭、不睡觉去思考，也不会有什么用。

孟子主张人性善，认为人都具有天赋的善性知能，这也被称为“本心”。人顺着本心行事就是道德的行为，人之所以犯错是因为迷失了本心。所以孟子说：“学问之道无他，求其放心而已矣。”（《孟子·告子上》）“放心”即指走失的心、放恣的心，学习就是将迷失的本心找回来。

在孟子看来，“良知”是先天的，它并不会因求知而增添一分，知识只是恢复先天善性的外在助缘。从根本上说，为学的目的是恢复人元初的善良本性并加以扩充，理论知识不过起到了一个辅助的作用，关键的是“先立乎其大者”，通过不断的内省、思索，找回迷失的本心，挺立道德主体。所以孟子说：“尽信《书》，则不如无《书》。”（《孟子·尽心下》）这里的《书》是指《尚书》，孟子的意思无非是说，读者要善于独立思考问题，读书要敢于质疑，不要拘泥于书上的内容或迷信书本知识。

孟子认为学习从根本上说是“求在我者”，即反求诸己的自我学习。他强调躬身自省，注重自得工夫。他说：“行有不得者皆反求诸己，其身正而天下归之。”（《孟子·离娄上》）凡是行为达不到预期的效果，都应该做认真的反省，自身行为端正了，天下的人自然就会归服。孟子用射箭作喻：“仁者如射：射者正己而后发；发而不中，不怨胜己者，反求诸己而已矣。”（《孟子·公孙丑上》）仁者就如同射箭

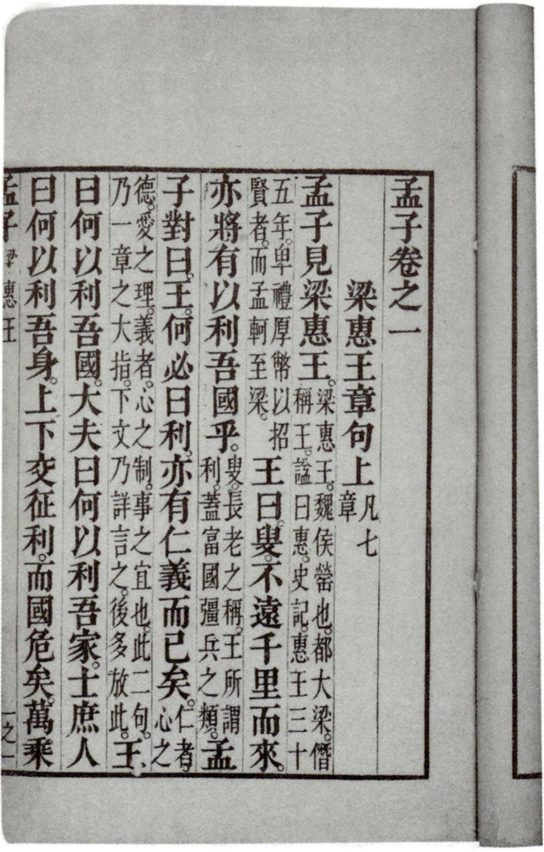
孟子卷之一
梁惠王章句上凡七章
孟子見梁惠王梁惠王魏侯罃也都大梁僭稱王謚曰惠史記惠王三十
五年卑禮厚幣以招賢者而孟軻至梁王曰叟不遠千里而來
亦將有以利吾國乎叟長老之稱王所謂利蓋富國彊兵之類孟
子對曰王何必曰利亦有仁義而已矣仁者心之德愛之理義者心之制事之宜也此二句
乃一章之大指下文乃詳言之後多放此王
曰何以利吾國大夫曰何以利吾家士庶人
曰何以利吾身上下交征利而國危矣萬乘
孟子 梁惠王 一之一

◆《孟子》书影

手，射箭时先要端正自己的姿势，然后放箭；射不中，不怨恨赢了自己的人，而要反过来在自己身上找原因。

孟子认为，环境对人的性格、品质、意志的形成，虽然具有重要的影响，但并不起决定性的作用。他举了个例子，舜所处的环境与深山野人所在的环境几乎没有什么不同，但舜仍然能够成为圣人，之所以如此，是因为舜听到一句善言，见到一种善行，就会立即照着去做，像决了口的江河一般，澎湃之势没有谁能阻挡得住。在同样的环境中，舜能做到“先立乎其大者”，野人却做不到。做不到，便有可能泯灭善端。因此，孟子认为人们应当通过内省去保持和扩充善端，否则将会丧失这些善的品质。

与孟子相异，荀子将立论的基础放在人的自然本性上。荀子认为，人性是指人的自然资质，即“无待而然者也”(《荀子·荣辱》)。具体而言，人性主要包含两部分内容，一是人“饥而欲食，寒而欲暖，劳而欲息，好利而恶害”(《荀子·荣辱》)的生理本能，二是人“目可以见，耳可以听”(《荀子·性恶》)的感性认识能力。在他看来，人的本能中不存在道德和理智，如果放纵本能而不加节制，各种罪恶便随之而生。因此必须通过外在的学习来约束泛滥的本能，匡正行为。荀子说：“今人之性，固无礼义，故强学而求有之也；性不知礼义，故思虑而求知之也。”(《荀子·性恶》）他肯定人有智能，可以向善，可以通过后天的学习、教化，成就自己。

荀子论“学”重视“积”。他说：“涂之人百姓积善而全尽谓之圣人。彼求之而后得，为之而后成，积之而后高，尽之而后圣。故圣人也者，人之所积也。”（《荀子·儒效》）一般人成为君子，进而为圣人，非一朝一夕之功，这种由少而多逐渐积累的过程就是“积”。人们“可以为尧、禹，可以为桀、跖，可以为工匠，可以为农贾，在势注错习俗之所积耳”（《荀子·荣辱》）。人之所以有这些不同，是人们的行为举止和习俗长期积累而形成的。“人积耨耕而为农夫，积斫削而为工匠，积反货而为商贾，积礼义而为君子。”（《荀子·儒效》）如果能长久地学习积累与礼义有关的知识并践行，那么就可以成为君子了。

不难看出，儒家所指的“学”，道德实践的意味很浓，虽然也包含求知的精神、科学的精神，但最终目的是要“学以成人”。

其次是“问”。问是因为学习中有疑惑，学与问是紧密联系在一起的。学、问二字连用，现在一般是指系统性的知识，但就其本义来说，就是指学习和询问。

孔子主张要善于向他人请教，并主张要“不耻下问”，就是说在向人请教时，不要拘于辈分、年龄、地位、学识等因素的限制。在孔子看来，向年龄比自己小、地位比自己低、学识比自己少的人请教，没有什么好羞耻的。“三人行，必有我师焉：择其善者而从之，其不善者而改之。”（《述而》）只要他人于我有可取之处，就可以向他学习。孔子善于自省，明于外察，取人之长，补己之短。他曾问礼于老聃，访乐于苌弘，问官于郯子，学琴于师襄。《论语》中也多次记载了孔子和弟子之间讨论并相互启发的场景。

善于发问，是治学求道、取得进步的有效途径。我们可以举出历史上很多这样的例子。如《管子》中就赞扬隰朋[1]常常向地位比自己低的人询问问题的行为；《淮南子》也认为，周文王、周武王之所以能取得成功，是因为他们善于向别人请教。

《礼记·学记》说：“善问者，如攻坚木，先其易者，后其节目，及其久也，相说以解；不善问者反此。善待问者，如撞钟，叩之以小者则小鸣，叩之以大者则大鸣，待其从容，然后尽其声；不善答问者反此。”善于提问，如同砍劈坚硬的木材先从容易的部位开始，然后再砍劈树节坚硬的地方，时间长了，那些坚硬的部位就相互脱离分解开了。不会提问，则正与此相反。善于回答问题，就如同撞钟，用小槌

1 隰（xí）朋，姜姓，出身于齐国贵族，与管仲、鲍叔牙等共同辅佐齐桓公，使齐国强大。

叩击就发出小的鸣声，用大槌叩击就发出大的鸣声，待钟声从容鸣响而散尽，问题就会迎刃而解。不善回答问题，则正好与此相反。

学习中遇到困难，产生了疑惑，也会促使求学者思考、钻研，寻求解决之道，这便是“思”。孔子说：“学而不思则罔，思而不学则殆。”（《为政》）只是读书却不思考，就会越学越糊涂；只是一味空想却不读书，也会一无所得。他不赞成直接将现成的知识和盘托出，而是主张要给学习的人留下思考的余地。获取知识的过程，同时也是思维得到训练的过程。

前面说过，孟子认为学问之道就是“求放心”。那如何找回本心呢？孟子说：“耳目之官不思，而蔽于物。物交物，则引之而已矣。心之官则思，思则得之，不思则不得也。此天之所与我者。先立乎其大者，则其小者不能夺也。此为大人而已矣。”（《孟子·告子上》）耳目没有思虑的功能，只可接应外界事物，往往为外物所诱，因此一旦与外物接触，便被引向迷途。“心”[1]则有思虑的功能，它是上天赋予而为人类所单独具有的。心能明是非、定取舍，对外界物诱有控制的能力。所以，先要把心这个身体最重要的部分树立起来，这样次要的部分就不会被引入迷途。这样便可以成为君子了。

1 古人认为心主管思维，故相沿以为脑的代称。

宋明理学家们更是把“思”提到了一个很高的位置。张载认为，对于应该质疑的地方不去质疑，等于没有学，学习就应该提出问题。朱熹认为，有大的疑问，学问才会有大的进步。陆九渊也指出，“为学患无疑，疑则有进”(《陆九渊集·语录下》)，思考而产生疑问是学习进步的重要条件，不去思考或者缺少疑问，学习就会缺少收获，很难得到有效的提升。

最后是“辨”。一般说来，辨是指判别、辨析、明察，即《中庸》所谓“明辨之”。但如果就一个学科门类或一种思想而言，它是与名辩学说或者逻辑思想联系在一起的，名家、后期墨家、荀子等，都曾提出过比较系统的名辩思想，分别见于《公孙龙子·名实论》《墨经·小取》《荀子·正名》等篇。

如荀子，他认为怪辞兴起，名实紊乱，徒增疑惑，因此必须正名。语言的正确使用，是实现社会的良好秩序的重要条件。荀子的正名学说中有一套名、辞、辩、说的逻辑系统。他说:“故知者为之分别，制名以指实，上以明贵贱，下以辨同异。”(《荀子·正名》)智者对事物加以分别，制定名称来指代实物，以辨明异同，避免名实混淆，妨碍人们交流思想。

◆ 张载画像及张载祠

二

尊德性与道问学

“尊德性”与“道问学”的说法源自《中庸》，前者意为尊重先天的德性，后者是说依靠后天之所学。按朱熹的解释：“尊德性，所以存心而极乎道体之大也。道问学，所以致知而尽乎道体之细也。”（《四书章句集注·中庸章句》）二者皆为修身之道，但朱熹偏重道问学，陆九渊则偏重尊德性。尊德性还是道问学，是朱陆之辩的重要议题之一，第三章“书院兴衰”已经介绍了朱陆之辩的主要内容，此处不再赘述。王阳明继承了陆九渊的论学旨趣，这里主要谈谈王阳明对此问题的看法。

无论是尊德性，还是道问学，其实都是“为己之学”。由于一些人只把读书看作求取功名的敲门砖，这就导致记诵之学、辞章之学盛行，记览杂博、文章华丽似乎成了学问的标准，“学以为己”的初衷反倒被搁置起来。这些学问易流于空疏浅薄、支离破碎，拘泥于细枝末节而丧失大体，无助于道德人格的养成。王阳明的弟子曾就此问题向他请教，他做了如下回答：

道问学即所以尊德性也。晦翁言“子静以尊德性诲人，某教人岂不是道问学处多了些子"，是分尊德性、道问学作两件。且如今讲习讨论，下许多工夫，无非只是存此心，不失其德性而已。岂有尊德性只空空去尊，更不去问学？问学只是空空去问学，更与德性无关涉？如此，则不知今之所以讲习讨论者更学何事！（《传习录》下）

王阳明批评朱熹将二者分开，主张"道问学"即"尊德性"，将二者视为一体。道问学的目的无非是存养此心，保持心之本原，使其不失德性。哪有尊德性只是空洞地去尊，便不去问学；问学只是空洞地去问学，而与德性无关的？尊德性若流于形式，空谈道德，则无益于问学。同样，道问学若限于字句，不体之于心，则无益于德性。

现代儒者马一浮也强调学习不能囿于琐碎支离而忽视了对于最根本内容的追求。儒家主张教育应重在"明德"，以求上达"至善"之境，而轻忽道德心性的培养与人格气质的养成，恰是现代学校教育的缺失。马一浮批评当时的学者："唯务向外求知，以多闻多见为事，以记览杂博相高，以驰骋辩说为能，以批评攻难自贵，而不肯阙疑阙殆。此皆胜心私见，欲以矜名哗众，而不知其徇物忘己，堕于肆慢，戕贼自心。故其闻见之知愈多者，其发为肆慢亦愈甚，往而不返，不可救药。”[1] 在马一浮看来，这些学者一味向外在世界去寻求，执着于见闻之知，而不知反求义理，这样将使人变得偏狭、自私，其结果是徇物忘己，导致意义的肢解、道德的堕落。

因此，马一浮认为学习应当以“复性”为宗旨，即恢复人元初的善良本性。习得外在的、对象性的一般知识，只是学习的一个方面，更重要的是反求诸己，从生命内在做修养工夫，去除习见的障蔽，体证本有的道德主体，恢复本原之善。对象性的、客观的知识，与人的“存在”无关；生命的学问，不是外在于人的，人必须要参与其中，知行合一，即知即行，不能分开。读书穷理最终要“引归自己”，获得真知，并由实践而自证自悟，体证道理。在马一浮看来，学问之道“始于读书穷理，反身修德，终于穷神知化，践形尽性”[2]。读书只是手段，穷理才是目的。因此在教学方法上，他主张“体验重于思索，涵养重于察识，践履重于知解，悟证重于讲说。务令深造自得，不贵一偏一曲之知”[3]。

1 马一浮：《复性书院讲录》，《马一浮全集（第一册上）》，杭州：浙江古籍出版社，2013，第89页。

2 马一浮：《复性书院简章》，《马一浮全集（第四册）》，杭州：浙江古籍出版社，2013，第42页。

3 同上。

在浙江大学“国学讲座”开讲之初，马一浮就强调学习国学须先辨明以下四点，方能学有所获，这四点都强调学习的对象并不是琐碎的、繁杂的知识，而是根本性的本心、本性：

一、此学不是零碎断片的知识，是有体系的，不可当成杂货；

二、此学不是陈旧呆板的物事，是活泼泼的，不可目为骨董；

三、此学不是勉强安排出来的道理，是自然流出的，不可同于机械；

四、此学不是凭藉外缘的产物，是自心本具的，不可视为分外。

由明于第一点，应知道本一贯，故当见其全体，不可守于一曲；

由明于第二点，应知妙用无方，故当温故知新，不可食古不化；

由明于第三点，应知法象本然，故当如量而说，不可私意造作，穿凿附会；

由明于第四点，应知性德具足，故当向内体究，不可徇物忘己，向外驰求。[1]

这体现了他认为教育应超越工具理性的偏狭，通过对“六艺”的学习来去除各种习染，变化气质、培养德性、敞亮本心，成就独立人格，实现人文价值的主张。

1 马一浮：《泰和宜山会语》，《马一浮全集（第一册上）》，杭州：浙江古籍出版社，2013，第3—4页。

三

博文约礼

尊德性与道问学关系的另一表现形式，是博文与约礼的关系。孔子曾说："君子博学于文，约之以礼，亦可以弗畔矣夫。"（《雍也》）即是说，君子广泛地学习文献知识，并用礼仪对自己的行为加以约束，就可以不至于离经叛道了。又据《子罕》篇，颜回称赞孔子："夫子循循然善诱人，博我以文，约我以礼。"依孔子之意，博文与约礼当分属知、行两个领域。但是这二者不可截然分开，而是相辅相成的。就人格的养成来说，单靠"知"是不够的，"知"落实在"行"上才有意义；"行"不是妄行，需要有礼仪规范，并以德性为基础。

朱熹也将博文与约礼分别划归知、行两个范畴，并主张先博文后约礼，这与他提倡的"知先行后"说一致。与朱熹的看法不同，王阳明则将二者视为一个整体的过程，主张博文即为约礼，这正符合他提倡的"知行合一"说。王阳明认为，"礼"即是"理"。隐微于内的是"理"，显现于外的是"文"，二者互为表里，实质原为一体，并无二致。约礼只要求人心纯然符合于天理。而要人心纯然符合天理，就应该在理的表现之处用工夫。无论做什么事情，处于什么环境，都应如此。这就是在“文”中求“博”，也就是“约礼”的工夫。

王阳明认为，博文是道德实践的一种方式，博文的意义是要到经典中、从事情上，去印证心中本来就具有的天理。朱熹认为理在心外，理体现在经典中，博文即通过通晓经典以知万物之理，然后将其付诸实践。王阳明则视博文与约礼为一体工夫，他在答弟子南元真的《博约说》一文中，直接批评博文与约礼的先后之说。在王阳明看来，文是礼的外在表现，礼是文的本体，隐微的本原与其表露的现象相统一。博文就是求尽表现于具体事物中的条理节目；约礼就是求尽本心先天具有的天理。文散见于万事万物之中，故称博；礼植根于本心，故称约。博文而不约礼，则文为虚无缥缈之虚文，这就是功利辞章之学；约礼却没有博文，则礼为不切实际之虚礼，这就是空寂之学。博文包含约礼的过程，约礼也蕴含着博文的过程。

王阳明并不反对见闻之知，不过他认为一般所谓的做学问，如训诂、记诵、辞章，它们本身不是目的，它们都指向“成德”，成就道德人格才是目的。这是“为己之学”的基本要求。向外求知最终都要回到内在本心；体之于心，自然也会付诸行动。在这个意义上，“道问学”也就是“尊德性”，“博文”也就是“约礼”。

王阳明并不轻视“六经”，他反对的是拘泥于文字训诂及章句背诵，沉陷于表面知识的做法。学习的对象无疑应包括古代的经典，但为学者若不体之于心，纵然将“六经”词句讲得清楚明白，终究也是无所得。

在王阳明看来，人们在道德实践中，自然会以先觉者为榜样，会参考诸多的古代道理，也自然会下很多问辨思索、省察克治的工夫，这些都不过是要除去己心的私欲，存养己心的天理罢了。王阳明强调心是一切的本原，博文、约礼最终都要回到本心，因此学习最终都是孟子所谓的“自得”之学。人的本心先天地自知其理，因此不可向外寻求。世间的学者却本末倒置，劳苦一生，以追求辞章、训诂、技艺等“外物”为要务，求道于本心之外，故不能自得以达其本原。这是王阳明对于博文与约礼、向内寻求与向外求知的看法。

文化关键词

德性之知

由心的作用而获得的超越于感官经验的认识，与“见闻之知”相对。张载最先区分了“见闻之知”与“德性之知”。宋儒认为，人对生活世界的认识是通过两种不同方式实现的。通过目见、耳闻所获得的认识，是“见闻之知”；通过内心的道德修养所获得的认识，则是“德性之知”。“德性之知”不依赖于感官见闻，并超越于“见闻之知”，是对于生活世界的根本认识。

见闻之知

由耳、目等感官与外物接触而获得的认识，与“德性之知”相对。张载最先区分了“见闻之知”与“德性之知”。宋儒认为，人对生活世界的认识是通过两种不同方式实现的。通过目见、耳闻所获得的认识，即是“见闻之知”。“见闻之知”是人的认识所不可缺少的。但“见闻之知”不足以穷尽对事物的认识，也无法获得对世界本体或本原的认识。

三省吾身

多次反省自身。“三省吾身”是儒家所主张的一种道德修养方法。儒家认为，德行的确立取决于自身的追求与努力。因此应时时反省自己的言行与内心，并以此作为修养道德的基本方法。曾子特别提出，每日应从尽己为人、诚信待人、温习课业等方面多次反省自身是否存在不足，有则改之，无则加勉。

第八章　格物致知

明代思想家王阳明从小就志存高远，以读书做圣贤作为自己的志向。后来他通过努力实现了自己年少时的理想，被认为属于中国历史上少数能做到立德、立功、立言“三不朽”的人物。不过他的成长之路并非一帆风顺，其成就是历经曲折坎坷磨砺出来的。

王阳明年轻的时候，找遍南宋思想家朱熹的书，日夜苦读，潜心钻研。朱熹是那个时代读书人的榜样，在士人眼中朱熹是离他们最近的圣人，王阳明也希望通过研习他的著作来成圣成贤。朱熹的书中写道，欲成为圣贤得从“格物致知”做起，即要格天下事物之理来增长自己的知识，增进自己的道德修养。

王阳明便按照朱熹的方法来做，但是天下之物如何格呢？只能先从身边的事物做起，于是王阳明就约他的一位朋友，一起在院子里格亭前的竹子，希望格出竹子之理。朋友格了三日三夜病倒了，王阳明觉得可能是因为这位朋友的精力不济，于是自己一个人继续格竹子，没想到七日七夜后，他自己也病倒了。

这一段经历促使王阳明开始反思朱熹的观点：做圣贤一定要格尽天下之物吗？经过长时间的思考，王阳明终于悟出另外一套关于“格物致知”的道理，使得他在中国思想史上也放出了耀眼的、独特的光辉。这就是著名的王阳明“亭前格竹”的故事。

朱熹与王阳明对“格物致知”的理解有很大不同，但有一点他们二人是一致的，那就是他们都认为做圣贤的入手工夫是“格物”，人们可以通过“格物”来使自己不断进步，最终成为君子，甚至成圣成贤。而他们对“格物致知”的不同理解，则形成了儒学内部的两个学术派别，朱熹一派被称为“理学”，王阳明一派被称作“心学”。

朱熹和王阳明为什么执着于“格物致知”？“格物”和“致知”其实是两个工夫，它们最早出现在儒家经典《礼记》的《大学》篇中。《大学》主要是围绕着“三纲八目”而展开的，简单地说，“三纲”告诉我们圣贤的三种境界，而“八目”就是达到“三纲”的八个具体步骤和方法。

“格物”和“致知”是“八目”中的前两个步骤，为学得先从“格物”和“致知”这两目入手。但《大学》并未对这两目有较为清晰的界定，这种情形反倒给后人留下了广阔的想象空间。此后的思想家们一直在为之寻找一个合理的解释，众说纷纭，这使得这两个范畴以多种面貌呈现出来，具有多种内涵丰富的解释。于是“格物致知”成为中国古代十分重要的哲学范畴，由对“格物致知”的不同理解分化出不同的学派。明末以来，它又与源自西方的近代“科学”概念关联在一起。我们知道，科学、民主是中国现代性诉求最集中的体现，“格物致知”概念的重要性便因此愈发凸显出来。所以弄清楚“格物致知”在不同时代、不同哲学家那里的真正内涵，对于我们深入地了解中国文化有着重要的意义。

一

大学之道

儒家的内圣外王之道，在《大学》中得到了集中表述："大学之道，在明明德，在亲民，在止于至善。……古之欲明明德于天下者，先治其国；欲治其国者，先齐其家；欲齐其家者，先修其身；欲修其身者，先正其心；欲正其心者，先诚其意；欲诚其意者，先致其知；致知在格物。"朱熹认为明明德、亲民、止于至善三者是"纲领"，格物、致知、诚意、正心、修身、齐家、治国、平天下八者是"条目"。八条目中，修身是关键和枢纽，格物至修身是明德之事，齐家至平天下是新民之事，而总的目标是达到至善的境界。八条目中前五者是内圣之事，后三者是外王之事。内圣是根本，外王是内圣的自然推衍。

此处的"大学"不是我们现在惯常所说的大学。在古代，"小学"是指学习一些日常生活中基本的礼节、规范，此外还会学习射箭、驾车、算术和书写等基础科目，学习内容相对简单，所以被称为"小学"。"大学"则不同，它所教授的内容不再是那些具体的技术性知识，"大学"是指"大人之学"，其目的是追求道德生命的完美，提高自身的修养和成就自己的人格，简言之，就是学做一名顶天立地、光明磊落的“大人”，所以古人把这类“学以成人”的学问叫作“大学”。

概言之，“小学”是学习各种基础知识技能和行为规范，而“大学”则是学习成为君子，甚至成圣成贤。但“小学”和“大学”并不是矛盾的，基础知识技能和行为规范是成人的基础，“大学”是为了造就“大人”，它虽然高于“小学”，但无法脱离“小学”。

《大学》便是围绕着如何成为一名“大人”而展开的。“明明德”中的第一个“明”字是动词，是“使之明”，即彰显的意思；第二个“明”字是形容词，是光明、美好的意思。“明明德”即意为彰显光明的德性。就像太阳，虽然有时会出现乌云蔽日的情况，导致光线阴暗，但这并不是说太阳本身的光明减损了，只要乌云散去，阳光仍旧明亮。

“三纲八目”是整个《大学》篇的主要内容，甚至可以说代表了儒家思想的要义，它解决的是人生价值和人生意义的问题。明明德、亲民和止于至善三纲领是讲“大学”的宗旨，即：彰显自身本来就具有的光明德性，成就自己的道德人格，进而推己及人、亲爱百姓，使得人人都能安居乐业、革故纳新，坚持不懈，最终达到至善的境界。格物、致知、诚意、正心、修身、齐家、治国、平天下八条目是讲实现的具体办法。

孟子明确提出人性本善，他认为每个人天生就具有“善端”，由于后天的生活环境和受教育情况的不同，才导致了善恶的区别，人们作恶是由于自己的善良天性受到了遮蔽。善性是上天赋予我们的，所以叫“天爵”，它对我们来说是极其可贵的，所以又叫“良贵”。良贵天爵是人之为人的本质和特性，是我们异于禽兽之所在。这在《大学》称为“明德”。但是从现实的层面来说，尽管我们每个人都具有善的秉性，但它还只是如同种子和萌芽，还需要我们培养和呵护，让善的种子生长成为参天大树，所以我们虽具“明德”，但还有待对自身内在光明德性的体悟和彰显，要持之以恒地提高自身的道德修养，这在《大学》称为“明明德”。

中国传统文化虽然重视成德之教，重视成圣成贤，但也有知识论的传统，二者的关系对应于尊德性与道问学、德性之知与见闻之知、良知与见闻等概念的关系。如上面所述，“小学”是“大学”的基础阶段，而“小学”阶段侧重的正是对知识技能和行为规范的学习，这一阶段为人们自觉地培养德性奠定了基础。另外，“大学”阶段也并不是抛弃知识而单纯追求高尚的道德修养，人们必须在学习知识和道德实践的过程中提升自己，这就是孔子说的“博文”和“约礼”。所以说，“大学之道”包含知识和道德两个层面，一个真正的“大人”一定是同时具备广博的知识和高尚的情操的。

后世对“格物致知”的讨论，在很长一段时间里都是在“大学之道”的思想背景下进行的。“大学之道”包含知识与道德两个层面，所以后世对“格物致知”的解释也存在着不同的偏向，有的思想家偏向道德这一层面，有的思想家偏向知识这一层面。总体而言，从道德层面来理解“格物致知”，占了中国传统的主流，不过随着近代西方文化的传入，人们对“格物致知”的理解就逐渐从道德层面转向了知识层面。

二

格致

“格物”和“致知”作为实现“三纲领”的首要工夫，它们的具体含义是什么呢？《大学》这篇文献没有对二者进行明确的解释，这为后世的学者预留了极大的诠释空间，他们对“格物致知”的理解也不大一样。

如东汉经学家郑玄，根据他的解读，这里的“格”是“来”的意思，“物”是各种事情，“知”是关于善恶的知识、道理，“格物致知”的意思是，如果一个人关于善的知识很多，对善的理解很深刻，就会吸引来善物，如果关于恶的知识太多，就会吸引来恶物，人们遭遇事情的善恶与人对善恶的喜好有很大关系。这里郑玄将“致知”解释为“格物”的前提，认为善恶之事源自人们对善恶的知识和喜好，这种解读与《大学》文本中“格物”先于“致知”并不相符。后来唐代的孔颖达为之做疏，意思就更明显了，他解释道“善事随人行善而来应之，恶事随人行恶亦来应之”，颇有“善有善报，恶有恶报”的意思。

孔颖达的这个解释，基本精神延续了郑玄的“注”，但在此之后，人们对“格物致知”的理解发生了重要转变，如唐代李翱的理解就有了较大不同。李翱认为"物"不是指善恶之事，而是万物的意思，"格"是"来"的意思，"格物"就是我们面对事物。"格物致知"就是说，当我们面对万事万物的时候，内心依然能够坚守自我，抵抗住外部世界的诱惑，不随着外物的流转而有所动摇，能够做到这一点就是"知之至也"。与郑玄强调"善恶之知"不同，李翱更注重内心的修养。

北宋理学家程颢、程颐（二人是兄弟，被并称"二程"）对"格物致知"的理解又不一样。"二程"认为"格"是"至"的意思，而"物"则指万事万物，既包括人类社会的各种活动尤其是伦理活动，也包括了自然界的客观事物。

古代人对"物"的理解，与我们现在对"物"的理解是不一样的。举例来说，古人认为，眼前的一棵树、一杯水是"物"，看到父亲渴了给他倒一杯水这件事也是"物"。具体的东西是物，各种行为也是物，所以万事就是万物，万物也就是万事。而万事万物的背后皆有一定之理，如火有它之所以会发热的规律，水也有它之所以会寒凉的规律，而人类社会的伦理行为也有其背后的道理。所以在"二程"那里，"格物"的对象非常广泛，既要在人伦践履中探究孝悌忠信之理，自然界的一草一木之理也应该去考察一番。

◆程颢、程颐画像

在“二程”看来，“格物”的方法也是多种多样的，比如人们可以通过读书来明白书中的道理，可以通过考察各色人物来辨别他们身上的优缺点，可以在处理事物时寻找每一件事物背后的事理。

“格物”的对象和方法虽然多种多样，但它们有一个共同的宗旨，即体悟到人心所固有的、与万事万物背后之理相通的“天理”，让我们的内心变得更加通透，既了解这个世界，也明白我们自身，这就是“致知”。

或许有人会有疑问，天地间的事物如此繁复，如何能够一一格尽？其实“二程”也并非主张要将人类社会和自然世界的所有事物都格尽，因为我们可以用“类推”的方法来触类旁通。天地万物背后的规律和道理，最终都可以归结到同一个“理”，就好比千万条河流里面都有同一个月亮的倒影一样。因此人们可以通过持之以恒地做格物的工夫，不断积累，触类旁通，最终达到对终极“天理”的体悟。这种格物方法类似于从“渐悟”到“顿悟”的过程，虽然我们在短暂的一生中，没有足够的精力去考察世上的每一个事物，但可以尽我们所能去研究各种事物，总结其中的道理，慢慢地就会领悟真理。在“格物”的过程中，我们的见闻、知识日益增加，境界也得到了提升。

在“二程”这里，人们是通过格各种事物，来达到明心

◆ 朱熹画像

的境界。虽然“二程”“格物致知”的侧重点，仍然是在道德修养方面，但他们并没有把“格物”的对象局限在伦理活动上，而是将自然界的客观事物也包含进来，这就为明清时的思想家将“格致”诠释成一种“实学”埋下了伏笔，也是“格致”这一概念从道德领域转向科学领域的源头。

实学是以“经世致用”为本旨的学说。经世致用是指治理世事，切合实用，不同于不切实际的空虚之学。中国的实学思想肇始于宋代，在明清之际达到高峰。虽然它在不同历史时期有不同的表现形态，但强调崇实黜虚、经世致用却是其一贯的核心思想。

朱熹是理学的集大成者，他在继承“二程”“格物”思想的基础上，提出了一个更加系统的“格物”说。朱熹跟“二程”一样，把“格”解释为“至”，但朱熹的“至”有三个方面的含义：“即物”“穷理”“至极”。这三个方面的含义如何理解呢？

首先，每一事物的背后必有一理，所以“格物”就不是仅仅认识某一事物的表面现象，而是要去探究事物所蕴含的规律和道理（“穷理”），要探究事物背后的规律和道理就必须去接触事物（“即物”），不能凭空玄想。此外，“至”除了有“穷至事物之理”这层含义外，还有“穷至其极”的意思，也就是说，穷究各种事物的规律和道理不能浅尝辄止，一定要到至极的程度才可以。简言之，朱熹所谓“格物”，就是通过接触事物来研究其中的道理，而且要尽可能将道理研究到全面和透彻的地步。

以松柏为例，如果按照朱熹的“格物”理论，我们应该如何去“格”松柏呢？首先我们应该接触松柏，认真观察松柏，这就是“即物”；我们观察松柏，不只是为了获得其高矮粗细等粗浅的知识，还要更进一步，了解松柏的生长规律，并将这些规律延伸到人生的道理上来，比如从松柏的不畏风雪中领悟坚毅的品格，并将这种品格应用到我们的行为中去，这就是“穷理”；当然，松柏的生长规律有多个方面，我们要尽可能全面、深入地了解，这就是“至极”。这个例子比较形象地说明了朱熹的“格物”说，“格”万事万物都不能脱离“即物”“穷理”“至极”这三方面的内容。

而关于“格物”的对象，朱熹跟“二程”是一脉相承的，朱熹这里的“物”也是指的万事万物，既包括了道德行为，还包括外在世界的自然物。不过，朱熹对客观知识的重视程度超过了“二程”，他认为知识和道德没有孰轻孰重的问题，只是有先后缓急的不同。同样，由于“格物”的对象广泛，“格物”方法也应多样，在道德实践中领悟仁德天理，学习圣贤留下的经典，考察具体自然事物的生长规律，等等，都属于“格物”的途径。

朱熹对“致知”又是如何理解的呢？在他看来，“知”主要是关于“物”的知识，“物”是多种多样的，所以“知”也有很多类，比如有关自然事物的知识、有关道德人性的道理等。因此，朱熹所理解的“致知”不是与“格物”有别的工夫，而是我们做“格物”的工夫所达到的一种结果。正是由于我们不断地“格物”，所以我们的知识得以不断地扩充，达到极致，就能够将各种知识融会贯通，我们内心的“明德”也得以呈现和发挥，我们不仅学习了各种知识，并且能践行这些知识，真正成为一名内外兼修的“大人”。

明代的王阳明对“格物致知”的理解，又与“二程”、朱熹大异其趣。如前所述，王阳明早年也深受朱熹的影响，曾广泛收集朱熹的著作来学习。他在“格”亭前之竹未果之后，开始反思朱熹的“格物”说，认为其中包含有知识和道德的矛盾，经过多年的探索终于建立了他自己的“格物”说。那么在王阳明看来，知识与道德是什么关系呢？

前面说过，“八条目”是达到“三纲领”的方法，而“三纲领”的终极目标是“学以成人”，也就是追求个人道德生命的完美。王阳明认为，朱熹看重的自然事物知识，与提升人们的内在德性没有必然的联系。这其实不难理解，例如一个人具有了精深的专业知识，但他并不一定是一个有道德的人；又如一个人的学识水平不高，但他完全有可能是一个很

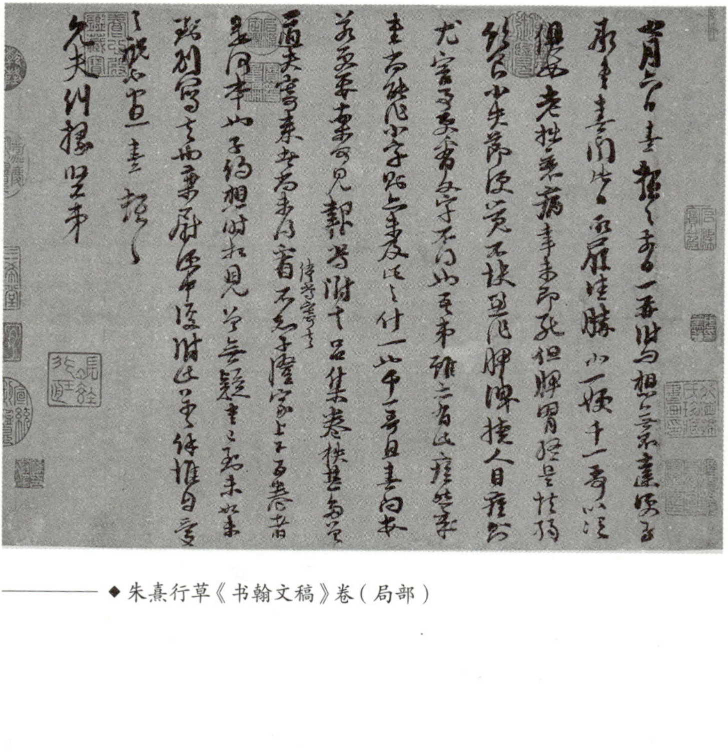

◆ 朱熹行草《书翰文稿》卷（局部）

有道德的人。因此，在王阳明看来，按照朱熹的“格物”方法，是无法达到“学以成人”的目的的。

那么，在王阳明看来，人们要如何“学以成人”呢？王阳明认为，“格物”的“格”是“正”的意思，比如一个东西歪了，我们把它重新摆正，这个重新摆正的动作就是“格”，“物”是“事”的意思。所以王阳明的“格物”就是“格事”，即纠正那些不正之事。

王阳明认为，我们所经历的每一件事都有我们的意识参与其中，而“意”又是发自我们的内心，那么，如果一件事情做得不对，其根本原因就是“意”不正，因此，“格事”说到底就是“正心”。只要我们的内心正了，发出的“意”也就是正的，用这样的“意”去做事，那么所做的事情自然就正。在王阳明看来，我们的本心原本是正的，只是由于受到遮蔽，才变得不正，这样私欲便会萌动，导致种种恶行的发生，所以需要我们从源头上做内在的工夫，纠正心的不正以恢复其本来状态，这就是“格物”。

王阳明又将“知”解释为良知，认为“致知”就是“致良知”。儒家传统认为每个人都具有良知，良知是至善的，比如当我们看到一个小孩快要掉到井里，便会产生恻隐之心，且会化为行动去救他。我们之所以会产生这种恻隐之心、悲悯之情，就是因为我们每个人都具有至善的良知。所以在王阳明看来，要想成就我们的道德人格，就不应该在外物上寻求，而应该直接关注并扩充内在的良知，使它能够在日常生活中处处呈现和发挥作用。可见，“格物”和“致良知”在王阳明看来并非两种工夫，他将朱熹“格物”说中对自然知识探求的一面舍弃了，自然知识在王阳明学说中称为“见闻”，与“良知”的关系是“良知包见闻”，详见下章。

三

科学

在明代，比王阳明稍后，出现了王廷相、吴廷翰等颇具现代意义上的“科学”精神的思想家，前面我们讲到，“二程”、朱熹的“格致”思想，已经有了研究客观事物的内容，在这方面，他们比程、朱走得更远。如吴廷翰，他对“二程”、朱熹、王阳明的“格物”说都提出了批评，虽然他跟“二程”、朱熹一样，把“格”字也解释为“至”，但他认为将“格物”释为“至物”即可，不需再节外生枝地加上“穷理”“格理”。朱熹认为“理”是独立存在的精神实体，吴廷翰并不认同这一点，他认为“理”只是“气”的条理和规律，因此学者只能通过对事物的研究来求“得理”。吴廷翰认为有两种知识：“真知”与“空知”。“真知”是通过对事物的研究而获得的知识；如果离开物，只在内心寻求，凭空玄想，所得到的就不是真见真知，而是虚见虚闻，也即“空知”。

需要指出的是，吴廷翰并不是反对“穷理”本身，他认为“穷理”就是《周易·说卦》中所说的“穷理尽性以至于命”，即深究事物的道理和万物的本性，以至于把握最一般的规律。但吴廷翰认为这个是圣人的工夫，学者只能通过

“至物”来扩充知识，这才是学者应该做的事情。

吴廷翰认为，在认识的过程中，直接接触认识对象，这就是“至物”，所谓“格物”，就是我们通过对认识对象的研究而获得“真知”的工夫。因此，将“格物”解释成“至物”即可，无需再添字作解。“致知”就是扩充我们的知识，它与“格物”密切相关。综合起来说，“格物致知”是通过接触对象以扩充知识，扩充知识必须研究具体事物。

吴廷翰反对王阳明的“格物”说，认为它仅着眼于道德修养，忽视了客观知识。他对“二程”、朱熹“格物”说中的科学精神做了进一步的发挥，不遗余力地提倡“实测之学”，认为要广泛地研究自然现象。“二程”、朱熹也主张研究外物，但他们思想的核心还是在道德修养上。“格物致知”从道德领域到科学领域的转向，吴廷翰无疑走得更远，他虽然也认为“格物致知”的最终阶段是“穷理”，但其重心已落在通过研究外物而获得“真知”上，其中的科学精神更加彰明，在这种情形下，“格物致知”也逐渐从修身之学走向研究外物的实学。

到了明朝末年，西方的文化传入中国，尤其是近代自然科学，它与中国本土逐渐兴起的实学“里应外合”，进一步推动了明末“实测之学”的发展。明末学者徐光启将欧洲耶稣会士带到中国来的几何学、物理学、天文历法、地理学、机械技术等统称“格物穷理之学”。“格物穷理”在某种程度上就成了自然科学的代名词。

比徐光启稍后的方以智在受到西方近代自然科学的影响后，提出了“质测之学”的概念。他认为当时的学问可划分为三种：“宰理”“至理”“物理”。“宰理”相当于现在的社会政治学、伦理学；“至理”相当于现在的哲学；“物理”则相当于现在的自然科学，即研究具体事物的属性和规律之学，“物理”又称作“质测之学”。关于“格物”，方以智认为这里的“物”是指天地间的一切事物，虽然“物”包罗万象，但他强调“格”自然万物的重要性，认为研究外在世界的自然物才是基础。因此“格物”主要是一种“质测之学”，其目的并不是为了体悟道德原理，而是为了探究天地万物的规律、性质及事物背后所以然的道理。可见方以智的“格物”说，逐渐跳出了朱熹与王阳明的思想框架，有了一些近代知识论的意味，具有一定的近代科学的精神。

1840年以后，西方近代自然科学知识开始大规模地被引入中国。不过一开始，很多专业名词还没有像现在一样被确定下来，很多词语是援引中国固有词汇与之对译。西方的自然科学一词，英文是“science”，当它传入中国之后，不管是中国人还是西方人都用“格物穷理”或“格致学”来翻译它。英国传教士韦廉臣在《格物穷理论》中就是

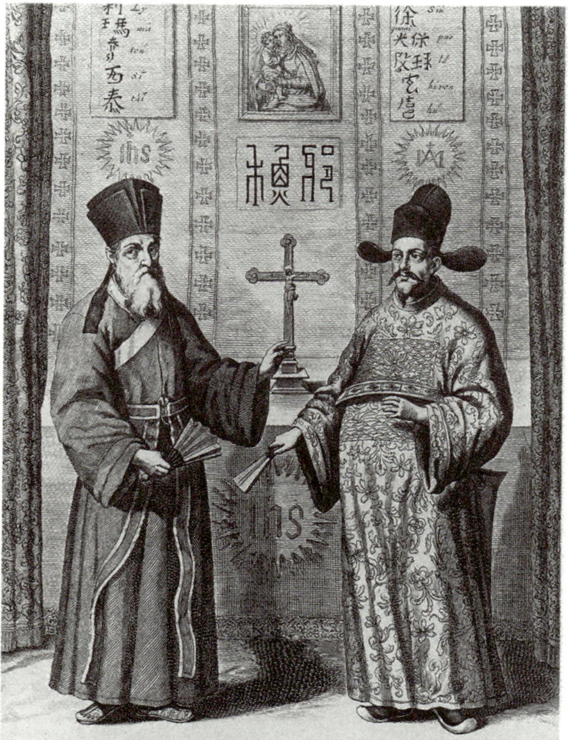
P. Matthæus Riccius Macerat.e Soc. Iesu
Lü Paulus Magnus Sinarum Colaus

◆徐光启与利玛窦画像

用“格物穷理”“格致”“格致之学”等来翻译“science”，中国近代的知识分子冯桂芬、薛福成和郑观应等都是在近代自然科学的意义上来使用“格致”概念的。经过这种对译，“格致”概念完全脱离了道德领域，变成了一个纯粹的知识论概念。

19世纪下半叶，日本学者用汉字词“科学”来翻译英文“science”。在汉语中，“科学”原是“分科举人之学”的简称，其意与“一科一学”的现代科学有一定相合之处。随后这种译法经康有为、严复等人的提倡，在中国被确定下来。康有为在其编著的《日本书目志》里采用了“科学”这一译法。严复在《与〈外交报〉主人书》中也使用了实证科学意义上的“科学”概念。此后，用“科学”来翻译“science”一词逐渐被确定下来，“格致”“格致之学”“格物穷理”等译法便逐渐销声匿迹。

要言之，“格物致知”这一概念经历了从道德含义到科学含义的转变。汉唐时期的郑玄和李翱解释“格物致知”这一概念时仅从道德修养处着眼；宋代的“二程”和朱熹开始重视对外在自然物的研究，“格物致知”也因此有了一些知识论的内容，但始终没有脱离道德修养的含义，他们还是将知识论置于人生论之下，其认识意义仍处于附属的地位；明代的王阳明更加注重内在的本心，“格物”被解释为用纯善的本心去“正物”。王阳明之后，随着西方近代自然科学开始传入，“格物致知”的概念发生转向，逐渐从人生修养论中走出来，而成为一个纯粹实证科学的命题。后来经过康有为、严复等人的引介，“科学”最终取代“格物致知”“格致”等词，成为英文“science”一词的确定译法。

文化关键词

大学

人们在不同意义上使用“大学”的概念。其一，从学校制度而言，“大学”指由国家设立的最高等级的学校，即“太学”，有别于地方设立的“塾”“庠”“序”等。其二，从教学内容而言，“大学”即所谓成人之学，主要讲授为人处世、治国理政的道理与原则，有别于学习文字或具体礼仪、技艺的“小学”。其三，从教学目标而言，“大学”旨在帮助学生确立健全的人格与德性，培养治国理政的人才。

格物致知

在与事物的接触中体认人伦日用之道。“格物”“致知”出自《礼记·大学》，与诚意、正心、修身、齐家、治国、平天下并称“八条目”。“致知”在于“格物”，二者密切相关，故有时并称“格致”。历代学者对“格物致知”的含义有多种不同的理解：或强调在对事物的接触中穷究其“理”；或强调亲自实践以掌握各种德行、技艺；或以心意所在为“物”，进而以内心的修正为“格物”。

智

“智”的基本含义是聪明、智慧，本作“知”。“智”的意义主要体现在对是非、利害做出明晰的认知与判断。“智”既是对外在的人与事的认知，也包括对自身的反省。儒家主张，应恰当地发挥“智”的作用，使人们不为复杂的现实因素所迷惑，从而做出符合道德、礼法的选择。而对“智”的过度依赖，则会导致以智巧、欺诈的手段行事，因此道家对于“智”持警惕、批评的态度。

第九章　知行关系

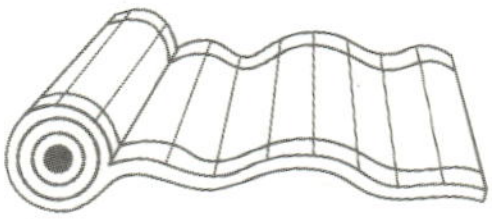

“知”和“行”是一对关系紧密的概念。在中国传统思想中，“知”有知识和认识能力两种含义，指知识、知觉、思想、认识等；“行”是指行为、行动、践履、实践等。古人讨论“知”“行”和知行关系问题多从道德意识、道德行为的方面着眼，但也包含现在我们常说的知识方面的内容。直到明清之际的王夫之，特别是近代的孙中山，才逐渐赋予“知”“行”以比较纯粹的认识论意义。

《尚书》中就提到了“知”和“行”的关系问题：“非知之艰，行之惟艰。”（《尚书·说命中》）《左传·昭公十年》中也有“非知之实难，将在行之”的说法。二者都认为，明白一件事情的道理并不是特别难，但将这个道理真正落实到行动中却非常艰难。“知易行难”的观点在中国历史上占据主导，历来为人们所遵奉，直到近代，孙中山先生提出了相反的“知难行易”的观点。他在革命实践中发现，“知易行难”

的看法易助长畏难苟安的心理，因此提出后一主张，以鼓舞人们革命的勇气，激励人们进取的精神。

“知”与“行”的关系问题在中国思想史上是一个聚讼不已的话题，除了知行难易问题之外，知行的先后问题、轻重问题也是思想家们关注的议题，有些人注重“知”，有些人注重“行”，或认为知先行后，或认为知行合一，不一而足。

一

历史渊源

在中国古代，“行”一直被看成是比“知”更加困难的活动。这种看法比较符合实际的经验。在现实生活中，我们常遇到这样的现象：明明知道要用功读书，但却无法做到心无旁骛、潜心苦读；明明知道应该勤俭节约，却经常花钱大手大脚，铺张浪费；还有的人，明明知道应该遵守规则，但如果没人看到，便心存侥幸、违反规则；如此等等。正因为类似的情况不少，古人就有了“非知之艰，行之惟艰”的感慨。这其实是在告诫我们，应该努力将自己学到的知识和道理，落实在具体的实践当中，做到“行胜于言”。

孔子非常重视“行”。子贡曾向孔子请教如何才能做一名君子，孔子回答说：“先行其言而后从之。”（《为政》）意思是说，一名君子，对于要说的话，总是先实行了，然后再说出来。孔子又说：“古者言之不出，耻躬之不逮也。”（《里仁》）古代有道之人不会轻易发表言论，因为他们害怕自己的行动赶不上自己的言语。所谓行动赶不上自己的言语，就是指无法将自己所说的话真正地落到实处。

据《论语》记载，孔子的弟子子路便是一个勇于实践，力求做到知行合一的人。《公冶长》篇记载：“子路有闻，未之能行，唯恐有闻。”意思是说，子路听到了什么道理，如果还没有来得及去实行，唯恐又听到新的道理。子路之所以会担心，并不是因为他不愿意再去学新的知识，而是担心自己学了太多，却来不及将所学落实到行动中。当然在现代社会，信息传播的渠道很多，与子路生活的时代的情况已不可同日而语，我们很难做到将所见所闻都亲自实践一番。但是，子路总是努力将行为和所知统一起来的这种品质，是值得称道的。

孟子继承了孔子的知行思想，并进行了进一步发挥。孔子提倡的言行一致的思想，在孟子这里得到了深化。在人性论方面，孟子持性善论，强调每个人都有“四端”，即恻隐之心、羞恶之心、辞让之心、是非之心。孟子认为这四端就是善的萌芽，是人与禽兽之别。因此我们应该要好好培养善端，扩而充之，落实到我们的实际行为中。进一步说，从事政治活动的人，应该切实地推行仁政，不能将一些好听的话仅挂在嘴边，而应该将其实现出来，让老百姓受惠。

虽然孔子、孟子并没有明确地讨论知行的关系问题，但是从上面的介绍可知，他们的思想中其实包含着知行不可分离、“知”必须见于“行”的主张。荀子明确对知行关系进行了论述，他注重践履，主张学以致用。

荀子说："不闻不若闻之，闻之不若见之，见之不若知之，知之不若行之，学至于行之而止矣。行之，明也，明之为圣人。圣人也者，本仁义，当是非，齐言行，不失豪（毫）厘，无它道焉，已乎行之矣。故闻之而不见，虽博必谬；见之而不知，虽识必妄；知之而不行，虽敦必困。"（《荀子·儒效》）没听到不如听到，听到不如见到，见到不如了解，了解不如应用，实践才是学习的最终目的。能实行才是真正地明白了事理，真正地明白了事理就是圣人。圣人以仁义为根本，恰当地判断是非，言行一致，不出现丝毫的差错，这并没有别的道理，就在于他能把学到的东西付诸行动罢了。所以只听不见，虽然听到的很广博，但必定有谬误；见到了而不真正了解，虽然有所认识也必定有错误；了解了但不实行，虽然了解的内容充实，但也必定感到困惑。

荀子强调学问的广博纯粹，君子掌握的学识不全面、不纯粹，就不能算是完美，因此要反复诵读以求融会贯通，思考探索以求领会通晓，效法良师益友来实践它，排除有害的东西来培养保护它。但学习一旦脱离实践，就不成为真正的学习。完全、彻底地掌握了所学的东西，才能称为学者。"学至于行之而止"，我们只有将知识付诸实践，才能说真正掌握了它。

先秦儒家的论述，构成了后世学者讨论知行关系的基础。接下来，我们分别来看看中国历史上有关知行关系的四个著名观点，即知行合一、知行相须、知行相资、知难行易。以下本章的叙述，是按照这个顺序展开的，并不是按照历史顺序，这是要说明一下的。

二

知行合一

知行关系直到宋明时期才真正成为一个热门话题。思想家们纷纷就知行问题提出了自己的看法，王阳明的“知行合一”说是其中的经典之论。

朱熹在知行关系上提出了一个著名的论断：“论先后，知为先；论轻重，行为重。”（《朱子语类》卷九）其大意是，在先后顺序上，先有“知”而后才有“行”；但是在重要性上，那就是“行”比“知”更为重要。举例来说就是，在“知”和“行”的先后顺序上，我们只有先知道了应该要孝顺父母的道理，然后才去做孝顺父母的事情，但是我们实实在在地去做孝顺父母的事情比我们仅仅懂得这一道理更为重要。这便是朱熹知先行后的观点。

由于朱熹的学说在当时具有深刻而广泛的影响力，所以他的这种知先行后的思想也被人们普遍认同。到了王阳明生活的时代，社会的主流思想仍是朱熹的理论。但是王阳明认为，如果像朱熹那样主张知先行后，就容易造成“知”和“行”割裂的情况。例如，有人从书本上学到了一些做人的道理，讲起来头头是道，但是在现实生活中，他

◆王阳明故居

并没有按照这些道理去做。如果有人质问他，你为什么言行不一，说一套做一套呢？他可以辩解说，“知”在先，“行”在后，所以在道理还没有完全学透彻之前，可以先不着急践行。

这种辩解当然不是朱熹知行学说的本意，因为他既认为知先行后，又提倡知轻行重。但是，当时社会上的确有些知识分子沉湎于书本，只知道读死书而不去积极践行，只知道埋头苦学而不懂得如何运用。另外还有些人则完全反过来，以为不用学知识，就能够把事情做好，所以一意孤行、胡作非为。这两种人就是将“知”和“行”完全割裂开来了。

针对这些弊端，王阳明开始反思朱熹的理论，进而在知行关系上提倡“知行合一”说。王阳明认为，“知”是指良知，它是我们生而有之的。良知本身就蕴含着实践的动力，因此，一旦我们体证到自身本来就有的“良知”（“真知”），其内在的动力便会推动我们去实践，将“知”转化为“行”。“知”已经内在地包含了“行”，或者说，“知”和“行”两者本来就是一个东西，说一个“知”就已经包含了“行”，反过来说一个“行”也同样已经包含了“知”，所以知行是一而二、二而一的。

如同孟子所举的例子，当见到小孩要掉入井中，人都会生恻隐之心，当下便会援手相救，王阳明认为，这是“良知”的自然显露和发挥作用，就如同见到好的颜色时自然喜欢，闻到恶臭时自然厌恶一般，是人本身具有的“良知良能”。所以王阳明说：“知是行之始，行是知之成。若会得时，只说一个知，已自有行在；只说一个行，已自有知在。”（《传习录》上）如前所述，这里的“知”是指“良知”，它知善知恶。

不过，一旦涉及具体的施救措施，就需要有具体的知识和技能，光有道德意识是不够的。例如，如果小孩已经落水，施救需要注意方法；在小孩被救起来之后，如果遇到紧急情况，还要对他采取相应的急救措施，这也需要一定的知识和技能。王阳明的“知行合一”说并不否定这些，他只是告诉我们：“知”与“行”在具体的操作上，虽有时间上的先后差别，但它们在本质上是不可分离的，只求“知”而不求“行”，只求“行”而不求“知”，都是没有意义的。

前面我们多处提到了德性之知与见闻之知（良知与见闻）这一对概念。有人或许会问，二者到底是何关系呢？如果二者不相干，各自完全独立，那么，即便我们接受“知行合一”说，也并不意味着我们一定会去学具体的知识技能，没有知识技能，我们又如何去完成道德实践呢？

可见，这个问题的解决，对于知行关系的探讨，是必不可少的。

见闻之知（见闻）并不能直接等同于我们现在所说的科学知识，但二者的性质是一样的，都是关于客观事物的知识，即我们在第四章“从游”一节讲到的“外延真理”。王阳明是如何看待良知与见闻的关系的呢？关于这个问题，王阳明有如下论述：

> 良知不由见闻而有，而见闻莫非良知之用，故良知不滞于见闻，而亦不离于见闻。孔子云：“吾有知乎哉？无知也。”良知之外，别无知矣。故“致良知”是学问大头脑，是圣人教人第一义。今云专求之见闻之末，则是失却头脑，而已落在第二义矣。近时同志中盖已莫不知有致良知之说，然其功夫尚多鹘突者，正是欠此一问。大抵学问功夫，只要主意头脑是当，若主意头脑专以致良知为事，则凡多闻多见，莫非致良知之功。盖日用之间，见闻酬酢，虽千头万绪，莫非良知之发用流行，除却见闻酬酢，亦无良知可致矣，故只是一事。若曰致其良知而求之见闻，则语意之间未免为二，此与专求之见闻之末者虽稍不同，其为未得精一之旨则一而已。“多闻，择其善者而从之，多见

而识之”，既云“择”，又云“识”，其良知亦未尝不行于其间；但其用意乃专在多闻多见上去择识，则已失却头脑矣。”（《传习录》中）

尽管王阳明仍偏重致良知，但上面的论述已基本点明了在他看来良知与见闻的辩证关系。在王阳明看来，良知并不由见闻而产生，但见闻都是良知的作用。所以，良知不限于见闻又不离于见闻。但良知之外，没有别的知。所以，致良知是为学的要旨，是圣人教学生的第一要义。只在见闻的细枝末节上寻求，那就失去了为学的要旨，落入了第二义。学问工夫的关键在于抓住根本，若将致良知视为根本，多闻多见无不为致良知的工夫。日用之间，见闻应酬，虽千头万绪，但无不是良知的发挥与流行。除却见闻应酬，有何良知可致？所以说良知与见闻实为一体。如果分开说良知、见闻，则与局限于见闻的细枝末节的人类似，都是没有了解到根本的思想。良知是见闻的根本，见闻即为良知的发挥，但若限于见闻，就失去了为学的本旨。这便是王阳明的“良知是体，见闻为用”的体用一源的思想，这也构成了其“尊德性”与“道问学”一体说的基础。

虽然中国传统的格致思想也包含对见闻之知的重视，如朱熹、吴廷翰等人的认识论都含有知识的方面，特别是吴廷翰等人更强调现代科学意义上的“知”，王阳明的致良知说也肯定了知识的重要性，但是，中国传统文化并未发展出一套我们现在所说的科学知识体系。我们在近代为此付出了巨大的代价，终于在五四运动中发出了重视科学的呼声。现代新儒家学者牟宗三以良知坎陷说论述科学思想，从儒学的立场，在现代重新回应上述问题。

三

知行相须

古代在知行观方面，除王阳明提倡的“知行合一”说外，朱熹的知行观也产生了很大的影响。朱熹主张“知行相须”，意思是说“知”和“行”是相互联结和相互依赖的。

但与王阳明不同，朱熹认为“知”和“行”是两种不同的工夫，“知”中不包含“行”，而“行”中也没有包含“知”。他首先对“知”和“行”是两种工夫进行了论证。他说：“《中庸》言博学，又言笃行，则学与行自是两事。”（《朱文公文集》卷四十七）朱熹的意思是说，在《中庸》中，既谈到了博学的工夫（“知”），又谈到了笃行的工夫（“行”），所以求知的工夫和力行的工夫自然是两件不同的事情。《中庸》本是《礼记》中的一篇，相传是孔子的孙子子思所著。朱熹将它与《礼记》中的另一篇——《大学》单独拿出，与《论语》《孟子》一起合称为“四书”，是重要的儒家经典。历代儒者以这些先秦儒家经典为宗，朱熹也不例外，他在《中庸》中为自己的观点找到了根据。

那什么是求知的工夫？什么是力行的工夫呢？朱熹认为，求知的工夫就是学习，力行的工夫就是践习。以现代的例子打个比方，我们不知道如何管理一家公司，便去购买一些管理学方面的书籍，经过一段时间的研读，掌握了管理的知识。从对管理公司一无所知，到了解了很多公司管理的知识，这是求知的工夫。但到这一步，我们学到的还仅仅是理论知识，如何运用这些知识来管理公司，这是力行的工夫。在朱熹看来，求知的工夫和力行的工夫是有先后顺序的。

“知”与“行”虽是两种不同的工夫，但二者是相互依赖、相互促进的。朱熹曾生动地将“知”和“行”比喻成目和足的关系。他说：“知、行常相须，如目无足不行，足无目不见。”（《朱子语类》卷九）如果我们只是追求“知”，忽略实实在在的践行，就像一个人只有眼睛而没有腿脚一样，虽然有欣赏这个世界的能力，但是却无法通过自己的腿脚去各个地方欣赏；而如果我们只是追求践行而忽略了“知”，那就像一个人只有腿脚而没有眼睛一样，虽然可以去世界的各个地方，但是什么风景也看不到。“知”和“行”犹如有眼无足不能走路，有足无眼看不见路，二者不可偏废。朱熹认为，“知”告诉我们一个前行的方向，“行”则是我们实实在在地朝着这个方向前行，故“知之愈明，则行之愈笃；行之愈笃，则知之益明”（《朱子语类》卷十四）。

朱熹还将“知”与“行”比喻成人的两条腿。一个人能够正常走路，仅有一条腿是不够的，需要两条腿相互配合。我们在走路的时候，左腿和右腿是不断变换先后位置的，只有双腿不断地变换先后，我们才能不断地向前。一个人要想走得远，就得不断地“相先后行”。如果一条腿疲软了，那就一步也前进不得。双腿“相先后行”的比喻，说明“知”与“行”不仅是互相依赖的，也是相互促进的。

我们所学的知识，需要通过力行来巩固和强化，我们践行得越有力，对知识的体会也就越深刻。反过来，所学知识越深刻，我们的实际行动就会越通达。就像上面提到的管理公司的例子，我们对管理的知识学得越深刻，在管理实践中就会愈发得心应手，反过来，实际的工作又会促进我们的认识，让我们对理论知识的体会愈发深刻。这就是“知”与“行”的相互促进。

不过，在朱熹看来，虽然“知”“行”是互相依赖、互相促进的，但二者并非没有先后、轻重的次序。就先后而言，当以求知为先；就轻重而言，当以力行为重。还是举前面的例子，我们不能在没有任何知识的情况下，就去管理一家公司。换言之，我们应当先学习管理的知识，再去从事管理的工作。这是以求知为先。但求知是为了力行，我们学习管理知识，其目的是管理的实践，至少是为了更好地实践。这是以力行为重。两个方面合起来，便体现了朱熹主张的“知先行后”“知轻行重”的原则。

四

知行相资

在知行关系上，明末清初的思想家王夫之提倡“知行相资”。所谓知行相资，就是强调“知”与“行”之间的相互凭借、相互依赖、相互补充和相互促进，不可偏废其中任何一方。

王夫之知行观的前提是“知”“行”相分。他与朱熹一样，认为“知”和“行”是两个不同的概念，不能混为一谈。不过他认为，“知”与“行”的功能虽不同，但二者并非彼此孤立、相互绝缘的，而是互相包含、不可分离的。因此他对朱熹的知行观有所批评，认为其“知先行后”说，将“知”和“行”分作两节，好似有一个孤立的“知”的工夫，又有一个孤立的“行”的工夫，这样便无法正确认识事物。

王夫之提出了“知行相资以为用”“并进而有功”的知行合一观。他说：

> 知行相资以为用。惟其各有致功，而亦各有其效，故相资以互用，则于其相互，益知其必分矣。同者不相为用，资于异者乃和同而起功，此定理也。不知其

各有功效而相资，于是而姚江王氏“知行合一”之说，得藉口以惑世。（《礼记章句》卷三十一）

在这里他又批评了王阳明。可见，他的“知行合一”与王阳明的“知行合一”是不同的，王夫之主张分而后合，他所谓“合一”是以“行”为重心的合一。

尽管“知”“行”相互作用，但它们的重要性并不是相同的。王夫之认为，在认识的过程中，力行、实行是主导的方面，“知者非真知也，力行而后知之真”（《四书训义》卷十一）。王夫之强调“行”，重视实践及其功效，这是与他所处的时代密切相关的。当时的一些学者“离行以为知”，或者沉溺在训诂、辞章之中，或者逃避现实，身心如槁木死灰。因此，他重视实行效验。

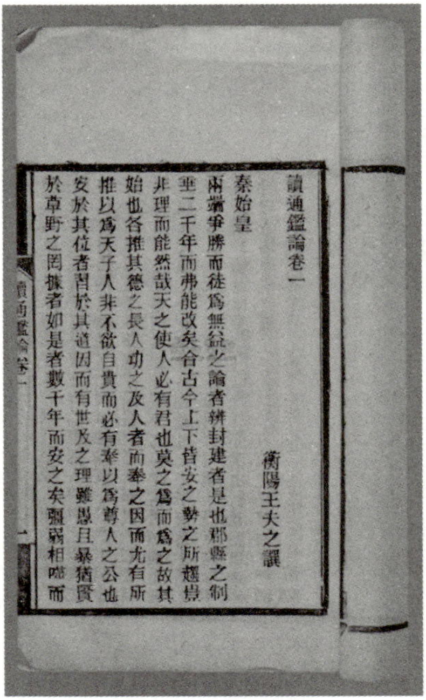

讀通鑑論卷一　衡陽王夫之譔

秦始皇

兩端爭勝而徒爲無益之論者辨封建者是也郡縣之制埀二千年而弗能改矣合古今上下皆安之勢之所趨豈非理而能然哉天之使人必有君也莫之爲而爲之故其始也各推其德之長人功之及人者而奉之因而尤有所推以爲天子人非不欲自貴而必有奉以爲尊人之公也安於其位者習於其道因而有世及之理雖愚且暴猶賢於草野之罔據者如是者數千年而安之矣彊弱相噬而

讀通鑑論卷一　一

◆王夫之画像和《读通鉴论》书影

五

知难行易

如前所述，在《尚书》中有“非知之艰，行之惟艰”这样的话，“知易行难”的观点由此延续了几千年。直到近代，孙中山先生才提出相反的看法：知难行易。

孙中山先生所说的“知”，是指运用理性方法所形成的关于客观世界的认识，包括科学知识和革命理论；他所谓的“行”，是指生产活动、科学实验、社会生活和革命斗争。他对“知”“行”范畴所做的新的解释，赋予了二者以比较纯粹的认识论意义，这突破了中国古代知行观的思想框架，具有近现代认识论的特点。

孙中山为什么会提出“知难行易”说呢？这跟当时的社会环境有很大的关系。孙中山先生历经艰辛领导了辛亥革命，推翻了清王朝统治，但革命的胜利果实很快就被袁世凯窃取，接下来是军阀统治、混战连连，虽然孙中山又领导了反对北洋军阀的斗争，但屡屡遭遇失利。这些情况使孙中山意识到，有必要去总结这些失败的教训，找出其原因。

经过探索与反思，孙中山认为革命遭遇失败的一个重要原因是“非知之艰，行之惟艰”这一观点所带来的负面影响。

人们受“行难”说的影响，要么惧怕革命行动，要么在革命遇到困难的时候畏首畏尾，不能坚持到底、百折不回。这种情形对当时的革命产生了非常大的危害。在孙中山看来，人的自然心理是避难趋易的，传统的思维模式都认为“知易行难”，这就在无形之中在人的心理上设置了一道障碍，使人们害怕行动、畏难苟安，并因此而为自己的懒惰懈怠找到一个心安的借口。

孙中山甚至认为，当时的中国之所以贫弱衰败，就是因为中国长期以来受到“行难”思想的消极影响，导致中国人不敢轻易尝试、畏首畏尾，最终在近代被西方列强超越，受其欺凌。如果继续让“行难”的思想荼毒中国人的心灵，中国可能会有亡种灭族的风险。因为某种理论推行起来比较困难，就产生畏难的心理，这会导致革命者少，而且会动摇革命的意志，最终导致革命的失败。

此外，“知易”的观点也可能导致人们轻视科学理论知识，使得我们国家的科技水平落后于西方国家。孙中山认为，正确地把握事物的规律，不是一件容易的事情，“知易”的观点会让人们轻视理论，认为理论知识的获得是轻而易举的，便不去深究。但实际上，看似简单寻常的事物背后，可能隐藏着深奥的科学规律，人们对理论知识的忽视，会造成缺乏对内在规律的深入研究，从而导致科学的不发达，影响社会的发展进步。因此，孙中山希望人们重视科学理论知识，不畏艰难，勇于实践。

为了说明“知难行易”，孙中山列举饮食、用钱、作文、建屋、造船、筑城、开河、电学、化学、进化等十事来加以解释。以饮食为例，人自呱呱坠地便会饮食，饮食被视为日常生活中最普通易行的事情，但人类饮食所涉及的生理学、营养学、卫生学，以及食物的生产、运输、分配、储备等，却是即使专业研究者也未必都能研究明白的学问。再如用钱这件事，我们的衣食住行，每一样都需要用钱，我们几乎每天都会为此花钱，是稀松平常的事情。但由此形成的货币理论却不是人人共知的，它需要专业的人员做专门的研究，才能为人所知。又如作文一事，中国历史上，古往今来，不知多少文人作过多少文章，但是关于语法和逻辑方面的学问，直到近代才从西方传来。又比如，电学、化学等方面的很多发明，研究者花费了数十年的时间才研究出来，但一旦研究出来，便很快就得到了广泛的应用。要言之，我们生来就会饮食，每天都在用钱，很多人也经常写写文章，这些事情我们都在做，但是关于饮食的道理、货币的学问、文章的语法等知识却少有人知。凡此种种，证明获得理论知识比从事实际行为更加困难。

孙中山的“知难行易”说，是针对“知易行难”说所带来的弊害而提出来的，其目的是强调“行”的重要性，鼓励人们要不畏艰难、勇于实践，还要重视理论知识方面的研究。在当时的社会背景下，他提出“知难行易”说，主要是想号召民众勇敢地站出来，支持他的革命建国事业，跟当时的落后势力斗争到底，建立一个美好的国家。总的说来，不管是“知难行易”，还是“知易行难”，都有其合理性，也有其弊端，我们对此要有辩证的认识。

知行合一、知行相须、知行相资、知难行易，是中国历史上关于知行关系的有代表性的学说，它们各有侧重，各有其问题意识。比如王阳明提出“知行合一”说，他关心的是道德实践的动力问题，在王阳明的学说中，本心既是理，也是情，既是判断原则，也是践履原则，因此这一问题能得到合理的解决。又如孙中山先生提出“知难行易”说，其目的是为了号召民众积极参与到革命事业中来。

文化关键词

读万卷书，行万里路

多读书，多走路。比喻要努力读书，尽可能多地丰富书本知识，掌握间接经验；同时要尽可能多地接触实际，丰富自己的亲身体验，开阔眼界，增进见识。理论与实际相结合，间接经验与直接经验相结合，既有真才实学，又能学以致用。

知行合一

对“知”“行”关系的一种认识。王阳明基于心学“心外无理”的主张，提出了“知行合一”说。他认为，对人伦日用之道的体认与践行不能割裂，二者是一体的两面。心中有所“知”必然会付诸行动，“行”是“知”的自然运用。若不“行”，便不是真正的“知”。另一方面，“行”也必然会带来深刻切实的认知。若没有“知”，仅仅是不自觉的或迫不得已的行为，便不能实现端正之“行”。

智圆行方

头脑圆通，行为端正。智圆：无所不知，即知识完备，考虑周全，灵活通达。行方：有所不为，品行方正，按规矩做事，不投机苟且。这是中国古人推重的为人处世的理想状态，它是知与行、才与德、灵活性与原则性的辩证统一。

第十章　孔颜乐处

孔子说："吾十有五而志于学，三十而立，四十而不惑，五十而知天命，六十而耳顺，七十而从心所欲，不逾矩。"(《为政》)他的这段自述，十分清晰地展示了一位君子通过不断地学习、实践，最终达到与天道相契合的精神境界的生命历程。"从心所欲，不逾矩"呈现出来的是一种自由自在、自得其乐的人生气象，这体现了儒家思想中洒脱自如的一面。

《周易》中说："夫'大人'者，与天地合其德，与日月合其明，与四时合其序。"(《周易·乾卦》)这里的"大人"是指德行高尚、志趣高远的人，他超越了外在的种种局限和束缚，具有内在的充实与快乐，呈现出一派洒脱和乐的气象，达到了个人生命与宇宙生命融合无间的自由境界。

孔子又说："文质彬彬，然后君子。"(《雍也》)气质温文尔雅，行为举止端正，这样的人才是一名谦谦君子。他文采和实质均备，既有真诚的内在情感和纯正的品质，又有恰当的文饰、仪态等外在精神面貌。在他身上实现了质与文、内在与外在、精神与仪态的统一。只有把这两个方面完美地结合起来，才算是一名真正的君子。

一

孔颜乐处

“孔颜”是指孔子和颜回，他们追求的快乐并不在于物质享受，而在于人的精神境界的提升，所以他们能安于贫困的处境，并不以物质享受为乐，而是以信守道义为乐。“孔颜乐处”体现了安贫乐道、达观自信的处世态度与人生境界。

宋代的周敦颐将孔子、颜回对待个人生活和物质享受的恬淡态度及对道义的追求概括为“孔颜乐处”，认为这是儒家的人格理想，并鼓励学生去追寻“孔颜乐处”的境界。《二程集》中有一段话：“昔受学于周茂叔，每令寻颜子、仲尼乐处，所乐何事。”“二程”即北宋理学家程颢与程颐，周茂叔即撰写《爱莲说》的周敦颐。周敦颐为官清廉，乐善好施，生活俭朴而处之泰然，深得孔子、颜回安贫乐道、淡泊名利的人格精髓。

周敦颐在南安时只是一个普通的小官吏，不为人所知，但是“二程”的父亲程珦却慧眼识珠，看出周敦颐其实是很有才学的人，就让他的两个年少的儿子程颢、程颐跟从周敦颐学习。后来他们回忆起周敦颐的教诲时，就说了上面的这句话，意思是说当初跟从周敦颐先生学习的时候，他经常让

◆ 周敦颐画像

我们去探求、体会孔子与颜回能够在贫困中始终保持快乐的原因。

周敦颐的这个问题，与《论语》中的两段话有关。其一见《雍也》篇，孔子说："贤哉，回也！一箪食，一瓢饮，在陋巷，人不堪其忧，回也不改其乐。贤哉，回也！"这一句称赞颜回虽然贫困，但还是很快乐。其二见《述而》篇，孔子说："饭疏食饮水，曲肱而枕之，乐亦在其中矣。不义而富且贵，于我如浮云。"这一句认为虽然生活简单，但简单的生活里也是有快乐的，做不义的事来获得富贵，是不该做的。大概世人多认为富贵使人快乐，生活艰难使人痛苦，所以不少人汲汲于富贵，而孔子和颜回在贫困的生活中还很快乐，因此人们往往乐于探求，孔子和颜回乐在何处。

孔子并非反对富贵本身，而是认为，若得之不义，便不应该取，即所谓"富与贵，是人之所欲也；不以其道得之，不处也"（《里仁》）。孔子和颜回所乐之事，在"道"而已。物质条件不是乐之与否的标准。从中也可见君子与小人的区别，"君子喻于义，小人喻于利"（《里仁》）。志于道义的是君子，志于利禄的是小人。孔子、颜回身处贫困之中而始终不改其乐的关键，就在于他们的志向。他们的志向无关乎外在生活环境的舒适，而在于自身道德生命的完满和精神世界的充实。他们追求的不是政治际遇的通

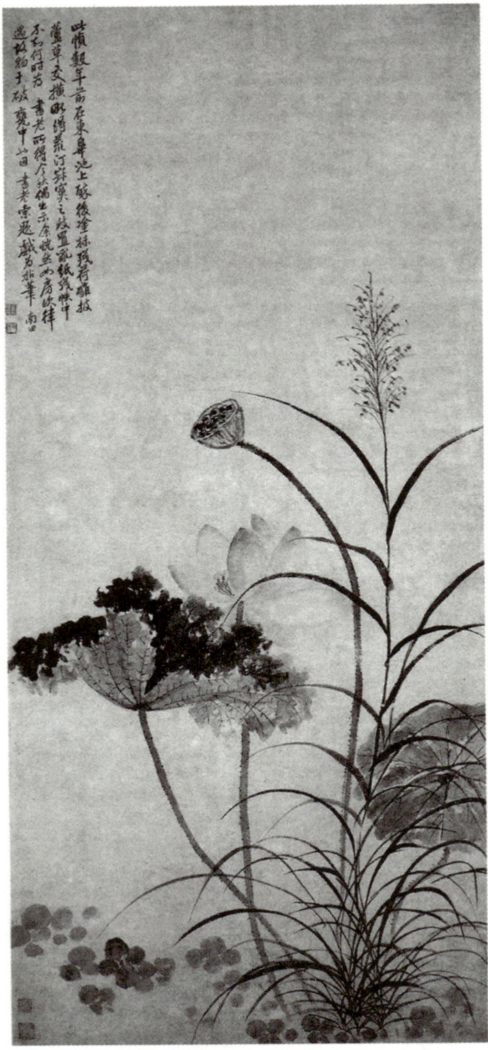

◆清 恽寿平《荷花芦草图》

达、物质财富的富足，而是道德人格的完美和人生价值的实现。

物质财富和人的欲望本身没有对错。“饮食者，天理也；要求美味，人欲也。”（《朱子语类》卷十三）眼睛的官能不过是看，舌头的官能不过是尝，耳朵的官能不过是听，鼻子的官能不过是嗅。“心”的官能才是思。想看美好的事物，只是心想看；想尝美味的食物，只是心想尝；想听好听的乐曲，只是心想听；想嗅香味，只是心想嗅。“好恶无节于内，知诱于外，不能反躬，天理灭矣。”（《礼记·乐记》）如果好恶之情得不到心的节制，深陷于外物的诱惑，人就会不能返回自身的本性，人所禀赋的善良本性就丢失了。借用下文将要讲到的“文质彬彬”，人的欲望也是一种“质”，欲望本身并没有错，但如果心不忠于它的职守，不能节制欲望，不求精神的充实完满，而沉湎于欲望的满足，这就可能出错。

君子必须有超乎于名利的追求，因为一个人的道德生命与精神世界是比名利更加宝贵的东西。如果人们能够在道德生命与精神世界里真正有所得，就可以得到精神上的愉悦，它比从物质欲望的满足中得到的快乐更多。精神的愉悦，是在简陋的物质条件下也可以实现的，就算是“饭疏食饮水，曲肱而枕之”，“一箪食，一瓢饮，在陋巷”，也丝毫不影响内心的充实与快乐。这并不是说贫贱本身让人快乐，而是对道义的追求和精神世界的充实可以让人达到超乎富贵利禄的人生境界。在现实生活中，这种超越的情感的一个明显的表现就是“乐”，即一种超越于贫富、超越于得失的由内而外的快乐。

据《先进》篇记载，子路、曾皙（名点，他是曾子即曾参的父亲）、冉有、公西华四个人陪孔子坐着聊天。内容译为现代文是这样：

孔子说：“我比你们年长，不要因为我在就不敢讲话。你们平时总说：‘没有人了解我。’假如有人了解你们，那你们要怎样去做呢？”

子路赶忙回答：“一个拥有千辆兵车的国家，夹在大国中间，边境有外敌入侵，国内又出现饥荒，让我去治理，只要三年，就可以使人们变得勇敢，而且懂得礼仪。”

孔子微微一笑，又问：“冉求，你怎么样呢？”

冉有答道：“土地纵横各六七十里或五六十里的小国家，让我去治理，三年以后，就可以使人人富足。至于这个国家的礼乐教化，那只有等君子来施行了。”

孔子接着问：“公西赤，你怎么样？”

公西华答道：“我不敢说能做到，而是愿意学习。

在宗庙祭祀或同别国的盟会中，我愿意穿着礼服，戴着礼帽，做一个司仪者。”

孔子最后问：“曾点，你怎么样呢？”

这时曾皙弹瑟正近尾声，“铿”的一声将瑟放下，站起来回答说：“我的志向与他们三位所讲的不一样。”

孔子说：“那有什么关系呢？不过是各人谈谈自己的志向啊。”

曾皙说：“暮春三月，已经穿上了春天的衣服，我和五六位成年人，带上六七个小孩，去沂水边洗洗澡，在舞雩台上吹吹风，一路唱着歌走回来。”

孔子长叹一声说：“我赞许曾点的想法啊。”

这便是著名的“吾与点也”的典故。与子路、冉有、公西华所谈的志向相比，孔子更加赞同曾皙的志向，所以才会有“吾与点也”的感叹。那么曾皙的志向有什么独特之处呢？其中最重要的一点就是前三位的志向，不管是内政还是外交，都是实际事务，必然关联于现实的利益，而曾皙的志向则有很大的不同，虽然他描述的是春游，但其中表达了对名利的超脱，对人生得失的超越。这是一种沉浸在精神世界中的洒脱态度和悠然自得的心境，不管何时、何地都能怡然自得。这种境界是在经历了长期的德性修养与浸润之后，内心产生的超脱外在束缚和自身生理限制的精神力量。有了这种精神力量，不论是否被理解、被重用，在自然的山水中，在诗词歌赋中，在指尖拨弄的琴弦中，以及在最平凡的日常生活中，都能自得其乐、通达自在。

二

充实之谓美

人有知（认知）、情（情感）、意（意志）三种能力，三者分别以真、美、善为目的，完善的人格是真、善、美三者的统一。分开来说，真是高度的智慧和广博的见识，善是高尚的品德，美是优雅的外在形式；统一起来说，三者虽各有侧重，但都是“道”的体现，彼此交融。

与真、善交融在一起的美，体现为一种精神上的富足与快乐，“孔颜乐处”体现的正是这种快乐。如果我们摆脱了外在的物质束缚与名利的限制，便会体验到超越功利的精神之乐。“学而时习之”是读书之乐，“有朋自远方来”是交友之乐，“人不知而不愠”是为己之乐，“下学而上达”是自得之乐。

关于善与美，孔子有尽善尽美的说法。根据《八佾》篇的记载，孔子在评价“韶”与“武”这两种乐曲时，说前者“尽美矣，又尽善也”，而后者“尽美矣，未尽善也”。在孔子看来，美（美感）不同于善（道德），二者都有独立存在的价值，因此“尽善”不等于“尽美”，“尽美”也不等于“尽善”。艺术只有符合形式美的要求，才能给人以感官的

◆明 佚名《孔子圣迹图》之《在齐闻韶》

愉悦；另一方面，艺术又必须符合道德的要求，必须包含道德的内容，才能引起美感。因此孔子主张“尽美尽善”，实现美与善的统一。美是形式，善是内容，形式和内容应该是统一的，即艺术的形式应该是美的，而其内容应该是善的。

孔子的快乐是精神上的愉悦。他赞扬颜回穷居陋巷，箪食瓢饮，又说：“饭疏食饮水，曲肱而枕之，乐亦在其中矣。”（《述而》）同时，孔子提倡追求人生修养的处世态度，游憩于礼、乐、射、御、书、数“六艺”之中：“志于道，据于德，依于仁，游于艺”（《述而》）；“兴于《诗》，立于礼，成于乐”（《泰伯》）；“知者乐水，仁者乐山”（《雍也》）。孔子的“吾与点也”之叹（详见《先进》），表达了儒家在入世情怀中，也有潇洒自在的意趣。

孟子也主张美既要有内在的道德品质，也要有文采可观的外在表现形式。对于什么是美，孟子说过这样一句话：“可欲之谓善，有诸己之谓信，充实之谓美。”（《孟子·尽心下》）其大意是，值得喜爱的是善，自己确实具有善便是信，善充满在身上便是美。美就是将我们固有的先天善性扩展贯注于人格之中，并表现于外在的感性形式之中。换言之，人将其内在的道德品质，表现充盈于外在形式当中，这便是美。

◆明 仇英《赤壁图》(局部)

孟子曾以“牛山之木”为喻，牛山之木本来是美的，因为它充分地获得了阳光、雨露和各种养分，能够尽其天性而成其美。但是后来就遭到了人类与牛羊的破坏，变得光秃秃的，失去了本来的美。人也一样，如果人顺着自己的本性、良知而发展，这就是美，不过，人们有时会丢失本然的善性，便不再美了。进一步说，万事万物都有它的本性，如果顺着本性发展下去，自然就会是美的，如果戕害了本性，违背本性而发展，就不美了。美就是人的本真状态的外在呈现。

人们常用“赤子之心”一词来表示人的本真状态。它是指如新生儿般善良、纯洁、真诚的心性。老子说：“众人熙熙，如享太牢，如春登台；我独泊兮，其未兆，如婴儿之未孩。”（《老子·二十章》）这段话的意思与孔子“吾与点也”之叹有相通之处。其大意是，众人都熙熙攘攘、兴高采烈，好像去参加盛大的筵席，又像春天登台眺望景色；只有我淡泊宁静，没有形迹，好像还不知嘻笑的婴儿。真正有大智慧的人，不是一个精于算计、患得患失的人，而是一个童心未泯、从容大度的人。孟子说：“大人者，不失其赤子之心者也。”（《孟子·离娄下》）有德行的人能保持婴儿般天真纯朴之心，因此能以童心般的新奇和纯真面对世界。纯洁的心不抱有成见，不囿于成规，能始终保持开放性、想象力与敏锐性。具有赤子之心的人是生命力旺盛的人，朝气蓬勃，富有好奇心和创造力。这种状态呈现出来便是美。

需要指出的是，在中国文化中，“美”字的产生很早，古人很早就在谈“美”，但古汉语中并没有专门的“美学”一词。它与“科学”“体育”等术语一样，是在近代翻译西方词汇而形成的专门术语。“美学”是英语中“aesthetics”一词的意译。在西方世界，美学概念首先是由18世纪的德国哲学家鲍姆加登提出。

将美学的理论应用在教育中，以启发人们对美的兴趣、培养正确的审美观念的教育活动，便是“美育”。美育的目的在于陶冶性情、充实人生、变化气质，及启发人的高尚思想。美育这一概念是德国文学家、哲学家席勒在18世纪末提出来的。他在其名著《审美教育书简》中认为，审美对于人的精神自由，对于人性的完满，是必不可少的，只有当人审美的时候，他才是完全的人。

在中国，最早将美育列入教育方针的是蔡元培，可见于他在1912年发表的《对于教育方针之意见》，1917年他又提出“以美育代宗教”。美感可以破除人我差别与利害关系，所以美育可以陶养人的性情，逐渐提升人的境界。此后于1930年，他又论及德育、智育和美育三者的关系，并以之来说明美育的重要性。他说：

> 美育者，应用美学之理论于教育，以陶养感情为目的者也。人生不外乎意志；人与人互相关系，莫大乎行为；故教育之目的，在使人人有适当之行为，即以德育为中心是也。顾欲求行为之适当，必有两方面之准备：一方面，计较利害，考察因果，以冷静之头脑判定之；凡保身卫国之德，属于此类；赖智育之助者也。又一方面，不顾祸福，不计生死，以热烈之感情奔赴之；凡与人同乐，舍己为群之德，属于此类；赖美育之助者也。所以美育者，与智育相辅而行，以图德育之完成者也。（《教育大辞书》[1]，“美育”条目）

教育虽以德育为中心，但德育并不能涵盖智育和美育，换句话说，智育和美育都有各自独立的价值，对于德育都有重要作用。三者并不能相互替代，而是相辅相成的关系。

1 商务印书馆1930年出版。

三

文质彬彬

文质彬彬是指文采和实质均备，配合谐调，后用以形容人举止文雅有礼。语出《雍也》篇：“质胜文则野，文胜质则史。文质彬彬，然后君子。”意思是说，朴实多于文采，未免粗野；文采多于朴实，未免虚浮；文采和朴实配合适当，才是君子。文质彬彬是内在德性与外在礼仪的统一。

什么是“礼”呢？在中国古代，礼在广义上可以看作“礼乐刑政”治国方略的统称，包括社会规范、文化制度、刑法政令、行为方式等，具有政治、伦理、法律、文化等多重价值。这是广义地说礼。狭义地说，礼是社会生活中由风俗习惯而形成的行为准则和道德规范，表现为各种仪文形式。

在中华文明的历史演进中，礼有其继承性和变革性，体现出中国制度文化因革损益、与时偕行的品质。特别是商周之际的变革，使敬德保民、努力人事、谨慎尽责的思想得到重视，民意被提升到很高的高度，因之给中国早期人文精神打上了道德的自主性和内在性的烙印。

周公制礼作乐，在增删、厘定夏、商两代典章制度的基础上，创立适应社会需要的制度、秩序与规范。在当时，礼被视为“天之经也，地之义也，民之行也”(《左传·昭公二十五年》)、“国之纪也”(《国语·晋语四》)，认为是天经地义，是民众必由之路，是国家的纲纪。孔子生活在春秋末期，此时“礼崩乐坏”，周礼逐渐失去了社会制约作用和对个人道德的规范力量，原先互动共制、融为一体的德礼体系开始分离。

周代的礼乐制度，当然有时代的限制。孔子并不固执于过时的礼，他主张因革损益，力图拯救礼乐中所包含的信念与道德精神。他的贡献是为礼寻得内在的根基。孔子说“吾从周”，但他要维护的并非教条的礼节形式，并非这些外在于人之生命的繁文缛节，而是礼背后的道德精神，也即“仁”。他说：“人而不仁，如礼何？人而不仁，如乐何？”(《八佾》)又说：“礼云礼云，玉帛云乎哉？乐云乐云，钟鼓云乎哉？”(《阳货》)仁德是礼乐文化的真实内涵。如果失去内在的精神，繁琐的礼仪、行礼所用的玉帛和钟鼓，就只是徒具形式的仪式和物品，失去了礼的社会价值和道德意义。

礼是内容与形式的统一。孔子并不是排斥礼的规范义，他反对的是拘泥于礼文仪节。他说：“君子义以为质，礼以行之，孙(逊)以出之，信以成之。君子哉！”(《卫灵公》)

君子对待事业或一件事情，以合宜为原则，以礼来实行，用谦逊的语言表达，用诚信的态度完成。这表明：义在内，礼在外；仁义是内容，礼文是形式。又说："射乡之礼，所以仁乡党也；食飨之礼，所以仁宾客也。"（《礼记·仲尼燕居》）通过各种礼来"亲"邦国、百姓、朋友，"仁"乡党、宾客等。可见，礼的功能在规范秩序、节制欲望、增进交往、和谐社群、培养君子人格等。

孟子溯源得更深，关于礼的本质，他直接诉诸本心，"辞让之心，礼之端也"（《孟子·公孙丑上》）。与孟子主张性善不同，荀子主张性恶。在荀子看来，正因为人性本恶，所以才需要以礼义、法制来教育、改造和制约人性。人的物质欲求需要通过社会规范来进行调节、疏导、约束甚至压制，才不致造成纷争混乱。关于礼的来源与本质，他认为："礼有三本：天地者，生之本也；先祖者，类之本也；君师者，治之本也。"（《荀子·礼论》）荀子认为礼有三种本源：天地是生命的本源，先祖是族类的本源，君师是政治的本源。三者偏缺一种，就无从安定人民。所以，在荀子看来，"礼上事天，下事地，尊先祖而隆君师，是礼之三本也"（《荀子·礼论》）。祭祀天地和先祖、尊重君师逐渐演变成礼制，规范当时人们的行为。

从社会与人的性情的角度看，荀子认为，礼起源于对人的自然本性、欲望情感的限制，起源于人们没有限制的欲求与社会有限的财富之间的矛盾。他说："礼起于何也？曰：人生而有欲，欲而不得，则不能无求；求而无度量分界，则不能不争；争则乱，乱则穷。先王恶其乱也，故制礼义以分之，以养人之欲，给人之求，使欲必不穷于物，物必不屈于欲，两者相持而长，是礼之所起也。"（《荀子·礼论》）在荀子看来，人们正当的物质欲求需要满足，但财富毕竟有限，因此只能按社会名分等级来确立消费的多寡，以解决需求和生活资料供给之间的矛盾。

荀子认为，人们的生存离不开社会，一个社会的组成及其秩序化，要靠社会分工和等级名分制度加以确立，礼是维系一个社会正常运转的纽带。他提出，人之所以能优异于动物就在于人能"群"。而人之所以能"群"，是因为能"分"。靠什么"分"？靠礼。人是社会性的动物，面对自然，面对野兽，必须联合成社会群体，而任何群体，必然有一定的组织形式。荀子认为，群体内部要有分工和合作，要有等级名分，并以此决定物品的分配，避免发生争斗和内乱。他提出"明分使群"的命题，认为明确各人的职分是人能"群"的前提，而礼是维持"分"的手段。礼一旦制定，就不能违反。荀子探讨了在当时的物质生产条件下礼起到的作用。

礼常与乐连用，称为"礼乐"。礼与乐虽各有所侧重，

◆ 曲阜孔庙 金声玉振坊

礼主别异，乐主合同，礼主治身，乐主治心，礼自外作，乐由中出，但如荀子所说，礼、乐是相互配合发生作用的。“且乐也者，和之不可变者也；礼也者，理之不可易者也。乐合同，礼别异，礼乐之统，管乎人心矣。”（《荀子·乐论》）礼乐不仅调节人们的物质需求，也满足人们的精神需求。儒家的治道，是一种教化形态，它也包含法治、刑政，但主要是通过礼乐教化来提升每一个人的人格。以礼节民，以乐和民。礼乐刑政，相辅相成。《礼记·乐记》说：“故礼以道其志，乐以和其声，政以一其行，刑以防其奸。礼、乐、刑、政，其极一也，所以同民心而出治道也。”

一个真正感到快乐与富足的君子，他既有真诚的内在情感和纯正的品质，又有恰当的仪态、举止等外在精神面貌。这是质与文、内在与外在、德性与仪表的统一，并且不论其中哪一方面做得不够，真正的君子都会感到不安，因此也就不会感到真正的快乐与宁静。只有把这两个方面完美地结合起来，才能真切感受到俯仰自得的快乐，而这其实也就是“文质彬彬”的君子境界。

“孔颜乐处”是指安贫乐道、自得其乐的处世态度与人生境界。如果我们坚持自己的理想信念，即使环境困难也自有乐趣。这是一种超功利的精神愉悦，也就是我们现在所说的“美”。人都生活在现实世界之中，有时难免会有实用、功利的现实考虑，但任何名利的取得都应符合道义。而且人们只有从对世俗名利的追求中跳出来，与实用功利拉开距离，才能真正洒脱自在，才能真正体验到美和精神的愉悦。

与功利拉开距离，并不是离开人的生活实践。王艮说：“百姓日用条理处，即是圣人之条理处。”美感体验就发生在日用常行之中，关键是看我们用什么心态来对待生活。

文化关键词

孔颜之乐

孔子、颜回的自得之乐。“孔颜之乐”是儒家尤其是宋明理学家所推崇的一种精神境界。常人往往不堪忍受贫困的生活，但孔子、颜回却能不受简陋的物质条件的困扰，而保持一种快乐的精神境界。“孔颜之乐”体现着对物质欲求的超越，是在对天理、人伦的深刻体认与追求中所获得的一种内在的快乐与幸福。

温柔敦厚

指儒家经典《诗经》所具有的温和宽厚的精神及教化作用。秦汉时期的儒学认为，《诗经》虽然有讽刺、劝谏的内容，但是重在疏导，不直言斥责，大多数诗篇情理中和，在潜移默化中使读者受到感化，养成敦实忠厚的德性，从而达到以诗教化的目的。温柔敦厚的诗教观是儒家中庸之道的体现，以中正、平和为审美标准，这也成为对于文艺创作风格的要求，体现为以含蓄为美、以教化为重。

安贫乐道

安于贫困而乐于守道。在孔子与儒家看来，对于道义的学习与执守，并不是出于任何功利的目的，而是发自内心的认同，是毕生追求的最高目标。因此，以道义为最高准则的人，不会以违背道义的方式去追求富贵，即便在物质生活上陷于贫困，也能够以执守道义为乐。

第十一章　经世济民

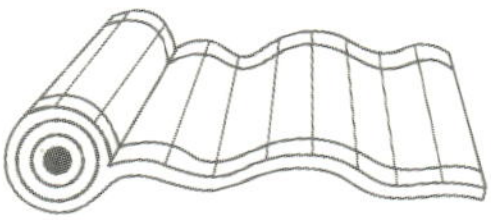

在现代社会，“经济”是使用频率最高的词汇之一。现在我们说的“经济”一词，是指与人类生产、分配、交换和消费活动的目标、行为及模式有关的一个概念。它是近代由日本学者借用中国原有词汇翻译英文“economy”一词而来。如果我们对经济一词追根溯源的话，其内涵和外延都经历了一个转变的过程。跟其古典意义比较起来，它的内涵逐渐偏离了原来的含义，所涵盖的范围不断窄化。

在中国传统文化中，经济是指经国济世、经邦济民。“经”的本义是指织布机上的纵线，后引申出“治理”“经历”“经典”等义。“经邦”“经世”等词内涵较为接近，都是指治理国家。“济”字含有救助、济助之意。《尚书·武成》中“尚克相予以济兆民”一句里的“济民”就是救助百姓的意思。

经济一词首次出现是在《晋书》中，长沙王司马乂致书其弟司马颖说：“同产皇室，受封外都，各不能阐敷王教，经济远略。”这里经济一词是经邦济世之义。由此可见，中国传统意义上的经济一词是指以国家、人民为对象的一种道德实践活动，其本身含有济助百姓、安定社会的意思。

一

利用厚生

中国最早的关于经济思想的讨论，可追溯至儒家的“六府三事”之说。据《尚书·大禹谟》[1]记载，在禹历时多年终于完成治水大业之后，舜与禹、皋陶、益等几个臣子讨论政务，并打算将帝位禅让。他们各抒己见，谈论他们对治国之政的看法，禹说道：“德惟善政，政在养民。水、火、金、木、土、谷惟修，正德、利用、厚生惟和，九功惟叙，九叙惟歌。”

禹的这段话的意思是说，对统治者而言，德就是要善于治理政事，政事则在于让百姓生活得更好。对于如何让百姓生活得更好，禹接着提出了“六府三事”说。水、火、金、木、土、谷合称“六府”，这六种物资是人民赖以生存的根本，所以要治理好。正德、利用、厚生则是善政的内涵，合称“三事”。正德指端正德行，利用指充分发挥物的作用，厚生指使民众生活丰足。“六府三事”总称“九功”。“九功”指这九件事，只有将这九件事安排好，才能获得老百姓的称颂。

1 据后人考证，《大禹谟》是伪古文，但其内容并非全为伪。“六府三事”思想也见于《左传·文公七年》。

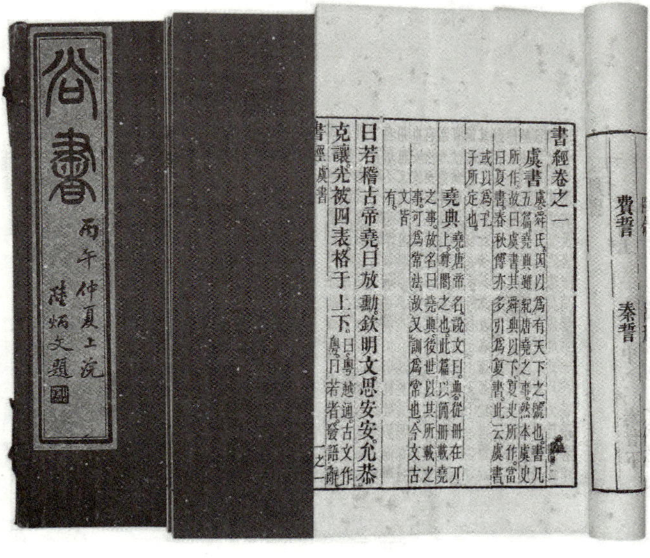

◆《尚书》书影

“六府三事”说比较系统地阐释了儒家经世济民的思想。首先是正德，它是政治的基础，只有上位者自正其德，才能率领、影响他下面的人，才能治理好国家；其次是利用，它是指统治者要节俭，不奢靡浪费，使物尽其用；最后，正德和利用的落脚点在厚生，意指统治者要薄征徭，轻赋税，不夺农时，使人民丰衣足食。

统治者执政的基础是自正其德，执政的要义在于使人民安居乐业。孔子有“庶、富、教”之说，也将解决人民物质生活问题摆在了重要的位置。有一次孔子去卫国，弟子冉有为他驾车，他们在路上有一段对话，译为现代文是这样：

孔子感慨说：“这里的人口众多呀！”

冉有听到后就问老师：“既然人口已经这么多了，那么统治者接下来应该做什么呢？”

孔子回答：“要让人们富裕起来。”

冉有又问：“那么当人们都富裕起来之后，统治者又该做什么呢？”

孔子接着回答：“应当教育他们。”（《子路》）

与对统治者的要求不同，孔子认为对于老百姓来说，生活富足才是首要的，只有当人民衣食充足、安定无忧之后，才能实现对他们的教化。正如管仲所言："仓廪实则知礼节，衣食足则知荣辱。"（《管子·牧民》）使人民生活富裕、安居乐业是统治者执政行为的根本落脚点，这是中国传统经济思想的重要特征。

孟子丰富了这一思想的内涵，他坚持了经济须以"利用、厚生"为先的原则，在孟子看来，统治者的根本任务就是安民、保民，而安民、保民的关键在于制民之产。人们有基本的生活和生产资料，能足以养父母妻儿，在好年成的时候能够丰衣足食，坏年成的时候也不至于饿死，只有这样老百姓才能安乐无忧、顺从教化。"此惟救死而恐不赡，奚暇治礼义哉？"（《孟子·梁惠王上》）如果每个人用全力救活自己的生命都来不及，哪里有时间学习礼义呢？

前面讲到中国传统意义上的"经济"，含有济助百姓、安定社会的意思，这实际上涉及一项重要的区分，即修己、治人之别。据《颜渊》篇记载，在足食、足兵、民信的价值排序中，孔子认为民信最高，足食次之，足兵最低。[1]这种排序已经确定，但是历代注解《论语》的学者对民信的解释颇有出入，归纳起来有两种：一种是将其解释为民宁愿饿

1 子贡问政。子曰："足食，足兵，民信之矣。"子贡曰："必不得已而去，于斯三者何先？"曰："去兵。"子贡曰："必不得已而去，于斯二者何先？"曰："去食。自古皆有死，民无信不立。"（《颜渊》）

死也不失信于统治者（如朱熹），另一种则认为孔子的意思是统治者无论如何不可失信于民（如孔安国、刘宝楠）。综观《论语》全书，此处孔子所言之“信”理应解释成统治者自己必须达到信的标准，以使人民相信他。现代新儒家学者徐复观认为：“先秦儒家，凡是在政治上所提出的要求，都是对统治者而言，都是责备统治者，而不是责备人民，这可以说是一个‘通义’，此即‘德治’的本质。…… 民信的信，自然不是对人民的要求，而只是对统治者的要求。”[1]就财富多寡与道德标准的关系而言，孟子认为对士、民应有不同的要求：“民之为道也，有恒产者有恒心，无恒产者无恒心”（《孟子·滕文公上》）；“无恒产而有恒心者，惟士为能”（《孟子·梁惠王上》）。

虽然修己、治人在儒家被看作一件事情的两面——修己是治人的根本，治人是修己的归宿；但是二者却分别被安设在两个不同群体身上，二者的标准也是完全不同的。徐复观认为：“修己的学术上的标准，总是将自然生命不断向德性上提，决不在自然生命上立足。决不在自然生命的要求上安设价值。治人的政治上的标准，当然还是承认德

1 徐复观：《释〈论语〉“民无信不立”》，《学术与政治之间》，台北：学生书局，1980，第298页。

性的标准；但这只是居于第二的地位，而必以人民的自然生命的要求居于第一的地位。治人的政治上的价值，首先是安设在人民的自然生命的要求之上；其他价值，必附丽于此一价值而始有其价值。孔子在修己上主张‘居无求安，食无求饱’；甚至要求‘杀身成仁’。但在政治方面，则只是‘节用而爱民’，‘因民之利而利之’，以至‘老者安之，少者怀之’。孟子对士的主张是‘尚志’，是‘仁义而已矣’；但在政治方面则认为‘救死而恐不赡，奚暇治礼义哉’，可见他认救死比礼义重要。”[1]若以修己的标准去治人，认为民宁可饿死而不可失信，这种论调势必将演变成思想杀人的悲剧；若以治人的标准来律己，误认为儒家精神只是停顿在自然生命之上，这就将儒家修身以求仁德的思想核心抹杀掉了。

有一次，滕国国君向孟子请教怎样治理国家，孟子说："民事不可缓也。……民之为道也，有恒产者有恒心，无恒产者无恒心。苟无恒心，放辟邪侈，无不为已。"（《孟子·滕文公上》）其大意为，关心人民是治理国家最为紧迫的事情，人民有一个基本情况：有一定产业收入的人才有一

1 徐复观：《释〈论语〉"民无信不立"》，《学术与政治之间》，台北：学生书局，1980，第299页。

定的道德观念和行为准则，没有一定的产业收入的人便不会有一定的道德观念和行为准则。人们如果没有了道德观念和行为准则，就会胡作非为违法乱纪，什么事都做得出来。等到他们犯了罪，再去处罚他们，这等于是陷害。哪有仁爱的统治者当政却做出陷害老百姓的事呢？所以贤明的君主一定要敬业，节省用度，礼遇臣下，尤其是征收赋税要有一定的制度。

对于如何制民之产，孟子也提出了一些有建设性的想法。首先，孟子尤其重视土地对于人民生产、生活的作用，他提到每一户人家都应有百亩农田、五亩宅院。孟子曾经向齐宣王推广他的仁政学说，他说道："王欲行之，则盍反其本矣：五亩之宅，树之以桑，五十者可以衣帛矣。鸡豚狗彘之畜，无失其时，七十者可以食肉矣。百亩之田，勿夺其时，八口之家可以无饥矣。谨庠序之教，申之以孝悌之义，颁白者不负戴于道路矣。老者衣帛食肉，黎民不饥不寒，然而不王者，未之有也。"（《孟子·梁惠王上》）孟子建议齐宣王从根本处着手。授予每户农家五亩地的宅院，四周种植着桑树，这样一来，五十岁以上的人就有丝织的衣服穿了。不要耽误饲养鸡狗和猪这类牲畜，那么七十岁以上的人就有肉可以吃了。一家给一百亩田地，并且不去耽误他们的农时，八口人的家庭就可以吃饱肚子了。办好各级学校，反复地用孝顺父母、敬爱兄长的道理来教育他们，那么须发花白的人就不至于头顶身背重物在路上行走了。老年人有丝织的衣服穿、有肉吃，普通老百姓都不冻不饿，这样还不能使天下归服的，那是从来都没有的事情。

应当给每户农家分配足够的土地，这是孟子经济思想的基础和根本。然而历史上土地的兼并经常会发生，不仅造成大量的失地流民，且土地的过于集中也不利于社会的发展。因此，孟子提出“经田界”的思想，来防止老百姓的土地被豪强掠夺。他说：“夫仁政，必自经界始。经界不正，井地不钧（均），谷禄不平，是故暴君污吏必慢其经界。经界既正，分田制禄可坐而定也。”（《孟子·滕文公上》）所谓经田界，即明确划分田间界限。孟子认为，统治者如果真的想施行仁政，一定要从划分明确田界开始。田界不明确，田地的大小就会不均，作为俸禄的田租收入也就会不公平、不合理，所以暴虐的君王和贪官污吏一直都轻视田间界限的划分。田间界限明确了，人们土地的分配，官员俸禄的制定，都可以很容易地决定了。

孟子认为统治者不要与民争利，并应在一定程度上实行自由的市场政策。他说：“市，廛而不征，法而不廛，则天下之商皆悦，而愿藏于其市矣；关，讥而不征，则天下之旅皆悦，而愿出于其路矣；耕者，助而不税，则天下之农皆悦，而愿耕于其野矣；廛，无夫里之布，则天下之民皆悦，而愿为之氓矣。”(《孟子·公孙丑上》)廛是储藏货物的地方或民居。给予空地储藏货物，但不征收货物税，遇上滞销，依法征购，不让它长期积压，那么天下的商人都会高兴，愿意把货物存放到这样的市场上；关卡只稽查不征税，那么天下的旅客都会高兴，愿意经过那里；从事农业的人，实行井田制，只助耕公田，不再征税，那么天下的农民都会高兴，愿意耕种这样的土地；人们居住的地方，没有额外的劳役税和地税，那么天下百姓都会高兴，都愿意来这里居住。在保民、安民、富民的基础上，再对民众实行人伦教化，就能实现社会的安定和谐。

司马迁曾引《周书》说：“农不出则乏其食，工不出则乏其事，商不出则三宝绝，虞不出则财匮少。”(语见《史记·货殖列传》)虞是古代掌管山泽的官，这里泛指开发山泽资源的人。农民不种植就会使粮食缺乏，工匠不制造就会使器物缺乏，商人不开展贸易就会使三宝隔绝不通，虞人不生产就会使财物匮乏。这四个方面，是人民吃饭穿衣的根本。如果充足，人民生活就会富饶；如果缺少，人民的日用则会匮乏。让农、工、商、虞都很好地发挥作用，才能使国家富强、家庭富足。

人民安居乐业，这才是经济活动的目的。统治者必须将保障人民的生活作为执政的根本内容，正如孟子所说“保民而王”，爱民、安民，使百姓获得生存资源，接受教育，安定地生产，幸福地生活，此乃官方的基本职能，是赢得民心的前提，也是权力正当性的依据所在。这是“民本”“仁政”思想的具体体现。

二

经世济民

如前所述，经世济民是中国传统经济思想的重要特征，在历史上，人们对它进行了许多卓有建树的探索和实践。

春秋时期齐国的管仲就曾通过一系列“经世济民”的措施，使得齐国快速富强起来，齐桓公“九合诸侯，一匡天下”，成为春秋五霸之首。管仲在担任齐相后，进行了一系列的改革。

首先，管仲非常强调人民的作用，他认为国家政策的制定要顺应民心、民情，而藏富于民则是国家经济政策的出发点，“凡治国之道，必先富民。民富则易治也，民贫则难治也”（《管子·治国》）。在他看来，人民富裕则必会追求安定，人民都追求安定了，社会、国家也必然会稳定。

管仲将发展农业生产作为富民的重要途径，他改革土地制度，力主“均田分力”的举措，将土地分给农民，让他们按家庭进行农业生产，从而大大提高了他们的积极性。在农业生产之外，管仲也重视工商业的作用。他修筑道路，方便关市，以鼓励工商业的发展。除此之外，管仲还重视发展社

◆管仲画像

◆战国·齐 子禾子青铜釜

会救助事业，强调“衣冻寒，食饥渴，匡贫窭，振罢露，资乏绝”（《管子·五辅》），给贫穷的人们基本的衣食，使他们不致冻死饿死。

其次，管仲提出了“四民分业”的主张，即将士、农、工、商按照社会分工的不同，划分为四大不同的群体。这四大群体按照他们的职业分别定居，并且将职业世袭化。在管仲看来，如果让士、农、工、商杂居在一起，他们的语言就会相互混淆，他们的职事也会搅乱。所以应当让士居住在学校附近，让农民居住在田野附近，让工匠们居住在官府附近，让商人的居所靠近市场。这样一来，不仅可以方便人们开展同行业间的交流，而且他们的后代从小就生活在比较单一的环境中，耳濡目染之下，技艺可以得到更好的传承。这一主张具有保守性，但也反映了当时的生产力状况和人们关于分工的观念。

最后，管仲尤为强调“利出一孔”的重要性，即由国家来垄断、控制货币的发行及主要商品的流通。这样不仅可以快速地实现国富民强，还能有效地控制物价，保障民生。

有一年，齐国的西部发生了水灾而在闹饥荒，东部粮食丰收了而粮价非常便宜，于是齐桓公想用东部的低价粮食来补助西部，便问管仲怎么解决。管仲回答说：“今齐西之粟釜百泉，则鏂二十也。齐东之粟釜十泉，则鏂二钱也。请以令籍人三十泉，得以五谷菽粟决其籍。若此，则齐西出三斗而决其籍，齐东出三釜而决其籍。然则釜十之粟皆实于仓廪，西之民饥者得食，寒者得衣。”（《管子·轻重丁》）釜、鏂、斗，是容量单位；泉即钱，是货币单位。

当时齐国西部的粮食每釜要一百钱，而东部的粮食则每釜只需要十钱。因此管仲建议齐桓公下令，每人三十钱的税款，须折算成粮食来缴纳。这样，齐国西部每人出粮三斗就可以完成，齐国东部则要拿出三釜。如此一来，东部便宜的粮食进了粮仓，西部的百姓就可以得到救助，饥者得食，寒者得衣。这样，东西两地得以相互补助，远近各方也就得到调节了。

通过管仲一系列经济思想在齐国的实践，齐国迅速实现了富强，齐桓公成为春秋五霸中的首位霸主，管仲因其辅佐齐桓公“尊王攘夷”的功业也被历代思想家所肯定。

到了宋代，社会高度繁荣，但当时的官僚体系非常臃肿，再加上边境上长期的战争，导致中央财政一直不宽裕。腐败的政治和孱弱的军事国防，使得宋朝在“靖康之耻”后，丢掉了半壁江山，偏安于江南。这些现实的困境，使得有识之士纷纷思考强国之路。

在这些思想家中，以陈亮为代表的浙东功利学派尤为引人注目。陈亮反对当时占主流的理学思想，指责理学家长于空谈而疏于实事，提出“盈宇宙者无非物，日用之间无非事”（《经书发题·书经》）。在他看来，只有能解决危机、实现国家富强的思想才是有意义的。

陈亮立足于当时的社会现实，提出了一系列经世济民的方法：

首先，国家应当以农业为本，这是社会安定、人民富足的前提。统治者治理国家，最为重要的任务就是重视农业，农业发展得好，农民富足了，民力也就提高了，从而整个国家的实力也会得到提高。

其次，统治者要重视商业的作用。陈亮反对过去“重农抑商”的思想，肯定人民追求财用的正当性，强调要保护商人的利益。他认为商业和农业是一体的，具有同等重要的地位，二者是相互补充、相互促进的关系。

第三，统治者要重视国家的财源问题。陈亮针对当时混乱的财政体制，提出应当将财政权统一起来，并精简机构，裁撤冗员。还提出要适当放宽郡县的权力。

陈亮所倡导的经世济民的“事功之学”，在当时社会上产生了不小的影响，叶适曾记述：“今同甫书具有芒彩烂然，透出纸外，学士争诵惟恐后，则既传而信矣。”（《陈同甫王道甫墓志铭》）但在理学占据主流的时期，经济思想一直被压制，并未受到官方的重视。

到了明朝后期，理学（取广义）越来越流于空疏，其弊病也越来越明显。很多士大夫平日里不管不问现实当中国家、社会所面临的困难，只顾高谈心性，胸中实无策略，“平时袖手谈心性，临危一死报君王”，而最终的结果就是那场士大夫心中“亡国亡天下”的明清之变。

面对剧烈之变，明清之际的思想家开始进行反思，而反思的焦点就是明朝为何会覆亡，不少思想家认为一个重要原因是理学所带来的蹈虚空疏的学风，因而对理学进行批判的思潮一度兴盛起来，而强调经世致用的实学又一度获得了生命力。

如黄宗羲就在批判理学的空虚的基础上，提出一系列经世济民的主张。首先，要重视学校的作用，学校应成为具有“公其非是”职能的清议机关，从而使“天子亦遂不敢自为非是，而公其非是于学校”（《明夷待访录・学校》）。其次，应当限制土地的兼并。他提倡恢复传统的井田制，并主张给农民授以一定的土地，“田土均之”。第三，他沿袭了传统经济思想的主旨，提出要农、工、商并重。他说道：“世儒不察，以工商为末，妄议抑之；夫工固圣王之所欲来，商又使其愿出于途者，盖皆本也。”（《明夷待访录・财计三》）

与之同时代的顾炎武、王夫之等人，也均对当时社会的现实进行了许多思考。但由于政治环境的改变，这股以经世致用为思考起点的实学之风便被后来兴起的考据之学所替代，考据学家们放弃了对世事、时局的关切，而一味埋身于故纸堆里。

三

经济

晚清的魏源、龚自珍等学者面对当时国家社会面临的危机，极力反对埋身于故纸堆的考据辞章之学，提倡知识分子应当积极关心时政民情，谋求富国之策。曾国藩在其文章中就主张，应当在传统的学术分类上，增设“经济”一门。他认为义理、辞章、经济、考据四门学问，正好与传统的孔门四科相对应：义理之学，在孔门为德行之科；辞章之学，在孔门为言语之科；经济之学，在孔门为政事之科；考据之学，在孔门为文学之科。而这四门合起来才是完整的学问，缺少哪一门都不行。(《求阙斋日记类钞》卷上)

1898年，时任湖广总督张之洞与湖南巡抚陈宝箴一起向朝廷上奏，主张在科举考试中废除八股文，代之以中国史事、国朝政治论为内容的“中学经济”，以及以各国地理、学校、财赋、兵制、商务、刑律为内容的“西学经济”(《张文襄公全集》卷四十八)。1901年，清朝政府宣布废除八股文考试，而将“经济特科”“经济正科”纳入科举考试之中。“经济特科”中包含“中学经济”和“西学经济”，此处的“经济”仍是传统的经世济民之义，但已经将中、西学术中关于财政、贸易、交通等与现代经济相关的内容列入其中。[1]

最早用汉语“经济”一词来翻译英文“economy”的，是日本学者西周、神田孝平、福泽谕吉等人。从西周开始试译到这一译词的确定，经历了一段较长的时间。当时西周曾考虑，这两个词所指内涵有较大差异，“economy”所指的现代经济并不能涵盖传统经济一词的丰富内涵，所以他一直犹豫不决。经济的本义是经世济民，近代以降，它只剩下追求财富的合理性这一个方面，其真实意义被遗忘，失去了本来的面目。

西方“经济”一词的使用最早可见于古希腊学者色诺芬所著《经济论》，该书书名的希腊文原意是指“家政管理”，书中涉及农业、商业、财政、分工等诸多方面的知识。亚里士多德在一定程度上继承和发展了色诺芬的经济思想，他认为经济学是研究取财、致富之术的学问。他将致富分为农业致富和商业致富，并认为农业致富是自然正当的，商业致富是不自然的和不正当的。除此之外，他还将道德的因素考虑进来，认为财富理应受到道德的约束。在追求财富的过程中，人们的行为应该合乎道德，并且应当在中道原则的指导下处理财富，否则人的德性就会受到损害。

1 参见冯天瑜:《“经济”辨析（上）》，《湖北经济学院学报》2005年第6期，第7页。

从中西方“经济”一词的起源来看，其含义从一开始就存在着一定的差异：中国“经济”一词原本关注的是社会、国家及人民；西方“经济”一词最初主要关注的是家庭内部的生产。

17世纪起，西方“经济学”所关注的范围超出了家庭、家族，逐渐涉及国家、社会的管理，从而发展成为“政治经济学”。19世纪后期，西方经济学的研究逐渐转向了对经济现象的论证，而与政治开始相分离，“经济学”逐渐替代“政治经济学”之名。英国经济学家马歇尔于1890年出版的《经济学原理》一书，便直接以“经济学”命名。至此，现代意义上的西方经济学含义大体定型。

在日本学者对“economy”的译法“经济”被引入中国之前，中国学者一般是采用“富国策”“计学”等译法。19世纪中叶，美国新教传教士丁韪良在京师同文馆开设课程，讲授西方经济学，课程名字沿用宋代李觏《富国策》之名定为“富国策”。后来同文馆将课程所用教材*Manual of Political Economy*（亨利·福西特《政治经济学教本》）刊印，也定名为《富国策》。[1]严复在翻译英国古典经济学家亚当·斯密的《国富论》一书时，最初拟定译名《计学》，后来在最终成稿

1 参见叶坦：《“中国经济学”寻根》，《中国社会科学》1998年第4期，第64—65页。

时，又根据亚当·斯密原著书名本义将译名定为《原富》。在该书的译者序言中，严复说道："计学，西名'叶科诺密'，本希腊语。'叶科'此言'家'，'诺密'为'聂摩'之转，此言治、言计，则其义始于治家。引而申之，为凡料量经纪撙节出纳之事；扩而充之，为邦国天下生食为用之经。盖其训之所苞至众，故日本译之以经济，中国译之以理财。顾必求吻合，则经济既嫌太廓，而理财又为过狭。自我作故，乃以计学当之……故《原富》者，计学之书也。"(《原富》)梁启超也曾在"富国学""生计学""平准"等词之间犹豫，也在部分场合使用"经济"，但终究还是对这个译词不甚满意。

"经济"一词最终替代其他译词而被人们广泛使用，除了清末民初日译西学著作的传播外，也与孙中山等革命者的积极提倡有重要关系。孙中山、朱执信等经常在文章中使用现代意义上的"经济"一词。1912年，孙中山先生在一次演讲中说道："按经济学，本滥觞于我国。管子者，经济家也，兴盐鱼之利，治齐而致富强，特当时无经济学之名词，且无条理，故未能成为科学。阙后经济之原理，成为有统系之学说，或以富国学名，或以理财学名，皆不足以赅其义，惟经济二字，似稍近之。"[1]在此之后，孙中山先

1《孙中山全集（第二卷）》，北京：中华书局，1982，第510页。

生还在几次大型演讲中力主用“经济”代替之前混用的“富国策”“计学”等词语。由于他的影响力，“经济”一词便逐渐成为意指产品生产、分配、交换、消费活动的专业词语，从而与其传统的经世济民、经邦济世的含义不同。

随着西方现代学术的大量传入，中国开始接受并发展了西方经济学，自此之后，经济学的探讨对象基本集中在外在的财物之上，并且不断向着数学化、模型化发展，在这个过程中，其原本所蕴含的传统人文精神愈加淡化，对家国天下的深厚关切，逐渐演变成单纯的对物质财富的追求。从积极意义上说，这对于传统的伦理经济学是一个纠正，对社会生产的快速发展和人们生活水平的提高起到了重要作用。但是如果放弃伦理道德对经济的制约，也会带来许多新的问题，消费主义的盛行使得本身作为目的的人类反而有逐渐被工具化的趋势。不过令人欣慰的是，这一问题也被许多有识之士所认识，近年来经济学发展中出现了新的趋势，行为科学、伦理规范、制度变迁等逐渐受到重视。从政治学、社会学、文化学等广泛视野来分析经济问题，已经成为一种新的趋势。

文化关键词

利用厚生

充分发挥物力的效用，使民众生活富裕。古人认为，良好的政治在于“养民”，让民众生活富足。“利用”讲的是统治者应当节俭而不奢靡浪费，使物尽其用；“厚生”讲的是减轻徭役赋税，使民众生活安宁、富裕、幸福。它是中国近代民生主义、社会主义的思想渊源之一。

经世致用

学术要对国家和社会的治理发挥实际效用。“经世”即治理国家和社会事务，“致用”即发挥实际效用。17世纪思想家顾炎武、王夫之、黄宗羲、李颙等人倡导学术研究要关注现实，通过解释古代典籍，阐发自己的社会政治见解，解决社会实际问题，以增进国家治理、民生安定、社会改良。这一思想强调知识的政治价值和知识分子的现实担当，体现了中国传统知识分子讲求功效、务实的思想特点和“以天下为己任”的情怀。

修齐治平

“修身”“齐家”“治国”“平天下”的缩写。以个人自身修养为基础逐步向外扩展，先治理好家庭，进而治理好邦国，更进而安抚和治理天下百姓。这是中国古代儒家伦理哲学和政治抱负的一个重要命题，体现了儒家由个人而家而国而天下层层递进的道德政治观。在逐步向外扩展的过程中，个人的德行和修养与不同层面的政治抱负息息相关。

第十二章　强身健体

“体育”是人类社会进入近代以后才出现的一个词。1876年，日本学者近藤镇三以汉字词“体育”对译英文中的“physical education”，表达“身体的教育”“体操练身”等含义。清末民初，“体育”一词传入中国。此后，“体育”逐渐成为“为增强体质和获得增强体质的技能而进行的教育及活动”内涵的学科名称。

虽然“体育”一词出现较晚，但是体育现象和体育内容则是与人类社会同时诞生的。体育起源于人类的劳动和社会生活的需要，原始人类在劳动和生存斗争中，逐渐发展了奔跑、跳跃、投掷、游泳、攀缘等能力。在发现这些能力的发展对于其劳动和生存的助益后，人们开始有意识地对这些能力进行训练，于是体育便逐渐从生产、生活中脱离出来，开始具有独立的形态。体育产生之后，曾在很长一段时间内，是和早期军事活动结合在一起的。诸如射箭、举重、长跑、武术、摔跤等项目，最初都是由军事训练项目发展而来的。学校出现以后，体育也是学校教育的重要组成部分，是人才培养中不可缺少的教育内容。

与欧洲古代的体育注重竞争不同，中国古代的体育更多地表现出尚德和非竞技性的特征。虽然各种拼搏型的体育项目在中国古代也非常丰富，但相比较而言，人们更偏向于用伦理道德来引导和规范体育，并将其作为一种提升内在的方式。人们更多地是通过体育来修养心性、愉悦内心，或者是期望通过身心的协调来达到养生的目的。

中国古代体育源远流长，运动项目种类繁多，其研究成果已十分丰富，不仅有专门性的论著，很多教育史通论也多有涉及。本章仅选择射箭、投壶、蹴鞠、武术、导引等有代表性的传统体育项目略加介绍。

一

射箭

在先秦时代，体育便受到普遍的重视，文武兼备是人们都期望达到的目标。《诗经・小雅・六月》中称赞周宣王的臣子尹吉甫“文武吉甫，万邦为宪”，朱熹对这句诗解释道：“非文无以附众，非武无以威敌。能文能武，则万邦以之为法矣。”只有能文能武，才能成为人们普遍学习的榜样。

孔子继承并发扬了这种观点，在他看来，所谓“成人”并不是只在某一个方面表现突出，而是在各个方面都能进行很好的发展。在孔子看来，通过“体育”对人进行体格的锻炼和勇武精神的培养，在人格的培养过程中也是具有重要作用的，与道德教育一样不可或缺。孔子说：“志于道，据于德，依于仁，游于艺。”（《述而》）其中“游于艺”是指普遍地学习“六艺”——礼、乐、射、御、书、数。在“六艺”中，有三种与体育直接相关，其中射主要是指射箭的技艺，御是驾车的技术，乐是音乐，其中包括了舞蹈的知识和技能。

在“六艺”成为儒家教育的主要内容之后，其特点也在发生改变，“六艺”从单纯的技术训练逐渐演变成与道德紧

◆战国铜器上描绘的习射场景

密联系的活动。一方面，“六艺”逐渐受到道德的规范；另一方面，学习“六艺”不仅仅是获得知识和技能，也是修养道德的重要途径，这一点在射的教育上表现得非常突出。最初射是要求“贯革”的“主皮之射”，讲求射的力度。从西周铜器铭文看，周代前期的帝王到学宫练习射箭常是射鸟兽禽鱼，近似于实战。到后来，射逐渐成为“射不主皮”的“礼射”，实战要求渐渐隐去，而更多地是强调“射以观德”。[1] 在中国古代，射主要分为大射、燕射、宾射、乡射等不同的类型，即在不同的场合采用不同的礼仪来进行射箭活动。

据《礼记·射义》篇，“孔子射于矍相之圃，盖观者如堵墙”。其大意是说，孔子率弟子在矍相的菜圃演习射礼，围观的人很多，形成了一道人墙。按照礼仪规定，在射前先举行饮酒礼，到了该射箭的时候，孔子让子路手持弓矢出列延请射箭的人，说：“败军之将、亡国的大夫、干求做别人后嗣的人，没有资格进来参加射箭比赛，其他的人有资格参加。”听了这话之后，有一半人自以为合格而留下，另外一半人都走开了。比赛结束之后，大家一起宴饮，并相互敬

1 参见孙培青、李国钧主编：《中国教育思想史（第一卷）》，上海：华东师范大学出版社，1995，第32页。

酒。这时候，孔子又叫弟子公罔裘和序点举起酒杯对在场的人讲话。公罔裘举杯说："年轻时有孝悌的德行，到了老年仍然好礼，不受流俗的影响，洁身自好一直到死，这样的人有吗？如果有，请在宾位落座。"听完这话之后，人又走了一半。序点又举杯说："爱好学习而不厌倦，爱好礼仪而不改变，活到八十、九十乃至一百岁，始终遵循道义，这样的人有吗？如果有，请在宾位落座。"听到这话之后，留下的人就更少了。

不仅射的仪式被道德伦理所规范，射箭这个活动本身也被认为应当含有仁义之道。射箭时自己先要做到心平气和、身体端正，然后才能开始射箭。如果没有射中目标，这跟别人没有什么关系，应当反省自己。就如孔子所说的："君子无所争。必也射乎！揖让而升，下而饮。其争也君子。"(《八佾》) 射箭之争是君子之争，这种争的过程是被礼仪所规范的，而且只有自己修养提高了，以内心的正直来操控外在的弓矢，才更有机会取得胜利。

对射箭进行道德与礼仪规范，一直被后世所延续，汉代就特别注重射箭的礼仪规训功能。"刘昆……教授弟子恒五百余人。每春秋飨射，常备列典仪，以素木瓠叶为俎豆，桑弧蒿矢，以射'菟首'。每有行礼，县宰辄率吏属而观之。"(《后汉书·儒林列传上》) 刘昆是汉代时的儒者，他在进行飨射时，一定要准备好典仪；在用桑做的弓和蒿做的箭来习射时，会歌以“菟首”之诗；每次他率领弟子行礼时，县宰都会带着下属来观看。汉以后，随着社会的发展，射箭这项活动的形式也日益丰富。在唐宋时期，射箭成为了武科举的主要考核项目之一，被纳入了人才的考核之中。

◆明 佚名《明宣宗行乐图》(局部) 投壶

二

投壶

投壶是古代宴饮时的一种投掷游戏，它是由射箭发展而来的。原本古人宴请宾客时，射箭是常有的活动之一，但因受到场地大小及射艺高低等主客观条件的限制，后来便为更加简易方便的投壶所代替。投壶原本也是一种礼仪，其来源是射礼，投壶之礼在《礼记·投壶》中有详细的记载。在战国时期，投壶已逐渐成为一种普遍的活动。

投壶是将箭投入到壶中，以投中数量的多少来判断输赢。投壶竞赛中，箭矢多少随器具而定，投掷者与箭壶之间的距离并不完全固定，可以视场地大小而定。据《礼记·投壶》记载，投壶比赛中，有专门负责计数的裁判——司射，司射使用算筹作为计数工具。司射会讲明规则，投壶由宾、主轮流进行，如果一人连投，即使投进也不算数。有人投中，司射就放一枚算筹在地上。投射完毕，司射计算双方投中的数量，判定输赢。胜者和不胜者均需要饮酒。

投壶最初是一种礼仪活动，一般是在宴飨礼或者邦国之间的外交活动中举行，其步骤、工具及音乐都有较为严格的要求。春秋时，晋昭公和齐景公就在宴会上的投壶礼中表达了想争夺霸权的心态。但由于投壶活动本身对场地和工具没有太高的要求，这项运动便逐渐在民间流传开来。随着它的流传，其庄重性和礼仪性也逐渐减弱。

到了隋唐时，投壶已经具有了明显的娱乐性，成为名副其实的百姓游戏。到了宋代，以司马光为首的一些儒者便对这种活动的娱乐化进行了批评。如司马光，他批判单纯作为娱乐活动的投壶，认为应当让它回归道德活动。在他看来，投壶不仅仅是一项娱乐活动，更应该是一种可以治心、修身、为国，同时可以观人的道德活动。投壶时应当跟射箭一样，做到心态平和，身体端正。投壶时耸然恭谨，志存中正，这样就可以治心；有一支没投中，就像行为有亏欠一样，需要反省自身的不足，如此便可修身；在投壶过程中始终保持兢兢业业，慎终如始，就像治理国家一样；没投中的时候不会怯懦，投中了不会骄满，这是君子的作为；如果想尽办法依靠投机取巧来取得胜利，这是小人的做法。通过这种对比，可以观人。司马光编有《投壶新格》一书，此书一改旧例，更定新格，故名《投壶新格》，是一部有名的游艺书。此后，明代的汪禔等人也沿袭了司马光的思想，对投壶的过度娱乐化进行批评，认为应当保持其礼仪教化的功用。

三

蹴鞠

古代另一种比较流行的体育活动是蹴鞠，它是一种类似于现在的足球的运动。蹴鞠又叫“蹋鞠”“蹙鞠”。“蹴”在《说文解字》里解为“蹑也，从足”，就是用脚踢的意思，“鞠”就是皮球。蹴鞠相传是由黄帝发明的，但作为一项运动，一般认为蹴鞠起源于战国时齐国都城临淄。据《史记·苏秦列传》记载：“临淄甚富而实，其民无不吹竽鼓瑟，弹琴击筑，斗鸡走狗，六博蹋鞠者。”当时临淄城里人口众多，富足繁华，娱乐活动非常丰富。在闲暇时，临淄城里的很多人除了弹琴击筑、斗鸡走狗外，还喜欢下棋和蹴鞠。

到了汉代，许多皇帝也喜欢蹴鞠，使这项运动得到了较大的发展。据《西京杂记》描写，汉高祖刘邦建立汉朝后，将父亲刘太公也接到了皇宫，并尊为太上皇。但是让刘邦不解的是，他父亲在皇宫里整天锦衣玉食，却始终闷闷不乐。于是刘邦便向太公的侍人了解原因，得知刘太公以前在丰邑时，最喜欢的就是斗鸡和蹴鞠，他每日里和那些杀猪卖肉、酤酒卖饼的好友们一起踢球取乐。自从搬到皇宫之后，再也没人跟他一起斗鸡、踢球了，因此便闷闷不乐。刘邦听了之后，便命人仿照丰邑的样子在长安附近建了一个叫“新丰”的地方，将原来丰邑的乡亲父老都迁到这边来。于是，刘太公又可以和老友一起喝酒踢球了。

后来的武帝、元帝、成帝也喜欢蹴鞠，汉武帝还在上林苑修建了专门的球馆。在汉代，蹴鞠受到广泛的重视，主要还是因为其在军事训练中所发挥的作用。由于需要与匈奴作战，汉朝发展了大规模的骑兵。但由于汉代马具尚不完善，骑兵长时间在马上骑行，很容易出现肌肉疲劳和损伤，而在休息时进行蹴鞠可以使肌肉得到恢复和锻炼，于是蹴鞠就成了军中的一项重要活动。

蹴鞠的流行，不仅在于其练兵价值，还有一个原因是它与礼法暗合。东汉的李尤曾写过一首《鞠城铭》：“圆鞠方墙，仿象阴阳，法月衡对，二六相当；建长立平，其例有常，不以亲疏，不有阿私；端心平意，莫怨其非，鞠政由然，况乎执机。”这篇铭明显地表达了“蹴鞠亦有治国之象”的含义，在他看来，不仅蹴鞠的场地和器具符合阴阳之道，具体的踢球过程更是合乎礼法要求。裁判人员不能有偏私之心，不能按关系亲疏来进行评判，而踢球的人要有中正平和之心，要客观看待结果，治国之道不也正是这样的吗？

蹴鞠一般有两种形式，一种是在一定规则下进行对抗的比赛，另一种是有表演和观赏性质的花法蹴鞠。到了宋代之后，竞争性比赛这种形式的蹴鞠越来越少见，而表演性质的蹴鞠则越来越兴盛。这种表演性质的蹴鞠还曾进入礼制之中，宋代在册命亲王大臣和接待别国使臣的礼仪中，就有表演蹴鞠的环节。在宋代还出现了蹴鞠行会组织——齐云社，齐云社订有社规，还确定了参赛的人数、比赛规则等。宋代甚至还有人因为蹴鞠技艺高而被授予官职。到了明清，由于统治者的不重视甚至一度禁止，这一项历史悠久的运动便逐渐走向衰落。

四

武术

中国传统体育里最受人瞩目的项目莫过于武术。“武术”一词最初见于南朝宋时颜延之的《皇太子释奠会作诗》，诗曰“大人长物，继天接圣。时屯必亨，运蒙则正。偃闭武术，阐扬文令”，此处的含义主要是指军事或者战争。现代意义上的“武术”一词最早出现在清末，是对中国传统技击术的统称。在民国时期，“武术”与“国术”两词并用。直到新中国成立后，“武术”一词才被最终确定下来。

武术被认为源于远古时的狩猎和战争，当人类面对比自己强大的野兽或者敌人，在力量、速度不占优势的情况下，除了依靠集体的力量外，便是考虑如何利用技巧来取得胜利，当这些技巧被验之有效并得到传承时，武术的雏形便产生了。这种武术的雏形随后表现出其优势，春秋时齐国的士兵在练习了武术之后，战斗力大大增强，往往能在对战中取得胜利，即管仲所说：“以能击不能，以教卒练士击驱众白徒，故十战十胜，百战百胜。”（《管子·七法》）

武术虽然脱胎于暴力的格斗，但它很快就脱离了最初野蛮、血腥的状态，在中华传统文化的影响之下，它逐渐发展为一种高度文明的体育形态。武术的传承有着与其他体育项目明显不同的特征，它是通过严格的师徒制相传承。在传承中，除了能力和潜质外，传承人的道德品质往往成为评判的主要依据。

据“少林十戒约”（宗法第二时期）：“传授门徒，宜慎重选择，如确是朴厚忠义之士，始可以技术相传，惟自己平生之得力专门手法，非相习久而知最深者，不可轻与相授。至吾宗之主旨，更宜择人而语，切勿忽视。”一些武术家们如果没有合适的传承人选，宁可让自己的技艺失传也不能乱传。

武术的发展离不开伦理道德的规范，“武德”贯彻在武术教育的整个过程中。在“武德”之中，最为鲜明的一点就是义，这是传统武术家们所共同倡导的原则。合于义的事情，哪怕舍弃性命也在所不辞；不义的事情，哪怕面对君王的威逼利诱也丝毫不动摇地拒绝。明末清初的贺贻孙曾如此评价古代的侠士：“古今侠烈之士，所以大过人者，则存乎胆与气矣。虽然胆恃气而后充，义气所鼓，胆即赴之。”（《水田居文集》卷三）

战国时期的荆轲以他的行为很好地诠释了这一点。荆轲是卫国人，喜好读书和击剑，并经常与别人切磋、交流剑术技能。后来到了燕国，经常和高渐离等人在一起饮酒歌唱。时值战国末年，秦国正在统一天下的征战之中。荆轲不愿六国之人遭受秦国的暴虐统治，于是便受燕国太子丹的托付，前往秦都刺杀秦王嬴政。虽然他自己预料到此行难以成功，但人民大义及好友托付使然，所以他歌以“风萧萧兮易水寒，壮士一去兮不复还”诀别亲朋，毅然决然前往秦国。（《史记·刺客列传》）虽然荆轲最后以失败告终，但是他的侠义精神名垂后世。

在中华武术流派中，少林武术是著名的一派。少林寺位于河南登封西北少室山的五乳峰下，始建于北魏，因其处于少室山林之中，故名少林寺。少林功夫是在嵩山少林寺这一特定佛教文化环境中逐渐形成的，以佛教信仰为基础，体现了佛教禅宗的智慧，以少林寺僧人修习的武术为其主要表现形式。根据少林寺流传下来的拳谱记载，历代传习的少林功夫套路有数百套之多，其中流传有绪的拳械代表有数十种。另有七十二绝技，以及擒拿、格斗、卸骨、点穴、气功等各类独特的功法。[1]少林功夫源远流长，但真正让少林寺名声大振的，是少林众僧与唐朝皇家的一段渊源。

隋朝末年天下大乱，各地群雄并起征战一时，使得生灵涂炭。少林寺也曾被贼人所占据，因为寺内僧人拒绝服从，

---

1 参见释永信：《禅武一体的少林功夫》，《少林与太极》2015年第1期，第4—5页。

最后塔院均惨遭火焚。当李世民的仁义军队到达洛阳附近时，少林寺僧人志操、惠玚、昙宗等人便前往倾力相助。据裴漼《皇唐嵩岳少林寺碑》："太宗文皇帝，龙跃太原，军次广武，大开幕府，躬践戎行。僧志操、惠玚、昙宗等，审灵眷之所往，辨讴歌之有属，率众以拒伪师，抗表以明大顺，执充侄仁则以归本朝。太宗嘉其义烈，频降玺书宣慰。既奉优教，兼承宠锡，赐地卌顷，水碾一具，即柏谷庄是也。"为了帮助李世民，他们凭借自己出色的武艺，将王世充的侄子王仁则擒获并送至李世民的军营，为唐军攻克洛阳立了大功。李世民登基以后，没有忘记少林寺的功劳，为了嘉奖少林僧人的忠义节烈，特别赐给了少林寺四十顷田地和一具水碾。从此以后，少林寺的名声逐渐显赫，少林武术也名扬天下。

宋代以后，少林寺不断汇集各地的武术精粹，寺里的僧人也将这些武术融会贯通，使得少林武术愈发精深。少林武术始终将忠义道德放在首位，这也是其真正得以天下闻名的原因。如明朝中后期倭寇进犯，少林武僧前往沿海参加抗倭斗争，英勇抗敌，护卫百姓，体现了扶危济困、救护苍生的武术精神。

明清时期是中国武术最为繁荣的时期。当时，一种与少林武术修炼方式不同的武术流派兴起，即内家功夫流派。内家功夫更强调身心的一致，讲究以静制动、后发制人、以柔克刚。内家功夫里最为著名的是太极拳。太极拳通过《周易》的太极、阴阳之道来阐释拳道。太极拳家将此武术的根源追溯到天道上面，并认为天道和拳道在本质上是相通的，因而认为在练习太极拳时，不仅要练习动作套路，更重要的是通过对意念和内气的协调，从内心去体验太极这一天道。明朝万历年间，山西民间武术家王宗岳（一说为清乾隆年间人）在其《太极拳论》中，将太极拳道概括为："粘即是走，走即是粘；阳不离阴，阴不离阳；阴阳相济，方为懂劲。懂劲后愈练愈精，默识揣摩，渐至从心所欲。"太极拳演练时的张弛有度、身心协调，正符合中国传统阴阳调和的思想，于是在其出现后便得到广泛的流传。一直到今天，太极拳仍是许多武术爱好者以及普通健身者所喜爱的体育项目。

五

导引

作为中国特有的体育项目，导引是一项在中国传统的天人合一哲学基础上发展起来的体育运动。导引主要通过伸展身体、宣导气血来达到养身、防病、康复的目的。相传导引是由帝尧[1]发明的，“昔陶唐氏之始，阴多，滞伏而湛积，水道壅塞，不行其原，民气郁阏而滞著，筋骨瑟缩不达，故作为舞以宣导之”（《吕氏春秋·古乐》）。按照此传说，远古陶唐氏治理天下时，由于阴气聚集过多，地上的河流堵塞，洪水泛滥；人民受其影响，阴气郁结在身体里不能发散，筋骨收缩而不舒展；因此便发明了导引之术，让人们练习，以发散阴气而使身体健康。

庄子曾对导引的练习有过描述：“吹响呼吸，吐故纳新，熊经鸟申，为寿而已矣。此导引之士，养形之人，彭祖寿考者之所好也。”（《庄子·刻意》）吹嘘呼吸，呼出浊气，吸入新鲜空气；模仿熊攀缘树和鸟在空中展翅的动作；

1 据唐代颜师古考证，《吕氏春秋·古乐》中“陶唐氏”应为“阴康氏”传写之误。这一说法本来就是传说，故本文仍采用原文说法。

这是擅长导引、养生的人，像彭祖那样高寿的人喜欢做的事情。从庄子的描述中可以看出，导引并不单单是肢体的运动，而是形、意、气三者相结合的一种运动，通过肢体的运动来锻炼形体，通过有意识地控制呼吸来练气，并且以意念来引导气的运行。

王充曾讲过“百岁之命，是其正也”，在古人看来，活到一百岁（或者一百二十岁）才是真正到了天年，之所以很多人没有达到百岁的天年而死亡，是由于各种外在欲念的干扰，人生出各种疾病。因此，古人认为，与自然相协调，进入完全的自然状态，人应该能够长寿。人们发现，自然界的各种动物浑然天成，自然地生活在天地之间，没有受到任何杂念的干扰，是最好的模仿对象。于是一些模仿动物行为的导引术开始出现，在各种模仿动物的导引术里，华佗发明的“五禽戏”最为著名。

华佗是东汉末年著名的医生，他曾在徐州一带游历学习，通晓多种经书。据《后汉书·方术列传下》记载，吴普跟从华佗学习医术，华佗对他说：

人体欲得劳动，但不当使极耳。动摇则谷气得销，血脉流通，病不得生，譬犹户枢，终不朽也。……吾有一术，名五禽之戏：一曰虎，二曰鹿，三曰熊，四曰猿，五曰鸟。亦以除疾，兼利蹄足，以当导引。体有不快，起作一禽之戏，怡而汗出，因以著粉，身体轻便而欲食。

华佗意思是说，人要经常运动，但是不能过度。多运动就能使饮食消化，血脉流通，这样就不易生病。就像门的轴一样，经常转动，不易腐朽。他的这一套法子，叫作五禽戏。所谓五禽：一是虎，二是鹿，三是熊，四是猿，五是鸟。模仿它们的动作进行运动，可以去除疾病，还可以使人手脚强健，这便是他的导引术。身体有不适时，起来做一禽的动作，身体出汗，再用药粉扑身，身体就轻快且食欲增进。五禽戏将防病治病与强身健体结合起来，同时也体现了人与自然相通的理念。

“八段锦”的出现是中国导引术发展成熟的标志之一。“八段锦”的名字最早见于宋代文献。八段锦由八节动作组成，是一种深受喜爱的健身术，“锦”是形容这套动作舒展优美。到了明清时期，八段锦在民间非常流行，不管是达官贵人还是普通老百姓都喜欢练习，并且还分化出立势和坐势两大系统，及文八段锦、武八段锦、十二段锦、十六段锦等不同形式。如明代坐式八段锦就有叩齿集神、摇天柱、舌搅漱咽、摩肾堂、单关辘轳、双关辘轳、托天按顶、钩攀等八种术势，通过叩齿、咽津、按摩、运气等步骤，以达到对头、手、足等部位的保健。[1]

1 参见包来发：《八段锦简史》，《中医文献杂志》2001年第2期，第38页。

六

体育

中国传统体育的衰落始于19世纪中叶，相伴随的则是西方近代体育随着其他西方文化一起涌入中国。鸦片战争后，洋务派认为，西方军队屡屡战胜清朝军队的原因，除了他们有坚船利炮外，还有他们士兵的战斗力普遍强于清兵。因此兵操便被引入了洋务派创办的新式学堂里，成为了必修课程。

随着西式体育在新式学堂的逐渐普及，它的强身健体的功效也逐渐被认可。但此时，人们一般还是将这种西方传进来的运动称为“体操”，而“体育”作为专门术语是从日本引入我国的。

本章开篇讲到，1876年，日本学者近藤镇三以汉字词“体育”对译英文中的“physical education”。此后，中国的留日学生将“体育”一词引回国内。由于西式体育与中国传统体育之间有巨大差异，因此在很长一段时间内在中国还是处于边缘地位。

近现代体育地位的真正上升，还是来自于20世纪初救亡图存时局下的军国民与尚武思潮的推动，其时国人把体育当成富国强兵的重要手段，急切希望通过身体素质的强健来实现救国的目的，兵式体操被推广至社会的各个层面。但这种盛行是对体育的片面认识所导致，而体育的真正价值反倒被忽视。[1]

20世纪20年代以后，随着人们对西方现代文明认识的不断深入，人们对于救亡图存有了更为清晰的思考，此前那种寄希望于“体育救国”的思潮也逐渐退去。另一方面，人们对现代体育的认识也不断深入，逐渐让体育回归到它的本质，使其逐渐成为了人们生活的一部分。

1 参见张晓军:《近代国人对西方体育认识的嬗变：1840—1937（第2版）》，长春：东北师范大学出版社，2015，第124—126页。

文化关键词

射礼

射箭之礼，是古代人伦生活中的一项重要礼仪。“射”指射箭，是古代学子需要掌握的六种基本技能之一。“射礼”即是按照特定的仪程，安排宾主三番轮射。因射者的身份及礼仪场合不同，“射礼”又有大射、乡射、燕射之别。“射礼”中的射箭活动，除了追求中的（dì）的准度等实际射击效果，也要求射者身体和心态的端正，射得不中则反省自己的身心状态。这种射箭的要求和自省的态度，正符合道德修养的要求。因此，“射礼”除了比较射箭技艺，也具有辅助道德修养的意义。

勇

“勇”的基本含义是勇敢。“勇”作为一种德行，要求在行事之时，不畏惧困难，不计较个人利害，始终坚守道义的原则，敢于制止违背道义的行为。“勇”的表现需要基于对道德、礼法的认知与遵守。如果缺少对道德、礼法的遵守，勇敢之行就会流于好勇斗狠或铤而走险，并导致社会混乱。

自强不息

自己努力向上，强大自己，永不懈怠停息。古人认为，天体出于自身的本性而运行，刚健有力，周而复始，一往无前永不停息。君子取法于“天”，也应发挥自己的能动性、主动性，勤勉不懈，奋发进取。这是中国人参照天体运行状态树立的执政理念和自身理想。它和“厚德载物”一起构成了中华民族精神的基本品格。

教育部、国家语委重大文化工程

“中华思想文化术语传播工程”成果

国家社会科学基金重大项目

“中国核心术语国际影响力研究”（21&ZD158）

阶段性成果

跨越时空的中国词

仁者无敌

早期中国的兵家与军事

崔晓姣 著

外语教学与研究出版社
北京

图书在版编目（CIP）数据

仁者无敌 ：早期中国的兵家与军事 / 崔晓姣著. -- 北京 ：外语教学与研究出版社，2022.6（2023.12 重印）
（跨越时空的中国词）
ISBN 978-7-5213-3654-2

Ⅰ. ①仁… Ⅱ. ①崔… Ⅲ. ①军事思想史－中国－古代 Ⅳ. ①E092.2

中国版本图书馆 CIP 数据核字（2022）第 095777 号

出 版 人 王 芳
项目策划 刘旭璐
责任编辑 钱垂君
责任校对 牛茜茜
封面设计 覃一彪
版式设计 郭 莹
出版发行 外语教学与研究出版社
社 址 北京市西三环北路 19 号（100089）
网 址 https://www.fltrp.com
印 刷 北京捷迅佳彩印刷有限公司
开 本 889×1194 1/32
印 张 8
版 次 2022 年 7 月第 1 版 2023 年 12 月第 2 次印刷
书 号 ISBN 978-7-5213-3654-2
定 价 48.00 元

如有图书采购需求，图书内容或印刷装订等问题，侵权、盗版书籍等线索，请拨打以下电话或关注官方服务号：
客服电话：400 898 7008
官方服务号：微信搜索并关注公众号“外研社官方服务号”
外研社购书网址：https://fltrp.tmall.com

物料号：336540001

总序

对于“中华思想文化术语”这一名称，有的读者朋友或许有些陌生。实际上，日常生活中很多耳熟能详的词语，像“道”“理”“气”“诚”“仁”“义”“礼”“智”“信”“温故知新”“厚德载物”“自强不息”“和而不同”“见贤思齐”“得道多助，失道寡助”“千里之行，始于足下”等都属于中华思想文化术语。简要地说，中华思想文化术语就是浓缩了中华哲学思想、人文精神、价值观念、思维方式的词语。在几千年的历史长河中，中华民族创造了至今仍为世界瞩目的古代文明，涌现出许多杰出的思想家，而中华思想文化术语就是中国古代思想家对自身、家国天下、天地万物进行探索与思考的成果，是古代思想家用以阐述个人见解并建立思想体系的基石和支点。正是凭借这些术语，先哲们才得以建造出气势雄伟、楼阁高耸、厅室辉映的中华文明大厦。中华思想文化术语凝聚了中华民族的理性智慧与精神基因，也是今人打开古代思想宝库的密钥。可以说，不理解中华思想文化术语，就不可能真正读懂古人、读懂中华民族精神、读懂数千年中华文明史。打个比

方，如果不理解“道”“有无”“无为”“道法自然”“相反相成”“反者道之动”等术语，就很难读懂老庄的思想，也很难读懂魏晋以后的很多文艺作品。

“中华思想文化术语传播工程”（以下简称“术语工程”）即是以整理、诠释、翻译中华思想文化术语为主要目标的基础性文化建设工程。自2014年启动至今，“术语工程”已经整理翻译了文史哲等领域的上千条中华思想文化术语，这些术语或为中华思想文化史上的基本概念，或为古人提出的重要思想命题。也许有读者会问，人类已经进入21世纪，各种新名词、新术语层出不穷，为何还要挖掘、整理这些古代的思想文化术语呢？“术语工程”主要是出于以下几方面的考虑。

第一，“盘点”古人留给我们的精神遗产。人们常说，中华思想文化博大精深，但到底多“大”、多“深”，没有人能说清楚。如果将古人的精神遗产比作矿藏，将“盘点”这些遗产比作探矿，那么，只要持之以恒，终有一天我们是可以探明它的“储量”的。《周易·文言》说“知至至之”，《礼记·中庸》说“诚之者，人之道也”，《论语·子罕》说“虽覆一篑，进，吾往也”，意思是只要不懈努力，终究能达到目标。当然，这个类比不完全恰当，因为形而上的“道”、天地万物的“理”，还有像孔子、老子等伟大思想家

的思想，是很难测知它们的边际和深度的，但是古人用以建构思想体系的术语则是可计量的、可探查的。“术语工程”的要旨就是通过探查中华思想文化术语，大致推知中华民族精神遗产的“储量”。在中华思想史上，每一位学者、每一个学术流派、每一个历史时期都有自己的思想文化术语，但“术语工程”要梳理的则是纵贯中华文明史，横跨哲学、历史、文艺等众多领域的术语。对中华思想文化术语作如此全面系统的梳理，在我国尚属首次。通过对术语的梳理，我们可以全面了解中国古人对自身所处自然环境、社会历史、生存状况的认识与思考，体会他们的内心世界和精神追求；同时也可将那些具有普遍意义、代表文化发展方向、符合全人类共同价值的术语挑选出来。所以，梳理中华思想文化术语，也是对中华民族精神遗产进行去粗取精、去伪存真、披沙拣金的过程。

第二，破译中华数千年文明的基因和密码。每一种文明都有其独特的基因和标记，主要体现为不同的哲学思想、人文精神、价值观念和思维方式。中华民族在与大自然长期相互依存又斗争的进程中，在各民族多元一体相互融合的历史中，逐渐形成了不同于世界其他文明的思想轨迹与学术传统，也形成了自己独特的思想观念、民族精神和思维方式。比如，在西方人的观念中，人与自然往往是彼此

对立的两极，自然是被征服的对象；而中国古人则一般认为，人是天地万物的一部分，人类社会与天地万物服从于共同的秩序，天地万物的“理”，也是人类社会的“理”，因此，认识了天地万物之“理”，也就认识了自我，同样，反观自我，亦可通天地万物之“理”，尽万物之性，进而可“赞天地之化育”“与天地参矣”（《礼记·中庸》）。古人用“太极”“道”“理”“气”等术语说明天地万物的本原和普遍规律，用“太极—阴阳—五行”这样一个理论范式说明天地万物与人类社会形成、变化的过程。宋明理学家基于“心”“性”“理（道）”同一性的准则，阐发“我”与万物合一的思想。这些与西方人的思维方式是完全不同的。只有把握中国人的思维方式，才能深刻把握中华思想文化的精髓。

第三，为解决世界问题贡献中国智慧。当前，人类面临诸多挑战，如环境恶化、贫富分化、腐败滋生、地缘冲突不断等，这些问题的最终解决需要汇聚全人类的智慧。以儒家思想占主导的中华文明，主张由心性入手，从根本上去除私欲，复归人本有的善性，使言行自觉合于天道。“物有本末，事有终始，知所先后，则近道矣。”（《礼记·大学》）先哲的很多论述对今人仍有启示。像“和”“和而不同”“和为贵”“协和万邦”等术语所蕴含的思想，对于看待和化解人与人、国与国的分歧就有重要参考价值。据《国语·郑

语》记载，早在西周末年，郑国史伯就根据日常生活经验与自然规律，体悟到了“和”对于天地万物及人类社会所具有的普遍意义。他对郑桓公说：“夫和实生物，同则不继。以他平他谓之和，故能丰长而物归之；若以同裨同，尽乃弃矣。……声一无听，物一无文，味一无果，物一不讲。”“和”以差异性、差别化的存在为前提，寻求各种差异、差别的总体均衡，使之和谐并存于一个共同体。“和”是事物得以生长、壮大、延续的生命动力；相反，“同”则意味着同质性或机械的一致，也就意味着事物生命力的终结。在“和”“同”之辨的基础上，孔子提出“和而不同”的命题，将自然现象的“和”提升到道德与社会层面来认识，这一理论上的自觉意味着“和”成为中华思想文化的核心观念。“和也者，天下之达道也”（《礼记·中庸》），“和”“和而不同”是自然与社会普遍通行的法则，也高度凝聚了中华民族的理性智慧。

第四，为建设当代中国话语体系提供坚实基础。晚清以后，随着西学东渐与近代科技传入中国，儒家占主导的传统话语体系逐渐被西方话语体系取代，无论是自然科学还是社会科学，其基本框架、研究范式及学术话语大都来自西方，对中国传统思想文化的研究与解读也往往运用西学范式和西方话语。新中国成立后，随着改革开放的深入与综合国力的提升，中国日益走近世界舞台的中央，而中国话语体系的建

设没有跟上经济发展的节奏，中国的制度、国情、外交、社会关切、价值观念等都有待我们用自己的话语进行解读并及时传达给国际社会。越来越多的有识之士意识到这个问题的重要性与紧迫性。可是，中国话语体系不可能凭空产生，它的话语构成、议题设置、规则建构等都需要从中国传统话语体系中汲取滋养。中国传统话语体系是中华民族对自己的历史传统、人文精神、生存境况、社会现实等许多重大问题的理性概括与理论表述，而中华思想文化术语正是这种理性概括的结晶。梳理中华思想文化术语的目的之一，就是要从浩如烟海的中华典籍中挖掘那些既具中华民族特色又具世界普遍意义的话语，通过对富有民族特色的思想文化术语进行创造性转化和创新性发展，为构建当代中国的话语体系提供坚实的基础。只有建构起中国人自己的话语体系，才能在世界话语体系中占有一席之地，真正实现与西方国家的平等对话。

这是“术语工程”的宗旨，也可以说是最终愿景。而实现这个愿景，可能需要几代人甚至很多代人的持续努力。《尚书·周官》说：“功崇惟志，业广惟勤。”《论语·泰伯》说：“士不可以不弘毅，任重而道远。”我们每一个中国人都肩负着传承光大中华思想文化的重任。而欲当此重任，必要深透了解本民族的思想文化；而欲了解本民族的思想文化，必由

中华思想文化术语启其门径。

为了普及中华思想文化术语，“术语工程”秘书处策划了“跨越时空的中国词”丛书，首批推出《家国天下：修齐治平里的人文情怀》《民惟邦本：民本思想与中国古代政治》《仁者无敌：早期中国的兵家与军事》《有教无类：学以成人的教育理念》《人文化成：礼乐文明的理想指归》五本。由于“术语工程”要兼顾外国普通受众，因此对术语的解释高度概括凝练，很多内容无法展开。相比之下，丛书则有详细阐发的空间。丛书选择中华思想文化史上影响较大的若干术语为主题，用深入浅出的语言全面讲述中华民族的思想观念、思维方式、文化特征，深入阐发每条术语的历史背景、基本含义、思想源流以及当代价值，行文中还穿插很多引人入胜的历史故事，足以激发读者对中华传统思想文化的兴趣并可增慧启智。

因丛书策划之初，笔者有幸读过书稿提纲和部分章节，“术语工程”秘书处领导命我简要介绍一下“术语工程”及丛书概况，故而不揣浅陋写了上面的话，权作我的读后感想。

严学军

2022年3月28日于北京

前言

《汉书·艺文志》[1]记载兵家渊源及其作用曰：

> 兵家者，盖出古司马之职，王官之武备也。《洪范》八政，八曰师。孔子曰“为国者足食足兵，以不教民战，是谓弃之”，明兵之重也。《易》曰“古者弦木为弧，剡木为矢，弧矢之利，以威天下”，其用上矣。

在《汉书·艺文志》的作者班固看来，兵家或许是由古时掌管军政和军赋的司马之官演化而来。据《周礼》记载，司马当为西周始置，可见兵家起源极早。

即便不论作为思想派别的“兵家”，古代中国的军事思想本身也是极为丰富的。“五经”中的《尚书》与《周易》都曾论及“兵”的重要作用。《尚书·洪范》列有“八政”，亦即人主施教于民的八项主要事务，最后一项即为“师”。“师”指军队，也指用兵征伐，立师可抵御寇贼，卫国安民，其重

1 《汉书·艺文志》是我国现存最早的目录学文献，作者为东汉史学家班固（公元32—92年）。

要性不言而喻。《周易》中有“师”卦，专讲军旅之事。《周易》还提到，古圣先王制木而为弓矢，以威慑天下。此外，先秦诸子同样重视军事的作用，《论语》《孟子》《道德经》等书中都有不少论兵的内容。专门论兵的兵书类文献更是数量庞大，据粗略统计，自先秦至清代，约有四千余种。[1]

就思想内容来说，古代的兵家与军事不仅仅涉及兵法，军事思想、军事礼制、军事知识与技术、相关的文学作品、历史记述等也是其重要内容。本书的写作即围绕这些内容展开，力图生动地向读者呈现古代中国兵家与军事思想中的丰富内容。

如本书书名“仁者无敌”所示，古代中国军事思想的基础在于其中所蕴含的人文情怀。在古代思想家看来，相较于“以力服人”的“霸政”，“以德服人”的“仁政”更加能够安顿百姓、感化人心，因此，战争的目的也就不在于彰显军事实力、侵略别国，而在于施展仁德、达致和平。本书的篇一、篇二即以此为基本内容，首先介绍了中国历史上的王霸之辨与理想政治，进而探讨了中国古代以和平为基本导向的战争观念。

以前两篇中的内容为根基，篇三至篇七从不同侧面介绍

1　李零：《兵以诈立——我读〈孙子〉》，北京：中华书局，2012年，第3页。

了中国古代的兵家与军事思想：

篇三围绕兵家与兵书展开，介绍了古代兵家的源流与发展、主要代表人物、自先秦至宋代的重要兵书文献及其流传情况，以及近年来出土的若干兵书文献。通过这些内容，读者可对古代中国的兵家与兵书形成有基本了解。

篇四以兵法与阵法为主要内容，介绍《孙子兵法》《孙膑兵法》《司马法》《六韬》等兵书中的经典兵法，并佐以图文，介绍古代军事行动中常用的一些经典阵法，如常山蛇阵、三才阵、五行阵、八阵等。这些内容不仅时常出现在古代文学作品中，也令当代的东西方读者着迷——我们知道，《孙子兵法》是除《周易》和《道德经》之外，在海外广泛流传的中国古代经典。

篇五介绍古代兵家中的“兵阴阳”。《汉书·艺文志》把古代兵家分为四类——兵权谋、兵形势、兵阴阳、兵技巧。所谓“兵阴阳”，可看作是古代巫术、术数等在军事领域的运用与施展，其方法是以阴阳五行结合兵法，并杂以鬼神之说，具体表现为各种门类的军事卜筮，如根据风向而行的风角音律占、观测天象而成的天文星气占，以及传统的龟卜和占筮等等。在古代中国，“兵阴阳”贯穿于军事活动之始终。

篇六介绍古军礼，亦即古代军事活动中的制度、规定与礼法。早期文献中关于古军礼的内容多已亡佚，但我们仍可从殷商甲骨卜辞、古兵书《司马法》、古代文献《周易》与《诗经》中略窥一二。古军礼乃是中国古代礼乐文明的具体体现，某种意义上也是中国兵家与军事思想中人文精神的缩影。

篇七介绍与中国古代军事相关的各类动物，如参与军事活动的战象、战牛、战马等，同时介绍传统武术与养生活动中的动物元素。一方面，这些内容生动呈现了古代中国的军事活动场景，在一定程度上反映了古代军事技术的发展程度；另一方面，武术与养生中的动物元素也彰显了中国古代思想中万物一体、大化同通的宇宙观。

最后两篇分别以"古代中国的侠义精神与侠士""古代中国的勇德与勇士"为主题，从兵家与军事以外的视角展示了中国文化中有关"武"的精神的表达。总体说来，无论是侠士还是勇士，都寄托了古代文化对惩恶扬善、匡扶正义的高尚人格的钦敬与追寻，围绕着侠士与勇士，也产生了大量感动人心的文学作品。

在写作过程中，除却理论知识类的内容，笔者还增加了出土文物、历史叙述、诗歌散文等内容，以期更加具体生动地呈现古代中国的兵家与军事思想，由此带领读者感受这些思想在中国历史与生活中不同维度上的开展与影响。

总之，如书名所示——仁者无敌，无论是在和平年代还是在动荡时期，古代中国对德性的追寻都将为我们注入一股精神力量，使我们不会逐强力而不返，而始终抱有对武力的谨慎与戒惧，以及对人类的温情与敬意。

本书撰写过程中，也得到“中央高校基本科研业务费专项资金”的资助与支持，在此表示感谢。

崔晓姣

2022年3月10日于北京

目录

篇一

仁者无敌

中国历史上的王霸之辨与理想政治

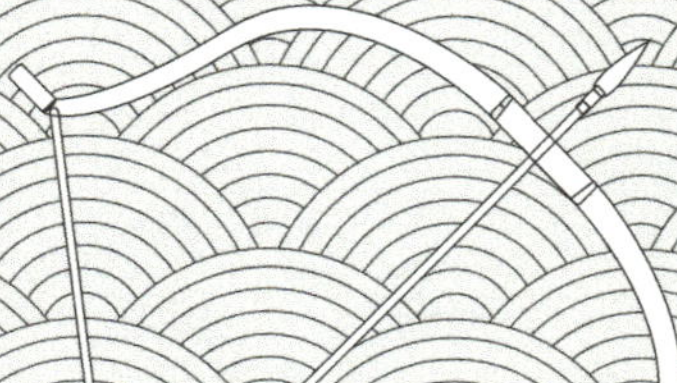

在中国古代先哲的思想世界中，何为理想政治无疑是至关重要的问题。中国思想具备鲜明的现实品格，关注人间秩序与社会伦常。中国古代典籍中蕴含着大量关于古圣先王的传说与记述，以及对于理想政治的探索与追寻。总体说来，以儒家为代表的中国古代思想推崇以“仁政”为主要内容的王道政治，主张以德化民、博施济众，注重道德情感与伦理准则在社会政治生活中的作用。孔子对上古三代之圣王及其政治制度的推崇奠定了这样的思想基调，孟子、荀子和秦代之后的思想家们更是延续并发扬了这一人文价值取向。

一

『祖述尧舜、宪章文武』的孔子

早期儒家经典《中庸》中曾概括孔子的思想旨归曰:“仲尼祖述尧舜，宪章文武。”也就是说，孔子遵循尧、舜之道，效法周文王、周武王之制。尧、舜、文王、武王皆为古代圣王，代表着修身爱民、德业宏广的理想人格，孔子愿效法他们的高尚品格，并以他们所创立的礼乐制度为精神家园，由此而推崇以“仁政”为主要内容的王道政治，赞扬以古圣先王与君子为代表的仁人圣者。

孔子(公元前551一前479年)生活于春秋末年，彼时正值社会剧烈变革之际，意识形态的更迭与社会制度的变迁皆呼之欲出。正如古今中外其他许多思想家一样，孔子亦困惑于自身所处的时代。剧变的现实使得他急欲拯救时弊，追寻理想的政治体系及相应的精神内核。孔子意欲追慕夏、商、周三代的政治形态，并寄望于重建西周以来的礼乐文明。在与弟子的对话中，孔子多次表达了对三代政治的向往，以及对古圣先王的赞颂。他称赞尧曰:“大哉尧之为君也！巍巍乎！唯天为大，唯尧则之。”赞颂舜和禹曰:“巍巍乎，舜禹之有天下也而不与焉！”(《论语·泰伯》)在孔子看来，唯有天是至高至大的，唯有尧能够取法于天；舜和禹虽贵为天子、富有四海，却未曾任乎一己之私。另外，孔子也曾表述对三代尤其是西周之礼乐制度的向往，说："周监于二代，郁郁乎文哉！吾从周。"（《论语·八佾》）意思是："周借鉴夏、商二代而建立了礼乐制度，如此昌盛丰富，我遵从周的制度！"

关于尧、舜、禹等先古圣王的德业、功绩与传说，中国古代经典文献《尚书》《史记》等皆有不少记载。据《尚书·尧典》记载，尧能够昭明大德，使得氏族部落友好和睦、天下百姓和乐亲善。另外，尧还任命掌管天文的官员羲氏与和氏观测天文历象，授民农时，便于农耕。《史记·五帝本纪》提到，尧年迈之时，推贤让能，禅让于舜。舜则以孝道闻名天下，代表着人伦之至。舜的父亲与继母愚顽凶狠，多次和舜的弟弟一起谋划杀害他，舜不仅躲过了劫难，还最终以孝行仁心感化了家人。而据《史记·夏本纪》的记载，禹则受命于舜，"披九山，通九泽，决九河，定九州"，历经十三年治理洪水，并观察山川地理，将天下划分为九州。

孔子对于古圣先王的推崇，首先在于他们的德性和功业，他们乃是孔子心目中理想人格的具体呈现。更为重要的是，古圣先王的德性和功业主要体现在他们所确立并施行的伦理政治制度中。正如上文所说，在孔子那里，这种伦理政治制度主要是指由周公所创设并施行的礼乐宗法制度。其精神内核是以仁义为代表的德性价值，其建构形式是以血缘宗亲为基本纽带的宗法社会关系与政治关系。二者相结合，共同塑造了一个完整的礼乐文明体系，而这正是孔子一生孜孜以求的理想政治制度典范。

孔子曾比较两种不同的政治形态，曰：

导之以政，齐之以刑，民免而无耻。导之以德，齐之以礼，有耻且格。（《论语·为政》）

这是说，以政令和刑罚引导、约束民众，民众可免于罪过，但并无羞耻之心；用道德和礼乐引导、约束民众，民众不仅会具备羞耻之心，还能够自觉按照社会规范行事。显而易见，较之于外在的制度法令约束，孔子更认同内在的道德伦理教化在政治世界中的角色与作用。孔子十分看重统治者的德行，也力图以内在的道德情感感化民众。按照孔子的思路，一个内心充溢着道德情感的人，其发乎外的行为举止自然也会合于礼义。反之，如果内在的道德人格不曾挺立与充盈，礼乐制度便只能流于空泛而徒具其表。“人而不仁，如礼何？人而不仁，如乐何？”（《论语·八佾》）说的正是这个意思，如果没有道德情感作为人内在的精神生命，礼乐又当如何发挥作用呢？

孔子对古圣先王与三代以来之礼乐制度的推崇，以及对仁义等道德情感的强调，形成了儒家所追寻的“王道”理想的理论基础。在孔子之后，孟子进一步明晰和区分了“王道”与“霸道”两种政治形态，提出了“仁政”的政治理想。

二

“仁者无敌”：孟子对“王道”政治的阐发

孟子（公元前372？—前289年）生活于战国中期。与孔子相似的是，孟子也曾带领弟子游说诸国，宣说自己的政治理想，以期有利于天下。大致说来，孟子承续了孔子对三代政治的向往，力图通过德性与礼乐重建天下秩序。在继承孔子思想话语的基础上，孟子明确区分了“霸道”与“王道”两种政治形态，提出了以“仁政”为主要内容的王道政治。

战国之际，诸侯国之间的纷争愈演愈烈，各国皆欲自保并战胜他国。孟子周游行至魏国时，魏国的国君惠王[1]颇为忧虑地询问孟子说：“魏国曾经强盛，天下各国无出其右。而到了我的时代，烽火连年，魏国东败于齐而西降于秦，南边又受辱于楚。我不仅丧失了土地，还失去了长子，感到不堪其辱。我应当如何是好？”

孟子并未向惠王提供任何兵家策略，而是劝说惠王“仁者无敌”。他回答说：“面积仅百里的小国尚且可以行仁政而

1 魏惠王在位之时，魏国国都由安邑迁至大梁，因此，“魏惠王”在《孟子》一书中亦称“梁惠王”。

使得天下归服，何况魏国这样一个大国呢？您若能够施行仁政，减免刑罚，减轻税赋，令百姓深耕细作、勤于农事，使年少的人在闲暇之时修习孝悌忠信等德性……那么，即便是使用木棒，也可以抗击秦军与楚军的坚甲利兵……总之，'仁者无敌'，仁德之人是无敌于天下的。您无须疑虑！"

魏惠王想要战胜秦、楚等强国，而在孟子看来，战胜他国、无敌于天下的关键不在于国土之广阔或武力之强盛，而在于施行"仁政"。大致说来，"仁政"包含对民众生产与生计的具体制度保障。更为重要的是，"仁政"是对统治者品格的要求，以及对百姓德性的化育。德性品格构筑了国家政治的精神生命，是国家强盛的深厚源泉，由此而形成的良善的社会伦理秩序足以使天下归服。

与"仁政"形成对比的是对武力的推崇，孟子将二者分别称为"王"与"霸"。事实上，如上文所说，孔子的思想中已经蕴含了"王道"与"霸道"的分野，并具有"尊王黜霸"的意味。孔子称颂三代圣王的政治治理，并曾数次评价辅佐齐桓公的管仲。只不过，在孔子那里，"王道"与"霸道"的区分尚未完全明确，而到了孟子这里，这种区分变得十分明晰。王霸之辨不仅构成了孟子讨论王道政治的基本视域，同时也成为后世儒家乃至文人士大夫们追寻理想政治的重要人文动机。孟子论述道：

以力假仁者霸，霸必有大国；以德行仁者王，王不待大，汤以七十里，文王以百里。以力服人者，非心服也，力不赡也；以德服人者，中心悦而诚服也，如七十子之服孔子也。(《孟子·公孙丑上》)

简单说来，“以力服人”即为“霸道”，而“以德服人”则为“王道”。“霸道”往往只是借助仁义的名义施行武力，以期称霸诸侯，推行“霸道”必须要有强大的国力作为保障；“王道”则以仁义等道德情感为根基，商汤王的国土最初纵横仅七十里，周文王的国土最初仅百里，但他们都因为施行仁政而获得人心归服。总之，“霸道”依赖暴力刑罚，而“王道”诉诸道德教化。只有“王道”能够真正契合人心，使得百姓心悦诚服，并最终化育天下。

另外，必须要指出的一点是，孟子对于“王道”政治的推崇，与他的“性善论”主张是一以贯之的。孟子认为，人都有仁义、礼、智的善端根植于内心之中，人只要能够复归本心、扩充内心本有之善端，善端就会如同燃烧的火苗、流淌的泉源，最终发展成为现实之德性，并影响人的外在行为。“王道”政治也是如此，它发自于圣王固有的仁爱之心，并最终扩充为以德性为基础的政治体系。孟子说：

人皆有不忍人之心。先王有不忍人之心，斯有不忍人之政矣。(《孟子·公孙丑上》)

也就是说，人都有恻隐之心。古圣先王有恻隐之心，由此而扩充发散之，便形成以恻隐之心为基础的政治治理。而这样的政治会春风化雨般地感化人心，使得百姓自然而然地归化。同时，它也会激发百姓心中的善端，促使百姓自觉遵守道德，从而形成良善的社会伦理秩序。

对“王道”和“霸道”的区分，以及“尊王黜霸”的思想立场，构成了以孔、孟为代表的儒家乃至整个中国古代思想政治叙事的基本人文动机与思想底色。思想家们怀抱着“王道”的理想，以遥远的三代礼乐文明为精神依托，通过宣说“王道”政治来批判现实、抵御暴力。《孟子》与其他古代典籍中都讲述了不少阐扬“王道”政治的历史事件与寓言故事，“武王克商”便是其中最为重要的历史事件之一。

三

“武王克商”：“王道”政治何以可能

现代哲学研究往往通过严格的论说推理表达哲学观点。相较而言，中国古代哲学的论说与表达形式则更为灵活多样，往往不限于逻辑推理，神话寓言、古史传说、历史事件、哲理对话等都可以是表达哲学观点的有效形式。古代思想家时常会在基本史实中注入故事情节，把哲思义理嵌入其中。《尚书》《诗经》《孟子》《史记》等对“武王克商”的描绘与讨论即是如此。

“武王克商”是中华文明史上最为重要的政治历史事件之一。商与周本来分别为上古时期邦国联盟中的盟主与盟国。据《史记·殷本纪》记载，周武王之时，作为盟主国君的商纣王暴虐荒淫，百姓与盟国饱受其苦。纣王的叔父比干犯颜直谏，却被纣王处以剜心之刑。残暴的纣王对比干说“我听说圣人的心有七窍”，于是剖开比干的心以检验之；商朝另外两位忠臣微子与箕子也不得不逃离或披发佯狂以保全性命。《史记·殷本纪》的这段记载后来在明代的神魔小说《封神演义》中有精彩的演绎。相较于商，作为“小邦”的周则通过施行“王政”而发展壮大，最终击败并取代了庞大的商，成为天下秩序新的统治者。在其中最为关键的“牧野之战”中，周武王带领伐商联军与商军决战于商朝国都朝歌郊外的牧野（今河南新乡附近），纣王的军队无心应战，被一举击溃。纣王仓皇败退，并最终自焚而亡，周由此成为新的天下之主。

“武王克商”标志着早期中国历史上一次重要的政权更替，它的思想意义更在于它乃是兴仁义之师推翻暴政的历史典范。也正因为如此，它的政治思想意蕴不断被历代思想家与经典文献讨论与阐发。《尚书·武成》记载了“牧野之战”的惨烈之状，谓其“血流漂杵”，也就是说，伤亡之人的血足以浮起木杵。孟子则质疑了《尚书》的说法，认为武王之所以能够取得胜利，并不在于暴力征伐，而在于施行“仁政”使得百姓心悦诚服。孟子提到，武王伐商之时，带领了兵车三百辆、勇士三千人。按照当时的战争规模，武王的军队远远算不上庞大。然而，未及武王真正开始攻打，商朝的百姓便已归附。孟子说：

> 仁人无敌于天下，以至仁伐至不仁，而何其血之流杵也？……国君好仁，天下无敌焉。（《孟子·尽心下》）

◆图为现藏于国家博物馆的西周青铜器『利簋（guǐ）』及其铭文。『簋』流行于商代至春秋战国之时，是盛放食物的器皿，也是非常重要的礼器。『利簋』底部铭文记载了『武王克商』这一历史事件。其文曰：『武征商，唯甲子朝，岁鼎，克昏夙有商。辛未，王在阑师，赐右吏利金，用作檀公宝尊彝。』

在孟子看来，武王这样的“至仁”之人面对商纣王这样的“至不仁”之人时，根本无须使用暴力征伐。通过施行仁政、爱民保民，武王以仁德自然而然赢得了民心，使得天下百姓向往他并归顺于他。当仁政与暴政对抗之时，胜负结果不待多言。归根结底，统治天下的根本不在于武力，而在于君主之德性与民心之向背。如果后世君主能够如武王一样修其德性而施行仁政，就必然会无敌于天下。

孟子甚至还提到，上古圣王商汤伐夏之时，征讨至南方，北方的百姓便会有怨言；征讨至东方，西方的百姓便会有怨言。大家纷纷问：“汤王为什么不先到我们这里来？”言下之意是，四方百姓都盼望着汤王的仁德能够尽快泽及自己所处的地方。

关于百姓对武王的接纳，孟子评论说：

> 征之为言正也，各欲正己也，焉用战？（《孟子·尽心下》）

这是说，“征”的意思其实是“正”，人人皆欲端正自身，又何须发动征战呢？中国古代典籍时常使用同音互训的方式巧妙地阐发思想，孟子用“正”字来训“征”即是如此。在孟子看来，“征”主要不是政治层面的武力征伐，而是德性维度的“正己”，是对个体道德修养的要求与期待。武王德高为范，能够感化百姓，教导他们发扬本有的善性、反躬正己。在这样良善的道德伦理规范与相应的社会行政准则下，天下之人自然会归附。因此，像武王这样的人，无须征战便会化成天下。而即便征战，也会无敌于天下。“武王克商”可以说是顺天而应人。《论语・颜渊》曾提到“政者，正也”，讲的也是同样一层意思。

四

『王主霸辅』：荀子思想中的王道观念

在孔子和孟子的理解中，“王道”是绝对优于“霸道”的。孔孟的思想中都蕴含“尊王黜霸”的意味，认为统治者应当施行仁政、追寻“王道”理想，而不以“霸道”为目标。在孔子和孟子之后，儒家的另一位代表思想家荀子（公元前313？—前238）同样留意于王霸之辨。与孟子相似的是，荀子也曾论及“武王克商”，并同样认为《尚书》的记载夸大了这场战争的惨烈程度。荀子认为，“武王克商”乃是“以仁义之兵行于天下”，故而甚至能够“兵不血刃”使得四方咸服，并不需要动用武力。[1]

不同于孔孟的是，荀子虽同样推崇“王道”，但他对王霸之辨的理解少了几分“尊王黜霸”的意味，而主张“王主霸辅”。荀子对于“霸道”的肯定，具体体现在他对“春秋五霸”之首的齐桓公及其佐臣管仲的评价中。荀子谓：

1 详细讨论见《荀子·议兵》：“是以尧伐驩兜，舜伐有苗，禹伐共工，汤伐有夏，文王伐崇，武王伐纣，此两帝四王，皆以仁义之兵行于天下也。故近者亲其善，远方慕其义，兵不血刃，远迩来服，德盛于此，施及四极。”驩：音huān。

夫齐桓公有天下之大节焉，夫孰能亡之？倓然见管仲之能足以托国也，是天下之大知也。…… 其霸也，宜哉！非幸也，数也！（《荀子 · 仲尼》）

在荀子看来，齐桓公乃是知人善任的霸主，而管仲则为足以托付天下的能臣。齐桓公掌握了治理天下的关键，成就霸业是理所当然、切合时宜的，而非侥幸或运气。

荀子认为，“霸道”虽不及“王道”，但二者之间的差别并不是绝对的价值区分。“霸道”仍然不失为一种比较好的统治模式，可以作为王道政治的辅助或补充。他说：

君人者，隆礼尊贤而王，重法爱民而霸，好利多诈而危，权谋、倾覆、幽险而尽亡矣。（《荀子 · 天论》）

这是说，若君主能够推崇礼义、敬重贤良，则可以称王天下；若君主能够注重法则、爱护民众，则可以称霸诸侯；若君主喜爱财力、多用伪诈，其统治将岌岌可危；若君主玩弄权谋、阴暗险恶，则国家亡在旦夕。显而易见，相较于后两种统治模式，“王道”和“霸道”在荀子的价值序列中都可以归为较好的治理方式，都可以使得国家安定富强。

前文中曾提到，在孟子看来，“霸道”的主要内容是“以力服人”，亦即武力征服。较之于孟子，荀子在诠释“霸道”

时加入了新的正向价值内涵，除了武力，“霸道”还包含对法令的遵从和对民众的爱护。因此，荀子并不像孟子那样贬斥“霸道”，而是认为“霸道”也有可取之处，“王道”和“霸道”的差别只是程度上的差异；“霸道”作为“次好”的治理方式，可以作为“王道”的辅助或补充。在“王道”不易推行之时，“霸道”也不失为一种可行之策。《荀子·王霸》一篇提到：

故用国者，义立而王，信立而霸，权谋立而亡。

所谓“义立而王”，是指奠基于道德价值则可成就“王道”；所谓“信立而霸”，则指以信治国、言出必行、赏罚分明，在荀子看来，这样也能够凝聚民心，并最终成就霸业。除上述内容外，《荀子》一书中还有不少肯定“霸道”之现实价值的表述，如“王者富民，霸者富士”（《荀子·王制》）、“尊圣者王、贵贤者霸”（《荀子·君子》）等。

总之，荀子虽然认同“王道”优于“霸道”的价值定位，提倡以“王道”为政治世界的理想形态，但同时也认可“霸道”在现实政治层面的可行性，认为“霸道”可作为“王道”的现实补充。在春秋末年以及战国时代诸侯纷争的历史背景下，“王道”更像是某种遥不可及的理想政治图景。孔子说为政首先需要“正名”，亦即使得君臣父子各依据其道德准则和角色规范行事，他的弟子子路驳斥说“子之迂也”（《论语·子路》）——老师您太迂腐了！孟子也曾因宣说“仁政”而被梁惠王评价为“迂远而阔于事情”（《史记·孟子荀卿列传》），意即不合时宜、过于理想化。乱世之中，各诸侯国以自保和胜敌为要务，“王道”理想显得可望而不可即，“霸道”似乎更具可行性。而荀子的“王主霸辅”无疑提供了另外一种思路——由“无道”到“霸道”，再最终实现“王道”，这是否可能成为更加切实的政治策略呢？

总体说来，自孔子至孟子、荀子，乃至秦代之后的历代思想家，“王道”政治始终是中国古代政治哲学所追寻的理想政治形态。时移世变，“王道”的具体内涵也不断得以丰富，而作为其精神内核，以仁义为代表的德性价值始终贯穿其中。“王道”不仅是中国古代政治制度的理想图景，它同时也统摄了中国古代内政外交的具体方略。中国古代的军事思想与兵家方略同样贯注着“王道”的德性内涵与价值关怀，尚“德”而不尚“力”，重视生命并崇尚和平。

文化关键词

霸道

霸者之道，指凭借武力与强权手段进行统治（与“王道”相对）。春秋时代，周王室式微，有的诸侯凭借自己的强大实力，操纵周天子和其他诸侯，维持秩序，成为诸侯领袖（初写作“伯”，后来写作“霸”）。他们的统治原理或政策，被称为“霸道”。它不重仁义道德，而重功利强权；不是以德服人，而是以力服人；不重文的感化，而重武的压迫；不使人怀德而使人畏威，甚至只顾本国利益，不顾他国苦难。中华民族崇文而不尚武，自古提倡“王道”，贬斥“霸道”。此为今日中国反对霸权主义、反对强权政治的历史文化渊源。

仁者无敌

具有仁德的人是无敌于天下的。“仁者”指具有“仁德”的君主或施行仁政的国家。“仁德”在政治层面表现为“仁政”，以仁爱作为施政的依据和出发点，善待民众，慎用刑罚，减轻赋税，最大限度地惠及百姓。如此才能赢得民众的拥护，上下一心，众志成城，无敌于天下。其基本原理是：国家强盛的深厚源泉在于赢得民心，只有善待百姓，才能获取这一源泉。

王道

儒家提倡的以仁义治理天下、以德服人的政治主张（与“霸道”相对）。上古贤明帝王多以仁德治国，至战国时代孟子将其提升为政治理念，提出国君应当以仁义治国，在处理国与国之间的关系时要以德服人，这样才能得到民众拥护，统一天下。它是中华民族崇尚“文明”、反对武力和暴政的具体体现。

篇二 止戈为武

古代中国的战争观

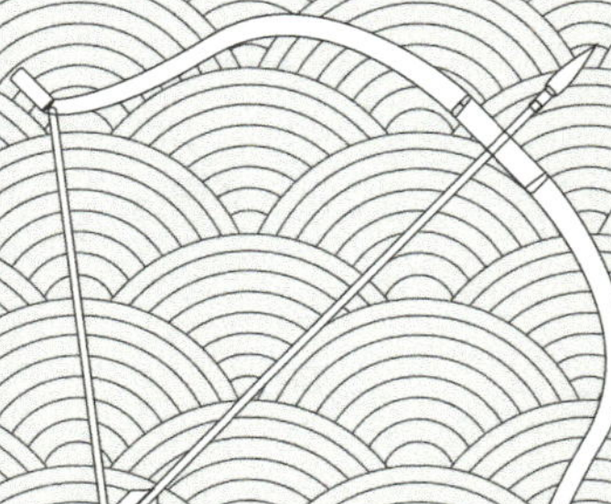

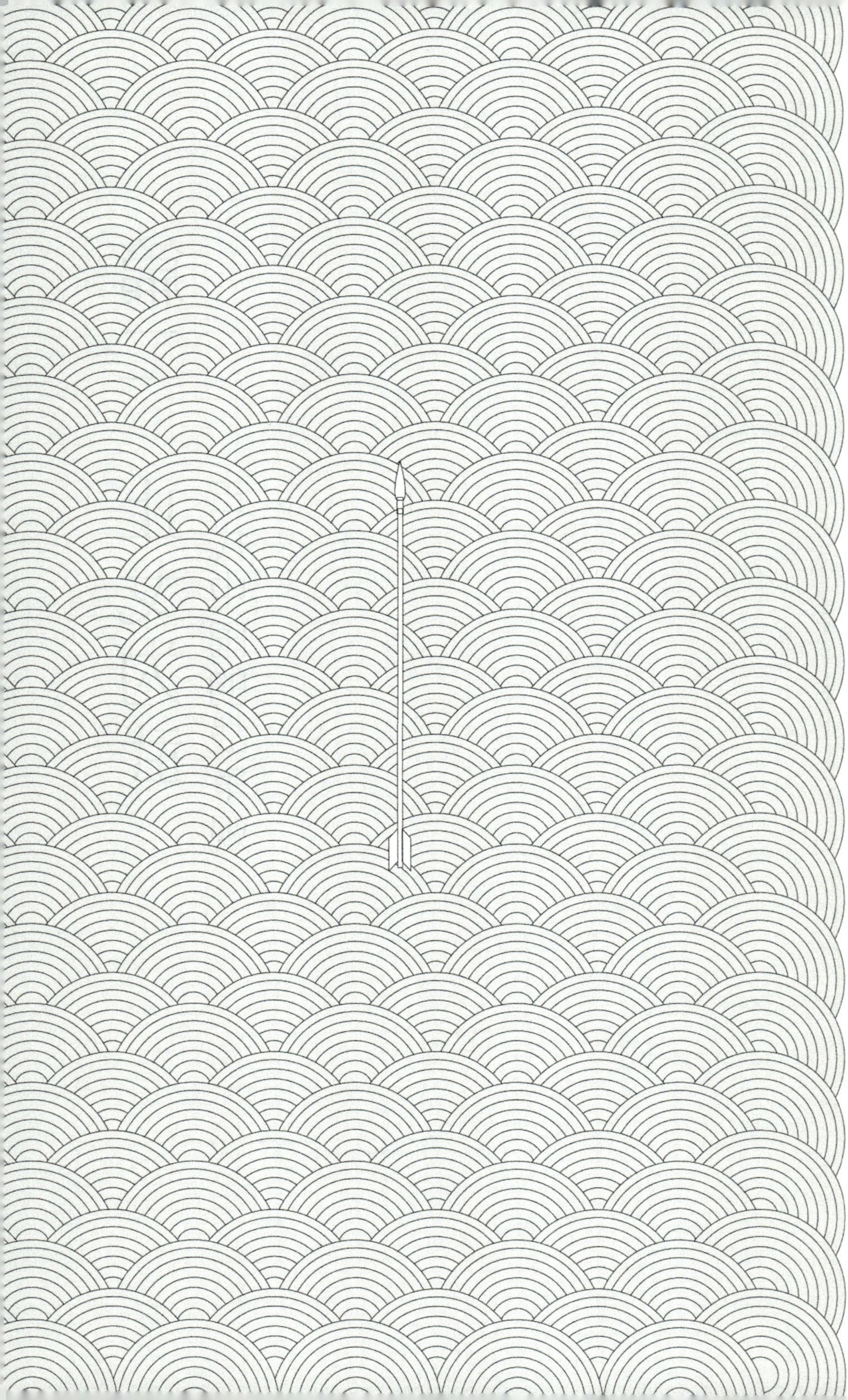

在人类文明的演化史与民族国家的发展史中，“战争”始终是一个与“发展”相伴相生的主题，古今中外皆是如此。《左传》曾提到：“国之大事，在祀与戎。”意思是说，对于一个国家而言，最重要的事情便是祭祀与军事。古人认为，通过祭祀，国家将会得到神灵和先祖的佑护，而强大的军事实力则在现实层面切实保障了国家太平与人民安乐。也因此，中国古代典籍文献中关于军事和战争的论述屡见不鲜。然而，与一些尚武的文明有所不同的是，中国文明基于人本主义的价值取向，虽重视军事与武略，但从根本上来说是崇尚和平、反对战争的。即便是不得已进行战争，目的也一定是“以战止战”[1]，亦即通过战争止息战争、达至和平。

1 语出《司马法·仁本》：“古者，以仁为本，以义治之，之谓正。……以战止战，虽战可也。”也就是说，如果是以“仁”为出发点、以“义”为约束，那么，发动正义的战争来制止或消弭非正义的战争，并无不可。

◆战国时代的青铜戈

一

止戈为武

春秋战国之际，战乱频仍，各诸侯国争斗不息。鲁宣公十二年（公元前597年），楚国攻郑，晋国派兵援救，两军对垒于邲（今河南郑州北）。最终，楚军击溃晋军夺得了战争的胜利。楚军将领潘党由是建议楚庄王利用晋军士兵的尸体炫耀楚国之武力，昭示子孙。楚庄王作为春秋五霸之一，一生亲率戎马，征战无数。然而，对于潘党的建议，他却回答道：

非尔所知也。夫文，止戈为武。（《左传·宣公十二年》）

中国的古汉字，象形指事而可会意。楚庄王对“武”的理解正是这样。在他看来，“武”的字形正是对其意涵最好的表达与诠释——“止戈为武”。“止”即为止息、停止；“戈”是中国古代一种兵器，借指战争。顾名思义，止息战争方为“武”。也就是说，“武”所指示的不仅仅是干戈军旅之事，这些不过是“武”的外在表现形式；更为重要的是，“武”的内涵在于止息干戈、禁暴正乱、达至和平。

楚庄王进而论及“武”之“七德”：

> **夫武，禁暴、戢兵、保大、定功、安民、和众、丰财者也。（《左传·宣公十二年》）**

“七德”之中没有任何一条赞颂武力、宣扬杀敌制胜。在楚庄王看来，“武”的意义不在于施行暴力，而在于止息暴力；不是为了穷兵黩武，而是为了止戈兴仁，并最终巩固功业、安邦利民、和顺百姓、丰裕资财。

“止戈为武”的说法后来被许多文献沿用。例如，东汉文字学家许慎在《说文解字》中便直接引述了楚庄王之言，谓：“楚庄王曰：‘夫武，定功戢兵，故止戈为武。’”《汉书》也曾提到：

> **是以仓颉作书，“止”“戈”为“武”。圣人以武禁暴整乱，止息干戈，非以为残而兴纵之也。**

按照《汉书》中的说法，仓颉在造字之时将“止”“戈”二字合而为“武”绝非任意为之，而是有意识地为“武”注入了某种深切的人文关怀或价值取向。“武”不应当是暴力的狂欢之所，而应当是其终结之处。“武”的目的绝不是杀戮，而是护生。“武”应当为圣人所用，用以禁止残暴、平定动乱、止息战争。

“止戈为武”虽然未必为“武”字造字之本义[1]，却道出了中国人自古至今对战争与武力的基本态度。中国古代思想中蕴含着大量与军事和战争相关的内容，然而，中国古代是“重武”而不“尚武”的。纵观中国历史，无论是才高识远的思想家、政治家、军事家，还是精深微妙的军事著作，所传达的都不是对武力或战争的推崇，而是对其所蕴含的人文精神的探寻。换言之，强大的武力从来都不是人们顶礼膜拜的对象；反之，作为“武”之内在精神底蕴的仁德才是人们孜孜以求的。武力本身仅作为某种手段或形式而存在，其最终目的在于惩治不轨、彰显文德，从而使得国家兴旺昌盛、人民安居乐业。

总之，“武”的灵魂在于“止武”，战争的意义在于“反战”，这是中国思想一直以来绵延不息的人文价值。

1 也有学者认为，在甲骨文中，“武”字的“止”为“趾”，指的是人的脚，引申为行走。“止戈为武”则表示人持戈行进，准备战斗。

二

『去兵』：孔子的抉择

《论语·颜渊》记载了孔子与弟子子贡关于政事的一则对话。子贡向老师请教为政之道，孔子回答道：

> **足食，足兵，民信之矣。**

孔子提到了治理政事的三个要素——充足粮食、充足军备、使百姓充满信心。孔子认为，家家户户丰衣足食，国家军事实力强盛，则足以攘外安内、保家卫国，而这也正是民心之所向、众望之所归。在这里，孔子明确肯定了军事实力的重要性，它与物资和民心同为治国安邦的必要条件。

那么，粮食、军备与民心，这三者是否有轻重之别呢？子贡对此提出了疑问：

> **子贡曰："必不得已而去，于斯三者何先？"曰："去兵。"**
>
> **子贡曰："必不得已而去，于斯二者何先？"曰："去食。自古皆有死，民无信不立。"**

子贡问老师："如果迫不得已，一定要在上述三者之中去除一项，应该先去除哪一项呢？”孔子首先便选择了去除军备。“那么，如果迫不得已，必须在粮食和人民的信心之间做出选择呢？”子贡进一步追问。孔子回答道：“去食。”在“食”与“民信之”之间，孔子宁愿放弃“食”也不愿失信于民——自古以来，人皆有一死，而若人民丧失了信心，则国家无以立足。

子贡的两次提问皆曰“必不得已而去”，足以见得“兵”“食”“民信之”三者之于治国的重要意义。若非迫不得已，军事实力、物质财富和民心归向三者缺一不可。强大的军事实力可以抵御外敌，保护国家免受侵伐；“食”所代表的生活物资则可保障人民丰衣足食、安身立命；然而，在孔子看来，较之于“兵”与“食”，“民信之”才是为政之本。政治之秩序必须合于民心之纲维，若失信于民，则君不得而王、国不得而治。而民心的获得别无他法，唯有统治者孜孜不倦地施行仁政、德泽天下，保障人民安居乐业，使得老者有所养、少者有所安。

进一步来说，若统治者能够施行仁政、获得民心，则许多战争本身便是可以避免的，无须动用甲兵舟车争斗；即便遭遇外敌侵犯，战争的发生如箭在弦，民众的支持也足以帮助国家免除祸患、赢取胜利。因此，当“兵”“食”“民信之”三者不可兼而有之时，与其偏于外在之“兵”与“食”，不

◆据《史记·孔子世家》记载，孔子幼时嬉戏便曾『陈俎豆，设礼容』。
图片选自《孔子圣迹图》。

如偏于内在的仁心仁政以获得民心。孟子曾提到“威天下不以兵革之利，得道者多助，失道者寡助”（《孟子·公孙丑下》），说的也正是这个道理。

另外，《论语·卫灵公》还记载了孔子与卫国国君卫灵公的一次会面。在这次会面中，曾被孔子斥为“无道”之君的卫灵公一见到孔子，便向他请教排兵布阵之法。孔子回答说：

俎豆之事，则尝闻之矣；军旅之事，未之学也。

“俎”和“豆”是古代祭祀、宴飨时用来盛放祭品或食物的两种礼器，孔子用它们来指代各类礼乐活动。“礼乐相关的事，我还是懂一些的；但用兵打仗之事，我未曾学过”，孔子如是回答卫灵公。显而易见，卫灵公汲汲以求的是侵凌伐战、克敌制胜，而孔子忧心的是礼崩乐坏、天下纷乱。道不同不相为谋，在会面的第二天，孔子便离开了卫国。

《孟子》也曾记述说“仲尼之徒无道桓、文之事者”。这是说，孔子及其门人不曾谈论齐桓公与晋文公。齐桓公曾九合诸侯、一匡天下，为“春秋五霸”之首；晋文公亦曾图霸中原而称霸诸侯。总之，两人皆骁勇善战，成就了一时之霸业。即便如此，孔子并未对他们表达出丝毫的赞许或颂扬，而是选择了完全避而不谈。某种意义上来说，这是否可以看作孔子有意忽略呢？翻阅整部《论语》，我们不难发现，孔子及其门人忧心于礼乐之不传、德性之衰微，而从未属意于铁马金戈、兵甲之利。“无道桓、文之事”自然也并不让人意外了。

总之，注重人文价值而拒绝武力崇拜，这是孔子乃至整个中国思想传统对于武力的基本立场。即便是肯定军事装备的重要意义以及特定战争的合理性，也仍然是“以人为本”，以和平为最终目标的。在中国思想中，武力或战争本身从来都不是崇拜或歌颂的对象。

三

兵者，不祥之器

除了《论语》中记载了孔子对于战争或武力的保留态度，不少其他典籍文献亦明确将“兵”称为“不祥之器”或“凶器”。例如：

> **凡兵，天下之凶器也；勇，天下之凶德也。举凶器，行凶德，犹不得已也。举凶器必杀，杀，所以生之也。行凶德必威，威，所以慑之也。（《吕氏春秋·论威》）**

中国文化历来注重世间万物的生成与化育。《周易》说“天地之大德曰生”“生生之谓易”，认为天地的宏大德泽在于使万物化育流行、生生不息。而在《吕氏春秋》看来，用兵打仗必定会直接导致杀戮，因此，“兵”乃是一种“凶器”，不到迫不得已，不应轻动干戈、轻易发动或参与战争。即便迫不得已而兴兵动武，“杀”也只是保障或成就“生”的一种手段，其目的在于禁暴除乱、安国保民。

《吕氏春秋》拒斥暴力、将“兵”视作“天下之凶器”，这样的思想有其渊源。更为早出的《道德经》一书中已经有不少反对战争、奉劝君主谨慎用兵的言论。有学者曾提出，

《道德经》这部书与古代兵家可能存在某种思想关联，但总体说来，它是主张限制战争，乃至消解战争的。

《道德经》第三十一章讲到：

> 夫佳兵者，不祥之器，物或恶之，故有道者不处。君子居则贵左，用兵则贵右。兵者，不祥之器，非君子之器。不得已而用之，恬淡为上，胜而不美。而美之者，是乐杀人。夫乐杀人者，则不可得志于天下矣。

在这里，“兵”被称为“不祥之器”，亦即《吕氏春秋》中所说的“凶器”。因其对生命的戕害，人们都厌弃它，有道者也不使用它。另外，古人一般认为，“左”为阳、为生，“右”为阴、为杀。《诗经·小雅》里有“左之左之，君子宜之。右之右之，君子有之”的诗句，《毛传》在注解此句时提到：“左阳道，朝祀之事。右阴道，丧戎之事。”也就是说，“左”为阳，朝见与祭祀等吉礼应当居左；“右”为阴，丧礼与征伐等凶礼应当居右。也因此，君子平日居处贵左，征战用兵则贵右。即便不得已而用兵，也应当谨记战争杀戮残害的实质，遵循恬淡无为的原则。就算打了胜仗也不能洋洋自得，否则便等同于以杀人为乐事了。以杀人为乐事者，是不可能最终统治天下的。

《道德经》第三十一章进而提到：

杀人之众，以悲哀泣之，战胜以丧礼处之。

战争杀人众多，败阵者伤残累累、家破人亡；即便是获得胜利的一方，付出的代价也极为惨烈。因此，当不得不面对战争时，应该以哀痛的心情参加，战胜也要以丧礼的仪式去对待战死的人。说到这里，《道德经》对“兵”与战争的反对态度可谓跃然纸上了。无论基于何种理由发动战争，随之而来的都必定是暴力与残杀，这是对生命本身的残害。因此，以“道”辅佐君主的人，是不会用武力来强取天下的。在此，《道德经》以宏阔高远的视角，表达了对生命本身的尊重与珍视，以及对人类命运的深切责任感。如前文所述，《周易》认为“天地之大德曰生”，即天地最大的美德在于孕育万物，并承载、维持生命的延续。对生命的肯定与珍视乃是中国古代思想的特色之一，在这样的思想关怀之下，老子反对战争、将“兵”视为“不祥之器”也是自然而然的了。

再者，我们知道，“道”是《道德经》这部书的核心思想范畴。“道”生成万物，并秉着“无为”的原则养育万物。“道”保障万物自然而然的生成发展，并最终成就万物本来的自然状态。从这一角度来说，战争不仅是对万物自然状态的干扰，更是对万物的戕伐与残害。可以说，战争与道“无为”而长养万物的原则正相违背。因此，《道德经》一书中特别提到“以道佐人主者，不以兵强于天下，其事好还”。也就是说，以“道”为原则来辅佐君王的人，是不以兵力逞强于天下的，穷兵黩武最终必定自食恶果。总之，基于对个体生命的尊重，以及对天地万物的关爱，《道德经》明确将“兵”斥为“不祥之器”，表现出了鲜明的反战色彩。

四

非攻

较之于以孔子为代表的儒家和以老子为代表的道家对军事战争的态度，墨家的看法更进一步，明确提出了“非攻”的军事主张，以反对攻伐。据史书记载，墨家学派的创始人墨子（公元前468？一前376年）出身低微，曾为小手工业者。因此，战争纷繁之时，墨子极能体察人间疾苦，同情百姓遭遇。在《墨子·非攻》中，墨子深切地描述了各国争斗不休所导致的种种恶果与惨象。首先，攻城略地必然伴随着杀戮与残害，少则几千人，多则数万人；再者，战争必然耽误农时、侵犯土地，使得百姓食不果腹、流离失所。墨子因此主张“兼爱”与“非攻”，认为人与人、国与国之间应当互敬互爱，“视人之国若视其国，视人之家若视其家，视人之身若视其身”，而不应相互侵伐。然而，在春秋战国的危局之下，即便倡导兼爱与和平，他国来犯也时常是无可避免的。墨家由此而创造出精巧复杂、牢不可破的守城工事，我们现在耳熟能详的成语“墨守成规”即出自墨家善于守城的典故。

据《墨子·公输》记载，战国之时，楚国欲攻打宋国。鲁班特意建造了云梯以助楚攻宋。墨子得知后，步行十天十夜到达楚国的国都郢，力图劝阻鲁班攻宋。然而，鲁班并未听从墨子的劝阻，还说已经向楚王禀告过建造云梯之事，攻打宋国已是离弦之箭。墨子于是觐见楚王，楚王虽叹服墨子反对攻宋的理由，但仍决定借助云梯攻打宋国。无计可施的墨子只好决定当场与鲁班一决高下，比试二人制造的器械。墨子解下腰带，围作城墙的样子，然后用小木片作为守城的器械。鲁班九次陈设器械以攻之，墨子九次皆抵御住了鲁班的进攻。最终，鲁班的攻城器械用尽，而墨子的守御战术却还有余。无计可施的鲁班却对墨子说："我知道有什么办法可以对付你了，但我不说。"楚王不解，墨子解释道："公输盘的意思，不过是要杀了我，这样宋国就没有人防御了。但是，我的弟子禽滑釐等三百人，已经手持我守城用的器械，在宋国的都城上等待楚君呢。即使杀了我，守御的人也是杀不尽的。"楚王听后最终放弃了攻打宋国的念头。

兵戎相见、干戈满地之时，墨子反倒对战争更多了一份清醒的体察。相对于攻伐可能带来的微小利益，墨子更痛惜战争带给劳苦大众的伤害。因此，当各国汲汲于攻伐侵略之时，墨子力倡"非攻"，并在实际的军事活动中重视防御，绝不主动侵犯他国。防御的目的不是其他，而是要保护民众免受战乱之苦，让他们安居乐业。

与儒、道两家较为不同的是，墨子主张"兼相爱，交相利”。在墨子看来，天下一家，因此，人们应当在社会关系中照顾彼此的利益。这既是“兼爱”的目的，也是最大的“义”；反之，损害他人利益则是“不义”的。墨子之所以反对战争，也正是在于战争于义不可，于利无得。《墨子·非攻》提到：

> **今有一人，入人园圃，窃其桃李，众闻则非之，上为政者，得则罚之。此何也？以亏人自利也。……今至大为攻国，则弗知非。从而誉之，谓之义。此可谓知义与不义之别乎？**

在墨子看来，正如入人园圃盗人桃李一样，战争也侵害了他人的利益，且程度最甚，为天下之大害。若要为天下兴利除害，便必须废止战争，倡导“非攻”。唯其如此，人们方可自利利他、安居乐业。

另外值得注意的是，墨子虽提倡“非攻”，但并非一味反对战争。大体说来，墨子区分了两种不同类型的战争——“攻”与“诛”。“攻”主要指非正义的战争，而“诛”为出于正义目的的战争。《墨子：非攻》中记载，曾有喜好攻伐的君主故意诘难墨子道：“从前大禹征讨有苗、汤讨伐桀、周武王伐纣，但他们都被立为圣王，这如何解释呢？”墨子回答说：“您没有分清我提到的攻战的类别，所以才会有这样的疑问。大禹、汤、武王的讨伐应当称之为‘诛’，而非‘攻’。”在墨子看来，大禹、汤和武王的攻伐都是替天行道，是以诛暴讨乱、安国保民为目的的，而不是为了争权夺利、侵人国土或残忍嗜杀。他们对暴虐无度者的讨伐应当称为“诛”，而非以征伐为目的的“攻”。由此可见，墨子对正义的战争是认同的。

五

以战止战

如前文所示，中国古代思想家们对于战争的态度乃是百虑一致、殊途同归的，崇尚和平、反对战争是共同的人文关怀与思想主题。当然，正如墨子对“诛”“攻”二者的分殊所体现的，基于对民众安危与家国命运的关注，中国古代的思想家们并不是一味否定战争，以维护和平、保家卫国而不得不进行的战争未曾被否定。春秋时期的重要军事著作《司马法》一书曾提到：

故国虽大，好战必亡；天下虽安，忘战必危。

也就是说，国家即便强大，如果热衷于战争，必然会灭亡；天下虽然安宁，但如果忘记潜在的战争威胁，必然会使自己处于危险境地。《司马法》进而提到天子“春蒐秋狝”[1]、诸侯“春振旅”而“秋治兵”，意即天子在春秋两季通过打猎进行军事演习，各诸侯国在春秋两季整顿军队、进行军事训练，这些行为都是为了不忘战争的存在，做到有备无患，在危难之际保障家国安宁、保全民众。

1 蒐，音sōu，指春猎；狝，音xiǎn，指秋猎。

而兴兵开战则必须有正当的理由。唯其如此，军队才可能士气旺盛、富有战斗力，否则必将自食恶果。《礼记》说“师必有名”，《汉书》谓“兵出无名，事故无成”，《左传》谓“师直为壮，曲为老”，皆旨在强调战争的正义性及其背后的人文取向。《司马法》中则有“以战止战”的说法——“古者，以仁为本，以义治之，之谓正。……以战止战，虽战可也”，阐明了治国与治军应当以仁义等道德准则为根本依据，战争的目的应当是制止暴虐、止息战争、换取长久的和平。另外，若不得已而战，其理想形式也应当是“兵不血刃”而平治天下，正如中国古代另外一部重要兵书《尉缭子》所言：

> 凡兵不攻无过之城，不杀无罪之人。……兵之所加者，农不离其田业，贾不离其肆宅，士大夫不离其官府，由其武议在于一人，故兵不血刃，而天下亲焉。

不仅战争不应殃及无过之地、残杀无辜百姓，而且在那些被讨伐的国家，百姓甚至应当能够一如往常安居乐业，士大夫也仍可居于官府。事实上，用兵的目的只在于惩罚罪魁祸首，所以，不殃及无辜、不血流漂橹也可以得到天下的信服与归顺。

总之，“以德为本”的人文精神不仅构筑了中国文化的思想底色，同时亦贯穿于中国传统的军事思想与文化中。在传统中国思想中，军事的灵魂绝不在于兵器之尖锐、武力之强大，而在于以人为本、仁民爱物的宏阔人文情怀。军事与战争的目的不是征服或侵占，而是止息冲突、调和上下，最终使得百姓昭明、万邦谐和。

文化关键词

非攻

反对、禁止不义的战争。“非攻”是墨家的基本主张之一。墨家认为，违反道义的攻伐战争有着严重危害。不仅被攻伐的国家遭到极大破坏，发动战争的国家也会因战争造成大量的人民伤亡及财产损失，因此应该禁止不义的战争。墨家也通过实际的行动反对并阻止国家间的相互攻伐，并研究了用以防御攻伐的战术、器具。

止戈为武

能制止战争、平息战乱才是真正的武功。这是春秋时代楚庄王根据“武”字的字形提出的著名的军事思想。“止”即止息；“戈”即武器，借指战争。将“武”释为止战，既符合以形表意的汉字文化特质，也表现了中国人以武禁暴的军事政治观及崇尚和平、反对战争的文明精神。

篇二 以奇用兵

古代中国的兵家与兵书

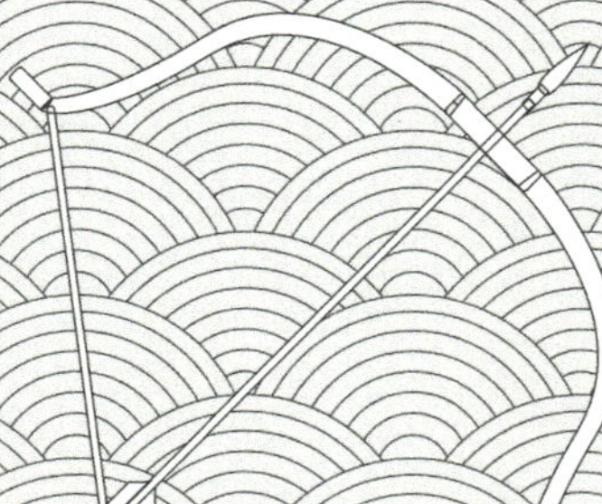

《道德经》第五十七章曾提到“以正治国，以奇用兵，以无事取天下”，主张以清静的正道治理国家，以奇诈诡秘的方法行兵布阵，以无为的方式治理天下。在春秋战国的战乱纷争中，用兵之道作为重要的思想话题与迫切的现实关怀，自然备受关注。与之相应的是兵家的形成与发展，以及兵书的创作与流传。

一

《封神演义》中的『姜太公』

围绕着兵家与兵书，中国历史上出现了许多精彩纷呈的民间传说与文学作品。明代神魔小说《封神演义》所刻画的神机妙算、才高智深的“姜太公”，便是一位非常令人着迷的兵家形象代表。作为周的军事统领，历史上的太公凭借其高超的军事谋略，辅佐周文王与周武王，最终使武王击败商纣王，建立了周朝。

据史料记载，“姜太公”为姜姓，吕氏，名尚，字子牙。《诗经·大雅·大明》曾记载他辅佐周武王于牧野之战击败商纣王之事曰：“牧野洋洋……维师尚父，时维鹰扬。凉彼武王，肆伐大商，会朝清明。”这是说，牧野广阔无垠，太公仿佛振翅雄鹰，辅佐武王讨伐商纣，至黎明之时已是天下清明。《史记·齐太公世家》也曾提到，太公作为辅佐周朝伐纣的功臣，“其事多兵权与奇计，故后世之言兵及周之阴权，皆宗太公为本谋”。按照《史记》的说法，姜太公具备卓越的军事才能与高超的智谋，因此被后世奉为兵家鼻祖。

姜太公与兵家的关联，也体现在后世一些兵书类文献中。例如，成书于战国中后期的重要兵书《六韬》即依托于姜太公，又称《太公六韬》或《太公兵法》;《汉书·艺文志》记载有“《太公》二百三十七篇”，其中包括“《谋》八十一篇、《言》七十一篇、《兵》八十五篇”。清代学者沈钦韩认为，《谋》者即太公之《阴谋》，《言》者即太公之《金匮》，《兵》者即《太公兵法》。总之，其中的内容皆与兵家谋略有关。这些著作或许并非为姜太公本人所作，但著者托名为太公，足见太公在后世兵家学派心目中的重要地位。

基于经典文献对姜太公之运筹帷幄、雄才远略的描述，《封神演义》将他神化为一位神妙莫测的隐士，说他三十二岁上昆仑山潜心修道，历经四十载，年逾七旬时奉元始天尊之命，骑着“四不像”，携带神器打神鞭、杏黄旗等下山，辅佐周文王讨伐暴虐无道的商纣王。而《封神演义》中所描绘的关于“姜太公”的故事中，最广为流传、让人耳熟能详的当然是“姜太公钓鱼”。太公钓鱼之事也见于《六韬·文韬》的《文师》篇中，以及北魏时期郦道元所著《水经注》等古书中，而《封神演义》对其进行了妙趣横生的演绎。

在《封神演义》中，姜子牙奉师父元始天尊之命下昆仑山，以伺机辅佐圣君。下山之后，他在商朝的都城朝歌摆摊算命，遇到并识破了化作人形的玉石琵琶精。姜子牙降服了琵琶精，并用三昧真火焚烧她，使她在纣王面前现出真形。九尾狐狸精是琵琶精的姐姐，由此怀恨在心，化身美貌的

◆《昆仑山子牙下山》，出自《新刻钟伯敬先生批评封神演义》，清刻本。

苏妲己成为纣王的妃子，并蛊惑纣王对姜子牙实施炮烙之刑。姜子牙使用水遁逃走，自此隐居于磻溪[1]，垂钓于渭水，以待圣君。

太公垂钓，“醉翁之意不在酒”，方法当然也就异于常人。按照《封神演义》的描绘，他只在鱼线上绑一枚直针，没有弯钩也没有香饵。樵夫武吉笑他以直钩钓鱼，姜子牙回答说：“吾在此不过守青云而得路，拨阴翳而腾霄，岂可曲中而取鱼乎！……吾宁在直中取，不向曲中求，不为锦鳞设，只钓王与侯。”也就是说，子牙垂钓磻溪并非为了捕鱼，而是意在等待明君圣王，并最终辅佐圣王平治天下。终于，某一春日，周文王出游至渭水，听闻太公所作之歌，认定他必为贤人。文王于是斋宿三日后返回渭水以礼相聘，并封子牙为丞相。之后，姜子牙辅佐文王内修文德、安定百姓，并训练士卒、开疆扩土，最终在周武王在位之时辅佐武王推翻了了商纣王的暴政，建立了周朝。

《封神演义》的描绘当然充斥着奇思妙想，姜太公在其中神机妙算、法术高明。翻阅历史文献，不难发现的是，《封神演义》的发挥和演绎并非“无中生有”。如前文所说，成书于战国时期的《六韬》就已依托于姜太公，《汉书·艺

1 磻：音pán。

◆《渭水文王聘子牙》，出自《新刻钟伯敬先生批评封神演义》，清刻本。

文志》也记载有主要内容为兵法权谋的《太公》篇章。再者，姜太公最后受封于齐，而正是齐地孕育了中国早期的兵家流派。兵家的代表人物孙武与孙膑皆为齐国人，《司马法》《六韬》等重要兵书也都属于齐国的思想系统。姜太公与兵家权谋之间的思想关联由此可见一斑。另外，太公与兵家之间的关联也足以使我们领略古代中国兵家思想的源远流长。

至唐初之时，唐太宗李世民为纪念姜太公而在磻溪修建了太公庙；其后，唐中宗李显又分别在长安、洛阳两处设立太公庙；开元十九年（公元731年），唐玄宗李隆基再次在都城长安建立太公庙，并封姜太公为“武成王”，之后，又将太公庙更名为“武成王庙”，简称“武庙”。武庙以姜太公为主祭，西汉开国功臣张良为配享，另有历代名将十人从祀。武庙祭祀姜太公，正如文庙供奉孔子，可见姜太公在古代兵家中的地位是多么崇高。

二

概说“兵家”的源流与发展

春秋战国之际，战乱频仍，各诸侯国之间纷争不断，兵家思想正是在这样的历史背景之下应运而生。“兵家”作为一个学术或思想派别，其形成可追溯至春秋晚期。而明确使用“兵家”这一名称来称谓和总结这一学术派别，则要到汉代刘歆撰《七略》与班固著《汉书》之时。当然，兵家思想的兴盛远远早于汉代学者对“兵家”学派的回溯性总结，应当是在春秋末期至战国早中期。

《孙子兵法·始计》说：“攻其无备，出其不意，此兵家之胜，不可先传也。”然而，“兵家”的说法在《孙子兵法》中仅此一见，且这里所说的“兵家”尚未指涉“兵家学派”，而主要是指军事统帅和军事家，《孙子兵法》中类似的称谓还有“将”“智将”“知兵者”“知兵之将”“善战者”“善用兵者”等。而后，《吕氏春秋·审分览》评论先秦诸子时提到：“老聃贵柔，孔子贵仁，墨翟贵廉，关尹贵清，子列子贵虚，陈骈贵齐，阳生贵己，孙膑贵势，王廖贵先，兒良贵后。”其中，孙膑、王廖、兒良都是兵家的代表人物，《吕氏春秋》认为孙膑注重战争的具体情势，王廖主张用兵贵在事先制定策略，兒良强调后发制人。《吕氏春秋》成书于战国末期，由此可以推测，兵家思想学说在彼时已是蔚然成风、颇具影响。

至西汉后期，经学家刘向、刘歆父子受命整理存世典籍，先后撰成《别录》《七略》两部目录学著作。其中，刘歆在《七略》中将所有典籍分为了“六艺”“诸子”“诗赋”“兵书”“术数”“方技”六类。刘歆将“兵书”类文献单列一类，足以见得兵书在当时应当是数量庞大且影响广泛的。另外，刘歆的分类也表明，兵书类文献同其他诸类一样，代表着一个独立的学术体系。自刘歆整理文献目录始，兵家的学术地位得以确立。

关于兵家之源流，东汉史学家班固在《汉书·艺文志》中推测道：“兵家者，盖出古司马之职，王官之武备也。”这是说，“兵家”可能起源于古时的“司马”。“司马”是自西周起就有的官职，主要掌管军政和军赋。在班固看来，后世兵家或许正是由“司马”演化而来。关于兵家的发展与兵书的流传，班固进而提到：

> 下及汤武受命，以师克乱而济百姓，动之以仁义，行之以礼让，《司马法》是其遗事也。自春秋至于战国，出奇设伏，变诈之兵并作。汉兴，张良、韩信序次兵

法，凡百八十二家，删取要用，定著三十五家。

也就是说，汤武禀受天命而兴师讨伐桀纣，以仁义和礼仪为用兵之准则，《司马法》记载了与之相关的内容；到了春秋战国之时，战争纷繁，尚谋伪诈之兵兴起，由此也形成了各类兵家谋略之书；汉初，张良、韩信整理兵书，共得一百八十二家，经过删取选定三十五家。而这三十五家，据班固记载，都在吕氏家族掌权用事之时被盗而遗失，彼时韩信已被处死。之后，汉武帝与汉成帝先后命杨仆与任宏搜集散失的兵书著作。任宏广采博收，将整理而得的兵书分为四类，共计五十三家七百九十九篇，其中包括“兵权谋”十三家二百五十九篇、“兵形势”十一家九十二篇、“兵阴阳”十六家二百四十九篇、“兵技巧”十三家一百九十九篇。这四类兵书在后文还会再提到。

三

兵家代表人物（一）：孙武、司马穰苴

大致说来，兵家学派的代表人物，春秋末期有孙武、司马穰苴[1]，战国之时有吴起、孙膑、尉缭等。下文分别简要介绍。

（一）孙武

孙武生活于春秋末期，齐国人，著有《孙子兵法》十三篇。《史记》中的《孙子吴起列传》以及其他一些篇章、《汉书·刑法志》等均曾记载孙武的事迹或其所著之兵书。另外，1972年出土于山东临沂的银雀山汉墓竹简《孙子佚文·见吴王》也记载有与《史记·孙子吴起列传》相似的内容，并提到孙子著书十三篇。

据《史记·孙子吴起列传》记载，孙武著有兵书十三篇，并曾以兵法觐见吴王阖闾。吴王曾通览孙子之兵书，但还是想观看孙武实操军队，于是派出“宫中美女”一百八十人，令孙武操练。孙武将宫女分作左右两队，令吴王的两位宠姬分任队长。宫女们起初并不认真操练，嬉笑打闹。孙武

1 穰苴：音ráng jū。

◆孙武像，清宫殿藏画本。

为严肃军纪，同时申明“将在外，君命有所不受”的原则，不顾吴王的劝阻下令斩杀了两名队长，以此慑服其他宫女。之后，宫女们都认真听令，一举一动皆整齐划一、合乎规矩。吴王最终任命孙武为将，吴军在吴楚之战中大破楚军，攻克了楚国国都郢。阖闾之子夫差即位后，孙武又辅佐夫差战胜齐、晋二国。

《史记》对孙武的生平记述极为简短，关于《孙子兵法》一书也仅仅是在记述孙武与吴王阖闾会面时提到。因此，后世有不少学者质疑孙武其人的真实性，以及《孙子兵法》的真正作者、成书年代等问题。关于这一点，我们将在后文介绍《孙子兵法》一书时详细叙述。

（二）司马穰苴

司马穰苴同样为春秋末期齐国人，他本为田完的后代，因被齐景公册封为大司马，后世称司马氏。《史记》中有《司马穰苴列传》简短记载其事迹。记载上古军制的兵书《司马法》即托司马穰苴之名而作，亦有学者认为《司马法》实为其本人所作。唐开元年间（公元713—741年），为表彰祭祀历代名将，唐玄宗设武庙，供奉“武庙十哲”。唐肃宗之时，司马穰苴亦被供奉于武庙之内。

据《史记·司马穰苴列传》记载，齐景公之时，齐国受到燕、晋两国的侵袭，齐大夫晏婴向齐景公力荐司马穰苴，谓其“文能附众，武能威敌”。景公于是任司马穰苴为将军，令其抗击来犯之敌。司马穰苴赴任之后，为严明军纪、警示士卒，下令诛杀了景公的宠臣庄贾，以及景公使者的仆人。司马穰苴虽公正严厉，但对军中士卒关切有加，凡事亲力亲为，甚至将自己的资粮与士卒平分。军中士气由此大振，加之纪律严明，晋国军队闻之不战即退，燕军亦渡黄河北去而溃散。司马穰苴率兵追击，乘势收复了失地，得胜归齐后，被齐景公尊封为大司马。

关于司马穰苴所作之兵法，《史记》提到，齐威王令大夫整理《司马兵法》，将司马穰苴的兵法附于其中，命名为《司马穰苴兵法》。后世亦称《司马穰苴兵法》为《司马法》，也有学者认为该书其实即为司马穰苴本人的作品。《四库全书总目提要》提到，依据《史记》的说法，《司马法》乃是“齐国诸臣所追辑”，因而以之为司马穰苴所自撰的观点显然是有误的。《司马法》自西汉后逐渐失传，目前所见共有三卷五篇，为《隋书·经籍志》所著录。

四

兵家代表人物（2）：吴起、孙膑、尉缭

（一）吴起

吴起（公元前440—前381年），战国初期卫国人，相传著有《吴子兵法》一书以论军事谋略，曾历仕鲁、魏、楚三国。《韩非子·五蠹》曾提到，战国末期，“境内皆言兵，藏孙、吴之书者家有之”，也就是说，彼时家家户户都藏有孙武、吴起二人所著之兵法。由此可见，《吴子兵法》在战国时期流布甚广。因其卓越的军事才能，吴起常被后世与孙武并称，《史记》亦将二人并列而作《孙子吴起列传》。另外，吴起亦为唐“武庙十哲”之一。宋徽宗时，吴起被追封为广宗伯，位列宋武庙“七十二将”。

据《史记·孙子吴起列传》所载，吴起曾追随孔子的弟子曾子修习儒术。跟从曾子之时，吴起的母亲病逝，他却不回家奔丧，曾子由是对他心存鄙夷。此后，吴起转而研习兵法，并侍奉鲁君。侍鲁之时，吴起率鲁军攻齐，大破齐军。取胜后，吴起遭鲁国群臣非议，鲁穆公因此对他产生猜忌，吴起去鲁而投魏。魏文侯欣赏他的军事才能，任命他为主将。其后，吴起率魏军攻克了秦国五座城池，魏文侯封他

为西河郡守，以抵御秦、韩二国。据《吴子兵法》记载，吴起担任西河郡守期间，曾与其他诸侯国交战共计七十六次，全胜六十四次、战平十二次，为魏国拓展疆土千里。魏文侯死后，其子武侯继位，吴起受人离间而被迫离开了魏国，投奔楚国。居楚期间，吴起得楚悼王赏识，在楚国国内兴起改革，改革的大致内容包括：申明法令、明赏严罚，使得人人遵守法律；废止冗职以及对疏远王族的供给，用以供给作战的将士；以备战强兵为目标，摒弃游说合纵连横者。悼王死后，宗室大臣作乱而攻吴起，吴起被射杀。

值得一提的是，据《荀子·议兵》记载，在魏国期间，吴起还曾训练精锐步兵，创立了“武卒”这个兵种——能够身着三属之甲、执十二石之弓弩[1]、背负五十支箭矢、冠胄带剑、携带三日口粮且在半日内跑完百里者，方可被选为武卒。武卒可免除赋役及田宅租税，生活待遇优厚。据《吴子兵法·励士》记载，在公元前389年的阴晋之战中，吴起曾率魏国五万武卒击溃数量十倍于己的秦军，成就了中国战争史上著名的以少胜多的战役。

1 石：先秦及汉代的质量单位。一石为一百二十斤。

（二）孙膑

孙膑主要活跃于战国中期齐威王之时，著有《孙膑兵法》。据《史记·孙子吴起列传》记载，孙膑生于阿、鄄之间，即今山东阳谷阿城、菏泽鄄城一带。另外，据《史记》记载，孙膑或为孙武的后世子孙，与孙武相差百余岁。曾有学者怀疑孙武与孙膑本为一人，认为《孙子兵法》与《孙膑兵法》抑或本为同一本书。而事实上，汉代已有学者区分“吴孙子”与“齐孙子”。1972年出土的银雀山汉墓竹简更是佐证了这一点，其中分别提到了“吴王问孙子”与“齐威王问孙子”，内容与《史记》对孙武、孙膑二人的分别记载相吻合。另外，银雀山汉墓竹简还分别出土有《孙子兵法》与《孙膑兵法》，二者为同一本书的推测由此可见是不实之论。

《史记》还提到，孙膑曾与庞涓一同学习兵法。其后，庞涓出仕魏国，被魏惠王封为将军，但他担心自己才能不及孙膑，于是暗中派人招引孙膑至魏。庞涓欲使孙膑隐没而不见用于世，陷害他遭受了膑刑与黥刑。孙膑被剜去膑骨无法行走，脸上也被刺字。之后，齐国使者出使魏国，孙膑密见齐使，说服了他。齐使认为孙膑具有奇才异能，于是偷偷将他载运至齐。逃奔至齐后，孙膑得到了齐将田忌的赏识而成为其门客。关于孙膑和田忌，最广为流传的历史故事当然是“田忌赛马”，孙膑凭借谋略帮助田忌取得了与齐国诸公子赛马的胜利，赢得了齐威王的千金赌注。田忌由是向齐威王推荐孙膑。威王向孙膑请教兵法，遂以他为师。

孙膑帮助齐国打赢了两场战役，一为桂陵之战，一为马陵之战。桂陵之战起于魏国伐赵，齐国救援赵国抵御魏的侵伐，以田忌为将、孙膑为师。田忌欲率军直接前往赵国与魏军交战，孙膑则另献一策——魏国长期伐赵，轻兵锐卒消耗于外，老弱之民疲乏于内，因而应当疾速引兵至魏国国都大梁，趁其不备而攻其空虚。这样，魏国必定会由赵撤军以奔魏自救，齐国便可由此解赵之围并借机攻魏于桂陵。田忌采纳了孙膑“围魏救赵”的策略，桂陵之战中，齐军大破魏军。据《孙膑兵法》记载，孙膑还得以在这次战役中擒拿庞涓，庞涓后被释放归魏，再度为将。

公元前342年，魏、赵两国合而攻韩，韩求助于齐，由是爆发马陵之战。马陵之战中，齐军采用了与桂陵之战相似的策略，直奔魏都大梁，庞涓率军队去韩而归魏。孙膑认为，三晋之军（韩、赵、魏）向来悍勇而蔑视齐军，认为齐军怯战。善战者应当因势而利导，利用魏军对齐军的成见。于是，孙膑令进入魏国的齐军在行军第一日留设十万个做饭用的灶，第二日减至五万，第三日减至三万。庞涓行军三日，看到齐军遗留的灶越来越少而喜不自胜，以为齐军果然怯懦无能，方三日而逃亡士兵已超过半数。于是，庞涓丢下步兵，只率领轻锐骑兵连日追击齐军。孙膑估算庞涓当于日暮之时追至马陵，马陵道路狭窄而地势险峻，非常有利于伏击。孙膑命士兵刮去路边一棵大树的树皮，露出白木，写上“庞涓死于此树之下”。随即命军中万名弓弩手隐伏于马陵道旁，约定天黑时看到树下有火光便万箭齐发。庞涓果然在天黑之时行至此处，见大树表面的白木上有字便点火查看。不及他读完，周围便已箭如飞蝗，魏军阵脚大乱。庞涓自知穷途末路，自刎而亡。齐军由是大败魏军，并俘虏了魏太子申。经过马陵之战，孙膑名扬天下，其兵法也流布于世。

（三）尉缭

较之于前文所述的几位人物，早期史料关于尉缭的生平记叙相对模糊和匮乏。仅《尉缭子・天官》和《史记・秦始皇本纪》分别记述了“尉缭子”与梁惠王的一段问答，以及“大梁人尉缭”与秦始皇的一段交往。另外，东汉时期的思想家王充所著《论衡》复述了《史记》中的内容。根据《尉缭子》与《史记》中的“只言片语”，大致可以推测，尉缭是战国后期魏国大梁人，后入秦为秦国国尉，曾有功于秦始皇统一六国。

然而，因为梁惠王与秦始皇之间时间跨度较大，有不少学者认为《尉缭子》中的“尉缭子”与《史记》中的“大梁人尉缭”或许并非同一个人，甚至可能是出自后人的依托或伪造。例如，现代著名史学家钱穆便曾考辨道：“窃疑《史记》载缭事，已不足尽信，书又称梁惠王问，则出依托。其殆秦宾客之所为，而或经后人之羼乱者耶？”[1]也就是说，钱穆不仅认为《史记》中的记述或许并不完全真实，还怀疑《尉缭子》的内容可能是出自依托，认为这些内容要么是居于秦国的宾客所作，要么是后人杜撰并录入《史记》或《尉缭子》中。

在《尉缭子·天官》的记载中，梁惠王问尉缭：“我听说黄帝有‘刑德’二法，可以百战百胜，是这样吗？”这里，“刑”通常指“刑罚”，“德”则指恩赏。古人以“刑”为阴克、“德”为阳生，因此“刑德”也常被用来比附阴阳术数。尉缭回答说：“黄帝所用之‘刑德’，‘刑’用以攻伐，‘德’用以守持，并非通常所谓阴阳术数。黄帝之‘刑德’主要为人事。”也就是说，在尉缭看来，军事胜负的关键不在于彼时所流行的阴阳术数等内容，而在于人为因素，其中既包括审慎的政治制度，也包括与之相关的道德精神。

1 见《先秦诸子系年考辨》，上海：上海书店，1992年，第457页。

根据《史记·秦始皇本纪》所记，尉缭具有卓越的军事谋略，同时也善于相面识人。他曾建议秦王不吝财物贿赂诸侯之豪臣，从而防止诸侯合纵攻秦。秦王采纳了他的建议，以平等的礼节对待尉缭，衣服饮食皆与己同。即便如此，尉缭仍试图离开秦国，他曾对人说："秦王之为人，高鼻、长目、胸骨突出、豺声、缺乏恩德而有虎狼之心，困苦之时易居于人下，得志之际则轻易食人。"但尉缭终究没能离开秦国，而是被封为国尉，最终协助秦始皇统一天下。

另外需要提到的是，《汉书·艺文志》"杂家"类著录有《尉缭子》二十九篇、"兵形势"类著录有《尉缭》三十一篇，银雀山汉墓也出土有《尉缭子》一书的竹简残本。有学者推测其作者或许即《史记》中提到的尉缭。

五

古代中国的兵书

中国古代的兵书数量繁多。据统计，自先秦到清代，中国共产生兵书四千余种。[1]随着春秋战国之际兵家思想的应运而生，兵书的创作与流传也趋于兴盛。目前所见最为重要的兵书文献，例如《孙子兵法》《吴子兵法》《司马法》《孙膑兵法》《尉缭子》《六韬》等，几乎都形成于春秋战国战乱纷繁的历史背景之下。这些兵书的内容不一而足，涉及上古军制、兵家计谋、兵阴阳、战略战术等诸多方面。

东汉史学家班固所著之史志目录《汉书・艺文志》专门设有“兵书略”一目，著录汉代以前兵书著作共计五十三家、七百九十九篇，图四十三卷，先秦两汉之际兵书文献的繁盛由此亦可见一斑。

简要说来，“兵权谋”类主要阐述军事思想、战争谋略等内容；“兵形势”类讲述用兵形势；“兵阴阳”类讲兵法与阴阳五行相结合，并杂以鬼神之说；“兵技巧”类以兵器和技巧为主要内容。当然，《汉书・艺文志》所著录的大部分文

1 详细介绍可参看李零：《兵以诈立：我读〈孙子〉》，北京：中华书局，2006年，第3页。

献在历史中“颠沛流离”，未能流传至今。目前我们所见的，应当只是这些驳杂文献中很小的一部分。兵书文献的流传情况，正如现代历史学家吕思勉在其著作《先秦学术概论》中提到的，“阴阳、技巧之书，今已尽亡。权谋、形势之书，亦所存无几”。也就是说，“兵阴阳”和“兵技巧”类文献已经佚失，仅有小部分“兵权谋”与“兵技巧”文献存留。

正是因为兵书类文献大量佚失，加之存留于世的文献内容又较为驳杂，古往今来不断有学者质疑这些文献的真伪，认为其中某些或许出自后人的附会与伪作。例如，宋代学者陈振孙就曾提到“《孙》《吴》《司马法》，或是古书；《三略》《尉缭子》，亦有可疑；《六韬》《问对》，伪妄明白”[1]，叶适也曾推测《孙子兵法》并非孙武所作，而是“春秋末、战国初，山林处士所为”[2]。清代学者姚鼐更是认为，所存各类兵书中，唯《孙子兵法》诚为周人所作，但其作者不一定便是孙武本人，其他兵书则“皆伪而已”[3]。近人梁启超也曾进行古书辨伪，认为《吴子兵法》《司马法》大约为西汉人伪撰，《六韬》《尉缭子》等为汉以后的人伪撰，《孙子兵法》“当是孙膑或

1 见《直斋书录解题》卷一二《兵书类》，上海：上海古籍出版社，1987年，第359—360页。

2 见《习学记言》，北京：中华书局，1977年，第675页。

3 见《惜抱轩全集》卷五《读〈司马法〉〈六韬〉》，北京：中国书店，1991年，第52页。

战国末年人书"，而非孙武所作。[1]总之，关于兵书类文献的成书年代、作者归属等问题，质疑之声不绝于耳。

自20世纪70年代起，随着我国考古工作的不断推进，陆续有兵书类文献发掘出土。这些文献的出土更新了学界对于兵家及兵书类文献的认识，同时也消除了不少质疑。其中最为重要的当推前文所提到的银雀山汉墓竹简。银雀山汉墓于1972年发现于山东临沂，出土有数千枚竹简。据学者考订，这批竹简的抄写年代大约在公元前179年至前118年之间，亦即西汉文、景之时至武帝初期。竹简包含有《孙子兵法》《孙膑兵法》《六韬》《尉缭子》《守法守令十三篇》等先秦时期的重要兵书文献。其中，《孙膑兵法》的出土打破了以往学者认为《孙子兵法》《孙膑兵法》是同一本书的疑虑，也印证了《史记》中关于孙武与孙膑是不同的两个人、各自著有兵书的记载。另外，银雀山汉墓《孙子兵法》的下篇载有《孙子兵法》的佚文《见吴王》，内容也与《史记》的记载相合，可以证明孙武在与吴王阖闾会面之前便已写成《孙子兵法》，《孙子兵法》并非汉代人的伪作。除此之外，1973出土于河北定县（今定州）的西汉竹简中包含有《太公》及今本《六韬》的部分内容；1978年，青海大

1 见《中国近三百年学术史》，《梁启超全集》卷一五，北京：北京出版社，1999年，第4561页。

通上孙家寨的西汉墓中也出土了《孙子兵法》的佚文。这些文献的出土为学界对于兵书类文献的认识与研究提供了新的素材。

至北宋之时，宋仁宗赵祯为防止军事将领不修兵法、武备松懈，诏令曾公亮、丁度等编纂《武经总要》。《武经总要》乃是我国第一部综合性官修军事著作，内容丰富、主题广泛，共分为前、后两集，四十三卷。内容涉及军事制度、军事组织、军事理论、军事地理、古今战例、阴阳占卜等诸多方面。随后，宋神宗赵顼于元丰年间（公元1078—1085年）立武学、刻武经，诏命朱服、何去非等校订《孙子兵法》《吴子兵法》《司马法》《唐太宗李卫公问对》《尉缭子》《黄石公三略》《六韬》，立为《武经七书》。自此，应武举者皆需以这七本书作为军事参考书。下文简要介绍这七部著作。

（一）《孙子兵法》：共三卷十三篇，成书于春秋末期。《孙子兵法》无疑是先秦兵家最为重要的理论著作，故《武经七书》将其列为全书之首，《四库全书总目》亦谓其为“百代谈兵之祖”。《汉书·艺文志》记载有“吴孙子兵法八十二篇，图九卷”，至唐代时存留有三卷十三篇，银雀山汉墓出土的《孙子兵法》与之篇幅相当。就主题来说，《孙子兵法》侧重于用兵谋略，蕴含浓厚的哲学色彩。《孙子兵法》乃是

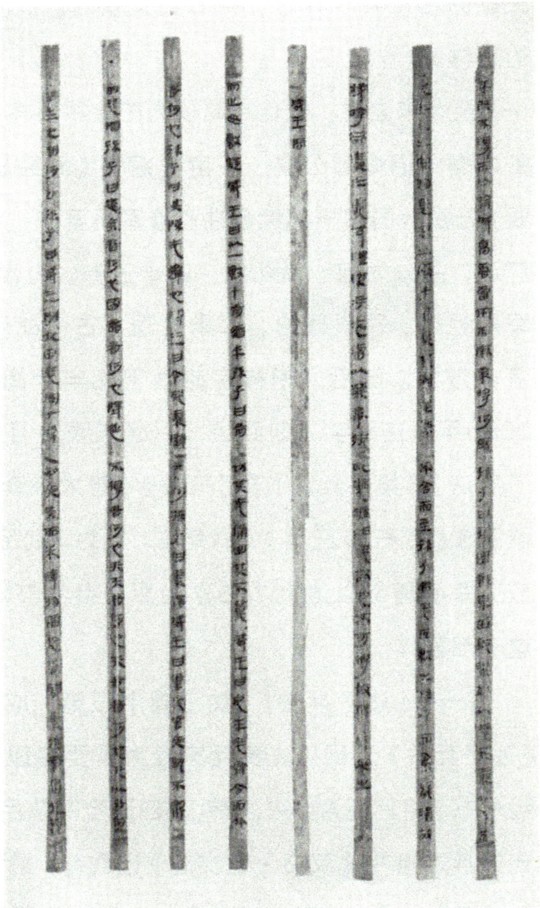

◆银雀山汉墓《孙膑兵法》竹简。图片选自《银雀山汉墓竹简·壹》。

在海外译本最多、流传最为广泛的中国古代典籍之一。

（二）《吴子兵法》：共两卷六篇，相传为战国时期吴起所撰，已有不少学者怀疑为后人伪作。《汉书 · 艺文志》记载有“吴起四十八篇”，足见其原本内容相当丰富，但很大一部分至隋唐之际即已散佚。《武经七书》所收录的应当为传自唐代的改编本。内容包括对吴起生平活动的记叙，以及治军准则、军事策略等。

（三）《司马法》：共三卷五篇，成书于战国之时。最早载于《汉书 · 艺文志》，称《军礼司马法》，共计一百五十五篇。汉代以后，其内容多有佚失，并经编者删节。唐代所编《隋书 · 经籍志》仅记载有三卷五篇。内容涉及西周时期的军制与军礼，以及春秋战国时代的军事思想。

（四）《唐太宗李卫公问对》：宋代新编古书，旧题为唐代名将李靖所撰。全书采用问答形式，共计九十八次问答。书中内容广泛，包括军制、阵法、训练、边防等诸多方面，并结合战例阐释兵学思想。因为并未见载于后晋成书的《旧唐书》及北宋所编《新唐书》，多有学者怀疑其为唐之后的伪作。

（五）《尉缭子》：共五卷二十四篇，一般认为成书于战国时期。最早著录于《汉书 · 艺文志》，其中“兵形势”类著录《尉缭》三十一篇，“杂家类”著录《尉缭子》二十九篇。银雀山汉墓出土有《尉缭子》残简。其内容既包括战国时期的军事制度，也包括对治军思想、作战准则与方式等的讨论。

（六）《黄石公三略》：共三卷，分为上略、中略、下略。学者多认为其成书于西汉末年，书中杂糅了诸子思想以论战略，并大量引用古代兵书《军谶》与《军势》。

（七）《六韬》：共六卷，每韬即为一卷，又称《姜太公六韬》或《太公兵法》，学者普遍认为其成书于战国时代。银雀山汉墓和河北定县八角廊均出土有《六韬》竹简残本。采用问答形式，周武王设问而姜太公作答，内容涉及治国理政、军事组织、军事策略、排兵布阵等。

文化关键词

兵以义动

为了道义而出兵。犹今之所言“为正义而战”。中国人自古崇尚“义兵”“义师”，即为了维护“义”而发动的战争。所谓“义”，就是禁止暴力，为民除害。战争虽然是暴力行动，但它不应该是主动施暴的行动，而是为了反抗、制止施暴而采取的暴力行动。它体现了中国人坚守道义和仁爱的精神。

奇正

“奇”是反常的、出其不意的，“正”是正面的、正常的。最早由《老子》提出。主要含义有二：其一，作为军事用语，指两种不同的用兵应敌的方式：“正”指在了解敌方作战意图基础上的正面应敌，“奇”指隐蔽自己的作战意图，灵活地运用偷袭、设伏等手段，以达到出其不意的效果。“奇”与“正”的运用需要相互配合。“奇正”有时也被用来处理、应对日常事务。其二，作为文艺批评术语，用来称说文章思想内容上的纯正与奇诡以及文辞上的典雅与巧丽。南朝刘勰为了矫正齐梁时期的文坛过于重形式、片面追求新奇的弊病，将“奇正”引入文学批评。他认为，文学创作应当在思想内容上以儒家经典为依归，以文辞上的巧丽奇异为配合，只有执“正”（思想纯正）以驭“奇”（文辞巧丽），才能使文章的主旨新颖而不邪乱，词采美丽而不浮夸。后世诗歌评论及戏曲批评也用到这一术语。

篇四　上兵伐谋

古代中国的兵法与阵法

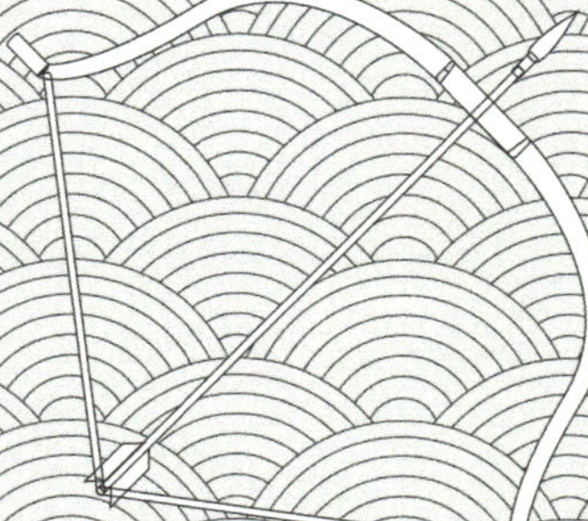

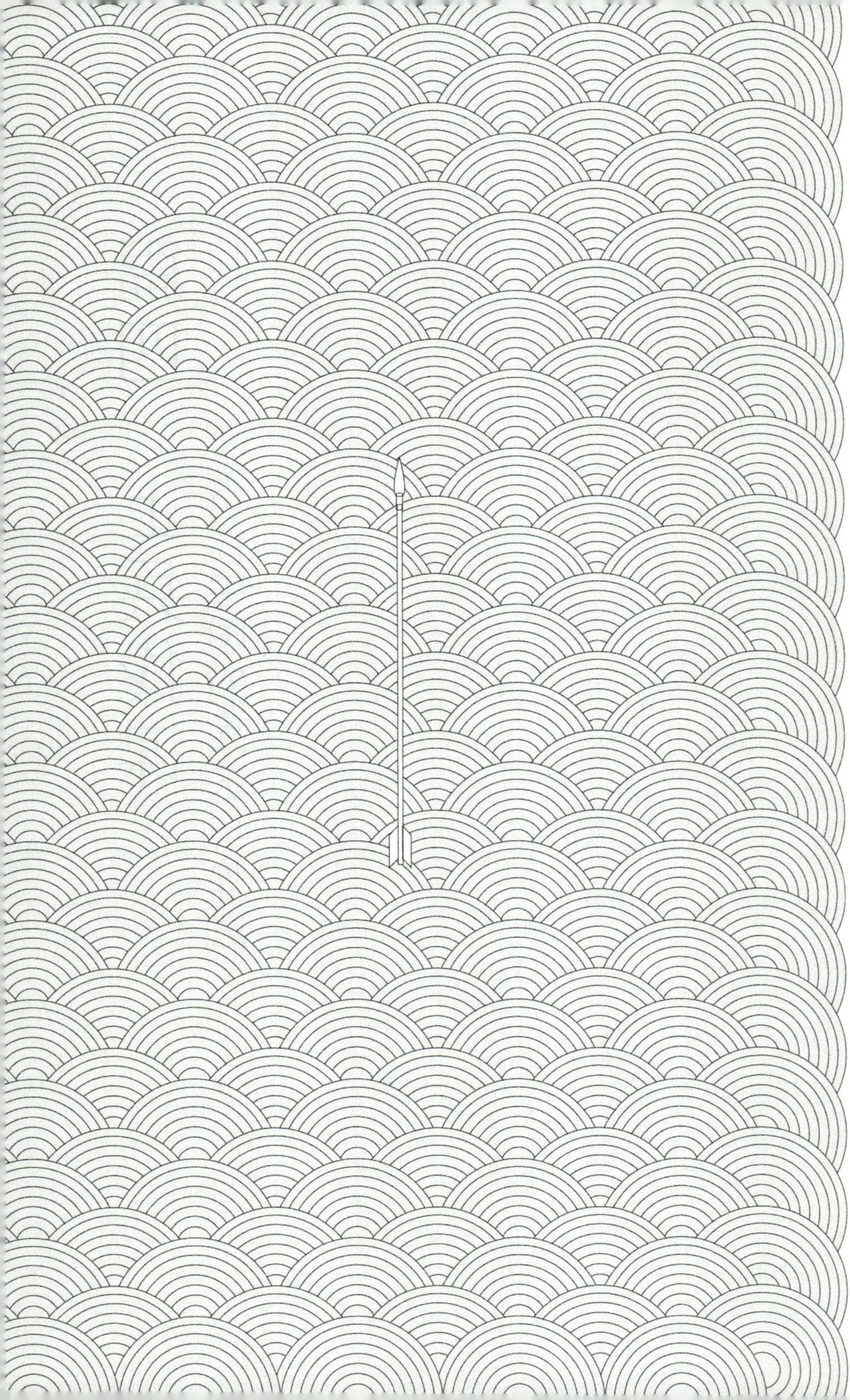

讲兵法、重谋略乃是中国古代兵家的重要思想特征。古代兵书种类繁多、浩如烟海，兵家谋略却几乎是各类兵书中不可或缺的内容。古代兵家之所以重谋略，首先在于他们讲求“先礼后兵”“不战而屈人之兵”，认为运用谋略在战前挫败对方的计谋或进攻当是最为理想的状态。当然，即便是不得已参与战争，军事谋略也有助于出奇制胜。

大致说来，春秋战国乃是古代兵家谋略思想产生的高峰时期。诸侯纷争、各国战乱不休的历史情景催生了大量基于战争实践的军事战略理论。东汉史学家班固谓“自春秋至于战国，出奇设伏，变诈之兵并作”，道出了彼时的历史环境与军事状态。《孙子兵法》可谓当时论述军事谋略的集大成之作，孙子谓“兵者，诡道也”（《孙子兵法·始计》)、“兵以诈立”(《孙子兵法·军争》)，都是说兵家主要是谋略的较量、依靠谋略取胜。除《孙子兵法》外，其他不少兵书也极富理论洞见与军事智慧。下文将尝试介绍其中一些具有代表性的观点与内容，以及与兵法密切相关的古代阵法。

一

上兵伐谋

基于中国古代反对战争、崇尚和平的思想传统，在战争发生之前采取有效措施以阻止战争的实际发生，可以说是兵家谋略的最高境界，《孙子兵法》称之为“上兵伐谋”：

> **故上兵伐谋，其次伐交，其次伐兵，其下攻城。攻城之法，为不得已。**

在孙子看来，军事斗争乃是在不同层面展开的。两军对垒、一决胜负常常是不得已而为之，“不战而屈人之兵”、以谋略挫败对手才是最为理想的。用兵之上策是运用计谋挫败敌人的威胁，其次为运用外交手段争取主动，再次为攻打敌方军队，最下为进攻敌方城邑。“上兵伐谋”的思路与价值取向在我国古代军事思想中流传久远、影响甚深。三国时期蜀国将领马谡谓“夫用兵之道，攻心为上，攻城为下；心战为上，兵战为下”（《三国志·蜀书九》裴松之注引《襄阳记》），说的也是这层意思。

纵观历史，东汉献帝建安五年（公元200年）的官渡之战可谓“上兵伐谋”、以少胜多的经典战例。官渡之战与赤壁之战、夷陵之战并称三国时期的“三大战役”。官渡之战战争双方为曹操与袁绍。通过官渡之战，曹操以少击众，击溃了袁绍近十万精兵，奠定了统一北方的局面。

战争之初，曹操与袁绍双方相持数月于官渡（今河南中牟东北）。十月，袁绍派遣部将淳于琼率兵护送军粮至乌巢（今河南封丘西），谋臣沮授建议增援军队掩护其侧翼，许攸建议轻兵夜袭曹军守地许昌，袁绍均未予采纳。许攸见袁绍刚愎自用、有勇无谋，便连夜奔赴曹营，投靠曹操。因乌巢守备不严，又有袁军辎重万余乘，许攸建议曹操率轻兵奇袭乌巢。曹操采纳了他的建议，亲率精兵五千，伪装为袁军而夜袭乌巢，焚毁袁军全部物资。驻守官渡的袁军将领听闻乌巢被破，率部降曹，袁军几乎只剩下残兵败卒。袁绍见大势已去，与其长子袁谭仅率八百骑兵渡河北逃。两年后，袁绍便郁愤而终。

通过对敌情的掌控与分析，曹操出奇制胜，采取夜袭与火攻的策略，避免了在实力悬殊的情况下与袁军直接兵戎相见，仅以五千精兵便使得袁绍迅速失败，且由此元气大伤、一溃千里。可以说，官渡之战呈现了“上兵伐谋”的军事策略在实际战争中的作用与价值。

二

『庙算』与『先知』

古代兵法讲求防患于未然，在战前先做好准备，尽可能周全地评估战争形势，从而选择恰当的军事策略。《孙子兵法》中有不少相应的内容，其中，“庙算”与“先知”是较为突出的两个概念。

首先来看“庙算”。“庙算”之“庙”指“庙堂”，为古代帝王议事、祭祀的场所。“庙算”指战争开始之前，在庙堂之上郑重地谋算己方的优势、劣势，进而制定相应的策略。关于“庙算”的重要性，《孙子兵法·始计》曰：

> 夫未战而庙算胜者，得算多也；未战而庙算不胜者，得算少也。多算胜，少算不胜，而况于无算乎！吾以此观之，胜负见矣。

在孙武看来，预先评估形势、谋划策略对于战争结果有着至关重要的作用。如果战前庙算周详，充分考量了战争中的各项因素，取得胜利的概率就会很大，反之则极有可能失败。“庙算”所权衡的因素不仅包括与战争直接相关的内容，同时也包括政治、经济等方面的内容。孙武说：“主孰有道，将孰有能，天地孰得，法令孰行，兵众孰强，士卒孰练，赏罚孰明，吾以此知胜负矣。”（《孙子兵法·始计》）也就是说，君主的德行、将领的才能、天象地形、法令的施行状况、兵卒的精锐程度、赏罚的分明都是决定战争胜负的重要因素。

再来看“先知”。如果说“庙算”是对己方的综合评估，那么“先知”则是对敌方的充分认知。若能预先探测敌情、掌握敌方状况，必然有助于施展谋略、赢得战争。孙武说：“知彼知己者，百战不殆；不知彼而知己，一胜一负；不知彼，不知己，每战必败。”（《孙子兵法·谋攻》）对于敌方情况的掌控和对于自身状态的了解在战争中同等重要。若能做到知彼知己，则战争的结果必定是乐观的。而要“知彼”，则需“先知”，亦即预先掌握对方的情况。具体说来，就是需要派出间谍刺探敌情。孙武说：

> 先知者，不可取于鬼神，不可象于事，不可验于度，必取于人，知敌之情者也。（《孙子兵法·用间》）

“先知”凭借的不是祭祀占卜、求神问鬼、天象运行、类比推测等手段，而是要取之于人，从熟悉敌情的人那里去探测。要做到这一点，就必须重用间谍。通过间谍挫败敌方在春秋时期的史书《左传》中亦有记载，战国之时更是不乏间谍活动的论述与记载，比如《孙子兵法》中就详细论述了不同种类的间谍。

总之，在《孙子兵法》乃至古代中国兵家看来，战前的谋划与准备是战争胜利的先决条件，其中既包括对自身形势的评估，也包括对敌情的掌控；同时做到了二者，则胜算在握。

三

奇正相生

“奇”与“正”是一对相应的思想范畴，最早出自《道德经》。《道德经》第五十七章提到“以正治国，以奇用兵，以无事取天下”。在这里，“正”指清静无为的正道，“奇”指奇诈诡秘的方法。《道德经》主张依据清静无为的正道治理天下，通过奇诈诡秘的方式用兵作战，通过不扰民而取信天下。《道德经》虽主要讲述“君人南面之术”（《汉书·艺文志》），其中也不乏关于用兵之道的陈述，有学者甚至因此主张《道德经》为一部“兵书”。综观《道德经》全书，“以奇用兵”具体主要当指逆向或对反思维的运用，以及无为处下的态度。《道德经》第三十六章说：

将欲歙之，必固张之；将欲弱之，必固强之；将欲废之，必固兴之；将欲夺之，必固与之。

也就是说，若要收合，必先伸张；若要削弱，必先强化；若要废止，必先兴举；若要夺取，必先给予。物极必反、势强则弱，发展至某一极限的事物必将朝着相反的方向变化。用兵之道同理，应当顺应天时人事、把握物理自然，在根本处谋划布局、施展策略，运用对方自身的发展趋势最终击溃对方。另外，用兵打仗本是有为之事，但《道德经》主张以无为处下的态度应对，在第六十九章提到：

> 用兵有言："吾不敢为主，而为客；不敢进寸，而退尺。"是谓行无行，攘无臂，扔无敌，执无兵。祸莫大于轻敌，轻敌几丧吾宝。故抗兵相若，哀者胜矣。

这段内容既道出了《道德经》用兵之宗旨，也论述了军事谋略。正如我们在篇二所论述的，《道德经》本质上是反对战争的。这里也讲到，用兵的态度应当是哀戚的，而非雀跃的。用兵者不应轻敌而好战、踊跃用兵，而当采取守势；不应肆意妄动而"进寸"，而当怵惕审慎而"退尺"；所谓"行无行，攘无臂，扔无敌，执无兵"，则可理解为若不得已而应战，那么，虽然有阵势，也应当像无固定阵势可用；虽然要振臂，也应当像没有臂膀可举；虽然面临敌人，也应当像无特定敌人可赴；虽然有兵器，也应当像无兵器可持。总之，用兵之时，应当以无为的态度处之，并示敌以无形，不拘泥于固定原则或策略。这样，敌方必定难以采取有效的应对。

《道德经》"以奇用兵"的思想被后来兵家接受并阐扬，进而形成了"奇正相生"的军事谋略。如果说《道德经》主张“正”以治国而“奇”以用兵，兵家则扩大了“正”的内涵，将“正”也纳入了用兵方略之中，使得“奇”“正”成为军事谋略一体之两面。《孙子兵法·势》谓：“三军之众，可使必受敌而无败者，奇正是也。”也就是说，只要依靠奇正变化，与敌人对抗便不会失败。而“奇正”的意涵究竟为何，历代注家曾从不同角度予以阐释。例如，曹操注《孙子兵法》谓“先出合战为正，后出为奇也”，另有学者谓“当敌为正，傍出为奇”“动为奇，静为正；静以待之，动以胜之”“兵体万变，纷纭混沌，无不是正，无不是奇。……正亦为奇，奇亦为正”，如此等等。[1]通过这些注解不难看出，“奇”和“正”在用兵谋略中是一对相伴而生、相辅相成的概念。在战争中，二者都是不可或缺的，需要相互配合。大体说来，“正”即为正面的、寻常的，指的是了解敌方作战意图基础上的正面应敌；“奇”则为反常的、出其不意的，指的是隐藏自己的真实作战意图，灵活使用偷袭、设伏等手段，达到出其不意的效果。关于两者在战争中的作用，孙武说：

> 凡战者，以正合，以奇胜。故善出奇者，无穷如天地，不竭如江海。……战势不过奇正，奇正之变，

1 详见孙武撰，曹操等注，《十一家注孙子》，北京：中华书局，2012年，第80页。

不可胜穷也。奇正相生，如循环之无端，孰能穷之！（《孙子兵法·势》）

大凡作战用兵，都是以正面应敌、以奇兵取胜。善于出奇之人，其出奇制胜的手段如天地般无穷无尽、如江海般用之不竭。战争形势不过是奇正二者的交互与配合，奇正的相生与并用，正如循环之无始无终，可以应变无穷，将终究战胜对手。

除《孙子兵法》外，《六韬》与《尉缭子》也提到了"奇正"的用兵方略。在《六韬》中，武王向太公询问"攻伐之道"，太公回答时便提到应当根据敌方的态势而不断生成变化——"奇正发于无穷之源"（《六韬·龙韬》），形成玄妙莫测的应对策略。《尉缭子·勒卒令》则提到："正兵贵先，奇兵贵后，或先或后，制敌者也。"也就是说，负责钳制、明攻的部队应当先行进攻，而担任突击、暗袭的部队则应当随于其后，二者一先一后便可制敌。

前文所提到《武经七书》之一的《唐太宗李卫公问对》中也有不少关于"奇正"的内容。书中提到：

故善用兵者，奇正在人而已。变而神之，所以推乎天也。

吾之正，使敌视以为奇，吾之奇，使敌视以为正，斯所谓‘形人者’欤！以奇为正，以正为奇，变化莫测，斯所谓“无形者”欤！

也就是说，对于善于用兵之人，奇正的变化皆在于人的运用：我用“正”而使敌人误以为“奇”，我用“奇”而使敌人误以为“正”，这是所谓的示形于人；而以奇为正，以正为奇，变化无端，则是所谓的“无形”。

四

兵法与阵法（1）

在实际战争中，与“奇正”直接相关的是各类阵法的运用，它们体现了“奇”与“正”的各种玄妙组合。在冷兵器时代，阵法的运用对于战争胜负具有决定性的作用。《六韬》论述“用兵之奇”时便曾提到所谓“鸟云之陈”，亦即仿效鸟和云的运动轨迹排兵布阵。“鸟散而云合，变化无穷者也”——鸟和云的聚散分合瞬息万变、不着痕迹，若将其运用于作战，则敌人难以把握其规律。此外，其他早期兵家文献，如银雀山汉墓《孙膑兵法》《司马法》等，也都曾论及与阵法相关的内容。《孙膑兵法·奇正》篇谓：

> 战者，以形相胜者也。形莫不可以胜，而莫知其所以胜之形。

这里的“形”即可理解为阵形。在《孙膑兵法》看来，战争主要靠阵形取胜。但凡有形的，便是可以战胜的，只是人们时常不知采用何种阵形以获胜。另外，《孙膑兵法·八阵》提到：“用八阵战者，因地之利，用八阵之宜。”《孙膑兵法》并未明确提及“八阵”为哪八种阵形，因此“八阵”

或统指布阵之法。也就是说，布阵应当充分利用地形，因地制宜。再者，《孙膑兵法》专门设有“十阵”一篇，列举各种阵型的排列与战法，谓“凡阵有十：有方阵，有圆阵，有疏阵，有数阵，有锥行之阵，有雁行之阵，有钩行之阵，有玄襄之阵，有火阵，有水阵”。后世的阵法万变不离其宗，基本都由这些阵型演化发展而来。

《司马法》则提到：

> 凡陈：行惟疏，战惟密，兵惟杂。（《司马法·定爵》）
>
> 兵不杂则不利。长兵以卫，短兵以守。（《司马法·天子之义》）

这是说，就阵形而言，行列宜松散，兵力宜密集，兵种宜混杂。行列松散则兵器易于施展，队形易于变换；兵力密集才可汇聚力量，形成整体战斗力；长短兵混杂方能进退自如、攻守兼备。

各类阵法中，最为人们耳熟能详且被文学作品和电视节目不断演绎的当属相传为诸葛亮所作之“八卦阵”。史书《三国志》曾记载诸葛亮“推演兵法，作八阵图”（《三国志·蜀书·诸葛亮传》），但“八阵图”并未得以流传，其究竟如何排兵布阵也就不得而知。明代军事家茅元仪在所辑之《武备志》中考其遗迹，载其图形如下：

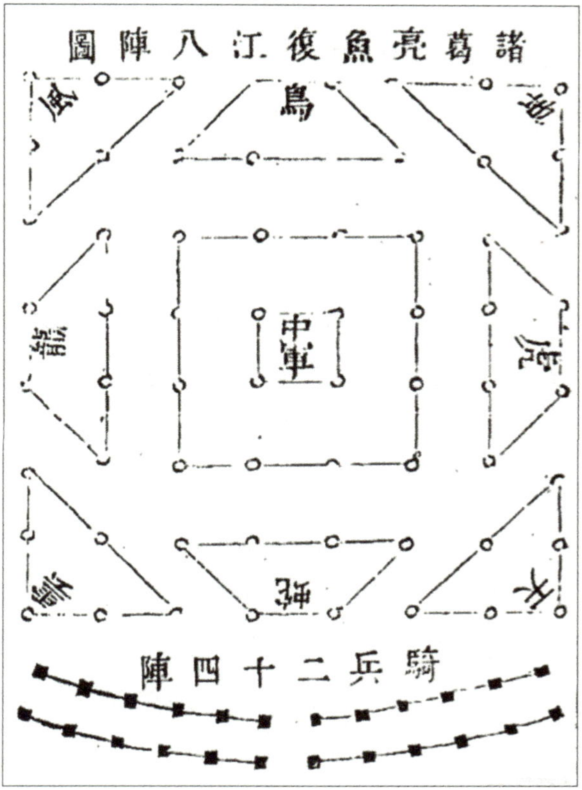
諸葛亮魚復江八陣圖
鳥
中軍
虎
天
騎兵二十四陣

按照《武备志》的解释，八阵图包括“天、地、风、云、龙、虎、鸟、蛇八阵”和“中军阵”。其中，前八阵各由六个小阵组成，共计四十八阵；“中军阵”由十六个小阵组成；前八阵与中军阵纵横排列，共计六十四阵。阵后设二十四队游骑，为机动兵力。

《三国演义》对《三国志》中关于诸葛亮所作“八卦图”的记载进行了发挥，在第一百回“汉兵劫寨破曹真，武侯斗阵辱仲达”中描绘了诸葛亮与司马懿斗阵，以“八卦阵”大破其“混元一气阵”的故事。斗阵将始，司马懿谓魏将戴凌、张虎、乐琳曰：“诸葛亮所布之‘八卦阵’，分休、生、伤、杜、景、死、惊、开等八门。你们攻阵时首先由正东‘生门’打入，而后由西南‘休门’杀出，进而从正北‘开门’杀入，如此便可破八卦阵。”于是，戴凌、张虎、乐琳三人各率领三十名骑兵杀入正东生门，谁料“八卦阵”真如其名，由八卦可变幻至六十四卦，进而变化无穷。三人只见“阵如连城”，阵中有阵、环环相扣，无从冲杀而出。慌乱之下，三人又率兵冲向西南，却遭蜀军阻拦，无法突出重围。八卦阵中“重重叠叠，都有门户”，敌人一旦入阵便会眼花缭乱、难辨方向，遑论杀敌制胜。最终，戴凌、张虎、乐琳三人及所率魏军皆被蜀军俘虏。

五

兵法与阵法（2）

《三国演义》对“八卦阵”的描述别开生面，其中当然不乏想象与修饰，但由此也足以见得古代阵法玄妙莫测。大致说来，古代阵法主要依横竖、方圆、曲直、疏密等不同要素分列排布，并配合天地阴阳、三才五行、八卦九宫、十二辰等，而且各有名称。北宋时期的官修军事著作《武经总要前集》曾总述并著录了古代的各类阵法，其中较为著名的有常山蛇阵、三才阵、五行阵、八阵等，简要介绍如下：

（一）常山蛇阵

常山蛇阵的基本阵形为一字排开的纵队或横队，其名称来自《孙子兵法》。传说之中，“常山蛇”能够首尾呼应以自救。《孙子兵法·九地》谓：“故善用兵者，譬如率然。率然者，常山之蛇也，击其首则尾至，击其尾则首至，击其中则首尾俱至。”“率然”亦即常山蛇，运用于阵形则可作犄角之势、自环而相救。

宋代词人苏轼有诗曰“雄心欲搏南涧虎，阵势颇学常山蛇”（《司竹监烧苇园因召都巡检柴贻勖左藏以其徒会猎园下》），

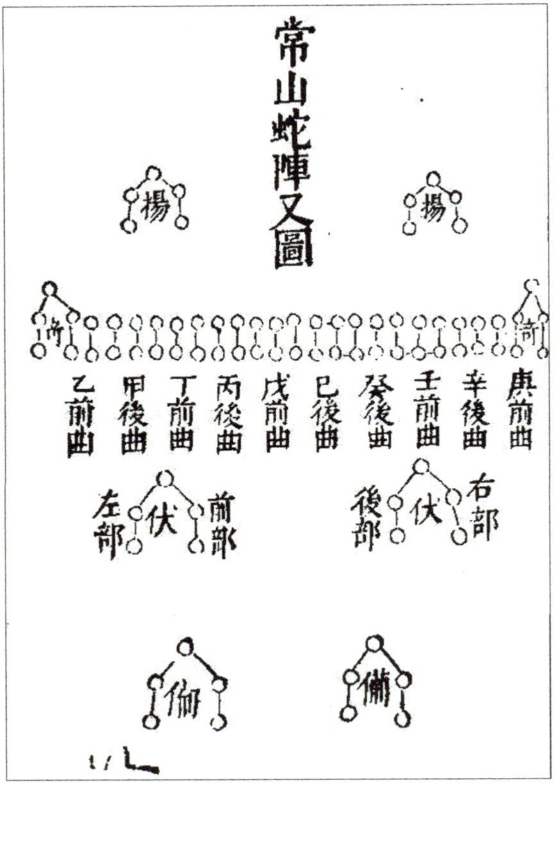

◆常山蛇阵图，载于《武经总要前集》。

清代思想家顾炎武亦谓“何当整六师，势如常山蛇”（《江上》），说的都是这种阵法。

（二）三才阵

“三才阵”的基本阵形为三分队列，其名源于《六韬·虎韬·三陈》之“凡用兵，为天陈，地陈，人陈”。《三陈》篇并未论及具体的阵法，只说排兵布阵应当讲求天时、地利、人和。大致说来，“三才阵”以“参伍之法”为基础，“参法”即三人，可呈“左一中一右”之横队或“前一中一后”之纵队两种排列方式；“伍法”为五人，乃是两种“三人”排列方式的叠加。“三才阵”基于“参伍之法”而形成各种变化，既可运用于步兵，亦可运用于车骑。

明代抗倭将领戚继光（公元1528—1588年）借鉴古代阵法，并依据实战经验及东南沿海地区的地理特点，创造了以十二人为基础作战单位的“鸳鸯阵”。“鸳鸯阵”由盾牌手、狼筅手[1]、长枪手和短兵手组合而成。依据作战情况，“鸳鸯阵”可变化为左右两小阵或左中右三小阵，分三小阵时称“三才阵”。“鸳鸯阵”运用灵活、变化多端，多次有效抑制了倭寇的攻伐，后来记录在戚继光的军事论著《纪效新书》中。

1 狼筅：以大毛竹制作，是一种保留了竹子枝丫的竹枪。

◆伍法图

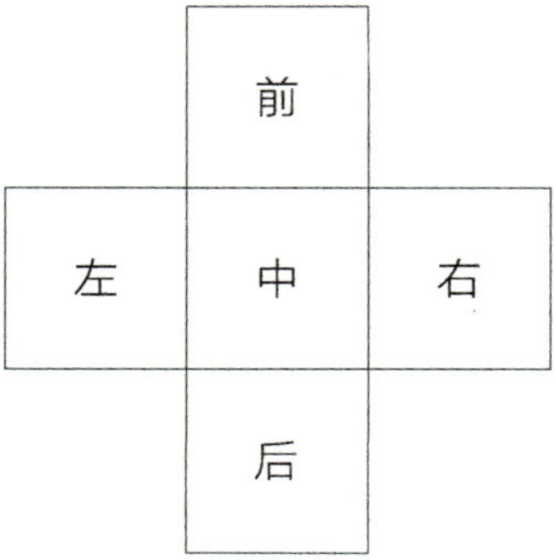

（三）五行阵

“五行阵”的基础同样为“参法”，由“左一中一右”和“前一中一后”交错变换而成。《武经总要前集》卷七、卷八记载“五行阵”曰：“直阵、锐阵、曲阵、方阵、圆阵，以法五行。”也就是说，“五行阵”通过效法古代宇宙观念中的“五行”思想分别构成直阵、锐阵、曲阵、方阵和圆阵。《武经总要前集》进而提到：直阵举青旗，为木；锐阵举朱旗，为火；曲阵举黑旗，为水；方阵举白旗，为金；圆阵举黄旗，为土。“五行阵”不仅排兵布阵有所不同，亦分别使用不同颜色的战旗，以效法五行观念。

当代作家金庸所著的武侠小说《碧血剑》发挥演绎了古代兵书关于“五行阵”的记叙，并汲取古代中国宇宙观念中五行生克变化之理，生动刻画了江湖派别石梁派的祖传武功“温家五行阵”。石梁派“温氏五祖”组成五行阵，其阵法的诀窍在于五人能够互为守御，防守严丝合缝，并且，在临敌之际，“五人犹似一人”，一人攻击，其他四人随之绵绵而上，使得敌人毫无破绽可寻。“五行阵”犹如五行之生克无间，敌人一旦入阵，便难以攻破。

（四）八阵

“八阵”由“五行阵”扩充而成，基本阵形类似于我们现在所说的“九宫格”，正如《宋史》所记载宋神宗对“八阵”

虎（兑）	天（乾）	风（巽）
鸟（离）		蛇（坎）
龙（震）	地（坤）	云（艮）

风（巽）	鸟（离）	地（坤）
龙（震）		虎（兑）
云（艮）	蛇（坎）	天（乾）

◆《风后握奇经》所载八阵图。上图为先天卦位，下图为后天卦位。

的总结——“大抵八阵即九军，九军者方阵也”（《宋史·兵志九》）。古籍中所记载的“八阵”种类颇多，《隋书·经籍志》著录有《孙子八阵图》《吴孙子牝牡八变阵图》《武侯八阵图》等，《宋史·兵志十一》中有《龙虎八阵图》，《武经总要前集》中记载有“本朝八阵法”。另外，“八阵”在古代的流布与演化也非常广泛，相传远古圣王黄帝曾有“风后八阵”，西周之时曾有“太公八阵”，春秋战国有“司马穰苴八阵”“孙子八阵”“吴起八阵”，汉代有公孙弘授霍光之“八阵”，三国时期有诸葛亮之“八阵”，西晋有马隆之“八阵”等。戚继光在《纪效新书》中也曾提及“八阵”。

值得一提的是，我们现在常用的成语“五花八门”，本意即指“五花阵”和“八门阵”。“五花八门”正是以两者种类繁多、变化无端来形容事物的形形色色、多种多样。另外，唐代诗人杜甫入蜀后，曾作《八阵图》一诗咏怀诸葛亮，诗的前两句为“功盖三分国，名成八阵图”。

除上述阵形外，尚有其他流布甚广的阵形，诸如“十阵”以及唐代军事将领李靖发明的“六花阵”等，限于篇幅，我们在此不一一介绍。总之，这些阵形皆由基本的几何形状组合和变化而成，可同时部署步兵与车骑、攻守相配，还可因地制宜，根据不同的地理条件加以变换。可以说，各类阵形正是“奇正相生”的兵家思想在军事实践中的施展与运用。

六

兵无常势

正如阵形之变化无端、应变无穷，古代兵家讲求“兵无常势”。简单说来，这里的“势”指形势、形态，“兵无常势”即依据敌人的具体情况制定战略战术，而不拘泥于一成不变的准则。

《孙子兵法》曾数次论及“势”这一思想观念。《始计》篇谓：“势者，因利而制权也。”杜牧注此句曰：“夫势者，不可先见，或因敌之害，见我之利；或因敌之利，见我之害，然后始可制机权而取胜也。”[1]也就是说，“势”是不可预先决定的，只能依据敌方优劣和战时的具体情况而采取措施以战胜敌人。另外，《兵势》一篇提到“战势不过奇正”，也说明了“势”并非仅为定则，取胜还需奇正相生、因时而动。

而关于“兵无常势”，《孙子兵法·虚实》曾以水喻兵阐发道：

> **水因地而制流，兵因敌而制胜。故兵无常势，水无常形，能因敌变化而取胜者，谓之神。**

1 详见孙武撰，曹操等注，《十一家注孙子》，北京：中华书局，2012年，第12页。

水依据地形变化而不断改变流动的方向及形态。同理，用兵也应当依据敌方的情势制定相应的取胜之道。用兵不存在定法，正如水流无常形，能够应对对方的变化而取胜者，即可称之为“神”。

除《孙子兵法》以水喻兵之外，《尉缭子》中也有“胜兵似水”的说法：

> 胜兵似水，夫水，至柔弱者也，然所触，丘陵必为之崩，无异也，性专而触诚也。今……三军之众，有所奇正，则天下莫当其战矣。

水柔弱而能胜刚强的意象在中国思想中时常出现，不仅广泛运用于古代中国哲学，亦常运用于兵家谋略、古代文学乃至书法艺术等诸多领域。《尉缭子》在此借用了水的喻象，指出水虽然至为柔弱，却蕴含着使丘陵崩坏的能量，但凡水流经之处，一切最终将被其冲刷乃至改变形态、分崩离析。之所以能够如此，原因就在于水长流不息，且能随机应变。用兵打仗若能持之以恒因敌变化，则天下莫能与之敌。

若再向前探究，以水喻兵、探究水之德义，称颂水因地而变、以弱胜强的思路可追溯至《道德经》。《道德经》第八章曰“上善若水，水善利万物而不争，……事善能，动善时。夫唯不争，故无尤”，第七十八章曰“天下莫柔弱于水，而攻坚强者莫之能胜，其无以易之”，讲的正是水虽然至为柔弱，但能够与时迁移、应物变化，因此即便不主动争斗，天下万物也莫能与之争。

总之，正如阵法的千变万化、奇正的相互配合，古代兵家也讲求“兵无常势”，提倡审时度势、因敌制胜。

七

天时地利人和

对于古代兵家而言，若说有什么比具体的用兵方略和排兵布阵更为根本、更加重要，那便是统一民心。在他们看来，通过和合民心而达到“天时、地利、人和”，乃是用兵的至高境界。

大致说来，所谓“天时”本指作战时的有利气候，泛指时间上的各种有利条件，包括天气、时机、机遇等；“地利”本指作战时的有利地形，泛指空间上的各种有利条件，包括地形、地势、区位等；“人和”本指得到人们拥护，上下同心，团结一致，泛指人的优势。三者皆为用兵打仗的重要因素，故《孙膑兵法·月战》谓“天时、地利、人和，三者不得，虽胜有央”。而在这三者中，“天时不如地利，地利不如人和”（《孟子·公孙丑下》）。从根本处说，对战争乃至政治最具决定性的因素乃是“人和”，亦即上下协调、民心一致。而“人和”的实质内容便是“仁政”与“民本”。正如《孟子·离娄上》所说，“得天下有道，得其民，斯得天下矣”。再者，《孟子》一书多次提到文王以百里之地而王天下，意图也在于表明“民”的维度在战事乃至政治中的根本性作用。

《孟子·梁惠王下》记载了齐宣王与孟子的一则谈话。齐人伐燕而胜之，齐宣王犹豫不决是否应当就此进一步讨伐和兼并燕国，便问孟子。孟子回答道："取之而燕民悦，则取之。…… 取之而燕民不悦，则勿取。"从这一番话可知，孟子认为战争的最终结果取决于民，民心向背决定了孰胜孰负。

荀子同样曾阐发"天时、地利、人和"的军事与为政理念，并强调"人"的重要性。据《荀子·议兵》记载，临武君与荀子议兵于赵国国君孝成王之前，赵孝成王问"用兵之要"，临武君首先回答道：

> 上得天时，下得地利，观敌之变动，后之发，先之至，此用兵之要术也。

荀子则提出：

> 凡用兵攻战之本在乎一民…… 士民不亲附，则汤、武不能以必胜也。故善附民者，是乃善用兵者也。故兵要在乎善附民而已。

在临武君看来，战争的几大要素在于天时、地利和对敌方形势的探察，做到后发先至、静观敌方优劣而后采取行动，从而战胜敌方；荀子则从根本处探究发现，用兵攻占之本在于统一民众、团结一心。如果做不到这一点，即便是像商汤、周武王这样的圣人也不见得必定取胜。由此可见，善于亲附人民者方是真正善于用兵之人，即用兵的要义在于亲民。

总之，在中国古代思想家看来，人与天地密切相关，《易传》谓“有天道焉，有人道焉，有地道焉”，天、地、人三者乃是相互贯通的整体，遵循着共通的法则。因此，无论是在军事活动中，还是人类事务的其他领域，天、地、人的融贯和合都显得极为重要。具体到用兵方略，则需“天时”“地利”“人和”共同配合。当然，其中最为根本的因素在于“人和”。这样的思想也和中国传统政治中“以民为本”“仁政”的价值理念息息相通。

文化关键词

上兵伐谋

用兵的上策是挫败敌方的计谋。是古代军事家孙武提出的一条军事原则。在孙武看来，军事斗争是在不同层面展开的。不同层面的斗争都可以对战争胜败产生重要的影响。其中，武力攻伐对于双方都会造成极大的伤害，因此是不得已的选择。善于用兵之人应在武力斗争发动之前，运用谋略破除敌人的进攻威胁，或为己方的武力攻伐扫清障碍，以最小的代价实现战略目标。

天时地利人和

“天时”本指作战时的有利气候，泛指时间上的各种有利条件，包括天气、时机、机遇等；“地利”本指作战时的有利地形，泛指空间上的各种有利条件，包括地形、地势、区位等；“人和”本指得到人们拥护，上下同心，团结一致，泛指人的优势。古人认为，它们是事关成败的三种最重要的因素；而且“天时不如地利，地利不如人和”，其中起决定作用的是“人和”。它反映了中国人考虑问题的三个基本向度——时间（时机）、空间（环境）和人，体现“以人为本”的基本理念。

篇五

仰观俯察

古代中国兵家中的『兵阴阳』

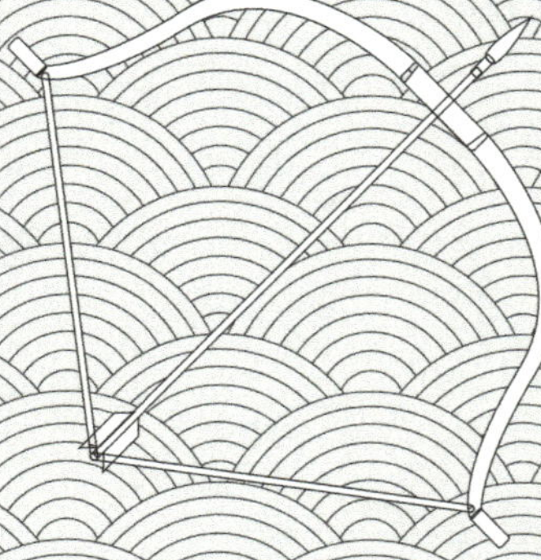

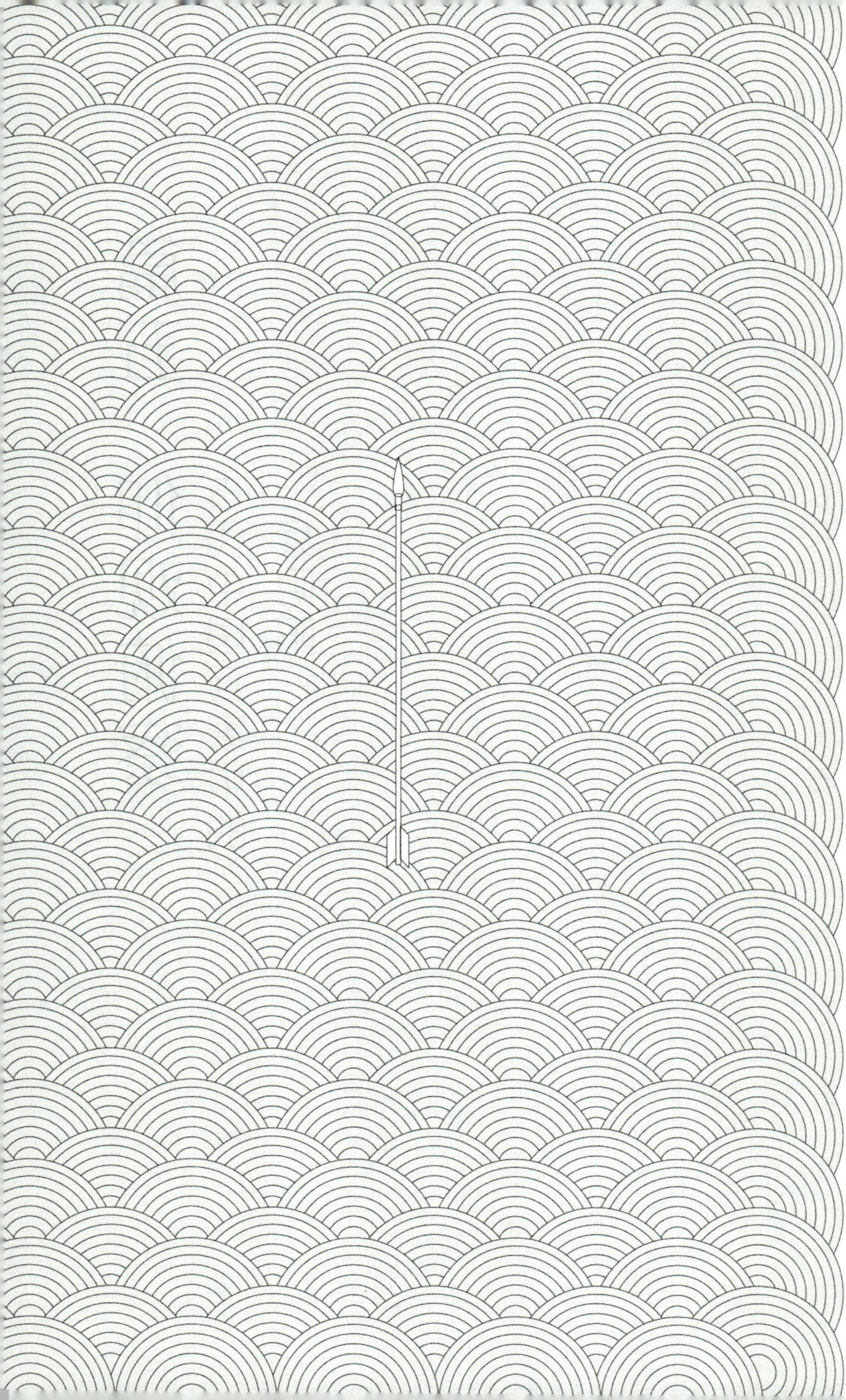

《汉书·艺文志》将兵书类文献共分为四类，“兵阴阳”即为其中之一。大致说来，“兵阴阳”与古代的巫术、术数、阴阳家思想密切相关，是巫术、术数、阴阳五行等在军事领域的施展与运用。《周易·系辞上》谓“仰以观于天文，俯以察于地理，是故知幽明之故”，“兵阴阳”同样如此——试图通过对天象地形的观察和方技术数的运用而通达用兵之道。

“兵阴阳”在古代兵家思想与军事活动中应用广泛，《孙子兵法》《吴子兵法》《司马法》《孙膑兵法》等兵家著作中都或多或少包含有“兵阴阳”的思想成分，各类军事活动也时常运用兵家术数与“兵阴阳”。大致说来，“兵阴阳”的内容包括军事祭祀、祝咒盟诅、卜筮、天文气象占、风角音律占、鸟占、梦占、地形占卜等。下文择取部分内容予以介绍。

◆汉代画像石中的蚩尤形象

一

黄帝战蚩尤：上古神话中的『兵阴阳』

据《史记·五帝本纪》记载，黄帝为远古之时的“五帝”[1]之首，因居轩辕之丘而名“轩辕”；蚩尤则为九黎部落的领袖，乃是远古神话中的武战神。同时，蚩尤以最早铸冶兵器著称，相传为“五兵”[2]的发明者。黄帝曾与炎帝战于阪泉，三战而胜炎帝。而后蚩尤作乱，黄帝战蚩尤于涿鹿之野，并最终获胜，从而被各诸侯尊为天子。

《史记》对“涿鹿之战”的记载颇为简洁，先秦时期的神话地理志《山海经》则进一步演绎了这个故事。《山海经》的描述妙趣横生，为“涿鹿之战”增添了不少奇幻色彩，令人浮想联翩。另外，《山海经》的演绎中还蕴涵着“兵阴阳”的雏形与思想元素。

《山海经》说蚩尤制造兵器攻打黄帝，黄帝于是命应龙[3]战蚩尤于冀州之野。应龙与蚩尤各显神通，应龙欲蓄

1 传说中的上古帝王。一说指黄帝、颛顼（zhuān xū）、帝喾（kù）、尧、舜。

2 五种兵器，所指不一，泛指各种兵器。

3 古代传说中一种有翼的龙。

◆《风雨图》（局部），出土于河南南阳王庄汉画像石墓。

水，而蚩尤请来了能够兴风的风伯和能够降雨的雨师助战，风伯与雨师大施狂风暴雨。黄帝难以应对，只得请来天女魃帮忙，魃能兴起旱灾，消弭风雨。在魃的帮助下，黄帝最终得以战胜蚩尤。

早期中国有一类称为"巫觋"[1]的人，女曰巫、男曰觋。巫觋的职能在于通过祭祀与祝祷等方式沟通天人，将神的意志传达于人间，也将人的祷告递送至神明。殷商甲骨文中有不少关于巫觋的内容，足以见得巫觋传统渊源久远。此外，《周礼》《左传》等早期文献中也不乏关于巫觋的记载，这些内容多与祭祀、祈祷、禳灾[2]、占卜、沟通鬼神等相关。而在古代军事活动中，祭祀、祈祷和占卜都是极为常见的行为，"兵阴阳"涉及的主要就是这些内容。就军事祭祀来说，祭祀先祖是一项主要内容。除此之外，还有祭祷上天、日月星辰、山川、河神等，以期获得神明保佑、掌握"天时"与"地利"。

在古代兵家文献及其他历史文本中，我们都可以找到不少关于军事祭祀的记载。例如，《司马法·仁本》中的"贤王制礼乐法度，乃作五刑，兴甲兵以讨不义。……乃告

1 觋：音 xí，男巫师。

2 禳：音 ráng，祈祷消除灾殃。

于皇天上帝日月星辰，祷于后土四海神祇山川冢社，乃造于先王”，说的正是战前的各类祭祀，祭祀对象包括上天、先祖、山川河流等。另外，《周礼·春官》也提到“国有大故则旅上帝及四望”，其中，“旅”为祭祀的一种，“四望”指面向四方、遥祭山川。也就是说，在国家遭遇战争等灾难时要祷告上天神明与四方山川。再者，《左传》中有不少关于战前祭祷于河的内容，如文公十二年（公元前615年）秦晋河曲之战，“秦伯以璧祈战于河”，试图通过祭河而得到神灵护佑，取得战争胜利。襄公十八年（公元前555年）晋国伐齐，中行献子沉玉于河而祷。总之，古代军事活动时常通过祭祀上天神明、先祖、山川河流等而期望蒙受护佑、取得战争胜利。回到《山海经》，蚩尤请风伯与雨师降下狂风暴雨、黄帝请天女魃止息风雨，这或许正是从古代军事活动对神灵与自然的祈祷演绎而来，是“兵阴阳”某种神话化的表现形式。

此外，北宋类书《太平御览》中也有黄帝战蚩尤的神话记载。《太平御览》的描绘与《山海经》略有出入，按照其记述，黄帝最终战胜蚩尤主要得益于风后与玄女的帮助。风后是黄帝的辅臣之一，发明了指南车与八阵图。指南车能够突破蚩尤兴起的风雨云雾，而八阵图则属于阵法，按照九宫图类的式图排兵布阵，与式法占卜有所关联。另外，天降玄女授黄帝“兵信神符”以战蚩尤，“兵信神符”即兵书与符咒，据传也与式法相关。古代有不少关于式法的书托名于风后与玄女，而式法占卜乃是“兵阴阳”的重要内容。

总之，黄帝战蚩尤的神话中蕴含有不少“兵阴阳”的思想成分，既包括军事祈祷，也包括“式图”和“式法”的相关内容。从上古传说中，我们已经可以看到“兵阴阳”的发展端绪。

二

『师出以律』：『兵阴阳』中的风角音律占

除军事祭祀与祝祷外，军事占卜也是“兵阴阳”中一类重要活动。占卜的方式门类繁多，包括传统的龟卜与占筮，观测日月星辰、云气等的天文气象占，基于五音的风角音律占，梦占及诸杂占等。所谓风角音律占，指的是以风角、五音占四方四隅之风而定吉凶。风角音律占的起源甚早，自战国起便已开始流行。《周易》六十四卦之一“师”卦的卦辞中有“师出以律”的说法，这里的“律”后来泛指纪律，而按照唐代经学家孔颖达的注解，“律”本指音律，“师出以律”是说军队出征以唱和为发始，从而齐整师众。事实上，这其中已有音律占卜的意涵，出征前的歌声传递了军队的士气与大体情状，顺此可以制定相应的对战策略、预判战争结果。到了汉代，“音律”与“风角”的运用都已十分广泛。

黄帝战蚩尤时风伯兴风，其中便可依稀见得“风角”之端倪。《左传》记载的春秋时期的晋国乐师师旷能够听音以占吉凶，则为战国以来“风角音律占”之发端。《左传·襄公十八年》载：“晋人闻有楚师，师旷曰：‘不害，吾骤歌北风，又歌南风，南风不竞，多死声，楚必无功'。"[1]这是说，晋国听闻楚国将兴兵伐晋，师旷表明不必担忧——"我屡歌北曲，又歌南曲，南曲乐音微弱，多肃杀之声，楚国必定不会战胜。"师旷是一位盲人，但精通音律且听觉极其敏锐，通过听音便可以预先辨知吉凶。师旷断言，南曲微弱，楚国必败。

师旷的吹律听声以定吉凶后来发展成为"兵阴阳风角音律占"中一类专门的数术，即"五音之术"[2]。简单说来，"五音之术"乃是将"五音"与"五行"相结合而形成的军事数术活动。五音合分相配而五行相生相克，通过触类旁通的基本原理，便可依据"五音"和"五行"判断敌情变化、预测战争结果。《六韬》中的《龙韬·五音》一篇便主要记载了相关内容。在这一篇中，周武王和姜太公有两组关于音律、五行与战争预测之关系的问答。武王询问太公是否真的可以通过音律来判知敌情与战争胜负。太公回答说五行和音律来自天地自然，是微妙玄通之天地奥秘具体而微的显现。将二者

1 "北风""南风"之"风"指曲调，《诗经》有国风，即指各国之乐曲，"北风南风犹今云北曲南曲"。详见杨伯峻:《春秋左传注》(第四册)，北京：中华书局，2016年，第1147页。

2 五音：中国五声音阶中的宫、商、角、徵、羽五个音级。

结合起来，不仅能够了知敌情、预测战争吉凶，还可依据敌情排兵布阵，从而运筹、制胜。

除《六韬》外，《太平御览》第三二八卷所引之《六韬》佚文中也曾提到五音之术，《汉书·艺文志·数术略》“五行类”中收录有《五音奇胲用兵》[1]，先秦道家著作《鹖冠子》[2]的“世兵”和“天权”篇中也数次提到善用兵之人“陈以五行，战以五音”。自汉代至隋唐时期，五音之术在军事中的运用已十分广泛，并时常与风角、鸟情（依据飞鸟鸣叫之声占卜）等方术交错并用。《隋书·经籍志》中即著录有数十余种风角、鸟情、五音之书。

以上是关于“五音”之术的简要介绍，下面我们再来看“风角”之占。

“风角”之占的主要观测对象为季节风，通过观察“季节风的风向变换和冷暖强弱来说明阴阳二气的消长”[3]，从而判断吉凶、制定相应的作战计划。与音律占卜一样，“风角”在汉代以降的军事占卜中也频繁使用。另外，“风角”滥觞于商代的候风以授农时，起源极早。殷墟甲骨文卜辞

1 胲：音hǎi。“奇胲”指兵略。

2 鹖：音hé，古书上说的一种善斗的鸟。

3 李零：《中国方术正考》，北京：中华书局，2006年，第39页。

中已有先古之人通过“四方风”进行农业占卜的记载，在商代人的宇宙观中，风的变化代表着四时的变换流转以及昼夜的短长交替，因此与农业生产息息相关，通过不同时节风的形态与方向可以预卜年岁收成。将占风运用于农业的做法在汉代仍旧流传，但其另外一个重要的发展方向便是运用于军事领域，从而形成了“风角”之术，即以季节风的情状制定军事策略、预测战争结果。如前文所述，《隋书·经籍志》中收录有不少风角之书。另外，1972年山东临沂银雀山汉墓出土的竹简中有《天地八风五行客主五音之居》一书，详细论述了如何利用风角及五音推测战争的主客胜负。

事实上，《三国演义》中诸葛亮“草船借箭”的故事即蕴含着“风角”占卜的思想元素。周瑜欲与曹军水战，令诸葛亮于十日之内监造十万支箭以应敌。诸葛亮观气象而知三日之后必有大雾，于是在第三日凌晨令二十艘载满草束的船只趁着雾大开近曹军水寨。曹操在重雾之中不敢轻举妄动，只得令弓弩手万余人朝江中放箭。一时之间箭如雨发，船上的草束很快便插满箭支，船只载箭而归。事后，鲁肃问诸葛亮何知三日之后将有重雾，诸葛亮谓：“为将而不通天文，不识地理，不知奇门，不晓阴阳，不看阵图，不明兵势，是庸才也。”这里的天文地理、奇门与阴阳、阵图与兵势，讲的都是“兵阴阳”中的门类与方术。在诸葛亮看来，出色的军事将领必须具备这些知识以辅助作战。

总之，作为“兵阴阳”中的一大门类，风角音律占起源甚早，并在战国至隋唐之际的军事活动中得以发展与广泛应用。风角音律占不仅与古代的气象学、农业生产关系密切，同时也是中国古代宇宙观念在军事领域的展现。

三

『天事恒象』：『兵阴阳』中的天文星气占

天文星气占卜是“兵阴阳”中另一类重要方术。事实上，早在春秋之时，天文占术便已广泛运用。成书于春秋时期的编年体史书《左传》中有很多关于天象异动及相应占卜的记载。《左传·昭公十七年》谓“天事恒象”，也就是说，天道以象类来告示人，观天道可以明人事。这既代表了古代中国对天地宇宙、外部世界的理解，也构成了天文占卜术的思维基础。

原始农牧时期的人们与自然界有很多切身的互动，因此，在古代中国人的观念中，宇宙万象、日月星辰绝不仅仅是辽远空阔的物理存在。相反，它们与人的存在息息相关，它们的情状与变化也会直接或间接影响人，古人由此格外关注自然世界与外部空间。《周易·系辞上》说：“仰以观于天文，俯以察于地理，是故知幽明之故”，认为通过仰观天文而俯察地理、探究天地万象、四时流转、山川河流，便可体察人生精妙玄通的终极之理。《道德经》第二十五章谓“人法地，地法天，天法道，道法自然”，认为个体、人类世界的存在与活动应当取法于地、地取法于天、天取法于道，而道因其自然而行。总之，无论是《周易》，还是《道德经》，所呈现出的都是一派人与天地自然息息相关、豁然贯通的磅礴景象。这样的宇宙观影响了中国人的思维方式，同时也广泛运用于具体生活的众多方面。在“天人合一”的思想观念之下，天文气象可用以预测和解释人类活动，“兵阴阳”中的天文星气占所运用的也正是这样的思维方式。西汉时期的哲学著作《淮南子》说：“明于星辰日月之运，刑德奇賌之数，背乡左右之便，此战之助也。”[1]也就是说，通晓天象与其他类型的数术方技，将对战争有所辅助。

天文星气占的对象与内容颇为丰富，包括对日食与月食、星象与云气等的占卜，简要介绍如下：

（一）日食与月食

对日食和月食的占卜在“兵阴阳”的天文星气占中极为常见。其中，日食的意义较之于月食更为重要。《淮南子》曾提到：“欲知天道，以日为主”（《淮南子·天文训》）。就是说，意欲知晓天地宇宙的运行准则，应当以

1 賌：音gāi。奇賌：奇秘，非常。

太阳的活动变化作为主要参考。总体而言，在中国古人看来，日食乃是不祥之兆。例如，《诗经·小雅·十月之交》记载了发生于周幽王六年（公元前776年）的一次日食，这也是中国现存关于日食最早、最明确的记载。诗中谓："十月之交，朔日辛卯。日有食之，亦孔之丑。"这里，"孔"指"甚"，"丑"即为"恶"。也就是说，十月之初发生的日食是极凶之兆，根本原因在于周幽王昏庸无道，致使灾异频发。

中国古代各类典籍中，关于日食的记载层见叠出。诸如《尚书》《诗经》《左传》等早期文献中都有不少相关内容。其中，《左传》的记载尤为详尽丰富。作为编年体史书，《左传》的叙事内容与书写目的主要在于记事记言，以为后世借鉴。也就是说，《左传》对历史事件的记载旨在呈现其中或微或彰的政治意涵，将历史叙事与现实政治相勾连，对日食以及其他天文现象的记载当然也不例外——绝不仅仅是作为自然现象加以记录，而是作为政治事件、国事预兆加以记录。

《左传·昭公七年》记载了这样一则围绕日食展开的政治对话与吉凶预测：

夏四月甲辰朔，日有食之。晋侯问于士文伯曰："谁将当日食？"对曰："鲁、卫恶之，卫大鲁小。"公曰："何故？"对曰："去卫地，如鲁地，于是有灾。鲁实受之。其大咎，其卫君乎，鲁将上卿。"

这是说，昭公七年（公元前535年）夏四月初一发生了日食。当时的晋国国君晋平公询问士文伯说："谁将因为这次日食蒙受灾祸？"士文伯回答说："鲁国和卫国将受灾，卫国灾大而鲁国灾小。"晋平公问原因，士文伯说："因为此次日食发生的范围自卫国分野[1]开始，而延续至鲁国分野，这预示着两国都将发生灾祸，卫国之灾将由国君受之，而鲁国则是上卿受之。"古人观念中日食和国家吉凶的关联在这里非常直观地展现了出来。

另外，《左传·昭公三十一年》也记载了一则关于日食的材料。在这则材料中，日食被用于军事占卜：

1 为了借助星象断吉凶，古代占星家将天上的星空区域与地上的州、国相互对应。在天文，称为"分星"；在地面，称为"分野"。

十二月辛亥朔，日有食之。是夜也，赵简子梦童子羸而转以歌。旦占诸史墨，曰："吾梦如是，今而日食，何也？"对曰："六年及此月也，吴其入郢乎！终亦弗克。入郢，必以庚辰。日月在辰尾。庚午之日，日始有谪。火胜金，故弗克。"

这是说，昭公三十一年（公元前511年）十二月发生了日食。日食当晚，赵简子梦到孩童裸身随着音乐跳舞的场景，于是请来史墨占卜。史墨预测："六年之后的此月，吴国将会攻打楚国都城郢，但终究不能取胜。因为吴人攻郢必须在庚辰日，日月在辰尾（星宿名）交会之际。而庚午之日太阳开始受亏，火胜金，吴国终将不克。"从这则材料不难看出，通过日食乃至其他天文现象进行的军事占卜事实上有一套复杂的理论系统和意义网络为基础，其中杂糅了星象天文、阴阳五行等众多思想元素。

占月食在"兵阴阳"的军事占卜中也十分常见。古兵书《司马法》中有"月食班师，所以省战也"的说法，认为兵事为阴，而月食象征着阴毁，因而月食之时不宜出兵征战，而当息兵省战。《史记·匈奴列传》记载："单于朝出营，拜日之始生，夕拜月。……举事而候星月，月盛壮则攻战，月亏则退兵。"可见，依据日食与月食乃至其他星象变化而决定是否采取军事行动的做法在少数民族中也是常见的。

（二）星象与云气

古代中国关于星象的占卜主要是观测岁星（木星）、荧惑（火星）、镇星（土星）、太白（金星）、辰星（水星）、彗星与流星等的运动，通过它们的运行轨迹预测军事行动和其他国家大事之吉凶。

古代中国有不少关于星气之占的书目，但绝大多数今已亡佚。而今存留于世的占经中，唐朝瞿昙悉达所作之《开元占经》是较为著名的一部。另外，马王堆出土的帛书中有《五星占》和《天文云气占》，主要内容都与星象云气占卜相关。除了专门的占经之外，诸如《左传》《史记》《汉书》等古代文献中也存留有不少记录星气占卜的内容。下文试举例若干。

首先来看基于岁星的预测。在古人的观念中，岁星为吉星，得岁星为瑞兆。东汉时期的哲学著作《论衡》谓："岁星，东方也，东方主春，春主生物，故祭岁星，求春之福也"（《论衡·祭意》）。这是说，岁星在方位上居东，对应于四时则为春。春季万物生发，生机蓬勃，象征福瑞。《淮南子》也提到："岁星之所居，五谷丰昌"（《淮南子·天文训》)。《史记·天官书》中也有类似的说法。总之，岁星运行至某国分野，即表征该国处于吉时。

《左传·昭公三十二年》记载了吴越两国之间的战争，史墨基于岁星的运行预测战争的最终结果说："不及四十年，越其有吴乎！越得岁而吴伐之，必受其凶"。对于这条内容，后世注家给出了诸多不同角度的解释。西晋时期的经学家杜预释此条曰："岁星所在，其国有福，吴先用兵，故反受其殃。"也就是说，岁星在越国的分野，则越国有福将至，吴国若对其用兵，则必然遭受失败。而关于史墨所提到的"不及四十年，越其有吴乎"，注家解释道："古人以为预测一国之存亡，不能超越木星周行三遍"[1]。木星周行一遍为十二年，三遍即为三十六年，因此史墨的意思是"四十年内，越国将攻占吴"。根据史书记载，越国的确在与吴国陆续交战三十五年后灭吴。

其次，基于彗星和流星的预测。相较于岁星所昭示的吉兆，彗星则被视为"妖星"，代表凶象。关于诸星运行失序并最终导致彗星出现所昭示的政治混乱，先秦时期黄老道家类的著作《文子》总结道：

1 杨伯峻：《春秋左传注》(第四册)，北京：中华书局，2016年，第1516页。

政失于春，岁星盈缩，不居其常；政失于夏，荧惑逆行；政失于秋，太白不当，出入无常；政失于冬，辰星不效其乡，四时失政，镇星摇荡，日月见谪，五星悖乱，彗星出。

引文表明，不同星辰对应不同的季节，岁星、荧惑、太白、辰星分别对应春、夏、秋、冬四时，而镇星居中。若某一时节相对应的星辰出现星象异常，则表示彼时政治失序、局势混乱。而若四时失序，则镇星摇荡，并会发生日食与月食，彗星也会出现，表明时局极为凶险。

流星的出现与彗星一样，代表凶相。《后汉书·董卓列传》记载了东汉末年权臣董卓与叛将边章、韩遂所率羌军之间的一次对抗，董卓最终获胜。根据书中记载，边、韩的失败与当时出现的天文异象密切相关："十一月，夜有流星如火，光长十余丈，照章、遂营中，驴马尽鸣。贼以为不祥，欲归金城"。十一月的某个夜晚，流星突然划破夜空，光芒长达十余丈。流星的光亮直照边章、韩遂之羌营，驴马受惊而嘶鸣不止，羌军顿时军心大乱，认为天降异象必有不祥。董卓于是抓准时机，在次日一早发起袭击，击溃了边章与韩遂的军队。

再次，在军事活动中，占太白星是一项极为重要的内容。中国古代有“太白主兵”的说法，《史记·天官书》和《汉书·天文志》中都有不少占太白星而出兵征伐的内容。唐代学者李淳风所著之占书《乙巳占》也提到：“太白主兵，为大将，为威势，为断割，为杀害，故用兵必占太白：体大而色白，光明而润泽，所在之分，兵强国昌；体小而昧，军败亡国。”由于太白主兵，依据太白星的盈缺晦明可占知出兵之吉凶；以太白喻兵的意象，在古代文学作品中也数见不鲜。例如，唐代诗人王维的《陇头吟》写道：

长安少年游侠客，夜上戍楼看太白。
陇头明月迥临关，陇上行人夜吹笛。
关西老将不胜愁，驻马听之双泪流。
身经大小百余战，麾下偏裨万户侯。
苏武才为典属国，节旄落尽海西头。

意气风发、豪情壮志的长安少年夜登戍楼，观测太白星的星象，企盼有朝一日能驰骋沙场、建功立业。疆土的另一端，明月高悬边塞，陇上行人在凄冷的月光下吹笛以寄哀思，引得骑马经过的老将闻笛驻马、泪水潸然。战争的残酷与无奈宛在目前。

最后，古人除占星象之外，也占云气，亦即依据云的颜色与形状，以及日月光线经云层或雨雾折射而形成的晕、珥、虹、霓等进行占卜。《左传·僖公五年》说：“凡分、至、启、闭，必书云物，为备故也。”[1]也就是说，古人在重要节气之时皆会观测天象、记录云气，其目的即在于验证祥瑞与灾异。限于篇幅，此处不再举例。

1 分：春分、秋分；至：夏至、冬至；启：立春、立夏；闭：立秋、立冬。

四

“断以筮龟”：“兵阴阳”中的卜筮之占

龟卜与占筮的起源十分古老，以目前的考古发现来看，二者至少都可以追溯至商代。在春秋战国时期，卜筮也是极为常见的占卜活动。简单说来，“卜”指龟卜，亦即灼龟甲以观吉凶；“筮”为策筮，亦即揲蓍草以定福祸[1]。《礼记》说：“龟为卜，筴为筮。卜、筮者，先圣王之所以使民信时日、敬鬼神、畏法令也，所以使民决嫌疑、定犹与也。”（《礼记·曲礼上》）不难看出，在古代中国，卜筮不单单是一项预测活动，它的深层动机是对宇宙秩序、鬼神信仰、法律政令的信奉和遵从。关于卜筮与宇宙万物的内在关联，《左传》提到：

龟，象也。筮，数也。物生而后有象，象而后有滋，滋而后有数。

1 揲：音shé，用手抽点成批或成束物品的数目；蓍：音shī。蓍草为多年生草本植物，古代用其茎占卜。

◆国家博物馆藏商代祭祀刻辞龟甲

也就是说，卜用龟，灼龟甲而生兆象，观之可测吉凶，因而称为龟卜；筮用蓍，揲蓍草可得卦，依蓍策之数可定祸福，所以称为筮数。宇宙之中，先有万物而后有象，有象则万物可繁衍生长，万物生长各异则有多少之数。按照《左传》的逻辑，借助象、数而进行的卜筮活动根植于对宇宙万物演化过程的观察与模拟，与万物的生长演化相符合，因此卜筮的结果自然是可信的。

有趣的是，龟卜和占筮的运用还与上古对“动物之灵”和“植物之灵”的原始宗教崇拜相关。宋代类书《太平御览》引《洪范五行传》谓：“龟之言久也，千岁而灵，此禽兽而知吉凶者也。蓍之为言耆也，百年一本，生百茎，此草木之寿知吉凶者也，圣人以问鬼神焉。”古人认为，龟极为长寿，蓍草需百年方长成，都是历时弥久之物，分别代表动物与植物之极为灵秀者，因此可用而占吉凶。

在实践层面上，卜筮的运用十分广泛。上至国家大事（如祭祀与战争），下至民众事务（如嫁娶）都时常通过卜筮进行预测。以卜筮预测战争吉凶更是极其普遍。《周礼·春官》谓：“大师，则贞龟”，亦即在大的战争之前需要用龟甲占卜；《史记·龟策列传》也提到：“王者发军行将，必钻龟庙堂之上，以决吉凶”，表达的是同样的意思。

历史典籍中关于军事占卜的记载比比皆是，不仅能否发动战争需要卜筮，临战与战中也都需要卜筮。例如，关于决定发动战争与否的占卜：据《左传·哀公九年》所载，春秋末年，宋国伐郑，晋卿赵鞅欲伐宋救郑，龟卜而得兆象曰“水适火”，史龟、史墨、史赵三位大臣借助“水”“火”的寓象，分别从姜姓的历史（齐国为姜太公的封地，故史龟以姜姓历史为契解读兆象）、赵鞅的名字，以及五行关系等三方面，告诫赵鞅只可攻齐、不可伐宋。而后，阳虎又以《周易》筮之，得到的结果同样指示伐宋不利。赵鞅于是遵从卜筮结果，放弃了伐宋的计划。

关于临战占卜，据《左传·成公十六年》记载，鄢陵之战中，楚共王在战前登巢车[1]以观察晋军动向，看到了晋军进行一系列战前准备，其中包括“虔卜于先君”与“战祷”，亦即卜于先祖并向神祈祷。晋厉公同样探察了楚军的情况，并请太史占筮。太史占而得《周易》之“复”卦，谓其吉。晋厉公遵从卜筮结果而展开攻战。另外，战争之中，卜、史等神职人员也会随行于军中，以便随时问询。

除却上文所提到的风角音律占、天文星气占，以及龟卜和占筮，“兵阴阳”的卜祀活动尚包含其他很多内容，例如

1 巢车：中国古代一种设有望楼、用于观测敌情的战车。

占梦、祭祀、禳祷（通过祭神消灾祈福）、诅咒、厌胜（用巫术手段避祸趋福），以及其他各种杂占和巫术等。这些活动种类繁多、形式驳杂，在终极层面上蕴含着“兵阴阳”乃至古代中国对宇宙秩序的认识与理解，在实践层面上深刻影响着古代战争史的进程。

文化关键词

天文

天体、天气的运行变化及其规则。出自《周易》。日月星辰的运行、四季昼夜的交替、寒暑风雨的变化，都呈现出某种恒常的法则，这即是“天文”。古人认为，人伦生活与天地万物遵循着相通的法则。因此，人们可以通过对“天文”的观察与效法，确立人伦生活的秩序。

象数

占筮所依据的形象和数字。“象”最初指龟卜中所呈现的兆纹，“数”则指占筮中蓍草推演的数字，“象数”是推断吉凶的基本依据。在《周易》的意义体系中，“象”指卦爻符号及其所象征的事物，“数”则指阴阳奇偶之数与蓍草演算之数。《周易》的一些解释者主张通过“象数”去推演天地万物的变化。

篇六

以礼为国

古代中国的军事与礼制

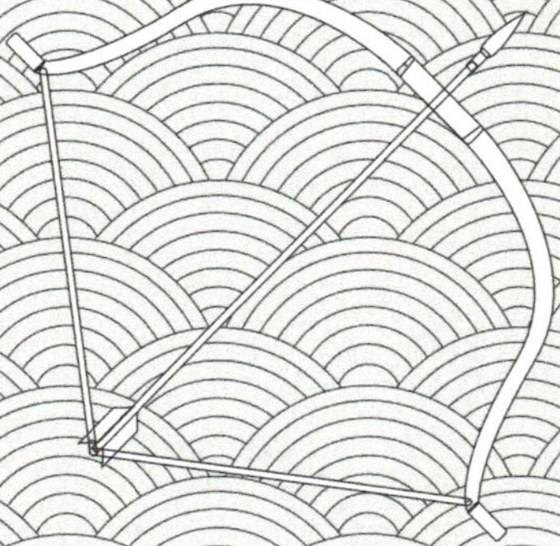

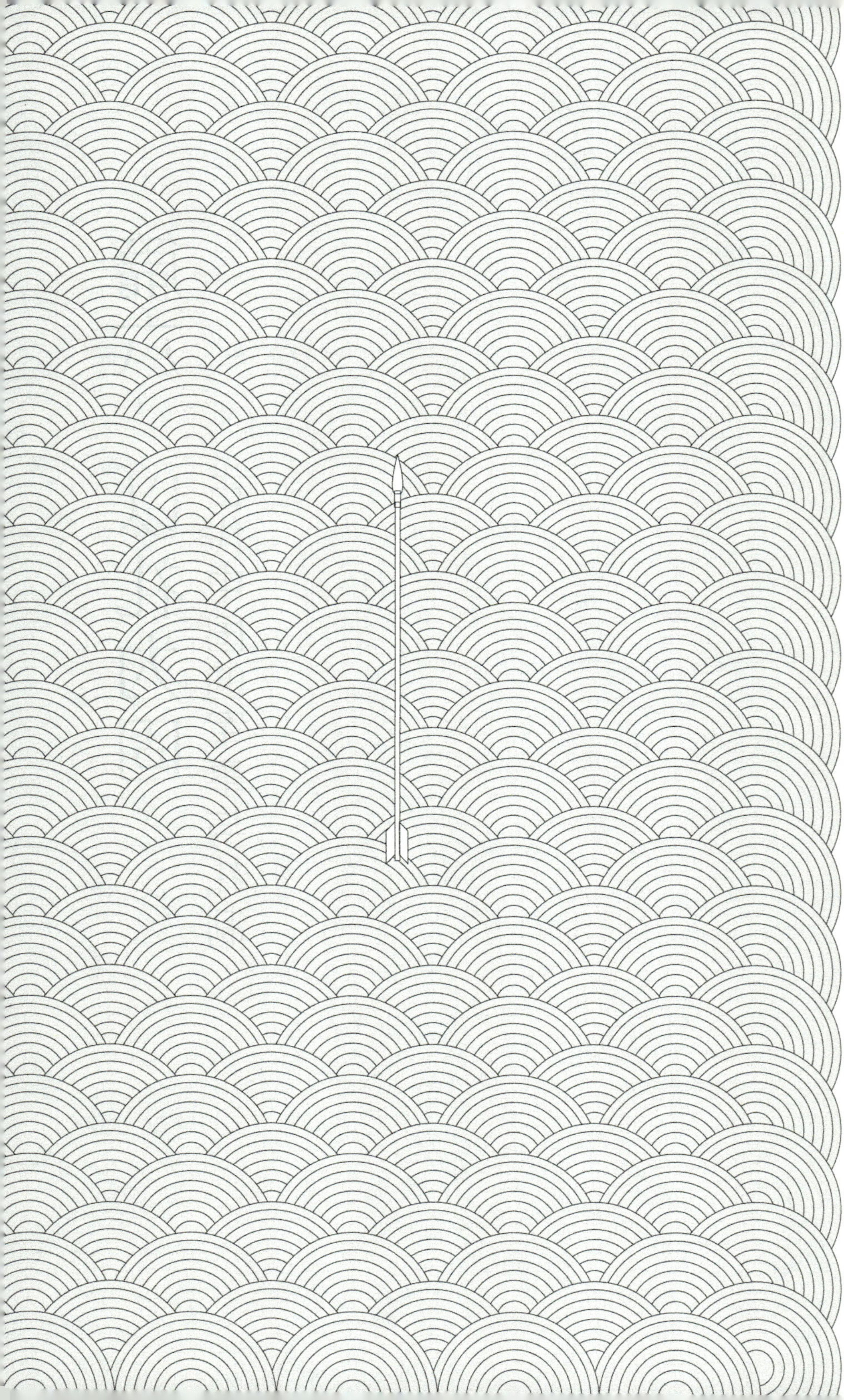

古代中国的军事活动与宗法及礼乐制度密切相关，军事活动自始至终皆遵循一定的礼仪准则，商周之际尤其如此。甲骨卜辞和《周易》《诗经》《左传》《国语》《周礼》等早期文献中都记载有不少与军事活动及军事礼仪相关的内容。另外，如前文所介绍的，《司马法》主要记载西周之时的军制与军礼，其中提到“以礼为固，以仁为胜”，就是说军事应当以礼制为准则，并通过仁义取胜。《汉书·艺文志》谓“下及汤武受命，以师克乱而济百姓，动之以仁义，行之以礼让，司马法是其遗事也”，说的也是同一层意思。当然，战国之时，随着礼乐制度的衰微，以及各诸侯国之间战争的频发，各类主张“以奇制胜”的军事策略逐渐取代了殷周之际“以礼为固”的军事伦理。

◆汉代画像石中的军礼，见俞伟超：《中国画像石全集2·山东汉画像石》。

（1）出行、献俘、乐舞画像（局部）

（2）风伯、胡汉交战、献俘画像（局部）

一

概说军礼

在早期历史文献及出土甲骨材料中，关于殷周之际军事活动的记载是极为常见的一类内容。透过这些内容，殷周军事礼制之大体亦得以窥见一斑。礼制贯穿于军事活动之始终，军事活动的策划、发动、展开和结束都要遵循特定的礼制准则，也都有相应的礼仪活动穿插其中。

军礼作为一种特殊的礼制法则，是内嵌于整个宗法制内部的，也是礼乐制度的特定部分。《周礼》将吉礼[1]、凶礼[2]、宾礼[3]、军礼、嘉礼[4]并称为"五礼"，并论及军礼的作用曰"以军礼同邦国"，认为军礼可用以统一王室与各诸侯国，使得上下协同。因此，从形而上的层面来说，军事活动及其礼仪准则需要符合宗法制度及礼乐文明的精神宗旨与伦理指向。正如前文所提到的，这主要表现为以德性作为人文动

1 吉礼：祭祀之礼。《周礼·春官·大宗伯》曰："以吉礼事邦国之鬼神示"。

2 凶礼：逢凶事时举行的哀吊之礼，包括丧礼、荒礼、吊礼、禬礼、恤礼。《周礼·春官·大宗伯》曰："以凶礼哀邦国之忧"。

3 宾礼：接待宾客的礼节。《周礼·春官·大宗伯》曰："以宾礼亲邦国"。

4 嘉礼：包括饮食之礼、昏冠之礼、宾射之礼、飨燕之礼、贺庆之礼等。《周礼·春官·大宗伯》曰："以嘉礼亲万民"。

机，统摄军事活动之整体——不发动不义之战；若不得已发动或参与战争，需谨慎且抱有哀恸之心；以止息战争、促成和平、兴国保民为战争的根本目的。

从形而下的层面来说，军礼以宗法及礼乐制度为依据，以天子为最高行使者，进而表现为各项具体的礼仪规定。《周礼·春官·大宗伯》提到了军礼的五大类别：

> 大师之礼用众也，大均之礼恤众也，大田之礼简众也，大役之礼任众也，大封之礼合众也。

根据当代礼经学家沈文倬先生的解释，“大师之礼是诸侯或天子的征伐行动，究竟要举行多少典礼，经传亡佚，已无法稽考”，但早期文献记载的天子“宗庙谋议、命将出师、载（木）主远征、凯旋献俘”等行动，都有军事典礼的痕迹。“大田之礼是定期狩猎，而军事演习往往寄托于狩猎活动。”[1]大均、大役、大封之礼则是凭借军事力量进行的国家事务，大致说来，大均之礼是指王在畿内、诸侯在各自的封国内校比户口、厘定各项赋税之时，依仗军威推行，从而减少阻力；大役之礼是指国家在施行筑城邑、建宫殿、开河、造堤等大规模土木工程之时，依据军法分配劳役；大封之礼是指

1 见《菿闇文存——宗周礼乐文明与中国文化考论》，北京：商务印书馆，2006年，第904页。

勘定国家以及私家封地的疆界之时，需要依靠军事力量的支持和保障。

总之，根据上述内容，我们不难想见殷周之时军礼的广泛与复杂。军事活动以及某些非军事活动中，都有军礼的施设及参与。具体到军事活动中，军礼则大致包含战前的告庙[1]与祭祀、测算占卜、迁主[2]，战时的种种作战礼仪与程式，以及战后的凯旋振旅[3]、献俘、安主等。下文结合甲骨卜辞和早期文献介绍部分内容。

1 告庙：祭告祖庙。古时天子遇即位、出征、出猎等重要事件时，必祭告祖庙。

2 迁主：将先代君主王位从祖庙中迁出。《左传·成公十二年》杨伯峻注："古代行军，必将先代君王主位载于车上同行"。

3 振旅：整顿军队。《左传·隐公五年》："三年而治兵，入而振旅，归而饮至，以数军实。"

二

甲骨卜辞中的殷商军礼

目前所见的殷墟甲骨卜辞中，包含大量与军事征伐相关的内容。透过这些内容，殷商之际的军礼大致可见，其中包括告庙谋伐、选将册命、振旅、献捷献俘等诸多活动，贯穿于战争始终。

祖先崇拜及鬼神信仰构成了殷人精神世界的基石。每逢大事，殷人必飨神祭祖以寻求护佑。因此，战前向鬼神与先祖祭祀祷告并占问战争相关事项（例如战争之吉凶、帝王是否应当亲征、主将的任用等）乃是殷商军礼中非常重要的仪式。一定程度上来说，战前的祭祀与占问决定了是否发动或参与战争、战争应当如何部署等关键问题。《礼记 · 王制》谓“天子将出征，类乎上帝，宜乎社，造乎祢”，《周礼 · 春官 · 大祝》谓“大师宜于社，造于祖。设军社，类上帝”。“类上帝”为祭天，“宜社”为祭地，“造祢”“造祖”为告庙，都是兴师征伐前的必要仪式。殷墟甲骨卜辞中，相应的内容非常丰富。例如：

甲辰卜，争贞：我伐马方，帝受我佑？（《甲骨文合集》[1]，6664）

贞：今春伐𢀛方受有佑？（《合集》，6276）

这两则内容是在占问如果出兵征伐马方、𢀛方，上天是否将护佑。再如：

［贞］：呼伐𢀛？

勿呼伐𢀛？（《合集》，6256）

甲子卜，□贞：出兵若？（《合集》，7204）

甲□□，□贞：勿出兵？（《合集》，7205）

也是极为常见的战前占问，询问是否应当出兵。其中，第一则卜辞询问是否可以讨伐𢀛方。第二、三两则卜辞则是在询问是否出兵，第二则卜辞中"若"字的意思是"顺利"——《尔雅》释曰"若，顺也"，"出兵若"就是在占问出兵能否顺利。

甲骨卜辞中的战前仪式还包括告庙之礼，亦即祭祀并告知先祖敌方的情况，以求得先祖护佑。例如：

1 郭沫若主编，胡厚宣总编辑：《甲骨文合集》，北京：中华书局，1978—1982年。为行文方便，下文引用时简称"《合集》"。

壬午卜，亘贞：告𢀛方于上甲？

……

[告]𢀛方于示壬？（《合集》，6131）

告𢀛方于黄尹？

贞：于大甲告𢀛方出？（《合集》，6142）

卜辞中的上甲、示壬、黄尹、大甲是殷商的先祖或旧臣，这些卜辞的内容即为殷人向先祖祭告战敌𢀛方的情况。

此外，战前祭祀与占卜仪式还包括占问君王是否需要亲征、命将与册命等。“命将”指的是将领的选择与任用。军事活动中，将领的重要性不言而喻。《孙子兵法·谋攻》篇谓“夫将者，国之辅也，辅周则国必强，辅隙则国必弱”，也就是说，国家的强弱一定程度上取决于将领的辅佐，因而，命将也就极为重要。“册命”则是指选将之后的册封仪式。这些内容在甲骨卜辞中均有记录，限于篇幅，不再一一列举。除上述内容外，出征前通常还会“衅鼓”，亦即将牲畜或俘虏的血涂在鼓面上，以祭祀神灵。

战前的诸种祭祀、占卜和仪式之后，则有迁庙主和立军社之礼，进而起师征伐。所谓“迁庙主”，指的是将先代君王的祖位从宗庙中迁出随军征战，以便在征伐过程中祭祀与占问。《礼记·曾子问》记载：

曾子问曰："古者师行，必以迁庙主行乎？"
孔子答曰："天子巡守，以迁庙主行，载于齐车，言必有尊也。……君去其国，大宰取群庙之主以从，礼也。"

这是说，在古礼中，天子巡守要将先王祖位载于齐车[1]随行。君王若要离开国家，大宰取诸宗庙之主随行。所谓"立军社"，"社"指土地之主，除庙主外，殷商之时的军师征伐中亦有社主随行。魏晋时期的经学家杜预注《左传》时曾提到："古礼，天子亲征，必奉庙主、社主从军而行。有功，则赏于庙主前。不用命，则戮于社主前，示不专也。"也就是说，天子亲征必定供奉庙主与社主随行，庙主和社主不仅供祭祀与占问，同时还作为军中赏罚的依据。殷商甲骨卜辞中同样有关于这类内容的记载，以下面这则为例：

贞：燎于王亥，告其比望乘？（《合集》，7537）

王亥是殷人先公，"燎"是上古祭祀仪式，即将玉帛、牺牲等放置在柴堆之上焚烧祭祀，望乘是商王武丁时期的将

1 齐车：斋戒时所用之车。

领。这则卜辞记载的是殷人燎祭先公王亥，并祭告他将随望乘出征。类似的内容在殷商甲骨卜辞中有不少。

除了战前与征伐中的军礼外，战后还有振旅、献俘等仪式，这些仪式也都记录于甲骨卜辞中。总之，甲骨卜辞中记录了大量与军事活动相关的内容，其中蕴涵着丰富而完备的军事礼制。这些记录不仅表明了商人对武力的审慎态度，也彰显了商人的信仰形态、精神世界，以及殷商之际的礼制与政治样态。

三

《司马法》中的周代军礼

《司马法》是成书于战国时期的重要军事著作，其中部分内容记载了西周的军制与军礼。大致说来，周人在一定程度上因袭了商制，但是，较之于商人精神世界中弥散的宗教色彩，周代重礼乐，周人的精神底色也更具人本倾向和人文情怀，这也表现在周人对战争的理解与军礼的设置中。换言之，周人一方面继承了殷商时期的部分军制与军礼，另一方面也将之由鬼神信仰的世界引领到了人文的国度。

关于战争的发动，《司马法·仁本》提到：

> 会之以发禁者九：凭弱犯寡则眚之[1]；贼贤害民则伐之；暴内陵外则坛之；野荒民散则削之；负固不服则侵之；贼杀其亲则正之；放弑其君则残之；犯令陵政则杜之；外内乱、禽兽行则灭之。

1 眚：音shěng。

“眚”“伐”“坛”“削”“侵”“正”“残”“杜”“灭” 九者都是对发动战争的不同表述。根据引文，发动战争的原因不外乎九种。也就是说，在周人看来，发动战争不是为了略地夺城，而是为了讨伐不义、保民卫国。《周礼·夏官》中有近乎相同的内容，并将这九项发动战争的准则称为“九伐之法”，谓其之所以“正邦国”，是因为只有符合“九伐之法”的战争才是正义的战争。关于这一点，《司马法·仁本》提到：“贤王制礼乐法度，乃作五刑，兴甲兵，以讨不义”。

另外，因为农业生产是古代中国的主要经济民生活动，《司马法·仁本》还提到征伐应依民时而行，并因循季节时令，以畏天爱民，所谓：

> **战道：不违时，不历民病，所以爱吾民也；不加丧，不因凶，所以爱夫其民也；冬夏不兴师，所以兼爱民也。**

也就是说，战争不能违背农时，也不能在疾病流行时发动，这是出于对本国民众的爱护；不能在敌国发丧时或饥年荒岁时发动，这是出于对敌国民众的爱护；大寒大暑之际不举兵，这是出于对双方民众的爱护。在《司马法》看来，战争的目的不在于杀戮，而在于救民保民。无论是对本国民众还是敌国的民众，都应抱持对待生命本身应有的尊重与爱护。也正是因此，《司马法·仁本》在开篇处说："攻其国，爱其民，攻之可也"。

关于征伐过程中的礼仪，《司马法·仁本》提到：

古者：逐奔不过百步，纵绥不过三舍，是以明其礼也；不穷不能而哀怜伤病，是以明其仁也；成列而鼓，是以明其信也；争义不争利，是以明其义也；又能舍服，是以明其勇也；知终知始，是以明其智也。六德以时合教，以为民纪之道也。自古之政也。

也就是说，西周的军事征伐以礼、仁、信、义、勇、智这"六德"为圭臬，各项礼仪与各类行动均应合于"六德"。例如，追赶逃跑者不过百步，追赶溃军不过九十里，这是"礼"的表征；待到敌方军队成列方可正式擂鼓进攻，这是"信"的表征；敌方服罪便予以宽恕，这是"勇"的表征，如此等等。类似的观点与表述在春秋战国时的文献中也时有记录，例如，《谷梁传》谓"伐不逾时，战不逐奔，诛不填服"，《墨子》谓"君子胜不逐奔"，《左传》称"服而舍之，度德而处之，量力而行之，…… 可谓知礼矣"等。可见，西周"德主兵辅"的军事理念在春秋战国时仍在一定程度上得到了延续。根据《左传》等文献的记载，以德为主的军事理念与礼仪在实际战争中也仍有影响，其中最广为流传的事例之一莫过于宋襄公“不鼓不成列”。

据《左传·僖公二十二年》记载，鲁僖公二十二年（公元前638年），宋襄公与楚人战于泓水（今河南柘城西北）。宋人少而楚军众，宋人已排好阵势且楚军尚未完全渡河之时，司马子鱼建议宋襄公把握时机、下令出击，宋襄公没有应允。楚军渡过了泓水而尚未成列之际，子鱼又建议宋襄公进攻，宋襄公再次拒绝。待到楚军成阵，宋襄公方才下令出击，宋军因寡不敌众而惨败，宋襄公本人受重伤，其左右侍卫被杀。宋人都责备宋襄公未能把握战机而致使宋军溃败，宋襄公应之曰：

> 君子不重伤，不禽二毛。古之为军也，不以阻隘也。寡人虽亡国之余，不鼓不成列。

宋襄公所践行的依然是春秋以前的古军礼——不再次伤害已经受伤的敌人，不俘虏头发花白的老者，不因己方首先占据险要之地而拦击敌方，不下令出击尚未成列的敌人。如历史学家钱穆先生所言，“当时的国际间，虽则不断以兵戎相见，而大体上一般趋势，则均重和平，守信义。”[1]

1 见《国史大纲》（上册），北京：商务印书馆，1996年，第71页。

然而，春秋之后，尤其是战国时期，战乱频仍，战争的残酷与惨烈程度远超西周，战争的根本原则与方式随之改变，讲求杀伐、诡谲多变的各类兵法谋略盛行，周代所流传的军礼也渐趋式微。

四

《周易》《诗经》中的古军礼

除《司马法》这类兵书外，《周易》《诗经》等早期经典文献中也有不少关于古代军事活动与军事礼仪的记载。

《周易》本为卜筮之书，是周人占筮记录的系统化，分为《易经》和《易传》两个部分。《易经》的主要内容为乾、坤等六十四卦的卦象、卦辞和爻辞[1]，《易传》则包括《彖》(上下)、《象》(上下)、《系辞》(上下)、《文言》、《说卦》、《序卦》、《杂卦》等十篇，是从不同角度对六十四卦及其卦、爻辞的解释。《周易》的起源极早，关于《周易》的作者，《汉书·艺文志》中有"人更三圣"的说法，亦即伏羲画八卦，周文王演之为六十四卦并作卦、爻辞，孔子作《易传》。后世学者对此提出了诸多质疑，并普遍倾向于认为，《易经》和《易传》都并非出自一人一时之手，而是多个作者积累创作的结果，《周易》的成书经历了一定的历史过程。但关于《易经》的成书年代，学界普遍

1 《周易》中的每一卦均由六爻组成。"爻"分为阴爻和阳爻，在卦象中分别用符号"--"和"一"表示。

坤 艮 坎 巽 震 离 兑 乾

（1）八卦

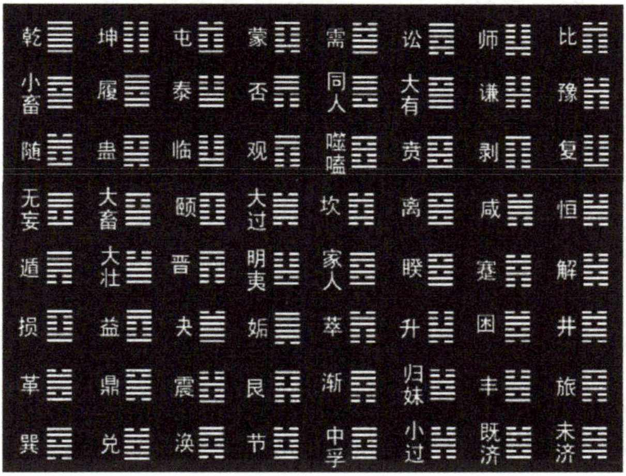
乾 坤 屯 蒙 需 讼 师 比
小畜 履 泰 否 同人 大有 谦 豫
随 蛊 临 观 噬嗑 贲 剥 复
无妄 大畜 颐 大过 坎 离 咸 恒
遁 大壮 晋 明夷 家人 睽 蹇 解
损 益 夬 姤 萃 升 困 井
革 鼎 震 艮 渐 归妹 丰 旅
巽 兑 涣 节 中孚 小过 既济 未济

（2）六十四卦

认为，应当不晚于西周早期，因为《易经》“卦、爻辞中所提到的历史人物和事件，其下限没有晚于西周初期者。”[1]《易传》的成书年代争议较大，较为确定的是，各篇的成书时间虽有所差异，但都是战国以来陆续形成的。[2]

《周易》的卦、爻辞记录了不少与战争相关的内容，其中也依稀可见商周古军礼痕迹。例如，《周易》第七卦为“师”（䷆）卦。曹魏玄学家何晏解“师”卦之卦名曰：“师者，军旅之名”；宋代理学家朱熹也说：“师，兵众也”。由此可见，“师”卦的内容与军事密切相关。“师”卦初爻（最下面一爻）的爻辞曰：“师出以律，否臧凶”，“律”指仪则、律法，也包括军制与军礼，“否臧”指不善，亦即不遵守军纪。这则爻辞的意思是说，师旅出征必须遵守军纪军礼，否则将会有凶祸。

再如，《周易》第十三卦为“同人”（䷌）卦。“同人”卦的卦辞曰：“同人于野，亨。利涉大川，利君子贞”，“同”指聚合，“同人于野”亦即聚众于野。当代学者高亨指出，“同人于野”似指练习武事，而“同人”卦的经文似乎都与战争

1 具体介绍可参看朱伯崑：《易学哲学史》（一），北京：昆仑出版社，2009年，第10—14页。

2 朱伯崑：《易学哲学史》（一），北京：昆仑出版社，2009年，第46—48页。

相关[1]，因为古时的田猎、战争等活动通常都会聚众于野。我们知道，田猎在古时并非单纯的娱乐活动，往往承担着军事演习的作用。"同人"卦六二爻[2]（自下往上第二爻）的爻辞曰："同人于宗，吝"，"宗"为宗庙，"吝"指难，高亨注释此句曰："统治者聚众于宗庙，盖以面临艰难（似与战争有关）有所祈祷"[3]。前文提到，古时的战前仪式中包括告庙伐谋、占卜祈祷等，《左传》中也曾记载"八年春，治兵于庙，礼也"（《左传·庄公八年》）。因此，"同人"卦六二爻的爻辞是符合周代历史事实的。除了"师"卦与"同人"卦，"兑"卦、"比"卦、"豫"卦等的卦爻辞中也包含与战争相关的内容，此处不再详述。

《诗经》收录了西周初年至春秋中期的三百余篇诗歌，这些诗歌题材广泛，其中也包含不少与周代军制军礼相关的内容。例如，《诗经·大雅·常武》开篇谓：

1 见《周易大传今注》，济南：齐鲁书社，1998年，第125页。

2 在六十四卦中，阳爻称"九"，阴爻称"六"。"同人"卦的第二爻为阴爻，因此称"六二"。

3 见《周易大传今注》，济南：齐鲁书社，1998年，第127页。

赫赫明明[1]，王命卿士，
南仲大祖[2]，大师皇父[3]：
“整我六师[4]，以修我戎[5]。
既敬既戒，惠此南国。[6]”

这是说，周宣王命令卿士征伐徐国平定叛乱，在太庙之中命大臣南仲为将，并谓太师皇父曰：“整顿六军以振士气，修整武器，告诫士卒谨慎戒惧，平定徐国以施惠于南方诸国。”这几句诗文生动地记录了周时战前的命将之礼。

再如，《诗经·小雅·采芑》[7]谓：

1 形容周宣王“显耀盛大”“明智昭察”。详参程俊英：《诗经译注》，上海：上海古籍出版社，2004年，第503页。

2 南仲：人名，周宣王时的大将。大祖：太祖庙。

3 大师：即“太师”，西周执政大臣之一，总管军事。皇父：人名，周宣王时的大臣。

4 六师：即“六军”，《周礼·夏官·序官》：“凡制军。万有二千五百人为军，王六军，大国三军，次国二军，小国一军。”

5 戎：兵器。

6 惠：施恩。南国：南方诸国。

7 芑：音qǐ，一种蔬菜，似苦菜。

方叔率止[1]，钲人伐鼓[2]，陈师鞠旅[3]。

显允方叔[4]，伐鼓渊渊[5]，振旅阗阗[6]。

《采芑》描写的是周宣王时，大臣方叔率军讨伐荆楚凯旋的场面。引文中的几句则是对方叔班师振旅的刻画。“振旅”为周代军礼之一，为班师时的整顿、检阅军队之礼，以激昂士气、庆祝胜利。

除上述两篇诗文外，《诗经》中尚有诸多内容描绘周代军礼。正如朱熹在《诗集传》中引东莱吕氏所言，透过《周易》《诗经》等文献对古军礼的记载，“可以见军实之盛焉，可以见师律之严焉，可以见上下之情焉，可以见综理之周焉！”

总之，战国纷争之前的古军礼是古代礼乐文明的一个组成部分，它体现了商周之际人们对军事、政治的理解。

1 止：语气词。

2 钲：铎一类的铃，有柄。练习作战时，摇钲表示停止。“伐”指敲击。详参程俊英：《诗经译注》，上海：上海古籍出版社，2004年，第282—283页。

3 古时二千五百人为一师，五百人为一旅。此处“师”“旅”泛指兵士。鞠：告，指誓师。

4 显：明。允：信。“显允”指“号令明而赏罚信”。

5 渊渊：鼓声。

6 阗：音tián。阗阗：指鼓声。

古军礼不仅仅是军事活动的外在表现形式，更寄托了内在的道德关怀与人文情怀。古军礼的各种程式背后，蕴含着人们尊重生命、不盲目信仰武力、崇尚和平的价值取向。

文化关键词

爱民

仁爱民众；爱护百姓。它不仅是治国者应该具有的对百姓的一种情怀，而且是治国理政必须遵循的重要原则。古人认为，治国者应该通过具体的政策、措施，使民众获利，安居乐业，免受痛苦和无端侵害。这也是治国者获得民众尊崇的前提或基础。“爱民”不仅是重要的政治理念，而且延伸到军事领域，成为兴兵作战的重要原则。依照这个原则，敌我双方的民众都应该受到爱护。它是中华“民本”“仁义”思想的展现。

上善若水

最完美的善就像水的品性一样，滋润万物却不与万物相争。出自《老子》，老子以水的这种柔弱之性比喻至善的执政者应有的品德。执政者面对百姓，应如水之于万物，辅助、成就百姓的自然而不与百姓相争。后多指为人处世时能像水一样滋润万物，尽己所能帮助他人，从不争名逐利，或者具有坚忍负重、谦卑居下的品格。

元亨利贞

《周易·乾卦》的卦辞。主要有两种理解：其一，从占筮的角度来看，“元亨，利贞”是依据所得之卦来预测吉凶的断语。“元亨”意为大通，或举行大享的祭礼。“利贞”指利于占问，即筮得此卦为吉。其二，从义理的角度来看，“元亨利贞”被认为是乾卦的四种品德。有人将四者对应为仁、礼、义、正，又有人将其作为万物从始生到成熟的四个阶段，或指天道、圣人生养万物的四种德行。

篇七 金戈铁马

古代中国的军事与动物

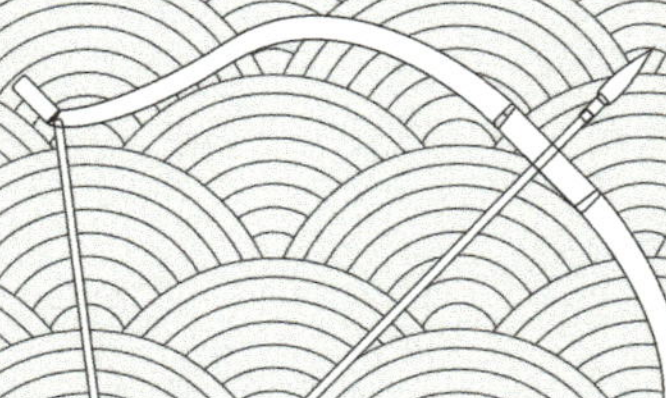

自古及今的军事活动中，动物“参军”都颇为常见，动物被用于交通运输、军事通信、检测武器装置、充当武器等。在古代中国，动物常参与军事活动，中国的传统武术与养生也从动物那里汲取了许多灵感与知识。

古代中国驯化和豢养动物的历史极早，马、牛、羊、犬、豕、鸡等家禽家畜的名称在殷墟甲骨文中多有出现。上古神话中已有动物参与战争的叙述。另外，根据《左传》《史记》等文献记载，至迟在春秋时期，已有动物参与战争的史实存在。

一

黄帝教熊罴 貔貅貙虎[1]

《史记》的第一篇为《五帝本纪》，记载了黄帝、颛顼、帝喾、帝尧、帝舜等五位上古帝王的生平与事迹。由于上古之时——尤其是帝尧以前——的历史情形缺乏明确的文献记载与考古资料，所以司马迁关于“五帝”的记叙，主要是在少量文献的基础上融合了民间传说与上古神话。司马迁在《五帝本纪》的末尾提到：

> 太史公曰：学者多称五帝，尚矣。然《尚书》独载尧以来；而百家言黄帝，其文不雅驯，荐绅先生难言之。

也就是说，学者谈论“五帝”已有很长一段时间的历史。然而，《尚书》首篇为《尧典》，其次有《舜典》《禹贡》等，记载的是帝尧以后的历史，没有提到之前的帝王。因此，诸子百家谈黄帝，说法不一，当时的学者很难真正谈论相关问题。

---

1 罴：音pí，熊的一种。貔貅：音pí xiū，古书上说的一种猛兽。貙：音chū，古书上指一种似狸而大的猛兽。

司马迁对黄帝的记载，主要依据《宰予问五帝德》《帝系姓》这两篇文献，现收录于《大戴礼记》。另外，他还曾“西至空桐（位于今甘肃），北过涿鹿（位于今北京附近，官厅水库西，现在仍称涿鹿），东渐于海（往东到了海边），南浮江淮（南边到了长江、淮河一带）”[1]，“至长老皆各往往称黄帝、尧、舜之处”，在人们时常提及黄帝、尧、舜的地方进行实地考察。

《五帝本纪》中记叙了黄帝部落和炎帝部落之间的一次战役——阪泉之战，这也是中国古史传说中很早的一次战役。按照司马迁的记载，在这次战役中，黄帝曾“教熊罴貔貅貙虎”以战。司马迁提到：

> **轩辕之时，神农氏世衰。诸侯相侵伐，暴虐百姓，而神农氏弗能征。于是轩辕乃习用干戈，以征不享[2]，诸侯咸来宾从。**

“轩辕”为黄帝之名，“神农氏”即炎帝。彼时，炎帝部落渐趋衰落，各部族间相互争斗、暴虐百姓。然而炎帝势力

1 详细论述参考李学勤：《〈史记·五帝本纪〉讲稿》，北京：生活·读书·新知三联书店，2012年，第16—17页。

2 享：祭祀。《说文》曰：“享，献也”，《诗·小雅·信南山》有“享于祖考”句。

衰微，已无法平定乱局。黄帝于是举兵，征伐不进献的诸侯，这些诸侯皆归从于他。而后：

> **炎帝欲侵陵诸侯，诸侯咸归轩辕。轩辕乃修德振兵……抚万民，度四方，教熊罴貔貅貙虎，以与炎帝战于阪泉之野。三战，然后得其志。**

炎帝又欲讨伐诸侯，诸侯进而全部归顺于黄帝。黄帝修养德行而整顿军队，抚慰万民而平顺四方，并“教熊罴貔貅貙虎”，与炎帝展开了阪泉之战，历经三战正式取代了炎帝的地位。阪泉之战中的“熊罴貔貅貙虎”，有学者认为是指某些氏族的图腾，也有学者认为是指某些阵法的名称，另有学者及后世传说直接按字面意思解读，认为是指黄帝训练猛兽以攻炎帝。而无论是哪一种解释，都直接或间接地表明了动物与武力、战争的关联起源甚早。

二

火象战与火牛战

在古代中国，动物实际参与战争至少可追溯至春秋战国时期，《左传》《史记》等历史文献中都记载有相关事例。例如，《左传》曾提到楚昭王利用火象攻击吴军，《史记》则记载了田单以火牛阵破燕兵。

殷商之时，象曾活动于中原地区，殷墟出土的文物中有象骨卜骨、镂象牙礼器，湖南醴陵也曾出土殷商时期的象形青铜酒器。春秋战国时期，象尚未绝迹于长江流域。据《战国策·楚策三》记载，楚王曾经说：“黄金、珠玑、犀、象出于楚，寡人无求于晋国。”可见战国之时，楚国仍有象活动。

据《左传·定公四年》记载，鲁定公四年（公元前506年）十一月，吴、蔡、唐三国联合伐楚，联军直攻楚国都城郢，楚昭王逃往随国。奔逃途中，楚昭王需要横渡睢水，而吴军紧追不舍。为摆脱吴军从而顺利渡河，楚昭王想出一个计谋——利用大象作军团恐吓和攻击吴军。楚昭王命士兵在象尾捆绑火燧并点燃，然后驱赶象群向沿着睢水追击的吴军进攻。然而，这一计划并未如愿，吴军迅速撤离了岸边，

◆商代青铜象尊

火烧尾巴的大象纷纷扎入睢水灭火，点燃了楚昭王准备用来渡河的船只。

另外，古代印度与欧洲驯化和使用战象的历史也可追溯至极早。据传，早在公元前600年左右，古印度便已开始训练象兵。在欧洲，公元前331年，波斯帝国在与亚历山大大帝的会战中也曾使用战象。此后，直至火器发明与使用前，欧洲战场上时常见到战象冲锋陷阵的身影。

《史记·田单列传》中记载了一个类似的事例，即战国时的齐将田单曾利用火牛大破燕军。《史记》提到，齐湣王之时，燕昭王令将领乐毅率兵攻齐。乐毅长驱直入，连下齐国七十余城，只剩莒城和即墨二地未被攻陷。即墨的官长出城与燕军作战，战败而亡，于是城中共同推举田单为将。不久后，燕昭王死而燕惠王立。惠王与乐毅之间结生嫌隙，田单得知后设计反间二人，惠王果然中计，以骑劫代乐毅为将。田单又设法激发齐军斗志，并派人向燕军诈降，骑劫大喜，燕军防备也由此松懈。

而后，田单在即墨城中收集了一千多头牛，在牛身上披盖深红色绸衣并画以五彩龙纹，牛角捆束刀刃，牛尾捆绑浸有油脂的芦苇，并在城墙上凿出数十个洞。到了夜晚，田单下令点燃牛尾，火牛冲出城墙奔向燕军，其后跟随齐国壮士五千人。牛尾的火光明亮刺眼，燕军看到狂奔的火牛身上尽

◆殷墟妇好墓出土的马形玉佩

是龙纹，不禁惊惶万状，火牛所过之处非死即伤。最终，燕军四散而逃，主将骑劫被杀。齐军乘势追击，一路收复了先前为燕军所攻陷的七十余城。

除了火象战和火牛战，《墨子·备穴》还曾提到，在隧道攻战中可将狗置于隧道内，利用狗敏锐的嗅觉与听觉探查其中是否藏有敌人。当然，无论是利用象、牛或是狗，都称不上系统化、常规化的动物参战。动物被驯化并参与战争，最为重要与常见的当属战马。

三

战马与马车

马在古代中国的军事活动中曾发挥重要作用。战争中，马不仅用于驾车、军事运输，也充当战马。东汉将领马援论及马在军事活动中的作用时，将之视为“甲兵之本”，谓“夫行天莫如龙，行地莫如马。马者甲兵之本，国之大用。”[1]

家马的出现要晚于猪、牛、羊等家畜，但人类对马的驯化有极长的历史。目前的考古与生物研究普遍认为，野马的驯化始自公元前3500年前后的西亚至中亚草原族群，遗传学对家马皮色的研究也支持了这一结论。[2] 具体到古代中国来说，今东北、华北、西北等地的旧石器时代遗址中都曾有马骨化石出土。位于黄河中下游的新石器时代的仰韶、龙山文化遗址中也有马骨。但这些马骨是否为家马骨骸，学界仍有争论。

1 范晔:《后汉书》，北京：中华书局，1965年，第184页。

2 详参[日]菊地大树著，刘羽阳译:《中国古代家马再考》，《南方文物》，2019年第1期，第136—150页；郭静云:《古代亚洲的驯马、乘马与游战族群》，《中国社会科学》，2012年第6期，第184—204页。

目前可以确定的是，中国在殷商晚期已有家马。位于现河南安阳的殷墟遗址出土了大量车马坑，其中有一些是马与马车、青铜器共出。有学者认为，大量商代马车的出土表明，马在当时主要用于驾车运输与作战，并且，就马的用途来说，驾马车要早于骑乘马匹。著名古文字学者王力就曾提到："战国以前，车马是相连的。一般地说，没有无马的车（当然，马车之外还有牛车等），也没有无车的马。因此，古人所谓御车也就是御马，所谓乘马也就是乘车。"[1]

除了考古资料，早期历史文献中也有很多内容提到马和马车。关于马车的起源，不少文献中都有"黄帝造车"的说法，认为马车的起源可追溯至黄帝之时。《周易·系辞下》说："神农氏没，黄帝、尧、舜氏作，通其变，使民不倦，神而化之，使民宜之。……服牛乘马，引重致远，以利天下"，其中的"服牛乘马"即役使牛马驾车。除"黄帝造车"外，古代文献中还有"奚仲作车"（《左传》《世本·作篇》）、"禹作舟车"（《孙膑兵法》）的说法，认为马车始自夏朝，为工匠奚仲或帝王夏禹所发明。当然，这些说法在很大程度上只可看作是历史传说，而非史实。

1《古代汉语》，北京：中华书局，1999年，第996—999页。

关于战马在早期中国军事活动中的推广和普及，最广为流传的说法是“赵武灵王胡服骑射”。赵武灵王为战国时期赵国的第六代君主，为了强大军事、战胜邻国，他推行以“胡服骑射”代替传统车战。《资治通鉴》《战国策》等史书中皆有相关记载。据《资治通鉴》记载，赵武灵王在北攻中山国之时，与大臣肥义商议令百姓改穿短衣胡服，并教百姓骑马射箭。这项政令在推行伊始并不顺利，彼时的中原地区为礼仪之邦，四方少数民族则被视为“蛮夷”，百姓与大臣认为自古只有蛮夷效法中原之说，而无反之之理，推行胡服骑射乃是“变古之道，逆人之心”。当然，赵武灵王最终说服了大臣与百姓。经此改革，赵国的军事实力日益强盛，成为战国中后期的强国。

除了“赵武灵王胡服骑射”之说外，也有学者认为骑乘战马在春秋之时，甚至早在先周之时，便已有之。《诗经·大雅·緜》篇中有“古公亶父，来朝走马”的描述，“古公亶父”是周文王的祖父。明末清初思想家顾炎武解释此句曰：“古者马以驾车，不可言走，曰走者，单骑之称，古公之国邻于戎翟，其习尚有相同者。”[1]也就是说，顾炎武认为，“来朝走马”的“走”字说明古公亶父并非驾乘马车，

1《日知录集释》，黄汝成集释，上海：上海古籍出版社，2006年，第1617页。

而是骑马。古公之国与蛮夷之国相邻，或已受其影响而有骑乘。

总之，马车与战马的历史都可追溯至极早。殷商时期已有马车，至少是在战国之际，中原地区已开始骑乘战马。在其后的军事史中，马的参与更是极为普遍，起到了举足轻重的作用。

四

养生与武术中的动物元素

除了在战争中“参军上阵”，动物还启发了中国的养生活动与传统武术。古人通过观察动物的姿态、活动等，创造了相应的养生之术与武术招式。

养生活动中，最为著名的莫过于东汉名医华佗所创的导引养生术“五禽戏”。《后汉书·华佗传》记载华佗创“五禽戏”曰：

> 吾有一术，名五禽之戏：一曰虎，二曰鹿，三曰熊，四曰猿，五曰鸟。亦以除疾，兼利蹄足，以当导引。体有不快，起作一禽之戏，怡而汗出，因以著粉，身体轻便而欲食。普施行之，年九十余，耳目聪明，齿牙完坚。

华佗观察并仿效虎、鹿、熊、猿、鸟（鹤）五种动物的姿态与动作，发明了适用于人的呼吸吐纳、屈伸俯仰之术——“五禽戏”。华佗自述“五禽戏”既可帮助祛病，也有利于锻炼腿脚，还可用以导气引体。若身体不适，练习“五禽戏”可使身体出汗、心情愉悦、轻便欲食。华佗之后，

虎形
鹿形
熊形
猿形
鳥形

其弟子吴普以及南朝医学家陶弘景分别在《太上老君养生诀》与《养性延命录》中详述了“五禽戏”的练法。“五禽戏”一直流传至今，并发展出了不同的派别。

《庄子》《淮南子》《抱朴子》等较早的道家文本中也有模仿动物以习养生之术的内容。《庄子·刻意》篇记载彭祖等行导引养生术而长生之人曰：

> **吹呴呼吸，吐故纳新，熊经鸟申，为寿而已矣，此道引之士，养形之人，彭祖寿考者之所好也。**[1]

彭祖为传说中的道家先驱之一，以长寿著称，相传他在七百余岁时仍耳目聪明、四肢坚固。所谓“熊经鸟申”，指的是模仿熊攀枝、鸟伸脚，由此呼吸吐纳、引导体内之气的运行。《淮南子·精神训》中有相似的内容，谓“若吹呴呼吸，吐故内新，熊经鸟伸，凫浴蝯躩，鸱视虎顾，是养形之人也”[2]。这里，除了“熊经鸟伸”外，《淮南子》还提到了“凫浴蝯躩”“鸱视虎顾”，亦即如凫戏水、如猿跳跃、如鸱鸟举首、如虎反顾。晋人葛洪在《抱朴子》一书更是描述有对“九禽”的效仿——龙导、虎引、熊经、龟咽、燕飞、蛇屈、

1 呴：音xǔ，慢慢呼气。

2 蝯：音yuán，猿猴。躩：音jué，跳跃。凫：音fú，野鸭。鸱：音chī，古书上指鹞鹰。

马王堆帛书《导引图》复原图

鸟伸、猿据、兔惊。

此外，1973年出土于长沙马王堆的汉墓帛书中发现了养生图谱《导引图》，其中部分动作也取自动物的姿态或运动。据研究，《导引图》中可辨认的动物有龙、猿、熊、狼、螳螂、鸡、鹯[1]、鹤等八种。[2]由此可知仿效动物的导引养生术在秦汉之际应当是极为普遍与流行的。

传统武术中也有不少模仿动物行动而创造的招式。例如，在东汉史书《吴越春秋》的描述中，精通剑法的越女即是学剑于白猿。据《峨眉山志》记载，峨眉武术的创始人为春秋战国之时的司徒玄空，他仿效峨眉山中灵猴的动作发明了“峨眉通臂拳”，人称“白猿老祖”。传统武术中的“象形拳”也是通过模仿各类动物而创造的，有猴拳、鹤拳、蛇拳、虎拳、豹拳、螳螂拳等诸多种类。

在武侠作品中，动物也时常被描述为侠客的帮手或师父，例如，《倚天屠龙记》中张无忌即是从白猿腹中取得了武功秘籍《九阳真经》，《神雕侠侣》中的神雕屡次帮助杨过化解危难，《越女剑》中的白猿传授越女剑法等。一定程度上来说，这些故事演绎正是以动物与传统武术之间的关联为基础的。

---

1 鹯：音zhān，古书中说的一种猛禽。

2 高大伦：《张家山汉简〈引书〉研究》，成都：巴蜀书社，1995年，第37页。

文化关键词

五德终始

用五行生克、循环往复交替作用的原理比附并解释历史上王朝兴替和制度变迁的一种学说。由战国思想家邹衍提出。“五德”即金、木、水、火、土“五行”或五种“德性”；“终始”即循环运转，周而复始。邹衍认为，人类历史的变化与天地万物一样，也受金、木、水、火、土五种物质元素的支配，每一王朝的出现都体现了五行中某一行的德性，历史上改朝换代、制度变迁的内在机理实际上就是五行相生相克、循环变化所作用的结果。这种源于阴阳五行思想的“德性”政治论和循环历史观，自诞生之日起在中国传统语境中就一直发挥着重要影响。

修德振兵

修养德行而整顿军队。“修德”指执政者修养自身的德行，并按照道德的原则施行政事，安顿百姓。“振兵”即整顿军队、提升军力。但“振兵”的目的不在于以强大的武力威胁他人、谋取利益，而是要在道德的规范下，保持足够的武力以维护社会的秩序与百姓的利益，在“修德”的基础上，合理运用武力。

篇八

尚气任侠

古代中国的侠义精神与侠士

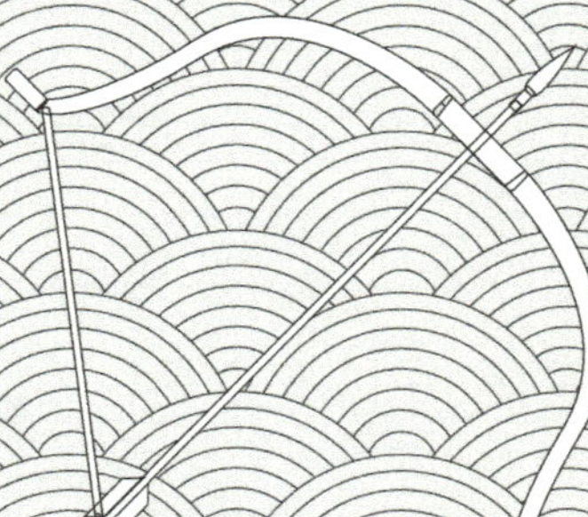

“侠”这一概念最早见于《韩非子·五蠹》:“儒以文乱法，侠以武犯禁。”其后,《史记》和《汉书》中分别列有《游侠列传》《游侠传》，以记录古时“侠”之行状，“游侠”“豪侠”“节侠”“气侠”等称谓是其中常见的说法。通过这些词汇，不难想象古代侠客豪气干云、慷慨仗义的精神品格，这样的精神品格在一定程度上构筑了后来中国士大夫义以为上的人格气质。“侠”也是中国古代诗词与文学中的重要素材，曹植的《白马篇》、李白的《侠客行》等皆是名篇。此外，在中国现当代文学中，武侠小说是一类重要体裁，刻画了众多惩恶扬善、抑强扶弱的侠客形象。

一

战国时期的『侠』

“侠”这一社会群体的起源甚早。在《史记·游侠列传》中，司马迁慨叹周秦之际关于游侠的记载几乎不存，可考材料甚少。然而，《韩非子·五蠹》提到“儒以文乱法，侠以武犯禁”，说儒生用文学扰乱了法令，侠士以武力触犯了禁令。这至少说明在韩非子所处的战国晚期，“侠”已经是可与儒者并称、具备一定规模与影响力的社会群体。而关于游侠产生的时间，东汉史学家班固和荀悦都曾提到大约是在“周室既微”之后。周朝末期，“制度不立，纲纪废弛”（《汉纪》卷一〇），旧有的分封制度与道德准则逐渐失范，而纷乱的社会与思想环境为游侠的出现与活动提供了空间。

毋庸赘言，“侠”的首要特征是尚武，侠士以武力生存并见著于世。除了“侠”这一称谓外，《韩非子》书中还常以“私剑”“带剑者”等指称“侠”。例如，《五蠹》篇提到“废敬上畏法之民，而养游侠私剑之属”，《八奸》篇谓“为人臣者聚带剑之客，养必死之士，以彰其威”，《问辩》篇谓“是以儒服、带剑者众，而耕战之士寡”。所谓“私剑”，即古时私人所养之刺客。这些内容表明，“侠”在战国时期可看作是一种职业，为诸侯卿相所养而报效武力。

除所养之侠客外，养侠之士本身也可称为“侠”，其中最为著名的莫过于有“战国四公子”之称的齐国孟尝君田文、赵国平原君赵胜、魏国信陵君魏无忌和楚国春申君黄歇。他们养士结客，门下人才济济，广聚“带剑之客”。《史记·游侠列传》与《汉书·游侠传》追溯游侠历史时，都曾首先提到他们。作为养侠者，他们也可被称为“侠”。在《史记》中，他们可归为“有士卿相”之侠。关于养侠者之称“侠”，现代历史学家钱穆都曾有过明确表述。他分别在《释侠》与《国史大纲》中提到：“盛养此辈门客、食客、刺客者则侠也”[1]、“任侠之所舍匿，则曰‘宾客’，然宾客与奴婢身份无殊。任侠既以意气肝胆匿亡命，则亡命者亦出肝胆意气感激相报”[2]。总之，这些材料表明，养侠者及其所养之侠客作为一个团体，皆可称为“侠”。

1 见《释侠》，《中国学术思想史论丛》（二），合肥：安徽教育出版社，2004年，第116—120页。转引自牟发松：《侠儒论：党锢名士的渊源与流变》，《文史哲》，2011年第4期，第64-85页。

2 见《国史大纲》（上册），北京：商务印书馆，2013年，第137页。

先秦时期的文献对“侠”的记叙或论说较为匮乏，因此，关于“侠”这一群体的起源，学界历来众说纷纭。侠出于士、侠出于儒、侠出于墨，甚至侠出于道，都是学者们曾提到的观点：

（一）侠出于士

不少学者认为，“侠”脱胎于春秋时期的“士”阶层，由“士”分化而来。例如，明末清初思想家顾炎武在其著作《日知录》中提到，从春秋时期开始，游士日渐增多。到了战国之时，“士”这一群体已发展壮大，彼时的国君极为重视“士”，其中，“文者为儒，武者为侠”[1]；现代历史学家吕思勉考察战国之际的历史情况后指出，游侠本为古时的武士，战国之时，分封井田制趋于衰落，诸侯大夫由此亦“亡国败家”，或淫侈而不能体恤“士”，“士”遂流离失所，其中好文者成为游士，好武者成为游侠[2]。现代哲学家冯友兰

1 见《日知录集释》卷七，黄汝成集释，石家庄：花山文艺出版社，1990年，第336页。

2 见《秦汉史》，上海：上海古籍出版社，2005年，第461—462页。

亦持相似观点。此外，现代历史学家顾颉刚提出，古时之“士”皆为武士，文士由武士蜕化而来，战国之后，“文者谓之‘儒’，武者谓之‘侠’。”[1]

（二）侠出于儒

据《韩非子》记载，孔子之后，儒家分为八派，“漆雕氏之儒”为其中一派[2]。有学者认为，“侠”的精神气象与“漆雕氏之儒”接近，“侠”或出于“漆雕氏之儒”。目前所存史料中关于“漆雕氏之儒”的记载非常有限，仅散见于《韩非子》及《孔子家语》中。此外，《汉书·艺文志》著录有《漆雕子》十三篇，或为漆雕开及其门人所著，然而此书在东汉后既已亡佚。《韩非子·显学》曾提到：“漆雕之议，不色挠，不目逃，行曲则违于臧获，行直则怒于诸侯，世主以为廉而礼之”，这是说，漆雕氏的思想特色在于，遇到危险时面不改色，眼神也不退让。自觉理亏时，即使是对奴婢也要避让；行为正义时，即使是对诸侯也敢发怒。《孔子家语》则记载说漆雕开安贫乐道、不愿为政出仕。由此，任侠尚廉被视

1 见《武士与文士之蜕化》，《史林杂识初编》，北京：中华书局，1963年，第85—89页。

2《韩非子·显学》：“自孔子之死也，有子张之儒，有子思之儒，有颜氏之儒，有孟氏之儒，有漆雕氏之儒，有仲良氏之儒，有孙氏之儒，有乐正氏之儒。”

为“漆雕氏之儒”的一大思想特色。章太炎、郭沫若等学者据此推断“侠”或是出于“漆雕氏之儒”[1]。

（三）侠出于墨

与先秦时期其他各家颇为不同的是，墨家学派的成员大多出身卑微，这造就了墨家对于贫富之人一视同仁、抑强扶弱的思想性格。我们知道，墨家学派的核心理论是兼爱平等、爱人如己，主张“视人之国若视其国，视人之家若视其家，视人之身若视其身”，由此则“强不执弱、众不劫寡、富不侮贫”“贵不敖贱、诈不欺愚。”（《墨子·兼爱中》）另外，《墨子·公输》中记载了墨家学派创始人墨翟善于守城的典故。基于墨家学派所充溢的侠义精神，闻一多、康有为、冯友兰等学者都曾阐发墨家与侠士的关联，或谓侠出于墨，或谓墨出于侠[2]。此外，鲁迅也曾提到“孔子之徒为儒，墨子之徒为侠”[3]，并著有《非攻》《铸剑》两篇小说，描写墨子与名为“黑色人”的侠士匡扶正义、舍生忘死的侠者气概。

1 详参章太炎《訄书·儒侠》、郭沫若《十批判书》。

2 详参闻一多《关于儒·道·土匪》（载于《闻一多全集》卷三）、康有为《儒墨最盛行并称考》（载于《孔子改制考》）、冯友兰《中国哲学史》（上册）。

3 鲁迅：《流氓的变迁》，《鲁迅全集》卷四，北京：人民文学出版社，1957年，第123页。

（四）侠出于道

除儒、墨两家外，也有学者认为“侠”与道家的理想精神境界相近，侠士或是出于道家。《庄子》一书中刻画了不少悠游自适、纵情恣意的隐士形象，他们超乎物外，对世间权力与财富淡然置之，追求心灵与大道的统一。有学者认为，游侠“任情任性”的特点与道家正相吻合。[1]另外，先秦道家发展至汉代，主要呈现为“黄老道家”这一思想派别。大体说来，黄老道家在政治层面上主张虚静无为、君臣各司其职，同时也曾提出关于身心修炼的内容。据《史记》及《汉书》的记载，不少任侠之士同时也修习黄老术。例如，《史记》记载田叔“喜剑”而“学黄老术”（《史记·田叔列传》），《汉书》记载汲黯、郑当时等人既喜剑好任侠，同时也学黄老之言（《汉书·张冯汲郑传》）。侠与道家在精神境界上的默契由此也可见一斑。

1 劳榦：《论汉代的游侠》，载于《劳榦学术论文集甲编》，台北：艺文印书馆，1976年，第1021—1025页。

三

《史记·游侠列传》中的侠士形象

在《史记》中，司马迁专门著有《游侠列传》，书中首先概括游侠的品格道：

> 今游侠，其行虽不轨于正义，然其言必信，其行必果，已诺必诚，不爱其躯，赴士之阸困，既已存亡死生矣，而不矜其能，羞伐其德，盖亦有足多者焉。

在司马迁看来，游侠的行为虽不尽然合乎法令规章及道德准则，但他们言出必行、重信守诺，扶危济困而不惜出生入死。另外，他们不居功自夸，不炫耀自己的才能与德性。这些品格都是极为可贵的，而这也正是司马迁专门撰写《游侠列传》的原因。《太史公自序》中也提到，游侠"救人于厄，振人不赡，仁者有乎；不既信，不倍言，义者有取焉"，游侠的行事风格中浸润着仁义等道德品格，有值得记录与称颂之处。

《游侠列传》共记叙了朱家、田仲、剧孟、郭解等几位汉代侠士，其中着墨最多的是郭解。《游侠列传》对郭解的描画，一方面呈现了汉代游侠复杂而丰富的人格特征，另一方面也蕴含着司马迁对“侠”之品格与精神的理解。

据司马迁记载，郭解为西汉时期河内郡轵县（今河南济源轵城）人，其父即为任侠之人，汉孝文帝时遭到诛杀。郭解的形象与人们想象中的侠士大相径庭，其“为人短小精悍，不饮酒”。韩非批评侠士曰“侠以武犯禁”，郭解少时尤其如此。《史记》说他年少之时阴险残忍、杀人如麻，不惜牺牲生命为朋友复仇，但也藏匿亡命之徒抢劫作恶。他私铸钱币、掘坟盗墓，可谓罪行累累。及至年龄渐长，郭解方才有所收敛，德性似乎在一定程度上规训了他的人格与行为，“更折节为俭，以德报怨，厚施而薄望”，但总体仍旧性情暴躁、暴戾恣睢。

关于郭解的人格及品行，《史记》记载了这样一件事情——郭解姐姐的儿子仗势欺人，在与别人饮酒时不顾他人酒量强行灌酒，最终激怒了他人而遭杀身之祸，杀人者随即逃亡。郭解的姐姐不肯埋葬儿子，还将尸体弃置街边，试图以此刺激郭解追踪凶手，为子报仇。郭解果然派人暗查凶手下落，凶手走投无路，把事情的原委告诉了郭解。郭解听后裁断道：“公杀之固当，吾儿不直”，旋即放走了凶手，并埋葬了外甥的尸体。人们都称赞他的行为，追随他的人也愈发增多。

除了记录郭解如何立身处世，这则记事也在一定程度上映射了汉代之际“侠”的特质以及司马迁对侠义精神的理解。勇猛与武力当然是侠之为侠的基本身份特征，否则侠与普通的文人游士无异。然而，侠士又绝非仅凭暴力恃强凌弱的“暴豪之徒”，《游侠列传》说：“至如朋党宗强比周，设财役贫，豪暴侵凌孤弱，恣欲自快，游侠亦丑之。”在侠士的生命中，轻死重气的信念以及匡正扶弱、仗义疏财的道德品格始终是其精神世界的重要底色。德性与武力的融贯，方才真正构成了侠的生命世界。唐人李德裕在其散文《豪侠论》中也提到：

> 夫侠者，盖非常人也。虽以然诺许人，必以节义为本。义非侠不立，侠非义不成，难兼之矣。

正如李德裕所言，侠之为侠，始终在于其内在的精神品格。

《游侠列传》之外，《史记》中还有《季布栾布列传》，主要记载了汉初两位颇具侠义精神的名臣季布与栾布的生平事迹。值得一提的是，其中提到了侠士的另一个重要品格——重信守诺。文中引用楚国谚语谓“得黄金百（斤），不如得季布一诺”——成语“一诺千金”即出自此。李白的《侠客行》中有“三杯吐然诺，五岳倒为轻”的诗句，讲的也是侠士信守诺言的豪迈气象。

四

侠与剑

提到“侠”，不得不论及的还有“剑”。“剑”是武的表征，也是“侠”的标志。侠客负剑远行、豪情四纵的形象，不仅出现在历史记述中，也为历代诗文、武侠小说所津津乐道。

剑的起源甚早，是中国最为古老的兵器之一。《管子·地数》中记载了蚩尤造剑的传说：

而葛卢之山发而出水，金从之，蚩尤受而制之，以为剑铠矛戟，是岁相兼者诸侯九。

这是说，葛卢山山洪暴发，水退后露出了金色矿石。蚩尤用它们制造出了剑、铠、矛、戟等兵器，当年便与九个诸侯国发生兼并战争。传说中的内容当然不一定为实，但由此可见剑的起源应当是非常早的。

根据考古发掘，青铜剑在西周早期已十分成熟，春秋战国时期已极为盛行。由于青铜铸造技术的限制，早期的剑主要为长度在五十厘米以下的短剑，战国后期始有长剑出现，武士佩剑之风也始于此时。另外，剑在当时不仅只是兵器，同时也是身份、地位、道德品格的象征。屈原在

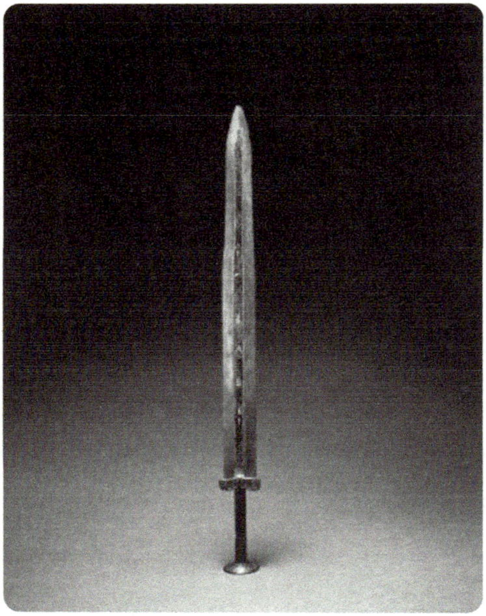

◆少虡（jù）剑，春秋后期，长54厘米，宽5厘米，重880克，现藏于故宫博物院。

《楚辞·九章》中说："带长铗之陆离兮，冠切云之崔嵬，被明月兮佩宝璐。世混浊而莫余知兮，吾方高驰而不顾"，所谓"长铗"即指长长的宝剑，屈原用它来比喻自己不与世同流合污、高风亮节的德行。

再者，古代的宝剑各有其名称，《荀子·性恶》篇记载道："桓公之葱，大公之阙，文王之录，庄君之曶[1]，阖闾之干将、莫邪、巨阙、辟闾，此皆古之良剑也"。南朝陶弘景（公元456—536年）更著有《古今刀剑录》，著录了从夏启到梁武帝时期的帝王刀剑七十二事，其中还杂糅了道家思想元素及古代神话传说。后世的武侠小说常以这些古代宝剑为素材，例如，《三侠五义》《小五义》《续小五义》等书中便有战国宝剑巨阙、湛卢、鱼肠。并且，在这些小说中，宝剑的年代越久远，威力似乎就越大。《续小五义》中说："南侠展昭与白菊花晏飞斗剑，晏飞之所以不敌，就因为两剑'年号所差'：紫电剑乃晋时宝物，焉能与战国时造的巨阙相敌？"[2]

战国时代的文献中已有不少关于剑的记述。例如，《庄子》杂篇中有《说剑》一篇，记载了"赵文王喜剑"之事，提到赵文王门下曾有侠士剑客三千余人，日夜相击于王前。

1 曶：音hū。

2 转引自陈平原：《千古文人侠客梦》，北京：北京大学出版社，2018年，第91页。

东汉时期的史学著作《吴越春秋》中也有不少关于剑的内容，包括越女向越王陈述剑道。据考，这是古代文献中现存最早关于剑道的详细叙述。越女说，剑道微妙而简易，却又幽远而精深，剑道有门户亦有阴阳，击剑作战时需"内实精神，外示安仪，见之似好妇，夺之似惧虎，布形候气，与神俱往。"（《吴越春秋·勾践阴谋外传》）另外，成书于东汉时期的吴越地方史杂著《越绝书》中也记载有一些关于宝剑的传说，其中提到越王勾践请齐国人薛烛相剑。薛烛说："宝剑者，金锡和铜而不离"、纯钧剑[1]"手振拂扬，其华捽如芙蓉始出；观其釽，烂如列星之行；观其光，浑浑如水之溢于塘。"[2]（《越绝书·越绝外传记·宝剑第十三》）根据近年来的考古发掘，湖北江陵望山桥一号楚墓等出土的数把越王勾践剑，以及湖北江陵藤店一号楚墓等出土的越王州句（勾践曾孙）剑，其冶金技术与剑身花纹均可在一定程度上与《越绝书》的记载相呼应。[3]

在历代诗词与其他文学作品所刻画的侠客形象中，剑也常常是不可或缺的元素。侠客们佩剑远游、行侠四方，如陶渊明《拟古·其八》诗中"少时壮且厉，抚剑独行游"的

1 古宝剑名。

2 捽：音zuó，抓住。釽：音pī，剑身出现的文采。

3 吴兴文：《宝剑·玉剑·天下剑》，《紫禁城》，2010年第9期，第87—90页。

少年侠客，李白《侠客行》中“赵客[1]缦胡缨，吴钩[2]霜雪明”的豪侠形象。武侠小说则不仅塑造了剑气箫心、匡正扶弱的侠客形象，还描画了不少令人心驰神往的剑法招式，如《笑傲江湖》中令狐冲的“独孤九剑”、《天龙八部》中段誉以无形制有形的“六脉神剑”等。

总之，侠的生命似乎总是与剑相关联，剑是侠的表征，也是侠客豪情四纵的生命世界中不可或缺的一部分。

1 指燕赵之地的侠客。

2 武器名。一种弯形的刀，相传为吴王阖闾所做。后泛指锋利的宝刀。

五

咏侠诗与侠士文学

汉兴之初，养侠之风极盛，游侠群体非常活跃，由此激发了后来咏侠诗的兴盛，乃至其后唐宋传奇、明清笔记小说中侠士文学的创作。《后汉书·党锢列传》记载汉高祖刘邦之时的重武之气曰：

> 汉祖杖剑，武夫勃兴……绪余四豪之烈，人怀陵上之心，轻死重气，怨惠必仇，……任侠之方，成其俗矣。

刘邦尚武，任侠之气一时蔚然成风，武士豪侠极众。不仅闾巷之民多有游侠，王公贵族也颇崇武尚侠，汉代游侠诗在此种情形之下兴起，到了唐代更是盛极一时。

大体而论，汉唐游侠诗的创作以古乐府为主要形式，《结客少年场行》和《游侠篇》是最早的两个诗题，另外尚有《刘生》《从军行》《白马篇》等诗题，其后又有《少年子》《少年行》《长安少年行》《侠客篇》《侠客行》等诗题变体，汉唐之际的诗人运用这些诗题创作了大量精彩纷呈的游侠诗。初唐四杰“王杨卢骆”、孟浩然、王昌龄、王维、李白、杜甫、韩愈、柳宗元、刘禹锡等诗人都颇钟情于游侠诗的创作，常借豪侠之气抒发胸臆。曹植的《白马篇》、王维的《少年行四首》、李白的《少年行二首》《侠客行》《白马篇》等，皆为其中广为流传的名篇。限于篇幅，兹著录三首如下：

白马篇

曹植

白马饰金羁，连翩西北驰。借问谁家子，幽并游侠儿。
少小去乡邑，扬声沙漠垂。宿昔秉良弓，楛矢何参差。
控弦破左的，右发摧月支。仰手接飞猱，俯身散马蹄。
狡捷过猴猿，勇剽若豹螭。边城多警急，虏骑数迁移。
羽檄从北来，厉马登高堤。长驱蹈匈奴，左顾凌鲜卑。
弃身锋刃端，性命安可怀？父母且不顾，何言子与妻！
名编壮士籍，不得中顾私。捐躯赴国难，视死忽如归！

少年行·其二

王维

出身仕汉羽林郎，初随骠骑战渔阳。
孰知不向边庭苦，纵死犹闻侠骨香。

侠客行

李白

赵客缦胡缨，吴钩霜雪明。
银鞍照白马，飒沓如流星。
十步杀一人，千里不留行。
事了拂衣去，深藏身与名。
闲过信陵饮，脱剑膝前横。
将炙啖朱亥，持觞劝侯嬴。
三杯吐然诺，五岳倒为轻。
眼花耳热后，意气素霓生。
救赵挥金槌，邯郸先震惊。
千秋二壮士，烜赫大梁城。
纵死侠骨香，不惭世上英。
谁能书阁下，白首太玄经。

除游侠诗外，唐代以降，侠士文学也逐渐兴起。唐宋传奇、明清笔记小说中都有不少关于侠士的故事或小说。发展至现当代，武侠小说的流行与繁茂更是自不待言。

唐传奇中的侠士故事，多收录于宋人所编类书《太平广记》中，其中著名的篇章包括《聂隐娘》《红线》《谢小娥传》《虬髯客传》等。这些篇章塑造了众多爱憎分明、恩仇必报、意气激昂的经典女侠形象，她们或勇敢刚毅、为父为兄复仇；或豪侠尚义，赴他人厄难，路见不平拔刀助人。另外，四大名著之一《水浒传》中的英雄传奇也渗透着侠义精神，影响了其后诸如《三侠五义》《小五义》《续小五义》《七剑十三侠》等侠义小说的创作。[1]

明清之际，侠义小说仍十分盛行，李渔、蒲松龄、王士祯、袁枚等著名文人的笔下都曾描绘快意恩仇的侠义故事。以蒲松龄的《聊斋志异》为例，书中刻画了一大批报仇雪耻的侠女形象，《侠女》《商三官》《农妇》《乔女》等皆为脍炙人口的名篇。除此之外，《儿女英雄传》《三侠五义》等也都是清代侠义小说的代表之作。

游侠诗与侠士文学的流传与兴盛也进一步影响了现世武侠小说的创作。当代作家金庸、梁羽生、古龙等以它们为基础，创作了大量精彩纷呈、畅快淋漓的武侠作品。

总之，“侠”作为一种独特的生命形态，不仅在中国古代历史上留下了精彩的一笔，也是文学世界中不可或缺的一部分。在一定程度上，“侠”更是影响乃至塑造了中国人知恩报德、惩恶扬善的精神品格。

1 见鲁迅：《中国小说的历史的变迁》第六讲《清小说之四派及其末流》，《鲁迅全集》卷十七，北京：中国文联出版社，第280页。

文化关键词

兼爱

无差等地相互关爱。“兼爱”一说是墨家的基本主张，它所针对的是儒家所提出的爱有差等原则。“兼爱”强调每个人都应像爱自己一样爱他人，像爱自己的家人、国人一样爱别人的家人、爱别国的人，那么人与人之间就会彼此相爱。这种相爱是不分亲疏远近、尊卑上下的，是平等的、没有差别的爱。如果做到兼相爱，就能够避免人与人、家与家、国与国之间的相互攻伐、侵害，进而实现互利。

以武为植，以文为种

对战争而言，“武”只能作为辅助性手段，“文”才是统一和治理天下的根本方略。“武”指武力、军事手段，“文”主要指德治和教化。由战国军事家尉缭子提出。农作物的长势是否茂盛，首先取决于种子的好坏，而后才取决于农人的栽培和养护。尉缭子以此比喻德治和军事两者在统一和治理天下时的相互关系：军事只是辅助手段，能够让天下人主动归附及国家长治久安的根本方略必须靠德政和教化。这个命题最早阐明了政治与军事二者的关系：军事从属于政治，政治才是军事的本质内容。

篇九 勇者不惧

古代中国的勇德与勇士

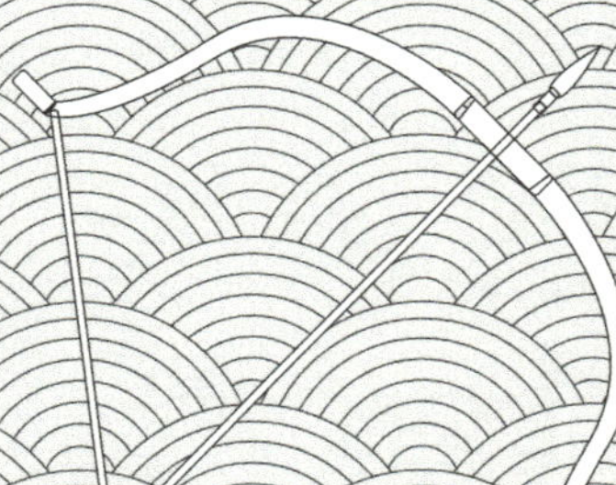

《论语》中，孔子将“勇”与“知”“仁”并列，谓“知者不惑，仁者不忧，勇者不惧”。《中庸》则将“知”“仁”“勇”三者合称为“三达德”，宋代理学家朱熹注曰，“三达德”乃是“天下古今所同得之理也”。换言之，“知”“仁”“勇”是横贯古今而为人类所共有的三种德性。这三种德性也构成了早期中国兵家思想与军事文化的人文底色，为其提供了理性依据和价值来源。其中，勇德与兵家和军事的理论关系尤为密切。

《说文解字》释“勇”字谓“勇，气也”，清代学者段玉裁注曰：“勇者，气也。气之所至，力亦至焉”。“勇”从根本上说是充塞人胸怀之中的勇猛果敢之志气，有此“勇气”，则必定会向外发散而形成“勇力”，让人能够在危难之时无所畏惧、见义勇为、强毅果断。因此，对于兵家与军事行动，勇德当然是不可或缺的道德意志，正如《吕氏春秋·仲秋纪》所说，“勇则战，怯则北。战而胜者，战其勇者也；战而北者，战其怯者也”。当然，勇德也需要仁德的涵养与智性的引领，方不至于武断冲动。

一

“勇者不惧”：《论语》中的勇德与勇士

《论语》中，孔子曾多次与弟子讨论“勇”。在孔子看来，“勇”是难能可贵的道德品格。在《宪问》篇中，孔子说：“君子道者三，我无能焉：仁者不忧，知者不惑，勇者不惧。”孔子认为，君子之所躬行者有三——仁、知与勇，而自己尚且未能行而至。后人注疏多谓此为“夫子自谦”，但由此不难看出孔子对仁、知、勇三种德性的嘉许与推崇；另外，勇也表现为直道而行、义薄云天的人格志气，“见义不为，无勇也”（《论语·为政》）。

与此同时，孔子并未一味称颂“勇”，而是强调勇者必须以“仁”和“义”为内在价值本源，并通过“学”和“礼”来约束和规范外在行为。《论语》提到：

勇而无礼则乱。（《泰伯》）

仁者，必有勇。勇者，不必有仁。（《宪问》）

好勇不好学，其蔽也乱。（《阳货》）

子路曰："君子尚勇乎？"

子曰："君子义以为上。君子有勇而无义为乱，小人有勇而无义为盗。"

子贡曰："君子亦有恶乎？"

子曰："有恶：……恶勇而无礼者。"（《阳货》）

这些内容表明，"勇"必须诉诸道德情感的陶冶，以及礼仪准则的规范。另外，好勇之人应学习礼乐规范，将仁义等道德价值内化于己身，从而把"勇"塑造成为真正意义上的德性之"勇"。否则，若仅仅由"勇"之志气引导人的行为，君子可能导向昏乱，小人则可能肆无忌惮而最终为盗。关于这一点，荀子也曾提到"贱礼义而贵勇力，贫则为盗，富则为贼"。（《荀子·乐论》）总之，施行勇德的基础仍在于道德人格的挺立。唯其如此，"勇"才可能不简单呈现为一种彪悍尚武的精神气质，而真正成为一项难能可贵的道德品格，促使人在危难之际勇敢果断地择大义而行。

为阐扬中华民族之"武德"，近代思想家梁启超著有《中国之武士道》一书，辑录了春秋战国至汉初"以武德著闻于太史"的七十余位武人的事迹，首开其篇的便是孔子。梁启超参照《左传·定公十年》与《史记·孔子世家》的记述，讲述了鲁定公十年夏，孔子随鲁定公会齐景公于夹谷（位于今山东莱芜）一事。齐国认为孔子“知礼而无勇”，于是意欲派人趁机武力劫持鲁定公。孔子不仅泰然自若地保护了鲁定公，还以外交礼仪准则为依据，说服齐景公归还了侵占鲁国的土地。梁启超由是赞叹说：“天下之大勇，孰有过我孔子者乎？”这里，孔子之“勇”之所以为“大勇”，首先当然在于他临危不惧的气概。但更为重要的是，危难之际是否仍能冷静客观、以义为准、有礼有节，这才是衡量“大勇”的根本。

再者，孔子周游列国之际屡遭磨难。据《论语》以及后世其他文献记载，孔子曾受困于陈、蔡二国之间，绝粮七日。弟子子路愠怒而问夫子：“君子也会有穷困潦倒之时吗？”孔子谓：“君子固穷，小人穷斯滥矣。”（《论语·卫灵公》）——君子虽穷，但穷不失志。小人一旦穷困，便会自暴自弃、一蹶不振。这里，孔子于绝望困顿之际仍抱持济世之志，又何尝不是“大勇”的体现呢？“君子无终食之间违仁，造次必于是，颠沛必于是”（《论语·里仁》），生死存亡之际、窘迫流离之时，仍有持守仁义之道德理想的决心与志向，这正是“大勇”的流露。

在《论语》中，孔子的弟子子路正是以“好勇”著称。子路为人豪迈不羁、心直口快，《论语》中记录了不少他与孔子精彩互动的场景，以下便是其中极为有趣的一则对话：

子曰："道不行，乘桴浮于海，从我者其由与？"子路闻之喜。子曰："由也，好勇过我，无所取材。"（《论语 · 公冶长》）

孔子感叹大道之难以推行，欲乘桴一去，漂于大海之上。孔子说："愿意跟从我的，也就只有子路了吧？"子路听后十分高兴。对此，孔子评论说："子路比我好勇，可惜无所取于桴材。[1]"据《史记 · 孔子世家》记载，孔子"弟子盖三千焉，身通六艺者七十有二人"。《史记》的记叙或有夸张之处，但在众多弟子中，孔子唯独认为子路会跟从自己，子路听后也的确跃跃欲试，其果敢烂漫、勇往直前的人格形态由此可见一斑。

在另外一些场合，子路则毫不掩饰对老师的质疑、不满甚至批评。例如，子路曾询问孔子，如果卫君令孔子为政，孔子首要做什么。孔子回答说，当然是"正名"——正君臣、父子、夫妇等人伦秩序之"名"。子路立刻质疑老师："子之迂也！"（《论语 · 子路》）意即：老师您何其迂远而不

1 关于"无所取材"一句，历代注家颇有争议。东汉经学家郑玄解为"无所取于桴材"，意指此是孔子戏言于子路；宋代哲学家朱熹认为"材"同"裁"，指裁度、审断，此句意为"子路为裁度适义之能"；当代学者杨伯峻解此句为"子路好勇的精神大大超过了我，这就没有什么可取的呀。"

切实际啊！另外，在卫国之时，孔子会见卫灵公夫人南子，因南子有恶名恶行，子路直截了当地向老师表达了不满，孔子自誓曰："予所否者，天厌之！天厌之！"（《论语·雍也》）——"如果我的所作所为有悖于道，天将厌弃我！"子路耿直勇猛、无所畏惧的"好勇"形象，在这些场景中跃然纸上。

好勇如子路，其结局也注定是悲壮的。据《史记·仲尼弟子列传》记载，鲁哀公十五年（公元前480年），出奔在外的卫国太子蒯聩欲发动军事政变以夺取君位，因此胁迫卫大夫孔悝"歃血为盟"[1]。子路时为孔悝家臣，听闻此事后，虽知可能濒临险境，仍义无反顾进城搭救孔悝。蒯聩派出两位训练有素的武士攻击子路，子路寡不敌众，在乱战中被戈刺中而受重伤，系冠的帽缨也被击断。子路谓"君子死而冠不免"，于是整理好帽缨，从容赴死。

如果说孔子之勇象征着有智有仁的圣人之大勇，子路之勇则代表着爱憎分明、单刀直入的勇士之勇——虽不免冲动，却也豪情万丈，令人动容。

1 蒯聩：音kuǎi kuì。悝：音kuī。歃：音shà，古代盟誓时，用牲血涂在嘴边，以示诚信不渝。

二

『虽千万人，吾往矣』：《孟子》中的勇德与勇士

《孟子·滕文公下》说："志士不忘在沟壑，勇士不忘丧其元"——有志之士坚守节操，不怕弃尸山沟，勇敢的人见义而为，不怕掉脑袋，孟子如是赞叹有志之士与勇猛之人。在孟子看来，志士与勇士持守内在德性，"浩然之气"充塞体内，危难之时甚至不惜舍生取义。

《孟子》进一步发挥和深化了《论语》关于勇德的讨论，区分了不同层级的"勇"，并由此论说圣人之勇为"大勇"。《孟子·梁惠王下》记载了齐宣王与孟子关于"勇"的一则对话，齐宣王认为自己过于"好勇"，不够谨慎也缺乏畏惧，孟子则基于民本思想的价值导向，劝说宣王勿好"小勇"或"匹夫之勇"，而要好文王、武王之勇，以安顿天下百姓。孟子提到，抚剑疾视而只能威慑一人的"勇"不过是"匹夫之勇"，真正的勇应当超越其上。一怒而能救民于水火，使天下获得安定，这便是文王与武王之勇。齐宣王若能效法文王与武王，则"民惟恐王之不好勇也"。这里，孟子高屋建瓴地向齐宣王陈述了勇德的终极价值内涵——扩充仁心而施

行仁政、保国安民，敢于为苍生平定天下。倘能如此，则天下莫能与之敌，正所谓“仁者无敌”。

《孟子·公孙丑上》记载了关于勇德与勇士的另外一则重要内容，阐明了“勇”的不同形态与德性境界。孟子认为，有诸如北宫黝、孟施舍等勇士之勇，也有不同于此的“大勇”。北宫黝胆量过人，即使肌肤被刺也不后退，眼睛被刺也不转动。他受不得一丝辱没，否则就如同在众目睽睽之下遭受鞭笞。他既不容忍卑贱之人，也不惧怕万乘之君，不论对手实力强弱，听到恶言或遭受冒犯就必定会一往无前反击求胜。可以说，北宫黝之“勇”表现为不甘受辱、临危不惧。孟施舍之“勇”与北宫黝有所不同，他能够审时度势，“量敌而后进，虑胜而后会”，即估量敌方的实力而后采取行动，考虑争斗的胜负而后展开交战，即便不能保证胜敌，仍会全力以赴而无所畏惧。在孟子看来，这是一种“守气”的无惧之勇。无论是北宫黝奋不顾身之勇，还是孟施舍但求无惧的守气之勇，都尚且只是血气之勇，不若曾子的守约持义之勇。曾子谓其弟子子襄曰：

> 子好勇乎？吾尝闻大勇于夫子矣：自反而不缩，虽褐宽博，吾不惴焉；自反而缩，虽千万人，吾往矣。

“缩”在此意指“是非曲直”的“直”。所谓“大勇”，是在反躬自省之时，若发现正义不在我，则即便对方是手无寸铁之布衣，我也不会去恐吓他；若正义确在于我，则纵然对方有千军万马，我也义无反顾。可以说，在“虽千万人，吾往矣”的“大勇”气象中，既有明辨是非公理的智慧决断，也有维持天下正道的坚韧决心。“大勇”之所以成其为“大勇”，在于其中充盈着凛然正气，同时也包含对大仁大义的持守与追寻。

另外，关于如何“养勇”，孟子提出了“持志养气”“养浩然之气”之说。孟子谓：“夫志，气之帅也；气，体之充也。夫志至焉，气次焉，故曰：‘持其志，无暴其气’。”（《孟子·公孙丑上》）也就是说，思想意志（“志”）是意气感情（“气”）之主宰，而意气感情充盈人之体内[1]。思想意志关注于何处，意气感情便倾注于何处，因此要意志专一，也要避免滥用意气感情。在此基础上，孟子进一步提出了“养浩然之气”：

> 其为气也，至大至刚，以直养而无害，则塞于天地之间。其为气也，配义与道；无是，馁也。是集义

1 杨伯峻：《孟子译注》，北京：中华书局，2010年，第60页。

所生者，非义袭而取之也。行有不慊于心，则馁矣。（《孟子·公孙丑上》）

“浩然之气”至为伟大，也至为刚强。方正不苟地滋养它，它便会充塞天地之间。另外，“浩然之气”必须与正义和大道相匹配，否则便会软弱无力。它来自道义的持久积累，而非一时兴起之为。一旦于心有愧，“浩然之气”便会疲软。从孟子的描述中不难看出，“大勇”境界虽似出于人伦日用之间，实则极为难能可贵。孟子的“持志养气”以养勇、“养浩然之气”之说，在后来的宋代儒学家那里得到了进一步的发挥。宋儒在此基础上开创了“存心养志”“持敬”等修养功夫。正如朱熹评论孟子“养气”说时所言，“仲尼只说一个志，孟子便说许多养气出来，只此二字，其功甚多。”[1]

孔孟之后，荀子、庄子乃至后世其他思想家都对勇德有所讨论和阐发。例如，荀子依据德性境界之高低，区分了上勇、中勇和下勇（《荀子·性恶》），以及狗彘之勇、贾盗之勇、小人之勇和君子之勇（《荀子·荣辱》）；《庄子·秋水》篇则借孔子之口区分了渔父之勇、猎夫之勇、烈士之勇和圣

1 见《四书章句集注》，北京：中华书局，2011年，第186页。

人之勇，其中，圣人之勇“知穷之有命，知通之有时，临大难而不惧”，乐天知命而又无所畏惧。到了宋儒那里，“勇”还被诠释为一种砥砺前行、勉力而为的道德勇气，如朱熹谓，“生知安行者知也，学知力行者仁也，困知勉行者勇也。”[1]

1 见《四书章句集注》，北京：中华书局，2011年，第29页。

三

颜渊之大勇：宋明哲学家对『勇』的发扬

宋明时期的思想家承续了先秦儒家的诸多思想议题与哲学概念，并尝试从不同角度探寻和拓展其思想空间，由此在宇宙论、本体论、功夫修养论等方面皆有所发挥。就“勇”而言，因宋明思想家极重德性人格的造就与精神境界的锤炼，故而着重于阐扬其德性维度，以个体道德生命的完善与成就加以诠释。较之于《论语》将子路作为“勇”之典型人物，宋明思想家更倾向于将孔子的另一位著名弟子颜回视作大勇之人。

显然，《论语》中的颜回形象首先让人联想到的德性是“仁”，颜回居处于潦倒之境而仍能持守内心之道德信仰，“人不堪其忧，回也不改其乐”（《论语·雍也》），追寻“孔颜乐处”自此成为中国历代知识分子的精神路标。颜回之“仁”也正是孔子嘉许这位弟子的首要原因：“回也，其心三月不违仁，其余则日月至焉而已矣”（《论语·雍也》），说寻常人最多不过数日半月合于仁德，颜回却能长久地不离于仁。

《论语·宪问》说："仁者，必有勇"。在宋明思想家那里，颜回便不仅是仁德的代表，同时更是"大勇之人"。宋代理学家程颐（公元1033—1107年）与弟子有关颜回之勇的问答如下：

问："颜子勇乎？"

曰："孰勇于颜子？观其言曰：'舜何人也，予何人也，有为者亦若是。'孰勇于颜子？如'有若无，实若虚，犯而不校'之类，抑可谓大勇者矣。"[1]

在程颐看来，颜回之为"大勇者"主要在于：其一，他以舜这样的圣人为理想人格，勉力而行，以期臻于至善；其二，他谦虚谨慎、勇于自省，正如《论语》所评价的，"不迁怒，不贰过"（《论语·雍也》）。显而易见的是，程颐认为，"勇"不仅仅表征充塞体内的勇猛果敢之气，更为重要的是，"勇"代表着反求诸己、躬行实践的毅力与志气，以及成就道德人格的坚定信念。从这个角度来说，颜回才是真正的至勇之人。

继程颐之后，宋明时期的众多思想家均曾讨论颜回之勇，如心学之开创者陆九渊（公元1139—1193年），以及

1 程颢、程颐著，王孝鱼点校：《二程集》，北京：中华书局，2004年，第211页。

明代著名思想家王阳明（公元1472—1529年）。陆九渊在与师友论学之时，反复论及颜回，谓颜回之勇在于勇于改过，古来圣贤也是如此，“过者，虽古之圣贤有所不免。而圣贤之所以为圣贤者，惟其改之而已。”[1]颜回能够“勇弃旧习”“从善勇决”“痛省勇改”，这需要超乎常人的勇气，也需要历久弥坚的信仰与毅力。

明代心学大儒王阳明将宋儒对“勇”的理解进一步朝人性论与心性论的方向发掘阐扬，谓“君子之学，求以变化其气质焉尔”[2]——君子之学的主旨在于修身明性以变化本有之“气质”。“气质”为人生来所固有，反省与变化自然不易。王阳明提到，唯其依乎天理而行，一举一动皆合于天道天理，否则难以达成“气质”之变化。而这一长久的过程所需要的正是人内在的超绝之“大勇”，就颜回来说，这种“大勇”既彰显于他“三月不违仁”、历久不变的意志中，也体现在他身居潦倒而“不改其乐”的恒常信念中。

综观王阳明本人的一生经历，其亦为豪杰之士、大勇之人，曾因上疏直言得罪权宦而遭谪贬至贵州龙场，在当地教化百姓、深得爱戴；曾在正德年间（公元1506—1521年）与嘉靖年间（公元1522—1566年）三度平息叛

1 见《陆象山全集》卷六，北京：中国书店，1992年，第48—49页。

2 见《王阳明全集》卷七，上海：上海古籍出版社，1992年，第249页。

◆王阳明画像，收录于贵州省博物馆藏《阳明先生遗像册》。

乱，展现出过人的军事才能与果敢的决断力。“知行合一”是阳明心学最为重要的命题之一，也是王阳明生命历程的真实写照。嘉靖平乱后，王阳明因病重告老还乡，行至江西南安病逝。弟子问其遗言，王阳明只谓：“此心光明，亦复何言！”

四

“悲歌易水寒”：《史记·刺客列传》中的勇士

纵观中国历史，其中向来不乏碧血丹心、舍生取义的“勇士”形象。他们或高义薄云，不惜为道义或知己牺牲性命；或傲雪凌霜，在危难之际表现出超凡的气魄与勇力。《史记·刺客列传》中记载了五位舍生取义的刺客的侠义事迹——曹沫劫齐桓公、专诸刺王僚、豫让伏击赵襄子、聂政刺杀韩相、荆轲刺秦王，他们无疑即是这类勇士形象的代表。司马迁曰：“自曹沫至荆轲五人，此其义或成或不成，然其立意较然，不欺其志，名垂后世，岂妄也哉！”五位刺客行义或成或败，但都抱持坚强不屈的勇气，志向始终不渝，由此名垂后世。

司马迁所记叙的五人中，荆轲无疑是最为著名的一位，也是着笔墨最多的一位。荆轲刺秦之事不仅在《史记》《战国策》等史书中有所记载，也历来为文学和戏剧作品所青睐。最早如成书于秦汉之际的传记小说《燕丹子》即演绎了这一历史事件，《论衡》《风俗演义》等著作也有相关记载。另外，不少诗词作品也常寄托对壮士的感怀忆念。

据《刺客列传》，荆轲本为卫国人，后徙至燕国。战国末年，秦国势力壮大，不断侵袭其他各国，齐、楚、三晋皆遭攻击，燕国南界亦危在旦夕。燕太子丹甚为震恐，求助于燕之处士田光。田光推荐荆轲于太子丹，荆轲遂献计太子，以秦国叛将樊於期之首级与燕督亢之地图进献秦王，借机行刺。太子不忍杀樊於期，荆轲只好私见樊於期，劝说他拔剑自刎以解燕国之患，并报父母宗族皆为秦王戮没之仇。随后，荆轲携首级与地图前往秦国。临行前，太子丹和宾客皆身着白衣，在易水之上为荆轲送行。好友高渐离击筑，荆轲和而歌之曰：

风萧萧兮易水寒，壮士一去兮不复还。

勇士的命运似乎总是悲壮的，孤注一掷的决心中往往埋藏着悲剧的种子。刺秦的结局人所共知 —— 荆轲刺秦王不中，反被秦王重剑击伤，并最终为秦侍卫所杀。或许，在与挚友唱和完最后那句“壮士一去兮不复还”时，登车而去便始终未再回头的荆轲便已预知了刺秦的结局。但不正是这份“知其不可为而为之”的悲壮与勇气，引得千古慨叹吗？

◆《荆轲刺秦王》汉代画像石，山东嘉祥武氏祠石刻。

文人墨客对荆轲的歌咏，古而有之，兹摘录两首如下：

咏荆轲

陶渊明

燕丹善养士，志在报强嬴。
召集百夫良，岁暮得荆卿。
君子死知己，提剑出燕京。
素骥鸣广陌，慷慨送我行。
雄发指危冠，猛气冲长缨。
饮饯易水上，四座列群英。
渐离击悲筑，宋意唱高声。
萧萧哀风逝，淡淡寒波生。
商音更流涕，羽奏壮士惊。
心知去不归，且有后世名。
登车何时顾，飞盖入秦庭。
凌厉越万里，逶迤过千城。
图穷事自至，豪主正怔营。
惜哉剑术疏，奇功遂不成。
其人虽已没，千载有余情。

丙午十月十三夜梦过一大冢傍人为余言此荆轲

陆游

采药游名山，物外富真赏。
秋关策蹇驴，雪峡荡孤桨。
还乡乎十载，高兴寄遐想。
梦行河潼间，初日照仙掌。
坡陀荆棘冢，狐兔伏蓁莽。
悲歌易水寒，千古见精爽。
国雠久不复，惊觉泚吾颡。
何时真过兹，薄酹神所飨。

文化关键词

德性

人的道德本性。最早见于《礼记·中庸》。古人普遍承认，人天生所具的本性之中包含着人对于外物的感知与欲求。但是，对于人性之中是否包含道德性的因素，古人则持有不同的见解。大部分儒者认为，人性之中同时还包含着仁义礼智等道德的根基，也即是“德性”。“德性”需要经过一定的修养工夫，才能最终成就善行。

夫战，勇气也

打仗，凭的是勇气。“勇气”即军队的战斗精神、必胜意志、无所畏惧的气概。它不仅指个体士兵的精神状态，也指整个作战部队的精神气势。它往往是决定战争胜利的必要条件或先决条件。打仗是凶险之事，如果没有足够的勇气，其他任何有利条件都难以发挥应有的作用。其中隐含着这样的军事智慧：在诸多因素中，人的因素第一；在人的诸多因素中，人的精神因素第一。

余论

在众多古代中国经典名著中，《孙子兵法》是外译版本最多、在世界上流传最为广泛的著作之一，各类兵家谋略也为海内外读者耳熟能详。在当代，其中一些内容甚至时常应用到商业、游戏等不同领域，成为指点迷津的“智慧锦囊”。当然，古代中国的兵家和军事思想远不止于《孙子兵法》和兵家谋略。它源远流长、包罗万象，并与古代中国的人文价值、礼乐制度、科技思想融会贯通。它不仅促进了中国历史上的礼制建构与科技发展，同时也启迪并催生了众多妙趣横生、精彩纷呈的历史与文学作品。更为重要的是，早期中国兵家与军事思想中重仁尚义的价值取向铸就了中国历史上众多高风亮节的侠义人格，同时也彰显着中华民族多元包容、崇尚和平的民族品格。

首先，古代中国的兵家与军事思想历史极为悠久。殷商甲骨文中已有与军事相关的记载，目前所见的商周青铜器中也有不少属于兵器一类。另外，早在《周易》《诗经》等早期经典文献中，已有不少与军事相关的记载和内容。总之，无论是纸上的文献，还是“地下之材料”，都表明中国古代兵家与军事思想发源之早。在此后的历史进程中，这些思想渐趋丰富，并与中国古代的哲学与科技思想等相互影响，生成了诸多极具理论和现实价值的思想内容。

其次，古代中国的兵家与军事思想起源极早、内容丰富，但总体说来，中国古代思想是崇德而不尚武的，遵从“仁者无敌”的人文价值取向。自先秦时期开始，无论是以孔子为代表的儒家，还是以老子为代表的道家，乃至其他诸家，都曾倡言和平的无上价值，主张以人文德性引导战争，关注黎民百姓的生命与生计。即便是在当下，古代思想家崇尚和平、反对战争、尊重个体生命的战争观念仍是可贵可鉴的。与之相关的还有古军礼——在人文价值的引导下，古代军事活动中有大量的礼仪活动，这些活动的内核同样是以仁义等为核心的德性价值，其目的也同样在于显明德性、关怀生命。

再次，在与其他思想及技术领域交融的过程中，古代中国的兵家与军事思想促进了古代天文、地理、科技思想等的发展。例如，古人对天象、地形、气象等的观测，除了与农业活动相关之外，也时常是基于军事行动的需求。另外，古代军队的阵型排布、兵器的生产与铸造等，促进了古代中国科学技术的发展进步。可以说，古代兵家与军事思想的影响并不局限于军事领域，在其他诸多方面也有着深远的影响。

最后，古代中国的兵家与军事活动也为历代文学作品提供了素材。古时诗文和当代武侠小说、影视作品中，那些令人震撼的战争场景，以及扶正黜邪、快意恩仇的侠客形象，有不少是来自古代思想资源的启发。

诚然，一本小书难以全面呈现古代中国兵家与军事所蕴含的丰富思想世界。我们不妨将它作为一扇小门，走进它，经由它来探寻这个广阔的世界。